신현의 책

# 신현의 책

2019년 8월 20일 초판 3쇄 발행

지은이 | 김영욱
펴낸이 | 박영호
펴낸곳 | 도서출판 솔로몬

주소 | 서울시 동작구 사당로 170
전화 | 599-1482
팩스 | 592-2104
직영서점 | 596-5225

등록일 | 1990년 7월 31일
등록번호 | 제 16-24호

ISBN 978-89-8255-509-1 03230

# 신현의 책

역사의 흐름에 따라 신약의 핵심 주제를 쉽게 정리한 성경대학 교재

Bible

The Book of Theophany

/ 김영욱 /

솔로몬

# 차례

# Contents

*The Book of Theophany*

# 서문

어떤 목사님이 제 강의를 듣고 난 후에 "교수들은 단과반이고 목사들은 종합반입니다" 하고 말한 적이 있습니다. 이 말이 맞습니다. 교수들은 학교에서 자신의 전공과목을 가르칩니다. 그러나 목사들은 교회에서 성경을 다 설교하며 가르쳐야 합니다. 목사들은 종합반이 되어야 합니다.

이것이 제가 구약을 전공한 학자임에도 불구하고 신약을 쓴 이유입니다. 제가 교회에서 성도들에게 신약을 가르치기 위해서 이 책을 쓴 것입니다.

이 책은 서론과 결론을 제외하고 총 28과로 구성되어 있습니다. 두 학기에 나눠서 가르칠 수 있는 분량입니다(한 학기 15주). 한 과로 90분 정도를 강의할 수 있습니다. 목사님들이 각 교회에서 교사나 순장 또는 성경을 깊이 있게 배우기 원하는 성도들을 대상으로 교육할 수 있습니다. 목사님들이 직접 교회에서 성경 대학을 운영할 수 있도록 쓴 책입니다.

주 교재 외에도 학생들이 미리 그 과에 대해서 준비해 올 수 있도록 학생용 교재도 만들어 놓았습니다. 학생들이 미리 문제를 풀고 오면 목사님들이 더 편하게 그 과를 가르칠 수 있을 것입니다.

이 책은 제가 두란노 바이블 칼리지의 목회자 반에서 강의를 한 내용입니다. 목사님들이 성경의 내용과 신학을 배우는 것도 좋지만 실제 교회 현장에서 사용할 수 있는 내용을 제공해 주면 좋겠다는 목소리를 적극 반영한 것입니다.

한국 교회는 성경을 배우려는 열정이 대단합니다. 이러한 열정에 맞게 성경 통독 프로그램이 다양하게 개발되어 나와 있습니다. 이러한 프로그램들은 성경의 배경과 주제에 대한 좋은 개론을 제공해 줍니다. 개론에서 한 걸음 더 나아가기를 원하는 분들에게 이 책은 역사의 흐름에 따라 신약의 핵심적인 주제들을 설명해줄 것입니다.

제가 이 책을 쓰는데 여러 분들의 도움이 있었습니다. 두란노 바이블 칼리지에서 제 강의를 들어주신 모든 목사님들에게 감사를 드립니다. 그분들의 뜨거운 호응이 없었다면 이 책은 나오지 못했을 것입니다. 은혜샘 교회의 안식년 중인 이강복 선교사와 박형욱 목사는 이 책의 오타를 수정해 주었을 뿐만 아니라 내용에 대해서도 조언을 해 주었습니다. 마지막으로 솔로몬 출판사의 박영호 사장님이 바쁜 일정 가운데서도 흔쾌히 이 책을 출판해 주었습니다. 이 분들에게 감사를 드립니다.

이 책이 한국 교회를 말씀 위에 세우고 건강하게 설 수 있도록 작은 디딤돌이 되었으면 합니다.

2013. 7. 10 분당에서

정언正言 김영욱

# Bible
## The Book of Theophany

# 신약을 어떻게 읽을 것인가?

구약의 역사는 우주의 기원부터 시작하여 이스라엘의 흥망성쇠를 기록합니다. 그 후에 바벨론 포로기를 마치고 돌아온 공동체의 역사를 설명하면서 막을 내립니다. 이 장구한 역사 속에서 하나님은 자신의 백성을 구원하기 위한 계획을 점진적으로 다양하게 드러내십니다.

비록 신구약 사이에 계시가 중단된 때도 있지만(약 400년) 구약의 역사는 이제 신약으로 이어집니다. 신약의 역사는 예수 그리스도에게 집중되어 있습니다. 구약의 역사는 아브라함, 모세, 다윗과 같은 특정 인물들에게 많은 지면을 할애합니다. 그런데 신약의 역사는 예수 그리스도에게 더 많은 지면을 할애합니다. 사복음서는 예수의 교훈과 사역을 아주 자세하게 보도합니다. 신약의 역사는 예수 그리스도에게 집중되었을 뿐만 아니라 구약의 다양한 신학적 주제들도 예수 그리스도의 오심과 사역에 밀접하게 관련시키고 있습니다. 또한 시간적으로도 구약은 수십 세기에 걸쳐서 하나님의 말씀이 주어진 반면 신약은 약 1세기 동안에 하나님의 말씀이 다 주어집니다.

## 약속과 성취

하나님은 아브라함에게 많은 후손과 가나안 땅을 기업으로 주실 것을 약속했습니다. 그리고 아브라함의 후손을 통하여 천하만민이 복을 받을 것을 약속하셨습니다. 후손에 대한 약속은 이스라엘이 이집트에 머물 때에 그리고 가나안 땅을 주실 것이라는 약속은 여호수아가 가나안 땅을 정복할 때에 이루어졌습니다. 아브라함의 후손을 통하여 천하만민이 복을 받을 것이라는 약속은 구약을 넘어 신약으로 나아갑니다. 신약은 예수 그리스도가 아브라함의 후손이라고 선언합니다. 하나님이 주신 아브라함의 후손을 통하여 천하만민이 복을 받을 것이라는 약속은 예수 그리스도에 의하여 성취됩니다.

구약의 약속이 구약의 역사를 넘어 신약에까지 이르렀습니다. 약속은 신약의 역사 속에서 이루어집니다. 구약은 약속을 하고 신약은 그 약속을 성취합니다. 이렇게 구약과 신약은 약속과 성취라는 관점으로 서로 관련이 있습니다.

## 옛 언약과 새 언약

구약과 신약은 명칭 자체가 주는 의미도 있습니다. 구약은 옛 언약 그리고 신약은 새로운 언약을 의미합니다. 구약에는 다양한 언약들이 있습니다. 그 다양한 언약들 가운데 모세에 의해 맺어진 시내 산 언약이 대표성을 갖습니다. 다른 언약들은 하나님이 개인과 맺은 언약(예: 아브라함 언약, 다윗 언약)인데 반하여 시내 산 언약은 하나님이 한 나라 이스라엘과 맺은 언약이기 때문입니다. 옛 언약은 모세 언약입니다. 그리고 새 언약은 예수 그리스도에 의해 세워진 언약입니다. 예수께서 십자가에서 피로써 세우신 언약입니다.

구약과 신약은 언약이라는 관점에서 서로 관련이 있습니다. 즉 성경은 독자들에게 언약이라는 관점에서 읽을 것을 요구합니다. 구약의 선지자들은 계속 특정한 때가 올 것을 예언했습니다. 특히 예레미야는 하나님이 이스라엘과 유다 집과 새 언약을 맺을 날이 올 것이라고 예언했습니다. 신약은 그 날이 왔다고 증언하고 있습니다. 새 언약의 시대가 도래했다는 것입니다.

## 율법의 연속성과 불연속성

시내 산 언약은 십계명을 근간으로 합니다. 십계명은 신약 시대와 관련해서 연속성이 있고 불연속성이 있습니다. 하나님 외에 다른 신을 섬기지 말라는 계명은 여전히 신약 시대에도 유효합니다. 부모를 공경하라, 살인하지 말라, 간음하지 말라, 도둑질 하지 말라 하는 계명들도 여전히 유효합니다. 십계명의 계명들이 신약 시대에도 여전히 효력이 있습니다. 그러나 특이하게도 제 4계명인 안식일을 거룩히 지키라는 계명은 유효하지 않습니다. 신약 시대는 안식일을 지키는 것이 아니라 주일을 지키기 때문입니다. 이렇게 십계명의 계명들은 연속성과 불연속성이 있습니다.

십계명은 율법의 요약이며 핵심입니다. 따라서 십계명을 통해서 알 수 있는 사실은 구약의 율법은 연속성과 불연속성이 있다는 사실입니다. 특별히 안식일 계명은 국가적이며 사회적인 성격을 갖는 동시에 제도적이며 의식적인 성격을 갖습니다. 신약 시대에 안식일이 지켜지지 않는 것을 볼 때, 율법의 많은 계명들은 신약 시대에서 불연속성의 성격을 갖습니다. 율법의 많은 계명들 가운데 특히 국가적, 사회적, 제도적, 의식적인 성격을 갖는 계명들은 대부분 불연속성을 갖습니다. 율법은 한 나라의 국가적인 법의 성격이 있기 때문입니다.

국가적이며 의식적인 율법은 많은 예배 제도를 포함하고 있습니다. 제사 제도, 성막, 대제사장 그리고 절기에 대한 예배 제도들이 있습니다. 그런데 이 예배 제도는 신약과 관련해서 모형론으로 재해석됩니다. 제사 제도는 예수의 십자가 사건과 관련이 있습니다. 구약에서 죄를 용서받기 위해서 드렸던 짐승의 피는 완전하지 않습니다. 그러나 신약에서 예수 그리스도께서 성도들을 위하여 흘리신 피는 완전합니다. 성도들의 죄를 단번에 완전히 그리고 영원히 씻어 줍니다. 예수 그리스도께서 십자가에서 피를 흘려 죽으심으로 구약의 제사 제도는 완성이 되었습니다. 완성이 되었기 때문에 제사 제도는 무효화됩니다. 이래서 신약의 성도들은 더 이상 제사를 드리지 않습니다. 위의 예에서 보았듯이 율법은 예수 그리스도와 관련하여 연속성을 갖는가 하면 불연속성을 갖습니다.

## 메시아 예언

이스라엘이 가나안 땅을 정복하고 살 때 왕정제도가 출현합니다. 인간 왕이 이스라엘 사회의 중심입니다. 하나님은 인간 왕이 율법의 권위 아래 있기를 원했습니다. 율법을 순종하며 공평과 정의를 행하기를 바랐습니다. 그러나 이스라엘과 유다의 많은 왕들은 율법에 불순종하며 공평과 정의를 행하지 않습니다.

하지만 다윗 왕은 다른 왕들과 달랐습니다. 다윗 왕은 율법에 순종하며 공평과 정의를 행합니다. 그러자 하나님이 다윗 왕과 언약을 맺습니다. 다윗의 나라가 영원히 있을 것이며 다윗의 후손이 왕위에 오를 것을 말씀하십니다.

이 다윗 언약은 메시야 예언의 근거가 됩니다. 선지자들은 유다의 집에서, 특히 다윗의 후손에서 한 사람이 올 것을 예언합니다. 한 이상적인 왕이 와서 다윗의 나라를 세우며 공평과 정의로 영원히 통치할 때가 있을 것이라고 선언합니다. 이것이 메시야 예언입니다. 이스라엘과 유다가 역사 속에서 망하자 다윗 언약과 메시야 예언은 더욱 더 의미를 갖습니다.

신약은 다윗의 후손에서 한 사람이 왔다고 증언합니다. 그분이 바로 예수이며 구약에서 예언한 메시야(그리스도)라고 선언합니다. 예수 그리스도는 이 땅에 오셔서 하나님의 나라를 선포하시며 세워나가십니다.

## 신현

구약에서 하나님은 계속 나타나십니다. 아브라함과 이삭과 야곱에게 나타나셔서 약속하십니다. 하나님은 모세가 지은 성막에서 나타나셔서 말씀하시며 이스라엘과 함께 광야를 여행하십니다. 또한 하나님은 솔로몬이 성전을 완공했을 때에도 나타나십니다. 성전의 지성소에 거하시며 예배를 받으십니다. 하나님이 계속 현현하십니다. 신현입니다. 그런데 이사야 선지자는 하나님이 직접 인간의 몸을 입고 이 땅에 올 것을 예언했습니다. 하나님이 우리와 함께 하실 것을 예언합니다.

신약은 하나님이 바로 예수 그리스도라고 주장합니다. 예수 그리스도는 하나님의 아들로서 인간의 몸을 입고 이 땅에 오셔서 하나님의 영광을 드러내십니다. 하나님이 인간의 몸을 입고 오셔서 인간과 함께 하셨습니다. 신현의 절정입니다.

## 감춰졌던 비밀

이렇게 구약의 역사는 한 인물 예수 그리스도에게 집중됩니다. 예수 그리스도는 구약의 다양한 신학적 주제들을 완성하는 분입니다. 하지만 구약에서 예수 그리스도는 가려져 있었습니다. 이러한 사실은 다음과 같은 사실에서 알 수 있습니다. 메시야 예언으로 분류되는 구절들이 구약에서 차지하는 비율을 따져보면 아주 적습니다. 메시야 사상은 구약의 다른 사상들과 비교해 볼 때 두드러지는 주제가 아닙니다. 메시야(그리스도) 사상은 선지자들에 의해서 구체적으로 예언되기 시작했지만 신약이 없이는 명확하지 않습니다. 신약이 있기 전에는 감추어져 있었습니다.

구약에서 메시야(그리스도)는 철저하게 가리어져 있었습니다. 신약이 구약의 메시야 구절들을 인용하여 예수께 적용하자 그 비밀이 밝혀지기 시작합니다. 약속, 율법의 제사 제도 그리고 예언이 예수와 관련이 있다는 것이 드러납니다.

사도 바울도 그리스도에 대하여 이렇게 말합니다. "이 비밀은 만세와 만대로부터 감추어졌던 것인데 이제는 그의 성도들에게 나타났고 하나님이 그들로 하여금 이 비밀의 영광이 이방인 가운데 얼마나 풍성한지를 알게 하려 하심이라 이 비밀은 너희 안에 계신 그리스도시니 곧 영광의 소망이니라"(골 1:26-27). 그리스도(메시야)는 "만세와 만대로부터 감추어졌던 것"이라고 말합니다. 이것이 비밀입니다. 사도 바울은 다른 본문에서도 이 비밀을 말합니다. "나의 복음과 예수 그리스도를 전파함은 영세 전부터 감추어졌다가 이제 나타내신 바 되었으며 영원하신 하나님의 명을 따라 선지자들의 글로 말미암아 모든 민족이 믿어 순종하게 하시려고 알게 하신 바 그 신비의 계시를 따라 된 것이니"(롬 16:25-26). 이 비밀이 이제 신약 시대의 성도들에게 나타난 것입니다.

신약은 예수 그리스도에게 집중합니다. 예수는 구약의 약속과 예언을 성취하는 분입니다. 따라서 신구약은 약속과 성취 그리고 예언과 성취라는 관점에서 읽을 수 있습니다. 또한 옛 언약과 새 언약의 관점에서, 모형론의 관점에서 그리고 연속성과 불연속성이라는 관점에서 읽어야 합니다.

구약에서 신약으로 나아가는 역사적인 진전이 있습니다. 그러므로 역사적인 관점에서 읽어야 합니다. 그렇지만 또한 신약에서 구약으로 나아가는 신학적 관점도 있습니다. 예수 그리스도가 없이는 구약의 역사와 신학적인 주제들이 완성되지 않습니다. 예수 그리스도는 구약의 궁극적인 목표입니다. 신구약은 이렇게 쌍방향이 있습니다. 신약은 구약에 감추어져 있고 구약은 신약에 의해 밝히 드러납니다.



## 신현의 책

구약에서 주인공은 하나님입니다. 이스라엘의 모든 역사를 주장하시며 운행하시는 분입니다. 하나님이 선지자들을 통해서 다양한 방법으로 자신의 구속적인 계획과 뜻을 말씀하셨습니다. 그런데 신약에서 하나님이 직접 나타나셨습니다. 예수 그리스도가 바로 그 하나님이라고 증언합니다. 예수 그리스도의 오심은 신현의 절정입니다. 하나님이 직접 인간의 몸을 입고 이 땅에 오셨기 때문입니다.

신약은 계속 하나님이 이 땅에 오셨다고 증언합니다. 이런 점에서 신약은 신현의 책입니다. 신약은 하나님이 오셨다는 관점에서 읽어야 합니다. 그래야 구약의 다양한 신학적 주제들을 제대로 이해할 수 있습니다.

하지만 신약은 구약의 하나님이 오셨다는 그 사실만을 증거하지 않습니다. 예수 그리스도께서 오셔서 말씀하신 것과 그의 사역을 자세히 말하고 있습니다. 하나님 나라에 대한 교훈과 예수의 십자가 죽음이 무엇을 의미하는지를 설명합니다. 십자가 사건이 인간을 구원하기 위한 하나님의 구속적인 사건이었다는 것을 말합니다. 더 나아가 예수 그리스도는 십자가에서 죽으시고 3일 만에 부활하셨습니다. 부활은 죽음을 넘어섭니다. 죽음을 넘어서 새로운 세계로 우리를 인도합니다. 영원한 생명이 있다는 사실을 알게 해 줍니다. 예수 그리스도의 십자가 사건과 부활 사건은 구약에서 드러나지 않았던 새로운 계시입니다. 하나님이 죽으시고 하나님이 다시 살아나셨습니다. 이 사건들을 믿는 자에게는 영원한 생명이 주어집니다. 또한 부활하신 예수는 하늘나라로 가셨습니다. 예수는 이 땅에 다시 오실 것이라는 약속을 남겨두고 하늘로 승천하셨습니다. 이래서 신약의 성도들은 예수의 재림을 기다립니다. 신약은 이러한 새로운 계시들을 증언하고 있습니다.

예수께서 승천한 후에 신약의 역사는 성령의 오심으로 새로운 방향으로 나아갑니다. 오순절에 성령이 임하셨습니다. 제자들이 성령을 힘입어 담대히 복음을 전하기 시작합니다. 복음은 예수 그리스도에 관한 소식입니다. 복음을 듣고 믿는 자들이 생겨나며 교회가 세워집니다. 그 후의 신약의 역사는 예수의 제자들이 어떻게 복음을 증거 했는지를 설명해 줍니다. 제자들이 복음을 예루살렘과 유다와 사마리아와 땅 끝까지 전하기 시작합니다. 특별히 바울이 기독교에 귀의함으로 기독교는 더 힘을 얻습니다. 바울이 소아시아 지방과 유럽에까지 복음을 전하며 교회를 세웁니다. 이로 인해 복음은 이방인의 나라들로 퍼져 나갑니다. 바울은 또한 이방인 선교에서 드러나는 여러 가지 목회적인 문제들에 대하여 편지를 씁니다. 이것이 신약 성경을 형성하는 중요한 자료가 됩니다.

신약의 역사는 결국 예수 그리스도께서 다시 오심으로 끝이 납니다. 사도 요한은 예수의 재림을 요한 계시록에서 밝히고 있습니다. 예수께서 재림하심으로 이 세상 역사가 끝이 나고 새로운 하늘과 땅이 펼쳐집니다. 성경의 장구한 역사는 하나님이 이 땅에 다시 오심으로 완성됩니다. 이 역사를 구속사라고 부릅니다.

구속사에는 구체적으로 다음과 같은 요소들이 있습니다. 이 요소들은 구약에서도 나타나지만 특히 구약과 신약을 연결해서 이해하는 데에 도움을 줍니다. 첫째, 약속과 성취입니다. 둘째, 언약입니다. 셋째, 모형론이 있습니다. 넷째, 연속성과 불연속성이 있습니다. 다섯째, 예언과 성취가 있습니다. 마지막으로 성경의 역사는 신현을 목적으로 합니다. 하나님의 오심을 기다리는 역사입니다. 이러한 요소들은 뒤이어 나오는 자세한 설명에서 세부적으로 드러날 것입니다.

# 1

# 새로운 시대

**읽어야 할 본문: 말라기 1-4장; 마태복음 3, 11장; 마가복음 1장; 누가복음 1, 3장; 요한복음 1장**

구약의 역사는 바벨론 포로로 잡혀갔던 이스라엘 공동체가 고토에 돌아와서 성전을 짓고 생활하는 모습으로 끝이 납니다. 더 이상의 구약 역사가 없습니다. 그리고 신약의 역사로 이어집니다. 하지만 구약과 신약의 역사 사이에는 약 400년이라는 긴 공백이 있습니다. 이것을 신구약 중간기라고 부르는데 성경에는 나오지 않는 역사입니다.

이 시기는 다니엘의 예언대로 페르시아, 헬라 그리고 로마의 지배가 이어집니다. 지중해 국가들 사이에 패권이 변합니다. 그러나 유대 공동체는 여전히 속국으로 남아 있습니다. 헬라의 알렉산더가 죽고 나서 헬라 제국은 네 개로 나누어집니다. 이때 셀루키드 제국(시리아)이 팔레스타인에 대한 지배력을 강화하기 위해 톨레미 제국(이집트)과 경쟁합니다. 셀루키드 제국은 예루살렘을 박해합니다. 유대 문화를 헬라 문화로 바꾸기 위해서 강압 정책을 실시하고 이교도 제사를 드리라고 요구합니다. 여기에 제사장 마타디아스가 저항합니다. 이 집안(큰 아들 이름을 따서 하스모니안이라고 부르기도 하고 다른 아들 유다의 별명에서 따온 마카비라고 부르기도 합니다)의 주도로 혁명이 일어납니다. 이러한 노력이 결실을 맺어 약 80년 동안 유다는 독립합니다(B.C 142-63). 그러나 후에 다시 유다 공동체는 로마의 지배를 받습니다.

중간기 시대에는 하나님의 말씀이 없었습니다. 이러한 긴 침묵의 시대를 깨고 등장한 선지자가 바로 세례 요한입니다.

### 1.1 임박한 여호와의 오심

여호와의 오심 즉, 신현은 구약에서 아주 빈번하게 나타나는 주제입니다. 여호와는 이스라엘의 조상들에게 나타나셔서 친히 약속의 말씀을 주시기도 하셨으며(창 12:7; 15:1; 18:1; 28:13) 모세에게 나타나서 자신을 소개하시기도 하셨습니다(출 3:2-6). 여호와는 시내 산에서 이스라엘에게 직접 강림하셔서 십계명을 주셨습니다(출 19장). 여호와의 영광은 성막(출 40:34-35)과 성전(대하 7:1-3)에 충만하게 나타나셨습니다.

여호와의 오심은 드보라의 노래에서도 나타납니다. 여호와의 오심 앞에서 산들이 진동합니다(삿 5:4-5). 흥미롭게도 신현에 자연이 반응을 보이고 있습니다(참고 시 68:7-8). 땅과 산들이 진동합니다. 또한 여호와는 시인이 부를 때에도 강림하십니다(시 18편). 여호와는 그를 찾고 부르짖는 자에게 나타나셔서 행동하십니다(시 18:6-18). 여호와는 구원을 행하십니다. 그는 인간 역사에 나타나셔서 권능을 베푸시며 세상을 심판하기 위하여 오십니다(시 98:1-9).

예언자들은 여호와의 오심을 자주 언급합니다. 특히 이사야 선지자는 여호와의 오심과 강림을 많이 다룹니다. 이사야에 따르면 여호와의 오심은 그의 백성을 구원하기 위한 목적이 있습니다(사 35:4). 여호와께서 현현하시는 때에 표적들이 함께 나타납니다. 소경이 눈을 뜨고 귀머거리가 듣고 저는 자가 뛰며 벙어리가 노래하며 광야와 사막에 물이 흘러 아름다운 땅으로 변합니다(사 35:5). 이러한 현상은 메시야 시대의 표적으로 이해됩니다. 왜냐하면 예수께서 오셔서 이러한 일들을 행하셨기 때문입니다. 여호와의 오심은 메시야 시대와 밀접한 관련이 있습니다.

이사야 선지자는 또한 모든 사람들이 볼 수 있는 여호와의 오심을 언급합니다. "외치는 자의 소리여 이르되 너희는 광야에서 여호와의 길을 예비하라 사막에서 우리 하나님의 대로를 평탄하게 하라 골짜기마다 돋우어지며 산마다, 언덕마다 낮아지며 고르지 않은 곳이 평탄하게 되며 험한 곳이 평지가 될 것이요. 여호와의 영광이 나타나고 모든 육체가 그것을 함께 보리라"(사 40:3-5). 광야에서 여호와의 오심을 준비하는 자가 있습니다. 그는 여호와의 오심을 외치는 자이며 여호와의 길을 예비하는 자입니다. 여호와의 오심을 외치는 자는 아름다운 소식을 전하는 자입니다. "아름다운 소식을 시온에 전하는 자여 너는 높은 산에 오르라 아름다운 소식을 예루살렘에 전하는 자여 너는 힘써 소리를 높이라 두려워하지 말고 소리를 높여 유다의 성읍들에 이르기를 너희 하나님을 보라 하라. 보라 주 여호와께서 장차 강한 자로 임하실 것이요. 친히 그의 팔로 다스리실 것이라 보라 상급이 그에게 있고 보응이 그의 앞에 있으며 그는 목자같이 양 떼를 먹이시며 어린 양을 그 팔로 모아 품에 안으시며 젖먹이는 암컷들을 온순히 인도하시리로다"(사 40:9-11). 여호와의 현현은 이 땅에 아름다운 소식입니다. 여호와는 강림하셔서 이 땅을 통치하실 것입니다. 양을 돌보는 목자처럼 양 무리를 먹이시며 인도하실 것입니다. 여호와가 목자로서 다스린다는 사상은 구약에서 자주 찾아볼 수 있습니다(시 23편; 겔 34장). 특별히 장차 올 이상적인 왕은 목자로 소개되고 있습니다(겔 34장). 그런데 여기서 중요한 것은 모든 사람들이 볼 수 있도록 여호와께서 이 땅에 오신다는 점입니다.

여호와의 오심은 이사야의 가장 중요한 사상 가운데 하나임이 틀림없습니다(참고 『대망의 책』, 416-418). 더 특이한 것은 하나님이 인간의 몸을 입고 오신다는 것입니다. 다윗의 후손에서 한 아들이 태어나서 다윗의 나라를 세울 것입니다. 그 아이가 바로 "전능하신 하나님"입니다(사 9:6). 하나님이 인간의 몸을 입고 모든 사람들이 볼 수 있도록 오실 것입니다.

## 1.2 여호와의 날

구약에서 여호와의 날은 미래의 특정한 시대를 의미합니다. 여호와의 날은 기본적으로 심판의 날을 의미합니다. 심판이 나타나는 날입니다. 하지만 우리가 주의 깊게 살펴보아야 할 사실은 여호와의 날을 말하는 본문마다 심판의 대상이 서로 다르게 나온다는 것입니다. 따라서 여호와의 날이 나타나는 본문마다 역사적 상황이 다르기 때문에 주의 깊게 읽어야 합니다. 구약에서 여호와의 날은 다양하게 나타납니다. 여호와는 심판하시지만 심판 가운데에도 구원이 열려있습니다.

이사야는 여호와의 날을 바벨론의 심판의 날로 묘사하기도 합니다(사 13:6-16). 여호와께서 진노하시며 땅을 황무케 하며 죄인을 벌하시는 날입니다. 멸망과 심판의 날입니다. 무엇보다도 인간의 교만을 벌하시는 날이며 하늘과 땅에 그 징조가 나타납니다.

아모스 역시 여호와의 날을 심판과 파멸의 날로 묘사합니다. 이스라엘이 사모하는 여호와의 날은 빛입니다. 빛은 밝고 좋은 것으로 구원을 의미합니다. 하지만 이스라엘의 기대와는 달리 아모스가 말하는 여호와의 날은 어둠입니다. 어둠은 구원이 아니라 심판을 의미합니다(암 5:18-20). 여호와의 날은 임박한 재앙을 나타내는데 목적이 있습니다.

요엘서는 여호와의 날에 대한 해석을 다르게 합니다. 요엘서는 전체적으로 여호와의 날을 묘사합니다. 먼저 그 날은 심판의 날로서 메뚜기 재앙으로 나타납니다(1장). 이는 자연적인 재해를 의미합니다. 자연 재난인 메뚜기 재앙을 통해서 이스라엘에 있을 임박한 적군의 침입을 예기하고 있습니다(2장). 더 나아가 여호와의 날은 종말론적이며 우주적인 전쟁입니다. 해와 달과 별이 빛을 잃는 종말론적인 때에 판결의 골짜기에서 큰 전쟁이 있을 것입니다(3장). 이 날에 하나님은 열국을 심판하시지만(3:1-15) 이스라엘을 보호하시며 구원하십니다(3:16-17). 이 날에 풍요로움이 있고 예루살렘에 있는 여호와의 전에서 샘물이 솟아나옵니다. 만국은 심판을 당하는 날이지만 이스라엘은 회복되는 날입니다. 요엘서는 특이하게 여호와의 날의 개념이 각 장에서 점차적으로 확장되고 있습니다. 메뚜기 재앙에서 임박한 적군의 침입으로 그리고 우주적이고 종말론적인 심판으로 나아갑니다.

스바냐는 하나님의 심판과 구원에 대하여 선언합니다. 하나님의 심판은 유다와 열방에 해당하는 보편적인 심판입니다. 하나님의 심판은 멸망과 파괴를 의미하지만 동시에 회복과 구원도 포함합니다. 여호와는 지면에서 모든 것을 진멸할 것입니다(습 1:2-3). 이 심판은 여호와 하나님을 섬기면서 동시에 다른 신을 섬기는 혼합주의 신앙과 아예 여호와를 찾지도 않는 사람들 때문에 일어납니다(습 1:2-6). 이 심판을 여호와의 날로 비유적으로 말합니다. "그 날은 분노의 날이요 환난과 고통의 날이요 황폐와 패망의 날이요 캄캄하고 어두운 날이요 구름과 흑암의 날이요"(습 1:15; 참고 암 5:18-20). 확실히 여호와의 날은 "분노의 날"이며 "질투의 불"이 나타나는 날입니다(습 1:18).

### 1.3 여호와의 오심과 여호와의 날

말라기는 여호와의 오심에 대하여 예언합니다(말 3:1-5). 말라기 선지자는 여호와께서 오시기 전에 먼저 여호와의 사자가 임할 것을 말합니다. "만군의 여호와가 이르노라 보라 내가 내 사자를 보내리니 그가 내 앞에서 길을 준비할 것이요 또 너희의 구하는바 주가 갑자기 그 성전에 임하시리니"(말 3:1). 여호와의 사자는 여호와의 강림 전에 먼저 임합니다. 그의 임무는 여호와의 길을 예비하는 것, 모든 장애물을 제거하고 청결하게 하는 것입니다. 고대에서 왕이 행차하기 전에 사자들을 보내어 길을 닦고 돌을 옮기며 나무를 잘라 그 길을 준비했던 풍속과 관련이 있습니다. 여호와의 사자의 출현은 여호와의 강림과 함께 한다는 사실에 주목해야 합니다.

여호와의 오심은 여호와의 날과 관련이 있습니다. 말라기는 여호와의 날이라는 정확한 표현은 사용하지 않았지만 여호와께서 오시는 날이 있음을 말합니다. "그의 임하는 날을 누가 능히 당하며 그의 나타나는 때에 누가 능히 서리요"(말 3:2). 또한 여호와는 심판하려 이 땅에 임하실 것을 말씀하십니다. "내가 심판하러 너희에게 임할 것이라"(말 3:5). 여호와께서 임하시는 날은 구약에서 예언하고 있는 여호와의 날입니다. 여호와의 날은 선지서에서 특정한 때를 의미하는 표현으로서 다양한 뜻이 있습니다. 그렇지만 여호와의 날은 또한 미래의 새로운 시대를 의미하기도 합니다. 이것은 마지막 때입니다. 종말에 여호와께서 임하실 것입니다.

여호와께서 이 땅에 임하시기 전에 그는 먼저 "내 사자"를 보낼 것을 말씀하십니다(말 3:1). 그렇다면 말라기 선지자가 말하는 '내 사자'는 누구인가 하는 것입니다. 길을 예비해야 하는 사자는 이사야 선지자의 예언과 관련이 있습니다. 이사야는 "외치는 자의 소리여 이르되 너희는 광야에서 여호와의 길을 예비하라 사막에서 우리 하나님의 대로를 평탄하게 하라"고 말합니다(사 40:3). 이 말씀은 마가복음에서 세례 요한에게 적용됩니다(막 1:2-4). 그는 유대인들에게 자신을 "광야에서 외치는 자의 소리"라고 소개합니다(요 1:23). 예수는 세례 요한을 가리켜 "선지자보다 더 나은 자"라고 말씀하시며 하나님이 보내시는 사자임을 확인해 줍니다(마 11:9-10). 예수는 세례 요한이 말라기 선지자가 예언한 "내 사자"라고 설명해 주십니다.

말라기 선지자는 여호와의 날이 임하기 전에 여호와께서 엘리야 선지자를 보내실 것을 예언합니다. "보라 여호와의 크고 두려운 날이 이르기 전에 내가 선지자 엘리야를 너희에게 보내리니 그가 아버지의 마음을 자녀에게로 돌이키게 하고 자녀들의 마음을 그들의 아버지에게로 돌이키게 하리라 돌이키지 아니하면 두렵건대 내가 와서 저주로 그 땅을 칠까 하노라"(말 4:5-6). 여호와의 크고 두려운 날은 구약 선지서에서 자주 언급된 여호와의 날입니다. 이는 다가오는 종말의 시대를 의미합니다. 마지막 시대가 임하기 전에 선지자 엘리야가 온다는 것입니다. 그렇다면 엘리야 선지자는 누구인가 하는 질문이 생깁니다. 역사적인 엘리야가 다시 부활한다는 것이겠습니까? 이것은 역사적인 엘리야가 부활하는 것이 아니라 두 번째 엘리야를 의미합니다. 엘리야와 같은 사람이 온다는 것입니다. 엘리야가 와서 하는 일은 아버지와 자녀와의 관계를 다시 회복시켜 주는 것입니다. 이 사역은 천사 가브리엘이 세례 요한의 출생을 예고하면서 말했습니다. "그가 또 엘리야의 심령과 능력으로 주 앞에 먼저 와서 아버지의 마음을 자식에게, 거스르는 자를 의인의 슬기에 돌아오게 하고 주를 위하여 세운 백성을 준비하리라"(눅 1:17). 천사 가브리엘은 태어날 세례 요한이 엘리야의 심령과 능력을 소유할 것이라고 말합니다. 예수께서도 세례 요한이 구약에서 예언된 엘리야라고 선언하십니다(마 11:14).

## 1.4 새로운 시대를 예언하는 선지자

누가는 세례 요한의 출생을 자세하게 보도합니다. 아비야 반열의 제사장 사가랴와 아론 자손인 그의 아내 엘리사벳은 아들이 없었습니다. 사가랴가 제사장 직무를 감당하기 위하여 성전에서 분향하고 있을 때, 천사 가브리엘이 나타납니다. 가브리엘이 나타나서 엘리사벳이 임신하여 아들을 낳을 것이라고 말합니다. "네 아내 엘리사벳이 네게 아들을 낳아 주리니 그 이름을 요한이라 하라"(눅 1:13). 가브리엘은 아이의 이름을 요한이라고 지어줍니다. 그리고 많은 사람들이 이 아이의 태어남을 기뻐할 것이라고 말합니다.

가브리엘은 태어날 아이 요한의 생활 방식까지 말해 줍니다. "그가 주 앞에서 큰 자가 되며 포도주나 독한 술을 마시지 아니하며 모태로부터 성령이 충만함을 받아"(눅 1:15). 그는 나실인입니다. 포도주나 독한 술을 마시지 않는 경건한 생활을 합니다. 그는 무엇보다도 "주 앞에서 큰 자"입니다. 주 앞에서 행할 자입니다. 이것은 말라기의 예언 "보라 내가 내 사자를 보내리니 그가 내 앞에서 길을 준비할 것이요"(말 3:1)와 관련이 있습니다. 요한은 주보다 먼저 보냄을 받을 자입니다. 요한은 술을 마시지 않고 성령의 충만함을 받습니다. 술에 의해 이성과 지성이 영향과 지배를 받는 것이 아니라 성령의 영향과 지배를 받는 자입니다.

더 나아가 가브리엘은 세례 요한의 사역도 말해 줍니다. 태어날 요한이 해야 할 사역은 "돌아오게" 하는 일입니다. "이스라엘 자손을 주 곧 그들의 하나님께로 많이 돌아오게 하겠음이라"(눅 1:16). "돌아오게" 하는 사역은 회개를 의미합니다. 이 단어는 구약의 '돌아오다'(수브)입니다. 죄악으로 가던 발걸음을 멈추고 하나님께로 돌아오는 것입니다. 우상으로 가던 발걸음을 멈추고 하나님께로 돌아오는 것이 회개입니다. 요한은 백성들을 하나님께로 돌아오게 하는 사역을 감당할 것입니다.

누가는 세례 요한의 사역을 이렇게 정리합니다. "그가 또 엘리야의 심령과 능력으로 주 앞에 먼저 와서 아버지의 마음을 자식에게, 거스르는 자를 의인의 슬기에 돌아오게 하고 주를 위하여 세운 백성을 준비하리라"(눅 1:17). 요한은 주(메시야)보다 먼저 올 자입니다. 그의 사역은 하나님의 백성을 회개하게 하는 것이며 준비시키는 것입니다. 그는 이 사역을 감당하기 위해 엘리야의 영과 능력을 갖게 될 것입니다.

세례 요한의 출현은 성경 역사에서 의미심장한 사건입니다. 구약 시대가 끝나고 신약이 도래하기까지 약 400년 동안 하나님의 대변자들인 선지자들이 침묵했기 때문입니다. 구약에서 하나님은 그의 백성에게 부지런히 선지자들을 보내셨습니다. 그들에게 임박한 하나님의 심판과 회복을 선언했습니다. 하지만 이스라엘과 유다는 불순종했습니다. 결국 이스라엘은 앗수르에 그리고 유다는 바벨론에 의해 망했고 포로로 잡혀갔습니다. 70년이 지나고 바벨론 포로로 잡혀갔던 이스라엘 공동체가 회복되었습니다. 그들은 다시 고토로 돌아왔고 성전을 완공했습니다. 성전을 완공한 그들은 다윗 왕조를 세우기를 염원했습니다. 그러나 그들이 바라던 다윗 왕조는 회복되지 않았습니다. 그리고 긴 세월 동안 하나님은 선지자들을 보내지 않았습니다.

그동안 이스라엘 공동체는 계속 이방 민족들에게 지배를 받고 있었습니다. 페르시아와 헬라 그리고 로마가 이스라엘 공동체를 속국으로 삼고 있었습니다. 이스라엘 공동체는 로마의 지배에서 벗어나기를 바라고 있었지만 그들의 바람은 이루어지지 않았습니다. 그들은 로마의 지배를 벗어버리고 이스라엘이 다시 회복되고 하나님이 이스라엘을 통치하고 다스리는 새로운 시대를 대망하고 있었습니다.

이러한 역사적 배경에서 세례 요한이 유다 광야에 나타났습니다. 그런데 그의 외모는 마치 고대 이스라엘의 유명한 선지자와 유사합니다. "이 요한은 낙타털 옷을 입고 허리에 가죽 띠를 띠고 음식은 메뚜기와 석청이었더라"(마 3:4). 외모에서 풍기는 카리스마가 범상치 않습니다. 왜냐하면 세례 요한의 모습은 마치 엘리야를 연상하게 해주었기 때문입니다. "그는 털이 많은(털옷 입은) 사람인데 허리에 가죽 띠를 띠었더이다 하니 왕이 이르되 그는 디셉 사람 엘리야로다"(왕하 1:8). 엘리야는 바알 종교가 한창 부흥을 할 때 갈멜 산에서 바알 선지자 450명과 대결을 벌여 이긴 선지자입니다. 하늘에서 불을 떨어뜨렸으며 불 병거를 타고 하늘로 올라갔던 선지자입니다. 이스라엘에서 전설적인 선지자이며 능력이 많은 선지자입니다. 그런데 세례 요한이 엘리야와 유사한 외모를 갖고 있습니다. 약 400년 동안 침묵하던 선지자가 다시 나타났으니 이스라엘 사람들이 놀라며 흥분합니다.

세례 요한의 출현은 또한 말라기 선지자의 예언을 기억나게 합니다. 말라기 선지자는 여호와의 날이 오기 전에 엘리야가 와서 부모와 자녀들의 관계를 회복시킬 것을 예언하였습니다(말 4:5-6). 엘리야가 온다는 것은 마지막 시대 종말을 의미합니다. 엘리야의 출현은 곧 여호와의 날이 올 것을 뜻합니다. 그런데 세례 요한이 엘리야 선지자와 같은 모습을 하고 유다 광야에 나타났습니다. 유다 백성들이 세례 요한에게 몰려드는 것이 당연합니다. 새로운 시대가 올 것이기 때문입니다.

하지만 엄밀하게 말하면 세례 요한은 역사적 엘리야가 아닙니다. 세례 요한 역시 자신은 엘리야가 아니라고 부인했습니다(요 1:21). 우리는 천사 가브리엘이 세례 요한은 엘리야의 영과 능력으로 와서 자녀와 부모와의 관계를 회복시킬 것을 말했다는 것을 기억해야 합니다(눅 1:16-17). 그리고 예수는 세례 요한을 가리켜 구약에서 예언된 엘리야라고 해석해 주었습니다(마 17:1-13).

세례 요한이 계시를 받는 방식은 구약의 선지자들과 같습니다. 구약에서 참된 선지자의 표지는 하나님의 말씀이 임하거나 또는 여호와의 영이 그 위에 강림하는 것입니다. 세례 요한에게 선지자와 같은 형태로 하나님의 말씀이 임합니다. "하나님의 말씀이 빈들에서 사가랴의 아들 요한에게 임한지라"(눅 3:2). 하나님의 말씀이 요한 위에 임함으로 요한은 선지자의 사역을 시작합니다.

계시가 임한 형태를 보면 세례 요한은 확실히 구약 시대에 속한 사람입니다. 그래서 예수는 율법과 선지자 시대는 세례 요한의 때까지라고 말씀하십니다. "율법과 선지자는 요한의 때까지요 그 후부터는 하나님 나라의 복음이 전파되어 사람마다 그리로 침입하느니라"(눅 16:16; 참고 마 11:13). 율법과 선지자는 구약 시대입니다. 구약 시대는 세례 요한의 때까지입니다. 요한 이후에는 새로운 시대가 도래합니다. 율법과 선지자와 대조를 이루는 하나님 나라의 복음이 선포되는 시대입니다. 예수는 시대를 구분하고 있습니다. 하나님 나라의 복음이 전파되는 시대는 새로운 시대입니다. 이러한 의미에서 예수는 세례 요한에 대하여 "여자가 낳은 자 중에 세례 요한보다 큰 이가 일어남이 없도다 그러나 천국에서는 극히 작은 자라도 그보다 크니라 세례 요한의 때부터 지금까지 천국은 침노를 당하나니 침노하는 자는 빼앗느니라"고 하십니다(마 11:11-12). 확실히 세례 요한은 큰 자입니다(눅 1:15). 그는 구약 선지자가 예언한 사람이며(말 4:5-6) 천사 가브리엘이 그의 출생을 예고한 사람입니다(눅 1:13-17). 하지만 그는 옛 시대와 새로운 시대 사이에 서 있는 사람입니다. "요한의 때부터" 천국 시대가 도래한 것입니다. 율법과 선지자와 하나님 나라(천국)가 대조를 이룹니다. 구약의 시대와 신약의 시대가 구분됩니다.

세례 요한은 옛 시대에서 새로운 시대를 지시하는 사람입니다. 약속의 시기와 성취의 시기 사이에 서서 새로운 시대 즉, 천국의 시대를 예고하고 있습니다. 그래서 예수는"천국에서는 극히 작은 자라도 그보다 크니라"고 말씀하신 것입니다(참고 마 13:16-17). 세례 요한은 하나님 나라의 시대 밖에 있었던 사람이기 때문입니다.

## 1.5 뒤에 오시는 이의 길을 예비하는 선지자

세례 요한의 메시지는 "회개하라 천국이 가까이 왔느니라"(마 3:2)입니다. 회개에 대한 강조는 구약에서 자주 있었습니다. 선지자들은 '돌아오라'고 외쳤습니다. 여호와를 떠나 다른 신을 섬기는 유다를 향하여 '돌아오라'고 말했습니다. 우상을 버리고 악을 버리고 여호와께 '돌아오라'는 것은 회개를 의미합니다. 회개는 이렇게 구체적인 행동이 함께 합니다. 요한이 "회개하라"고 선포한 것은 천사 가브리엘이 말한 것과 잘 맞습니다. 가브리엘은 요한의 사역이 백성을 하나님께 돌아오게 하는 것이라고 예고했습니다(눅 1:16-17).

요한의 선포 "회개하라"는 마음의 변화를 통하여 죄로부터 돌아서는 것입니다. 자신의 행위에서 돌아서는 것을 포함합니다. 그래서 요한은 "회개에 합당한 열매"가 있어야 한다고 말합니다(눅 3:8). 요한의 메시지를 들은 유대인들은 요한에게 회개를 위하여 무엇을 해야 할지를 묻습니다(눅 3:10). 그러자 요한은 옷을 두 벌 가지고 있는 사람은 옷이 없는 자에게 나누어 줄 것을 그리고 음식도 그렇게 할 것을 말합니다(눅 3:11). 의복과 음식이 없는 사람을 긍휼히 여기고 도와주라고 합니다. 그러자 세리들도 요한에게 무엇을 해야 할지를 묻습니다. 요한은 세리에게 정해진 세금 외에 부당한 세금을 더 걷지 말라고 합니다(눅 3:13). 돈을 탐내지 말라는 것입니다. 즉 탐욕을 절제할 것을 요구합니다. 그러자 군인들도 요한에게 우리는 무엇을 해야 하는지를 묻습니다. 요한은 군인들에게 강탈하지 말 것과 거짓으로 고소하지 말 것을 주문합니다. 그리고 받는 봉급으로 만족하라고 권합니다(눅 3:14). 회개에 합당한 열매는 구체적인 행동입니다.

세례 요한의 선포가 백성들에게 큰 호응을 얻은 것은 임박한 심판 때문입니다. 요한은 하나님의 임박한 진노를 선언합니다. "이미 도끼가 나무뿌리에 놓였으니 좋은 열매 맺지 아니하는 나무마다 찍혀 불에 던져지리라"(눅 3:9). 도끼가 "이미" 즉, '지금' 나무뿌리에 놓여 있습니다. 심판이 임박한 것입니다. 회개의 열매가 없는 사람, 회개에 어울리는 행동이 없는 사람은 가차 없이 찍힐 것입니다. 요한은 지금이 회개할 때, 하나님께 돌아올 때라고 말하고 있습니다.

세례 요한의 사역은 성공입니다. 많은 유대인들이 요한에게 와서 죄를 고백하고 세례를 받습니다(마 3:6). 요한은 임박한 심판을 선언합니다. 그의 메시지는 유대인들이라고 해서 예외가 있는 것은 아닙니다. 유대인이라는 민족적인 신분이 구원을 보장하지 못하며 임박한 진노를 피하게 만들어 주지 못합니다(마 3:7-10; 눅 3:8). "속으로 아브라함이 우리 조상이라 말하지 말라 내가 너희에게 이르노니 하나님이 능히 이 돌들로도 아브라함의 자손이 되게 하시리라"(눅 3:8; 마 3:9). 유대인이라는 민족적, 인종적인 신분의 틀을 깨는 선언입니다. 구원은 하나님 앞에서의 신앙적, 윤리적인 면에 기초하고 있는 것이지 민족적, 인종적인 신분에 있는 것이 아닙니다.

특히 세례 요한은 바리새인들과 사두개인들이 오는 것을 보고 "독사의 자식들아"(마 3:7) 하고 독설을 내뱉습니다. 바리새인들과 사두개인들을 냉혹하게 몰아붙입니다. 바리새인들과 사두개인들의 기원은 하시딤입니다. 셀루키드 제국(시리아)이 유다를 박해할 때(신구약 중간 시대), 유다의 문화를 금하고 유대인들을 헬라화 시킬 때, 이들을 반대하는 자들이 출현합니다. 이들을 가리켜 하시딤(경건한 사람들)이라고 부릅니다. 이 하시딤은 후에 마카비 시대에 바리새파와 사두개파로 나누어집니다. 바리새인들은 이교도들과 세리와 창기로부터 자신들을 분리했습니다. 후에는 일반 유대인들과도 자신들을 분리했습니다(참고 요 7:49). 이들은 율법을 지키는데 아주 엄격하며 철저했습니다(빌 3:5-6). 사두개인들은 정치적인 사람들이 많습니다. 이들은 귀족층이며 제사장 직분을 가진 자들입니다. 바리새인과 사두개인 사이에 부활의 문제로 충돌과 분리가 있었다는 것은 성경에서 잘 알 수 있습니다(행 23:6-8). 처음에는 선한 의도를 갖고 시작한 사람들이지만 후에는 형식적이며 율법적이며 정치적인 사람들이 되었습니다. 바리새인들과 사두개인들이 세례 요한에게 몰려왔습니다. 그러자 요한은 경건한 사람들이라고 믿는 바리새인들과 정치적 고위층인 사두개인들에게 "독사의 자식들"이라는 비난을 퍼붓습니다. 유대 사회 내에서 이들이 차지하고 있던 종교적, 정치적인 지위가 하나님의 진노를 피하는데 아무런 도움이 되지 않는다는 것을 일깨워줍니다. 요한은 그들 역시 회개해야 한다고 지적합니다.

세례 요한은 "회개하라 천국이 가까이 왔느니라" 하고 외칩니다. 이것을 다시 번역해 보면 '회개하라 왜냐하면 하늘나라가 가까이 왔기 때문이다' 입니다. 유대인들이 회개해야 하는 이유를 설명하는 접속사 "왜냐하면"이 있습니다. 천국이 가까이 왔기 때문입니다.

요한은 천국의 임박함을 강조합니다. 하늘나라가 가까이 왔다는 선언은 유대인들을 흥분시키기에 알맞은 메시지입니다. 천국은 다른 구절들에서 "하나님의 나라"와 유사 동의어입니다. "부자는 천국에 들어가기가 어려우니라 다시 너희에게 말하노니 낙타가 바늘귀로 들어가는 것이 부자가 하나님의 나라에 들어가는 것보다 쉬우니라"(마 19:23-24; 참고 막 10:24-25; 눅 18:24-25). 천국과 하나님 나라의 동의어에서 알 수 있듯이 하늘나라는 하나님이 통치하시는 나라입니다. 하늘나라 또는 하나님의 나라는 구약에서 찾아 볼 수 없는 표현들입니다. 구약에서는 하나님이 왕이심을 말하는 구절들은 많습니다. 하나님은 이스라엘의 왕이실 뿐만 아니라 온 세상의 왕이기도 하십니다. 인간 왕의 통치는 유한하며 제한적이지만 하나님의 통치는 영원하십니다.

세례 요한의 천국 선포는 유대인들에게 충격적이며 신선한 메시지입니다. 유대 공동체에서 수세기 동안 하나님의 말씀이 임한 선지자들은 나오지 않았습니다. 유대인들은 지금 로마의 지배하에 있습니다. 그들이 오랫동안 회복되기를 원했던 다윗의 왕조는 아직도 회복되고 있지 않습니다. 이러한 상황에서 세례 요한이 천국을 선포합니다. 유대인들은 하늘나라가 이 땅에 임하여 하나님이 외적으로부터 그들을 구원하기를 기대합니다. 이러한 염원을 갖고 있는 유대인들이 세례 요한에게 몰려드는 것은 당연한 일입니다.

### 세례

세례 요한의 사역은 회개하게 하기 위한 세례를 주는 것입니다. 요한은 물로 세례를 주었습니다. 그의 세례는 다른 여러 면에서 아주 특이합니다. 그 당시의 쿰란 공동체는 일상적인 정결 의식(세례)을 갖고 있었습니다. 일상적인 의식입니다. 하지만 세례 요한의 세례는 죄를 고백하며 회개하는 사람들에게 단회적인 의식으로 주었습니다. 이것이 큰 차이입니다. 또한 유대교는 개종자들, 유대교로 개종한 이방인들에게 의식적인 목욕과 할례 그리고 희생 제사를 드리게 하였습니다. 이 의식과 세례 요한의 세례는 차이가 있습니다. 개종 의식은 유대교로 개종한 이방인들에게 행해진 반면 요한의 세례는 유대인들에게 주었다는 점입니다.

요한의 세례는 구약의 정결의식에 뿌리를 두고 있습니다. 제사장들은 성소에 들어갈 때와 단에 가까이 갈 때 물두멍에 담겨 있는 물로 손과 발을 씻었고 화제를 드릴 때도 씻었습니다(출 30:17-21; 40:30-32). 또한 제사장들은 성막에서 섬기기 위해 회막에서 물로 씻었습니다(출 29:4; 40:12).

백성들이 부정을 정결하게 하는 방법으로 옷을 빨고 몸을 씻었습니다. 나병에서 깨끗하게 되었을 때(레 14:8), 유출병이 있는 자의 침상을 접촉했을 때(레 15:5), 유출병이 있는 자와 접촉했을 때(레 15:7), 남자와 여자가 성관계를 했을 때(레 15:18), 월경 중에 있는 여인의 침대에 접촉했을 때(레 15:21), 죽은 사체나 찢겨 죽은 사체를 먹었을 때(레 17:15) 몸을 씻어야 했습니다.

이스라엘의 법에 따르면 부정함을 씻고 깨끗하게 하는 물이 있습니다. 흠이 없는 암송아지 한 마리를 제사장이 진영 밖으로 끌고 나가 잡습니다. 제사장은 손가락으로 그 피를 찍어 회막 앞을 향하여 일곱 번 뿌립니다. 제사장은 진영 밖에서 그 암송아지를 백향목, 우슬초, 홍색실을 넣어 함께 불사릅니다. 송아지를 죽인 제사장과 암송아지를 불사른 자는 부정합니다. 따라서 정결한 자가 나가서 암송아지의 재를 거둡니다. 재를 거두어 깨끗한 장소에 이스라엘을 위하여 보관합니다. 이 재로 부정을 깨끗하게 하는 물을 만드는데 사용합니다. 죄의 오염과 더러움을 정결하게 하기위하여 사용하는 물입니다(민 19:1-10).

이러한 법들은 부정을 정결하게 하는 방법입니다. 부정을 씻는 데에 물을 사용했습니다. 이것은 의식적인 정결입니다. 선지자들은 여기서 한 걸음 더 나아가 씻는 것을 죄와 관련해서 말합니다. 이사야는 죄를 씻어 버릴 것을 권면하며(사 1:16) 예레미야는 죄악으로부터 마음을 씻을 것을 말합니다(렘 4:14).

특별히 에스겔 선지자는 포로들이 돌아올 때 물로 씻어 정결하게 될 것을 말합니다. 여호와는 유대 포로들을 포로지에서 이끌어 내어 가나안 땅으로 돌아오게 하십니다(겔 36:24). 포로에서 돌아온 백성을 정결케 하는데 먼저 물을 사용합니다. "맑은 물을 너희에게 뿌려서 너희로 정결하게 하되 곧 너희 모든 더러운 것에서와 모든 우상 숭배에서 너희를 정결하게 할 것이며" (겔 36:25). 더 나아가 에스겔은 "새 영"과 "내 영"을 주실 것을 말합니다. "또 새 영을 너희 속에 두고 새 마음을 너희에게 주되 너희 육신에서 굳은 마음을 제거하고 부드러운 마음을 줄 것이며 또 내 영을 너희 속에 두어 너희로 내 율례를 행하게 하리니 너희가 내 규례를 지켜 행할지라"(겔 36:26-27). 맑은 물을 뿌려서 더러운 것에서 정결하게 하는 것은 새 영과 새 마음을 주어서 굳은 마음을 제거하는 것과 병행을 이루어 나옵니다. 에스겔의 이러한 예언은 새로운 시대, 종말의 시대를 바라보는 것입니다(참고. 『대망의 책』, 459-466).

확실히 요한의 세례는 구약에 뿌리를 두고 있으며 구약의 정결의식에서 발전한 것임이 틀림없습니다. 특별히 선지자들은 죄를 씻어야 한다고 말했던 것에 근거를 두고 있습니다. 그럼에도 불구하고 세례 요한의 세례는 독창적입니다. 요한이 만든 것입니다. 세례 요한이 물로 세례 주는 것을 누구에게 배웠는지 그 기원이 불명확하지만 요한은 회개한 사람들에게 죄를 씻었다는 표시로 세례를 준 것입니다(마 3:6). 요한의 세례는 새로운 시대에 속한 것입니다. 이것은 바리새인들이 보낸 제사장과 레위인들이 요한에게 한 질문에서 알 수 있습니다. "네가 만일 그리스도도 아니요 엘리야도 아니요 그 선지자도 아닐진대 어찌하여 세례를 베푸느냐"(요 1:25). 이들은 세례와 요한의 신분을 연관시키고 있습니다. 세례를 새로운 시대에 올 메시야와 엘리야가 줄 것으로 생각합니다. 그래서 요한에게 메시야도 엘리야도 아니면서 왜 세례를 주느냐고 질문한 것입니다. 이것을 보면 요한의 세례는 회개의 세례로 임박한 하늘나라를 준비하는 성격을 갖습니다. 회개는 죄를 용서받을 수 있습니다. 누가는 "죄사함을 받게 하는 회개의 세례"라고 말합니다(눅 3:3). 세례라는 의식을 받음으로 죄를 용서함을 받는 것이 아닙니다. 세례는 회개한 사람들에게 주는 의식입니다.

세례 요한이 나타나 천국이 가까이 왔음을 전하며 회개의 세례를 줍니다. 그러자 백성은 요한이 혹시 그리스도(메시야)가 아닌가 하고 그의 신분을 궁금해 합니다(눅 3:15). 그러자 요한은 뒤에 오시는 분이 있다고 말합니다. "나는 물로 너희에게 세례를 베풀거니와 나보다 능력이 많으신 이가 오시나니 나는 그의 신발 끈을 풀기도 감당하지 못하겠노라 그는 성령과 불로 너희에게 세례를 베푸실 것이요 손에 키를 들고 자기의 타작마당을 정하게 하사 알곡은 모아 곳간에 들이고 쭉정이는 꺼지지 않는 불에 태우시리라"(눅 3:16-17; 참고 마 3:11-12).

세례 요한의 사역 가운데 가장 중요한 것은 다른 분을 증거하는 것입니다. 자기보다 능력이 많은 분이 올 것입니다. 세례 요한은 자신을 자기 뒤에 오시는 분과 비교합니다.

첫째, 요한은 능력을 비교합니다. 세례 요한보다 더 능력이 많은 분이 올 것입니다. 세례 요한은 그분의 신발 끈을 풀기도 감당할 수 없다고 말합니다. 이것은 종이 주인에게 행하는 일입니다. 세례 요한은 자신과 뒤에 오시는 분과의 관계를 주인과 종으로 묘사합니다.

둘째, 세례 요한의 비교는 세례에 있습니다. 세례 요한은 물로 세례를 주는데 반하여 뒤에 오시는 분은 불과 성령으로 세례를 주실 것입니다. 성령과 불을 나누어서 생각할 것인지 아니면 성령과 불을 동일한 것으로 볼 것인지에 따라서 성령 세례 혹은 불세례로 말합니다. 먼저 여기서 확실히 해야 할 것은 성령은 거룩한 영으로서 하나님입니다. 어떤 능력을 의미하지 않습니다. 성령 하나님입니다. 성령 하나님은 또한 삼위일체 하나님이라는 것을 염두에 두고 생각해야 합니다. 왜냐하면 하나님은 한 분이시기 때문입니다. 이런 말을 하는 이유는 구약에서 하나님이 임재하실 때에 불이 동반 현상으로 자주 나타났기 때문입니다. 모세에게 가시나무에서 나타나실 때 불이 가시나무에 붙었지만 타지 않았습니다. 이스라엘이 광야에서 여행할 때 불기둥과 구름기둥이 함께 했습니다. 모세와 아론이 장막을 완공하고 제사를 드렸을 때 불이 임했습니다. 엘리야가 갈멜산에서 기도했을 때 불이 떨어졌습니다. 솔로몬이 성전을 완공하고 번제를 드렸을 때 불이 임했습니다. 이렇게 구약에서 하나님이 현현하실 때 불이 함께 했습니다. 또한 모세는 하나님을 소개할 때에 "여호와는 소멸하는 불이시요" 하고 말했습니다(신 4:24). 에스겔 선지자는 그발 강에서 본 하나님의 모습을 묘사하는데 불을 중요한 단어로 사용했습니다. 특히 보좌 위에 앉으신 하나님을 말할 때에 "그 허리 위의 모양은 단 쇠 같아서 그 속과 주위가 불같고 내가 보니 그 허리 아래의 모양도 불같아서 사방으로 광채가 나며"(겔 1:27) 하고 설명합니다. 다니엘도 보좌에 앉으신 하나님을 불과 함께 표현합니다. "내가 보니 왕좌가 놓이고 옛적부터 항상 계신 이가 좌정하셨는데 그의 옷은 희기가 눈 같고 그의 머리털은 깨끗한 양의 털 같고 그의 보좌는 불꽃이요 그의 바퀴는 타오르는 불이며 불이 강처럼 흘러 그의 앞에서 나오며 그를 섬기는 자는 천천이요 그 앞에서 모셔 선 자는 만만이며 심판을 베푸는데 책들이 놓였더라"(단 7:9-10).

사도 요한은 또한 부활하신 예수를 묘사하는데 불을 사용합니다. "촛대 사이에 인자 같은 이가 발에 끌리는 옷을 입고 가슴에 금띠를 띠고 그의 머리와 털의 희기가 흰 양털 같고 눈 같으며 그의 눈은 불꽃같고"(계 1:14; 참고 계 2:18).

마지막으로 우리가 염두에 두어야 할 것은 오순절의 성령 강림입니다. 성령이 임하실 때, "마치 불의 혀처럼 갈라지는 것들이 그들에게 보여 각 사람 위에 하나씩 임하여 있더니"(행 2:3) 하고 말합니다. 위의 증거들을 종합해 볼 때, "성령과 불"로 세례를 베푼다는 것은 동일한 것을 나타내는 것으로 성령의 임재를 표현한다고 결론 내릴 수 있습니다. 세례 요한 뒤에 오시는 분은 성령으로 세례를 주는 분입니다.

그리고 요한은 뒤에 오시는 분의 사역을 이렇게 말합니다. "손에 키를 들고 자기의 타작 마당을 정하게 하사 알곡은 모아 곳간에 들이고 쭉정이는 꺼지지 않는 불에 태우시리라"(눅 3:17; 참고 마 3:12). 요한의 뒤에 오시는 분은 키질 하시는 분입니다. 키는 마치 삼지창과 같은 모양을 하고 있습니다. 키로 곡식을 공중에 날립니다. 그러면 알곡은 바로 떨어지지만 쭉정이는 바람에 날려 약간 멀리 떨어집니다. 알곡과 쭉정이가 분리됩니다. 그러면 농부는 쭉정이를 "꺼지지 않는 불"에 태웁니다. 여기서 불은 심판을 의미하는 것이 분명합니다(열매 없는 나무를 찍어 불에 던져 넣는 것과 같이). 이 심판의 불은 위에 나오는 "성령과 불"과 차이가 있습니다. 요한의 뒤에 오실 분의 사역은 구원과 심판입니다. 추수 때에 알곡은 곳간에 들이고 쭉정이는 불에 태웁니다. 세례 요한의 뒤에 오시는 분은 마지막 때에 있을 구원과 심판을 행하시는 분입니다.



우리는 세례 요한의 메시지가 심판에 많은 강조점이 있다는 사실에 주목해야 합니다(마 3:7-10; 눅 3:7-9). 그는 회개하라고 외칩니다. 심판이 가까이 왔기 때문입니다. 그러나 세례 요한 뒤에 오시는 분의 사역은 구원과 심판입니다. 마지막 시대에 구원과 심판이 있을 것입니다. 세례 요한의 메시지에서 또 다른 특징은 천국이 가까이 왔다(마 3:2)는 것과 뒤에 오시는 예수(마 3:11)입니다. 천국이 가까이 오는 것과 예수께서 오시는 것이 밀접한 관련이 있습니다.

사도 요한은 독자들에게 세례 요한의 사역을 다른 각도에서 보여줍니다. 세례 요한의 사명은 뒤에 오시는 이를 증거 하는 것입니다. 사도 요한은 세례 요한의 사명을 빛에 대하여 증거 하는 것이라고 규정합니다. "그가 증언하러 왔으니 곧 빛에 대하여 증언하고 모든 사람으로 자기로 말미암아 믿게 하려 함이라"(요 1:7). 세례 요한의 사명은 빛에 대하여 증언하는 것입니다. 이 빛은 태초에 하나님과 함께 했던 말씀입니다. 말씀 안에 생명이 있습니다. 이 생명이 사람들에게 비추는 빛입니다. 세례 요한은 이 빛을 증거하여 사람들로 믿게 하는 것입니다. 이 빛이 세상에 왔습니다. 하지만 세상은 이 빛을 알지 못합니다. 이 빛이 창조주이지만 사람들은 이 빛을 인정하지 않습니다(요 1:1-5, 9-10).

세례 요한은 사실 이 빛이 누구인지 모릅니다. 그러나 이 빛을 분별하는 방법을 알고 있습니다. 성령이 임하셔서 누구 위에 머무는가를 보는 것입니다. 성령이 임한 사람이 있다면 그가 바로 하나님의 아들입니다. 세례 요한의 임무는 그 사람을 증언하는 것입니다(요 1:31-34).

그래서 세례 요한은 예수를 보고 "보라 세상 죄를 지고 가는 하나님의 어린 양"이라고 증거 합니다(요 1:29). 그는 예수 위에 성령이 임하는 것을 보았으며 예수는 불과 성령으로 세례를 주실 분이라는 것을 알았기 때문입니다. 흥미롭게도 세례 요한은 예수를 "하나님의 어린 양"이라고 말합니다. 구약의 희생 제사와 관련이 있는 표현입니다. 구약의 희생 제사와 예수와 관련이 있다는 것입니다.

# 2

# 예수의 출생

**읽어야 할 본문: 마태복음 1-2장, 누가복음 2-3장**

신약의 역사는 예수 그리스도와 함께 시작합니다. 비록 역사적인 순서로는 세례 요한이 먼저 나오지만 정경적 순서로는 예수 그리스도가 먼저 나옵니다. 마가복음은 "예수 그리스도의 복음의 시작"이라고 말합니다(막 1:1). 마태복음은 예수 그리스도의 족보로부터 시작합니다. 예수는 다윗 후손으로 태어났다는 사실을 자세하게 보도합니다. 아브라함부터 시작하여 예수까지의 족보 이름을 쭉 나열합니다(마 1장). 누가복음은 마태복음보다 더 자세하게 예수의 출생을 다룹니다. 물론 마태가 보도하지 않은 정보들을 제공합니다. 특별히 예수의 어린 시절을 보도합니다(눅 1-2장).

공관복음의 저자들은 예수 그리스도의 출생을 비중있게 다룹니다. 그만큼 예수의 출생을 중요하게 생각하고 있다는 사실입니다. 예수의 어머니 마리아가 어떻게 임신을 하였는지 자세하게 기록합니다. 마리아는 법적인 남편 요셉과의 정상적인 부부관계를 통해서 예수를 임신한 것이 아니라 성령의 능력으로 예수를 임신합니다. 기독교에서 중요하게 다루는 예수의 동정녀 탄생 교리입니다. 공관복음의 저자들은 이것을 아주 중요하게 다룹니다.

족보는 예수의 출생이 구약의 역사와 관련이 있다는 사실을 잘 보여줍니다. 족보에 따르면 이스라엘 역사는 예수 그리스도를 향하고 있습니다. 예수의 출생은 아브라함의 약속과 선지자들의 예언을 성취하는 것이라고 주장합니다. 이것은 예수께서 구약 역사의 궁극적 성취자라는 것을 보여줍니다.

## 2.1 마태의 족보

구약에는 족보가 자주 등장합니다. 신약은 구약에 비해 족보가 아주 드뭅니다. 그런데 특이하게도 예수의 족보는 두 군데에서 나옵니다. 마태복음 1장과 누가복음 3장입니다. 마태의 족보는 아버지에서 아들로 내려옵니다. 하지만 누가의 족보는 아들에서 아버지로 올라갑니다. 마태의 족보는 아브라함부터 시작하는데 반하여 누가의 족보는 아브라함 이전 역사의 사람들도 포함하고 있습니다.

신약 성경은 정경적인 순서로 보면 마태복음이 제일 먼저 나옵니다. 마태복음은 "아브라함과 다윗의 자손 예수 그리스도의 계보라"고 시작합니다(마 1:1). 헬라어는 "계보"(비블로스 게네세오스, 출생의 책, 시작의 책)라는 단어가 먼저 나옵니다. '출생,' '시작' 또는 '기원'을 의미하는 "게네세오스"(게네시스의 소유격)는 히브리어 구약 성경의 창세기 첫 단어 "태초에"(시작에)를 기억나게 합니다(헬라어 구약 성경(70인경)은 창세기를 게네시스로 부릅니다). 구약 성경은 우주만물과 인류의 시작을 설명하는데 반하여 신약 성경은 예수 그리스도의 시작에 대하여 말합니다.

흥미롭게 신약은 예수 그리스도의 족보로부터 시작합니다. 마태복음 1:1을 직역해 보면 '예수 그리스도의 출생의 책, 다윗의 아들, 아브라함의 아들' 입니다. 예수의 족보는 다윗과 아브라함부터 나옵니다. 여기서 지적하고 싶은 것은 다윗이 아브라함의 후손임에도 불구하고 다윗의 이름이 아브라함보다 먼저 나온다는 사실입니다. 마태는 다윗의 이름에 강조를 두고 있습니다.

마태는 아브라함 이전의 족보를 추적하지 않고 아브라함부터 시작합니다. 아브라함이 유대인의 조상이기 때문입니다. 이 족보는 세 부분으로 나뉩니다. 첫 번째는 아브라함부터 다윗까지 14명의 이름이 나옵니다. 아브라함 –

이삭 – 야곱 – 유다 – 베레스 – 헤스론 – 람 – 아미나답 – 나손 – 살몬 – 보아스 – 오벳 – 이새 – 다윗.

이 부분의 특징은 야곱 다음에 유다가 나오는 것입니다. 야곱은 12아들들이 있었습니다. 12명의 아들들 가운데 장자는 르우벤입니다. 그런데 이 족보는 르우벤을 추적하지 않습니다. 특히 11번째 아들인 요셉은 가나안 땅에 흉년이 들었을 때에 야곱의 가족들을 다 구원한 인물입니다. 그러나 마태는 요셉의 족보를 추적하지 않고 유다를 추적합니다. 이는 유다가 베냐민 사건 때에(참고 『대망의 책』, 80-84) 베냐민의 구속자, 대속자로 행동했기 때문입니다. 이 사건으로 인하여 유다는 복을 받았습니다. 야곱은 유다 지파에서 통치자가 올 것을 예언했습니다(창 49:9-12). 이러한 사실 때문에 마태는 야곱의 열두 아들들 가운데 유다의 족보를 추적합니다.

다른 특징으로 세 명의 여성 이름이 등장한다는 사실입니다. 성경의 족보에서 여성의 이름은 잘 나오지 않습니다. 그런데 여기서는 세 명의 여인들 다말, 라합, 룻이 나옵니다. 다말은 출신 지역이 명확하지 않지만 가나안 여인인 것 같습니다(창 38:11). 다말은 시아버지 유다와 성관계를 가져서 두 아들 베레스와 세라를 낳습니다. 현대인의 관점에서는 다말의 행위를 이해하기 어렵지만 그 당시의 문화적 배경에서 보면(계대법) 다말의 행위는 영웅적입니다. 남편의 이름을 잇게 한 여인이며 자신의 권리를 주장한 여인입니다 유다가 도장과 끈과 지팡이를 보고 "그는 나보다 옳도다(의롭도다)"(창 38:26)고 한 말을 기억해야 합니다. 두 번째 여성 라합은 이방인으로서 여리고 성의 기생입니다. 그녀는 이스라엘의 정탐꾼들을 도와주고 이스라엘 공동체에 들어옵니다. 무엇보다도 그녀의 믿음이 탁월합니다(수 2:8-11). 세 번째 여인 룻은 모압 출신입니다. 율법은 분명히 모압 출신은 영원히 여호와의 공동체에 들어올 수 없다고 못 박고 있습니다(신 23:3). 그러나 룻은 여인임에도 불구하고 여호와의 공동체에 들어왔을 뿐만 아니라 예수의 족보에까지 그 이름을 올리고 있습니다. 그녀의 믿음은 시어머니 나오미를 섬기는 데에서 나타납니다. 죽을 때까지 나오미를 섬기겠다는 그녀의 믿음은 크게 칭송을 받습니다(룻 1:16-17).

족보의 두 번째 부분은 다윗부터 여고냐까지 즉, 바벨론에 포로로 잡혀가기까지입니다. 다윗부터 여고냐까지 다시 14명의 이름이 나옵니다. 솔로몬 – 르호보암 – 아비야 – 아사 – 여호사밧 – 요람 – 웃시야 – 요담 – 아하스 – 히스기야 – 므낫세 – 아몬 – 요시야 – 여고냐.

이 부분의 특징은 먼저 다윗의 아들들 가운데 솔로몬을 추적하는 것입니다. 다윗은 헤브론에서 낳은 6명의 아들들(삼하 3:2-5)과 예루살렘에서 낳은 11명의 아들들(삼하 5:14-16)이 있습니다. 솔로몬은 예루살렘에서 낳은 아들들 가운데 네 번째로 그 이름이 나옵니다. 솔로몬 위로 형들이 많이 있지만 솔로몬이 다윗의 왕위를 이어받습니다. 솔로몬의 족보를 추적하는 것은 왕의 족보를 추적하는 의미가 있습니다. 예수는 왕의 가문에서 태어났음을 밝히는 것입니다.

특이하게도 마태는 솔로몬의 어머니인 밧세바를 언급하지 않습니다. 마태는 "다윗은 우리야의 아내에게서 솔로몬을 낳고"로 기록합니다(마 1:6). "우리아의 아내"는 밧세바입니다. 밧세바는 엘리암의 딸로 이스라엘 출신입니다(삼하 11:3; 23:34). 위에서 나온 세 명의 여인들 다말, 라합 그리고 룻은 이방 여인들입니다. 그러나 밧세바는 이스라엘 출신입니다. 그럼에도 불구하고 마태는 밧세바의 이름을 기록하지 않습니다. 마태가 밧세바의 이름을 기록하지 않고 "우리아의 아내"로 말하는 것을 보면 마태는 다윗과 밧세바의 사건에서 우리아를 긍정적으로 그리고 밧세바를 부정적으로 평가하고 있는 것입니다(참고 『대망의 책』, 284-291). 밧세바는 이름이 있음에도 불구하고 예수의 족보에 이름을 올리지 못합니다. 그러나 우리야는 다윗 가문과는 아무런 상관이 없는 이방인임에도 불구하고 예수의 족보에 그 이름을 올립니다.

이 부분에서 다른 특징으로는 요람과 웃시야 사이에 세 명, 아하시야, 요아스, 아마샤가 빠져 있습니다. 그리고 요시야와 여고냐(여호야긴) 사이에도 여호야김이 빠져 있습니다. 위의 왕들의 이름들을 살펴보면 좋은 왕들만 있지 않습니다. 나쁜 왕들의 이름도 있습니다. 예수의 족보에는 이방인 여성들도 있고 나쁜 왕들도 함께 있습니다.

세 번째 부분은 여고냐부터 예수까지입니다. 여기서는 13명의 이름이 나옵니다. 스알디엘 – 스룹바벨 – 아비훗 – 엘리아김 – 아소르 – 사독 – 아킴 – 엘리웃 – 엘르아살 – 맛단 – 야곱 – 요셉 – 예수.

세 번째 부분에서 이름이 13명이 나옵니다. 그런데 마태는 여고냐를 다시 한 번 더 셉니다(마 1:11-12). 그래서 14명이라는 숫자를 맞춰 놓고 있습니다. "그런즉 모든 대 수가 아브라함부터 다윗까지 열네 대요 다윗부터 바벨론으로 사로잡혀 갈 때까지 열네 대요 바벨론으로 사로잡혀 간 후부터 그리스도까지 열네 대더라"(마 1:17).

이 부분의 이름들은 구약 성경에서 발견할 수 없는 이름들이 대부분입니다. 신구약 중간 시대에 있었던 사람들이기 때문입니다. 예수의 족보는 신구약 중간기의 역사도 포함하고 있습니다. 선지자들을 통하여 하나님의 말씀이 주어지지 않은 시대이지만 하나님의 계획은 멈추지 않았습니다. 신구약 중간기에 유대인들이 생존함으로 하나님의 구속 계획은 그들을 통해 이루어질 수 있었습니다. 성경이 기록되지 않은 시대에 남은 유대인들이 생존함으로 예수 그리스도께서 그들의 후손으로 오실 수 있었습니다.

### 족보의 특징

마태는 14라는 숫자를 강조합니다. 위에서 살펴보았듯이 족보 가운데는 빠진 사람들의 이름이 있으며 두 번 계수된 사람도 있습니다. 이것은 14라는 숫자를 맞추기 위한 의도입니다. 마태가 열네 대를 강조하는 이유는 아브라함 – 다윗 – 바벨론 포로기 – 예수 그리스도라는 시대를 구분하기 위함이며 동시에 14라는 숫자를 강조하기 위해서입니다.

히브리어의 자음은 숫자의 의미를 갖습니다. 히브리어 알파벳의 첫 자음인 알렙(א)은 1이며 두 번째 자음 베트(ב)는 2입니다. 히브리어 자음 순서로 보면 다윗(דוד)의 이름은 네 번째 자음인 달렛(ד)과 여섯 번째 자음인 와우(ו) 그리고 다시 네 번째 자음인 달렛(ד)으로 구성되어 있습니다. 다윗 이름의 자음들이 갖고 있는 숫자는 4+6+4=14입니다. 결국 열네 대라는 숫자는 다윗을 강조하기 위한 숫자입니다. 이 족보는 예수께서 다윗 왕의 후손으로 오셨다는 사실을 드러내고 있습니다. 또한 개역 개정의 1:1 번역은 "아브라함과 다윗의 자손 예수 그리스도의 계보라"하고 아브라함부터 나오지만 위에서 지적했듯이 헬라어는 '예수 그리스도의 출생의 책, 다윗의 아들, 아브라함의 아들'로 다윗의 이름이 먼저 나옵니다. 결국 이 족보는 예수께서 다윗 왕의 후손으로 왔다는 사실을 말합니다.

예수께서 다윗 왕의 후손으로 왔다는 사실은 먼저 구약의 다윗 언약을 기억나게 합니다. 하나님은 다윗 왕에게 "네 집과 네 나라가 내 앞에서 영원히 보전되고 네 왕위가 영원히 견고하리라"(삼하 7:16)고 약속하셨습니다. 하나님은 다윗의 왕위를 영원히 견고하게 하실 것입니다. 이 약속이 이루어지기 위해서는 왕위에 오를 아들이 있어야 합니다. 예수의 족보는 다윗 왕의 후손이 계속 있었다는 사실을 보여줍니다(참고 왕상 2:4). 하나님은 다윗에게 하신 약속을 지키셨고 결국 예수 그리스도는 다윗의 후손으로 오셨습니다.

예수는 다윗 왕의 후손으로 왔다는 사실은 또한 예언의 성취입니다. 구약의 대표적인 선지자들인 이사야(9:6-7; 11:1-5), 예레미야(23:5-6) 그리고 에스겔(34:23-24)은 다윗의 후손에서 한 왕이 올 것을 예언했습니다. 다윗의 후손에서 오실 왕은 이상적인 왕으로서 공평과 정의로 세상을 통치할 왕입니다. 마태는 예수께서 다윗의 후손으로 오셨다는 사실을 확실히 함으로 메시야 예언이 성취되었다는 것을 증거합니다.

예수의 족보는 아브라함부터 시작합니다. 아브라함은 유대인의 조상이며 유대인의 기원입니다. 하나님이 아브라함을 부르실 때에 "땅의 모든 족속이 너로 말미암아 복을 얻을 것이니라"고 약속하셨습니다(창 12:3). 이 약속은 후에 아브라함이 이삭을 번제로 드렸을 때, 더 확실하게 나옵니다. "네 씨로 말미암아 천하 만민이 복을 받으리니"(창 22:18). 아브라함의 씨로 말미암아 세상의 모든 민족들이 복을 받을 때가 있을 것입니다. 이 약속이 이제 예수에 의해서 이루어진 것입니다. 그래서 마태는 아브라함부터 시작한 족보를 예수로 끝맺고 있는 것입니다.

족보는 역사를 보여줍니다. 역사는 족보에 나타난 이름들과 함께 했습니다. 하나님이 아브라함에게 약속한 것은 역사 속에서 이루어집니다. 그리고 다윗에게 하신 언약도 역사 속에서 이루어집니다. 다윗 언약에 근거한 메시야 예언도 역사 속에서 성취된 것입니다. 역사는 하나님의 구속적인 목적을 향해 나아갑니다. 역사가 진행되면서 하나님의 구속적인 계획이 차츰 드러나기 시작합니다. 하나님은 역사 속에서 자신의 뜻을 미리 말씀하시며 이루어나가십니다.

## 2.2 누가의 족보

누가가 제시하는 예수의 족보는 마태의 족보와 다릅니다. 아들로부터 시작하여 아버지로 거슬러 올라가는 족보입니다. 현재에서 과거로 나아가는 구조입니다. "예수께서 가르치심을 시작하실 때에 삼십 세쯤 되시니라 사람들이 아는 대로는 요셉의 아들이니 요셉의 위는 헬리요"(눅 3:23) 하고 시작합니다. 누가는 예수 – 요셉 – 헬리로 시작합니다. 여기서부터 마태와 차이를 보입니다. 마태는 예수 – 요셉 – 야곱으로 나아가기 때문입니다.

마태는 아브라함부터 예수까지 총 41명의 이름이 나옵니다. 누가는 예수부터 아브라함까지 총 56명이 나옵니다. 누가의 족보에서 나오는 아브라함부터 다윗까지의 이름은 거의 마태의 족보와 같습니다(한 명 아니의 이름만 다르게 나옵니다). 하지만 다윗 이후부터 큰 차이를 보입니다. 누가는 다윗의 아들 나단을 추적합니다. 이것이 큰 차이입니다. 마태는 다윗의 아들 솔로몬의 계보를 추적하기 때문입니다. 여기서 알 수 있는 사실은 누가의 족보는 유다의 왕의 계보가 아니라는 사실입니다. 마태는 솔로몬부터 여고냐(여호야긴)까지 왕들의 이름을 언급합니다. 그러나 누가는 나단부터 나오는 이름에는 유다의 왕들 이름이 보이지 않습니다. 이것이 큰 차이입니다.

그렇다면 누가의 족보는 누구의 족보인가 하는 의문이 생깁니다. 많은 학자들은 아마도 마리아의 족보일 것이라고 추측합니다. 이 말에 일리가 있습니다. 왜냐하면 누가는 마리아의 입장에서 예수의 탄생 이야기를 기술하기 때문입니다. 누가는 천사 가브리엘이 마리아를 찾아가 예수의 출생을 말해

주는 이야기를 설명합니다. 이때 마리아는 아직 남자와 성관계를 갖지 않았다고 말합니다. 그러자 천사는 성령의 능력으로 마리아가 임신할 것을 말해줍니다. 그러자 마리아는 말씀대로 이루어지기를 바랍니다. 여기서 마리아의 반응이 자세하게 나옵니다(눅 1:26-38). 하지만 마태는 요셉의 반응을 자세하게 설명합니다. 마리아가 성령으로 임신한 것이 나타나자 요셉은 약혼을 파혼하려고 합니다. 그러자 주의 천사가 나타나 마리아가 어떻게 임신했는지를 설명해 줍니다(마 1:18-25).

또한 누가는 "예수께서 가르치심을 시작하실 때에 삼십 세쯤 되시니라 사람들이 아는 대로는 요셉의 아들이니 요셉의 위는 헬리요" 하고 설명합니다(눅 3:23). 여기서 "사람들이 아는 대로는"은 '추측하기로는' 이라는 의미입니다. 사람들은 예수는 요셉의 아들로 추측한다는 것입니다. 요셉이 법적인 아버지로 되어 있기 때문입니다. 이 말은 두 가지의 사실을 전제합니다. 첫째, 누가는 성령으로 마리아가 임신했다고 말합니다(눅 1:34-35). 즉 예수는 정상적인 성관계를 통해서 출생하지 않았습니다. 둘째, 요셉과 마리아가 정상적인 부부관계를 통해서 예수를 낳은 것이 아닙니다. 성령에 의해서 마리아가 예수를 낳았습니다. 요셉이 낳은 것이 아닙니다. 그렇기 때문에 이 족보는 요셉의 족보가 아닐 수 있다는 사실을 암시합니다. 이러한 사실에도 불구하고 누가는 명확하게 이 족보가 누구의 족보인지 말하지 않습니다.

누가의 족보의 가장 큰 특징은 아브라함 이전의 역사를 기록한다는 사실입니다. 마태는 아브라함 이전의 역사를 기록하지 않았습니다. 그러나 누가는 아담까지 거슬러 올라갑니다. 인류의 첫 사람 아담을 언급합니다. 그리고 그 위로 하나님을 언급합니다. 누가의 족보는 예수부터 시작해서 하나님으로 끝이 나고 있습니다. 예수와 하나님이 처음과 끝입니다. 무엇인가를 암시하고 있습니다.

누가의 족보(눅 3:23-38)는 또한 예수의 세례 사건(눅 3:21-22)과 예수의 시험 사건(눅 4:1-13) 사이에 놓여 있습니다. 예수는 세례를 받으실 때에 하늘에서 소리가 들립니다. "너는 내 사랑하는 아들이라"(눅 2:22). 하늘에서 하나님의 음성이 들립니다. 하나님이 예수를 하나님의 아들이라고 선언합니다. 그리고 예수의 시험 사건에서 마귀는 예수에게 "네가 만일 하나님의 아들이어든"(눅 4:3, 9) 하고 말하면서 예수를 시험합니다. 예수의 족보를 감싸고 있는 이 두 사건들은 예수는 하나님의 아들임을 증거하고 있습니다. 누가는 이 두 사건들 사이에 예수의 족보를 놓아두었습니다. 그리고 예수부터 시작하여 하나님에게까지 나아갑니다. 예수께서 하나님의 아들이심을 보여주고 있는 것입니다.

### 2.3 마태의 예수 출생 기사

구약은 여러 곳에서 출생 기사를 말합니다. 어떤 인물이 태어날 때의 상황을 자세하게 말합니다. 예를 들면 모세와 사무엘입니다. 그리고 태어날 아이의 이름을 미리 가르쳐 주는 경우도 있습니다. 삼손이나 마헬살랄하스바스와 같은 경우입니다.

이와 같이 예수의 출생도 자세하게 기록되어 있습니다. 마태는 예수의 족보를 길게 기술합니다. 그리고 마태는 우리에게 예수의 출생을 이렇게 "야곱은 마리아의 남편 요셉을 낳았으니 마리아에게서 그리스도라 칭하는 예수가 나시니라"고 전해줍니다(마 1:16). 여기서 흥미로운 것은 동사입니다. 마태의 족보는 계속 '누가 누구를 낳다' 하고 능동태를 썼습니다. 그런데 "마리아에게서 그리스도라 칭하는 예수가 나시니라"고 말합니다. 이것은 수동태입니다. '그녀에게서 예수가 태어나셨다' 입니다. 동사의 형태가 수동태인 것도 흥미로울 뿐만 아니라 요셉이 예수를 낳은 것도 아니라는 사실입니다. 예수는 마리아에게서 태어나셨습니다.

예수의 족보에는 네 명의 여성 이름이 나옵니다. 다말, 라합, 룻, 우리아의 아내입니다. 이 네 명의 여성 이름들이 나오는 곳을 보면 "유다는 다말에게서 베레스와 세라를 낳고"입니다(마 1:3). 여기서 주어는 '유다' 입니다. 다른 여성들의 이름이 나오는 곳도 보면 주어가 '살몬', '보아스', '다윗' 입니다(마 1:5, 6). 그러나 예수의 출생을 말하는 구절에서 주어는 '예수' 입니다. 이것이 큰 차이입니다. 요셉이 예수를 낳은 것이 아니라 예수께서 주체가 되어서 마리아에게서 태어났습니다.

마리아가 임신합니다. 이것은 마리아와 약혼한 요셉에게 큰 문제입니다. 아직 정식 결혼을 하지 않은 상태에서 마리아가 임신했기 때문입니다. 마태는 마리아가 부정한 일을 저질러서 임신한 것이 아니라고 밝힙니다. "예수 그리스도의 나심은 이러하니라 그의 어머니 마리아가 요셉과 약혼하고 동거하기 전에 성령으로 잉태된 것이 나타났더니"(마 1:18). 마리아가 요셉과 약혼했지만 아직 정식으로 잠자리를 함께 하지 않았습니다. 부부관계가 없었음에도 불구하고 마리아는 임신했습니다. 성령의 능력으로 임신한 것입니다. 성령은 예수의 기원을 설명해줍니다.

누가는 이 상황을 더 자세하게 설명합니다. 천사 가브리엘이 마리아에게 와서 마리아가 임신할 것을 알려 줍니다. 그러자 마리아는 명확하게 자신의 상태를 말합니다. "마리아가 천사에게 말하되 나는 남자를 알지 못하니 어찌 이 일이 있으리이까"(눅 1:34). 마리아는 남자를 '알지' 못한다고 말합니다. 이는 마리아가 남자를 경험하지 않았다는 의미입니다. 즉 성관계가 없었다는 것을 뜻합니다. 그러자 천사가 이렇게 말합니다. "성령이 네게 임하시고 지극히 높으신 이의 능력이 너를 덮으시리니 이러므로 나실 바 거룩한 이는 하나님의 아들이라 일컬어지리라"(눅 1:35). 마리아는 남자와의 성관계를 통하여 임신한 것이 아니라 성령의 능력으로 임신한 것입니다.

요셉은 이러한 사실을 모릅니다. 마리아가 부정한 일을 저질렀다고 생각하고 비공식적으로 파혼하려고합니다. 요셉이 공개적으로 마리아와 파혼을 하면 마리아는 공동체에서 간음한 여성으로 수치를 당할 것입니다. 요셉은 이것을 원치 않았던 것입니다. 이들은 아직 부부관계를 갖지 않았지만 법적으로 부부입니다. 요셉이 딜레마에 빠져 있을 때에 주의 천사가 꿈에 나타나서 마리아의 임신을 설명해 줍니다. "다윗의 자손 요셉아 네 아내 마리아 데려오기를 무서워하지 말라 그에게 잉태된 자는 성령으로 된 것이라"(마

1:20). 주의 천사는 요셉을 "다윗의 자손"으로 부르고 있다는 사실에 주목해야 합니다. 요셉은 다윗의 후손입니다. 그리고 주의 천사는 요셉에게 마리아를 데려오라고 합니다. 공식적으로 결혼하라는 의미입니다. 천사는 마리아가 임신한 것은 성령에 의한 것이라고 설명해 줍니다. 이는 마리아가 부정한 행위 즉 간음을 행한 것이 아니라는 것을 확인해줍니다.

더 나아가 천사는 태어날 아이의 이름을 예수로 지어 줍니다. "아들을 낳으리니 이름을 예수라 하라 이는 그가 자기 백성을 그들의 죄에서 구원할 자이심이라"(마 1:21). 예수(헬라어. 예수스)는 히브리어로 예수아입니다(느 7:7). 예수아는 예호수아의 축약형입니다. 히브리어 예호수아는 모세의 후계자 여호수아('여호와는 구원이시다')의 이름입니다. 예수는 그 당시에 흔한 이름입니다. 천사는 예수의 이름을 이렇게 해석해 줍니다. "왜냐하면 그는 그의 백성을 그들의 죄들로부터 구원할 것이기 때문이다"(마 1:21. 사역). 예수는 "그의 백성"을 구원할 것입니다. 그는 구원자입니다. 그의 구원은 정치적, 군사적, 경제적인 구원이 아니라 죄로부터의 구원입니다. 천사는 예수의 사명이 유대 백성들이 염원하고 있는 구원 즉 로마로부터의 정치적, 군사적인 구원이 아니라는 사실을 처음부터 밝히고 있습니다.

천사는 더 나아가 예수의 출생은 구약 예언의 성취임을 명확하게 합니다. "이 모든 일이 된 것은 주께서 선지자로 하신 말씀을 이루려 하심이니"(마 1:22). 이는 일명 마태의 "성취 공식"으로 불리는 구절입니다(참고 마 2:6, 15, 18, 23). 마리아가 성령으로 잉태된 것은 이사야 선지자가 예언한 것이 성취된 사건이라는 설명입니다. 주의 천사는 계속해서 이사야의 예언을 인용합니다. "보라 처녀가 잉태하여 아들을 낳을 것이요 그의 이름은 임마누엘이라 하리라 하셨으니 이를 번역한즉 하나님이 우리와 함께 계시다 함이라"(마 1:23). 이 예언은 유다의 아하스 왕 때에 이사야 선지자를 통해서 주어진 말씀입니다(이사야 시대의 이 예언에 관한 자세한 설명은 참고. 『대망의 책』, 407-410). 마태는 '처녀'를 의미하는 '팔테노스'라는 단어를 취하는 헬라어 구약성경(70인경)을 인용하고 있습니다. 마리아의 신분을 보여주는 단어입니다. 약혼을 했지만 아직 정식 부부관계를 갖지 않은 상태이기 때문입니다. 그 당시 결혼 관습은 약혼을 하고 약 일 년 후에 정식으로 결혼을 했기 때문에 아직 마리아는 남자를 알지 못했습니다(눅 1:34). 예수의 출생은 동정녀인 마리아에 의해서 이루어졌다는 것을 보여줍니다.

무엇보다도 임마누엘의 이름에 대한 설명이 중요합니다. "하나님이 우리와 함께 계시다"입니다. 마리아가 낳은 예수는 인간의 몸을 입었지만 하나님이라는 것입니다. 마침내 하나님이 이 땅에 오셨습니다. 구약에는 많은 신현 사건이 있었습니다. 또한 선지자들은 하나님이 오실 것을 예언했습니다. 예수의 오심은 구약의 많은 신현 사건들의 절정입니다.

요셉은 꿈에 주의 천사의 말을 들었습니다. 그는 즉각 순종합니다. 마리아를 집으로 데려옵니다. 이는 요셉이 예수의 사회적, 법적인 보호자로서 역할을 한 것입니다. 예수께서 다윗의 자손으로 불릴 수 있는 법적 근거가 마련된 것입니다. 또한 요셉은 마리아를 데려온 후에 임신 중인 마리아와 성관계를 갖지 않음으로 정결 의식을 지킵니다. "아들을 낳기까지 동침하지 아니하더니"(마 1:25). 이것은 '그는 그녀를 알지 못했다' 입니다(참고 눅 1:34).

### 동방 박사들의 방문

예수의 출생은 유대 사회에 큰 파장을 일으킵니다. 동방에서 박사들이 예수께 경배하러 왔기 때문입니다. 이들은 예루살렘에 와서 "유대인의 왕으로 나신 이가 어디 계시냐 우리가 동방에서 그의 별을 보고 그에게 경배하러 왔노라"고 말합니다(마 2:2). 동방 박사들이 별을 보고 왔다는 말을 보면 이들은 점성가들입니다. 동방이 어디를 말하는지 명확하지 않습니다. 하지만 분명한 점은 이방인들이 예수께 경배하러 왔다는 사실입니다. 동방 박사들이 "유대인의 왕"이 어디 있느냐고 묻습니다. 이 질문은 예수의 족보와 잘 어울립니다. 예수의 족보는 유다의 왕 즉, 다윗 왕의 족보이기 때문입니다. 예수는 다윗 왕의 후손으로 오셨습니다. 그러나 예루살렘은 이 사실을 모르고 있습니다. 오히려 동방 박사들의 말을 듣고 헤롯 왕과 예루살렘이 놀랍니다.

이방인은 유대인의 왕이 출생한 것에 지대한 관심을 기울이고 있는데 반하여 정작 유대인은 무관심합니다.

헤롯 왕은 대제사장과 서기관들을 모아서 "그리스도가 어디서 나겠느냐" 고 묻습니다(마 2:4). 그리스도는 '기름 부음을 받은 자' 입니다. 구약에서 제사장, 선지자 그리고 왕이 기름 부음을 받았습니다. 동방 박사들이 유대인의 왕이 어디 있느냐고 물었기 때문에 여기서 그리스도는 왕을 의미합니다. 대제사장과 서기관들이 유대 베들레헴이라고 대답합니다. "이르되 유대 베들레헴이오니 이는 선지자로 이렇게 기록된 바 또 유대 땅 베들레헴아 너는 유대 고을 중에서 가장 작지 아니하도다 네게서 한 다스리는 자가 나와서 내 백성 이스라엘의 목자가 되리라"(마 2:5-6). 베들레헴은 다윗의 아버지 이새가 살던 곳입니다(삼상 16:1, 4). 다윗 역시 베들레헴 출신입니다(삼상 16:18). 예수께서 베들레헴에서 출생했다는 사실은 베들레헴에서 왕이 나올 것이라는 미가 선지자의 예언을 성취한다는 것입니다. 하지만 마태는 미가 5:2에는 나오지 않는 "내 백성 이스라엘의 목자가 되리라"를 덧붙입니다. 이 말은 이스라엘의 모든 지파들이 다윗 왕을 기름 부어 왕으로 세울 때 한 말입니다(삼하 5:2). 마태가 이 말을 덧붙이는 이유는 예수께서 다윗 왕의 후손으로 온 유대인의 왕이라는 사실을 강조하기 위한 것입니다. 미가의 예언은 예수의 탄생으로 성취되었습니다. 예수는 구약의 예언을 성취하는 자입니다.

예수의 출생은 헤롯에게 큰 위협이 되었습니다. 헤롯은 유대인이 아니라 이두메인으로 로마의 승인을 얻어 왕이 되었습니다. 헤롯은 다윗 후손의 적법한 왕이 아닙니다. 유대인의 왕이 태어났다는 소문이 퍼지면 헤롯은 자신의 권좌가 위태롭습니다. 그래서 예수를 죽이려고 계획합니다. 그러나 주의 천사가 요셉에게 헤롯의 계획을 알려주면서 이집트로 피난가라고 합니다. 요셉은 마리아와 예수를 데리고 이집트에 내려가서 헤롯이 죽기까지 삽니다. 이것을 마태는 "이는 주께서 선지자를 통하여 말씀하신 바 애굽으로부터 내 아들을 불렀다 함을 이루려 하심이라"고 설명합니다(마 2:15). 이는 호세아 선지자의 말씀을 인용한 것입니다(호 11:1). 이것은 아브라함과 야곱이 이집트로 피난 간 것을 기억나게 합니다. 특히 야곱은 온 식구들을 데리고 가뭄과 흉년을 피해 이집트로 내려가서 살며 번성했습니다. 호세아 선지자는 이스라엘을 아들로 칭하면서 하나님이 이스라엘을 이집트로부터 불러내었다고 말합니다. 출애굽 사건을 뜻합니다. 예수께서 이집트로 피난 간 것은 이스라엘이 이집트에서 출애굽한 것을 이루기 위함이라고 설명합니다. 출애굽은 이스라엘이 노예로부터 해방된 사건입니다. 정치적, 군사적인 해방과 더불어 하나님이 아브라함에게 하신 약속을 성취하기 위한 사건입니다. 그런데 마태는 이스라엘의 출애굽 사건과 예수께서 이집트로 내려갔다가 다시 나온 사건을 연결시키고 있습니다. 여기에 모형론이 있습니다. 하나님은 이스라엘을 아들이라고 불렀습니다. 하나님이 이스라엘을 구원했습니다. 예수는 진정한 하나님의 아들입니다. 예수는 하나님의 아들로서 그의 백성을 죄에서 구원할 것입니다.

예수의 생명을 찾던 헤롯이 죽었습니다. 주의 천사가 꿈에 요셉에게 이스라엘로 올라가라고 합니다. 요셉이 순종하여 이스라엘로 돌아옵니다. 그러나 헤롯의 아들 아켈라오가 유대의 왕이 되었다는 소식을 듣고 무서워합니다. 다시 꿈에 천사의 지시를 듣고 갈릴리 지방으로 갑니다. 요셉은 의로운 사람이며 순종하는 사람입니다. 계속 천사의 지시를 따라 순종하며 움직이고 있습니다. "꿈에 지시하심을 받아 갈릴리 지방으로 떠나가 나사렛이란 동네에 가서 사니 이는 선지자로 하신 말씀에 나사렛 사람이라 칭하리라 하심을 이루려 함이러라"(마 2:22-23). 마태는 다시 성취 공식을 사용하고 있습니다. 그러나 문제는 구약 어디에서도 나사렛이라는 지명이 나오지 않는다는 사실입니다. 따라서 이 구절이 문제입니다. 여기에 다양한 설명들이 있지만 대부분이 추측들로서 만족스럽지 못합니다. 구약에서 이렇게 예언하는 본문 자체가 없기 때문에 어느 해석도 만족스럽지 못한 것은 사실입니다.

다만 조심스럽게 제안할 수 있는 것은 마태가 이사야의 예언을 염두에 두고 말한 것 같습니다. 이사야는 메시야 시대를 예고하며 이상적인 왕이 올 것을 예언했습니다(사 9:1-7). 이사야는 이렇게 말합니다. "전에 고통 받던 자들에게는 흑암이 없으리로다 옛적에는 여호와께서 스불론 땅과 납달리 땅이 멸시를 당하게 하셨더니 후에는 해변 길과 요단 저쪽 이방의 갈릴리를 영화롭게 하셨느니라"(사 9:1-2). 이사야의 이 예언은 앗수르가 갈릴리 지역을 점령한 것을 배경으로 합니다. 앗수르의 디글랏 빌레셀 왕은 갈릴리와 납달리 땅을 빼앗아 앗수르 영토에 귀속시켰습니다(왕하 15:29). 그래서 이사야는 "이방의 갈릴리"라고 말하고 있습니다. 나사렛은 갈릴리 지역에 있습니다. 마태가 예수를 나사렛 사람이라고 불리어질 것이라고 말한 것은 이러한 역사적 배경과 이사야 예언을 염두에 두고 한 말인 것 같습니다.

이집트에서 올라 온 요셉과 마리아가 다시 나사렛으로 간 것은 자연스럽습니다. 그들은 갈릴리의 나사렛에서 살았었기 때문입니다(눅 1:26-27; 2:4).



## 2.4 누가의 예수 출생 기사

마태는 예수의 출생 가사를 요셉의 관점에서 기록합니다. 그러나 누가는 예수의 출생 기사를 마리아의 관점에서 보도하고 있습니다. 천사 가브리엘이 요셉과 약혼한 처녀 마리아에게 나타나서 아들을 낳을 것을 알려줍니다(눅 1:26-38). "보라 네가 잉태하여 아들을 낳으리니 그 이름을 예수라 하라"(눅 1:31). 마태복음은 천사가 요셉에게 태어날 아들의 이름을 알려 주고 예수의 이름의 뜻과 예수의 할 일(자기 백성을 죄에서 구원할 자)을 설명해 주었습니다(마 1:21). 그러나 누가는 태어날 아이의 이름을 마리아에게 알려주고 있습니다. 천사 가브리엘은 더 나아가 태어날 아들 예수의 신분을 말해 줍니다. "그가 큰 자가 되고 지극히 높으신 이의 아들이라 일컬어질 것이요 주 하나님께서 그 조상 다윗의 왕위를 그에게 주시리니 영원히 야곱의 집을 왕으로 다스리실 것이며 그 나라가 무궁하리라"(눅 1:32-33).

첫째, 예수는 "큰 자"입니다. 이것은 세례 요한과 대조됩니다. 세례 요한은 "주 앞에서 큰 자"가 될 것입니다(눅 1:15). 둘째, 예수는 "지극히 높으신 이의 아들"입니다(참고 창 14:18; 신 32:8; 삼하 22:14; 시 47:2). 즉 하나님의 아들입니다. 천사 가브리엘은 다시 "이러므로 나실 바 거룩한 이는 하나님의 아들"이라고 더 구체적으로 밝히고 있습니다(눅 1:35). 셋째, 예수는 다윗의 왕위를 물려받을 자입니다. 이것은 예수가 다윗의 후손이라는 것을 전제로 합니다. 예수는 다윗의 자손 요셉의 아들이기 때문입니다. 예수는 다윗의 왕위를 물려받을 왕입니다. 예수는 왕으로서 야곱의 집을 통치할 것입니다. 그 나라는 끝이 없을 것입니다. 즉 영원할 것입니다. 주의 천사의 이 말은 다윗 언약을 근거로 합니다. 하나님은 다윗의 아들과 부자 관계를 맺을 것입니다. "나는 그에게 아버지가 되고 그는 내게 아들이 되리니"(삼하 7:14). 하나님은 다윗의 아들을 하나님의 아들로 삼을 것을 약속하셨습니다. 그리고 "네 집과 네 나라가 내 앞에서 영원히 보전되고 네 왕위가 영원히 견고하리라"고 말씀하셨습니다(삼하 7:16). 이 약속은 유다 역사 속에서 완전히 성취되지 않았습니다. 왜냐하면 유다는 바벨론에 의해 망했기 때문입니다. 그러나 선지자들은 계속 다윗의 후손에서 한 왕이 와서 영원한 나라를 세울 것을 예언했습니다(사 9:6-7; 렘 23:5-6; 겔 34:23-24). 이 예언은 예수에 의해서 성취됩니다. 주의 천사는 마리아에게 태어날 아이 예수가 이 모든 약속과 예언을 성취할 자로 제시하고 있습니다. 마태는 족보를 통해서 예수는 다윗의 후손임을 증거했습니다. 누가는 주의 천사의 수태고지를 통하여 예수가 다윗의 언약과 메시야 예언을 성취하는 자로 제시합니다. 예수는 하나님의 아들이며 또한 다윗의 후손으로서 이 땅에 오십니다.

천사 가브리엘의 말을 들은 마리아는 놀라운 반응을 보입니다. 무엇보다도 자신은 아직 "남자를 알지 못하니"라고 말합니다(눅 1:34). 그러자 천사 가브리엘은 마리아가 임신할 수 있는 이유를 설명해 줍니다. 하나님의 능력으로 임신이 될 것을 말해줍니다(눅 1:35). 마리아는 이 말을 듣고 믿음으로 반응합니다. "주의 여종이오니 말씀대로 내게 이루어지이다"(눅 1:38). 마리아의 말은 그녀의 신앙을 보여줍니다. 마리아는 아직 정식으로 결혼을 하지 않았습니다. 그런데 만일 임신한 사실이 알려지면 남편 요셉으로부터 파혼을 당할 수도 있습니다(마 1:19). 또한 나사렛 동네에 소문이 날 것입니다. 그러면 그녀는 그 사회에서 간음을 행한 여자로 비난을 받을 수 있습니다. 사회로부터 격리될 수도 있습니다. 이러한 상황에서 마리아는 주의 말씀을 받아들입니다. 그녀의 믿음은 이 모든 일이 하나님으로부터 나왔으니 하나님이 자신의 미래를 책임지실 것이라는 신뢰를 포함합니다. 마리아는 미래를 하나님께 맡기고 있습니다. 마리아는 하나님의 말씀의 능력을 믿었던 것입니다(눅 1:37).

마리아의 이러한 태도는 요한의 아버지인 사가랴와 대조를 이룹니다. 천사 가브리엘은 마리아에게 오기 전에 성전에서 제사장 직무를 감당하고 있던 사가랴에게 먼저 나타났습니다. 가브리엘은 사가랴에게 그의 아내 엘리사벳이 임신하여 아들을 낳을 것이라고 알려줍니다. 그리고 태어날 아이의 이름을 요한이라고 지으라고 합니다. 그러자 사가랴가 천사의 말을 의심합니다. 자신과 아내가 나이가 많고 늙었다는 것입니다. 정상적인 부부관계를 통해서 아들을 낳을 수 있는 나이가 지났다는 것입니다. 사가랴는 천사의 말을 회의하며 의심합니다. 그러자 가브리엘이 아들을 낳을 때까지 말을 하지 못할 것이라고 합니다. 사가랴는 요한을 낳을 때까지 말을 하지 못합니다(눅 1:5-25).

마리아는 하나님의 말씀을 믿습니다. 그러나 제사장이었던 사가랴는 하나님의 말씀을 의심합니다. 한 명은 여성이며(가부장적인 사회임을 염두에 두어야 합니다) 다른 한 명은 남성이며 제사장입니다. 너무나도 큰 대조를 보입니다. 더 나아가 마리아는 갈릴리 나사렛에 살고 있습니다. 유다 사회에서 중요한 도시가 아닙니다. 시골입니다. 그러나 사가랴는 성전이 있는 유대의 도시에 살고 있습니다.

마태에 따르면, 예수가 출생한 후에 동방 박사들이 와서 예수께 경배를 합니다. 누가에 따르면 목자들도 예수께 와서 경배합니다. 요셉과 마리아가 아구스도의 명령을 따라 호적을 하러 갈릴리 나사렛에서 유다 베들레헴으로 갑니다. 베들레헴은 다윗의 동네입니다. 여기서 마리아가 예수를 낳습니다.

예수께서 태어날 때에 주의 천사가 그 동네에 있는 목자들에게 나타납니다. 천사는 양떼를 지키고 있는 목자들에게 나타나 "내가 온 백성에게 미칠 큰 기쁨의 좋은 소식을 너희에게 전하노라 오늘 다윗의 동네에 너희를 위하여 구주가 나셨으니 곧 그리스도 주시니라"고 말합니다(눅 2:10-11). 예수의 출생은 모든 백성에게 기쁜 소식입니다. 왜냐하면 예수는 구원자이기 때문입니다. 더 나아가 주의 천사는 예수를 그리스도(메시야)로 부르고 있습니다. 기름 부음을 받은 자라는 것입니다. 목자들은 천사가 알려준 대로 베들레헴으로 갑니다. 베들레헴에서 예수를 찾아갑니다. 마리아에게 이 모든 일을 말해주고 하나님께 영광을 돌리며 돌아갑니다.

마태는 다윗의 족보를 통해서 예수는 다윗의 후손으로 오신 것을 강조합니다. 그러나 아이러니하게도 동방 박사들이 예수께 와서 경배합니다. 이방인들이 유대인의 왕에게 찾아왔습니다. 누가는 족보와 주의 천사의 수태고지를 통해서 예수는 하나님의 아들로 오셨음을 강조합니다. 그렇지만 그 하나님의 아들은 여관에 있을 곳이 없어서 구유에 누워있습니다. 또한 사회의 약자들인 목자들이 예수를 찾아옵니다. 이방인과 유대 사회의 약자들이 예수를 추종할 것을 미리 보여주고 있습니다.

## 2.5 요한의 예수 출생 보도

마태와 누가는 예수의 출생을 역사적인 사건으로 보도합니다. 마리아에게서 베들레헴에 나셨으며 갈릴리 나사렛에서 자라셨다고 자세하게 말합니다. 그러나 요한의 보도는 역사적이지 않습니다. 다분히 사색적이며 신학적입니다. "말씀이 육신이 되어 우리 가운데 거하시매 우리가 그의 영광을 보니 아버지의 독생자의 영광이요 은혜와 진리가 충만하더라"(요 1:14). 요한은 말씀(로고스)이 육신이 되었다고 말합니다. 이 말씀은 태초부터 있었습니다. "태초에 말씀이 계시니라 이 말씀이 하나님과 함께 계셨으니 이 말씀은 곧 하나님이시니라"(요 1:1). "태초에"(엔 알케)는 히브리어 창세기 1:1의 "태초에"를 헬라어로 번역한 것과(엔 알케) 같은 표현입니다. 우주 만물이 시작할 때입니다. 요한에 따르면 "태초에" 이 말씀이 하나님과 함께 있었으며 이 말씀이 곧 하나님이라고 증언합니다. 그 말씀이 역사 속에서 육신으로 오신 것입니다.

말씀이 육신이 되었다는 것은 예수의 성육신을 의미합니다. 말씀(로고스)은 구약의 "여호와의 말씀"을 생각나게 합니다. 헬라어 구약성경(70인경)은 이 단어를 "주의 말씀"(로고스 큐리우)으로 번역합니다(왕하 7:1; 렘 1:4, 11; 2:1). 구약의 선지자들에게 "여호와의 말씀"이 임했습니다. 그런데 요한은 "말씀"이 육신이 되었다고 말합니다. 이 말씀이 정확하게 구약의 "여호와의 말씀"인지 아닌지는 확인할 길이 없습니다. 하지만 관련이 있는 것은 사실입니다. 요한은 말씀이 하나님과 함께 있었고 그 말씀이 만물의 창조자라고 말합니다(요 1:3). 더 나아가 이 말씀 안에 생명이 있습니다. 그 생명은 사람들에게 빛입니다(요 1:4).

이 말씀이 사람들과 함께 하십니다. "우리 가운데 거하시매"(요 1:14). "거하시매"는 '그가 거했다', '그가 천막을 쳤다' 입니다. 구약에서 하나님은 장막과 함께 이스라엘 가운데 거하셨습니다. 이것을 연상케 하는 표현입니다. 말씀이 사람가운데 함께 하십니다. 이것을 "아버지의 독생자의 영광"이라고 표현합니다. 하나님 아버지의 유일하신 아들의 영광입니다.

## 2.6 구약의 성취자

예수의 탄생은 구약과 긴밀한 관련이 있습니다. 구약 역사의 종결자이기 때문입니다. 마태와 누가의 족보는 예수 그리스도에게 맞춰져 있습니다. 마태는 이스라엘의 시조 아브라함부터 시작하여 예수께 와서 끝을 맺습니다. 누가는 예수로부터 거슬러 올라가서 아브라함을 넘어 인류의 시조인 아담까지 올라갑니다. 그리고 그 이상인 하나님을 언급합니다. 이것은 장구한 구약의 역사가 예수 그리스도에게 맞추어져 있다는 사실을 보여줍니다. 하나님이 태초부터 의도하신 계획이 예수 그리스도라는 것입니다. 하나님은 역사 속에 예수를 보내심으로 자신이 의도하신 계획을 이루실 것입니다.

예수가 왔다는 것은 구약에서 기다렸던 분이라는 사실을 보여줍니다. 하나님은 아브라함에게 약속을 했습니다. "후손을 많게 해 주겠다." "가나안 땅을 주겠다." 이러한 약속들은 구약 역사 속에서 이루어졌습니다. 그러나 한 가지 아브라함의 후손을 통하여 천하 만민이 복을 받을 것이라는 약속은 아직 이루어지지 않았습니다. 마태는 예수가 아브라함의 후손으로 왔다는 것을 족보를 통해서 보여줍니다. 하나님이 아브라함에게 하신 약속을 이루실 분이라는 것을 암시합니다.

예수는 또한 다윗 언약을 성취하는 분입니다. 하나님이 다윗에게 하신 약속은 예수께서 오심으로 진정한 성취를 이루게 됩니다. 누가는 마리아에게 주의 천사가 나타나 예수가 태어날 것을 알리면서 예수께서 다윗의 왕위를 물려받을 자라는 것을 확실하게 합니다. 다윗 언약의 성취자가 왔다는 것입니다.

다윗의 후손이 왕으로 왔다는 사실은 또한 구약 메시야 예언의 성취입니다. 다윗의 후손에서 이상적인 왕이 와서 다윗의 나라를 세우고 공평과 정의로 영원히 통치할 것이라는 예언이 이루어질 것을 말합니다.

예수는 메시야(그리스도)로서 구약의 역사, 약속, 언약과 예언을 성취할 자입니다. 구약에서 오랜 세월동안 대망한 분입니다. 예수는 구약의 궁극적인 목표입니다. 더 나아가 예수께서 이 땅에 오심으로 이제 새로운 시대가 시작되었습니다. 구약에서 예언한 종말의 시대가 도래한 것입니다.

# 3

# 예수의 선포: 천국

읽어야 할 본문: 마태복음 4장, 누가복음 4장, 요한복음 2-3장

구약의 성취자인 예수는 이 땅에서 가르치기를 시작합니다. 마치 구약의 선지자와 같이 백성에게 설교를 합니다. 선지자들은 그 당시의 역사적인 상황에서 정치, 외교, 군사 그리고 왕의 개인적인 신앙에 대하여 하나님의 말씀을 전합니다. 그러나 예수의 가르침은 완전히 새로운 것입니다. 이제까지 선지자들이 말하지 않았던 교훈입니다. 예수는 하나님의 나라를 선포합니다. 하나님이 통치하시는 나라가 이 땅에 임했다고 선포합니다.

신약의 저자들(마태, 마가, 누가)은 이구동성으로 예수의 가르침인 하나님의 나라를 증거합니다. 요한복음은 하나님의 나라 또는 천국이라는 표현보다는 생명과 영생이라는 표현을 더 선호합니다. 생명과 영생은 하나님의 나라(천국)에 들어가는 것과 같은 의미로 사용됩니다. 이것은 하나님 나라의 실존 양식입니다.

하나님의 나라는 어떤 철학적인 주제가 아닙니다. 학자들이 토론하기 좋은 이론적인 주제가 아닙니다. 예수는 하나님의 나라를 실존적인 장소로 제시합니다. 사람들이 들어가기를 힘써야 할 장소입니다. 하나님의 나라에 들어가는 자는 기쁨과 즐거움을 누립니다. 하지만 하나님의 나라에 들어가지 못하는 자는 슬픔과 탄식을 합니다.

## 3.1 예수의 세례

예수는 가르침을 시작하시기 전에 먼저 세례 요한에게 세례를 받습니다. 예수께서 세례 요한에게 세례를 받으려고 한 것을 보면 그의 세례가 하나님께로부터 왔다는 것을 인정한 것입니다. 예수께서 갈릴리에서 요단강으로 세례 요한에게 나옵니다. 그러자 세례 요한이 말립니다. 세례 요한이 예수께 세례를 받아야 하는데 예수는 세례 요한에게 세례를 받으러 나온다는 것입니다(마 3:14). 요한의 세례는 회개의 세례입니다. 따라서 죄가 없으신 예수께서 그 세례를 받으실 필요가 없습니다. 그래서 요한이 예수를 말린 것입니다. 예수는 죄가 없지만 요한에게 세례를 받으러 왔습니다. 요한이 세례 베풀기를 주저하자 예수께서 "이제 허락하라 우리가 이와 같이 하여 모든 의를 이루는 것이 합당하니라"(마 3:15) 하십니다. 여기서 예수께서 말하신 "모든 의"가 무엇을 의미하는지 알기 어렵습니다. 사전적인 의미로서 "의"는 '정의', '공정', '올바름'으로 번역할 수 있습니다. 그렇지만 사전적인 의미로는 여기서 무엇을 의미하는지 구체적으로 알 수 없습니다. 예수께서 말씀하신 "모든 의"는 비록 예수는 세례를 받을 필요는 없지만 자기 백성을 구원해야 하는 사명을 감당하기 위해서 세례를 받아야 할 것을 말하는 것 같습니다. 자기 백성의 대표자로서 백성을 구원하기 위한 일입니다. 예수는 세례를 받음으로 자기 백성과 자신을 동일시하며 연합합니다. 이것은 또한 하나님이 정하신 구속의 질서를 따르는 것입니다. 그래서 예수는 세례 요한에게 "우리가" 이러한 일을 하는 것이 합당하다고 말한 것입니다.

예수께서 세례를 받으실 때 성령이 임합니다. "예수께서 세례를 받으시고 곧 물에서 올라 오실새 하늘이 열리고 하나님의 성령이 비둘기 같이 내려 자기 위에 임하심을 보시더니"(마 3:16). 예수께서 요단강에서 세례를 받은 사건에서 우리는 모형론적인 의미를 발견할 수 있습니다. 이러한 해석을 하는 이유가 있습니다. 예수께서 이집트로 피난을 가신 것과 광야에서 시험을 받은 사건은 이스라엘이 이집트로 이민 간 것과 이스라엘이 광야에서 지낼 때에 시험을 받은 것과 비교가 되기 때문입니다. 예수의 세례 사건이 모형론적인 의미가 있습니다. 이스라엘은 출애굽 때에 홍해를 가르고 건넜습니다. 사도 바울은 이 사건을 세례로 해석하기 때문입니다. "우리 조상들이 다 구름 아래에 있고 바다 가운데로 지나며 모세에게 속하여 다 구름과 바다에서 세례를 받고"(고전 10:1-2). 이렇게 본다면 예수께서 요단강에서 세례를 받은 사건은 모형론적인 의미가 있습니다.

예수께서 세례를 받을 때에 먼저 "하늘이 열리는" 현상이 일어났습니다. 홍해와 요단강이 갈라진 것과 같이 하늘이 갈라졌습니다. 하늘이 열리는 것은 하나님의 구원 사역이 이제 시작되었다는 것을 의미한다고 볼 수 있습니다. 홍해와 요단강이 갈라진 것은 하나님의 약속을 성취하는 사건으로 이스라엘을 이집트의 노예로부터 구원하며 가나안 땅으로 인도한 것입니다. 예수께서 세례를 받을 때 하늘이 갈라진 것은 그의 백성을 죄로부터 구원하려는 새로운 시대가 시작된 것입니다.

하늘이 갈라지고 성령이 비둘기 같이 임했습니다. 성령이 비둘기 같이 임하는 것은 여기가 처음입니다. 구약에는 이러한 예가 없습니다. 이것은 이사야 선지자의 예언을 성취시키는 사건입니다. 이사야는 이새의 집에서 한 이상적인 왕이 올 때 여호와의 영이 그 위에 임할 것을 예언했습니다(사 11:1-2). 또한 이사야는 고난 받는 종의 노래에서도 여호와의 영이 임할 것을 말했습니다. "내가 붙드는 나의 종, 내 마음에 기뻐하는 자 곧 내가 택한 사람을 보라 내가 나의 영을 그에게 주었은즉 그가 이방에 정의를 베풀리라"(사 42:1). 이것은 고난 받는 종의 노래로 불리는 예언입니다. 메시야가 와서 자기 백성을 위하여 고난을 받을 것을 말하는 내용입니다(사 42:1-7). 예수의 세례 사건은 이사야 예언의 성취입니다.

그렇지만 특이한 것은 성령이 비둘기 같이 내렸다는 사실입니다. 성령이 왜 비둘기같이 임했겠는가 하는 질문이 나옵니다. 비둘기는 구약의 제사에서 가난한 사람들의 제물로 사용되었습니다(레 5:7-9). 성령이 비둘기 같이 예수 위에 임했다는 것은 그의 사역을 상징적으로 보여줍니다. 예수는 이사야의 예언을 성취하는 고난 받는 종으로서 성령의 인도를 받아 자기 백성을 구원하기 위하여 제물이 될 것입니다. 이렇게 해석할 수 있는 이유가 있습니다. 오순절에 성령은 불의 혀같이 제자들 위에 임합니다. 혀는 말하는 기관입니다. 성령이 불의 혀같이 임하자 제자들이 각 나라의 방언을 말합니다. 성령이 "혀"같이 임하자 말을 했다는 사실에 주목해야 합니다(행 2장).

성령이 비둘기 같이 임한 것은 새 창조 사역의 시작을 말합니다. 예수의 구속 사역은 새 창조 사역입니다. 이것은 구약의 하나님의 창조 사역과 비교할 수 있습니다. 하나님이 하늘과 땅을 창조하실 때에 "하나님의 영은 수면 위에 운행"(창 1:2) 하셨습니다. "운행하시니라"는 새가 떠서 비행하는 상태를 말하기도 합니다. 하나님의 영이 창조 사역에 함께 하십니다. 성령이 하나님의 창조 사역에 함께 하신 것처럼 예수의 새 창조 사역에 함께 하실 것입니다. 예수께서 그의 백성을 죄에서 구원하는 사역입니다.

예수께서 세례를 받자 하늘에서 음성이 들립니다. "하늘로부터 소리가 있어 말씀하시되 이는 내 사랑하는 아들이요 내 기뻐하는 자라"(마 3:17). 하늘로부터 들린 소리는 하나님의 소리입니다. 이 소리는 무엇보다도 예수의 신분을 증거합니다. 예수는 하나님의 아들입니다. 예수는 하나님의 사랑하는 아들이며 하나님이 기뻐하는 아들입니다(참고 시 2:7). 예수는 다윗의 후손으로 하나님과 부자관계에 있습니다. 이는 다윗의 언약을 진정으로 성취하는 자입니다(삼하 7:14).

예수의 세례 사건을 통하여 예수께서 누구인지 그 신분이 드러납니다. 예수는 모형론을 통하여 이스라엘의 대표자로서 그의 백성(참 이스라엘)을 구원할 자입니다. 그는 고난 받는 종으로서 성령의 인도를 받아 그의 백성의 죄를 위해 고난을 받을 자입니다. 이분이 진정한 하나님의 아들입니다. 이것을 하나님이 증거합니다. 구약에서 2-3명의 증인이 필요했던 것처럼 예수는 하나님의 증거를 받을 뿐만 아니라 성령 하나님과 더불어 세례 요한의 증거를 받습니다.

예수의 세례 사건에서 가장 특이한 사실은 삼위 하나님이 다 나온다는 것입니다. 성자 하나님은 세례를 받으시고 성령 하나님은 비둘기 같이 임하십니다. 그리고 성부 하나님은 하늘의 음성으로 성자 하나님을 증거하십니다. 예수께서 그의 백성을 구원하기 위한 사역을 시작하기 전에 세례를 받습니다. 이 사건에 성령 하나님과 성부 하나님이 함께 하십니다. 하나님이 자기 백성을 구원하기 위한 일은 성삼위 하나님의 사역이라는 것을 보여줍니다.

예수의 세례는 예수께서 하나님의 아들로서 새 창조 사역을 시작하실 것을 보여주는 공적 취임식입니다.

## 3.2 예수의 시험

마태와 마가는 예수의 시험 기사를 예수의 세례 사건 뒤에 배열해 놓았습니다(마 4:1-11; 막 1:12-13). 이러한 배치는 하나님의 아들이라는 신분과 관련이 있습니다. 예수께서 세례를 받으실 때에 하늘에서 "이는 내 사랑하는 아들이요" 하는 음성이 들렸습니다(마 3:17). 그 후에 예수는 성령의 인도를 받아 광야에 들어가십니다. 40일 금식을 한 후에 마귀가 와서 시험을 하는데 "네가 만일 하나님의 아들이어든" 하고 말합니다(마 4:3, 6). 따라서 예수의 시험 사건은 하나님의 아들이라는 신분과 관련이 있습니다. 이것은 누가에게도 마찬가지입니다. 누가는 예수의 세례 사건(눅 3:21-22) 후에 예수의 족보를 놓았습니다(눅 3:23-38). 그리고 예수의 세례 사건을 기록하고 있습니다(눅 4:1-13). 비록 족보가 세례 사건과 시험 사건 사이에 끼어 있지만 말하고자 하는 것은 같습니다. 예수께서 세례를 받으실 때 하늘에서 "너는 내 사랑하는 아들이라"(눅 3:22)는 음성이 들렸습니다. 그리고 족보가 나옵니다. 이 족보는 예수로부터 시작해서 인류의 조상인 아담까지 거슬러 올라갑니다. 그리고 그 이상이 바로 하나님입니다. 즉 예수는 하나님의 아들이라는 것입니다. 그 후에 시험 사건이 나오는데 마귀는 "네가 만일 하나님의 아들이어든"(눅 4:3, 9) 하고 시험을 합니다. 예수는 하나님의 아들의 신분으로서 마귀에게 시험을 받습니다.

예수는 성령에 이끌리어 광야로 나갑니다(마 4:1; 눅 4:1). 성령은 마리아가 예수를 임신할 때부터 역사했습니다(마 1:20; 눅 1:35). 성령은 예수의 공생애 기간에 적극적으로 활동하고 있습니다. 예수는 40일을 금식하십니다. 40일을 금식한 사람으로 모세와 엘리야가 있습니다. 예수께서 금식 후에 배가 고픕니다. 이때 마귀가 나아옵니다. 마귀(디아볼로)는 '헐뜯는 자', '비방하는 자' 입니다(참고 욥 1:9-11; 슥 3:1; 계 12:10). 여기서 마귀는 "시험하는 자"(마 4:3)로 나옵니다. 마귀는 예수께 "네가 만일 하나님의 아들이어든 명하여 이 돌들로 떡덩이가 되게 하라"(마 4:3)고 말합니다. 마귀는 예수께서 금식한 후에 배가 고픈 틈을 타고 파고듭니다. "만일"이라고 가정하면서 말합니다. 하나님의 아들이라면 돌을 떡으로 만들 수 있는 능력이 있을 것이라는 것입니다. 하나님의 아들의 능력을 보이라고 요구합니다. 하나님의 아들의 능력을 발휘해서 배고픔을 면하라는 것입니다. 하나님의 아들이 배가 고플 이유가 없다는 것입니다. 지금 예수는 하나님의 뜻을 따라 금식하고 계십니다. 예수는 그의 사역을 시작하기 전에 하나님께 금식하며 기도합니다. 천국 복음을 전하기 전에 금식하며 하나님의 뜻을 행하려고 합니다. 그러나 마귀는 예수께 자신의 능력을 사용하여 하나님의 뜻을 거역하고 배고픔을 면하라고 유혹합니다. 아들은 아버지께 순종해야 합니다. 하나님의 아들 예수는 하나님 아버지의 뜻에 순종해야 합니다. 그런데 마귀는 예수께 불순종하라고 부추깁니다. 불순종의 아들이 되라고 합니다. 여기에 대해 예수는 "사람이 떡으로만 살 것이 아니요 하나님의 입으로부터 나오는 모든 말씀으로 살 것이라"(마 4:4)고 답변합니다. 이것은 신명기 8:3의 말씀입니다. 모세는 이 말씀을 이스라엘의 광야 여행과 만나와 연결해서 말합니다. 하나님이 출애굽 후세대에게 40년의 광야 유랑을 허락하신 목적이 있습니다. 이스라엘이 광야에서 있을 때 하나님이 만나를 먹게 하셨습니다. 이것은 이스라엘을 낮추어 하나님의 명령을 지키는지 지키지 않는지를 알기 위함이었습니다(신 8:2). 이스라엘이 광야에서 유랑하며 만나를 먹은 것은 하나님의 말씀에 순종할 것인가와 관련이 있습니다. 예수께서 이 말씀을 인용하여 마귀에게 답변한 것은 아들은 아버지께 순종해야 한다는 것입니다. 사람이 떡으로만 사는 것이 아닙니다. 이스라엘은 광야에서 떡이 없었지만 40년을 살았습니다. 하나님이 만나를 주셨기 때문입니다. 예수는 돌을 떡으로 만들 수 있는 능력이 있습니다. 또한 그 능력을 행하는 것이 잘못은 아닙니다. 그러나 문제는 아들이 아버지께 순종해야 한다는 것입니다. 예수는 아버지의 뜻에 순종하며 능력을 사용하지 않습니다. 아버지의 뜻에 순종하기 위하여 배고픔의 고통을 기꺼이 감수합니다.

마귀가 두 번째 시험을 합니다. 마귀는 예수를 성전 꼭대기로 데리고 갑니다. 마귀는 그곳에서 예수께 뛰어내리라고 합니다. "네가 만일 하나님의 아들이어든 뛰어내리라"(마 4:6). 그리고 마귀는 성경을 인용하여 말합니다. "그가 너를 위하여 그의 사자들을 명하시리니 그들이 손으로 너를 받들어 발이 돌에 부딪치지 않게 하리로다"(마 4:6). 두 번째 시험은 아버지와 아들과의 관계를 시험하는 것입니다. 이것은 시편 91:11-12을 인용한 것으로 마귀는 예수께서 하나님의 아들이기 때문에 하나님이 예수의 안전을 보장해 준다는 것입니다. 하나님이 천사들을 명하여 예수께서 떨어지지 않도록 보호하신다는 것입니다. 그러자 예수 역시 말씀을 인용하여 대답합니다. "주 너의 하나님을 시험하지 말라"(마 4:7). 이 말씀은 신명기 6:16을 인용한 것입니다. 이 말씀은 맛사의 시험과 관련이 있습니다. 이스라엘이 출애굽하여 르비딤에 도착했습니다. 그때 마실 물이 없었습니다. 그러자 이스라엘이 모세를 원망하며 물을 달라고 합니다. 모세가 지팡이로 반석을 쳐서 물을 냅니다. 이 사건은 이스라엘이 여호와를 시험한 것입니다. "그가 그 곳 이름을 맛사 또는 므리바라 불렀으니 이는 이스라엘 자손이 다투었음이요 또는 그들이 여호와를 시험하여 이르기를 여호와께서 우리 중에 계신가 안 계신가 하였음이더라"(출 17:7). 물을 주는지 주지 않는지 하는 것으로 여호와께서 이스라엘 가운데 계신지 안 계신지 여부를 알려 한 것입니다. 모세는 이 사건을 회고하면서 출애굽 후세대 사람들에게 "너희가 맛사에서 시험한 것 같이 너희의 하나님 여호와를 시험하지 말고"(신 6:16) 하고 말합니다. 예수는 이 말씀을 인용하여 마귀에게 대답합니다. 마귀가 예수에게 성전 꼭대기에서 뛰어내리라고 한 것은 하나님을 시험하는 것이라고 지적합니다. 하나님이 능력으로 하나님의 아들을 보호하시나 보호하지 않나 보자는 것입니다. 마치 우리가 촛불 위에 손가락을 올려놓고 "하나님! 이 손가락이 타지 않게 해 주시옵소서" 하고 기도하는 것과 마찬가지 일 것입니다. 손가락을 촛불에서 내려놓으면 되는데, 내려놓지 않고 하나님의 능력을 시험하는 것입니다. 마귀는 예수를 시험할 때 말씀을 인용합니다. 그런데 말씀을 잘못 적용해서 인용합니다. 이것이 큰 문제입니다. 말씀을 잘못 적용하여 사용하는 것은 이단들의 특징입니다.

마귀는 세 번째로 예수께 천하만국과 그 영광을 보여줍니다. 그리고 자기를 경배하라고 합니다. "만일 내게 엎드려 경배하면 이 모든 것을 내게 주리라"(마 4:9). 여기서도 "만일"하고 가정을 합니다. 하나님의 아들에게 마귀를 경배하라고 합니다. 누가는 마귀의 말을 더 자세하게 보도합니다. "이 모든 권위와 그 영광을 내가 네게 주리라 이것은 내게 넘겨 준 것이므로 내가 원하는 자에게 주노라 그러므로 네가 만일 내게 절하면 다 네 것이 되리라"(눅 4:6). 마귀는 마치 자기가 이 세상의 권세자인 것처럼 말합니다. 마귀가 이 세상의 권세를 잡은 것 같습니다(참고 요 14:30; 16:11; 엡 2:2; 6:12). 하지만 그 권세는 하나님이 허락하신 것입니다(참고 욥 1:6-12). 하나님이 허락하지 않으면 마귀는 아무 것도 취할 수 없습니다. 마귀는 속이는 자입니다. 하나님께 임시적으로 받은 권세를 가지고 자기 것처럼 행동합니다. 마귀가 자신을 경배하라는 것은 십계명의 다른 신을 섬기지 말라는 제 일 계명(신 5:7)을 어기게 하는 것입니다. 여기에 대하여 예수는 "사탄아 물러가라 기록되었으되 주 너의 하나님께 경배하고 다만 그를 섬기라 하였느니라"(마 4:10)고 말씀하십니다. 이 말씀은 신명기 6:13을 인용한 것입니다.

이 세 번째 시험은 예수께서 하나님의 아들로서 이 세상의 권세를 획득하는 방법과도 관련된 시험입니다. 예수는 하늘과 땅의 모든 권세를 가지신 분입니다(마 28:18; 요 5:27). 하나님의 아들로서 하나님의 뜻을 따라 십자가의 길을 걸어가야 합니다. 하나님의 길은 십자가입니다(참고 마 16:23). 십자가와 부활의 영광 후에 이 땅의 심판자로서 다시 세상에 오실 것입니다(참고 마 16:28). 하나님은 예수께서 인자됨을 인하여 심판의 권세를 주셨습니다(요 5:27). 그래서 예수는 하나님의 아들로서 하나님께 순종합니다.

그러나 마귀는 하나님의 아들로서 세상의 권세를 얻는 아주 쉬운 길을 제시합니다. 마귀에게 절하라는 것입니다. 그러면 이 세상의 권세를 주겠다고 제안합니다. 마귀는 속이는 자입니다. 자기 것이 아닌 것을 가지고 자기 것처럼 말을 합니다.

예수께서 시험을 다 받고 나자 천사들이 나타납니다. "이에 마귀는 예수를 떠나고 천사들이 나아와서 수종드니라"(마 4:11). 천사들이 섬겼다는 것은 예수의 굶주림을 해결해 주었다는 것도 포함합니다. 예수는 40일을 금식했기 때문에 극도로 굶주려 있습니다. 이는 예수께서 완전한 인성을 입고 계셨다는 사실을 보여줍니다. 예수는 완전한 인간으로서 굶주림을 경험하셨습니다. 또한 마귀는 두 번째 시험에서 성전 꼭대기에서 뛰어내리라고 했습니다. 예수께서 성전에서 뛰어내리면 천사들이 받들어서 발이 돌에 부딪히지 않게 할 것이라고 했습니다. 그러나 예수는 이것을 거절했습니다. 시험이 끝나자 천사들이 나타나서 예수를 시중듭니다. 천사들이 예수를 시중든다는 것을 통해 예수께서 하나님의 아들이라는 것을 잘 보여주고 있습니다.

예수께서 광야에서 시험을 받은 것은 위에서 살펴보았듯이 이스라엘의 광야 여행과 관련이 있습니다. 예수의 시험은 이스라엘이 광야에서 시험을 받았던 것처럼(신 8:1-6) 모형론적인 의미가 있습니다. 출애굽 첫 세대 이스라엘은 광야에서 실패했습니다. 하나님께 불순종했습니다. 그러나 예수는 그의 백성을 구원할 자로서 시험을 받으십니다. 아무 죄도 없지만 인간이 당할 수 있는 모든 시험을 당하십니다(히 4:15). 하나님의 아들로서 예수는 하나님 아버지의 뜻에 순종하십니다.

하나님의 아들인 이스라엘은 광야에서 계속 하나님께 불순종했습니다. 결국 그들은 약속의 땅에 들어가지 못했습니다. 그러나 하나님의 아들인 예수는 하나님께 순종합니다. 예수는 이스라엘의 대표자로서 그의 백성을 구원할 자입니다.

예수는 하나님의 뜻에 순종합니다. 이것은 첫 사람 아담과 비교됩니다. 아담은 에덴동산에서 선악과를 따먹지 말라는 하나님의 명령에 불순종했습니다. 특히 이것은 누가의 족보에서 의미가 있습니다. 누가의 족보는 예수로부터 시작해서 인간으로는 아담으로 끝이 나기 때문입니다. 아담 위에가 하나님입니다(눅 3:38). 예수는 인간입니다. 인간의 이름으로 족보를 보면 예수와 아담이 처음과 끝입니다. 예수와 아담이 비교될 수 있습니다. 예수는 광야에서 마귀의 시험을 이기고 하나님의 뜻에 순종합니다. 그러나 아담은 에덴동산에서 뱀에게 시험을 받고 하나님의 명령을 어기며 불순종합니다. 사도 바울은 아담과 예수 그리스도를 비교합니다. 아담으로 인하여 세상에 죄가 들어오고 죄로 인하여 사망이 들어왔습니다. 그러나 한 사람 예수께서 순종함으로 사람들에게 은혜와 선물이 있습니다(롬 5:12-21).

예수는 그의 사역을 시작하기 전에 금식 기도합니다. 예수는 하나님의 아들이심에도 불구하고 기도하십니다. 기도로 마귀의 시험을 이길 수 있습니다. 사도 바울은 하나님의 전신갑주를 입으라고 말합니다. 하나님의 전신갑주를 다 설명한 후에 성령 안에서 기도할 것을 요구합니다. 기도가 악한 영들과의 싸움에서 꼭 필요한 요소임을 알려주고 있습니다(엡 6:10-18). 예수는 몸소 기도하심으로 마귀의 시험을 이길 수 있었습니다.

### 3.3 예수의 선포: 천국

예수는 세례를 받고 마귀에게 시험을 받았습니다. 그 후에 사역을 시작합니다. 그의 첫 설교는 "회개하라 천국이 가까이 왔느니라"입니다(마 4:17). 그의 설교는 세례 요한의 설교와 같습니다(마 3:2). 메시지의 핵심이 천국입니다. 그런데 마가의 기록에 따르면 세례 요한과 예수의 메시지 사이에 미묘한 차이가 있습니다. 예수는 이렇게 말합니다. "때가 찼고 하나님의 나라가 가까이 왔으니 회개하고 복음을 믿으라"(막 1:15). 천국과 하나님의 나라는 유사 동의어입니다. 여기서 흥미로운 표현은 "때가 찼고"입니다. 이것은 차서 넘치는 상태입니다. 시간이 차서 넘치는 시점으로 성취의 때입니다. 세례 요한과의 차이점이 바로 이것입니다. 그리고 세례 요한의 사명은 '내 뒤에 오시는 이'에 대하여 증거 하는 것입니다. 이제 그분이 오셨습니다. 성취의 때가 된 것입니다. 세례 요한이 증거한 분이 직접 와서 선포한 것입니다. 하나님의 나라가 가까이 왔습니다. 이제 이 선포를 듣는 사람들은 회개를 하고 복음을 믿어야 합니다. 새로운 시대가 시작된 것입니다.

누가는 이 새로운 시대에 대하여 더 구체적으로 설명합니다. 누가는 예수와 세례 요한의 사역을 이사야서(61:1-2)의 말씀을 인용하여 설명합니다(눅 3:3-6; 4:17-21). 예수께서 안식일에 나사렛 회당에 들어가서 성경을 읽고 말씀하십니다. "주의 성령이 내게 임하셨으니 이는 가난한 자에게 복음을 전하게 하시려고 내게 기름을 부으시고 나를 보내사 포로 된 자에게 자유를, 눈먼 자에게 다시 보게 함을 전파하며 눌린 자를 자유롭게 하고 주의 은혜의 해를 전파하게 하려 하심이라"(눅 4:18-19). 이 본문을 읽으신 후에 예수는 "이 글이 오늘 너희 귀에 응하였느니라" 하고 선언합니다(눅 4:21). "응하였느니라"는 "때가 찼고"에서 '찼다'(막 1:15)와 같은 헬라어 단어입니다. 예수는 구약에서 기대하고 대망하던 일들이 성취되었다고 선언합니다. 예수의 사역으로 인하여 새로운 시대, 은혜의 시대가 시작된 것입니다.

예수께서 선언한 은혜의 해는 성령의 임함과 함께 시작합니다. "주의 성령이 내게 임하셨으니"(눅 4:18; 사 61:1)는 이사야가 예언한 이상적인 왕과 관련이 있습니다. 이사야는 다윗의 가문에서 한 이상적인 왕이 올 것을 예언했습니다(사 11:1-5). 이 왕 위에 여호와의 영이 임할 것입니다. 이것은 일반적으로 장차 올 메시야로 해석되었습니다(사 11:2). 또한 이사야는 고난 받는 종에게도 여호와의 영이 임할 것을 예언했습니다(사 42:1).

예수는 이것이 성취되었다고 선언하십니다. 이것은 예수께서 세례 받으실 때에 성령이 비둘기같이 임하신 것과 관련이 있습니다. 성령이 예수 위에 임하신 것입니다. 예수께서 스스로를 증거하신 것 외에도 세례 요한의 증거가 있습니다. 세례 요한은 자신의 뒤에 오는 이가 누구인지를 몰랐습니다. 세례 요한을 보내어 물로 세례를 주라고 하신 분은 성령이 위에 머물러 있는 사람을 보면 그 사람이 성령으로 세례를 주실 하나님의 아들임을 증거하라고 했습니다. 세례 요한은 성령이 예수 위에 임한 것을 보고 증거 했습니다(요 1:29-34). 예수께서 세례 요한에게 세례를 받을 때에 하늘이 열리며 성령이 임했고 하늘에서 하나님의 음성이 들렸습니다(눅 3:21-22). 예수는 성령으로 기름 부으심을 받은 것입니다.

예수의 세례 사건 외에도 누가는 계속 예수에게 임하신 성령을 말합니다. 천사 가브리엘은 마리아에게 성령으로 예수를 임신할 것이라고 말했습니다(눅 1:35). 또한 예수는 성령의 인도를 받아 광야로 나가 마귀에게 시험을 받았습니다(눅 4:1). 시험을 받으신 후에 "성령의 능력으로" 갈릴리로 돌아가셨습니다(눅 4:14). 누가는 계속 예수 위에 임하신 성령의 역사를 강조하고 있습니다.

예수는 이사야의 예언이 성취되었다고 선언하심으로 자신의 신분을 밝히십니다. 예수는 구약에서 기다리던 메시야입니다. 이사야가 예언한 다윗 가문에서 오실 이상적인 왕이며 많은 백성을 의롭게 할 고난 받는 종입니다.

성령이 예수 위에 임한 목적이 있습니다. 첫째는 가난한 자에게 복음을 증거하는 것입니다. 예수의 첫 선포는 하나님 나라의 복음입니다(막 1:14-15). 예수는 가난한 시골 지역(갈릴리, 스불론, 납달리)에서 사역을 시작합니다. 둘째는 포로 된 자에게 자유를 주는 것입니다. 포로 된 자에게 자유를 주는 것은 구약의 희년을 배경으로 합니다. 빚으로 노예가 되면 면제년과 희년이 되었을 때, 자유를 찾을 수 있습니다(레 25장, 신 15장). 성령이 예수 위에 머물고 가난한 자에게 복음이 선포됩니다. 이 복음은 죄와 마귀에 매여 있는 자들에게 자유를 줍니다. 더 나아가 예수는 진리를 선언합니다. "진리를 알지니 진리가 너희를 자유롭게 하리라"(요 8:32). 예수는 그의 백성에게 진정한 자유를 주시는 분입니다(참고 롬 8:1-2). 세 번째는 눈먼 자를 다시 보게 하는 것입니다. 이것은 하나님의 오심으로 이루어질 표적으로(사 35:4-5) 새로운 시대의 표적입니다.

예수는 무엇보다도 "은혜의 해"가 시작되었음을 밝힙니다(눅 4:19). "은혜의 해"는 '주의 받으실만한 해'라는 뜻입니다. 무엇보다도 누가는 "주의 은혜의 해"만을 말하는 것이 특이합니다. 이사야에는 "여호와의 은혜의 해와 우리 하나님의 보복의 날"이라는 표현이 함께 나오기 때문입니다(사 61:2). "하나님의 보복의 날"이 빠져 있습니다. 확실히 예수 그리스도의 초림은 은혜의 시기입니다. 이래서 사도 바울도 "보라 지금은 은혜 받을 만한 때요 보라 지금은 구원의 날이로다"(고후 6:2; 참고 사 49:8) 하고 선언합니다. 그러나 예수의 재림의 날은 보복의 날이 될 것입니다.

예수께서 "이 글이 오늘 너희 귀에 응하였느니라"(눅 4:21)고 하십니다. 이 선언으로 새로운 시대가 시작됩니다. 복음이 전파되는 시대입니다. 세례 요한으로 구약 시대가 끝이 나고 예수에 의해서 신약 시대가 시작되었습니다. "율법과 선지자는 요한의 때까지요 그 후부터는 하나님 나라의 복음이 전파되어 사람마다 그리로 침입하느니라"(눅 16:16). 이제 율법과 선지자의 시대는 세례 요한과 함께 끝났습니다. 새로운 시대가 열렸습니다. 예수에 의해서 하나님 나라의 복음이 전파되는 것입니다. 이제 사람들이 하나님의 나라에 들어갈 수 있게 되었습니다.



## 3.4 하나님 나라에 대한 구약의 배경

예수께서 선포하신 하나님의 나라는 과연 어떤 나라인지에 대하여 살펴보기 전에 우리는 먼저 구약에서 하나님의 나라는 어떠했는지를 생각해 보아야 합니다. 구약에서 하늘나라와 하나님의 나라라는 표현은 거의 사용되지 않았습니다. 대신 하나님은 이스라엘(출 15:18; 민 23:21; 사 43:15)과 온 세상(사 6:5; 렘 46:18)을 다스리는 왕이라는 사상은 자주 나옵니다.



하나님은 이스라엘을 다스리는 왕이십니다. 이러한 사상은 기드온 이야기에서 볼 수 있습니다. 기드온이 이스라엘을 미디안의 지배에서 구해 냈을 때, 이스라엘이 기드온에게 왕이 되어 달라고 요청합니다. 하지만 기드온은 여호와께서 이스라엘을 다스릴 것이라며 그 제안을 거절합니다(삿 8:22-23). 하나님이 이스라엘의 왕이라는 사상이 기드온의 말 속에서 나타납니다. 다른 예는 사무엘 때입니다. 이스라엘 장로들이 사무엘에게 왕정 제도를 요구합니다. 사무엘은 이들의 요구를 불쾌하게 여깁니다. 사무엘은 이스라엘이 자신을 버린 것으로 생각했으나 하나님은 이스라엘이 하나님을 버려 왕이 되지 못하게 했다고 말씀하십니다(삼상 8:7). 여기서도 하나님은 이스라엘의 왕으로 나옵니다.

이스라엘은 하나님이 이스라엘을 다스리는 신정정치 제도를 갖고 있습니다(삼상 8:7). 이러한 특별한 관계는 시내 산에서 하나님과 이스라엘이 언약을 맺었기 때문입니다. 하나님은 이스라엘의 하나님 여호와이시며 이스라엘은 여호와에 의해 선택된 거룩한 백성입니다. 이래서 이스라엘은 거룩한 하나님의 백성이라는 독특한 자기 이해가 있었습니다(신 4:37; 7:6-8; 10:14-15; 14:2). 이스라엘은 하나님의 백성입니다. 곧 하나님이 이스라엘의 왕입니다.

하나님이 왕이라는 표현은 시편에서 아주 빈번하게 나옵니다. 하나님 또는 여호와는 왕(시 10:16; 24:7-10; 29:10; 95:3; 98:6), 하나님은 왕(시 5:2; 68:24; 84:3), 하나님은 나의 왕(시 74:12), 여호와는 영광의 왕(시 24:7-10), 여호와는 온 땅 위에 큰 왕(시 47:3). 이러한 진술 외에도 하나님은 세상의 통치자로 묘사되며(시 93:1; 96:10; 97:1; 99:1) 세상 왕들을 심판하시는 분으로 나타납니다(시 2:5; 110:5; 135:10, 15, 17, 18, 19, 20).

구약에서 흥미로운 사상은 미래에 회복될 나라입니다. 선지자들은 유다와 이스라엘의 멸망을 예고했습니다. 그리고 실제 역사 속에서 이 두 나라는 멸망했습니다. 동시에 선지자들은 미래에 이스라엘을 새롭게 회복시켜 다스릴 왕이 올 것을 예언했습니다. 그 왕은 다윗 가문에서 올 것이며 다윗의 보좌에 앉아서 나라를 다스릴 것입니다. 그 왕이 다스리는 나라는 공평과 정의가 실현되는 이상적인 나라입니다. 그 왕의 신분은 하나님 자신으로 나타납니다(사 9:6-7; 겔 34:15, 23-24). 이것은 메시야 예언입니다. 이 메시야 예언 구절들에서 장차 회복될 나라는 "다윗의 나라"로 표현되었습니다(사 11:1-5; 렘 23:5-6; 30:9; 33:14-19).

구약에서 하나님의 나라라는 표현은 나타나지 않습니다. 하지만 구약은 여호와 하나님이 이스라엘과 온 세상의 왕이심을 명백히 합니다. 하나님의 통치권을 인정하는 것입니다. 그리고 하나님이 장차 오셔서 회복할 다윗의 나라가 있음을 예언합니다. 이 다윗의 나라 개념은 유다가 포로 생활을 마치고 돌아온 후에 중요한 변화가 생깁니다.

역대기에는 아주 특이한 표현인 "여호와의 나라"가 나타납니다. 역대기는 다윗 왕조에 대하여 긍정적인 태도를 갖고 있습니다. 이러한 태도는 "여호와의 나라"라는 표현에 반영되어 나타납니다. 이 표현은 다윗의 선언에서 나타납니다. "여호와께서 내게 여러 아들을 주시고 그 모든 아들 중에서 내 아들 솔로몬을 택하사 여호와의 나라 왕 위에 앉혀 이스라엘을 다스리게 하려 하실새"(대상 28:5). 다윗은 솔로몬이 "여호와의 나라 왕 위에" 앉는다고 말합니다. 이와 유사한 표현이 아비야의 말 가운데서도 나옵니다. "이제 너희가 또 다윗 자손의 손으로 다스리는 여호와의 나라를 대적하려 하는도다 너희는 큰 무리요 또 여로보암이 너희를 위하여 신으로 만든 금송아지들이 너희와 함께 있도다"(대하 13:8). 아비야는 북 왕국 이스라엘을 향하여 유다를 "여호와의 나라"라고 말합니다. 역대기 기자는 다윗의 나라를 여호와의 나라로 간주합니다. 특별히 역대기는 솔로몬이 여호와의 보좌 위에 즉, 여호와의 나라의 보좌에 앉았다는 것을 강조합니다(대상 29:23; 참고 대하 9:8). 여기에 대한 신학적인 질문은 『대망의 책』, 558-560을 참고하시기 바랍니다.

확실히 여호와의 나라 사상은 다윗 언약과 관련이 있습니다. 역대기 기자는 나단의 신탁을 사무엘 서와는 약간 다르게 보도합니다. "내가 영원히 그를 내 집과 내 나라에 세우리니 그의 왕위가 영원히 견고하리라 하셨다 하라"(대상 17:14). 이것을 사무엘 서는 이렇게 말합니다. "네 집과 네 나라가 내 앞에서 영원히 보전되고 네 왕위가 영원히 견고하리라"(삼하 7:16). 사무엘 기자는 '다윗의 집과 다윗의 나라' 라고 말하는 것을 역대기 기자는 '하나님의 집과 하나님의 나라' 라고 말합니다. 역대기 기자가 다윗의 나라를 여호와의 나라라고 표현한 것을 실제 솔로몬의 지상 나라가 여호와의 나라라고 말할 수는 없습니다. 그럼에도 불구하고 다윗의 나라를 여호와의 나라라고 말한 것은 중요한 신학적인 변화입니다.

역대기 기자는 선지자들이 예언한 다윗의 나라가 어떤 성격이 있는지를 암시해 주고 있기 때문입니다. 역대기 기자가 선지자들이 예언한 "다윗의 나라"를 "여호와의 나라"로 말해줌으로서 신약의 하나님 나라 개념으로 넘어올 수 있는 신학적 기반이 생긴 것입니다.

## 3.5 하나님의 나라

예수의 사역은 구원역사에 있어서 결정적인 시대입니다. 하나님이 인간역사 속에 들어오셔서 행동하실 구원의 시간이 되었기 때문입니다. 구약에서 대망하던 하나님의 오심은 예수의 오심으로 이루어졌습니다. 예수는 신현 사건의 절정입니다. 예수의 사역으로 이제 하나님의 구원계획이 역사 속에서 펼쳐지는 것입니다. 구약의 대망이 성취된 것입니다.

천국(하늘나라)과 하나님의 나라는 같은 의미를 지닙니다(마 19:14; 막 10:14). 천국과 하나님의 나라는 동의어로 사용되었기 때문입니다. "내가 진실로 너희에게 이르노니 부자는 천국에 들어가기가 어려우니라 다시 너희에게 말하노니 낙타가 바늘귀로 들어가는 것이 부자가 하나님의 나라에 들어가는 것보다 쉬우니라"(마 19:23-24).

하나님의 나라는 예수의 설교와 사역의 중심 주제입니다. 복음서에서 하나님 나라 또는 하늘나라는 113회 사용되었는데, 그 가운데서 72회를 예수께서 언급하셨습니다. 구약에서 하나님의 나라 또는 하늘나라가 전혀 사용되지 않았다는 점을 생각해 볼 때, 예수께서 선포하신 하나님의 나라는 그 당시 유대인들에게는 새롭고 충격적인 주제입니다. 예수는 첫 설교에서도 하나님의 나라를 말씀하셨을 뿐만 아니라 부활하신 후에도 하나님 나라에 관하여 제자들에게 말씀하셨습니다(행 1:3). 이것을 보면 예수는 처음부터 마지막까지 그의 가르침을 하나님의 나라에 초점을 맞추었습니다.

예수는 하나님의 나라가 가까이 왔다고 선언하십니다. 하나님의 나라는 위에서 살펴보았듯이 구약의 하나님의 통치와 지배를 포함합니다. 하나님이 왕으로서 통치하는 나라가 바로 하나님의 나라입니다. 예수는 하나님이 왕으로서 통치하는 하나님의 나라가 이 땅에 가까이 왔다고 선언합니다. 그는 제자들에게 주기도문을 가르쳐 주실 때에 이렇게 기도합니다. "나라가 임하시오며 뜻이 하늘에서 이루어진 것 같이 땅에서도 이루어지이다"(마 6:10). 하나님의 나라와 뜻이 이 땅 위에서 실현되기를 기도하고 있습니다. 하나님의 나라는 이제 이 땅 위에 실현되어야 할 새로운 질서이며 종말론적인 질서입니다.



하나님의 나라가 이 땅에 실현되어야 한다는 사상은 일반 유대인에게도 있었습니다. 예수께서 예루살렘에 가까이 가시자 사람들은 하나님의 나라가 당장 임할 것이라고 생각합니다(눅 19:11). 이는 유대교의 사상을 반영하고 있는 것입니다.

구약과 유대교에서 하나님 나라 개념은 이스라엘과 관련하여 언급되었습니다. 이 시대는 사탄이 통치하며 이스라엘은 포로로 사로잡혀 있습니다. 이 시대에서 의인이 고통을 당하고 악인이 번영합니다. 그러나 주의 날이 임하면 역사는 변합니다. 주의 날이 임함으로 하나님의 통치가 실현됩니다. 하나님의 통치가 실현되는 것은 장차 올 시대를 의미합니다. 이스라엘은 회복되며 의인은 구원을 받고 악인은 심판을 받게 됩니다. 이스라엘은 이방인을 정복하며(사 45:14-17; 암 9:11-12; 미 5:8-9) 이방인은 개종합니다(슥 8:18-23). 이러한 사상은 후기 유대교에서 더 배타적인 성향을 띠게 되었습니다. 유대교에서 하나님의 나라라는 표현은 제한적이지만 발견됩니다. 그러나 이들이 말하는 하나님 나라는 정치적이며 군사적인 나라를 건설하는 것입니다.



유대인들의 종말론적 사고와는 달리 예수는 하나님의 나라가 이 땅위에 이미 임했으며 장차 임할 것이라고 말씀하십니다. 예수의 하나님의 나라는 이미 현존하며 장차 도래할 것입니다. 예수의 가르침 속에서 나타난 하나님 나라는 이중적입니다. 이것은 예수께서 가르치신 비유에서 선명하게 드러납니다. 어떤 학자는 이것을 2차 세계 대전에 비유합니다. 연합군이 노르망디 상륙 작전(D-Day)의 성공으로 독일군에게 이미 승기를 잡았습니다. 그러나 전쟁은 계속되었습니다. 이미 그 작전이 전쟁에 있어서 결정적인 영향을 미쳤지만 사람들은 그것을 인식하지 못했습니다. 전쟁은 계속 되었고 마침내 연합군이 독일 영토를 점령함으로 승리가 확정되었습니다(V-Day). 연합군이 승리하기까지 아직 전투가 끝나지 않았던 것입니다. 이것을 예수의 초림과 재림에 적용합니다. 예수께서 이 땅에 임하심으로 사탄에 대하여 결정적인 영향을 미쳤습니다. 십자가 사건에서 이미 승리하셨습니다. 그러나 예수께서 재림하기까지 전투가 끝난 것은 아닙니다. 예수께서 이 땅에 재림하실 때가 승리의 날입니다. 이것을 이미already와 아직not yet 사이에 긴장이 있다고 설명합니다.

확실히 신약성경은 두 세대 즉, 이 세상과 오는 세상을 말하고 있습니다. 이 세상에서 예수와 복음을 위하여 목숨을 버린 자는 오는 세상에서 구원을 받게 될 것입니다(막 8:35). 이러한 사상은 다음 말씀에 더 잘 나타납니다. "누구든지 이 음란하고 죄 많은 세대에서 나와 내 말을 부끄러워하면 인자도 아버지의 영광으로 거룩한 천사들과 함께 올 때에 그 사람을 부끄러워하리라"(막 8:38). 예수는 이 땅위에서의 삶과 오는 세상에서의 삶을 뚜렷하게 구분하여 말씀하십니다. 신약성경의 역사관은 두 세대가 있음을 밝히고 있습니다.

예수는 하나님의 나라가 가까이 왔다고 설교하시며 그 나라가 이 땅 위에서 임하기를 기도했습니다. 더 나아가 예수는 성령으로 귀신을 쫓아내시면서 하나님의 나라가 임했다고 말씀하십니다. "그러나 내가 하나님의 성령을 힘입어 귀신을 쫓아내는 것이면 하나님의 나라가 이미 너희에게 임하였느니라"(마 12:28). 축사는 하나님 나라가 이 땅에 이미 임한 표적입니다.

하나님의 나라는 하나님이 통치하시는 구원의 영역으로 인간이 들어가는 것입니다. 천국은 서기관과 바리새인보다 더 나은 의를 소유해야 들어갈 수 있으며(마 5:20) 하나님의 뜻대로 행하는 자가 들어갈 수 있습니다(마 7:21). 어린아이와 같이 하나님의 나라를 받들지 않으면 들어갈 수 없는 곳입니다(막 10:15). 세리와 창기들이 종교적 지도자들인 제사장과 장로들 보다 먼저 하나님의 나라에 들어갑니다(마 21:31).

하나님의 나라가 들어갈 수 있는 영역이라는 것은 다음 구절들에서 더 명확해집니다. 이스라엘의 종교 지도자들, 서기관과 율법사 그리고 바리새인은 하나님의 나라에 들어갈 수 있는 지식의 열쇠를 갖고 있습니다. 하지만 그들은 들어가지 않을 뿐 아니라 들어가려고 하는 자들을 막아서고 있습니다(마 23:13; 눅 11:52). 하나님의 나라는 들어갈 수 있는 공간적인 영역입니다.



한 청년이 예수께 나아와 어떤 선한 일을 해야 영생을 얻을 수 있느냐고 묻습니다. 예수는 계명들을 지킬 것을 말씀하십니다. 그리고 부자는 천국에 들어가기 어렵다고 하십니다. 예수는 천국을 하나님의 나라와 같은 영역으로 말씀하시며 그 나라의 존재 양식으로 영생을 말씀하십니다(마 19:16-24).

하나님 나라에 들어가는 것은 영생을 소유하는 것입니다. 예수는 죄를 범한 발을 찍어 버리고 한 발로 "영생에 들어가는 것이" 두 발을 가지고 지옥에 던져지는 것 보다 낫고 범죄한 눈을 빼어 버리고 한 눈으로 "하나님 나라에 들어가는 것이" 두 눈을 가지고 지옥에 던져지는 것보다 낫다고 말씀하십니다(막 9:45, 47). 하나님의 나라에 들어가는 것은 영생에 들어가는 것입니다. 하나님의 나라는 하나님이 통치하시는 영역이며 구원의 영역입니다. 영원한 생명이 있는 영역입니다. 지옥은 하나님의 나라와 반대되는 영역입니다.

## 3.6 영생



사도 요한은 하나님의 나라라는 표현보다 영생을 더 선호합니다(요한복음에서 생명은 36회, 영생은 17회 사용). 요한이 그의 복음서를 기록한 목적은 사람들로 하여금 예수 그리스도를 믿고 영생을 얻게 하기 위함입니다(요 20:31). 하나님은 이 땅에 그의 아들 예수 그리스도를 보내주셨습니다. 예수를 보내신 목적은 그를 믿는 자들에게 영생을 주기 위함입니다(요 3:16). 예수 그리스도를 통해서 생명을 얻는 것(요 11:25-26; 14:6)은 구원을 의미합니다(요 3:17).

하나님 나라는 이중적입니다. 이미 이 땅에 임해 있지만(현재적) 또한 동시에 장차 임할 것입니다(미래적). 즉 하나님의 나라는 아직 완성되지 않았습니다. 요한복음도 이 두 가지 점을 모두 말하고 있습니다. 하지만 요한은 미래의 생명을 현재 체험하고 경험하는데 더 많은 강조를 합니다. 예수는 선한 목자 비유를 말씀하시면서 자신이 이 땅에 오신 목적을 분명하게 말씀하십니다. "도둑이 오는 것은 도둑질하고 죽이고 멸망시키려는 것뿐이요 내가 온 것은 양으로 생명을 얻게 하고 더 풍성히 얻게 하려는 것이라"(요 10:10). 양은 예수를 따르는 자들을 뜻합니다. 예수께서 온 목적은 자신을 따르는 자들에게 생명을 얻게 하고 체험하게 하는 것입니다. 예수를 믿는 자들이 체험하는 현재적 생명을 강조한 것입니다.

예수는 이 세상에 영생을 주는 자입니다(요 6:27). 오병이어의 기적을 행하시자 많은 유대인들이 예수를 따라왔습니다. 이때 예수는 하나님이 주시는 참 떡(빵)에 관하여 강론하십니다. "'하나님의 떡(빵)은 하늘에서 내려 세상에 생명을 주는 것이니라"(요 6:33). 사람이 빵을 먹어야 살듯이 영생을 주는 빵이 있음을 말씀하십니다. "나는 생명의 떡이니 내게 오는 자는 결코 주리지 아니할 터이요 나를 믿는 자는 영원히 목마르지 아니하리라"(요 6:35). 예수는 생명을 얻는 방법을 말씀하십니다. 예수께 오는 자가 생명을 얻는 자입니다. 예수께 온다는 것은 예수를 인정하고 믿는 것을 의미합니다(요 6:40). 예수를 믿는 자는 영생을 체험하는데 이것은 다시 예수의 피와 살을 마시고 먹는 것으로 표현되었습니다. "내 살을 먹고 내 피를 마시는 자는 영생을 가졌고 마지막 날에 내가 그를 다시 살리리니"(요 6:54). 이 생명은 현재 체험되는 것이며 또한 마지막 날에 부활하여 생명을 소유할 것입니다. 예수는 부활이요 생명입니다. 그를 믿는 자는 육체적 죽음을 당하여도 다시 살아날 것입니다. 예수를 믿는 믿음을 통하여 이미 생명을 소유하였기 때문에 영원히 살게 되는 것입니다. 영생의 현재적 그리고 미래적 측면을 말한 것입니다. 예수를 믿는 것은 영원과 직결된 것입니다. 현재의 삶과 미래의 삶을 연결시킵니다(요 11:25-26).

영생은 예수를 믿음으로 얻을 수 있습니다(요 3:16). 믿는 것은 예수를 아는 것입니다. "영생은 곧 유일하신 참 하나님과 그의 보내신 자 예수님 그리스도를 아는 것이니이다"(요 17:3). 이 말씀은 영생의 본질을 설명합니다. 아는 것은 지식뿐만이 아니라 체험하는 것입니다. 제자들은 예수를 압니다. 그리고 예수 역시 제자들을 압니다. 이러한 앎의 관계는 경험입니다. 목자는 양을 압니다. 목자가 양들의 이름을 부를 때, 양은 목자의 음성을 압니다(요 10:3-5). 이것은 이론적인 지식이 아니라 경험적입니다. 목자와 양이 서로 아는 것과 같이(요 10:14) 제자와 예수는 서로를 압니다. 이러한 관계는 예수와 하나님의 관계에서 비롯되었습니다. 예수와 하나님은 서로를 압니다(요 10:15). 왜냐하면 그들의 관계는 하나이기 때문입니다(요 17:21).

# 4

# 제자를 부르심과 가르치심

**읽어야 할 본문: 마태복음 4-5장, 마가복음 1-3장, 누가복음 5-6장, 요한복음 1-5장**

예수의 초기 사역은 갈릴리를 중심으로 이루어집니다. 예수는 제자들을 부르시고 제자들과 함께 여행을 다니시고 천국 복음을 선포하시고 가르치십니다. 그 당시 유명한 랍비들은 제자들이 찾아왔습니다. 그런데 예수는 제자들을 직접 찾으시며 부르십니다.

구약에서 하나님은 그의 종들을 부르십니다. 하나님이 그의 종들을 부르시는 장면이 길게 나오는 사람들이 있습니다. 모세, 기드온, 이사야, 예레미야 그리고 에스겔입니다. 이들에게 하나님은 나타나셔서 임무를 부여하십니다. 이것을 소명 기사라고 부릅니다. 이와 같이 예수는 자신의 제자들을 부르십니다. 베드로와 안드레 그리고 야고보와 요한을 부르십니다(마 4:18-22). 예수를 랍비로 여기고 따르겠다고 나아오는 서기관은 거절하시고(마 8:19-20) 예수를 주님으로 인정하며 따르려고 하는 무명의 제자를 부르기도 하십니다(마 8:21-22). 예수를 따르는 제자들이 많았습니다. 12제자를 비롯하여 70인의 전도단도 있었습니다(눅 10:1-20). 예수의 제자들 가운데 12제자가 주축입니다. 특히 12제자들 가운데 갈릴리 어부 출신인 베드로, 야고보 그리고 요한이 중심 제자들입니다.

예수를 따르는 제자들 가운데 그들을 부르시는 모습이 길게 기록된 제자들이 있습니다. 베드로, 마태, 요한, 안드레, 빌립과 나다나엘입니다. 예수는 제자들을 부르시며 제자들에게 천국 복음을 가르치십니다.

## 4.1 제자들을 부르심

### 베드로

베드로는 게네사렛 호숫가에서 고기를 잡는 어부입니다. 베드로가 밤새 고기를 잡고 물가로 나와서 그물을 씻고 있습니다. 이때 무리들이 예수께 몰려와서 하나님의 말씀을 듣고 있었습니다. 예수께서 시몬 베드로의 배에 타셔서 육지에서 배를 조금 떼어 놓기를 요구합니다. 예수께서 베드로에게 이러한 요구를 하시는 것을 보면 구면인 것 같습니다(요 1:41-42). 그리고 그 배에 앉아서 무리를 가르칩니다. 무리가 많이 몰려와서 밀리는 것을 방지하기 위한 것입니다.

예수께서 말씀을 다 하고 베드로에게 "깊은 데로 가서 그물을 내려 고기를 잡으라"고 하십니다(눅 5:4). 예수는 목수 출신입니다. 베드로는 게네사렛 호수에서 잔뼈가 굵은 사람입니다. 고기를 잡는 것이 그의 직업입니다. 고기가 언제 잘 잡히는지를 경험을 통해 잘 알고 있습니다. 그 날도 밤새도록 고기를 잡기 위해 호수 위에 있었습니다. 그런데 예수는 베드로에게 깊은 곳으로 가서 그물을 내리라고 합니다.

베드로는 예수의 말에 순종으로 응답합니다. "선생님 우리들이 밤이 새도록 수고하였으되 잡은 것이 없지마는 말씀에 의지하여 내가 그물을 내리리이다"(눅 5:5). 베드로는 고기를 잡기 위해 밤새 작업을 했지만 아무런 소득이 없었습니다. 베드로는 밤새 작업을 한 것을 강조합니다. 베드로는 이미 작업을 마치고 그물을 씻고 있었습니다. 그물을 다 씻었는데 다시 작업을 해야 합니다. 귀찮은 일입니다. 더욱이 이 시간은 고기가 잡힐 때가 아닙니다. 하지만 베드로는 "말씀에 의지하여" 다시 작업을 하겠다고 합니다. 이 말은 '그러나 당신의 말 위에서' 또는 '그러나 당신의 말에 근거하여' 이런 뜻입니다. 예수의 말에 근거하여 다시 그물을 내리려고 합니다. 베드로는 순종의 사람입니다. 베드로는 배 위에서 예수의 말씀을 들었습니다. 아마도 그 가르침이 베드로에게 예수의 말에 순종해야겠다는 어떤 의지를 불러 일으켰던 것입니다.

베드로가 예수의 말에 순종하고 그물을 내립니다. 그러자 엄청나게 많은 고기를 잡습니다. 너무 놀라서 다른 배에 있는 동료들에게 도와달라고 합니다. 두 배에 가득 차게 고기를 잡았습니다. 베드로는 어부로서 이런 경험이 처음입니다. 예수의 무릎 아래 엎드려서 이렇게 말합니다. "주여 나를 떠나소서 나는 죄인이로소이다"(눅 5:8) 하고 고백을 합니다. 베드로가 예수를 대하는 태도가 달라졌습니다. 처음에는 "선생님"이라고 부르더니 놀라운 경험을 하고나서는 "주여"라고 부릅니다. 더 나아가 베드로는 "나는 죄인"이라고 자신의 상태를 고백합니다. 구약에서 하나님의 종들이 신현을 경험하면 자신을 부정하는 말을 합니다. 모세는 가서 이스라엘을 구원하라는 하나님의 명령에 "나는 입이 뻣뻣하고 혀가 둔한 자니이다"(출 4:10) 하고 자신을 부인합니다. 기드온은 가서 미디안을 쳐서 이스라엘을 구원하라는 하나님의 미션을 받고 "나의 집은 므낫세 중에 극히 약하고 나는 내 아버지 집에서 가장 작은 자니이다"(삿 6:15) 하고 자신을 부인합니다. 이사야는 성전에 앉으신 여호와를 봅니다. 이때 이사야는 "나는 입술이 부정한 사람"이라고 고백을 합니다(사 6:5). 예레미야는 여호와의 말씀이 임하여 선지자로 부름을 받을 때에 "나는 아이라 말할 줄을 알지 못하나이다"(렘 1:6) 하고 말합니다. 이렇게 하나님의 종들은 하나님을 만나고 임무를 부여받았을 때에 자신의 부족함을 고백하며 자신을 부정합니다. 이와 유사하게 베드로는 예수 앞에서 "나는 죄인"이라고 고백을 합니다.

베드로가 잡은 고기를 보고 베드로 옆에 있던 동료들 야고보와 요한도 놀랍니다. 그러자 예수께서 베드로에게 사명을 부여하십니다. "무서워하지 말라 이제 후로는 네가 사람을 취하리라"(눅 5:10). 베드로의 직업이 변합니다. 고기를 잡는 어부에서 사람을 잡는 어부로 변합니다. 이 사건은 베드로와 그의 동료들이 예수를 전적으로 신뢰하며 따르게 합니다. 자신들의 생업을 포기하고 예수를 따릅니다.

## 마태

예수께서 세관에 앉아서 일을 하고 있는 레위(마태)를 보시고 "나를 따르라"고 하십니다. 그러자 그가 모든 것을 버리고 예수를 따릅니다. 세리는 그 당시 세금을 걷는 징세원입니다. 레위는 예수의 부르심을 받고 즉각 순종합니다. 돈을 많이 벌 수 있는 직업을 버리고 예수를 따라갑니다. 레위가 예수를 위하여 자기 집에서 잔치를 베풉니다. 세리들과 다른 사람들이 많이 와서 식사를 합니다. 그러자 바리새인들과 서기관들이 제자들을 비난합니다. "너희가 어찌하여 세리와 죄인과 함께 먹고 마시느냐"(눅 5:30). 이 말은 그 당시의 유다 사회에서 세리들이 어떤 취급을 받았는지를 보여주고 있습니다. 유대인들은 세리를 죄인으로 간주했습니다.

바리새인과 서기관의 비난에 대하여 예수께서 직접 대답하십니다. "건강한 자에게는 의사가 쓸 데 없고 병든 자에게라야 쓸 데 있나니 내가 의인을 부르러 온 것이 아니요 죄인을 불러 회개시키러 왔노라"(눅 5:31-32). 예수는 그 당시의 속담을 인용하여 대답하십니다. 1) 예수는 자신을 병든 사람을 고치는 의사로 비유합니다. 세리와 예수를 따르는 자들이 병든 자들입니다. 그러나 예수를 따르는 자들을 비난하는 바리새인들과 서기관들은 건강한 자들입니다. 의사는 병든 자들에게 필요합니다. 여기서 예수는 자신이 누구를 위하여 이 땅에 오셨는지를 확실히 합니다. 병든 자들을 위해서 이 땅에 오셨습니다. 2) 예수는 의인을 부르러 오지 않았습니다. 죄인을 불러 회개하게 하기 위해서 오셨습니다. 예수께서 이 땅에 오신 이유와 목적을 말하고 있습니다. 죄인을 위하여 오셨으며 그들을 회개시키러 오셨습니다. 천사는 요셉에게 예수의 이름을 알려 주면서 이렇게 말했습니다. "이름을 예수라 하라 이는 그가 자기 백성을 그들의 죄에서 구원할 자이심이라"(마 1:21). 예수는 자기 백성을 죄에서 구원하기 위하여 이 땅에 오신 것입니다.

예수는 세리 레위를 부르실 때에 자신이 왜 이 땅에 오셨는지를 명확하게 밝히십니다. 바리새인이나 서기관처럼 자신을 의인이라고 여기는 사람들을 부르러 오지 않았습니다. 베드로처럼 자신을 죄인이라고 고백하는 사람들을 부르러 오신 것입니다.

## 베드로와 안드레

세례 요한을 따르는 제자들이 있습니다. 하루는 세례 요한이 예수를 보고 "보라 하나님의 어린 양"(요 1:36)이라고 증언합니다. 어린 양은 희생제사에 사용되기도 합니다. "하나님의 어린 양"이라는 증언은 하나님께서 제사를 위해 준비한 양이라는 뉘앙스를 풍기고 있습니다. 구약 희생제사와 유월절에 대한 모형론적인 해석입니다. 세례 요한을 따르는 두 명의 제자가 이 소리를 들었습니다. 이 두 명이 예수를 따릅니다. 그 가운데 한 명이 바로 시몬 베드로의 형제 안드레입니다.

안드레가 형제 시몬을 찾아서 "우리가 메시야를 만났다 하고 (메시야는 번역하면 그리스도라)" 말합니다(요 1:41). 안드레는 세례 요한의 증언을 통해서 예수를 메시야로 인식하고 있습니다. 유대 민족이 오랫동안 고대하던 메시야(기름 부음을 받은 자)라고 부릅니다.

안드레의 인도를 받아 시몬이 예수께 나아옵니다. 그러자 예수께서 시몬의 이름을 바꿔줍니다. "네가 요한의 아들 시몬이니 장차 게바라 하리라 하시니라 (게바는 번역하면 베드로라)"(요 1:42). 게바는 아람어(케파스)로 반석이라는 뜻입니다. 베드로(헬라어 '페트로스') 역시 반석이라는 뜻입니다. 구약에서 하나님이 이름을 바꿔주는 경우가 있습니다. 예를 들면, 아브람은 아브라함으로, 야곱은 이스라엘로 이름을 바꿔주었습니다. 예수는 시몬을 보자 베드로로 이름을 바꿔주십니다.

안드레와 베드로는 예수와의 만남이 있었기 때문에 예수께서 그들을 부르실 때에 생업을 버리고 예수를 따를 수 있었습니다. 이들은 처음부터 세례 요한의 증언을 듣고 예수를 메시야로 생각하며 따랐습니다.

## 빌립과 나다나엘

예수께서 갈릴리에서 빌립을 만납니다. 빌립에게 "나를 따르라"고 하십니다. 빌립은 안드레와 베드로와 같은 벳새다 사람입니다. 빌립이 나다나엘을 찾아서 이렇게 말합니다. "모세가 율법에 기록하였고 여러 선지자가 기록한 그 이를 우리가 만났으니 요셉의 아들 나사렛 예수니라"(요 1:45). 빌립 역시 예수를 오랫동안 기다리던 메시야로 인식하고 있습니다. 아마도 안드레나 베드로에게 예수에 대한 소식을 들었을 수 있습니다. 모세가 율법에 기록하였다고 말한 것은 모세가 선지자 직분에 대해서 말하면서 "네 하나님 여호와께서 너희 가운데 네 형제 중에서 너를 위하여 나와 같은 선지자 하나를 일으키시리니 너희는 그의 말을 들을지니라"(신 18:15) 하고 말한 것입니다. 빌립은 모세가 예언한 그 선지자를 메시야로 해석하고 있습니다. 여기에 대하여 다른 유대인들은 모세가 말한 그 선지자를 메시야 앞에 올 선지자로 해석하기도 했습니다. 그래서 유대인들은 세례 요한에게 "네가 그 선지자냐"(요 1:21) 하고 묻기도 했습니다(참고 요 7:40). 그러나 후에 베드로는 모세의 말을 메시야로 해석합니다. 유대인들에게 예수 그리스도를 모세가 말한 그 선지자라고 설교했습니다(행 3:20-23; 참고 행 7:37). 빌립은 모세가 말한 그 선지자가 바로 예수라고 말하고 있는 것입니다. 빌립은 또한 구약에서 여러 선지자들이 예언한 메시야가 바로 예수라고 증언합니다(참고 행 3:24).

빌립의 말에 대하여 나다나엘은 의문을 제기합니다. "나사렛에서 무슨 선한 것이 날 수 있느냐"(요 1:46). 나다나엘의 말은 이런 의미를 담고 있는 것 같습니다. 모세와 선지자들이 나사렛에서 어떤 선지자가 올 것이라고 예언한 것이 있느냐? 나사렛에서는 메시야가 날 수 없다고 말한 것입니다(참고 요 7:52). 그러자 빌립은 "와서 보라"고 그를 예수께 초청합니다(요 1:46).

나다나엘이 예수께 오자 예수는 나다나엘에 대하여 "보라 이는 참으로 이스라엘 사람이라 그 속에 간사한 것이 없도다"(요 1:47) 하고 말합니다. 여기에 묘한 대조가 있습니다. 이스라엘은 야곱의 다른 이름입니다. 야곱은 아버지를 속이고 형 에서 대신에 복을 받은 간교한 사람입니다(창 27:35). 나다나엘은 이스라엘 자손인데 간사한 것이 없습니다. 예수는 나다나엘의 성품을 꿰뚫어 보고 계십니다. 그리고 나다나엘을 칭찬하십니다. 나다나엘이 나를 어떻게 아느냐고 물어봅니다. 그러자 예수께서 빌립이 너를 부르기 전에 무화과나무 아래에 있던 너를 보았다고 말합니다. 이 말을 들은 나다나엘은 "랍비여 당신은 하나님의 아들이시요 당신은 이스라엘의 임금이로소이다"(요 1:49) 하고 고백합니다. 나다나엘은 자신의 성품을 다 알고 계시는 예수를 랍비, 하나님의 아들 그리고 이스라엘의 왕으로 부릅니다.

이때 예수는 나다나엘에게 "더 큰 일을 보리라" 하고 말씀하십니다(요 1:50). 예수는 나다나엘이 볼 큰일을 이렇게 설명하십니다. "진실로 진실로 너희에게 이르노니 하늘이 열리고 하나님의 사자들이 인자 위에 오르락 내리락 하는 것을 보리라"(요 1:51). 예수는 야곱의 꿈을 염두에 두고 말씀하십니다. 야곱이 형 에서를 피해 하란으로 가다가 노숙을 합니다. 그때 꿈에 천사들을 봅니다. "꿈에 본즉 사닥다리가 땅 위에 서 있는데 그 꼭대기가 하늘에 닿았고 또 본즉 하나님의 사자들이 그 위에서 오르락내리락 하고"(창 28:13). 한 사다리가 땅과 하늘에 연결되어 있습니다. 그리고 그 위로 천사들이 오르락내리락하고 있습니다. 그리고 사다리 위에서 여호와께서 야곱에게 말씀하십니다. 예수는 지금 야곱의 꿈을 염두에 두면서 나다나엘에게 말씀하십니다.

이 말씀의 의미는 두 가지입니다. 첫째는 인자 곧 예수께서 하늘과 땅을 연결하는 자입니다. 인자 위에 하나님의 천사들이 오르락내리락합니다. 일반적으로 하나님의 천사는 하나님의 메시지를 전달하는 역할을 합니다. 예수 위로 하나님의 천사가 오르락내리락한다는 것은 예수께서 하늘과 연결되는 통로라는 것을 보여줍니다. 예수를 통해서 하늘과 메시지를 주고받을 수 있습니다.

둘째 예수는 성전의 의미가 있습니다. 야곱이 그 꿈을 꾸고 나서 그 장소를 벧엘이라고 이름을 지어줍니다. 벧엘은 하나님의 집입니다. 즉 성전이라는 의미입니다. 성전은 기도하는 집이며 또한 하나님의 말씀인 십계명을 보관하는 법궤를 위한 집입니다. 이 법궤 위에 하나님이 임재하십니다. 하나님이 임재하시는 집입니다. 하나님이 법궤 위에 임재하셔서 대제사장에게 말씀하십니다. 하나님의 말씀이 있는 곳이며 사람들이 나아와 하늘에 계신 하나님께 기도하는 곳이 바로 하나님의 집입니다. 하나님은 말씀하시며 백성은 하나님께 기도합니다. 하나님과 커뮤니케이션이 이루어집니다. 이래서 사다리 위로 천사들이 오르락내리락했던 것입니다. 예수님 위로 천사들이 오르락내리락한다는 것은 예수께서 하나님의 집 즉, 성전이라는 뜻입니다. 땅과 하늘을 연결해 주는 집입니다. 예수는 실제 모퉁이 돌로서 성전의 주춧돌이 됩니다. 그 위에 성전을 짓습니다.

## 4. 2 메시야 대망

위에서 보았듯이 제자들은 메시야(그리스도)를 기다리고 있었습니다. 그래서 안드레는 베드로에게 "우리가 메시야를 만났다" 하고 말합니다(요 1:41). 유대인들이 그리스도(메시야)를 대망했던 것은 일반적인 일입니다(눅 3:15). 세례 요한이 회개의 세례를 전파하자 많은 유대인들이 그에게 몰려듭니다. 제사장들과 레위 인들은 요한에게 나아와서 그의 신분을 묻습니다. 이때 요한은 분명하게 자신은 그리스도가 아니라고 답변합니다(요 1:20). 예수와 대화를 나눴던 사마리아 여인도 메시야가 오실 것을 알고 있습니다. 그녀는 "메시야 곧 그리스도라 하는 이가 오실 줄을 내가 아노니 그가 오시면 모든 것을 우리에게 알려 주시리이다"(요 4:25).

예수께서 많은 이적과 표적을 행하자 많은 유대인들이 예수와 메시야를 비교해서 말합니다. "그리스도께서 오실지라도 그 행하실 표적이 이 사람이 행한 것보다 더 많으랴"(요 7:31). 백성들은 그리스도께서 다윗의 후손으로 다윗이 살던 베들레헴에서 온다는 것을 알고 있었습니다(요 7:42). 하지만 다른 유대인들은 그리스도의 기원에 대하여 잘못된 생각을 갖고 있기도 하였습니다. "우리는 이 사람이 어디서 왔는지 아노라 그리스도께서 오실 때에는 어디서 오시는지 아는 자가 없으리라"(요 7:27). 일부 사람들은 메시야가 어디에서 오는지 아무도 모를 것이라고 생각합니다. 일부 유대인들은 "그리스도가 영원히 계신다"는 말씀을 잘못 해석하여 믿고 있기도 했습니다(요 12:34). 유대인들 가운데 메시야에 대한 잘못된 지식을 소유한 사람들도 있었지만 예수 당시의 유대인들은 메시야를 기다리고 있었습니다. 그들은 메시야가 다윗의 후손으로 오실 것을 확실히 알고 있었습니다. 이 사실은 동방박사들이 예루살렘에 도착했을 때에 헤롯이 대제사장과 서기관들에게 그리스도가 어디서 나겠느냐고 물었을 때 드러났습니다. 대제사장과 서기관들은 미가서(5:2)를 인용하여 유다 베들레헴에서 나올 것을 말했습니다(마 2:5-6).

## 4.3 팔복

예수는 제자들을 부르시고 가르치십니다. 예수께서 산에 올라가 앉으시자 제자들이 나아옵니다. 예수께서 제자들을 향하여 팔복을 말씀하십니다(마 5:1). 누가의 평지설교에는 네 가지 복이 나오고 네 가지 화가 나옵니다(눅 6:20-26). 마태는 여덟 개의 복을 말합니다. 이것은 모두 유사한 구조를 갖고 있습니다. 먼저 복의 선언이 나오고 "복이 있나니" 다음에 그 복에 합당한 사람의 조건이나 특징이 나오고 "심령이 가난한 자"(개역 개정은 번역 상 어순이 바뀌었음) 그리고 그 복에 대한 설명 "천국이 그들의 것임이요"(천국이 그들의 것이기 때문이다)가 나옵니다. 헬라어는 복을 설명하는 접속사 '~ 때문이다'(호티)가 팔복에 다 나옵니다.

팔복의 특징은 첫 번째 복과 여덟 번 째 복의 귀결절 "천국이 그들의 것임이요"가 반복하여 나오는 점입니다(마 5:3, 10). 도입과 결론을 감싸고 있는 이것을 인클루지오 형식이라고 부릅니다. 이 구조를 통해서 팔복은 천국과 관련되어 있다는 것을 알 수 있습니다. 예수께서 천국 복음을 전파하신 것(마 4:23)을 구체적으로 나타내 주고 있습니다. 더 나아가 첫 번째 복과 여덟 번째 복은 시제가 현재인데 반하여 나머지 둘째부터 일곱째 복은 전부 미래형입니다. 예수의 사역을 통해 하나님의 나라가 현재 임해 있습니다. 그렇지만 또한 하나님의 나라는 미래적인 성격을 띠고 있습니다. 하나님 나라의 이중성을 잘 보여주고 있습니다.

### 첫째 복

첫째 복은 영으로 가난한 자가 받습니다. "심령이 가난한 자는 복이 있나니 천국이 그들의 것임이요"(마 5:3). 누가는 "너희 가난한 자는 복이 있나니 하나님의 나라가 너희 것임이요"(눅 6:20) 하고 말합니다. 누가는 반대로 부자에 대해서도 말합니다. "그러나 화 있을진저 너희 부요한 자여 너희는 너희의 위로를 이미 받았도다"(눅 6:24). 누가의 보도는 그냥 읽으면 오해하기 쉽습니다. 마치 가난한 자는 옹호하면서 부자는 비난받을 대상인 것처럼 보이기 때문입니다. 단순히 부자라고 해서, 물질이 많다는 이유만으로 비난을 받는다면 이것은 불공평합니다. 예수의 가르침이 한쪽으로 쏠려 있는 것 같습니다. 또한 마태와 누가가 보도하는 예수의 말씀이 차이가 있는 것 같이 보이기도 합니다.

구약에서 가난한 자는 보호 대상입니다. 하나님은 가난한 자에게 관심이 많습니다. 하나님은 가난한 자의 보호자가 되기도 하시며 피난처가 되기도 하십니다. 구약에서 가난한 자는 특별히 사회의 약자로서 고아, 과부 그리고 나그네를 뜻하기도 합니다. 선지자들은 가난한 자를 착취하는 힘있는 자들을 비난하며 가난한 자를 옹호했습니다. 하지만 가난한 자가 다 미화되는 것은 아닙니다. 가난한 자도 심판의 대상입니다(사 11:4). 가난하다고 해서 다 의롭지 않기 때문입니다. 가난하면서 악한 자도 있습니다.

누가가 가난한 자가 복이 있다는 것은 하나님과 관련이 있기 때문입니다. 그래서 누가는 가난한 자가 복이 있는데 하나님의 나라가 저희 것이라고 설명하고 있습니다. 가난하면서 하나님과 관련이 있기 때문입니다. 이것은 부자와 나사로 비유를 생각나게 합니다(눅 16:19-31). 무명의 부자가 있습니다. 날마다 잔치를 베풀며 호화롭게 삽니다. 그러나 나사로는 거지이며 부자 집에서 나오는 음식물로 연명합니다. 거지 나사로는 죽어서 아브라함 품에 안깁니다. 천국에 들어갔습니다. 그러나 부자는 죽어서 지옥에 가서 고통을 당합니다. 부자가 고통 중에서 아브라함 품에 있는 거지 나사로를 봅니다. 부자가 아브라함에게 거지 나사로를 보내어 물 한 방울을 찍어달라고 요청합니다. 그러자 아브라함이 이렇게 거절합니다. "얘 너는 살았을 때에 좋은 것을 받았고 나사로는 고난을 받았으니 이것을 기억하라 이제 그는 여기서 위로를 받고 너는 괴로움을 받느니라"(눅 16:25). 이 비유 역시 단순히 읽으면 가난한 자는 천국으로 가고 부자는 지옥으로 간다고 오해하기 쉽습니다. 그러나 비유의 뒷부분은 가난한 자는 천국 그러나 부자는 지옥이라는 단순한 공식을 말하고 있지 않습니다. 부자가 다시 아브라함에게 요청합니다. 세상에 자기의 형제 다섯 명이 살고 있는데 거지 나사로를 보내어 이 지옥을 증언하게 해 달라고 합니다. 그러자 아브라함은 이것도 거절합니다. 그들에게는 모세와 선지자가 있다는 것입니다. 모세와 선지자의 증언을 듣지 않으면 죽은 자가 살아나서 증언해도 믿지 않을 것이라고 말합니다. 여기서 우리는 거지 나사로가 이 세상에 있을 때에 모세와 선지자의 증언을 들었다는 것을 알 수 있습니다. 비록 세상에서 가난하게 살았지만 모세와 선지자가 증언하는 하나님의 말씀을 들은 것입니다. 그러나 부자는 모세와 선지자의 증언에 귀를 기울이지 않았습니다. 그래서 지옥에 오게 된 것입니다.

누가가 말한 가난한 자가 복이 있다는 말이 이런 의미입니다. 이 세상에서 가난한 자는 의지할 곳이 없습니다. 그래서 마음이 가난해집니다. 마음이 가난해진 사람은 하나님을 찾습니다. 시편 기자의 말을 들어 보십시오. "나는 가난하고 궁핍하오나 주께서는 나를 생각하시오니 주는 나의 도움이시오 나를 건지시는 이시라 나의 하나님이여 지체하지 마소서"(시 40:17). 가난한 자는 하나님을 찾습니다. 이것이 복입니다. 이래서 하나님의 나라를 소유하게 됩니다. 그러나 부자는 그렇지 않습니다. 이 땅에서 누릴 것이 많고 돈을 의지합니다. 돈이 그 사람의 견고한 성이 됩니다. 이런 사람에게 화가 임합니다. 물론 부자이면서도 하나님을 잘 경외한 사람이 있습니다(아브라함, 욥, 다윗과 같이). 그러나 누가는 일반적으로 물질을 의지하고 하나님을 의지하지 않는 부자에게 화를 선언하고 있는 것입니다.

이러한 점에서 보면 마태가 "심령이 가난한 자는 복이 있나니"라고 말하는 것을 쉽게 이해할 수 있습니다. '영으로 가난한 자' 입니다. 하나님 앞에서 마음이 가난한 자입니다. 영이 가난합니다. 이런 사람이 복을 받습니다. 마태가 이렇게 말했을 때는 부자도 영이 가난할 수 있습니다. 또한 가난한 자도 영이 가난할 수 있다는 것을 뜻합니다.

이렇게 영이 가난한 사람은 복을 받습니다. 천국이 그들의 것입니다. 이것은 현재형입니다. 이 땅에서 누리는 복입니다. 하나님 앞에서 영이 가난한 사람은 하나님의 나라를 경험하면서 살아갑니다.

가난한 자가 복을 받는다는 것은 이사야의 예언과도 관련이 있습니다. 이사야는 "가난한 자에게 복음"이 전해진다고 말합니다(사 61:1; 눅 4:18). 실제 예수의 의해 전파된 복음은 가난하고 소외되었던 지역, 갈릴리, 스불론 그리고 납달리 지방에서부터 시작되었음을 기억해야 합니다. 경제적으로 가난하면 마음도 가난해집니다. 마음이 가난해지면 복음을 받아들이며 하나님을 의지할 확률이 높습니다. 그래서 가난한 사람들이 복음을 더 잘 받아들이는 것입니다.

## 둘째 복

둘째 복은 애통하는 자가 받습니다. "애통하는 자는 복이 있나니 그들이 위로를 받을 것임이요"(마 5:4). "애통하는 자"는 '슬퍼하는 자' 입니다. 어떤 상황에서 슬퍼하는 지에 대한 설명이 없습니다. 이 복은 이사야의 예언과 관련이 있는 것 같이 보입니다. "가난한 자에게 복음"이 전파된다고(사 61:1) 말한 이사야는 또한 "모든 슬픈 자를 위로하되"(사 61:2)라고 말하기 때문입니다. 여기서 슬퍼하는 자는 시온 때문에 우는 자들입니다. 시온이 황폐화되고 망했기 때문입니다. 이들은 시온 성을 보면서 슬퍼합니다. 하나님이 이들을 위로할 것입니다. 시온 성은 다시 회복되어지며 기쁨이 있을 것입니다(사 61:3-4). 하지만 예수께서 이 구절을 염두에 두고 말씀을 하셨더라도 지금 마태가 전하고 있는 본문에는 어떤 상황에서 슬퍼하는 지에 대한 설명이 없습니다. 슬픔은 여러 상황가운데서 나옵니다. 국가적인 재난, 자연적인 재난, 경제적인 손실, 질병의 고통, 불의와 부정을 보고 슬퍼할 수 있고 죽음 앞에서 사람들은 슬퍼하며 웁니다.

어떤 상황에서 슬퍼하며 우는지 알 수 없지만 확실한 것은 이 팔복은 천국 복음이라는 사실입니다. 첫째 복과 여덟째 복의 귀결절이 "천국"을 말하고 있다는 사실을 기억해야 합니다. 따라서 여기서 "애통하는 자"는 천국과 관련해서 슬퍼하는 자입니다.

이 땅에서 천국이 임하는 것을 보면서 기뻐할 수 있습니다. 그러나 복음이 전해지는 과정이 순탄하지 않습니다. 복음을 전하기 위해서 많은 고난과 박해를 받기 때문입니다. 또한 사람들이 복음의 소식을 들어도 강퍅하여 순종하지 않습니다. 복음전파를 방해하기도 합니다. 이러한 일들을 슬퍼할 수 있습니다. 복음에 불순종하며 우상 숭배를 하는 자들을 보며 탄식하며 슬퍼하는 자입니다. 또한 죄악을 저지르는 사람들을 보면서 탄식하며 슬퍼하는 자입니다. 천국과 복음 때문에 슬퍼하는 사람들이 위로를 받습니다.

"그들이 위로를 받을 것임이요"는 미래형입니다. 장차 임할 하나님의 보상이며 위로입니다. 이 땅에서 천국 복음 때문에 슬퍼하며 우는 자들은 미래에 하나님의 위로를 받을 것입니다. 미래형이 인상적입니다. 이 땅위의 삶과 미래의 삶에 연속성이 있기 때문입니다.



## 셋째 복

셋째 복은 온유한 자가 받습니다. "온유한 자는 복이 있나니 그들이 땅을 기업으로 받을 것임이요"(마 5:5). 온유는 기질입니다. 온화하고 친절한 성격입니다. 이러한 태도는 다른 사람을 대할 때 잘 드러납니다. 다른 사람에게 화를 잘 내지 않고 악의적으로 대하지 않습니다. 무례히 행동하지도 않습니다.

구약 시대의 이스라엘은 가나안 땅을 기업으로 받았습니다. 하나님의 약속이 역사 속에서 성취될 때 즉, 여호수아의 지도아래 이스라엘이 가나안 땅을 정복했을 때, 이스라엘의 남자들은 각기 기업의 땅을 받았습니다.

온유한 자가 땅을 기업을 차지한다는 말씀은 시편을 배경으로 합니다. 시편 기자는 악을 행하는 자들에 대하여 불평하지 말라고 합니다. 악인은 땅에서 금방 사라질 것이기 때문입니다. "그러나 온유한 자들은 땅을 차지하며 풍성한 화평으로 즐거워하리로다"(시 37:11). 온유한 자들이 땅을 차지하는데, 이러한 사람은 하나님께 소망을 둡니다. "진실로 악을 행하는 자들은 끊어질 것이나 여호와를 소망하는 자들은 땅을 차지하리로다"(시 37:9). 온유한 자들은 하나님께 소망을 두며 의지하는 사람입니다.

예수는 "온유한 자는 복이 있나니"라고 선언합니다. 온유는 특별히 예수의 성품입니다. 예수는 자신을 "나는 마음이 온유하고 겸손하니"하고 소개하셨기 때문입니다(마 11:29). 온유한 자는 예수를 닮아가는 사람입니다. 이러한 사람은 "땅을 기업으로 받을 것"입니다.

온유한 자가 땅을 기업으로 받는다는 것은 미래형입니다. 온유한 자는 땅을 상속받을 것입니다. 이는 하나님의 나라가 이 땅에 임할 때 이루어질 것입니다. 사도 요한은 "새 하늘과 새 땅"이 있을 것을 말했습니다(계 21:1). 이 땅에서 예수를 닮아 온유하게 사는 사람은 미래의 하나님의 나라에서 땅을 기업으로 받을 것입니다. 제자들은 하나님의 나라에서 상속받을 재산이 있습니다.

## 넷째 복

넷째 복은 의를 갈구하는 자가 받습니다. "의에 주리고 목마른 자는 복이 있나니 그들이 배부를 것임이요"(마 5:6). 배가 고프고 목이 마른 사람은 먹을 것과 마실 것을 사모합니다. 음식을 갈구합니다. 이와 같이 의를 추구하는 자들이 있습니다. 이 땅은 불의, 부정 그리고 죄악이 가득 차 있습니다. 이런 환경에서 의를 추구하는 사람들이 복을 받습니다.

여기서 의는 일반 사회에서 추구하는 정의와 공의와는 다릅니다. 팔복 자체는 제자들에게 주어졌고 천국 복음이기 때문입니다. 하나님 나라의 의입니다(마 6:33). 하나님이 원하시는 의로서 천국에 들어갈 수 있는 기준입니다(마 5:20). 이 의는 하나님의 뜻대로 행하는 것이기도 합니다(마 7:21). 이 의는 세리와 창녀들이 대제사장들과 장로들보다 먼저 가졌습니다(마 21:31-32). 이 의는 예수와 관련이 있기도 합니다(요 16:8, 10). 후에 바울은 복음에 "하나님의 의"가 나타났다고 말합니다(롬 1:17). 하나님의 의는 율법과 선지자들에게 증거를 받은 것으로서 예수 그리스도를 믿는 자들에게 주어집니다(롬 3:21-22). 예수를 믿는 자들은 의롭다고 여김을 받습니다(롬 3:26).

천국의 의를 추구하는 사람은 배부름을 받을 것입니다. 이 보상 역시 미래형입니다. 이 땅에는 불의, 부정, 거짓, 속임과 죄악이 가득하지만 하나님의 나라는 공의와 정의가 가득 차 있습니다. 의가 넘치는 사회입니다.

### 다섯째 복

다섯째 복은 긍휼히 여기는 자가 받습니다. "긍휼히 여기는 자는 복이 있나니 그들이 긍휼히 여김을 받을 것임이요"(마 5:7). "긍휼히 여기는 자"는 '자비로운 자' 또는 '인정 많은 자' 입니다. 긍휼은 하나님의 성품입니다. 하나님은 자신을 이렇게 소개하십니다. "배역한 이스라엘아 돌아오라 나의 노한 얼굴을 너희에게로 향하지 아니하리라 나는 긍휼이 있는 자라 노를 한없이 품지 아니하느니라"(렘 3:12). 하나님은 배교한 이스라엘에게 회개하고 돌아오라고 합니다. 하나님은 노를 계속 품지 않는 자비로운 분이기 때문입니다.

이러한 하나님의 성품을 본받아 다른 사람을 긍휼히 여기는 사람이 복이 있습니다. "그들이 긍휼히 여김을 받을 것"이기 때문입니다. 이것 역시 미래형입니다. 미래에 하나님의 나라가 임할 때에 하나님의 심판이 있습니다. 이 마지막 심판에서 이 땅에서 다른 사람을 긍휼히 여긴 자들은 하나님의 긍휼을 입을 것입니다.

### 여섯째 복

여섯째 복은 마음이 청결한 자가 받습니다. "마음이 청결한 자는 복이 있나니 그들이 하나님을 볼 것임이요"(마 5:8). "마음이 청결한 자"는 '마음이 깨끗한 자' 또는 '마음이 정결한 자' 를 의미합니다.

하나님께 나아가는 자는 자신을 깨끗하게 해야 합니다. 야곱이 벧엘의 하나님께 제단을 쌓으러 나아갈 때에 이렇게 말합니다. "너희 중에 있는 이방 신상들을 버리고 자신을 정결하게 하고 너희들의 의복을 바꾸어 입으라"(창 35:2). 여기서 "자신을 정결하게 하고"는 자신을 깨끗하게 하는 것입니다. 하나님 앞에 나아갈 때 깨끗하게 나아가야 합니다. 이것은 후에 이스라엘이 시내 산에 임하신 하나님을 만나러 나아갈 때도 유사하게 나옵니다. 이스라엘이 하나님을 만날 준비는 이렇습니다. "오늘과 내일 그들을 성결하게 하며 옷을 빨게 하고"(출 19:10). "성결하게 하며"는 '거룩하게 하며' 입니다. 그리고 "옷을 빨게"합니다. 옷을 빠는 행위는 깨끗하게 하는 것입니다. 하나님을 만나는 사람은 깨끗해야 한다는 것을 여기서 알 수 있습니다. 시편 기자는 이러한 정결 행위들을 더 발전시킵니다. "여호와의 산에 오를 자가 누구며 그의 거룩한 곳에 설 자가 누구인가 곧 손이 깨끗하며 마음이 청결하며 뜻을 허탄한 데에 두지 아니하며 거짓 맹세하지 아니하는 자로다"(시 24:3-4). 하나님께 가까이 갈 수 있는 사람을 말합니다. "마음이 청결하며"는 '마음의 깨끗함' 을 의미합니다. 확실히 하나님은 마음이 깨끗한 자에게 선을 베푸십니다(시 73:1).

마음이 깨끗한 사람이 복이 있습니다. 왜냐하면 이런 사람이 하나님을 볼 것이기 때문입니다. 이것은 미래형입니다. 사도 요한은 하나님의 나라가 임할 때 하나님을 볼 것이라고 말합니다. "다시 저주가 없으며 하나님과 그 어린 양의 보좌가 그 가운데에 있으리니 그의 종들이 그를 섬기며 그의 얼굴을 볼 터이요"(계 22:3-4). 하나님을 보는 것은 미래에 이루어질 일입니다.

인간은 육신의 눈으로 하나님을 볼 수 없습니다. "오직 그에게만 죽지 아니함이 있고 가까이 가지 못할 빛에 거하시고 어떤 사람도 보지 못하였고 또 볼 수 없는 이시니"(딤전 6:16). 하나님을 본 사람은 없습니다. 하나님을 보고 살 사람이 없기 때문입니다(출 33:20). 그러나 구약에서 보면 하나님이 나타나십니다. 이러한 신현을 본 사람들이 있습니다. 모세가 하나님을 봅니다. 얼굴은 보지 못하고 등을 보았습니다(출 33:23). 에스겔은 그발 강가에서 하나님을 봅니다. 에스겔이 다른 사람에 비해 하나님의 모습을 자세히 보았습니다. 이것은 "여호와의 영광의 형상의 모양"을 본 것입니다(겔 1:28). 이렇게 구약에서 하나님을 본 사람이 있습니다. 그러나 우리가 알아야 할 것은 하나님이 자신을 보여주실 때 볼 수 있었다는 사실입니다. 하나님이 자신을 보여주시기 전에는 사람이 하나님을 볼 수 없습니다. 그러나 마음이 청결한 자는 하나님을 볼 때가 있을 것입니다.

## 일곱째 복

일곱째 복은 화평하게 하는 자가 받습니다. "화평하게 하는 자는 복이 있나니 그들이 하나님의 아들이라 일컬음을 받을 것임이요"(마 5:9). 화평 즉 평화는 구약의 샬롬에 해당합니다. 샬롬은 군사적인 침략, 질병 그리고 자연재해의 위험과 위협이 없는 안녕의 상태입니다. 사람이 안전하게 살 수 있는 이상적인 환경입니다. 화평은 이러한 배경이 있습니다. 그리고 여기서 말하는 "화평하게 하는 자"는 더 구체적으로 사람들 사이에 우호적인 관계를 세우는 자입니다. 즉 평화를 만드는 자입니다. 천국은 투쟁, 경쟁, 다툼, 내분, 갈등이 없고 평화가 있는 곳입니다. 화평은 사람들 사이에 우호적인 관계를 세우는 것입니다. 이 세상은 미움과 질투 그리고 투쟁과 경쟁으로 얼룩진 사회입니다. 이러한 곳에 평화를 만드는 자는 복이 있습니다. 하나님의 나라를 이 땅에 실현하는 자이기 때문입니다.

화평하게 하는 자는 "하나님의 아들"이라는 칭호를 부여 받습니다. 그들은 평화가 넘치는 하나님의 나라에 속한 자들이기 때문입니다. 하나님은 구약에서 이스라엘을 "내 아들"이라고 불렀습니다(출 4:22). 이스라엘은 약속의 백성입니다. 하나님이 아브라함에게 후손을 많게 해 주겠다고 약속했습니다. 이 약속이 이집트에서 이루어졌습니다. 이스라엘이 숫자가 많아졌습니다. 하나님은 그 아브라함의 후손을 하나님의 아들이라고 부릅니다. 이스라엘은 약속의 후손으로 인종적으로는 아브라함의 후손입니다. 그러나 예수께서 "하나님의 아들"이라고 부르는 자들은 평화를 만드는 임무를 수행하는 자들입니다. 화평을 세우며 이루는 자들이 하나님의 아들입니다.

화평하게 하는 사람은 하나님과 새로운 부자관계를 형성합니다. 하나님이 아버지입니다. 이들은 세상에서 착한 행동을 하는 자들입니다. 착한 행실로 인하여 하나님 아버지께 영광을 돌리는 자들입니다(마 5:16). 더 나아가 이들은 원수까지도 사랑하며 자신을 박해하는 자들을 위하여 기도하는 자들입니다(마 5:45). 아들은 아버지를 닮아갑니다. 하늘에 계신 아버지는 선한 사람들이나 악한 사람들에게 똑같이 비를 내려주시는 분입니다. 아들은 아버지를 닮아 온전해지기를 힘쓰는 자들입니다(마 5:48). 왜냐하면 하늘에 계신 아버지는 화평의 하나님이기 때문입니다(롬 15:33; 고전 14:33; 빌 4:9).

아버지와 아들의 관계를 잘 보여주는 것은 하나님과 예수 그리스도와의 관계입니다. 예수는 하나님의 아들입니다(마 3:17; 4:3, 6). 예수는 하나님의 유일하신 아들이며 하나님의 영광이 충만하신 분입니다(요 1:14, 18). 하나님의 아들이신 예수는 화평을 이루는 자입니다. 예수는 십자가에서 죽으심으로 이방인과 유대인 사이에 화평을 이루었을 뿐만 아니라 이방인과 하나님 사이에도 화평을 이루었습니다. 예수는 십자가에서 가까이 있는 사람에게 그리고 멀리 있는 사람들에게도 평화를 전했습니다(엡 2:14-18).

예수는 하나님의 맏아들로서 평화를 세운 자입니다. 하나님의 맏아들 예수를 본받아 따라가며(롬 8:29) 평화를 세우는 자들 역시 하나님의 아들이라고 불림을 받을 것입니다.



### 여덟째 복

마지막 여덟째 복은 의를 위하여 박해를 받는 자들이 받습니다. "의를 위하여 박해를 받는 자는 복이 있나니 천국이 그들의 것임이라"(마 5:10). 이 복은 넷째 복과 긴밀한 관련이 있습니다. 넷째 복은 "의에 주리고 목마른 자는 복이 있나니" 했습니다. 여기서 "의"는 여덟째 복의 "의"와 같은 단어입니다. 따라서 여덟째 복은 넷째 복보다 한 걸음 더 나아갑니다. "의를 위하여 박해를 받는 자"입니다. 박해는 실제로 정신적, 육체적 그리고 경제적인 손해를 보는 것입니다. 의를 위하여 비방을 당하고 욕을 먹고 굶주리고 매를 맞고 감옥에 갇히고 재산을 빼앗기고 공동체에서 추방을 당하는 것입니다. 이런 사람이 복이 있습니다. 이들이 받는 복은 "천국이 그들의 것임이라"입니다. 이는 첫째 복과 같습니다.

그런데 다음 구절은 "의를 위하여 박해를 받는 자"가 어떤 의를 위하여 핍박을 받는지 더 구체적으로 설명합니다. "나로 말미암아 너희를 욕하고 박해하고 거짓으로 너희를 거슬러 모든 악한 말을 할 때에는 너희에게 복이 있나니"(마 5:11). 여기서 "나로 말미암아"는 '나를 위하여' 또는 '나 때문에'로

10절의 "의를 위하여"의 전치사 "위하여"와 같은 단어입니다. 즉 "의를 위하여" 받는 박해는 "나를 위하여" 받는 박해와 같습니다. 이것이 아주 중요합니다. 예수 그리스도를 위하여 박해를 받는 것이 천국에 들어갈 수 있는 자격입니다. 예수는 실제로 제자들에게 자신의 이름 때문에 미움을 받고 박해를 받을 것을 말씀하셨습니다. 그리고 끝까지 견디는 자가 구원을 받을 것이라고 선언하셨습니다(마 10:22-23). 후에 제자들은 예수를 위하여 박해를 받는 것을 기뻐했습니다(행 5:41).

예수 때문에 박해를 받을 때 슬퍼하지 말고 기뻐해야 합니다. 왜냐하면 "하늘에서 너희의 상이 큼이라"(마 5:12)고 말씀하시기 때문입니다. 예수를 위하여 핍박을 받는 사람은 하늘에서 상을 받습니다. 하늘나라에 참여합니다. 특별히 예수를 위하여 박해를 받는 사람은 선지자와 같은 반열에 서 있습니다. "너희 전에 있던 선지자들도 이같이 박해하였느니라"(마 5:12).

위의 사실을 잘 생각해 보면 팔복은 예수 그리스도와 관련이 있습니다. 첫째 복과 여덟째 복에서 "천국이 그들의 것"이라고 말했습니다. 특별히 여덟째 복은 천국을 어떻게 들어가는지 잘 보여주고 있습니다. "의를 위하여" 즉 "나를 위하여" 박해를 받는 자가 들어갑니다. 넷째 복의 "의에 주리고 목마른 자"가 누구인지를 잘 보여주고 있습니다. 팔복은 천국 복음으로서 예수 그리스도와 긴밀한 관련이 있습니다.

# 5

# 예수의 율법 해석

**읽어야 할 본문: 마태복음 5장, 누가복음 6장**

예수께서 이 땅에 오심으로 새로운 시대가 시작되었습니다. 예수는 천국 복음을 전파하심으로 새로운 시대가 시작되었음을 선포하셨습니다(눅 4:16-21). 그렇다면 새로운 시대가 시작된 이 시점에서 예수는 옛 시대 즉, 구약에 대하여 어떻게 생각하셨는가 하는 질문이 나올 수 있습니다. 특별히 예수는 구약의 율법에 대하여 어떤 견해를 갖고 계셨는가 하는 것입니다. 이 질문은 구약과 신약과의 관계를 묻는 것입니다. 율법에 관한 예수의 견해는 마태복음 5:17-20에 잘 나타납니다.

예수는 구약에 대하여 이렇게 말씀하십니다. "내가 율법이나 선지자를 폐하러 온 줄로 생각하지 말라 폐하러 온 것이 아니요 완전하게 하려 함이라"(마 5:17). 이 말씀에서 중요한 구분은 "내가"와 "율법이나 선지자"입니다. 예수께서 오신 것이 구약의 율법과 선지자와 구분을 이룹니다.

"율법이나 선지자(들)"는 구약을 지칭하는 표현입니다(참고 눅 16:16). 율법은 토라로서 좁게는 모세가 시내 산에서 받은 법을 의미하지만 이 단어는 후에 모세가 쓴 다섯 권의 책을 의미하는데 사용되었습니다. 후에 율법은 구약 전체를 지칭하는 대표적인 단어로 쓰이기도 했습니다. 선지자는 역사서와 함께 선지자들이 쓴 책들을 의미합니다. 우리가 흔히 역사서(여호수아부터 열왕기까지)로 부르는 책들을 히브리 전통에서는 전 선지서로 구분합니다. 예수께서 "율법이나 선지자(들)"로 말했을 때, 성문서가 빠져있지만 이것은 통상적으로 구약을 의미합니다. 율법과 선지자가 구약을 지칭하는 용어로 다른 곳에서도 사용되었습니다(눅 16:29, 31; 24:27; 행 24:14; 롬 3:21). 물론 구약의 전통적인 구분은 율법, 선지자 그리고 성문서입니다(렘 18:18; 겔 7:26). 예수는 이러한 구분을 잘 알고 있습니다. 그래서 예수는 구약을 세 부분 "모세의 율법과 선지자의 글과 시편"(눅 24:44)으로 나누어서 설명하기도 하셨습니다.

## 5.1 구약의 성취자 예수 그리스도

예수는 "내가 율법이나 선지자를 폐하러 온 줄로 생각하지 말라"고 하십니다. 이것은 예수의 가르침을 오해하는 자들에게 하신 말씀입니다. 유대인들이 예수의 말씀을 듣고 율법과 선지자를 폐하러 왔다고 생각하는 자들이 있었기 때문입니다. 예수는 구약이 쓸모없다고 말하는 구약 폐기론자들에게 말하고 있는 셈입니다. 예수가 와서 천국 복음을 전했습니다. 새로운 시대가 시작되었습니다. 그러나 새로운 시대가 시작되었다고 해서 율법과 선지자들이 폐해진 것은 아닙니다.

예수의 말은 부정에서 긍정으로 나아갑니다. "폐하러 온 것이 아니요 완전하게 하려 함이라." 예수는 "폐하러 온 것이 아니요"라고 두 번이나 강조해서 말합니다. 예수가 전한 천국 복음은 율법과 선지자를 폐하는 것이 아닙니다. 오히려 "완전하게 하려 함"입니다. 이것은 '이루다,' '채우다,' '성취하다,' '완성하다'의 뜻이 있습니다. 예수께서 온 목적은 율법과 선지자를 채우러 즉 완성하러 온 것입니다. 이것은 예수가 없이는 구약은 불완전하다는 것을 뜻합니다. 예수께서 오심으로 구약이 완성됩니다. 특히 이 단어 "완전하게"(플레로오)는 앞에서 계속 구약의 예언이 이루어졌음을 강조하기 위해서 사용한 단어입니다(마 1:22; 2:18, 23; 4:14). 앞에서 이 단어는 예언의 성취를 말하기 위해 사용되었습니다. 그러나 여기서 이 단어는 구약과 선지자들을 성취한 것으로 쓰이고 있습니다. 즉 율법과 선지자들의 개별적인 예언을 성취하는 것과 더불어서 예수는 구약의 율법과 선지자들이 궁극적으로 목표하고 있는 것을 성취했다는 의미입니다. 예수는 구약의 궁극적인 성취자입니다.

예수는 '내가 왔다' 는 표현을 두 번이나 쓰고 있습니다. 예수께서 이 땅에 온 것이 중요한 사건입니다. 예수께서 구약의 율법과 선지자들을 성취하기 위하여 오셨습니다. 구약의 실질적인 내용을 채우는 분입니다. 이것은 구약에서 기록하고 있는 개별적인 것들이 다 예수를 지향하며 예수를 가리킨다는 뜻은 아닙니다. 구약의 역사는 진행될수록 무엇인가를 대망하고 있습니다. 구약의 역사 속에서 약속, 언약 그리고 예언이 성취되어갑니다. 이러한 성취는 구약을 넘어 무엇인가 새로운 것을 바라보고 있었습니다. 예수께서 이 땅에 온 것은 이러한 구약의 대망을 성취한 것입니다.

예수는 구약을 폐하러 온 것이 아니라 성취하러 왔습니다. 여기서 알 수 있는 사실은 예수는 구약의 율법과 선지자보다 더 큰 분이라는 사실입니다. 그래서 예수는 '내가 왔다' 는 표현을 두 번이나 사용하고 있습니다. 예수가 이 땅에 온 것은 역사의 결정적인 사건입니다. 율법과 선지자들보다 더 뛰어난 분이 이 땅에 왔습니다.

예수는 율법과 선지자들을 성취하러 온 것은 율법과 선지자들에 중요한 변화가 있을 것을 암시하고 있습니다. 구약이 지향하는 것이 성취되었습니다. 그렇다면 율법과 선지자는 변화가 있을 것입니다.

예수는 계속하여 율법에 대하여 말합니다. "진실로 너희에게 말하노니 천지가 없어지기 전에는 율법의 일점일획도 결코 없어지지 아니하고 다 이루리라"(마 5:18). 율법과 선지자들에서 율법으로 좁혀지고 있습니다.

"율법의 일점일획"에서 "일점"은 헬라어 알파벳의 9번째 문자인 '이오타' (ι)를 의미하기도 하며 히브리어 알파벳의 열 번째 자음인 '요드' (י)에 해당하기도 합니다. '요드' 는 히브리어 알파벳에서 가장 작은 문자이며 한 점과 비슷합니다. 그리고 "일획"은 '케라이아' 로 '뿔 모양의 돌출부' 로 '한 획' 을 의미합니다. 이것은 히브리어 알파벳의 자음으로 보면 쉽게 이해가 됩니다. 두 번째 자음인 베트(ב)는 열한 번째 자음 카프(כ)와 유사합니다. 그러나 자세히 보면 카프와 베트는 미세한 차이가 있습니다. 베트의 오른편에 튀어나온 돌출부가 있습니다. 이것을 의미합니다. "일획"은 또한 히브리어 자음에 붙이는 모음 부호를 의미하기도 합니다. 율법의 일점일획이라는 것은 율법의 가장 작은 부분을 의미합니다. 율법의 가장 작은 세부적인 사항들도 없어지지 않을 것입니다.

예수는 지금 율법의 유효성을 말하고 있습니다. "천지가 없어지기 전에는" 하늘과 땅이 존속하는 동안에는 율법의 가장 작은 세부 사항들도 없어지지 않을 것입니다. 새로운 시대가 시작되었지만 율법은 연속성이 있을 것입니다.

그렇지만 여기서 "다 이루리라"는 표현에 주목해야 합니다. 이것은 '모든 것이 이루어지기까지' 입니다. 율법의 가장 작은 부분들이 이루어질 때가 있을 것입니다. 율법은 예수의 선언 '내가 왔다' 와 밀접한 관련이 있습니다. 예수께서 율법의 성취자이기 때문입니다. 율법의 가장 작은 부분도 예수에 의해 이루어질 때가 있습니다. 이루어진다는 것은 성취된다는 것입니다. 마태복음 5:17에서도 보았듯이 율법의 내용이 채워질 때를 뜻합니다. 율법이 채워지면 변화가 있을 것입니다. 율법은 새로운 시대에도 연속성을 갖지만 예수에 의해 변화될 것이 있을 것입니다.

"다 이루리라"에서 "다" 즉, '모든 것'은 구체적으로 무엇을 의미하는지 명확하지 않습니다. 율법이 지시하는 모든 것을 의미할 수도 있습니다. 율법이 지시하는 모든 것은 예수 그리스도를 지향하고 있습니다. 예수 그리스도는 율법의 성취자이기 때문입니다. 예수는 이미 천국 복음을 전파하기 시작했습니다. 예수의 지상 사역을 통해서 이루어질 것들이 있습니다. 그렇지만 예수의 사역은 예수께서 재림하실 때에 완성될 것입니다. 따라서 "천지가 없어지기 전에는" 이라는 표현에 주목해야 합니다. 예수께서 재림하실 때에 하늘과 땅이 사라질 것이기 때문입니다. 예수께서 재림하실 때에 이루어질 것도 있습니다. 예수의 사역에 의해서 이미 성취된 것도 있지만 아직 성취되지 않은 것도 있습니다. 예수의 재림은 아직 이루어지지 않았기 때문입니다.

"다 이루리라"는 이미 예수에 의해서 이루어진 것도 있지만 아직 이루어지지 않은 것도 포함하고 있습니다.

예수는 율법에 변화가 있을 것을 말씀하셨습니다. 그리고 이제 더 구체적으로 율법을 실천하는 것을 말합니다. "그러므로 이 계명 중의 지극히 작은 것 하나라도 버리고 또 그같이 사람을 가르치는 자는 천국에서 지극히 작다 일컬음을 받을 것이요 누구든지 이를 행하며 가르치는 자는 천국에서 크다 일컬음을 받으리라"(마 5:19).

모세는 율법을 줄 때에 실천을 강조했습니다. "이스라엘아 오늘 내가 너희의 귀에 말하는 규례와 법도를 듣고 그것을 배우며 지켜 행하라"(신 5:1). 모세는 율법을 지키라고 계속 강조해서 말했습니다. 율법은 듣고 끝나는 것이 아닙니다. 듣고 지켜야 의미가 있습니다.

예수께서도 실천을 강조합니다. "이 계명 중의 지극히 작은 것 하나라도"는 위에서 말했던 "율법의 일점일획"과 관련이 있습니다. 율법의 가장 작은 세부 사항들을 의미합니다. 율법의 여러 조항들 가운데서 중요하고 큰 계명이 있다는 것은 잘 알려진 사실입니다. 율법사는 율법에서 큰 계명이 무엇이냐고 예수께 질문했습니다. 그러자 예수께서 크고 첫째 되는 계명인 하나님 사랑과 둘째 되는 계명인 이웃 사랑을 말씀해 주셨습니다(마 22:35-39). 예수 역시 율법의 계명들 가운데 크고 중요한 계명이 있다고 친히 가르쳐 주셨습니다(참고 마 23:23). 율법 가운데는 큰 것과 작은 것 그리고 중요한 것과 상대적으로 중요하지 않은 것이 있었습니다. 사람들은 작은 것과 중요하지 않은 것에 신경을 쓰지 않을 수 있습니다. 그러나 예수는 율법의 지극히 작은 것을 버리고 가르칠 것인지 아니면 작은 것을 행하면서 가르칠 것인지를 말씀하십니다. 율법의 작은 것을 버리고 가르치는 자는 "천국에서 지극히 작다"고 불립니다. 그러나 작은 것을 지키며 가르치는 자는 "천국에서 크다"고 불립니다. 예수의 이 말씀은 율법을 경시하는 자들에게 경고를 주고 있습니다.





여기서 중요한 질문이 생깁니다. 그렇다면 예수의 의해서 새로운 시대가 시작된 지금 율법을 지켜야 하는 것인가 하는 점입니다. 즉 신약 시대에도 율법의 가장 작은 것까지 지켜야 하는가 하는 문제입니다.

위에서 예수께서 '내가 왔다' 고 선언한 것에 큰 의미를 부여했습니다. 예수의 오심으로 율법이 성취되었기 때문입니다. 율법의 성취는 변화를 예고하고 있습니다. 이것은 율법의 가장 작은 부분도 예수의 사역과 인격에 의해 변화될 것을 암시합니다. 따라서 "이 계명 중의 지극히 작은 것 하나"는 예수에 의해서 변화된 계명을 의미합니다. 이러한 해석은 앞으로 나오는 여섯 반제로 불리는 본문에서 지지를 받습니다. 예수는 살인하지 말라는 계명에 대하여 형제에게 욕하지 말 것도 추가합니다(마 5:21-22). 살인에 대한 근본적인 동기까지를 말씀하고 계십니다. 또 다른 예는 맹세하지 말라는 것입니다. 구약에서는 거짓 맹세를 하지 말고 주님께 한 맹세를 지키라고 했습니다. 그러나 예수는 "도무지 맹세하지 말라" 고 말씀하십니다(마 5:34). 예수는 율법의 내용을 변화시키고 있습니다. 예수에 의해서 율법이 변화를 맞고 있습니다.

따라서 "이 계명 중의 지극히 작은 것 하나"를 버리고 가르칠 것인가 아니면 행하고 가르칠 것인가는 예수에 의해서 성취된 율법의 계명을 의미합니다. 예수의 사역과 인격에 의해서 변화된 율법의 계명을 뜻하는 것입니다. 그래서 이렇게 하는 자들이 "천국에서 지극히 작다" 또는 "천국에서 크다" 고 불리는 것입니다. 예수에 의해서 성취된 율법의 계명은 천국과 관련이 있습니다. 더 직접적으로 예수께서 온 것은 천국과 관련이 있습니다. 천국은 새로운 시대입니다. 율법은 새로운 시대에 맞게 예수에 의해서 변화될 것입니다. 이러한 내용은 다음의 여섯 반제에서 더 구체적으로 살펴 볼 것입니다.

예수는 율법에 대하여 결론적으로 이렇게 말합니다. "너희 의가 서기관과 바리새인보다 더 낫지 못하면 결코 천국에 들어가지 못하리라"(마 5:20). "너희 의"는 제자들의 의로서 예수와 관련이 있습니다. 팔복의 여덟째 복은 "의를 위하여 박해를 받는 자는 복이 있나니 천국이 그들의 것임이라"(마 5:10) 하고 말합니다. 여기서 "의"는 다시 "나로 말미암아 너희를 욕하고 박해하고 거짓으로 너희를 거슬러 모든 악한 말을 할 때에는 너희에게 복이 있나니"

(마 5:11) 하고 자세하게 설명합니다. "의"는 "나" 즉, 예수와 관련이 있다는 것을 알 수 있습니다. 제자들의 의는 서기관과 바리새인의 의와 비교되고 있습니다. 서기관과 바리새인의 의는 율법을 지킴으로 얻으려는 자기 의입니다(참고 빌 3:6). 제자들의 의가 서기관 바리새인의 의보다 더 뛰어나야 천국에 들어갈 수 있습니다. 의가 천국에 들어갈 수 있는 조건으로 나옵니다. 그렇다면 이 "의"는 무엇이겠습니까? 천국에 들어갈 수 있는 의입니다. 이 의는 앞에 나오는 마태복음 5:19과 관련이 있습니다. 왜냐하면 "이 계명 중의 지극히 작은 것 하나"를 버리고 가르치는 자는 비록 천국에서 작다고 일컬음을 받지만 들어갈 수 있기 때문입니다. 그리고 "이 계명 중의 지극히 작은 것 하나"를 행하며 가르치는 자도 천국에 들어갈 수 있습니다. 이 사람은 천국에서 크다고 일컬음을 받습니다. 이 말씀과 관련해서 마태복음 5:20의 제자들의 의를 생각해 볼 수 있습니다. 제자들의 의는 예수에 의해서 변화된 율법을 지키는 것에서 나옵니다.

예수께서 율법에 대해서 말씀하시는 이 본문에서 우리가 놓치지 말아야 할 중요한 사실은 예수의 오심은 천국에 들어가는 것과 관련이 있다는 것입니다. 예수께서 오심으로 천국에 들어갈 수 있는 방법이 계시되고 있습니다. 제자들의 의는 예수와 관련이 있습니다. "너희 의"에서 "너희"는 예수를 따르는 자들이기 때문입니다.

## 5.2 여섯 대조법

예수께서 이 땅에 오심으로 하나님의 나라가 시작되었습니다. 새로운 시대입니다. 그렇다면 옛 시대의 율법과 선지자는 어떤 의미가 있는지에 대한 의문이 생깁니다. 율법이 하나님의 나라 시대에도 여전히 유효한지 그리고 하나님 나라의 시대에도 성도들은 율법을 문자적으로 여전히 지켜야 하는지에 관한 질문입니다. 이 질문은 예수께서 말씀하신 여섯 대조법 또는 여섯 반제에서 그 원리를 찾을 수 있습니다.

### 첫째 대조법(마 5:21-26)

첫째 대조법은 살인하지 말라는 명령입니다. "옛 사람에게 말한 바 살인하지 말라 누구든지 살인하면 심판을 받게 되리라 하였다는 것을 너희가 들었으나 나는 너희에게 말하노니 형제에게 노하는 자마다 심판을 받게 되고 형제를 대하여 라가라 하는 자는 공회에 잡혀가게 되고 미련한 놈이라 하는 자는 지옥 불에 들어가게 되리라"(마 5:21-22).

"살인하지 말라"는 십계명의 제 6계명입니다(출 20:13; 신 5:17). 십계명의 제 6계명에는 단순히 "살인하지 말라"는 말씀만 나옵니다. 살인을 했을 경우 어떤 심판을 받는지에 대한 설명이 없습니다. 그러나 여기서는 "누구든지 살인하면 심판을 받게 되리라"는 설명이 따라 나옵니다. 살인하지 말라는 계명은 다른 율법의 말씀들과 관련이 있습니다. 살인에 대한 계명은 율법의 여기저기에 흩어져서 나오기 때문입니다. 이스라엘의 법은 살인한 사람을 사형하라고 명령합니다(출 21:12; 레 24:17; 민 35:30-34; 신 19:11-13). 예수께서 "누구든지 살인하면 심판을 받게 되리라"고 하신 것은 이스라엘의 법에 나오는 심판 규정을 요약적으로 말하고 있는 것입니다.

살인은 인류가 선악과를 따먹고 타락한 후에 첫 번째 범죄로 나타났다는 사실에 주목해야 합니다. 가인이 아벨을 쳐 죽였습니다. 인간이 타락한 후에 살인은 구체적인 첫 행동으로 나왔습니다. 살인은 하나님의 형상을 파괴하는 죄로 규정할 수 있습니다. 왜냐하면 인간은 하나님의 형상대로 창조함을 받았기 때문입니다. 하나님은 살인을 심각한 범죄로 다루십니다. 하나님은 살인한 자를 찾아가 친히 보복하실 것입니다(창 9:5-6).

위에서 우리는 예수께서 율법의 성취자라는 것을 살펴보았습니다. 예수에 의해서 율법이 변할 것이라고 말했습니다. 제 6계명은 살인의 행위를 금지합니다. 그러나 예수는 더 깊이 심층적으로 나아갑니다. 살인의 행위가 되는 동기를 지적합니다. "형제에게 노하는 자마다 심판을 받게 되고"는 "살인하면 심판을 받게 되리라"와 대조를 이룹니다. 여기서 우리는 살인과 분노라는 대조를 봅니다. 분노는 살인의 근본 동기입니다. 예수는 살인 행위에서 한 걸음 더 나아가 살인의 동기가 되는 것을 금지합니다. 형제에 대하여 분노하는 것을 금지하십니다. 내적 감정인 분노는 말로 표현되기 쉽습니다. 그래서 예수는 욕이 되는 말을 정죄합니다. "형제에 대하여 라가라 하는 자는 공회에 잡혀가게 되고 미련한 놈이라 하는 자는 지옥 불에 들어가게 되리라." 라가(라카)는 아람어에서 온 단어로 '골빈 놈,' '돌대가리,' '멍청이'의 뜻입니다. 형제에 대하여 이런 욕설을 하는 자는 공회에 잡혀갑니다. 그리고 "미련한 놈"은 지적으로 부족한 사람을 일컫는 말로 '어리석은 놈,' '바보'라는 의미입니다. 이런 욕설을 하는 사람은 "지옥 불에 들어가게 되리라"고 말합니다. 지옥(게엔나)은 힌놈의 골짜기에서 나온 단어입니다. 이곳은 예루살렘 남쪽의 골짜기로 죽은 동물의 시체나 쓰레기를 태우는 곳으로 항상 불타고 있었습니다. 이곳은 영원한 심판을 받을 지옥을 상징합니다. 지옥의 불은 하나님의 나라와 대조를 이루는 곳이며(막 9:47) 영원한 고통이 있는 곳입니다(막 9:47-49). 지옥은 영생과 대조를 이루기도 합니다(마 18:9). 흥미롭게도 여기서도 "천국에 들어가지 못하리라"(마 5:20)는 것과 "지옥에 들어가게 되리라"(마 5:22)가 서로 관련이 있습니다.

형제에게 화를 내며 욕설을 퍼붓는 것은 심각한 죄입니다. 그렇지만 상대적으로 더 약한 죄도 있습니다. "네 형제에게 원망들을 만한 일"입니다(마 5:23). 다른 형제의 기분이 상한 것입니다. 제단에 예물을 드리다가 형제에게 원망들을 만한 일이 생각이 난다면 빨리 가서 그 형제와 화해해야 합니다(마 5:23-24). 또한 고소하는 자와 법정으로 가다가 화해할 수 있으면 화해해야 합니다. 이것은 아마도 돈에 관한 문제입니다. 돈에 관한 문제가 생겨서 재판관에게 가기 전에 문제를 해결해야 합니다. 그렇지 않으면 감옥에 갇히게 될 것입니다. 금전적인 보상을 다 하기 전까지는 감옥에서 나올 수 없게 됩니다(마 5:25-26). 이것들은 형제에게 욕설을 하는 것보다 상대적으로 약한 죄들입니다.

우리는 첫째 대조법에서 살인하지 말라는 계명이 더 철저하게 되고 내면화 되었다는 것을 발견할 수 있습니다. 살인하지 말라는 이미 저질러진 행위에 강조를 합니다. 그러나 예수의 말씀은 살인을 일으킬만한 동기를 금하고 있습니다. 형제에게 화를 내지 말 것을 요구합니다. 예수는 율법을 새롭게 해석하십니다. 이것은 예수께서 율법의 성취자라는 것을 잘 보여주는 예입니다. 예수는 율법을 "완전하게 하려" 왔다는 것을 기억해야 합니다. 예수는 율법을 완성하는 자입니다.

## 두 번째 대조법(마 5:27-30)

두 번째 대조법은 간음에 대한 계명입니다. "또 간음하지 말라 하였다는 것을 너희가 들었으나 나는 너희에게 이르노니 음욕을 품고 여자를 보는 자마다 마음에 이미 간음하였느니라"(마 5:27-28). "간음하지 말라"는 십계명의 제 7계명입니다(출 20:14; 신 5:18).

여기서 간음하는 상대가 누구인지 구체적으로 나오지 않습니다. 간음은 불법적인 성관계를 뜻합니다. 자신의 아내 외에 다른 여인과 성관계를 갖는 것이 간음입니다. 간음은 가정의 문제를 넘어 사회적인 문제입니다. 상대 여인이 원하지 않는 성관계였을 때는 그 여인에게 정신적, 육체적인 피해를 줄 뿐만 아니라 그 남편에게도 피해를 줍니다. 그 남편은 분명히 자신의 아내와 간음한 남자에게 보복하려고 할 것입니다. 이러면 두 집안 사이의 문제가 됩니다. 사회적인 갈등 요인이 됩니다. 이러한 경우를 다윗과 밧세바의 경우에서 볼 수 있습니다. 다윗이 밧세바와 간음을 저질러서 이것을 덮기 위해 다윗은 우리아를 전쟁터에서 죽였습니다. 이 일로 인해 후에 다윗의 집에 칼이 떠나지 않을 것이라는 예언이 압살롬의 반역으로 성취됩니다. 압살롬이 반역을 일으켰을 때에 아히도벨이 압살롬의 편에 가담하게 됩니다. 밧세바가 아히도벨의 손녀였기 때문입니다. 다윗의 간음은 가정의 문제를 넘어 사회적, 국가적인 문제가 되었습니다.

간음이 가정의 문제를 넘어 사회적인 문제가 된다는 것은 또한 암논의 경우에서도 나타납니다. 암논이 강제로 다말과 성관계를 가졌습니다. 그리고 암논이 다말을 쫓아냈습니다. 그러자 나중에 다말의 오빠 압살롬이 사병을 동원해서 암논을 죽여 버립니다. 간음으로 인하여 왕자들 사이에 살인이 벌어졌습니다. 이처럼 간음은 가정의 문제를 넘어 사회적, 국가적인 문제가 됩니다.

간음하지 말라는 행위에 강조가 있습니다. 그러나 예수는 이 계명을 더 깊이 다룹니다. "음욕을 품고 여자를 보는 자마다 마음에 이미 간음하였느니라." 여인을 바라볼 때 성관계를 갖고 싶어 하는 의도가 있다면 이미 마음으로 간음한 것입니다. 행위는 일어나지 않았지만 마음은 이미 그 행위를 했다는 것입니다. 예수의 말씀은 행위를 넘어 그 의도에까지 나아갑니다. 윤리적 기준이 더 심화되며 내면화 되었습니다. 사실 정욕을 갖고 여인을 바라보았다고 해서 법정에서 유죄 판결을 받지는 않습니다. 그렇지만 예수는 정욕을 품은 그 마음을 정죄하십니다.

간음에 대한 심판의 기준도 더 강화됩니다. 예수는 심판을 이렇게 말합니다. "만일 네 오른 눈이 너로 실족하게 하거든 빼어 내버리라 네 백체 중 하나가 없어지고 온 몸이 지옥에 던져지지 않는 것이 유익하며 또한 만일 네 오른손이 너로 실족하게 하거든 찍어 내버리라 네 백체 중 하나가 없어지고 온 몸이 지옥에 던져지지 않는 것이 유익하니라"(마 5:29-30). 먼저 눈을 언급합니다. 간음은 먼저 눈으로 시작되기 때문입니다. "음욕을 품고 여자를 보는 자마다"라고 말합니다. 마음에 있는 음욕이 눈으로 나옵니다. 그리고 다음으로 오른손을 말합니다. 음욕은 마음에서 시작하여 눈으로 나타나며 오른손으로 실행하기 때문입니다. 따라서 오른쪽 눈이 너를 넘어지게 하면 빼어서 내버리라고 합니다. 그리고 오른손도 마찬가지입니다. 잘라내어 버리라고 합니다. 이 표현들은 수사학적 표현으로 과장법입니다. 이것을 문자적으로 받을 수는 없습니다. 이 말씀을 문자적으로 받는다면 인류의 반인 남자들은 다 불구로 다녀야 할 것입니다. 이것은 죄의 심각성을 경고하는 것입니다. 건강한 오른 눈과 오른손을 가지고 지옥에 들어가는 것보다 오른 눈이나 오른손이 없이 지옥에 들어가지 않는 것이 더 낫기 때문입니다. 살인 계명과 같이 여기서도 지옥에 들어가는 것이 나오고 있습니다. 지옥에 들어가는 것은 천국에 들어가는 것과 대조를 이루고 있습니다.

## 세 번째 대조법(마 5:31-32)

간음과 더불어서 이혼의 문제를 다룹니다. 예수는 간음의 동기가 되는 마음의 정욕도 잘 절제할 것을 말했습니다. 마음의 정욕은 감정인데 반하여 이혼은 구체적인 행동입니다. "또 일렀으되 누구든지 아내를 버리려거든 이혼 증서를 줄 것이라 하였으나 나는 너희에게 이르노니 누구든지 음행한 이유 없이 아내를 버리면 이는 그로 간음하게 함이요 또 누구든지 버림받은 여자에게 장가드는 자도 간음함이니라"(마 5:31-32). 이혼은 결혼한 부부에게 해당하는 실제적인 문제입니다.

이 말씀은 신명기의 법과 관련이 있습니다. "사람이 아내를 맞이하여 그에게 수치 되는 일이 있음을 발견하고 그를 기뻐하지 아니하면 이혼 증서를 써서 그의 손에 주고 그를 자기 집에서 내보낼 것이요"(신 24:1). 남자가 아내를 내보낼 수 있는 조건은 "수치 되는 일"입니다. 이 표현은 문자적으로 '벌거벗음,' '결핍,' '생식(기)의' 입니다. 일반적으로 이 단어는 "버릇없는," "점잖지 못한"으로 번역하지만 다양하게 "부정," "부적당한," "무엇인가 잘못된" 등으로도 번역되었습니다. 유대인의 번역(TNK)은 "아주 싫은," "불쾌한"으로 번역합니다. 이 단어가 구체적으로 무엇을 의미하는지 명확하지 않습니다. 여인의 신체적인 결핍(불임)을 말할 수도 있기 때문입니다. 하여튼 남자는 여자에게서 부적절한 일을 발견하면 합법적인 이혼 증서를 써 줄 수 있습니다. 그리고 그 여인은 다시 재혼할 수 있습니다(신 24:2). 모세는 이혼의 조건을 명확하게 하지는 않았습니다. 그러나 예수는 "음행"을 이혼의 조건으로 명확하게 말씀하십니다. 음행의 이유 없이는 이혼할 수 없습니다. 그러니까 신체적인 결함(불임)은 이혼 조건에 해당하지 않습니다. 부적절한 성관계 외에 다른 이유로 이혼을 하면 그 여인을 간음하게 만드는 것입니다. 또한 버림받은 여인과 결혼하는 자도 간음하는 것입니다.

여기서 우리는 모세의 법이 변화를 맞고 있다는 점을 재차 확인할 수 있습니다. 모세는 남편이 아내의 "수치 되는 일"을 발견하면 이혼 증서를 써 주고 이혼할 수 있다고 했습니다. 이 "수치 되는 일"은 명확하지 않기 때문에 남자에 의해서 이혼 사유가 다양하게 나올 수 있었습니다. 그래서 바리새인들이 예수께 나아와 이혼의 문제를 질문하는 것입니다. "사람이 어떤 이유가 있으면 그 아내를 버리는 것이 옳으니이까"(마 19:3). 이 질문에 대하여 하나님이 짝지어 주신 것을 사람이 나눌 수 없다고 선언합니다. 이혼은 옳지 않다는 것입니다(마 19:4-6). 그러자 바리새인들이 다시 모세의 법을 거론하면서 "그러면 어찌하여 모세는 이혼 증서를 주어서 버리라 명하였나이까"(마 19:7) 하고 질문합니다. 여기에 대하여 예수는 "모세가 너희 마음의 완악함 때문에 아내 버림을 허락하였거니와 본래는 그렇지 아니하니라"(마 19:8). 이혼을 허락할 수 없다는 입장입니다. 그러나 예수는 한 가지 예외를 두십니다. 음행을 저지른 경우에는 이혼할 수 있다는 것입니다. 음행은 결혼 관계를 파괴하는 행위이기 때문입니다. 결혼 서약을 어긴 것입니다. 예수는 음행의 이유 없이 이혼을 할 수 없다고 못 박고 있습니다(마 19:9). 예수는 모세의 법을 새롭게 해석하여 이혼에 대한 견해를 명확하게 하십니다. 예수는 모세의 법의 "수치 되는 일"(신 24:1)을 결혼 관계를 깨뜨리는 "음행"으로 해석하신 것입니다.

### 네 번째 대조법(마 5:33-37)

네 번째 대조법은 맹세를 다룹니다. "또 옛 사람에게 말한 바 헛 맹세를 하지 말고 네 맹세한 것을 주께 지키라 하였다는 것을 너희가 들었으나 나는 너희에게 이르노니 도무지 맹세하지 말지니"(마 5:33-34). 사람들은 맹세를 자신의 말의 진실성을 보증하기 위해서 합니다. "헛 맹세"는 '거짓 맹세(서원)'를 의미합니다. 구약에서 맹세에 대한 예는 많습니다. 여호와의 이름으로 거짓 맹세를 하지 말라고 합니다(레 19:12). 그리고 여호와의 이름으로 맹세합니다. 아브라함은 여호와께 맹세합니다(창 14:22). 여호와는 자신을 가리켜 맹세하기도 했습니다(창 22:16). 또한 여호와께 서원을 했으면 지켜야 합니다(민 30:2). 여호와께 서원을 하고 갚지 않으면 죄가 됩니다. 여호와는 그 서원을 요구하실 것입니다(신 23:21). 예수께서 하신 말씀은 구약의 어느 한 본문을 정확하게 인용하신 것이 아니라 맹세에 대한 교훈을 종합적으로 말씀하신 것입니다. 구약에서 맹세는 일반적이었습니다. 그러나 예수는 "도무지 맹세하지 말지니" 하고 맹세를 금지시키십니다. 그리고 그 당시 사람들이 일반적으로 행했던 맹세의 방법들을 언급하십니다. 하늘이나 땅이나 예루살렘이나 그리고 맹세하는 사람의 머리로도 맹세하지 말라고 하십니다. 이는 그 당시 유대인들이 하나님의 이름으로 하지 않은 맹세는 구속력이 없다고 생각했습니다. 사람들은 맹세의 구속력을 피하기 위하여 하나님의 이름으로 맹세하지 않고 하늘이나 땅 그리고 예루살렘을 가리켜 맹세했기 때문입니다. 사람들이 빠져나갈 구멍을 만들어 놓고 맹세를 함으로 맹세의 가치를 떨어뜨렸습니다. 여기에 대하여 예수는 맹세를 전면 금지시키십니다. 그리고 "오직 너희 말은 옳다 옳다, 아니라 아니라 하라 이에서 지나는 것은 악으로부터 나느니라"(마 5:37)고 하십니다. 예수는 '예'와 '아니요'를 분명히 하라고 하십니다. 말의 절대적 진실성을 요구하는 것입니다.

예수는 분명히 율법을 변화시키고 있습니다. 맹세를 전면 금지하십니다. 이것은 형식보다는 내용에 더 의미를 두는 것입니다. 따라서 새로운 시대에 말을 진실하게 하는 제자들에게 맹세에 대한 율법의 조항은 더 이상 구속력이 없습니다. 맹세보다는 "예"와 "아니오"를 명확하게 해야 합니다. 이는 맹세의 진정한 의미를 성취하는 것입니다. 맹세의 본질을 완성하는 것입니다. 맹세의 형식적인 규제들을 폐지하며 더 높은 차원의 계명을 주십니다. 예수의 율법 해석은 새롭습니다.

### 다섯째 대조법(마 5:38-42)

다섯째 대조법은 보복에 관한 내용입니다. "또 눈은 눈으로, 이는 이로 갚으라 하였다는 것을 너희가 들었으나"(마 5:38). 이 말은 언약의 책인 출애굽기에서 인용한 것입니다. "눈은 눈으로, 이는 이로, 손은 손으로, 발은 발로, 덴 것은 덴 것으로 상하게 한 것은 상함으로, 때린 것은 때림으로 갚을지니라"(출 21:24-25; 참고 레 24:20; 신 19:21). 율법은 복수를 허용합니다. 당한 만큼 보복할 수 있습니다. 눈을 맞았으면 눈을 때리면 됩니다. 이가 부러졌으면 이를 부러뜨린 사람의 이를 부러뜨리면 됩니다. 이것은 복수를 허용하는 기능도 있지만 동시에 과도한 복수를 막는 기능도 있습니다. 상대가 눈을 쳐서 눈이 상했습니다. 그런데 복수심에 불타서 상대를 죽여 버릴 수 있습니다. 이러면 죽은 사람이 손해입니다. 이것은 과도한 복수입니다.

과도한 복수의 예를 야곱의 아들들에게서 볼 수 있습니다. 야곱의 딸 디나가 가나안 땅에서 세겜에게 성폭행을 당했습니다. 세겜이 아버지 하몰과 함께 야곱을 찾아와서 디나를 아내로 달라고 합니다. 그리고 이 땅에서 함께 거하며 서로 통혼하자고 제안합니다. 이때 야곱의 아들들이 할례를 행하면 세겜의 말을 수용하겠다고 대답합니다. 그래서 세겜이 그의 성읍 사람들과 함께 할례를 행합니다. 그러자 시므온과 레위가 칼을 차고 가서 그 성 사람들을 다 죽여 버립니다. 이것은 분명 과도한 복수입니다. 디나는 성폭행을 당했습니다. 그러자 오빠들이 세겜과 그 성 사람들을 다 죽여 버렸습니다(창 34장). 세겜과 그 성 사람들은 과도한 복수의 희생양이 되었습니다. 이 일로 인하여 시므온과 레위는 야곱에게 저주를 받습니다(창 49:5-8).

율법은 복수를 허용합니다. 그러나 예수는 복수 자체를 금지시킵니다. "나는 너희에게 이르노니 악한 자를 대적하지 말라"(마 5:39). 악한 자 또는 악에 대항하지 말라는 것입니다. 악에 대하여 무저항입니다. 더 나아가 예수는 "누구든지 네 오른편 뺨을 치거든 왼편도 돌려 대며"(마 5:39)라고 말합니다. 뺨을 맞는다는 것은 공개적으로 모욕을 당하는 것입니다. 율법에 따르면 맞은 만큼 그대로 때려주면 됩니다. 그러나 예수는 오히려 다른 뺨도 대주라고 합니다. 모욕을 당한대로 갚아주지 말라는 것입니다.

또한 "너를 고발하여 속옷을 가지고자 하는 자에게 겉옷까지도 가지게 하며"(마 5:40) 하고 말합니다. 그 당시 유대인들은 속옷과 겉옷이 있었습니다. 속옷은 기본적으로 맨 살 위에 입는 잠옷과 같은 옷입니다. 그리고 겉옷은 겉에 걸치는 망토와 같은 옷입니다. 이것은 밤에 잘 때 덮는 이불로 사용하기도 했습니다. 누가 속옷을 요구하면 겉옷까지 주라고 하십니다. 자신의 것을 내어주라는 의미입니다.

또한 "누구든지 너로 억지로 오 리를 가게 하거든 그 사람과 십 리를 동행하고 네게 구하는 자에게 주며 네게 꾸고자 하는 자에게 거절하지 말라"(마 5:41-42)고 하십니다. "오 리"는 일 마일로 천 걸음입니다(약 1.5km). 누가 오 리를 가자고 하면 "십 리"(이 마일, 이천 걸음, 약 3km)를 동행해 주라고 하십니다. 이것은 고대 군사 고관들의 습관을 배경으로 합니다. 그 당시에 정부의 관리들은 민간인에게 공무 수행을 위해서 도움을 요청할 수 있었습니다. 이러한 경우를 구레네 시몬에게서 볼 수 있습니다. 로마 군병들은 구레네 시몬에게 예수의 십자가를 지고 가도록 요구했습니다. 예수는 요구하는 것을 조건이 없이 들어 주라고 합니다. 돈이나 물질을 꾸려고 하는 요청을 물리치지 말라고 하십니다.

예수는 율법이 합법적으로 허용하는 보복을 금하십니다. 그리고 더 나아가 보복보다는 희생을 요구합니다. 비록 자신에게 희생과 손해가 따르더라도 자신에게 오는 요구와 요청을 들어주라고 합니다. 예수는 율법의 계명을 새롭게 해석하고 있습니다. 율법에 변화가 있음을 볼 수 있습니다.

### 여섯 번째 대조법(마 5:43-48)

여섯 번째 대조법은 이웃사랑입니다. "또 네 이웃을 사랑하고 네 원수를 미워하라 하였다는 것을 너희가 들었으나"(마 5:43). "네 이웃을 사랑하고"는 아주 중요한 말씀입니다. 한 율법사가 예수께 "율법 중에서 어느 계명이 큽니까" 하고 물었을 때에, 예수는 두 번째 계명으로 이웃 사랑을 말씀하셨기 때문입니다(마 22:39). "네 이웃을 사랑하고"는 레위기의 말씀과 관련이 있습니다. "원수를 갚지 말며 동포를 원망하지 말며 네 이웃 사랑하기를 네 자신과 같이 사랑하라"(레 19:18). 그렇지만 "네 원수를 미워하라"는 말씀은 레위기의 "원수를 갚지 말며"와 충돌을 일으킵니다. "네 원수를 미워하라"는 말씀은 구약에 나오지 않습니다. 아마도 그 당시 유대인들의 해석을 예수께서 말씀하신 것 같습니다(예: 쿰란 공동체 규칙).

예수는 이웃을 사랑하라는 말씀에 관하여는 아무 평가도 하지 않고 오직 "네 원수를 미워하라"는 계명에 대하여 반대로 말합니다. "나는 너희에게 이르노니 너희 원수를 사랑하며 너희를 박해하는 자를 위하여 기도하라"(마 5:44). 미움과 사랑은 완전히 반대입니다. 예수는 "네 원수를 사랑"하라고 말합니다. 이렇게 할 때 "하나님의 아들"이 될 것이라고 하십니다(마 5:45). 이것은 팔복의 말씀 "화평하게 하는 자는 복이 있나니 그들이 하나님의 아들이라 일컬음을 받을 것임이요"(마 5:9)와 관련이 있습니다. 원수를 사랑하는 자는 평화에 힘쓰는 자가 틀림이 없습니다.

이웃과 원수까지도 사랑하는 사람들이 하나님의 아들입니다. 하나님의 아들은 하나님을 닮아가는 자들입니다. 하나님은 모든 사람들에게 일반 은총을 주십니다. 하나님은 해와 비를 의인과 악인에게 주시기 때문입니다. 그러면서 예수는 결론을 이렇게 맺습니다. "그러므로 하늘에 계신 너희 아버지의 온전하심과 같이 너희도 온전하라"(마 5:48). 원수를 사랑하는 사람은 하나님과 부자관계를 맺습니다. 하늘의 하나님을 아버지로 섬기며 살아가는 사람들입니다. 아들은 아버지를 닮아가야 합니다.



## 5.3 입법자 예수

예수는 "내가 율법이나 선지자를 폐하러 온 줄로 생각하지 말라 폐하러 온 것이 아니요 완전하게 하려 함이라"(마 5:17)고 말씀하셨습니다. 예수께서 오신 목적은 율법을 채우러 즉, 이루려 오셨습니다. 율법을 성취하러 오신 것입니다. 예수의 오심이 결정적입니다. 예수께서 오신 것이 율법과 선지자의 내용을 채우기 때문입니다. 예수의 오심의 중요성은 여섯 반제에서도 그대로 나타납니다. 여섯 반제의 형식에서 강조는 "나는 너희에게 이르노니"입니다. 이 표현은 여섯 반제에 다 나타납니다.

유대인들은 조상들로부터 율법의 계명들을 들었습니다. "옛 사람에게…너희가 들었으나"(마 5:21), "…너희가 들었으나"(마 5:27, 38, 43), "…하였으나"(마 5:31), "옛 사람에게 말한 바…너희가 들었으나"(마 5:33). 그들이 들은 말씀은 율법입니다. 율법 가운데서 십계명의 말씀입니다. 살인과 간음은 십계명의 말씀들입니다. 나머지는 율법의 계명들입니다. 여기서 중요한 것은 율법은 하나님이 주신 말씀이라는 사실입니다. 특히 십계명은 이스라엘의 하나님 여호와가 시내 산에서 직접 임하셔서 직접 말씀해 주셨습니다. 그리고 나머지 율법의 계명들은 모세가 시내 산에 올라가서 여호와께 듣고 와서 이스라엘 백성에게 전해 주었습니다. 이스라엘의 율법은 신적 기원을 갖고 있습니다. 고대 근동의 다른 나라들은 왕이 법을 제정하고 선포합니다. 왕이 입법자입니다. 그러나 이스라엘에서 왕은 법을 제정하고 선포할 수 없습니다. 여호와 하나님이 율법을 제정하고 선포했습니다. 모세는 전달자일 뿐입니다.

유대인들이 들은 계명은 율법의 조항들입니다. 이것들의 기원은 여호와 하나님입니다. 그런데 이것을 다시 제정하시는 분이 바로 예수입니다. 예수는"나는 너희에게 이르노니"라는 표현으로 자신의 신분을 밝히십니다. 여호와 하나님이 이스라엘에게 법을 선포하셨던 것처럼 예수께서 지금 제자들에게 법을 개정하여 선포하고 계십니다. 예수께서 구약의 법을 선포하신 분이거나 여호와 하나님과 동등한 분이라는 사실을 말하고 있습니다.

예수는 십계명의 말씀을 다시 강화해서 주십니다. 마태는 시내 산에서 율법을 선포하신 여호와와 산상 설교를 하시는 예수를 비교하고 있습니다. 예수께서 곧 하나님이라는 것입니다. 그리고 십계명 이외에 다른 계명들은 모세가 여호와께 듣고 와서 전달해 주었습니다. 그러한 계명들을 예수께서 성취하십니다. 예수는 모세보다 더 뛰어난 분이라는 것입니다.

계명들은 개별적으로 다시 주어졌습니다. 예수는 십계명의 살인과 간음 계명 이외에 다른 계명들을 말하지 않습니다. 그리고 그렇게 많은 계명들 가운데(613개) 예수는 살인과 간음 계명 이외에 네 개의 계명들만 말씀하셨습니다. 그런데 더 특이한 것은 간음과 살인은 행위에 대한 금지보다 더 심층적으로 나아갑니다. 살인과 간음의 근본 동기들까지 정죄하십니다. 윤리적으로 살인과 간음의 계명들을 더 강화하십니다. 외적인 행위는 물론이며 내적인 동기까지도 금하실 것을 말씀하십니다. 십계명이 더 강화됩니다.

이혼의 문제는 음행 외에는 이혼할 수 없다고 분명하게 선언하십니다. 유대인들에게 이혼 사유는 다양할 수 있었습니다. 이혼 증서를 써 주고 갈라서면 됩니다. 그러나 예수는 이것을 음행 외에는 이혼할 수 없다고 하심으로 다른 이유들을 무효화하십니다. 분명히 계명이 외형적으로 변화가 있습니다. 더 나아가 예수는 맹세에 대해서는 아예 맹세하지 말라고 하심으로 맹세하는 것 자체를 금지시켜 버립니다. 율법의 계명이 중대한 변화를 맞고 있습니다. 무효화 되는 계명이 있기 때문입니다.

율법의 변화는 보복에서 더 명확하게 나타납니다. 구약은 복수를 허락합니다. 그러나 예수는 복수를 전면 금지하십니다. 그리고 악에 대하여 싸우지 말고 더 선하게 대할 것을 요구하십니다. 이것은 이웃 사랑 계명에서 더 확실하게 나타납니다. 유대인들은 원수를 미워하라고 가르침을 받았습니다. 그러나 예수는 원수를 사랑하라고 하십니다. 완전히 다르게 말씀하십니다.

위의 예들을 잘 살펴보면 율법의 계명들은 개별적입니다. 간음과 살인은 외적인 행위와 더불어 내적인 동기까지 더 심화됩니다. 이혼은 이혼할 수 있는 이유가 달라집니다. 맹세와 복수는 무효화됩니다. 그리고 원수를 미워하는 것은 완전히 변해서 원수를 사랑하라고 하십니다. 율법의 계명들은 개별적으로 다루어집니다. 이것을 보면 구약의 율법 계명들은 예수께서 이 땅에 오심으로 중대한 변화를 맞이하게 됩니다. 율법의 계명들은 예수와 관련해서 다시 해석이 됩니다. 율법이 재해석되는 것입니다. 예수는 율법을 재해석합니다. 강화시키기도 하며 중대한 변화를 가져오기도 하고 무효화시켜 폐지하기도 합니다.

율법은 신약 시대에 변화를 겪습니다. 연속성이 있는 계명이 있는가 하면 불연속성을 보이는 계명이 있다는 것을 알 수 있습니다.

위의 여섯 계명을 잘 살펴보면 심각하게 다루어지는 계명들이 있습니다. 간음과 살인에 대해서 언급하실 때에는 지옥에 들어가는 것과 관련하여 말씀하십니다. 그리고 이혼과 맹세에 대해서는 어떠한 심판이 나오지 않습니다. 이것을 보면 계명들은 상대적으로 더 중요한 것과 덜 중요한 것이 있음을 알 수 있습니다. 그래서 예수는 "이 계명 중의 지극히 작은 것 하나"라는 표현을 쓰신 것입니다(5:19). 지옥에 들어갈 수 있을 정도로 심각한 죄가 있는가 하면 그렇지 않은 죄도 있다는 것을 알 수 있습니다. 예수께서 말씀하신 계명에도 경중이 있습니다.

# 6

# 구제와 기도

읽어야 할 본문: 마태복음 6-7장, 누가복음 11-12, 18장

예수는 율법의 계명들을 새롭게 해석하십니다. 또한 유대인의 종교 생활에 있어서 중요한 구제와 기도 그리고 금식의 문제도 새롭게 교훈하고 있습니다. 이 세 가지 종교 행위는 구약 시대에서도 중요했습니다. 예수는 이 세 가지 종교 행위를 다룰 때, 외식을 가장 주의하라고 하십니다. 구제와 기도 그리고 금식을 할 때, 사람들에게 보여주기 위해서 하지 말라는 것입니다. 사람들에게 보여주기 위해서 하는 행위는 그 자체로 이미 상을 받았다고 말합니다. 이러한 종교 행위는 사람에게 보이기 위한 것이 아니라 하나님을 향하고 있다는 것을 일깨워주고 있습니다.

먼저 예수는 이 세 가지 종교 행위에 대한 일반적인 교훈을 주십니다. "사람에게 보이려고 그들 앞에서 너희 의를 행하지 않도록 주의하라 그리하지 아니하면 하늘에 계신 너희 아버지께 상을 받지 못하느니라"(마 6:1). 여기서 "의"는 행동과 관련이 있다는 사실을 알 수 있습니다. "의"는 사람들에게 보여주기 위한 관대한 행위이나 선한 행위로 전락되어서는 안됩니다. 예수는 전시성이 있는 행동을 금지시킵니다. 왜냐하면 이렇게 행동을 하면 하늘에 계신 아버지께 상을 받지 못하기 때문입니다.

"너희 의"는 제자들의 의로서 천국에 들어갈 수 있는 행위와도 관련이 있습니다. 예수는 제자들의 의와 서기관과 바리새인들의 의를 비교하여 이렇

게 말씀하셨습니다. "너희 의가 서기관과 바리새인보다 더 낫지 못하면 결코 천국에 들어가지 못하리라"(마 5:20). "너희 의"는 천국에 들어갈 수 있는 자격입니다. 그래서 사람에게 보이려고 하는 의는 "하늘에 계신 아버지께 상을 받지 못하느니라"고 하신 것입니다. 하늘에 계신 하나님과 부자관계를 맺고 있는 제자들은 종교 생활을 할 때 사람을 의식하면서 행동하지 않고 아버지를 의식하면서 행동해야 합니다.

## 6.1 구제

예수는 먼저 구제를 말씀하십니다. "그러므로 구제할 때에 외식하는 자가 사람에게 영광을 받으려고 회당과 거리에서 하는 것 같이 너희 앞에 나팔을 불지 말라 진실로 너희에게 이르노니 그들은 자기 상을 이미 받았느니라"(마 6:2). 구제는 가난한 사람에게 물질을 나누어 주는 것입니다.

우선 율법에는 직접적인 구제는 아니지만 구제와 관련된 계명들이 있습니다. 율법에 따르면 추수할 때에 모퉁이의 곡식까지 다 걷어서는 안 됩니다. 그리고 땅에 떨어진 이삭을 줍지 말라고 합니다. 이것은 가난한 사람들을 위하여 남겨 놓아야 합니다. 이러한 원리는 포도원에도 그대로 적용됩니다. 포도원의 열매를 다 따지 말고 또한 떨어진 포도도 줍지 말아야 합니다. 가난한 자들을 위한 것입니다(레 19:9-10). 배가 고픈 사람은 다른 사람의 밭에 들어가서 곡식을 따도 됩니다. 그러나 낫을 댈 수는 없습니다. 또한 포도원에 들어가서 포도를 따 먹을 수 있습니다. 그러나 그릇에 담아서 나올 수는 없습니다(신 23:24-25). 이것은 가난한 형제를 위한 법입니다. 또한 율법은 가난한 형제에게 마음을 강퍅하게 먹지 말고 손을 펴서 빌려주라고 말합니다. 그 꾸어준 것을 면제년(매 칠년 끝)이 되면 다 탕감해 주라고 말합니다(신 15:1-11). 이것은 구제와 다릅니다. 그렇지만 본질적으로 가난한 형제에게 자신의 것을 주라는 말씀입니다. 가난한 형제에게 관대한 마음을 갖고 자신의 물질을 나누라는 것입니다.

물질을 직접적으로 나누어주는 말씀은 잠언에 나옵니다. "흩어 구제하여도 더욱 부하게 되는 일이 있나니 과도히 아껴도 가난하게 될 뿐이니라 구제를 좋아하는 자는 풍족하여질 것이요 남을 윤택하게 하는 자는 자기도 윤택하여지리라"(잠 11:24-25). 가난한 사람에게 관대한 마음을 가진 사람은 자신의 물질을 나눠줍니다.

구제가 제도적으로 자리를 잡는 것은 부림절 때입니다. 에스더는 유대인들을 하만의 음모로부터 구원합니다. 이 구원을 기념하여 지키는 절기가 바로 부림절입니다. 이때 가난한 자들에게 선물을 줍니다. 이것이 구제입니다(에 9:22).

예수는 구제를 행하는데 주의해야 할 것이 있다고 하십니다. 구제를 통하여 "사람에게 영광을 받는 것"입니다. 사람들로부터 칭찬과 영예를 얻기 위하여 회당이나 거리에서 구제를 행합니다. 사람들이 보는 앞에서 구제를 하는 행위를 나팔을 부는 것이라고 하십니다. 모든 사람들이 다 알 수 있도록 선전하지 말라는 것입니다. 이렇게 모든 사람들이 알 수 있도록 구제하는 사람을 "외식하는 자"라고 말합니다. 즉 위선자라는 의미입니다. 마치 연극배우가 관객을 위하여 연기를 하듯이 위선자들은 사람들에게 보이기 위해서 구제를 합니다. 이런 사람은 상을 이미 받았습니다. 사람들로부터 칭찬, 칭송과 영예를 받기 때문입니다.

예수는 올바른 구제 방법을 말씀하십니다. "너는 구제할 때에 오른손이 하는 것을 왼손이 모르게 하여 네 구제함을 은밀하게 하라 은밀한 중에 보시는 너의 아버지께서 갚으시리라"(마 6:3-4). 오른손이 하는 일을 왼손이 모를 수는 없습니다. 이것은 일종의 과장법입니다. 그만큼 다른 사람이 알지 못하도록 은밀하게 하라는 것입니다. 이렇게 할 때 하나님이 보시고 갚아주십니다.

## 6.2 기도

예수는 두 번째로 기도에 대해서 말씀하십니다. "또 너희는 기도할 때에 외식하는 자와 같이 하지 말라"(마 6:5). 구제와 같이 기도도 "외식하는 자"

처럼 행동하지 말 것을 권합니다. 이들의 특징은 사람이 많은 곳을 좋아 합니다. 그래서 위선자는 구제할 때에 "회당과 거리에서"(6:2) 합니다. 마찬가지로 기도할 때도 "회당과 큰 거리 어귀에 서서"(6:5) 기도합니다. 이들의 공통점은 "사람에게 보이려고"입니다. 사람을 의식하면서 사람에게 보여주려고 기도합니다. 이런 사람은 이미 "자기 상"을 받았습니다. 사람들로부터 칭찬과 칭송 그리고 영예를 받기 때문입니다.

예수는 올바른 기도 방법을 가르쳐줍니다. "너는 기도할 때에 네 골방에 들어가 문을 닫고 은밀한 중에 계신 네 아버지께 기도하라 은밀한 중에 보시는 네 아버지께서 갚으시리라"(6:6). "골방"은 은밀한 곳입니다. 사람이 없는 아주 한적한 장소입니다. 사람이 많이 다니는 "회당과 큰 거리 어귀"와는 대조를 이룹니다. "골방"에 들어가 기도를 할 때 하나님이 다 보고 계십니다. 여기서 기도는 하나님을 향한 것이라는 것을 알 수 있습니다. 기도의 대상은 하나님입니다. 하나님은 아무리 깊은 방에 들어가서 기도를 해도 다 알고 계시며 기도에 응답하십니다. 하나님은 제자들의 구제나 기도를 "은밀한 중에" 다 보고 계십니다(6:4, 6). 기도는 은밀한 장소에서 은밀히 계시는 하나님께 하는 것입니다.

예수는 더 구체적인 기도 방법을 말씀하십니다. "또 기도할 때에 이방인과 같이 중언부언하지 말라 그들은 말을 많이 하여야 들으실 줄 생각하느니라"(6:7). 이방인의 기도에 대해서 말합니다. 이방인들은 하나님을 알지 못하는 자들입니다. 이방인들은 기도를 할 때 "중언부언"하며 "말을 많이" 합니다. "중언부언"은 '의미 없는 많은 말들' 입니다. 즉 의미 없는 말을 계속 반복하는 것입니다. 이러한 예를 바알 선지자에게서 볼 수 있습니다. 갈멜산에서 엘리야 선지자와 바알 선지자 450명이 대결을 벌였습니다. 그때 바알 선지자들은 아침부터 낮까지 바알의 이름을 부릅니다. "바알이여 우리에게 응답하소서"하고 기도를 했습니다. 그러나 "아무 소리도 없고 아무 응답하는 자"도 없었습니다(왕상 18:26). 이들은 나름대로 규례가 있었습니다. 그러나 바알은 응답하지 않습니다. 의미가 없는 말들을 계속 반복한 것입니다. 이방인들의 기도의 특징은 의미 없는 말을 많이 합니다. 그리고 기도의 대상

또한 아무 의미가 없는 우상입니다.

우상과 하나님의 차이점은 여기에 있습니다. 하나님은 제자들이 기도하기 전에 제자들의 필요한 것이 무엇인지를 알고 있습니다. "구하기 전에 너희에게 있어야 할 것을 하나님 너희 아버지께서 아시느니라"(6:8). 하나님은 제자들의 필요를 이미 인지하고 계십니다. 우상은 생각할 수 없지만 하나님은 제자들의 삶에 필요한 것을 알고 계십니다. 더 나아가 제자들은 하나님과 부자 관계입니다. 아버지는 자녀들의 필요를 채워주시는 분입니다. 아버지는 자녀들이 필요한 것이 무엇인지를 관심을 갖고 지켜보고 계십니다.

### 6.2.1 주기도문



예수는 올바른 기도를 가르쳐 주십니다. 일명 주기도문(마 6:9-13)입니다. 주기도문은 주님께서 가르쳐 주신 기도의 모델입니다. 또한 제자들이 따라야 할 기도의 모범이기도 합니다. 주기도문의 전반부(마 6:9-10)는 하나님 중심적입니다. 기도는 "하늘에 계신 우리 아버지여" 하고 시작합니다. 헬라어는 "아버지"가 처음에 나와 있어서 제자들과 하나님과의 관계를 부자관계로 규정해줍니다. 기도는 "아버지"께 하는 것입니다. 기도의 대상은 "하늘에 계신 우리의 아버지"입니다. 제자들의 아버지는 땅이 아니라 하늘에 계십니다.

제자들은 아버지의 이름을 위해서 기도해야 합니다. "이름이 거룩히 여김을 받으시오며"(마 6:9). 여기서 "이름"은 "당신의 이름"으로 '아버지의 이름'을 뜻합니다. 이름은 인격이며 존재 자체를 나타냅니다. 구약에서 예배자들은 여호와의 이름을 부르며 경배합니다(창 13:4; 왕상 18:36). 하나님은 또한 자신의 이름을 나타내십니다. 하나님은 자신이 하신 일과 하실 일을 자신의 이름을 통해서 드러내십니다. "나는 이 땅을 네게 주어 소유를 삼게 하려고 너를 갈대아인의 우르에서 이끌어 낸 여호와니라"(창 15:7). 하나님은 아브라함에게 약속의 땅 가나안을 주실 것을 미리 말씀하십니다. 그리고 하나님은 모세에게 자신의 이름을 밝히심으로 이스라엘의 조상들과 하나님과의 관계를 드러내십니다. "나는 네 조상의 하나님이니 아브라함의 하나님, 이삭의 하나님, 야곱의 하나님이니라"(출 3:6). 하나님은 자신의 이름을 밝히심으로 이스라엘을 구원하신 분이 누구인지를 선언하십니다. "나는 너를 애굽 땅, 종 되었던 집에서 인도하여 낸 네 하나님 여호와라"(신 5:6). 여호와는 이스라엘을 출애굽 시킨 하나님입니다. 이스라엘의 하나님의 이름 여호와는 구원자입니다.

더 나아가 하나님은 이름을 통하여 자신의 속성과 성품을 계시하십니다. "나는 스스로 있는 자이니라"(출 3:14). "여호와라 여호와라 자비롭고 은혜롭고 노하기를 더디하고 인자와 진실이 많은 하나님이라 인자를 천대까지 베풀며 악과 과실과 죄를 용서하리라 그러나 벌을 면제하지는 아니하고 아버지의 악행을 자손 삼사 대까지 보응하리라"(출 34:6-7). 하나님의 이름은 하나님의 존재와 성품을 나타냅니다. 또한 역사 속에서 하나님의 백성을 위하여 어떤 행동을 하시는지도 보여줍니다. 하나님은 거룩하신 분입니다. 당연히 그의 이름도 거룩히 여김을 받아야 합니다.

구약에서 하나님은 특별히 자신의 이름을 두기 위한 장소를 선택하기도 하십니다. 가나안 땅은 하나님이 이스라엘에게 주시기로 약속한 땅입니다. 그 약속의 땅 안에 특별히 하나님이 선택하신 한 장소가 있습니다. 하나님의 이름을 두기 위한 장소입니다(신 12:5). 모든 이스라엘은 하나님이 선택하신 장소로 나와서 예배를 드려야 합니다. 이 곳은 중앙성소입니다. 후에 이스라엘에서 이 장소는 예루살렘으로 나타납니다(왕상 8:44). 이곳에 솔로몬이 성전을 지었습니다.

이렇게 하나님은 자신의 이름을 소중하게 여기십니다. 하나님은 자신의 이름이 더럽혀지는 것을 원하지 않습니다(겔 20:14). 그래서 자신의 이름을 거룩하게 하기를 원하십니다(겔 36:21-23). 하나님의 이름은 이스라엘이 성전에서 우상을 숭배하며 이방인의 풍속을 본받아 살아감으로 더럽혀졌습니다. 즉 하나님의 말씀을 따라 살지 않은 것입니다. 하나님은 자신의 이름을 거룩하게 하기 위하여 포로로 잡혀간 이스라엘을 먼저 물로 씻어 깨끗하게 합니다. 그리고 하나님의 영을 주시며 부드러운 마음을 주십니다. 하나님의 말씀에 순종하게 하기 위해서입니다. 이들을 하나님의 백성이라고 부르고 있습니다(겔 36:23-28). 하나님은 자신의 이름을 위하여 행동하십니다.

예수께서 아버지의 이름이 거룩히 여김을 받도록 기도하라고 하십니다. 자녀들은 아버지의 이름을 높이며 경배합니다. 아버지의 이름에 영광을 돌리며 아버지의 이름 앞에서 예배를 드립니다. 또한 자녀들은 아버지의 말씀대로 이 땅에서 살아갈 때에 아버지의 이름을 더럽히지 않습니다.

예수는 제일 먼저 제자들에게 아버지의 이름이 거룩히 여김을 받도록 기도하라고 합니다. 그리고 "나라가 임하시오며" 하고 기도하라고 하십니다. 여기서 "나라"는 문자적으로 "당신의 나라"입니다. "당신이 이름"과 "당신의 나라"가 평행을 이룹니다. "당신의 나라"는 '아버지의 나라'인 하나님의 나라를 의미합니다. 하나님의 나라가 임하도록 기도하라는 말씀은 예수께서 이 땅에 오신 것과 긴밀한 관련이 있습니다. 예수의 오심은 율법을 완성하기 위함입니다. 완성된 율법을 잘 행하면서 가르치면 천국에서 크다고 칭함을 받습니다. 이것은 제자들의 의와도 관련이 있습니다. 제자들의 의가 서기관과 바리새인보다 더 나으면 천국에 들어갈 수 있기 때문입니다(마 5:17-20). 예수께서 이 땅에 오심으로 하나님의 나라가 시작되었습니다. 예수는 하나님의 나라에 들어갈 수 있는 방법을 알려주셨습니다(마 5:17-20). 그리고 예수는 제자들에게 "나라가 임하시오며" 하고 기도하라고 하십니다. 예수에 의해서 시작된 하나님의 나라가 이 땅에 임하도록 즉, 완성되도록 기도하라는 것입니다. 예수에 의해서 하나님의 나라가 이미 이 땅에 임했습니다. 그리고 예수는 지금 하나님의 나라의 복음을 전파합니다. 하나님의 나라가 아직 이 땅에서 완성되지 않았습니다. "이미"와 "아직" 사이에 간격이 있습니다. 그래서 제자들은 그 나라가 완성되도록 기도해야 합니다.

다시 예수는 "뜻이 하늘에서 이루어진 것 같이 땅에서도 이루어지이다"(마 6:10) 하고 기도하라고 하십니다. "뜻" 역시 "당신의 뜻"으로 '아버지의 뜻' 입니다. "이름," "나라" 그리고 "뜻"은 모두 "당신의"라는 2인칭 소유격이 붙어 있습니다. "당신의 이름," "당신의 나라" 그리고 "당신의 뜻"입니다. 주기도문의 전반부는 전부 아버지 중심입니다. 아버지의 뜻은 하늘과 땅에서 다 이루어져야 합니다. 여기서 아버지의 뜻은 구체적으로 무엇인지 나오지 않습니다. 문맥으로 보면 하나님의 나라가 임하는 것과 밀접한 관련이 있습니다. 하나님의 나라가 땅에 임하는 것은 하나님의 뜻입니다.

그리고 더 넓은 의미에서 예수는 자신을 이 땅에 보내신 하나님의 뜻을 행하기 위해 오셨습니다(요 4:34; 6:38). 하나님 아버지의 뜻은 작은 자 하나도 잃어버리는 것이 아닙니다. 제자들 중에 작은 자 하나가 길을 잃는 것 즉, 구원에서 제외되는 것은 하나님의 뜻이 아닙니다(마 18:10-14). 아버지의 뜻은 예수께서 십자가를 지시는 것이며(마 26:42; 눅 22:42) 사람들이 하나님의 아들을 믿고 영생을 얻는 것입니다(요 6:40). 따라서 하나님의 뜻대로 행하는 사람이 예수의 가족이며(마 12:50) 천국에 들어갈 수 있습니다(마 7:21). 이 땅에서 이루어지기 원하는 아버지의 뜻은 하나님의 자녀들의 구원입니다(갈 1:4; 엡 1:5, 11).

주기도문의 관심은 아버지에게서 이제 우리에게로 옮겨집니다. 주기도문의 하반부(마 6:11-13)는 1인칭 복수 "우리"가 중요합니다. "오늘 우리에게 일용할 양식을 주시옵고"(마 6:11). 이것은 다시 번역해 보면 '오늘을 위한 우리의 빵을 우리에게 오늘 주옵소서' 입니다. "일용할 양식"은 '오늘을 위한 우리의 빵' 즉, 오늘 필요한 양식입니다. 매일 필요한 빵을 달라는 것입니다. 흥미로운 것은 오늘은 늘 오늘입니다. 우리는 현재를 살아갑니다. 오늘 빵을 먹고 내일이 되면 또 오늘입니다. 따라서 오늘의 빵을 먹어야 합니다. 이 기도는 생존을 위해 꼭 필요한 기도입니다.

이 기도는 이스라엘이 광야에 있을 때에 하나님이 만나를 주셨던 것을 생각나게 합니다. 이스라엘이 광야에서 먹을 것이 없었습니다. 그러나 하나님이 날마다 만나를 주십니다. 그들은 날마다 하늘에서 내리는 만나를 먹고 살았습니다. 하나님은 하루에 필요한 양식만을 주셨습니다. 물론 안식일 전날은 이틀 양식을 주셨습니다. 이스라엘은 사십 년 동안 하나님이 주신 만나를 먹고 살았습니다. 신기하게도 이스라엘은 광야에서 굶어죽은 사람이 한 사람도 없습니다. 단지 불평하고 원망하다 죽은 사람들만 있습니다. 하나님은 광야에서 일용할 양식을 주셨습니다. 이스라엘은 광야에서 날마다 양식을 주시는 하나님만 바라보도록 훈련을 받습니다.

일용할 양식을 달라는 기도는 날마다의 삶을 하나님께 맡기는 삶입니다. 사람은 하루 먹고 살면 다음 날 또 먹어야 살 수 있습니다. 한 달이나 일 년의 양식을 구하지 않고 하루의 양식을 구하라는 것은 날마다의 삶을 하나님께 맡기고 살라는 것입니다. 하나님만을 바라보고 하나님만을 의지하는 삶입니다. 하나님을 의지하는 삶은 내일 즉, 미래에 대한 염려가 없는 삶입니다(마 6:34).

예수는 먹는 양식 즉, 육적인 문제에서 이제 영적인 죄의 문제로 나아갑니다. "우리가 우리에게 죄 지은 자를 사하여 준 것 같이 우리 죄를 사하여 주시옵고"(마 6:12). 여기서 "죄"는 '빚'(오페일레마타)입니다. 그러나 평행 본문인 누가복음은 "죄"(하마르티아)라는 단어를 사용합니다(눅 11:4). 여기서 "빚"은 죄를 의미합니다. 예수는 "회개하라 천국이 가까이 왔느니라"고 외치셨습니다(마 4:17). 제자들은 이 외침에 응답하고 나오는 사람들입니다. 자신의 죄를 인정하고 하나님께 용서를 구하는 사람입니다. 이런 사람이 하나님께 용서를 받습니다. 하나님께 죄를 용서함을 받은 사람은 또한 다른 사람의 죄를 용서해야 합니다(참고 마 18:23-35).

예수는 시험의 문제를 다룹니다. "우리를 시험에 들게 하지 마시옵고"(마 6:13). 이 기도는 먼저 예수의 시험을 연상하게 합니다. 예수는 사십 일을 금식하신 후에 마귀에게 시험을 받으셨습니다. 마귀는 "시험하는 자"로서 예수를 세 번이나 시험했습니다(마 4:3). 하나님은 친히 사람을 시험하지 않습니다(약 1:13). 마귀 또는 사탄이 시험합니다. 이러한 경우를 욥에게서 볼 수 있습니다. 하나님은 욥을 시험하라는 사탄의 요구를 허락하십니다(욥 1:12;

2:6). 시험은 이렇게 외부에서 올 수 있습니다. 그리고 시험은 또한 내부에서 올 수도 있습니다. 자기 욕심에 이끌려 시험을 받습니다(약 1:14). 사람은 스스로 시험에 들지 않도록 그리고 마귀의 시험을 받지 않도록 기도해야 할 필요성이 있습니다(마 26:41). 사람이 시험을 받을 때, 필요한 것은 인내입니다(약 1:12). 시험을 잘 이길 때 여러 가지 유익이 있습니다.

예수는 악으로부터의 보호를 기도하라고 하십니다. "다만 악에서 구하시옵소서"(마 6:13). "악에서"는 '악한 자로부터'로 번역할 수도 있습니다. 악의 기원은 사탄 또는 마귀입니다. 사탄의 영향을 받은 악한 사람들로부터 또는 악한 일로부터 구원해 달라는 기도입니다. 악한 자와 악으로부터 구원해 달라는 기도는 하나님의 인도와 보호를 늘 구하는 기도입니다. 하나님 아버지께 자녀는 안전을 부탁하는 것입니다. 아버지를 신뢰하고 아버지의 보호를 바라는 기도입니다.



주기도문의 결론은 "나라와 권세와 영광이 아버지께 영원히 있사옵나이다 아멘"(마 6:13)입니다. 마치 시편에 많이 나오는 송영과 유사합니다. 주기도문은 아버지로 시작해서 아버지로 끝나고 있습니다. 기도의 대상이 철저하게 하나님 아버지라는 것을 보여줍니다. 자녀들은 아버지께 기도해야 한다는 것입니다.

누가도 주기도문을 기록하고 있습니다. 하지만 누가는 마태에 비해 아주 짧게 보도합니다(눅 11:2-4). 또한 누가는 마태와 문맥이 다릅니다. 누가는 제자들이 예수께 기도를 가르쳐 달라는 요구에 응답하신 것으로 나옵니다.

### 6.3 기도에 관한 다른 말씀

산상설교에는 기도에 관한 교훈이 많이 나옵니다. 물론 예수는 다른 곳에서도 기도에 관한 가르침을 많이 하셨습니다(눅 11:5-8; 눅 18:1-8). 산상설교에서는 세 개의 명령형이 계속 나와서 기도를 강조합니다. "구하라 그리하면 너희에게 주실 것이요 찾으라 그리하면 찾아낼 것이요 문을 두드리라 그리하면 너희에게 열릴 것이니"(마 7:7). 이 세 개의 동사는 현재 능동태 명령형입니다. 능동적인 행동을 요구합니다. 구하고 찾고 두드리는 점진적 행동을 요구하고 있습니다. 적극적인 기도는 응답을 받습니다. 응답은 다 미래형입니다. 구하지 않는 사람은 받을 수가 없습니다. 찾지 않는 사람 역시 찾을 수가 없습니다. 두드리지 않는 사람에게 문은 열리지 않습니다(마 7:8). 기도는 실행이 중요합니다.

기도는 제자들의 몫입니다. 그러나 응답은 아버지의 몫입니다. 역할이 다릅니다. 제자들은 아버지를 신뢰하고 기도해야 합니다. 기도하는 사람에게 응답은 확실하게 있습니다. 기도와 응답이 짝을 이루어 나오는 것에 주목해야 합니다. 그런데 흥미로운 사실은 기도의 응답이 언제 이루어질 것이라는 언급은 없습니다. 구하고 찾고 두드리는 사람에게 언제 아버지께서 응답하실 것인지에 대한 구체적인 언급이 없습니다. 이것이 또한 기도 응답의 묘미입니다. 하나님은 제자들의 기도에 응답하십니다. 그러나 언제 하실 것인지에 대해서는 말씀하지 않습니다. 하나님이 기도 응답의 타이밍을 잡고 계십니다. 기도 응답의 때는 아버지의 주권에 있습니다.

기도는 아버지와 아들 사이의 관계를 확인시켜 줍니다. 아들이 떡을 달라고 요청하는데 돌을 줄 아버지는 없습니다(마 7:10). 아들이 생선을 달라고 합니다. 여기에 뱀을 줄 아버지도 없습니다(마 7:11). 아들에게 좋은 것을 주려고 하는 것은 아버지의 심정입니다. 하늘의 계신 하나님도 이러한 심정을 갖고 있습니다. "하늘에 계신 너희 아버지께서 구하는 자에게 좋은 것을 주시지 않겠느냐"(마 7:11). 여기서 "좋은 것"은 기도하는 사람이 아버지께 구하는 것입니다. 그런데 누가는 이것을 이렇게 말합니다. "너희 하늘 아버지께서 구하는 자에게 성령을 주시지 않겠느냐"(눅 11:13). 누가는 "성령"을 "좋은 것"으로 말하고 있습니다.

마태는 기도에 관한 교훈을 마치면서 이렇게 말합니다. "그러므로 무엇이든지 남에게 대접을 받고자 하는 대로 너희도 남을 대접하라 이것이 율법이

요 선지자니라"(마 7:12). 이 구절은 황금률로 불립니다. 황제 알렉산더 세베루스Alexander Severus가 이 구절을 금으로 벽에다 새겨 놓았기 때문입니다. 특이하게도 기도에 대한 교훈을 하고 나서 "그러므로" 하고 말합니다. 물론 이 "그러므로"는 마태복음 7:1-11의 결론 더 나아가 마태복음 5:17부터 7:11의 결론으로 말할 수 있습니다. 예수께서 "내가 율법이나 선지자를 폐하러 온 줄로 생각하지 말라 폐하러 온 것이 아니요 완전하게 하려 함이라"(마 5:17)고 말씀하셨기 때문입니다. 예수의 교훈은 율법과 선지자를 완전하게 합니다.

이 구절은 문맥상 기도와 관련이 있습니다. 기도에는 하나님께 좋은 것을 받고 싶어 하는 마음이 있습니다. 아들이 아버지께 먹을 것, 떡과 생선을 구합니다. 아버지께서 좋은 것을 주실 줄 믿고 기도하는 것입니다. 이렇게 아들은 아버지께 좋은 것으로 대접받고 싶은 마음이 있습니다. 이러한 마음을 가지고 다른 사람을 대하라는 것입니다. "그러므로 무엇이든지 남에게 대접을 받고자 하는 대로 너희도 남을 대접하라 이것이 율법이요 선지자니라"(마 7:12). 사람들이 자신에게 해 주기를 바라는 마음을 가지고 다른 사람에게 대하라는 의미입니다. 이러한 정신이 바로 율법과 선지자라고 말합니다. 즉 율법과 선지자의 가르침이라는 뜻입니다. 이것은 이웃을 사랑하라는 말씀과 궤적을 같이합니다. 예수는 율법사가 어느 계명이 율법 가운데서 크냐는 질문을 받았습니다. 예수는 이 질문에 대해 첫째로 큰 계명은 하나님을 사랑하라는 계명이며 이웃을 네 자신과 같이 사랑하라 하신 말씀이 두 번째로 큰 계명이라고 대답하십니다(마 22:36-39). 그리고 모든 율법과 선지자가 이 두 계명에 걸려 있다고 말씀하십니다(마 22:40). 율법과 선지자의 말씀이 이 두 계명으로 요약될 수 있다는 뜻입니다. 이 두 번째 계명은 좋은 것을 받고 싶은 마음을 가지고 이웃을 대하라는 말씀과도 일맥상통합니다.

## 6.4 금식

예수는 금식에 대해서 말씀하십니다. 금식도 구제와 기도와 같이 "외식하는 자들과 같이" 하지 말라고 하십니다. "금식할 때에 너희는 외식하는 자들과 같이 슬픈 기색을 보이지 말라"(마 6:16). 율법은 일 년에 한 번 금식할 것을 요구합니다. 속죄일에 "너희는 스스로 괴롭게 하고 아무 일도 하지"(레 16:29; 참고 레 23:26-32; 민 29:7-11) 말라고 합니다. 이것은 문자적으로 '너희는 너희 영혼을 괴롭게 해야 한다' 또는 '겸손하게 해야 한다'는 뜻입니다. 즉 금식을 통해서 하나님 앞에서 자기 자신을 낮추는 것입니다(참고 시 35:13; 사 58:3). 이것은 자신을 부인하는 행위입니다. 속죄일에 금식하는 것은 죄를 애통해 하며 죄를 정결하게 하기 위한 행동입니다.

하지만 이스라엘 사람들이 금식을 꼭 죄를 정결하게 하기 위해서만 행한 것은 아닙니다. 모세는 하나님의 법을 받기 위해 사십일을 금식했습니다. 이스라엘 연합군이 베냐민과 전쟁해서 패한 후에 금식하며 번제와 화목제를 드렸습니다(삿 20:26). 한나는 아들이 없어서 울며 금식했습니다(삼상 1:7-8). 다윗은 사울과 요나단의 죽음 소식을 듣고 애도하기 위해서 금식하였으며(삼하 1:12) 길르앗 야베스 사람들은 사울과 그의 아들들의 시신을 장사지내고 칠 일 동안 금식하였습니다(삼상 31:13). 다윗은 밧세바와 범죄한 후에 하나님이 밧세바가 낳은 아들을 치자 살려 달라고 금식하며 기도했습니다(삼하 12:16). 엘리야는 이세벨을 피해 하나님의 산 호렙을 향해 가기 위해 사십일을 금식했습니다(왕상 19:8). 다니엘은 환상을 보고 깨닫고 난 후에 세 이레를 금식하였습니다(단 10:1-3). 에스라는 바벨론에서 올라올 때에 평안한 길을 위하여 금식을 선포했습니다(스 8:21-23). 이렇게 금식은 다양한 이유에서 행해졌던 종교 행위입니다.

금식 기간 또한 다양하게 나타납니다. 이스라엘 사람들은 하루, 칠 일, 세 이레 그리고 사십 일을 금식하기도 했습니다. 후에는 금식하는 달도 정해져 있었습니다. 넷째 달, 다섯째 달, 일곱째 달, 열째 달(슥 7:5; 8:19)이 있었습니다.

예수 당시에도 정기적인 금식이 있었습니다. 세례 요한의 제자들과 바리새인의 제자들은 자주 금식했습니다. 그래서 바리새인과 서기관들이 예수께 왜 당신의 제자들은 금식하지 않느냐고 질문하기도 했습니다(눅 5:33). 바리새인은 하나님 앞에서 "나는 이레에 두 번씩 금식하고" 하면서 자랑하며 기도합니다(눅 18:12).

예수 역시 사십 일을 금식하셨습니다. 예수는 금식 기간이나 금식하는 이유에 대해서 말씀하지 않습니다. 금식하는 동기에 대해서 말씀하십니다. 사람들에게 보이려고 금식하지 말라는 것입니다. 다른 사람들이 금식하는 것을 알 수 있도록 얼굴을 흉하게 하지 말라고 하십니다. 다른 사람들에게 표를 내지 말고 은밀한 중에 보시는 아버지께 하라고 하십니다. 다른 사람들에게 보이려고 금식하는 사람은 얼굴을 흉하게 합니다. 그러나 아버지께 보이려고 금식하는 사람은 얼굴을 씻고 머리에 기름을 바릅니다.

세 가지 종교 행위, 구제와 기도와 금식에 대한 예수의 가르침은 사람에게 보여주는 종교 행위는 소용이 없다는 것입니다. 은밀하게 보시는 아버지께 해야 의미가 있습니다. 예수는 구제와 기도와 금식은 하나님께 향하여 할 때, 하나님께로부터 상이 있을 것을 말씀하십니다.



## 6.5 물질

예수는 세 가지의 종교 행위, 구제와 기도와 금식에 대해서 말씀하신 후에 재물에 대한 태도를 가르치십니다. 재물에 대한 태도는 구제와 밀접한 관련이 있을 뿐만 아니라 기도와도 관련이 있습니다.

예수는 보물을 보관하는 장소에 대해서 이렇게 말합니다. "너희를 위하여 보물을 땅에 쌓아두지 말라 거기는 좀과 동록이 해하며 도둑이 구멍을 뚫고 도둑질하느니라 오직 너희를 위하여 보물을 하늘에 쌓아 두라"(마 6:19-20). 보물을 쌓아 둘 곳은 땅이 아니라 하늘입니다. 땅과 하늘이 대조를 이룹니다. 땅은 인간들이 거주하는 장소입니다. 그리고 하늘은 하나님 아버지께서 계신 장소입니다(마 5:45; 6:1).

"너희를 위하여 보물을 땅에 쌓아 두지 말라"고 하십니다. 자신을 위하여 재물을 보관하거나 사용하는 것입니다. 자신을 위하여 보물을 땅에 쌓아 두면 소실될 염려가 있습니다. 땅에는 "좀과 동록(녹)"이 있고 "도둑"이 있기 때문입니다. 좀은 작은 곤충입니다. 옷을 갉아 먹어 못쓰게 만듭니다. 아무리 좋은 명품 옷도 좀이 슬면 입을 수가 없습니다. 동록은 녹이 스는 것으로 부식을 말합니다. 도둑은 흙으로 지어진 집을 뚫고 들어올 수 있습니다. 땅에 보물을 두는 것은 소실될 우려가 있습니다. 그렇기 때문에 "너희를 위하여 보물을 하늘에 쌓아 두라"고 하십니다. 하늘은 보물이 소실될 염려가 없는 곳입니다. 하늘에는 좀과 동록이 없을 뿐만 아니라 도둑도 없습니다.

그렇다면 어떻게 사람이 하늘에 보물을 쌓아 두겠습니까? 사람이 하늘에 직접 보물을 갖고 올라가서 쌓아 둘 수는 없습니다. 이것은 하늘에 계신 아버지의 뜻에 맞게 보물을 사용하라는 의미입니다. 즉 재물을 사용하는 방법에 관한 교훈입니다.

그렇다면 어떻게 하나님 아버지의 뜻에 맞게 보물을 사용할 수 있겠습니까? 그 방법은 구제입니다. 이 말씀의 병행 본문인 누가를 보면 알 수 있습니다. "너희 소유를 팔아 구제하여 낡아지지 아니하는 배낭을 만들라 곧 하늘에 둔 바 다함이 없는 보물이니 거기는 도둑도 가까이 하는 일이 없고 좀도 먹는 일이 없느니라"(눅 12:33). 가난한 이웃에게 자신의 재물을 나눠주는 것이 바로 하늘에 보물을 쌓는 방법입니다(참고 마 19:21).

구제는 이웃을 사랑하는 구체적인 방법입니다. 예수는 네 이웃을 네 몸같이 사랑하라고 하십니다. 이것이 율법 가운데서 둘째로 큰 계명입니다. 가난한 이웃에게 자신의 재물을 나눠주는 것은 율법을 실천하는 방법입니다. 더 나아가 자신의 재물을 나눠주는 것은 재물을 신뢰하지 않는 마음입니다. 재물을 신뢰하는 것이 아니라 재물을 주시는 하나님을 의지하는 마음입니다.

그래서 예수는 "네 보물 있는 그 곳에는 네 마음도 있느니라"(마 6:21)고 하십니다. 보물이 있는 곳에 마음이 있습니다. 제자들의 마음이 땅에 있는지 아니면 하늘에 있는지를 알 수 있는 방법은 물질을 사용하는 것을 보면 알 수 있습니다. 땅에 보물을 쌓아 두는 사람은 자신을 위하여 물질을 사용하는 사람입니다. 그러나 하늘에 보물을 쌓아 두는 사람은 하늘에 계신 아버지의 뜻대로 재물을 사용하는 사람입니다. 하늘에 계신 아버지의 뜻에 맞게 재물을 사용하는 사람은 하늘에 마음을 두고 살아가는 사람입니다. 하늘나라와 그 나라의 의를 위하여 보물을 사용하는 것입니다.

재물에 대한 태도는 신앙과 직접적인 관련이 있습니다. 예수는 물질과 하나님을 비교하고 있습니다. "한 사람이 두 주인을 섬기지 못할 것이니 혹 이를 미워하고 저를 사랑하거나 혹 이를 중히 여기고 저를 경히 여김이라 너희가 하나님과 재물을 겸하여 섬기지 못하느니라"(마 6:24). 하나님과 재물이 주인으로 나옵니다. 사람은 종입니다. 한 사람이 두 주인을 섬기면 문제가 발생합니다. 한 주인을 사랑하고 다른 주인을 미워할 수 있습니다. 또한 한 주인을 중요하게 여기고 다른 주인을 중요하지 않게 생각할 수 있습니다. 두 개념이 명확하게 대조를 보입니다. 사랑과 미움 그리고 중요하게 여기는 것과 업신여기는 것입니다. 한 사람이 두 주인을 섬기면 이런 선택적인 문제가 생깁니다. 한 쪽은 사랑하고 다른 쪽은 미워하는 것입니다.

종은 주인을 섬깁니다. 그런데 예수는 이것을 하나님과 재물에 적용하고 있습니다. 사람은 주인을 두고 있습니다. 재물을 주인으로 모시던지 아니면 하나님을 주인으로 모시고 살아갑니다. 사람은 재물과 하나님을 함께 섬길 수가 없습니다. 영어 성경 가운데 "재물"(마몬)을 "돈"으로 번역하는 성경들이 있습니다(NIV, NJB, ESV). 돈으로 번역하는 것이 사실 눈에 확 들어옵니다. 다분히 의도적인 번역입니다. 여기서 중요한 것은 "재물"이 의인화 되어서 "하나님"과 동격으로 나온다는 사실입니다. 재물은 주인으로서 사람에게 충성을 요구할 수 있는 존재로 나옵니다. 재물은 엄연히 중립적이며 물질적인 존재입니다. 그러나 사람이 재물을 주인으로 섬길 때, 재물은 그 사람에게 충성을 요구합니다. 주인으로서 파워를 갖습니다. 재물이 우상이 되는 것입니다. 재물이 하나님과 동격으로 나온다는 사실에 주목하셔야 합니다. 재물이 하나님의 자리를 차지할 수 있기 때문입니다.

예수를 따르는 제자들은 하나님과 재물을 함께 섬길 수 없습니다. 둘 중에 하나를 선택해야 합니다. 하나님을 사랑하든지 아니면 미워하든지 해야 합니다. 제자들은 하나님을 사랑하면서 재물을 주인으로 섬기며 살아갈 수 없습니다. 하나님을 사랑하는 것은 율법 가운데 가장 큰 계명입니다(마 22:36-38). 하나님을 사랑하는데 "마음"과 "목숨"과 "뜻"을 다해서 사랑해야 합니다. 이것은 예수께서 신명기의 말씀을 인용하여 말씀하신 것입니다. 신명기는 "너는 마음을 다하고 뜻을 다하고 힘을 다하여 네 하나님 여호와를 사랑하라"(신 6:5)고 합니다. 여기서 "뜻"은 '영혼'을 의미합니다. 그리고 "힘"에 대한 고대 역본들의 번역이 흥미롭습니다. 아람어 성경들(옹켈로스, 네오피티, 프쉬도 요나단)과 시리아 역본은 "힘"을 "물질"로 번역합니다. 유대 전통에서도 "힘"을 물질, 부 또는 돈으로 해석하기도 합니다. 이러한 해석이 전적으로 맞는 것은 아닙니다. "힘"이 꼭 물질 또는 부를 의미하지 않기 때문입니다. 하지만 많은 것들을 생각하게 해줍니다. 우리는 하나님을 우리의 온 마음과 영혼과 힘으로 사랑해야 합니다. 이는 전인격적인 표현입니다. 인간의 모든 것, 지성, 감정, 의지, 존재 자체, 에너지, 물질 등 모든 것을 포함하기 때문입니다.

제자들은 하나님과 재물을 겸하여 섬기지 못합니다. 하나님을 전인격적으로 섬겨야 합니다. 하나님이 제자들의 주인입니다. 제자들은 물질을 섬길 수 없습니다. 물질을 주인으로 섬긴다는 것은 마음에 탐욕과 욕심이 있다는 것입니다. 제자들은 탐욕과 욕심을 경계해야 합니다.

재물은 더 구체적으로 우리 삶에 꼭 필요한 존재로 나옵니다. 재물은 음식, 음료 그리고 의복으로 더 세분화됩니다. 사람에게 먹을 것, 마실 것과 입을 것은 꼭 필요합니다. 그래서 사람은 이러한 필요를 충족시키기 위해 노력합니다. 예수는 이러한 필요에 대해서 이렇게 교훈하십니다. "그러므로 내가 너희에게 이르노니 목숨을 위하여 무엇을 먹을까 무엇을 마실까 몸을 위하여 무엇을 입을까 염려하지 말라 목숨이 음식보다 중하지 아니하며 몸이 의복보다 중하지 아니하냐"(마 6:25). 예수는 제자들에게 생활의 필요를 위해서 염려하지 말라고 하십니다.

사람은 생활에 필요한 것들(음식, 음료 그리고 의복)에 대한 염려가 없을 수가 없습니다. 왜냐하면 사람은 늘 먹고 마시고 입어야 하기 때문입니다. 하지만 예수는 "염려하지 말라"고 하십니다. 목숨이 음식과 음료보다 더 중요하고 몸이 의복보다 더 중요하기 때문입니다. 목숨과 몸이 더 중요합니다. 목숨과 몸이 더 우선적이며 일차적입니다. 그 다음이 음식과 음료 그리고 의복입니다. 생활의 필요(음식, 음료 그리고 의복)보다 더 중요한 것을 먼저 생각하라는 것입니다.

하지만 사람은 필요 특히 먹을 것을 걱정하게 되어 있습니다. 하지만 예수는 이러한 걱정이 들 때 자연을 보라고 하십니다. 공중에 날아다니는 새는 농사를 짓지 않습니다. 씨를 뿌리거나 추수를 하지 않습니다. 곳간에 곡식을 쌓아 두지도 않습니다. 그렇지만 새는 먹고 사는데 어려움이 없습니다. 하나님이 이 새들을 먹이시며 돌보시기 때문입니다. 예수는 이 말씀을 하시고 이렇게 질문하십니다. "너희는 이것들보다 귀하지 아니하냐"(마 6:26). 새와 제자들을 비교하고 있습니다. 하나님이 새를 먹이시고 돌보십니다. 새보다 더 귀한 제자들을 당연히 먹이고 돌보신다는 것입니다. 그리고 예수는 염려와 걱정은 백해무익하다는 것을 선언하십니다. "너희 중에 누가 염려함으로 그 키를 한 자라도 더할 수 있겠느냐"(마 6:27). "한 자"는 구약의 규빗입니다. 일반적으로 팔꿈치에서 손가락 끝까지의 길이(약 45-50센티미터)입니다. 염려를 한다고 해서 사람의 신장이 더 자라지는 않습니다. 그리고 여기서 "키"는 또한 '시간'의 의미도 있습니다. 염려한다고 해서 생명이 연장되지 않는다는 것입니다. 염려는 사람의 키를 크게 하거나 생명을 연장시키는데 아무런 도움이 되지 않습니다. 오히려 스트레스만 줄뿐입니다.

예수는 다시 사람의 필요 중에 의복에 대해서 말씀하십니다. 무엇을 입을까 하고 입을 옷을 염려하지 말라고 하십니다. 그리고 들의 백합화를 보라고 하십니다. 백합화는 들에 피는 야생화입니다. 들꽃들은 옷감을 짜서 입지 않습니다. 입을 옷을 위해 수고하지 않습니다. 그렇지만 사람이 만든 옷들보다, 솔로몬이 입은 옷보다 더 아름답습니다. 들에 피는 야생화들이 아름답습니다. 그러나 이들은 오래가지 못합니다. "오늘 있다가 내일 아궁이에 던져지는 들풀도 하나님이 이렇게 입히시거든 하물며 너희일까보냐 믿음이 작은 자들아"(마 6:30). 화려하게 피었다가 금방 지는 야생화를 돌보시는 하나님이 제자들을 돌보실 것입니다. 제자들이 야생화보다 더 귀하기 때문입니다. 예수는 이렇게 말씀하시면서 끝에 "믿음이 작은 자들아" 하십니다. 자연의 모든 생물과 식물을 돌보시는 하나님이 제자들의 필요도 돌보고 계신다는 생각을 갖지 않고 염려하는 자들입니다. 생활의 필요 때문에 염려하는 것은 믿음이 작다는 것입니다.

예수는 "무엇을 먹을까 무엇을 마실까 무엇을 입을까"(마 6:31) 하고 염려하지 말라고 하십니다. 이러한 삶의 필요들을 구하는 것은 이방인들이 하는 행동이라고 하십니다. "이는 다 이방인들이 구하는 것이라 너희 하늘 아버지께서 이 모든 것이 너희에게 있어야 할 줄을 아시느니라"(마 6:32). 이방인들의 삶의 태도는 의식주에 가 있습니다. 이 땅의 필요를 추구하며 구하는 삶의 방식입니다. 먹을 것, 마실 것 그리고 입을 것에 대한 추구는 이 땅의 재물과 밀접한 관련이 있습니다. 이 땅의 필요를 추구하는 삶입니다. 이방인들의 삶의 양식입니다. 이들의 삶은 땅을 향하고 있습니다.

그러나 제자들의 삶의 양식은 땅을 향하지 않습니다. "그런즉 너희는 먼저 그의 나라와 그의 의를 구하라 그리하면 이 모든 것을 너희에게 더하시리라"(마 6:33). 제자들은 하늘나라와 하늘나라의 의를 추구합니다. 예수께서 이 땅에 오심으로 시작된 하나님의 나라와 그 의입니다. 제자들 역시 이 땅에서 살아갑니다. 먹을 것과 마실 것과 입을 것이 필요합니다. 그렇지만 제자들에게는 우선순위가 있습니다. 의식주의 필요보다는 먼저 하늘나라와 그 의가 먼저입니다. 하늘이 먼저이고 땅의 필요가 다음입니다. 이러한 태도가 바로 제자들의 삶의 양식입니다. 이렇게 살아갈 때 하나님이 땅의 필요들을 채워주십니다.

# 7

# 믿음과 치유

**읽어야 할 본문: 마태복음 8-12, 15장, 마가복음 2, 5, 9장**

예수는 천국 복음을 전파하시고 가르치셨습니다. 그리고 천국 복음에 합당한 능력을 행하십니다. 예수의 능력은 병을 고치며 귀신을 쫓아내는 사역으로 나타납니다. 사복음서는 병자들을 위한 책이라는 말이 어울릴 정도로 치유 사건들이 많이 나옵니다. 가버나움 회당에서 귀신을 쫓아내신 사건, 베드로의 장모를 고친 사건, 문둥병자를 고친 사건, 중풍병자를 고친 사건, 손 마른 사람을 고친 사건, 백부장의 하인을 고친 사건, 나인 성 과부의 죽은 아들을 살리신 사건, 거라사의 귀신들린 자를 고친 사건, 혈루증을 앓는 여인을 고친 사건, 야이로의 죽은 딸을 살리신 사건, 소경을 고친 사건, 벙어리 귀신들린 자를 고친 사건 그리고 허리가 구부러진 여인을 고친 사건 등등 수많은 치유 이야기가 수록되어 있습니다.

예수께서 이러한 능력을 행하심으로 많은 사람들이 예수께 몰려듭니다. 예수께서 병자들의 병을 고쳐주시고 귀신을 쫓아내는 일은 예언과 관련이 있습니다. 마태는 이사야 선지자가 예언한 것이 성취되었다고 보도합니다. "이는 선지자 이사야를 통하여 하신 말씀에 우리의 연약한 것을 친히 담당하시고 병을 짊어지셨도다 함을 이루려 하심이더라"(마 8:17; 사 53:4). 마태가 인용한 말씀은 이사야의 고난 받는 종의 노래로 불립니다. 고난 받는 종의 노래는 메시야 예언입니다. 마태는 예수의 병 고침 사역과 축사逐邪 사역을 메시야 예언의 성취로 보고 있습니다. 마태는 병 고침과 축사를 통하여 예수께서 메시야 즉, 그리스도라는 것을 밝히고 있습니다.

## 7.1 이방인의 믿음

예수는 많은 사람들의 병을 고쳐주십니다. 그 가운데 두 사람, 백부장과 가나안 여인이 특이합니다. 이들은 이방인들이지만 예수께서 이들의 믿음을 크게 칭찬하시기 때문입니다.

하나는 백부장의 사건입니다(마 8:5-13). 백부장은 백 명의 군인을 지휘하는 로마 군대의 장교입니다. 로마 군대의 장교가 예수께 나옵니다. "주여 내 하인이 중풍병으로 집에 누워 몹시 괴로워하나이다" 하고 말합니다(마 8:6). 백부장은 예수를 "주여"(주님)라고 부르고 있습니다. 그리고 자신의 문제가 아닌 자신의 종의 문제를 가지고 예수를 찾아왔습니다. 자신의 종을 고쳐주기를 바라고 왔습니다. 예수는 백부장의 말을 듣고 "내가 가서 고쳐 주리라"(마 8:7)고 말씀하십니다. 예수는 백부장에게 상당히 긍정적인 태도를 보이시며 적극적으로 제안하십니다(참고 눅 7:1-10). 그러나 또한 이 문장은 "내가 가서 그를 고쳐 주어야겠느냐?"로도 번역할 수 있습니다. 이 번역을 취하면 예수께서 백부장에게 반문하신 것입니다. 이방인에 대한 예수의 소극적인 태도가 나타납니다. 이방인의 집에 방문하기를 꺼리시는 것으로 보입니다. 이것은 예수의 교훈과 잘 맞습니다. 예수는 제자들을 전도 여행을 보내시면서 "이스라엘 집의 잃어버린 양에게로 가라"고 하셨습니다(마 10:6). 그리고 딸을 고쳐달라고 찾아온 가나안 여인에게 하신 말씀과도 잘 어울립니다(마 15:24). 하지만 이러한 해석은 이 본문과는 어울리지 않습니다. 왜냐하면 예수는 백부장의 말을 듣고 매우 놀라시기 때문입니다.

예수는 적극적으로 백부장의 집에 방문하겠다고 하십니다. 그러자 백부장은 "주여 내 집에 들어오심을 나는 감당하지 못하겠사오니 다만 말씀으로만 하옵소서 그러면 내 하인이 낫겠사옵나이다"(마 8:8) 하고 대답합니다. 유대인의 선생이 이방인의 집에 방문하여 교제하는 것은 그 당시 유대인의 법을 어기는 것입니다(행 10:28). 유대인이 의식적으로 부정해지기 때문입니다. 백부장은 자신이 이방인이라는 것을 잘 알고 있습니다. 그 당시 유대인들의 법을 수긍하며 겸손하게 자신을 낮춥니다. 그리고 백부장은 말씀으로 하인을 고쳐줄 것을 요구합니다. 예수께서 말씀하시면 병이 나을 것이라고 말합니다. 백부장은 자신의 하인이 멀리 떨어져 있지만 예수는 거리에 관계없이 그를 고치실 능력이 있다고 믿고 있습니다. 이러한 믿음의 근거로 자신의 경험을 들고 있습니다. 백부장은 군인입니다. 상관이 있고 부하들이 있습니다. 자신의 부하에게 "가라"하고 명령하면 부하가 갑니다. 부하에게 "이것을 하라" 하고 명령하면 부하가 행한다는 것입니다. 이와 같이 예수께서 말씀으로 하인의 병을 고쳐주시면 병이 떠날 것이라고 합니다.

백부장의 말에 예수는 놀랍니다. 그리고 이렇게 선언합니다. "내가 진실로 너희에게 이르노니 이스라엘 중 아무에게서도 이만한 믿음을 보지 못하였노라"(마 8:10). 이방인 백부장의 믿음을 이스라엘 사람들과 비교하고 있습니다. 하나님의 말씀을 먼저 받은 유대인들보다 이방인 백부장의 믿음이 더 크다는 것입니다. 다시 예수는 "동 서로부터 많은 사람이 이르러 아브라함과 이삭과 야곱과 함께 천국에 앉으려니와 그 나라의 본 자손들은 바깥 어두운데 쫓겨나 거기서 울며 이를 갈게 되리라"(마 8:11-12) 하십니다. "동 서로부터"는 이방 지역을 의미합니다. 많은 이방인들이 와서 이스라엘의 족장들과 함께 천국에서 식탁의 자리에 앉습니다. 아브라함과 이삭과 야곱은 약속의 계승자들입니다. 하나님이 아브라함에게 많은 후손을 줄 것과 가나안 땅을 줄 것과 아브라함의 씨로 천하만민이 복을 얻을 것을 약속하셨습니다. 예수는 세 번째 약속 아브라함의 씨를 통해서 천하만민이 복을 얻을 때가 도래했다는 것을 선언하십니다. 많은 이방인들이 아브라함과 이삭과 야곱과 함께 약속의 계승자가 될 것입니다. 천국 잔치에 참여할 것입니다. 그러나 아브라함과 이삭과 야곱의 후손들은 천국이 아니라 "바깥 어두운데 쫓겨나 거기서 이를 갈게" 됩니다. 지옥으로 갈 것을 말합니다. 아브라함의 후손이라는 혈통적, 민족적인 신분이 유대인들을 구원하지 못합니다. 천국은 백부장과 같이 믿음으로 반응하는 사람들이 차지할 것입니다.

예수는 백부장의 믿음에 "가라 네 믿은 대로 될지어다" 하고 선언하십니다. 그러자 "그 즉시" 하인이 병을 고침 받습니다(마 8:13). 예수의 능력은 공간적인 거리를 뛰어넘어 나타납니다.

두 번째는 가나안 여인입니다(마 15:21-28; 막 7:24-30). 예수께서 두로와 시돈 지방에 가셨을 때 가나안 여인이 예수를 찾아옵니다. "주 다윗의 자손이여 나를 불쌍히 여기소서 내 딸이 흉악하게 귀신 들렸나이다"(마 15:22) 하고 소리칩니다. 이방인인 가나안 여인은 예수를 "주 다윗의 자손"이라고 부르고 있습니다. 예수는 다윗의 자손으로 오신 유대인의 왕이라는 것을 인정하고 있습니다. 그리고 귀신 들린 딸을 있다고 소리를 칩니다. 그러나 예수는 그 여인의 외침에 냉담합니다. 한 마디 대답을 하지 않습니다. 그리고 "나는 이스라엘 집의 잃어버린 양 외에는 다른 데로 보내심을 받지 아니하였노라"(마 15:24)고 하십니다. 예수는 보내심을 받았다고 합니다. 그리고 보내신 분의 뜻이 있습니다. 이스라엘의 잃어버린 사람들에게 우선권이 있습니다. 예수의 사역의 초점은 이스라엘이 먼저입니다(참고 마 10:5-6; 롬 1:16).

가나안 여인이 예수께 더 가까이 와서 도움을 요청합니다. 귀신들린 딸을 고쳐달라는 것입니다. 그러자 예수는 더 냉정한 말을 하십니다. "자녀의 떡을 취하여 개들에게 던짐이 마땅하지 아니하니라"(마 15:26). 자녀에게 우선권이 있습니다. 자녀는 유대인입니다. 개는 이방인을 뜻합니다. 가나안 여인은 예수께 개로 취급을 받습니다. 그러나 가나안 여인은 예수의 말씀에 재치있게 응답합니다. "주여 옳소이다마는 개들도 제 주인의 상에서 떨어지는 부스러기를 먹나이다"(마 15:27). 개는 여러 종류가 있습니다. 밤에 거리를 배회하며 시체를 먹는 개들이 있습니다(왕하 9:35-36). 이 개들은 부정한 짐승입니다. 가나안 여인은 자신을 개로 취급한 예수의 말씀을 이러한 부정한 짐승을 가리키는 말로 받아들이지 않습니다. 집안에서 애완견으로 키우는 개로 받아들입니다. 집에서 키우는 개는 주인의 상에서 떨어지는 부스러기를 먹습니다. 주인의 보살핌을 받습니다. 가나안 여인은 자신을 주인의 보살핌

이 필요한 개로 여깁니다. 자신을 낮추는 겸손이 있습니다.

그러자 예수는 가나안 여인의 믿음을 크게 칭찬하십니다. "여자여 네 믿음이 크도다 네 소원대로 되리라 하시니 그때로부터 그의 딸이 나으니라"(마 15:28). 예수는 이방인인 가나안 여인의 믿음을 크게 칭찬합니다. 이것은 믿음이 작다고 책망을 받는 제자들(마 8:26)과 대조를 이룹니다. 더 나아가 예수의 교훈과 이적을 믿지 않고 예수를 핍박하며 죽이려고 하는 유대인들과도 대조를 이룹니다.

## 7.2 죄를 사하는 권세

예수께서 가버나움의 집에 계실 때에 많은 사람들이 몰려 왔습니다. 그때 네 사람이 중풍병자 한 사람을 침상에 누인 채로 예수께 데려 왔습니다. 그러나 사람들이 너무 많아서 예수께 접근할 수가 없습니다. 네 사람이 지붕을 뜯고 구멍을 내어 침상을 예수께 달아 내렸습니다. 그러자 예수는 "그들의 믿음을 보시고 중풍병자에게 이르시되 작은 자야 네 죄 사함을 받았느니라" (막 2:5) 하고 죄의 용서를 선언하십니다. 예수는 중풍병자의 병이 죄로부터 왔다고 생각하십니다. 병과 죄를 연관시킵니다. 그래서 죄 용서를 선언하십니다. 예수는 38년 된 병자를 고쳐주시고 난 후에도 그 병이 죄로부터 왔음을 말씀하십니다. 그리고 다시는 죄를 짓지 말라고 하셨습니다(요 5:14). 이것을 보면 죄와 병은 상관관계가 있습니다. 그러나 꼭 그렇지만은 않습니다. 날 때부터 앞을 보지 못하는 맹인을 보고 제자들이 이 사람이 맹인이 된 것이 누구의 죄 때문이냐고 물었습니다. 그러자 예수는 이 사람이나 부모의 죄가 아니라고 답변하셨습니다(요 9:2-3). 이것을 보면 병이 꼭 죄로 인한 것은 아닙니다.

예수께서 중풍병자의 죄를 사하신 근거는 그들의 믿음입니다. 믿음을 보시고 죄를 용서해 주십니다. 예수는 죄의 용서를 선언하십니다. 그러자 같이 있던 서기관들이 마음으로 의문을 제기합니다. "이 사람이 어찌 이렇게 말하는가 신성 모독이로다 오직 하나님 한 분 외에는 누가 능히 죄를 사하겠느냐"(막 2:7). 서기관들은 예수를 "이 사람"으로 생각합니다. 사람이 하나님의 영역을 침범했다는 것입니다. 죄를 사하는 권한은 하나님의 고유한 영역입니다. 그런데 서기관들이 생각하기에 지금 "이 사람이" 하나님의 영역을 침범합니다. 서기관들이 볼 때 예수의 죄 사함의 선언은 신성모독 죄입니다. 사람이 하나님 같이 말했다는 것입니다.

그러자 예수는 서기관들의 생각을 꿰뚫어보십니다. "그들이 속으로 이렇게 생각하는 줄을 예수께서 곧 중심에 아시고 이르시되 어찌하여 이것을 마음에 생각하느냐"(막 2:8). 중풍병자와 함께 온 네 사람의 믿음을 보시는 예수께서 서기관들의 마음속에 있는 생각도 아십니다. 서기관들의 마음에 품은 생각은 "악한 생각"입니다(마 9:4). 서기관들은 지금 하나님의 권한을 옹호하는 것처럼 보입니다. 그러나 그들은 하나님이 예수를 보내셨다는 것을 알지 못합니다(마 15:24). 예수를 대적하는 것은 악한 것입니다. 예수를 보내신 하나님을 대적하기 때문입니다.

그리고 예수는 서기관들에게 수수께끼 같은 질문을 던지십니다. "중풍병자에게 네 죄 사함을 받았느니라 하는 말과 일어나 네 상을 가지고 걸어가라 하는 말 중에서 어느 것이 쉽겠느냐"(막 2:9). 알쏭달쏭한 질문입니다. 이 질문은 죄 사함의 선언보다는 병을 고쳐주는 것이 더 어려울 것입니다. 병을 고쳐주는 것은 말로만 하는 것이 아니라 실제 병이 나아야 하기 때문입니다. 그러나 죄를 사하는 것은 말로만 할 수 있습니다. 사람은 죄가 사해졌는지 실제 확인해 볼 길이 없습니다.

예수는 이 질문을 하시고 나서 "그러나 인자가 땅에서 죄를 사하는 권세가 있는 줄을 너희로 알게 하려 하노라"고 말씀하십니다(막 2:10). 예수는 자신을 "인자"(사람의 아들)로 칭하십니다. 서기관들이 "이 사람이 어찌 이렇게 말하는가"(막 2:7) 하는 것에 대한 답변일 것입니다. 완전한 사람으로서 예수는 죄 사함의 권세가 있음을 알게 해 주겠다고 하십니다. 그리고 중풍병자를 향하여 "내가 네게 이르노니 일어나 네 상을 가지고 집으로 가라"(막 2:11)고 명령하십니다. 예수는 "내가 너에게 말한다." 하고 단호하게 선언하십니다.

예수는 자신이 병을 낫게 하는 권세가 있음을 보이십니다. 침상에 누워있는 중풍병자에게 일어나서 침상을 취하여 집으로 가라고 하십니다. 예수께서 명령하시자 중풍병자가 일어납니다. 그리고 침상을 들고 집으로 돌아가는 놀라운 기적이 일어났습니다. 거기에 모인 모든 사람들이 이 기적을 보았습니다.

예수는 중풍병자의 병을 고쳐주십니다. 병을 고치심으로 죄를 사할 수 있는 권세가 있는 분임을 보여주십니다. 이 사건은 예수께서 누구이신가를 잘 보여줍니다. 왜냐하면 서기관들이 "오직 하나님 한 분 외에는 누가 능히 죄를 사하겠는냐" 하고 생각했기 때문입니다(막 2:7). 예수는 중풍병자의 죄를 사해 주셨습니다. 예수는 곧 하나님이십니다. 예수는 이 죄 사함을 증명하기 위하여 중풍병자에게 침상을 가지고 집에 가라고 명령하십니다. 그러자 중풍병자가 곧 나음을 받았습니다. 예수는 병을 고치심으로 죄를 사하는 권세를 가지고 있음을 보여주십니다. 곧 자신이 서기관들이 생각한 하나님이라는 것을 증명하십니다.

예수는 말씀으로 중풍병자의 병을 고쳐주십니다. 이는 창조주 하나님을 생각나게 만듭니다. 하나님은 말씀으로 만물을 창조하셨습니다. 하나님이 말씀하시자 모든 것들이 존재합니다. 하나님의 말씀이 역사 속에서 실재가 되었습니다. 이와 같이 예수께서 병자에게 말씀하시자 병이 나았습니다. 말씀으로 왜곡된 육체를 고쳐주십니다. 인간이 죄를 지음으로 병이 왔습니다. 하나님이 이 세상을 말씀으로 선하게(좋게) 창조하셨습니다. 그러나 인간이 하나님의 말씀에 불순종함으로 죄가 왔고 병이 왔습니다. 예수는 병을 고치시며 죄를 사해주십니다. 하나님이 창조하셨던 선한 상태로 중풍병자를 회복시킵니다. 이 사건을 통해 예수는 자신이 창조주 하나님이심을 나타내십니다.

### 7.3 죽은 자를 살리심

예수의 병 고침의 능력은 죽은 자도 살리시는 모습에서 그 절정을 볼 수 있습니다. 예수께서 바닷가에 계실 때에 회당장 야이로가 예수께 와서 엎드려 절하며 딸을 고쳐달라고 간청합니다(막 5:21-43). 회당장 야이로의 딸이 죽어 가고 있습니다. 회당장은 회당의 관리와 예배를 주관하는 자입니다. 사회적, 종교적으로 신분이 높습니다. 그럼에도 불구하고 야이로는 예수께 와서 엎드립니다. 예수의 권위를 인정하고 있습니다. "내 어린 딸이 죽게 되었사오니 오셔서 그 위에 손을 얹으사 그로 구원을 받아 살게 하소서"(막 5:23). 아버지는 딸을 위해 예수께 간청합니다.

예수께서 많은 무리와 함께 야이로의 집을 향해 가십니다. 그때 12년 동안 혈루증을 앓는 여인이 예수의 소문을 들었습니다. 혈루증은 피가 흐르는 상태에 있는 병입니다. 피가 멈추지 않는 것입니다. 어느 정도의 피의 양이 계속 흐르고 있었는지는 알 수 없습니다. 그녀는 이 병을 고치기 위하여 많은 의사들을 만났지만 고칠 수 없었고 더 심해졌습니다. 피가 계속 흐르고 있으니 의식적으로 부정합니다. 그녀가 사용한 침상과 물건들이 부정합니다. 그녀의 물건을 만진 자도 역시 부정해집니다(레 15:25-30). 사람들은 부정한 자와 접촉하는 것을 꺼립니다. 당연히 사회적으로 격리를 당합니다. 12년 동안 이 병을 앓았으니 많은 사람들 앞에 나서는 것이 부담스럽습니다. 많은 사람들이 예수를 따를 때에 이 여인은 뒤로 다가와서 예수의 옷을 만집니다. 그녀는 이런 마음으로 예수의 옷을 만졌습니다. "이는 내가 그의 옷에만 손을 대어도 구원을 받으리라 생각함일러라"(막 5:28). 그녀는 예수의 옷을 만지기만 해도 병이 나을 것이라고 생각했습니다. 예수의 치유의 능력을 믿은 것입니다. 그녀의 생각대로 병이 나았습니다. "이에 그의 혈루 근원이 곧 마르매 병이 나은 줄을 몸에 깨달으니라"(막 5:29). "곧"은 '즉시'입니다. 예수께 나아가 즉시 병이 나았습니다. 이것은 12년 동안 "많은 의사에게 많은 괴로움을 받았고"(막 5:26)라는 말과 대조를 이룹니다.

여인이 예수의 옷을 몰래 만졌습니다. 그러나 예수는 여인의 행동을 인지하고 계십니다. "예수께서 그 능력이 자기에게서 나간 줄을 곧 스스로 아시고 무리 가운데서 돌이켜 말씀하시되 누가 내 옷에 손을 대었느냐"(막 5:30)고 물으십니다. 여인이 옷을 만지자 예수는 "곧" 그것을 인지하십니다. 제자들이 예수의 말에 의아해합니다. 이렇게 사람들이 많은데 누가 내 옷을 만졌느냐고 묻는 것은 상황과 어울리지 않는 질문이라는 것입니다. 그러나 예수는 그 여인을 보기를 원하십니다. "예수께서 이 일 행한 여자를 보려고 둘러보시니"(막 5:32). 그러자 여인이 앞에 나서서 자신이 예수의 옷을 만지게 된 일의 자초지종을 설명합니다. 예수는 "딸아 네 믿음이 너를 구원하였으니 평안히 가라 네 병에서 놓여 건강할지어다"(막 5:34) 하고 선언하십니다. 예수는 이 여인을 "딸"이라고 부르십니다. 가족 관계를 지칭하는 표현입니다. 믿음으로 나온 여인을 새로운 하나님 나라의 가족 구성원으로 받아주십니다. 그리고 그녀가 병에서 나은 것은 믿음에 근거한 것이라고 선언하십니다. 이것을 보면 믿음은 예수에 대한 마음의 생각입니다. 그녀는 예수의 소문을 듣고 예수의 옷만 만져도 병에서 나을 것이라고 생각했습니다. 예수의 능력을 전적으로 의지했습니다. 이 믿음이 그녀를 병으로부터 자유롭게 했습니다.

혈루증을 앓는 여인 때문에 시간이 지체되고 있습니다. 딸이 죽어가고 있는 회당장 야이로의 마음은 급합니다. 그때 회당장의 집에서 연락이 옵니다. "당신의 딸이 죽었나이다 어찌하여 선생을 더 괴롭게 하나이까"(막 5:35). 회당장의 딸이 죽었다는 소식입니다. 예수는 믿음으로 나온 혈루증을 앓는 여인을 딸이라고 불렀습니다. 믿음으로 새로운 가족 관계를 형성했습니다. 그런데 지금 회당장의 딸은 죽었습니다. 대조를 이룹니다. 회당장의 집에서 온 사람들은 더 이상 예수를 괴롭게 하지 말라고 합니다. 예수께서 이 말을 듣고 회당장 야이로에게 "두려워하지 말고 믿기만 하라"(막 5:36)고 하십니다. 두려움은 믿음의 적입니다. 예수는 딸의 죽음의 소식을 들은 아버지에게 두려워하지 말라고 하십니다. 두려움이 믿음을 잠식시킬 수 있기 때문입니다. 그리고 "믿기만 하라"고 하십니다. 이 말은 현재 능동태 명령형입니다. 계속 믿음을 유지하고 있으라는 말입니다. 소망을 갖고 예수를 찾아왔던 그 마음의 상태를 유지하라는 것입니다. 예수께 찾아왔을 때에는 병을 고칠 수 있다는 희망을 갖고 왔습니다. 예수께서 죽어가는 딸을 고칠 능력이 있다고 믿은 것입니다. 그 상태를 유지하라고 하십니다.

예수는 제자들 가운데 베드로와 야고보와 요한을 데리고 가십니다. 이 세 사람은 12제자들 가운데 핵심 그룹입니다. 회당장의 집에 가보니 아이의 죽음을 애통해 하는 사람들이 모여 있습니다. 예수는 그들에게 "너희가 어찌하여 떠들며 우느냐 이 아이가 죽은 것이 아니라 잔다"(막 5:39)고 하십니다. 예수는 아이가 잔다고 하십니다. 육체적인 죽음을 잠으로 표현합니다(참고 요 11:11; 살전 4:13-16). 사람들이 예수의 말을 듣고 비웃습니다. 예수는 그들을 다 내보내십니다. 그리고 아이가 누운 곳으로 들어갑니다. 예수는 아이의 손을 잡고 "달리다굼" 하고 말씀하십니다. 이것은 "내가 네게 말하노니 소녀야 일어나라"는 뜻입니다(막 5:41). 예수는 지금 죽은 아이에게 "내가" 말한다고 하십니다. 죽은 자를 향하여 일어나라고 명령하시는 예수의 권위가 돋보입니다. 예수의 말에 따라 소녀가 일어납니다. "소녀가 곧 일어나서 걸으니 나이가 열두 살이라 사람들이 곧 크게 놀라고 놀라거늘"(막 5:42). 예수께서 말씀하시자 죽은 아이가 "곧"(즉시) 일어납니다. 예수는 죽은 자를 다시 살리실 수 있는 능력을 보이십니다. 사망을 이기시는 분입니다. 사망을 향하여 명령을 내리실 수 있는 분임을 보여주십니다.

이 두 사건은 다음과 같은 공통점을 갖고서 예수의 능력을 보여줍니다. 12해를 앓는 여인은 믿음으로 딸이라는 예수와 새로운 가족 관계를 맺습니다. 12살 된 회당장의 딸 역시 아버지의 믿음으로 다시 생명을 얻습니다. 혈루증을 앓는 여인이 예수의 옷을 만지자 "곧"(즉시) 나았던 것처럼 예수께서 죽은 소녀에게 일어나라고 명령을 하자 소녀가 "곧"(즉시) 일어났습니다. 하지만 다음과 같은 차이점도 있습니다. 혈루증을 앓는 여인은 사회적으로 부정한 자로 격리되어 고통을 당했습니다. 그러나 회당장 야이로는 사회적으로 존경을 받는 신분이었습니다. 그렇지만 혈루증을 앓는 여인이나 회당장 야이로나 모두 믿음으로 예수께 나아왔습니다.

## 7.4 하나님의 아들

예수의 능력은 병을 고치는 것뿐만 아니라 귀신을 쫓아내는 데에도 나타납니다(막 5:1-20). 예수께서 거라사인의 지방에 가셨습니다. 그때 "더러운 귀신(더러운 영) 들린 사람"이 예수를 만났습니다. 마가는 귀신들린 사람의 상태를 자세하게 설명합니다. 귀신들린 사람은 정상적인 삶을 살지 못하고 있습니다. 집에 머무는 것이 아니라 무덤 사이에 거하고 있고 사람들이 제어할 수 없는 힘을 소유하고 있습니다. 사람들이 여러 번 귀신들린 사람을 제어하기 위하여 쇠사슬로 묶어 놓았지만 그 사슬을 끊어 버렸습니다. 밤낮 무덤이나 산에서 소리를 지르며 자신의 몸을 돌로 상하게 하고 있었습니다(막 5:3-5). 이 설명을 보면 귀신이 사람 속에 거주할 수 있다는 사실을 알 수 있습니다.

귀신들린 사람이 멀리서 예수를 보고 달려와 큰 소리로 부르짖습니다. "지극히 높으신 하나님의 아들 예수여 나와 당신이 무슨 상관이 있나이까 원하건대 하나님 앞에 맹세하고 나를 괴롭히지 마옵소서"(막 5:7). 귀신들린 사람은 예수의 신분을 정확하게 알고 있습니다. "지극히 높으신 하나님의 아들"이라고 부릅니다(참고 약 2:19). 귀신이 예수의 신분을 정확하게 알고 있는 것은 제자들과 대조를 이룹니다. 예수는 광풍이 치는 바다를 잠잠하게 하셨을 때 제자들은 서로에게 묻습니다. "그가 누구이기에 바람과 바다도 순종하는가"(막 4:41). 귀신은 예수의 신분을 알고 있지만 예수께 "나와 당신이 무슨 상관이 있나이까" 하고 적대적인 태도를 보입니다. 그리고 귀신은 예수께 자신을 괴롭히지 말라고 요청합니다. 왜냐하면 예수께서 이미 그 더러운 귀신에게 "그 사람에게서 나오라"고 명령하셨기 때문입니다(막 5:8). 예수는 귀신에게 명령하실 수 있는 분입니다.

예수께서 귀신에게 이름을 물어봅니다. 그러자 "내 이름은 군대니 우리가 많음이니이다" 하고 대답합니다(막 5:9). "군대"(레기온)는 로마 군대의 여단 규모로 약 6천명의 군사입니다. 많은 수의 귀신들이 지금 사람에게 들어가 있습니다. 그리고 귀신은 "자기를 그 지방에서 내보내지 마시기를 간구"합니다(막 5:10). 아마도 귀신은 무덤에 있는 것을 편안하게 여기는 것 같습니다. 누가복음은 귀신이 "무저갱(끝이 없는 구렁)으로 들어가라 하지 마시기를 간구" 했다고 덧붙입니다(눅 8:31). 이 말씀을 생각해 보면 현재 이 세상에서 활동하는 귀신이 있는가 하면 무저갱에 사로잡혀 있는 귀신(참고 유 6; 계 9:1-11)이 있다는 것을 알 수 있습니다. 귀신은 대신 근처에 있는 돼지 떼에 들어가기를 요청합니다. 예수께서 허락하자 더러운 귀신이 사람에게 나와서 돼지 떼에게 들어갑니다. 그러자 약 이천 마리 되는 돼지 떼가 비탈길로 내리달려 바다에 빠져서 몰사합니다. 귀신이 있을 장소를 변경할 수도 있다는 사실을 알 수 있습니다. 이 일로 인하여 마을 사람들이 예수께 그 지방에서 떠나가기를 간구합니다. 그 지방 사람들은 귀신 들린 사람이 온전해진 것보다 돼지 떼를 잃은 경제적인 손실을 더 염려한 것 같습니다. 이 사건은 귀신 들렸다가 나은 사람에 의해 이방인의 지역인 데가볼리에 널리 퍼지게 됩니다(막 5:20). 이 사건에서 예수는 귀신을 떠나게 할 수 있는 권세가 있다는 것을 보여주십니다. 또한 귀신도 예수의 신분을 알고 있으며 예수의 명령에 복종합니다.

## 7.5 믿음의 기도와 축사

예수께서 귀신을 쫓아내신 사건이 또 있습니다. 예수께서 변화 산에서 영광의 모습을 보이신 후에 제자들이 있는 곳으로 다시 돌아오셨습니다. 큰 무리가 모여 있고 서기관들이 제자들과 논쟁을 하고 있습니다. 예수께서 제자들에게 무엇을 논쟁하고 있느냐고 묻습니다. 그러자 한 사람이 "선생님 말 못하게 귀신 들린 내 아들을 선생님께 데려왔나이다. 귀신이 어디서든지 그를 잡으면 거꾸러져 거품을 흘리며 이를 갈며 그리고 파리해지는지라 내가 선생님의 제자들에게 내쫓아 달라 하였으나 그들이 능히 하지 못하더이다." (막 9:17-18) 하고 대답합니다. 이 사람의 말에서 제자들이 서기관들과 귀신 들린 사람을 고치는 문제에 대해서 논쟁하고 있었다는 것을 알 수 있습니다.

"말 못하게 귀신 들린 내 아들"은 '벙어리 영이 들린' 상태입니다. 벙어리 영이 말을 하지 못하게 할뿐만 아니라 육체적인 질병도 가져다주고 있습니다. 벙어리 영이 아들을 넘어뜨리고 거품을 물게 하고 이를 갈게 하며 뻣뻣하게 만듭니다. 귀신이 사람의 육체에도 영향을 미쳐서 간질 현상을 일으키게 하고 있습니다. 이것을 보면 귀신이 질병도 유발한다는 것을 알 수 있습니다. 이 아들을 고쳐 달라고 제자들에게 데려왔지만 제자들이 고쳐주지 못했습니다.

이 말을 들은 예수는 "믿음이 없는 세대여 내가 얼마나 너희와 함께 있으며 얼마나 너희에게 참으리요" 하고 탄식하십니다(막 9:19). 예수는 "믿음이 없는 세대여"하고 탄식하십니다. 이는 직접적으로 누구를 지칭하는지 불분명합니다. 일반적인 사람을 대상으로 말하는 것 같지만 문맥상 먼저는 제자들입니다. 제자들은 예수와 함께 다녔지만 믿음이 없어서 책망을 받았습니다(막 4:40). 예수는 제자들과 함께 있을 시간이 얼마 남지 않았습니다. 그런데도 아직 제자들은 믿음이 없습니다. 그래서 "내가 얼마나 너희와 함께 있으며 얼마나 너희에게 참으리요"하고 말씀하십니다. 그리고 제자들과 논쟁을 하는 서기관들도 포함됩니다. 아마도 제자들이 귀신을 쫓아내지 못하자 서기관들이 제자들을 비웃으며 논쟁을 한 것 같습니다. 더 나아가 귀신 들린 아들을 데려 온 아버지도 포함될 것입니다(막 9:24). 아버지는 예수를 단지 "선생님"으로 부르고 있습니다. 예수는 "믿음이 없는 세대"를 향하여 분노하시며 귀신 들린 자를 데리고 오라고 하십니다.

귀신은 예수를 만나자 반항하며 대적합니다. "귀신이 예수를 보고 곧 그 아이로 심히 경련을 일으키게 하는지라 그가 땅에 엎드러져 구르며 거품을 흘리더라"(막 9:20). 귀신이 예수를 보자 아이로 경련을 일으키게 합니다. 적대적인 행동을 하게 만듭니다. 이것을 보면 귀신이 아이의 육체에 영향을 미치고 있음을 알 수 있습니다. 예수께서 아버지에게 언제부터 이렇게 되었는지를 묻습니다. 아버지는 어렸을 때부터라고 대답합니다. 귀신이 아이를 자주 죽이려고 자주 불과 물에 던졌다고 말합니다. 그리고 예수께 간청합니다. "그러나 무엇을 하실 수 있거든 우리를 불쌍히 여기사 도와 주옵소서"(막

9:22). 이것을 다시 번역해 보면 이렇습니다. '그러나 만일 당신이 무엇을 할 수 있다면, 우리 위에 긍휼을 가지시고 우리를 도와주십시오.' 아버지는 예수의 소문을 듣고 찾아왔지만 예수에 대한 절대적인 신뢰가 없습니다. 믿음이 없습니다. 물에 빠진 사람이 지푸라기 하나를 잡는다는 심정으로 온 것 같습니다. 그래서 아버지는 가정법을 쓰고 있습니다. "만일 당신이 무엇을 할 수 있다면." 아마도 아버지는 예수의 제자들이 귀신을 쫓아내지 못한 것을 보고 예수의 능력에 전적인 신뢰를 보이지 않는 것 같습니다. 아버지는 예수께 아들을 고쳐 달라고 적극적으로 말하지 않고 "도와 달라"고 말하고 있습니다. 그러자 예수께서 아버지의 믿음이 없음을 책망합니다. "할 수 있거든이 무슨 말이냐 믿는 자에게는 능히 하지 못할 일이 없느니라"(막 9:23). 이 말씀을 다시 번역해 보면 이렇습니다. "'만일 당신이 할 수 있다면' 이라고? 믿는 자에게는 모든 것이 가능하다!" 예수는 아버지가 '만일 당신이 무엇을 할 수 있다면'(에이 티 두네)하고 말한 것에 대하여 '만일 당신이 할 수 있다면 이라고?'(토 에이 두네)하고 반응하십니다. 그리고 '믿는 자에게는 모든 것이 가능하다' 고 선언하십니다. 믿음의 위대함을 선포하십니다. 예수에 대한 올바른 믿음을 갖고 있는 사람에게는 불가능한 일이 없다는 것입니다. 예수께는 모든 것이 가능합니다. 왜냐하면 예수 그리스도가 바로 하나님이시기 때문입니다. 예수가 바로 창조주 하나님이십니다. 귀신들린 아이를 고칠 수 있는 능력의 하나님입니다.

그러자 아이의 아버지가 곧 반응합니다. "곧 그 아이의 아버지가 소리를 질러 이르되 내가 믿나이다 나의 믿음 없는 것을 도와주소서"(막 9:24). 책망을 받은 아이의 아버지는 즉각 반응을 보입니다. 자신이 믿음이 없다는 것을 인정하며 믿는다고 고백합니다. 그리고 예수께 도와달라고 요청합니다. 이에 예수는 귀신을 꾸짖습니다. "그 더러운 귀신을 꾸짖어 이르시되 말 못하고 못 듣는 귀신아 내가 네게 명하노니 그 아이에게서 나오고 다시 들어가지 말라"(막 9:25). 예수는 "더러운 귀신(영)"을 "말 못하고 못 듣는 귀신(영)"이라고 부릅니다. 벙어리와 귀머거리 귀신(영)입니다. 예수는 "내가 네게 명하노니"

라고 말씀하십니다. 여기서 우리는 예수께서 귀신에게 명령하실 수 있는 분이라는 것을 알 수 있습니다. 예수의 명령은 두 가지 점에서 특이합니다. 첫째, 예수는 "못 듣는 귀신"을 향하여 명령하십니다. 그러자 "말 못하고 못 듣는 귀신"이 예수의 명령을 듣고 순종합니다. 소리를 지르고 아이로 경련을 일으키게 하고 떠나갑니다. 이것을 보면 귀신은 들을 수 있는데 귀신 들린 사람으로 하여금 듣지 못하게 하는 영향을 미치는 귀신입니다. 귀신 들림이 사람의 육신에 영향을 미치는 것입니다. 둘째, 예수는 귀신에게 아이에게서 나가라고 하십니다. 그리고 다시 들어오지 말라고 하십니다. 이것을 보면 귀신이 사람에게서 나갔다가 다시 들어올 수도 있습니다(참고 마 12:43-45).

예수께서 말씀으로 귀신을 쫓아내셨습니다. 귀신이 나가자 아이가 온전해졌습니다. 그러자 제자들이 예수께 조용히 찾아와서 물어봅니다. 우리는 왜 귀신을 쫓아내지 못했느냐는 것입니다. 예수는 이렇게 대답합니다. "기도 외에 다른 것으로는 이런 종류가 나갈 수 없느니라"(막 9:29). 기도가 귀신 축출에 필수적임을 밝히고 있습니다. 사실 제자들은 이전에 전도 여행에 보냄을 받았을 때에 귀신을 쫓아낼 수 있는 능력을 받았습니다(막 6:7). 그럼에도 불구하고 제자들은 이번 사건에서 실패했습니다. 이것을 보면 축사의 능력을 받았어도 기도가 없으면 실패할 수 있다는 것을 알 수 있습니다. 그렇다면 귀신을 쫓아낼 수 있는 기도는 어떤 기도인가 하는 것입니다. 마태는 이 기도에 대해서 더 자세하게 말합니다. "너희 믿음이 작은 까닭이니라 진실로 너희에게 이르노니 만일 너희에게 믿음이 겨자씨 한 알 만큼만 있어도 이 산을 명하여 여기서 저기로 옮겨지라 하면 옮겨질 것이요 또 너희가 못할 것이 없으리라"(마 17:20). 예수는 제자들에게 믿음이 작다고 하신 것을 보면 제자들은 믿음이 없지는 않습니다. 믿음의 분량입니다. 그런데 곧 하신 말씀은 겨자씨만한 믿음이 있으면 못할 것이 없다고 하십니다. 겨자씨는 참깨 한 알보다도 작습니다. 이것을 보면 믿음이 작다는 말은 정확한 분량을 잴 수 있는 것이 아닙니다. 예수를 신뢰하는 믿음입니다. 마가가 말하는 귀신을 쫓아낼 수 있는 기도는 믿음의 기도입니다. 믿음을 갖고 기도해야 한다는 것입니다. 마태의 설명은 마가의 이야기와 잘 맞습니다. 예수는 귀신을 쫓아내는 것에 실패한 제자들을 향하여 "믿음이 없는 세대여" 하고 탄식하셨습니다. 그리고 아이의 아버지에게도 "믿는 자에게는 능히 하지 못할 일이 없느니라"고 하셨습니다. 이것을 보면 제자들은 믿음의 기도가 없었습니다. 귀신을 쫓아낼 수 있는 방법은 믿음의 기도입니다. 예수에 대한 믿음이 귀신을 제어하며 쫓아낼 수 있습니다.

예수는 자신의 권위를 가지고 귀신을 쫓아내셨습니다. 그렇다면 현대의 우리들은 어떻게 귀신을 쫓아낼 수 있겠는가 하는 것도 문제입니다. 이것은 사도 바울의 경우를 통해서 배울 수 있습니다. 사도 바울이 빌립보에서 전도를 할 때 귀신들린 여자가 바울 일행을 따라다니며 괴롭혔습니다. 그러자 사도 바울이 "그 귀신에게 이르되 예수 그리스도의 이름으로 내가 네게 명하노니 그에게서 나오라 하니 귀신이 즉시 나오니라"(행 16:18). 우리는 예수 그리스도의 이름으로 귀신을 쫓아낼 수 있습니다. 우리에게 기도의 능력이 있는 것이 아니라 우리가 믿는 예수 그리스도 그분께 능력이 있습니다. 그분의 이름을 의지하고 귀신을 쫓아낼 수 있습니다. 예수를 믿고 예수께 기도하면서 예수의 이름으로 축사를 행할 수 있습니다.

## 7.6 병 고침과 축사의 신학적 의미

사 복음서를 읽어보면 예수는 병자들을 위하여 오신 분인 것 같습니다. 많은 병자들이 예수께 와서 고침을 받습니다. 예수는 찾아오는 병자들을 외면하지 않고 다 고쳐 주십니다. 예수께서 먼저 병자들을 고쳐 주는 경우도 있지만 예수께 나오는 사람들의 믿음을 보시고 고쳐주는 경우도 있습니다. 예수는 병을 고쳐주시면서 사람들에게 믿음을 요구하십니다. 믿음이 예수의 능력을 받는 통로입니다.

예수께서 이 땅에서 사역을 하시면서 많은 병자들을 고쳐주십니다. 앞을 보지 못하는 맹인의 눈을 뜨게 해 주십니다(마 9:27-31). 말 못하는 사람을 고쳐 주시자 말을 합니다(마 9:32-34). 걷지 못하는 사람들이 걷고 죽은 자를 다시 살리십니다(마 11:5). 그렇다면 이러한 일들의 의미가 무엇이겠습니까?

예수의 사역은 이사야의 예언과 밀접한 관련이 있습니다. 이사야 선지자는 하나님이 오실 때가 있다고 예언합니다. 하나님이 오실 때에 맹인이 볼 것입니다. 듣지 못하는 사람이 듣게 될 것입니다. 걷지 못하는 사람이 사슴같이 뛸 것입니다. 그리고 말을 하지 못하는 사람이 말을 하게 될 것입니다(사 35:4-6). 하나님이 오실 때에 이런 표적들이 나타날 것입니다. 예수께서 오셔서 맹인, 벙어리, 귀머거리를 고치는 사역과 관련이 있습니다. 예수의 병 고침의 이적은 예수의 신분을 보여줍니다. 예수께서 하나님이라는 것입니다. 예수는 능력을 통해서 자신의 신분을 나타내십니다. 이사야의 예언이 어떻게 성취되는지를 직접 보여주십니다. 이것이 예수의 병 고침의 신학적인 의미입니다.

그렇다면 예수께서 귀신을 축출하신 사건은 어떤 신학적인 의미가 있겠습니까? 이것은 바리새인들의 비난에 대한 예수의 답변에 나타납니다. 예수는 귀신이 들려서 보지 못하고 말을 못하는 사람을 고쳐 주셨습니다. 그러자 백성이 놀라서 "이는 다윗의 자손이 아니냐"하는 반응을 보입니다. 예수의 기적을 본 사람들은 예수를 다윗의 자손, 치료자 메시야로 생각합니다. 이 말을 들은 바리새인들이 예수를 비난합니다. "이가 귀신의 왕 바알세불을 힘입지 않고는 귀신을 쫓아내지 못하느니라"(마 12:24). 예수께서 귀신을 쫓아낼 수 있는 이유를 설명합니다. 귀신의 왕 바알세불을 힘입어서 귀신을 쫓아낸다고 합니다. 학자들 사이에 바알세불(베엘제불)의 뜻이 '집의 주인'을 의미하는지 또는 '똥의 주인'(참고 왕하 1:2 '파리의 주')을 의미하는지 불분명합니다. 여기서 바리새인들은 바알세불을 "귀신의 왕"으로 말합니다. 이는 사탄을 의미합니다. 예수 역시 사탄으로 인식하시고 말씀하십니다(마 12:26). 바리새인들은 예수를 귀신의 왕 바알세불의 하수인으로 생각합니다. 예수의 치료의 능력이 귀신의 왕으로부터 왔다는 것입니다. 즉 바리새인들은 예수께서 귀신이 들렸다고 간주합니다(참고 막 3:30; 요 8:48).

이러한 비난에 대하여 예수는 이렇게 답변하십니다. 사탄의 나라는 서로 분열되어 싸우지 않는다는 것입니다. "스스로 분쟁하는 나라마다 황폐하여질 것이요 스스로 분쟁하는 동네나 집마다 서지 못하리라 만일 사탄이 사탄을 쫓아내면 스스로 분쟁하는 것이니 그리하고야 어떻게 그의 나라가 서겠느냐"(마 12:25-26). 예수는 사탄의 나라가 있다는 것을 말씀하십니다. 그리고 사탄의 나라는 서로 분열하여 싸우지 않는다는 것도 분명히 하십니다. 왜냐하면 바리새인들은 예수께서 귀신의 왕 바알세불의 힘을 힘입어 귀신을 쫓아낸다고 주장했기 때문입니다. 바리새인들의 주장에 따르면 귀신의 왕과 귀신 사이에 분열과 다툼이 있습니다. 하지만 예수는 사탄이 자신의 나라를 세우려고 하기 때문에 서로 분열하여 싸우지 않는다고 말씀하십니다.

더 나아가 예수는 바리새인들의 주장에 대하여 이렇게 말씀하십니다. "그러나 내가 하나님의 성령을 힘입어 귀신을 쫓아내는 것이면 하나님의 나라가 이미 너희에게 임하였느니라"(마 12:28). 이것을 다시 번역해 보면 이렇습니다. '그러나 만일 하나님의 영으로 내가 귀신들을 쫓아낸다면, 그렇다면 하나님의 나라가 너희에게 임하였다.' 하나님의 영은 성령을 의미합니다. '하나님의 영으로'는 '하나님의 영을 통하여' 이런 의미입니다. '쫓아낸다면'은 현재형입니다. 그리고 '임하였다'는 과거형으로 '이미 임했다' 이런 뜻입니다. 예수께서 현재 행하는 귀신을 쫓아내는 사역을 통해서 하나님의 나라가 이미 임했다는 것입니다. 예수의 축사 사역은 하나님의 나라가 이미 임했다는 것을 보여줍니다. 하나님의 나라는 사탄의 나라와 대조를 이룹니다. 예수의 귀신 축출 사역을 통하여 하나님의 나라가 이 땅에 임하고 있습니다. 하나님의 나라는 예수를 통하여 이 땅에서 세워져 가고 있습니다.

더 나아가 예수는 바리새인들의 비난을 이렇게 말합니다. "사람에 대한 모든 죄와 모독은 사하심을 얻되 성령을 모독하는 것은 사하심을 얻지 못하겠고 또 누구든지 말로 인자를 거역하면 사하심을 얻되 누구든지 말로 성령을 거역하면 이 세상과 오는 세상에서도 사하심을 얻지 못하리라"(마 12:31-32). 예수는 바리새인들의 비난을 "성령을 모독하는 것"과 "성령을 거역"하는 것으로 간주하십니다. 바리새인들은 예수께서 성령으로 귀신을 쫓아내는 것을 인정하지 않았습니다. 그들은 성령의 능력을 귀신의 왕의 능력이라고 주장했습니다. 이것이 바로 성령을 모독하는 죄입니다. 예수께서 성령을 힘입어 귀신을 쫓아내신 것은 하나님의 나라가 이 땅에 임하는 것입니다. 하나님의 통치가 이 땅에 실현되고 있습니다. 그런데 바리새인들은 하나님의 통치를 받아들이지 않습니다. 하나님의 나라를 거부하고 있는 것입니다.

예수의 병 고침과 축사 사역은 예수께서 구약에서 기다리던 메시야라는 것을 입증해줍니다. 더 나아가 예수의 병 고침 사역은 예수가 바로 하나님이라는 것을 보여줍니다. 그리고 예수께서 귀신을 축출하신 사건은 예수께서 하나님이며, 하나님의 통치가 이 땅에 이미 실현되고 있다는 사실을 보여주는 것입니다. 즉 예수를 통하여 하나님의 나라가 이 땅에 실현되고 있는 것입니다.

# 8

# 예수의 자기계시(I)

**읽어야 할 본문: 마태복음 16-17장, 요한복음 6-10장**

예수께서 많은 병자들을 고치시며 귀신을 축출하며 이적을 행합니다. 그러자 사람들이 예수의 신분을 궁금해 합니다. 예수에 대한 소문이 많습니다. 예수께서 이것을 아시고 빌립보 가이사랴에서 제자들에게 "사람들이 인자를 누구라 하느냐" 하고 직접 물어보십니다(마 16:13). 제자들이 백성들 사이에서 떠도는 말을 전해줍니다. "더러는 세례 요한, 더러는 엘리야, 어떤 이는 예레미야나 선지자 중의 하나라 하나이다"(마 16:14). 이 말을 들은 예수께서 직접 제자들의 의견을 묻습니다. "너희는 나를 누구라 하느냐"(마 16:15). 이 질문에 베드로가 지체 없이 대답합니다. "주는 그리스도시요 살아 계신 하나님의 아들이시니이다"(마 16:16). 베드로는 예수의 신분을 정확하게 알고 있습니다. 예수께서 구약에서 기다리는 메시야(그리스도)임을 고백합니다. 그러자 예수는 베드로의 고백을 부인하지 않고 인정하십니다. 자신이 메시야이며 하나님의 아들이라는 것을 밝히십니다(마 16:17). 그 후에 예수는 본격적으로 메시야(그리스도)께서 즉, 자신이 해야 할 사명을 설명해 주십니다. 십자가의 죽음과 부활을 가르쳐주십니다(마 16:21). 제자들은 예수께서 누구이며 무엇을 해야 하는지를 들었습니다.

이 일 후에 예수께서 베드로, 요한과 야고보와 함께 높은 산에 올라갑니다. 아마도 헐몬 산일 것입니다. 세 제자들이 보는 앞에서 예수의 모습이 변합니다. "그들 앞에서 변형되사 그 얼굴이 해 같이 빛나며 옷이 빛과 같이 희어졌더라"(마 17:2). 인간의 모습에서 천상의 존재와 같은 모습으로 변한 것입니다. 이 모습은 후에 사도 요한이 밧모 섬에서 본 부활하신 예수의 모습과 유사합니다(계 1:13-15). 또한 모세와 엘리야가 나타나서 예수와 함께 대화를 나누고 있습니다(마 17:3). 그러자 베드로는 예수께서 하셔야 할 메시야 임무(마 16:21)를 잊어버리고 여기 있는 것이 좋으니 초막을 짓고 있자고 합니다(마 17:4). 베드로가 이렇게 정신없는 말을 할 때에 하늘에서 음성이 들립니다. "홀연히 빛난 구름이 그들을 덮으며 구름 속에서 소리가 나서 이르시되 이는 내 사랑하는 아들이요 내 기뻐하는 자니 너희는 그의 말을 들으라"(마 17:5). 먼저 구름이 나타납니다. 구름은 신현의 전형적인 현상입니다(출 19:16; 40:34-38; 왕상 8:10-11). 성부 하나님이 나타나신 것입니다. 성부 하나님은 "내 사랑하는 아들"이라고 예수의 신분을 밝히십니다. 예수는 하나님의 아들입니다.

위의 두 사건에서 예수는 제자들에게 자신의 신분을 밝히십니다. 성부 하나님도 예수께서 하나님의 아들이심을 친히 증거하십니다.

위의 두 사건들에서 제자들만이 예수의 신분을 들었습니다. 이 사건들과는 달리 예수께서 자신의 신분을 백성들에게 공개적으로 밝힌 일들이 있습니다. 예수는 병자들의 병을 고쳐주신 후에 또는 이적을 행한 후에 친히 자신을 소개하십니다. 예수의 자기소개 형식입니다. 이것은 사도 요한만이 기록하고 있습니다. 1인칭 인칭 대명사 "나"와 동사 "~이다"로 구성된 "나는 … 이다" 또는 "나다"(에고 에이미) 형식으로 나타납니다. 예수의 자기소개 형식은 명사가 서술어로 붙어서 모두 7개가 나옵니다. 다음은 예수께서 자신에 대해서 소개하고 있는 문장들입니다.

"나는 생명의 떡이다."(요 6:35, 41, 48, 51). "나는 세상의 빛이다."(요 8:12; 9:5). "나는 양의 문이다."(요 10:7, 9). "나는 선한 목자이다."(요 10:11, 14). "나는 부활이요 생명이다."(요 11:25). "나는 길이요 진리요 생명이다."(요 14:6). "나는 포도나무이다"(요 15:1, 5).

이 문장들은 예수께서 직접 자신의 신분에 대해서 소개하고 있다는 점에서 의미가 있습니다. 이러한 자기소개는 예수께서 어떤 분인지를 자세하게 설명하고 있습니다. 따라서 이것은 예수의 자기계시 형식이기도 합니다.

### 8.1 나는 생명의 떡이다

예수의 첫 번째 자기소개 "나는 생명의 떡이다"는 오병이어의 기적 사건을 배경으로 하고 있습니다. 오병이어의 기적 사건은 사복음서에 모두 나옵니다(마 14:13-21; 막 6:30-44; 눅 9:10-17; 요 6:1-15, 22-71). 공관복음은 단순히 예수께서 보리떡 다섯 개와 물고기 두 마리로 오천 명을 먹이신 사건만을 보도하고 있습니다. 그러나 요한은 이 기적과 관련해서 예수의 긴 강화를 기록하고 있습니다. 사도 요한은 먼저 오병이어의 기적을 말하고(6:1-14) 그리고 오병이어 기적과 관련한 예수의 강화를 길게 말하고 있습니다(요 6:22-71).

유대인의 명절인 유월절이 가까운 때입니다. 예수께서 디베랴 바닷가에 있을 때에 많은 무리들이 예수께 몰려왔습니다. 마태는 여자와 어린 아이 외에 남자만 오천 명이 되었다고 기록합니다(마 14:21). 여자와 어린 아이들을 합하면 만 명 이상이 되었을 것입니다. 그러나 이 많은 사람들에게 먹을 것이 없습니다. 빌립은 이 많은 사람들을 먹이기 위해서는 이백 데나리온의 떡을 사도 부족할 것이라고 계산합니다.

이때 안드레는 한 아이가 보리떡 다섯 개와 물고기 두 마리를 가지고 있다고 보고를 합니다. 그리고 곧 회의적인 말을 합니다. "그러나 그것이 이 많은 사람에게 얼마나 되겠사옵나이까"(요 6:9). 예수는 안드레의 말을 듣고 사람들을 잔디에 앉게 합니다. 그리고 떡을 축사하시고 떼어 주십니다. 신기하게도 그 많은 사람들이 다 배불리 먹었습니다. 사람들이 먹고 남은 떡 조각들을 모으니 열두 바구니에 차게 남았습니다.

사도 요한은 특이하게도 오병이어의 표적을 체험한 유대인들의 반응을 기록합니다. 이 놀라운 표적을 본 사람들이 예수를 "이는 참으로 세상에 오실 그 선지자"라고 부릅니다(요 6:14). 이것은 모세의 예언을 염두에 두고 한 표현입니다. "네 하나님 여호와께서 너희 가운데 네 형제 중에서 너를 위하여 나와 같은 선지자 하나를 일으키시리니 너희는 그의 말을 들을지니라"(신 18:15, 18). 모세가 예언한 선지자에 대한 유대인들의 견해는 다양합니다(요 1:21). 그러나 오병이어의 기적을 체험한 사람들은 예수를 메시야로 생각하고 있는 것 같습니다. 그래서 강제로 예수를 유대인의 왕으로 삼으려고 합니다(요 6:15). 이 사실을 알고 있는 예수는 무리들에게 이용당하지 않으시려고 혼자 산으로 가십니다. 제자들은 배를 타고 디베랴에서 가버나움으로 갑니다.

요한은 흥미롭게도 오병이어의 사건(요 6:1-15)과 오병이어의 사건과 관련된 예수의 강화(요 6:22-71) 사이에 예수께서 갈릴리 바다 위를 걸어오신 사건(요 6:16-21)을 기록합니다. 마치 샌드위치처럼 갈릴리 바다 위를 걸어오신 사건을 오병이어 사건과 강화 사이에 끼어 놓았습니다.

제자들이 배를 타고 가버나움으로 이동하고 있을 때에 큰 바람이 붑니다. 이 바람은 지중해의 공기와 사막의 뜨거운 공기가 만나서 일어난 것입니다. 강한 바람에 파도가 일어납니다. 이때 바다 위로 예수께서 걸어오십니다. 제자들이 두려워합니다. 예수께서 "내니 두려워하지 말라"(요 6:20)고 신분을 밝히시며 제자들을 안정시킵니다. 여기서 "내니"(에고 에이미)는 '나는 ~이다' 또는 '나다'로 예수께서 자주 사용하시는 자기소개 문장 형식입니다. 하지만 다른 자기소개 문장(예: 나는 세상의 빛이다, 나는 선한 목자이다)처럼 서술어가 나타나지 않습니다. 예수께서 배에 타시자 "배는 곧 그들이 가려던 땅에 이르렀더라"(요 6:21)고 말합니다. 예수의 능력이 나타난 것입니다. 예수는 물 위를 걸으시며 바람과 파도를 다스리시는 분입니다. 예수께서 "내니"라고 하신 말씀에 예수의 신분이 드러납니다. 자연을 다스릴 수 있는 분입니다. '내가 곧 바다와 바람을 다스리는 자다.' 하는 소개가 담겨 있습니다. 예수의 이러한 자기소개는 구약을 배경으로 하고 있습니다. 구약은 바다와 파도를 다스릴 수 있는 분은 하나님이라고 말합니다(시 77:16, 19-20; 104:6-10; 107:25-30). 하나님이 바다의 물을 잠잠하게 하시며 물러나게 하십니다. 예수는 갈릴리 바다 위를 걸어오심으로 제자들에게 자신이 창조주이심을 드러내십니다.

요한은 다시 이야기를 오병이어 사건으로 연결합니다. 다음 날 디베랴에서 무리들이 배를 타고 가버나움으로 예수를 찾아옵니다. 무리들이 예수를 찾아오자 예수는 이렇게 말씀하십니다. "너희가 나를 찾는 것은 표적을 본 까닭이 아니요 떡을 먹고 배부른 까닭이로다 썩을 양식을 위하여 일하지 말고 영생하도록 있는 양식을 위하여 하라 이 양식은 인자가 너희에게 주리니 인자는 아버지 하나님께서 인치신 자니라"(요 6:27). 예수는 "썩을 양식"과 "영생하도록 있는 양식"을 대조해서 말씀하십니다. "썩을 양식"은 백성이 어제 먹은 보리떡 다섯 개와 물고기 두 마리입니다. 그러나 "영생하도록 있는 양식"은 무엇인지 구체적으로 말씀하지 않습니다. 그렇지만 "인자"가 "영생하도록 있는 양식"을 주신다고 하십니다. 예수는 보리떡 다섯 개와 물고기 두 마리로 오천 명이 넘는 사람을 먹였습니다. 양식을 주시는 분입니다. 더 나아가 예수는 영생의 양식을 주시는 분입니다. 예수는 오병이어의 사건을 통해서 무엇인가 새로운 말씀을 하십니다. 육적인 양식을 넘어 영적인 양식으로 나아갑니다.

예수는 영생하도록 있는 양식을 위하여 일을 하라고 합니다. 그러자 사람들은 "우리가 어떻게 하여야 하나님의 일을 하오리까"(요 6:28) 하고 질문합니다. "영생하도록 있는 양식"을 위해서 "하나님의 일"을 해야 합니다. 그렇다면 이 일이 무엇이냐고 묻는 것입니다.

예수는 하나님의 일이 무엇인지 말씀하십니다. "하나님께서 보내신 이를 믿는 것이 하나님의 일이니라"(요 6:29). 곧 "영생하도록 있는 양식"을 위해서 할 일은 "믿는 것"입니다. 믿음을 하나님의 일이라고 규정하십니다. 믿음의 대상은 인자입니다. 하나님이 보내신 사람 즉 인자를 믿는 것입니다. 인자는 예수를 의미합니다. 예수는 자신을 믿을 것을 요구하고 있습니다. 예수를 믿는 것이 하나님의 일입니다.

그러자 유대인들은 다시 당신을 믿을 수 있도록 행하는 표적 즉 일이 무엇이냐고 묻습니다. "그러면 우리가 보고 당신을 믿도록 행하시는 표적이 무엇이니이까, 하시는 일이 무엇이니이까"(요 6:30). 예수는 하나님의 일을 믿음으로 정의하십니다. 그러나 유대인들은 믿을 수 있는 표적 즉, 예수께서 행하시는 놀라운 일을 요구합니다.

어제 예수께서 오병이어로 오천 명이 넘는 사람들을 배불리 먹여주었습니다. 그들은 그 표적을 직접 보았습니다. 그럼에도 불구하고 다시 표적을 요구합니다. 그리고 자신들의 조상은 광야에서 만나를 먹었다고 말합니다. "하늘에서 그들에게 떡을 주어 먹게 하였다 함과 같이 우리 조상들은 광야에서 만나를 먹었나이다"(요 6:31). 이들의 말에 묘한 뉘앙스가 풍깁니다. 이스라엘은 광야에서 40년간 만나를 먹었기 때문입니다. 어제 오병이어의 사건만으로는 부족하다는 것입니다. 예수는 이들의 말을 듣고 정정해 주십니다. 만나를 준 것은 모세가 아니라 하나님이라고 하십니다. "모세가 너희에게 하늘로부터 떡을 준 것이 아니라 내 아버지께서 너희에게 하늘로부터 참 떡을 주시나니"(요 6:32). 예수는 떡을 주신 분은 하나님이라고 하십니다. 또한 하나님과 자신과의 관계를 "내 아버지"로 규정하시고 자신을 하나님의 아들로 소개하고 있습니다. 그리고 다시 떡에 대해서 말합니다. "하나님의 떡은 하늘에서 내려 세상에 생명을 주는 것이니라"(요 6:33). 하나님이 하늘에서 주시는 떡은 "생명을 주는 것"이라고 하십니다. 이것은 "영생하도록 있는 양식"(요 6:27)을 의미합니다. 그러자 유대인들이 이 떡을 달라고 요청합니다. "주여 이 떡을 항상 우리에게 주소서"(요 6:34). 이들의 요구는 "항상"에 강조점이 있습니다. 이들이 예수를 찾는 목적입니다(요 6:26). 이들이 예수를 붙들어 억지로 왕을 삼으려고 했던 것도(요 6:15) 예수께 만나를 언급한 것도(요 6:31) 예수께 "항상" 즉, 계속 떡을 얻어먹을 생각이 있었기 때문입니다. 유대인들의 관심은 육적인 양식 떡에 있습니다.

그러나 예수는 이들에게 육적인 양식이 아니라 새로운 양식을 말씀하십니다. "나는 생명의 떡이니 내게 오는 자는 결코 주리지 아니할 터이요 나를 믿는 자는 영원히 목마르지 아니하리라"(요 6:35). 예수는 자신을 "나는 생명의 떡이다" 하고 소개하십니다. 떡으로 자신을 비유하십니다. 이 생명의 떡을 소유하는 방법은 "내게 오는" 것이며 "나를 믿는" 것입니다. 즉 예수께 나와서 그를 믿는 사람이 영원히 굶주리지 않습니다. 예수를 믿는 사람이 영원히 살 수 있습니다.

예수는 자신을 "나는 생명의 떡"이라고 계시하십니다. 사람은 떡을 먹어야 살 수 있습니다. 떡이 육신의 생명을 지탱시켜 줄 수 있습니다. 그러나 육신의 생명은 유한합니다. 시간이 정해져 있어서 영원히 살 수 없습니다. 그러나 예수는 영원히 살 수 있는 떡이 있다고 하십니다. 생명을 주는 떡은 예수 그리스도입니다. 예수는 하나님이 보내신 자이며(요 6:29) 하나님의 아들입니다(요 6:32). 예수 그리스도를 믿는 것이 하나님의 일이며(6:29) 영생을 소유할 수 있는 방법입니다(요 6:35). 예수는 다시 자신을 믿으라고 말씀하십니다.



유대인들은 예수를 직접 볼 수 있는 기회를 얻었습니다. 예수께서 행하시는 오병이어의 기적에도 참여했습니다. 그럼에도 불구하고 유대인들은 예수를 믿지 않습니다. "너희는 나를 보고도 믿지 아니하는도다"(요 6:36). 예수는 유대인들이 자신을 믿지 않는다는 것을 알고 계십니다. 그리고 이들이 예수를 믿지 않는 이유가 있다고 하십니다. 하나님이 그들을 예수께 보내시지 않았기 때문입니다. "아버지께서 내게 주시는 자는 다 내게로 올 것이요 내게 오는 자는 내가 결코 내쫓지 아니하리라"(요 6:37). 아버지께서 "주시는 자"가 예수께 올 수 있습니다. 아무나 다 예수께 오는 것이 아닙니다. 유대인들이 예수의 기적을 보고서도 믿지 않는 이유입니다.

예수는 유대인들이 믿지 않는 이유를 "아버지께서 내게 주시는 자"가 아니기 때문이라고 규정합니다. 하나님이 예수께 "주시는 자"가 예수께 "올 수" 있습니다. 아무나 예수께 "올 수" 있는 것이 아닙니다. 하나님은 예수께 오는 자들 가운데 한 사람이라도 잃어버리는 것을 원하지 않습니다. 이것이 하나님의 뜻입니다. "내 아버지의 뜻은 아들을 보고 믿는 자마다 영생을 얻는 이것이니 마지막 날에 내가 이를 다시 살리리라"(요 6:40). 인류를 향한 하나님의 뜻은 "아들을 보고 믿는 자마다 영생을 얻는 것"입니다. 다시 믿음이 강조되고 있습니다. 예수를 믿는 것이 영생을 얻는 방법입니다. 하나님의 일은 믿음입니다(요 6:29). 또한 사람들이 예수를 믿고 영생을 얻는 것이 하나님의 뜻입니다.

예수께서 자신을 "하늘에서 내려온 떡"이라고 소개를 하자 유대인들 사이에서 토론이 일어납니다(요 6:41). 유대인들은 예수께서 말씀하신 것을 이해하지 못합니다. 예수의 가족사를 들먹이며 믿지 않습니다. 예수는 요셉의 아들이라는 것입니다. "이는 요셉의 아들 예수가 아니냐 그 부모를 우리가 아는데 자기가 지금 어찌하여 하늘에서 내려왔다 하느냐"(요 6:42). 유대인들은 예수의 기원이 땅에 있다고 설명합니다. 요셉의 아들이라고 말하면서 예수께서 하늘에서 왔다는, 하나님이 자신을 보내셨다는 말씀을 거부합니다. 하늘과 땅은 반대입니다. 그러자 예수께서 다시 유대인들의 불신앙에 대해서 말합니다. "나를 보내신 아버지께서 이끌지 아니하시면 아무도 내게 올 수 없으니 오는 그를 내가 마지막 날에 다시 살리리라"(요 6:44). 예수는 하나님과 부자관계에 있다고 밝히실 뿐만 아니라 자신을 보내신 분이 하나님이라고 말씀하십니다. 예수의 기원이 하나님께 있습니다. 그리고 예수를 믿지 않는 유대인들은 하나님 아버지께서 이끌지 않은 자들입니다. 하나님께 속한 자들이 아닙니다. 예수께 오는 자들이 하나님이 보내신 자들이며 이들은 마지막 날에 다시 살아날 것입니다. 육체의 부활을 말합니다. 영생은 부활한 몸으로 다시 사는 것임을 설명해 주십니다.

유대인들은 예수의 말을 전혀 이해하지 못합니다. 그런데 예수는 더 이해하기 어려운 말씀을 하십니다. "나는 하늘에서 내려온 살아 있는 떡이니 사람이 이 떡을 먹으면 영생하리라 내가 줄 떡은 곧 세상의 생명을 위한 내 살이니라"(요 6:51). 예수는 수수께끼 같은 말을 하십니다. 예수는 자신을 "나는 하늘에서 내려온 살아 있는 떡"이라고 하실 뿐만 아니라 사람들이 자신을 먹어야 한다고 하십니다. 예수는 사람들에게 먹혀야 할 떡입니다. 그 떡은 예수의 살입니다. 점입가경입니다. 떡을 먹듯이 예수를 먹어야 한다는 것입니다. 이러자 유대인들은 더 술렁입니다. 어떻게 사람들이 예수의 살을 먹느냐 하는 것입니다. 유대인들은 예수의 말씀을 완전히 문자적으로 이해합니다.

더 나아가 예수는 "내 살을 먹고 내 피를 마시는 자는 영생을 가졌고 마지막 날에 내가 그를 다시 살리리니 내 살은 참된 양식이요 내 피는 참된 음료로다"(요 6:54-55) 하고 더 어려운 말씀을 하십니다. 영생을 원하는 사람들은 예수의 살을 먹고 예수의 피를 마셔야 합니다. 이 말을 문자적으로 받으면 정말 이해하기 힘듭니다. 유대인들은 사람의 살을 먹는 식인종이 되기 때문입니다. 더군다나 구약은 피를 먹는 일을 금하고 있기 때문에(창 9:4; 레 3:17; 신 12:23) 유대인들에게 예수의 말씀은 아주 이상하게 들립니다.

유대인들은 예수의 말씀을 문자적으로 이해하지만 예수는 믿음이 무엇인지를 구체적으로 설명하십니다. 예수는 계속 영생을 얻기 위해서는 예수를 믿어야 한다는 것을 강조했습니다. 그렇다면 예수의 무엇을 믿느냐 하는 것입니다. 예수의 살을 먹고 피를 마시는 것이 믿음의 구체적인 내용입니다.

예수는 제자들과 함께 성찬식을 거행할 때에 떡을 나눠주시면서 "너희를 위하여 주는 내 몸"이라고 하십니다. 그리고 포도주 잔을 나눠주면서 "이 잔은 내 피로 세우는 새 언약이니 곧 너희를 위하여 붓는 것"이라고 하십니다(눅 22:19-20). 성찬식 떡을 먹는 것을 예수의 살을 먹는 것으로 그리고 성찬식 포도주를 마시는 것을 예수의 피를 마시는 것으로 말씀하십니다. 이것은 비유적인 표현입니다. 성찬식 떡을 먹고 포도주를 마시는 것이 예수의 살을 먹고 피를 마시는 것이라고 하십니다. 예수께서 유대인들에게 예수의 살을 먹고 피를 마셔야 한다고 말한 것은 성찬식을 배경으로 한 것입니다. 이것은 예수의 십자가의 죽음을 뜻합니다. 예수께서 십자가에서 살을 찢기며 피를 흘리며 죽을 것을 의미합니다.

예수는 "나는 하늘에서 내려온 살아 있는 떡"이라고 자신을 소개합니다. 그리고 "사람이 이 떡을 먹으면 영생하리라 내가 줄 떡은 곧 세상의 생명을 위한 내 살이니라"고 하십니다(요 6:51). 예수께서 세상을 위하여 주실 떡은 예수의 몸입니다. 예수는 세상을 위하여 자신의 몸을 내어주실 것입니다. 즉 십자가에서 죽으실 것입니다.

예수는 십자가에서 죽기 위하여 하늘에서 이 세상에 오셨습니다. 예수의 십자가 사건을 믿는 사람들이 영원한 생명을 소유할 수 있습니다. 이래서 예수는 자신을 믿는 것이 중요하다고 계속 말씀하신 것입니다(요 6:29, 35, 40).

예수께서 이 말씀을 유월절이 가까운 시기에 하셨다는 것은 의미가 있습니다(요 6:4). 유월절은 이스라엘이 이집트에서 해방된 것을 기념하여 지키는 절기입니다. 이때 어린양을 잡아서 먹습니다. 어린양의 피는 구속의 힘을 지닙니다. 어린양의 피가 발라져 있는 집의 장자들은 구원을 받았습니다. 피는 구속의 기능이 있습니다. 그런데 세례 요한은 예수를 어린양으로 부릅니다(요 1:29). 사도 바울도 예수를 유월절의 어린양이라고 합니다(고전 5:7). 이것을 생각해보면 예수께서 자신의 살을 먹고 피를 마셔야 한다고 말씀하신 것은 예수께서 유월절 어린양이라는 배경이 깔려 있습니다. 자신을 유월절 어린양으로 상징적으로 말씀하신 것입니다.



## 8.2 나는 세상의 빛이다

예수의 두 번째 자기소개는 "나는 세상의 빛이다"입니다. 이 자기소개는 두 곳에서 나옵니다(요 8:12; 9:5). 특히 이 소개는 맹인을 고쳐주신 사건 후에 자세하게 주어집니다. 예수께서 길을 가시다가 나면서부터 맹인인 사람을 보았습니다. 그러자 제자들이 예수께 "이 사람이 맹인으로 난 것이 누구의 죄로 인함이니이까 자기니이까 그의 부모니이까" 하고 질문합니다(요 9:2). 제자들은 그 사람이 맹인이 된 것을 죄와 관련이 있다고 생각합니다. 나면서부터 맹인이었기 때문에 부모의 죄 때문인지를 묻습니다. 그 당시의 탈무드의 기록이나 바리새인들의 비난을 보면(요 9:34) 제자들의 질문은 그 당시의 일반적인 생각이라는 것을 보여줍니다.

제자들의 생각과 같이 죄와 고난 사이에 관련이 있습니다. 예수는 38년 된 병자를 고쳐주시고 "보라 네가 나았으니 더 심한 것이 생기지 않게 다시는 죄를 범하지 말라" 하셨습니다(요 5:14). 그 사람의 병이 죄 때문에 발생했다는 것입니다. 하지만 모든 병이 다 죄 때문에 생긴 것은 아닙니다. 맹인의 경우는 다릅니다.

예수는 제자들의 질문에 명확하게 답변하십니다. "이 사람이나 그 부모의 죄로 인한 것이 아니라 그에게서 하나님이 하시는 일을 나타내고자 하심이라"(요 9:3). 예수는 맹인의 고난이 맹인이나 부모의 죄로 인한 것이 아니라고 말씀하십니다. 하지만 이 말씀을 잘 읽어야 합니다. 우리로 오해하게 할 수 있기 때문입니다. 하나님은 자신의 영광을 나타내기 위하여 이 사람을 태어날 때부터 장애를 안고 태어나게 했다고 생각할 수 있습니다. 이러면 여기에 새로운 문제가 생깁니다. 하나님이 자신의 영광을 위하여 이 맹인을 오랜 세월 동안 고통당하도록 두셨다는 것입니다.

이 말씀은 주의 깊게 보아야 합니다. "이 사람이나 그 부모의 죄로 인한 것이 아니라"는 "이 사람이나 그 부모의 죄로 인한 것이 아니다. 그러나"입니다. 그리고 뒤이어 나오는 구절은 목적을 나타냅니다. "그러나 그에게서 하나님이 하시는 일을 나타내기 위하여"입니다. 이 말은 뒤에 나오는 구절과 연결하여 "그러나 그에게서 하나님이 하시는 일을 나타내기 위하여 때가 아직 낮이매 나를 보내신 이의 일을 우리가 하여야 하리라"(요 9:3-4)로 읽을 수 있습니다. 예수는 왜 맹인이 되었는지에 대한 원인을 말하지 않습니다. 단지 예수께서 하셔야 할 일을 말합니다. 그 사람에게서 하나님이 하시는 일을 나타내기 위하여 예수는 하나님의 일을 해야 한다는 것입니다. 예수는 고난의 원인을 설명하지 않습니다. 오히려 예수는 그 고난의 목적을 알려 주시며 고난을 해결해 주십니다.

그리고 예수는 "내가 세상에 있는 동안에는 세상의 빛이로다"(요 9:5)고 자신을 소개하십니다. 예수는 자신을 어둠을 비추는 빛이라고 하십니다. 예수는 지금 맹인 앞에서 이 말씀을 하십니다. 맹인은 빛을 볼 수 없습니다. 어둠 가운데 있습니다. 맹인이 예수를 만났습니다. 예수는 자신을 "세상의 빛"이라고 하십니다. 어둠이 빛을 만났습니다. 그리고 예수는 맹인을 고쳐 주십니다. 어둠이 물러갑니다.

예수는 침을 뱉어 진흙을 이겨서 맹인의 눈에 발라 줍니다. 이것은 상징적인 행위입니다. 그리고 그 사람에게 실로암 연못에 가서 씻으라고 명령합니다. 실로암의 뜻은 "보냄을 받았다"입니다. 예수는 그 맹인을 보냅니다. 예수는 하나님이 보내신 자입니다. 하나님께 보냄을 받은 분이 지금 맹인을 보내고 있습니다. 실로암 연못에 신기한 치료의 능력이 있는 것이 아닙니다. 예수의 말씀에 치료의 능력이 있습니다. 그 사람이 예수의 말씀에 순종합니다. 실로암 연못에 가서 씻자 눈이 밝아졌습니다. 예수는 맹인의 눈을 고쳐 주심으로 "나는 세상의 빛이다"라는 자기소개의 말씀을 입증하십니다.

예수는 맹인의 눈을 치료해 주심으로 자신의 신분을 드러내십니다. 구약의 메시야 예언에 따르면 하나님이 오실 때에 "맹인의 눈이 밝을 것이며 못 듣는 사람의 귀가 열릴 것이며"라고 말합니다(사 35:5). 이사야의 예언에 따르면 맹인의 눈을 뜨게 해 준 예수는 곧 하나님입니다. 맹인의 눈을 뜨게 해 주는 것은 하나님이 하시는 일입니다. 예수는 지금 맹인의 눈을 고쳐주심으로 자신이 창조주이심을 드러내신 것입니다. 예수는 "내가 세상의 빛이다"(요 8:12) 하고 선언하신 말씀은 곧 창조주이심을 선포하는 것입니다. 하나님은 빛이십니다(요일 1:5). 그는 빛을 창조하셨을 뿐만(창 1:3) 아니라 세상을 창조하셨습니다. 이 분이 지금 세상에 나타나신 것입니다(요 1:4, 9-10).

맹인이 눈을 떴습니다. 그러자 사람들이 어떻게 눈이 떠졌는지 그 방법이 궁금합니다. 사람들이 맹인에게 어떻게 눈이 떠졌는지를 묻습니다. 맹인은 "예수라 하는 사람이 진흙을 이겨 내 눈에 바르고 실로암 연못에 가서 씻으라"(요 9:11)고 말했다고 답변합니다.

사람들이 맹인을 데리고 바리새인들에게 갑니다. 바리새인들이 맹인에게 "어떻게" 눈이 떠졌는지를 묻습니다. 맹인이 똑 같이 대답합니다(요 9:15). 그런데 바리새인들은 이 사람이 눈을 뜬 기적에 그리고 맹인의 눈을 고쳐준

분이 누구인지에 대한 관심이 없습니다. 누가 안식일에 치료를 했느냐 하는 것에, 누가 안식일에 해서는 안 되는 일을 했느냐에 더 많은 관심이 있습니다.

바리새인들 사이에 예수의 치료 행위를 놓고 토론이 벌어집니다. 예수는 안식일에 병을 고쳤습니다. 안식일에 해서는 안 될 일을 했다는 것입니다. 예수는 하나님께로부터 온 사람인지 아니면 안식일 규정을 어겼으니 죄인인지 하는 것입니다. 어떤 사람은 예수는 안식일에 일을 했으니 하나님께로부터 온 자가 아니라 죄인이라고 말합니다(요 9:16). 다른 바리새인들은 죄인이 어떻게 이러한 표적을 행할 수 있겠느냐고 말합니다. 예수는 기적을 행했으니 하나님께로부터 왔다는 것입니다.

그러나 문제는 기적이 일어났다는 사실입니다. 대다수의 바리새인들은 이 기적을 믿으려고 하지 않습니다. 그래서 바리새인들이 맹인이었던 사람에게 다시 묻습니다. "그 사람이 네 눈을 뜨게 하였으니 너는 그를 어떠한 사람이라 하느냐"(요 9:17). 맹인은 예수를 어떻게 생각하는지를 물어봅니다. 맹인이었던 사람은 선지자라고 말합니다.

바리새인들은 이적을 믿지 않고 조사만 합니다. 자꾸 회의만 합니다. 이제는 맹인이었던 사람의 부모를 불러서 조사합니다. 맹인의 부모들은 "아들이 맞다"고 대답합니다. 아들이 맞지만 어떻게 눈이 떠졌는지 알지 못하니 그에게 물어보라고 합니다. 맹인의 부모가 이렇게 대답하는 이유는 바리새인들이 예수를 죄인이라고 규정해 놓고 예수를 메시야(그리스도)로 인정하는 사람들을 회당에서 쫓아내려고 한다는 것을 알기 때문입니다.

바리새인들은 맹인이었던 사람을 다시 불러서 조사합니다. "너는 하나님께 영광을 돌리라 우리는 이 사람이 죄인인 줄 아노라"(요 9:24). 바리새인들은 예수를 죄인이라고 정죄합니다. 그러나 맹인은 의리가 있습니다. "그가 죄인인지 내가 알지 못하나 한 가지 아는 것은 내가 맹인으로 있다가 지금 보는 그것이니이다"(요 9:25). 맹인은 바리새인들이 예수를 죄인이라고 정죄하는 일에 동의하지 않습니다. 바리새인들의 의견을 거부합니다.

그러자 바리새인들이 맹인에게 어떻게 눈이 떠졌는지를 또 묻습니다. 맹인이 답답합니다. 자신이 대답했지만 바리새인들이 믿지를 않습니다. '내가 이미 대답 했는데도 당신들은 듣지 않습니다. 왜 다시 들으려고 합니까? 당신들도 그 사람의 제자가 되려고 합니까?' 하고 묻습니다.

맹인의 말에 바리새인들이 화를 냅니다. "그들이 욕하여 이르되 너는 그의 제자이나 우리는 모세의 제자라"(요 9:28). 바리새인들은 예수의 이적을 믿지 않을 뿐만 아니라 예수의 제자가 되려고 하지도 않습니다. 그들은 모세의 제자라고 말합니다. 그러나 맹인은 예수를 받아들이고 인정합니다. 바리새인들을 조롱하듯이 말합니다. "이상하다 이 사람이 내 눈을 뜨게 하였으되 당신들은 그가 어디서 왔는지 알지 못하는도다"(요 9:30). 맹인이었던 사람은 예수에 대하여 확신을 갖고 있습니다. 자신 있게 말합니다. "하나님이 죄인의 말을 듣지 아니하시고 경건하여 그의 뜻대로 행하는 자의 말은 들으시는 줄을 우리가 아나이다"(요 9:31). 맹인은 예수는 죄인이 아니라고 말합니다. 하나님으로부터 온 자라는 것입니다. 맹인이었던 사람은 참된 신앙의 눈이 떠졌습니다.

그러자 바리새인들이 맹인을 꾸짖으며 쫓아냅니다. "네가 온전히 죄 가운데서 나서 우리를 가르치느냐"(요 9:34). 바리새인들은 맹인이 죄인으로 태어났다고 확신합니다. 그가 맹인이 되었던 이유가 죄 때문이라고 정죄합니다. 제자들이 처음에 갖고 있었던 생각과 동일합니다(요 9:2).

예수는 바리새인들이 맹인을 쫓아냈다는 말을 들었습니다. 맹인을 만나서 "인자를 믿느냐"고 묻습니다(요 9:35). 예수는 맹인의 눈을 고쳐 준 사람이 자신이라고 소개합니다. 그러자 맹인이 이렇게 고백합니다. "주여 내가 믿나이다. 하고 절하는지라"(요 9:38). 예수를 믿는다고 고백하며 엎드려 경배합니다. 절을 했다는 것은 예배의 의미가 있습니다.

예수는 맹인이 믿는 것을 보시고 의미 있는 말씀을 하십니다. "내가 심판하러 이 세상에 왔으니 보지 못하는 자들은 보게 하고 보는 자들은 맹인이 되게 하려 함이라"(요 9:39). 예수는 이 땅에 오신 목적을 설명합니다. "보지 못하는 자"는 맹인을 그리고 "보는 자들"은 바리새인들을 염두에 두고 하신 말씀입니다. 맹인과 바리새인들은 서로 위치가 바뀝니다. 맹인은 보지 못했지만 보게 됩니다. 그러나 바리새인들은 보지만 보지 못하게 됩니다. 이것은 또한 더 깊은 의미가 있습니다. 맹인이 단지 육신의 눈만을 뜬 것을 의미하지 않습니다. 맹인은 육신의 눈이 떠졌으며 더 나아가 신앙의 눈도 떠진 것입니다. 그러나 바리새인들은 육신의 눈은 떠져 있지만 신앙의 눈은 감겨 있습니다. 바리새인들은 예수를 보지 못하고 여전히 죄 가운데 있습니다(요 9:41).

예수는 자신을 세상의 빛이라고 소개십니다. 온 세상에 비취는 빛입니다. "예수께서 또 말씀하여 이르시되 나는 세상의 빛이니 나를 따르는 자는 어둠에 다니지 아니하고 생명의 빛을 얻으리라"고 하십니다(요 8:12). 예수를 따르는 자는 어둠에 다니지 않습니다. 죄와 사망의 어둠에 있지 않습니다. 생명의 빛 가운데 있습니다.

특별히 예수는 자신을 "세상의 빛"이라고 하십니다. 유대인의 빛만이 아니라 세상의 빛입니다. 예수의 이 자기선언은 메시야 예언과 관련이 있습니다. 이사야의 고난받는 종의 노래(사 42:1-7)는 이렇게 노래합니다. "나 여호와가 의로 너를 불렀은즉 내가 네 손을 잡아 너를 보호하며 너를 세워 백성의 언약과 이방의 빛이 되게 하리니 네가 눈먼 자들의 눈을 밝히며 갇힌 자를 감옥에서 이끌어 내며 흑암에 앉은 자를 감방에서 나오게 하리라"(사 42:6-7). 여기서 "이방의 빛"은 '민족들의 빛' 입니다. 즉 세상에 있는 이방 나라들의 빛입니다(참고 『대망의 책』, 418-421). 예수는 자신을 "세상의 빛"이라고 하셨을 때 이사야의 종의 노래를 염두에 두고 하신 말씀입니다. 예수는 "나는 세상의 빛이다" 하고 말씀하신 것은 자신을 하나님이 보내신 종으로서 어둠에 있는, 죄 가운데 있는 이방 민족들에게 생명의 빛을 비추는 분으로 소개하신 것입니다.



## 8.3 나는 양의 문이다

세 번째 예수의 자기소개는 "나는 양의 문이라"입니다(요 10:7). 이것은 이스라엘의 일상생활에서 나온 비유입니다. 목자들이 광야에서 양을 칩니다.

밤이 되면 양들을 한 곳에 모아 둡니다. 양들을 벽으로 둘러싸인 장소로 몰아옵니다. 뒤에는 절벽이 있는 곳에서 허리 높이의 돌 벽을 쌓습니다. 돌 벽 위에 가시나무를 두어서 양들이 넘어가지 못하게 합니다. 그리고 돌 벽 사이에 작은 공간을 둡니다. 양이 통과할 수 있는 문입니다. 우리 안으로 들어가려면 돌 벽 사이에 있는 공간 즉, 작은 문을 통해서 들어갑니다. 목자들은 그 입구를 가시나무로 막거나 아니면 목자 자신이 보초를 서기도 했습니다.

이 우리는 양들을 야생동물로부터 보호하기 위한 조치입니다. 양들은 그 우리 안에 있을 때, 안전합니다. 목자의 보호를 받으며 밤을 안전하게 보낼 수 있습니다. 다음 날 그 우리에서 나오려면 돌 벽 사이에 있는 그 작은 공간을 통해서 나옵니다. 문은 들어가고 나올 수 있는 출입구입니다.

목자들은 광야에서 양을 칠 때, 공동으로 우리를 만듭니다. 그리고 공동으로 양의 문에 보초를 서기도 합니다. 다음 날이 되면 그 많은 양들 가운데서 목자는 자기 양의 이름을 불러냅니다. 양들이 목자의 소리를 알아듣고 따라 나옵니다.

예수는 자신을 "나는 양의 문이다"라고 소개하십니다. 양들이 들어가고 나오는 문이라고 말씀하십니다. 문은 우리 안으로 들어가는 유일한 통로입니다. 양들이 우리 안으로 들어갈 수 있는 합법적인 통로이며 방법입니다.

예수는 자신을 양의 문이라고 소개하신 것은 문의 기능과 관련해서 교훈을 주시기 원하십니다. 문을 통해서 양들이 들어가고 나오는 것입니다. "내가 문이니 누구든지 나로 말미암아 들어가면 구원을 받고 또는 들어가며 나오며 꼴을 얻으리라"(요 10:9). 양들은 "나로 말미암아" 즉, '나를 통하여' 우리 안으로 들어갈 수 있습니다. 우리 안에 들어가지 못하는 양들은 우리 밖에 머물러야 합니다. 광야에서 밤에 양들이 우리 안에 들어가지 못하면 들짐승의 밥이 됩니다. 보호를 받지 못하기 때문입니다. 예수는 자신을 양의 문으로 소개하십니다. '나를 통하여' 즉, 예수를 통하여 들어가는 사람은 구원을 받습니다. 예수는 유일한 구원의 문입니다. 다른 문으로 들어가는 길이 없습니다. 우리로 들어가는 문은 하나입니다.

예수 그리스도를 통해서 하나님의 나라에 들어갑니다. "다른 이로써는 구원을 받을 수 없나니 천하사람 중에 구원을 받을 만한 다른 이름을 우리에게 주신 일이 없음이라"(행 4:12). 예수 외에는 구원의 문이 없습니다. 이 문으로 들어가는 사람이 합법적으로 생명을 얻을 수 있습니다(참고 마 7:13-14).

예수께서 주시는 구원은 하나님의 나라에 들어가는 미래적인 측면만 있는 것이 아닙니다. 현재적인 삶에도 적용됩니다. "들어가며 나오며 꼴을 얻으리라"고 말합니다(요 10:9). 양들이 양의 문을 들어가며 나오며 꼴을 얻습니다. 꼴은 양들의 식량입니다. 일용할 양식입니다. 양들이 먹고 살 수 있도록 해 주시는 것입니다. 양은 풀을 잘 먹어야 살이 통통하게 오릅니다. 예수는 우리의 삶에 먹을 양식을 주십니다. 예수를 통하여 들어가며 나올 때, 예수를 의지하는 삶을 살 때, 좋은 꼴을 먹을 수 있습니다.



예수는 양의 문입니다. 양들은 예수 그리스도를 통해서 구원을 얻습니다. 양들은 이 문을 사용합니다. 그러나 이 문을 사용하지 않고 들어가려고 하는 자들이 있습니다. 문을 통하지 않고 우리로 들어가려는 자는 도둑이며 강도입니다. "문을 통하여 양이 우리에 들어가지 아니하고 다른 데로 넘어가는 자는 절도며 강도요 문으로 들어가는 이는 양의 목자라"(요 10:1-2).

양의 문을 이용하는 사람은 목자입니다. 합법적으로 들어갈 수 있는 사람입니다. 그러나 도둑은 양의 문을 이용하지 않습니다. 양의 우리를 넘어갑니다. 넘어가는 목적은 단 한가지입니다. 목자에게 중요한 재산인 양을 훔쳐가려는 것입니다.

양의 문을 이용할 수 있는 사람은 합법적입니다. 그러나 양의 문을 사용하지 못하는 사람은 불법을 행하는 자입니다. 예수는 양의 문입니다. 문을 통하여 우리로 들어간 양들은 안전한 곳에 있습니다. 도둑과 강도의 위험이 없습니다.

예수는 도둑이 오는 목적과 자신이 온 목적을 비교해서 말씀하십니다. "도둑이 오는 것은 도둑질하고 죽이고 멸망시키려는 것뿐이요 내가 온 것은 양으로 생명을 얻게 하고 더 풍성히 얻게 하려는 것이라"(요 10:10). "도둑"과

"내가" 그리고 "죽이고"와 "생명"이 대조를 이룹니다. 양의 문을 이용하지 않는 자들은 도둑이며 강도입니다. 도둑과 강도는 양들을 도적질합니다. 이들은 양들을 죽이고 멸망시키려고 옵니다.

도둑과 강도는 양의 문을 사용하지 않습니다. 양의 문을 인정하려고 하지 않습니다. 이들은 유대의 종교 지도자들을 의미합니다. 유대의 종교 지도자들은 예수를 인정하려고 하지 않습니다. 믿으려고 하지 않을 뿐만 아니라 죽이려고 합니다. 양의 문이신 예수와 도둑과 강도는 대조를 이룹니다.

위에서 살펴본 맹인의 치유 사건에서 바리새인들이 한 행동을 생각해 보십시오. 그들은 예수의 치유의 기적에 그리고 맹인이 고침 받은 것에 관심이 없습니다. 단지 예수께서 안식일에 병을 고쳤다는 사실 한 가지로 트집을 잡습니다. 그들은 양의 회복과 생명에는 관심이 없습니다. 단지 안식일 규정을 어겼다는, 율법을 지키지 않았다는 사실에만 집중합니다. 그들은 맹인에 대한 긍휼과 사랑이 없습니다. 단지 정죄와 비난만을 일삼습니다. 바리새인들은 맹인을 치료해 주지 못했습니다. 더 나아가 맹인을 쫓아냈습니다.

예수는 종교 지도자인 바리새인들과 서기관들을 신랄하게 비난하셨습니다. 예수는 이들의 외식함을 이렇게 지적합니다. "화 있을진저 외식하는 서기관들과 바리새인들이여 너희는 천국 문을 사람들 앞에서 닫고 너희도 들어가지 않고 들어가려 하는 자도 들어가지 못하게 하는도다"(마 23:13). 이들은 마치 천국 문을 지키는 문지기 같습니다. 그런데 문지기의 역할이 아주 부정적입니다. 천국 문을 닫고 있습니다. 이들은 천국으로 들어가려고 하지 않습니다. 더 나아가 사람들이 그 문을 통하여 들어가지 못하도록 합니다. 또한 들어가려고 하는 사람을 들어가지 못하도록 방해하고 있습니다. 이들은 사람들을 멸망으로 인도하고 있습니다. 이들은 눈 먼 지도자들입니다. 맹인이 맹인을 인도하는 것입니다. 이들이 유대인들을 잘못된 길로 인도하고 있습니다.

그러나 예수께서 온 목적은 그렇지 않습니다. 예수는 이 세상에 온 목적은 "양으로 생명을 얻게 하고 더 풍성히 얻게 하려는 것이라"고 밝힙니다(요 10:10). 예수의 관심은 양들에게 있습니다. 양들이 생명을 얻는 것입니다. 여기서 예수는 생명을 주시는 분이라는 것을 알 수 있습니다. 예수께서 주시는 "생명"은 신적인 기원을 갖고 있는 생명으로(요 5:26) "영생"을 의미합니다(요 5:24). 예수께서 이 땅에 오신 목적은 분명합니다. 사람들에게 생명을 주고 풍성한 삶을 주시려고 오셨습니다.

# 9

# 예수의 자기계시(II)

**읽어야 할 본문: 요한복음 10-15장**

예수는 자신에 대한 인식이 확실합니다. 자신을 "나는 ~이다" 하고 소개하십니다. 이러한 예수의 자기소개 속에 예수의 신분과 하시는 일이 드러납니다. 예수께서 하나님이심이 계시됩니다. 특히 예수의 자기소개는 구약의 하나님의 자기소개와 관련이 있습니다. 하나님은 아브라함에게 "나는 전능한 하나님이라"(창 17:1), 야곱에게 "나는 여호와니 너의 조부 아브라함의 하나님이요 이삭의 하나님이라"(창 28:13), 모세에게 "나는 네 조상의 하나님이니 아브라함의 하나님, 이삭의 하나님, 야곱의 하나님이니라"(출 3:6) 그리고 이스라엘 백성에게 "나는 너를 애굽 땅 종 되었던 집에서 인도하여 낸 네 하나님 여호와라"(신 5:6) 하고 소개하십니다. 그 외에도 하나님의 자기소개는 구약 전반에 걸쳐서 나타납니다. "너희의 하나님이 되려고 너희를 애굽 땅에서 인도하여 낸 자니 나는 여호와니라"(레 22:33), "나는 여호와라 나 외에 구원자가 없느니라"(사 43:11), "나는 처음이요 나는 마지막이라 나 외에 다른 신이 없느니라"(사 44:6), "나는 긍휼이 있는 자라"(렘 3:12), "나 여호와는 말하고 이루느니라"(겔 17:24. 참고 『대망의 책』, 94-96).

특별히 예수는 "나는 ~이다"(에고 에이미) 형식은 모세에게 하신 하나님의 자기소개와 관련이 있습니다. 하나님이 불타는 가시나무에서 모세에게 나타났습니다. 그러자 모세가 이스라엘 백성에게 말할 수 있는 하나님의 이름을 묻습니다. 이때 하나님은 "나는 스스로 있는 자이니라"(에흐예 아쉐르 에흐예. 출 3:14) 하고 자신을 소개하십니다. 이 말의 히브리어는 관계대명사 때문에 번역하기가 어렵습니다(참고 『대망의 책』, 90-91). 현재로 번역하면 '나는 있는 나는 있다' I am who I am이며 미완료로 번역하면 '나는 있을 나는 있을 것이다' 입니다. 헬라어 구약성경 70인경은 이 문장을 '나는 그 존재하는 자이다'(에고 에이미 호 온)로 번역합니다. 헬라어는 히브리어 '에흐예'(나는 있다)를 '에고 에이미' 로 번역합니다. 70인경의 이러한 표현은 예수의 자기소개 형식 '나는 ~이다'(에고 에이미)와 헬라어로 같습니다. 예수의 자기소개 형식은 구약에 나타난 하나님의 자기소개와 밀접한 관련이 있습니다.

### 9.1 나는 선한 목자이다



예수의 네 번째 자기소개는 "나는 선한 목자라"(요 10:14)입니다. 이 자기소개는 "나는 양의 문이라"(요 10:7)와 같은 본문에서 나옵니다. 목자는 이스라엘에서 일반적인 직업입니다. 양을 돌보는 자입니다.

양은 두려움이 많고 연약한 초식동물입니다. 양은 무더운 광야에서 목자의 도움을 꼭 필요로 합니다. 특히 육식 동물 앞에서 자신을 방어할 무기가 없습니다. 이리나 사자, 곰 같은 짐승들이 나타나면 양들은 목자의 도움이 절대적입니다. 양은 목자를 의지합니다.

이러한 양과 목자 사이의 관계를 비유로 예수는"나는 선한 목자다"하고 자신을 소개하십니다. 예수는 자신을 소개하는데 "나는 선한 목자다"라고 하십니다. "선한"이라는 단어가 아주 인상적입니다. 목자라는 직업을 어떻게 감당하는지를 보여주는 표현입니다. 목자의 성품과 성격을 나타내줍니다.

"선한 목자"는 '좋은 목자' 입니다. 나쁜 목자가 아닙니다. 괴팍한 목자가 아닙니다. 양들을 골탕 먹이기를 즐겨하는 심술궂은 목자가 아닙니다. 좋은 목자는 양들을 우선적으로 생각합니다. 양들을 맹수로부터 보호하고 푸른 풀밭으로 인도하는데 최선을 다합니다.

예수는 이제까지 자신을 소개하실 때, "나는 생명의 떡," "나는 세상의 빛" 그리고 "나는 양의 문"이라고 하셨습니다. 이 자기소개들에서는 예수의 성품이 나타나지 않았습니다. 그런데 이번에는 예수는 자신의 성품을 선하다고 말씀하십니다. 예수께 능력이 있습니다. 예수는 사람들에게 생명을 주시며 구원을 주십니다. 그런데 이 분의 성격이 좋지 않습니다. 괴팍합니다. 이러면 그를 따르는 사람들은 아주 곤란할 것입니다.

"선하다" 하는 것은 직접 경험해 보아야 합니다. 그래서 다윗은 "너희는 여호와의 선하심을 맛보아 알지어다 그에게 피하는 자는 복이 있도다"라고 말합니다(시 34:8). 하나님이 "선하다"라는 것은 직접 체험해 보아야 합니다.

선한 목자는 양들을 꼴과 물이 있는 곳으로 인도합니다. 양들은 목자를 따라가야 살 수 있습니다. 목자를 따라가야 쉴만한 물가와 푸른 풀밭으로 인도함을 받습니다. 양들은 목자의 선함을 날마다 체험합니다. 이와 같이 성도들이 주님을 잘 따라갈 때, 하나님의 말씀에 잘 순종할 때, 좋은 꼴을 먹고 시원한 물을 마십니다. 양이 목자의 인도를 벗어나면 광야에 홀로 내 던져집니다. 뜨거운 태양아래서 쉴 곳을 찾지 못합니다. 사나운 맹수들을 만날 수 있습니다. 낭떠러지 길로 접어들 수 있습니다. 목자를 떠나면 유리하며 방황합니다. 결국 죽음입니다.

광야에서 양들이 풀을 뜯을 때, 사나운 맹수들이 달려듭니다. 양들을 잡아먹기 위해서 이리와 같은 짐승들이 옵니다. 이때 목자가 나서서 막아줍니다. 선한 목자는 양들을 보호합니다. 막대기를 들고 사나운 이리를 막아섭니다. 선한 목자는 자신의 생명을 먼저 생각하지 않습니다. 양들을 보호하기 위하여 사나운 맹수와 맞섭니다.

그러나 삯꾼을 그렇지 않습니다. 삯꾼은 돈을 받고 고용된 일꾼입니다. 자신의 생명이 위태로운 환경에 처하면 양들을 내버려 두고 갑니다. 자신의 생명을 먼저 생각합니다. 그러나 선한 목자는 "양들을 위하여 목숨을"(요 10:11) 버립니다. 자신의 생명을 돌보지 않고 양들을 위해 희생하며 헌신합니다. 선한 목자의 특징입니다.

선한 목자는 양들을 위해 자신의 목숨을 버립니다. 자신의 목숨을 버린다는 표현이 본문에서 4번이나 나옵니다(요 10:11, 15, 17, 18). 예수는 선한 목자로서 양들을 위해 목숨을 버립니다. "양들을 위하여 목숨을" 버린다는 것은 대속적인 죽음을 뜻합니다. 예수는 선한 목자가 해야 할 일이 생명을 내놓는 것이라고 밝힙니다. 예수는 자신을 따르는 백성들을 위하여 자신의 생명을 버리실 것입니다.

예수는 이 땅에 오신 목적을 이렇게 말씀하십니다. "인자가 온 것은 섬김을 받으려 함이 아니라 도리어 섬기려 하고 자기 목숨을 많은 사람의 대속물로 주려 함이니라"(마 20:28). 예수는 자신의 생명을 대속물(몸값, 배상금)로 주려고 이 땅에 오셨습니다. 자신의 생명을 하나님의 백성을 위하여 몸값으로 주시기 위해서 오셨습니다. 하나님의 백성을 죄와 영원한 사망으로부터 구원하기 위하여 자신의 생명을 내어 놓으신 것입니다.

예수는 양들을 위하여 자신의 목숨을 버린다고 강조하십니다. 이것은 예수는 십자가에 죽으실 것을 말씀하시는 것입니다. 십자가에서 하나님의 백성의 구원을 위하여 자신의 목숨을 내어 주시는 것입니다.

예수는 자신의 목숨을 내어 주는 것은 자발적인 것입니다. 강요를 받은 것이 아니라 자원해서 내어주십니다. "이를 내게서 빼앗는 자가 있는 것이 아니라 내가 스스로 버리노라 나는 버릴 권세도 있고 다시 얻을 권세도 있으니"(요 10:18). "버릴 권세"와 "다시 얻을 권세"가 대조를 이룹니다. 예수는 양들을 위하여, 하나님의 백성을 위하여 자발적인 희생을 하십니다. 양들을 사랑하시기 때문입니다. 이것이 선한 목자의 가장 큰 특징입니다. 또한 예수는 생명의 주권이 자신에게 있음을 말합니다. 자신의 생명을 버릴 권세도 있고 다시 얻을 권세도 있다고 하십니다. 예수는 생명을 다시 취하실 권세가 있습니다.

선한 목자는 자신의 목숨을 양들을 위해 버립니다. 이 자발적인 희생과 헌신이 다른 양들을 또 인도합니다. "또 이 우리에 들지 아니한 다른 양들이 내게 있어 내가 인도하여야 할 터이니 그들도 내 음성을 듣고 한 무리가 되어

한 목자에게 있으리라"(요 10:16). 지금 예수의 음성을 듣고 따르는 양 무리는 유대인들 가운데 있는 자들입니다. 이들 외에 "다른 양들"이 있습니다. 다른 양은 유대인들에게 속한 양들이 아닙니다. 이것은 이방인을 의미합니다(참고 사 49:6). 이 양 무리는 예수는 십자가에 달리시고 부활하신 후에 복음을 듣고 믿는 이방인들입니다. 이방인들 가운데서 큰 무리가 예수를 믿고 나올 것을 말하고 있습니다(참고 롬 11:25-26).

유대인이나 이방인이나 예수를 믿는 사람들은 다 "한 목자"의 인도를 받을 것입니다. 이 한 목자는 바로 예수 그리스도입니다. 양들을 위해 기꺼이 십자가에서 자신의 목숨을 내 놓으신 분입니다.

한 목자는 삯꾼과 대조를 이룹니다. 삯꾼은 유대의 종교 지도자인 대제사장, 서기관, 바리새인과 장로를 의미합니다. 이들은 이리가 오는 위급한 상황을 만나면 도망갈 사람들입니다. 거짓 지도자들입니다. 대가를 바라고 일을 하는 삯꾼입니다. 삯꾼은 위급한 상황이 되면 양들을 버리고 도망갑니다. 왜냐하면 양들이 자기 양이 아니기 때문입니다. 그러나 선한 목자는 그렇지 않습니다. 양들을 지킵니다.

양들은 목자를 따라갑니다. 목자가 양의 이름을 부릅니다. 그러면 양은 목자의 음성을 알아듣고 목자를 따라갑니다. 참 신기합니다. 양들이 목자의 음성을 인식합니다. 목자는 양의 이름을 각각 불러냅니다. 하나님이 성도들을 그리스도 안에서 선택하셨습니다. 성도들의 이름을 아시고 역사 속에서 부르셨습니다. 하나님의 백성으로 부르셨습니다. 성도들은 하나님의 음성을 듣고 나온 사람들입니다. 하나님이 부르셨기 때문에 하나님을 따라 나온 사람들입니다.

목자가 양들 앞에 서서 갑니다. 그러면 양들이 따라갑니다. 다른 목자가 와서 양의 이름을 부르면 양들은 반응하지 않습니다. 다른 목자가 부르는 음성을 알지 못하기 때문에 도망갑니다. 선한 목자와 양들 사이에 신비로운 교감이 있습니다. 우리는 앞에서 예수는 맹인의 눈을 고쳐 주신 것을 살펴보았습니다. 맹인은 바리새인을 따라가지 않습니다. 맹인은 바리새인들의 음성을 듣고 따라가지 않습니다. 맹인은 예수를 따라 왔습니다.

예수는 자신을 "선한 목자"와 "한 목자"로 소개합니다. 이러한 사상은 구약 시편에서 먼저 찾아 볼 수 있습니다. 다윗은 "여호와는 나의 목자시니 내게 부족함이 없으리로다"(시 23:1) 하고 노래했습니다. 하나님이 양들을 쉴 만한 물가와 푸른 풀밭으로 인도하십니다. 하나님이 목자라는 사상은 에스겔에서 한 걸음 더 나아갑니다(겔 34장). 에스겔 선지자는 양들을 돌보지 않고 자기만 먹이는 이스라엘의 목자들을 비판합니다(참고 『대망의 책』, 459-461). 이스라엘의 목자들은 양들에게서 털과 고기를 얻습니다. 그러나 양들을 돌보지 않습니다. 직무 태만입니다. 그 결과 양들이 흩어지며 방황합니다. 목마르고 굶주립니다. 야생짐승의 먹이가 됩니다. 돌봐 줄 목자가 없습니다. 그래서 하나님이 직접 목자가 되십니다. 흩어진 양들을 찾아 안전한 곳에 두십니다. 양들은 안전한 곳에서 꼴을 먹습니다.



이것은 바벨론에 포로로 잡혀간 공동체를 회복시킬 것을 의미합니다. 그렇지만 에스겔 선지자는 여기서 한 걸음 더 나아갑니다. "내가 한 목자를 그들 위에 세워 먹이게 하리니 그는 내 종 다윗이라 그가 그들을 먹이고 그들의 목자가 될지라"(겔 34:23). 여호와는 회복된 공동체에게 "한 목자" 즉, "내 종 다윗"을 보내줄 것을 약속합니다. 그런데 에스겔의 문맥에 따르면 하나님이 직접 목자가 되실 것을 말했습니다(겔 34:11-15). 여호와께서 이상적인 목자가 되실 것입니다. 따라서 여호와 하나님이 보내실 "한 목자" 신분이 엄청납니다. "내 종 다윗"입니다. 이것은 역사적 다윗이 부활할 것이 아니라 두 번째 다윗이 온다는 것입니다. 메시야가 올 것을 의미합니다. 한 목자가 와서 회복된 공동체의 왕이 됩니다(겔 34:24). 하나님이 인간의 모습으로, 메시야로 올 것입니다. 예수는 에스겔의 예언을 성취하는 "한 목자"입니다. 이러한 자의식을 가지고 예수는 지금 자신을 "나는 선한 목자이다"라고 소개하고 있는 것입니다.

## 9.2 나는 부활이요 생명이다

예수의 다섯 번째 자기소개는 "나는 부활이요 생명이다"(요 11:25)입니다. 이 선언은 나사로를 살리는 기적 이야기에서 나옵니다. 예수는 사랑하는 가족이 있습니다. 마르다와 마리아와 나사로입니다. 이들은 예루살렘에서 가까운 베다니에 살고 있습니다. 아마도 예수는 예루살렘을 가실 때에 이 집에 자주 머무셨던 것 같습니다. 예수께서 나사로를 사랑하셨다고 하니 예수와 이 가족과의 관계가 아주 각별했던 모양입니다. 그런데 안타깝게도 나사로가 병이 들었습니다. 그러자 그 누이들이 예수께 사람을 보냅니다. "주여 보시옵소서 사랑하시는 자가 병들었나이다"(요 11:3). 어떤 병인지 자세하게 나오지는 않지만 심각한 병입니다.

예수는 나사로가 병들었다는 소식을 들었습니다. 예수는 나사로의 병세를 알고 있습니다. "이 병은 죽을병이 아니라 하나님의 영광을 위함이요 하나님의 아들이 이로 말미암아 영광을 받게 하려 함이라"고 말합니다(요 11:4). 나사로의 병은 하나님의 영광을 나타나기 위한 병이라고 하십니다. 하나님의 아들 즉 예수는 이 일로 인하여 영광을 얻을 것이라고 말합니다.

예수는 이 말씀을 하시고 나서 계시던 곳에서 이틀이나 더 머무십니다. 예수는 지체하십니다. 시간이 흘러갑니다. 나사로가 병이 깊어져서 죽었습니다. 예수는 나사로의 집에 도착했을 때는 나사로가 죽은 지 나흘이나 되었다고 말합니다. 나사로가 사는 동네 베다니에서 예수께서 계셨던 곳까지 오는데 하루가 걸립니다. 오는데 하루 그리고 가는데 하루입니다. 예수는 그곳에 이틀을 더 머무셨습니다. 나사로가 병이 들었을 때 사람을 예수께 보냈습니다. 사람을 보내고 나서 곧 죽은 것입니다. 예수는 그 소식을 듣고 즉시 오셨어도 나사로는 이미 죽었습니다. 예수는 늦게 오셔서 나사로가 죽은 것은 아닙니다. 나사로는 병으로 인하여 죽은 것입니다. 예수님 책임이 아닙니다.

예수는 그곳에서 이틀을 더 유하시고 나서 제자들에게 유다로 가자고 하십니다. 그러자 제자들이 놀라면서 '방금도 유대인들이 돌로 치려고 했는데 다시 돌아가자고 하십니까?' 하고 묻습니다. 그러자 예수는 한 비유를 들어

주십니다. “낮이 열 두 시간이 아니냐 사람이 낮에 다니면 이 세상의 빛을 보므로 실족하지 아니하고 밤에 다니면 빛이 그 사람 안에 없는 고로 실족하느니라”(요 11:9-10). 해가 있으면 밝습니다. 잘 보이기 때문에 넘어질 일이 없습니다. 그러나 밤이 되면 상황이 달라집니다. 빛이 없기 때문에 캄캄합니다. 앞이 잘 보이지 않으니 넘어질 수 있습니다.

예수께서 이러한 비유를 드시는 이유가 있습니다. 정해진 때가 있다는 것입니다. 낮이 열 두 시간인 것처럼 예수는 이 세상에서 활동할 때가 있습니다. 예수는 활동할 때에는 안전합니다. 하나님이 정하신 시간이 있습니다. 그 시간 동안에 예수는 하나님의 일을 하실 수 있습니다. 유대인들이 아무리 예수를 죽이려고 해도 죽일 수가 없습니다. 하나님이 허락하지 않기 때문입니다. 여기에 하나님의 주권이 나타납니다. 하나님은 인간을 구원하기 위한 하나님의 계획이 있습니다. 예수께서 그 계획을 이루기까지는 유대인들이 어떻게 해 볼 수가 없습니다. 또한 이 말씀에서 알 수 있는 것은 하나님이 정하신 때가 있다는 사실입니다. 하나님은 자신의 일을 하는 시간이 있습니다. 예수께서 이틀이나 지체하신 데에는 다 이유가 있습니다. 하나님의 영광을 위해서 일해야 할 때가 있기 때문입니다.

예수는 제자들에게 유다 지방으로 돌아가야 할 이유를 말해 줍니다. “우리 친구 나사로가 잠들었도다. 그러나 내가 깨우러 가노라”(요 11:11). 예수는 나사로가 죽은 것을 잠들었다고 표현합니다. 죽었으면 장례를 치르고 모든 것이 끝났습니다. 그러나 예수는 “내가 깨우러 가노라”(요 11:11)고 하십니다. 예수는 나사로를 살리려고 하시는 것입니다.

예수는 장례식장에 도착하니 나사로가 죽은 지 나흘입니다. 중동지역은 날이 뜨겁습니다. 날이 더워서 시체가 빨리 부패하기 때문에 유대인들은 사람이 죽으면 그 날로 장사를 지냅니다. 대부분이 바위를 파내어 만든 무덤을 사용합니다. 그리고 무덤 앞에 구르는 돌로 막아 놓습니다. 공식적인 애도 기간은 7일입니다. 그 당시 랍비들은 사망한 사람의 영혼은 사흘 동안 몸 안에 들어가려고 애쓰면서 몸 주위를 맴돈다고 가르쳤습니다. 그러나 넷째 날,

사망자의 얼굴색이 변하는 것을 보면, 즉 부패가 시작하면 그 영혼이 멀리 떠난다고 말합니다. 나사로는 죽은 지 나흘입니다. 그 당시 사람들의 생각에 부패가 시작했습니다. 나사로가 완전히 죽은 것입니다. 예수는 이때 오셨습니다. 나흘이라는 시간 설명은 예수의 기적이 초자연적인 것이라는 것을 보여줍니다.

예수께서 오셨다는 소식을 마르다가 먼저 들었습니다. 마르다가 예수를 맞이합니다. 마르다는 슬픔을 이기지 못하고 예수께 하소연합니다. "주께서 여기 계셨더라면 내 오라버니가 죽지 아니하였겠나이다"(요 11:21). 마르다는 예수의 능력을 확신합니다. 예수께서 같이 계셨더라면 나사로가 죽지 않았을 것이라고 말합니다. 하지만 안타깝게도 예수는 나사로와 함께 계시지 않았습니다.

마르다는 계속 이렇게 말합니다. "그러나 나는 이제라도 주께서 무엇이든지 하나님께 구하시는 것을 하나님이 주실 줄 아나이다"(요 11:22). 비록 나사로는 죽었지만 예수의 능력은 여전하다는 것입니다. 예수는 지금이라도 하나님께 기도하면 하나님이 그 기도에 응답하실 것이라고 말합니다. 마르다는 예수의 능력을 의심하지 않습니다. 예수와 하나님과의 관계도 의심하지 않습니다.

그러자 예수는 마르다에게 "네 오라비가 다시 살아나리라"(요 11:23)고 대답합니다. 예수는 이미 죽은 나사로가 다시 살아날 것이라고 말씀합니다. 그러자 마르다는 이렇게 말합니다. "마지막 날 부활 때에는 다시 살아날 줄을 내가 아나이다"(요 11:24). 마르다는 예수의 말을 마지막 날에 있을 부활로 이해합니다. 마지막 부활은 먼 미래의 일입니다. 마르다는 종말에 있을 부활을 믿고 있습니다. 그러나 예수는 지금 나사로가 살아날 것이라고 말하셨습니다. 부활이 일어나는 시간에 대한 이해에 차이가 있습니다.

예수는 마르다의 말을 듣고 나서 이렇게 말씀하십니다. "나는 부활이요 생명이니 나를 믿는 자는 죽어도 살겠고 무릇 살아서 나를 믿는 자는 영원히 죽지 아니하리니 이것을 네가 믿느냐"(요 11:25-26). 예수는 자신을 "나는 부활이요 생명"이라고 소개하십니다. 생명은 너무 신비롭습니다. 살아 있는 사람은 말하고 먹고 움직입니다. 그러나 죽은 사람은 움직이지 못합니다. 말이 없습니다. 생명은 살아있습니다. 사람은 생명을 부여받은 자들입니다. 사람은 생명을 스스로 창조해 낼 수 없습니다. 사람은 제한된 시간 안에서 살아가는 존재입니다. 사람은 자신의 생명을 연장하거나 늘일 수 없습니다. 그러나 예수는 자신을 생명이라고 소개하십니다. 생명을 주장하시며 생명을 줄 수 있는 분입니다. 예수는 자신을 부활이라고 말씀하십니다. 부활은 다시 사는 것입니다. 사람은 죽으면 모든 것이 끝납니다. 그러나 예수는 죽은 사람에게 다시 생명을 부여하실 수 있는 분입니다. 죽음을 넘어서는 분입니다.

예수는 마르다에게 이것을 믿느냐고 물어 봅니다. 그러자 마르다가 대답합니다. "주여 그러하외다 주는 그리스도시요 세상에 오시는 하나님의 아들이신 줄 내가 믿나이다"(요 11:27). 마르다의 믿음이 참 좋습니다. 예수가 누구인지 정확하게 알고 고백하고 있습니다. 예수는 그리스도이며 하나님의 아들이라고 말합니다. 이것을 보면 마르다의 믿음은 보통이 아닙니다. 하지만 마르다의 믿음은 현실 앞에서 무너집니다.

예수께서 오셨다는 소식을 마리아도 들었습니다. 마리아도 예수님 앞에 나와서 예수께서 여기 계셨더라면 오라버니가 죽지 않았을 것이라고 말하며 웁니다. 마리아가 울자 함께 한 유대인들도 웁니다. 사람들이 우는 것을 보시고 예수는 그들을 불쌍히 여기십니다. "예수께서 그가 우는 것과 또 함께 온 유대인들이 우는 것을 보시고 심령에 비통히 여기시고 불쌍히 여기사"(요 11:33). 예수의 감정을 나타내고 있습니다. 예수는 "심령에 비통히 여기"셨다고 합니다. 이것은 격분, 분노를 뜻합니다. 예수는 마리아와 유대인들이 우는 것을 보고 분노하신 것입니다. 예수는 죽음의 고통을 보셨습니다. 죽음 앞에 서 있는 인간의 절망과 깊은 슬픔을 보셨습니다. 사람들에게 절망을 주며 고통을 주는 죽음, 사망을 보고 분노하십니다. 격분하십니다. 인류 최대의 적은 죽음입니다. 죽음이 사람의 앞을 가로막고 있습니다. 죽음 앞에서 사람들은 좌절하며 슬퍼하며 비탄에 빠집니다. 사망의 권세를 잡고 있는 자는 마귀입니다. 마귀가 죽음의 권세를 가지고 있습니다. 예수는 지금 사망의 권세 아래에 매여 비탄의 눈물을 흘리고 있는 사람들을 안타까워하십니다. 사람의 인생을 비극으로, 죽음으로 몰고 가는 마귀의 세력을 향해 분노하십니다. 예수는 또한 인간의 처지를 불쌍히 여기십니다. 인간은 죽을 수밖에 없습니다. 예수는 나사로의 죽음에 분노하실 뿐만 아니라 슬퍼하십니다. 예수는 인간의 아픔과 슬픔에 함께 하십니다.

예수는 나사로의 무덤 앞에 섰습니다. 주위 사람들에게 무덤의 돌을 옮겨 놓으라고 말씀하십니다. 그러자 마르다가 나섭니다. "주여 죽은 지가 나흘이 되었으매 벌써 냄새가 나나이다"(요 11:39). 마르다가 예수를 말립니다. 이미 죽어서 시신이 부패했습니다. 냄새가 납니다. 하고 말합니다. 마르다는 현실적이며 이성적인 사람입니다. 자연 질서에 따르면 나사로가 이미 죽어서 나흘이나 되었습니다. 시신이 부패합니다. 모든 것이 끝났습니다. 무덤 안에는 죽은 사람이 누워있습니다. 사람의 이성으로는 살아날 것 같지 않습니다. 현실은 엄연히 존재합니다. 현실은 변함이 없습니다. 사람의 눈은 현실을 보며 머리로는 현실을 생각하며 계산합니다. 죽은 사람이 살아날 것 같지 않습니다.

믿음은 현실 앞에서 작아질 때가 많습니다. 마르다는 분명히 믿는다고 고백했습니다. 그러나 현실 앞에서 넘어집니다. 마르다는 자신의 생각으로 예수의 계획을 막아섭니다. 미래의 부활은 믿지만 현재의 부활은 믿지 못합니다. 마르다의 마음은 이미 돌로 막혀 있습니다. 믿는다고 고백했지만 현실과 이성의 돌이 그녀의 마음을 막고 있습니다.

예수는 마르다에게 "네가 믿으면 하나님의 영광을 보리라 하지 아니하였느냐"고 책망하십니다(요 11:40). 예수는 현실 앞에서 한없이 작아지는 마르다의 믿음을 일깨워 주십니다. 믿음으로 하나님을 바라보라고 하십니다. 예수는 하늘을 우러러 보시며 하나님께 기도하십니다. 현실을 보면 죽은 지 나흘이나 된 시신이 있습니다. 냄새가 나지만 하늘을 보면 상황이 달라집니다. 하늘을 보면 죽은 자를 살리실 수 있는 하나님이 계십니다.

예수는 기도하고 난 후에 무덤을 향하여 명령하십니다. "나사로야 나오라" 단호하게 말씀하십니다. 죽은 자를 부르고 계십니다. 죽은 자는 듣지 못합니다. 죽은 사람은 반응을 보이지 않습니다. 죽은 자는 일어서지도 못하며 걷지도 못합니다. 그런데 예수는 죽은 자를 부르십니다. 죽은 자에게 무덤 밖으로 나오라고 하십니다.

예수는 슬퍼만 하시는 분이 아닙니다. 사람은 죽음 앞에서 무능력을 통감합니다. 죽음을 어떻게 해 볼 수가 없습니다. 그러나 예수는 생명과 부활이십니다. 예수는 무덤 앞에 서십니다. 무덤 앞에, 죽음 앞에 서서 죽음과 대면하십니다. 예수는 무덤을 향하여 "나사로야 나오라"(요 11:43) 하고 소리치십니다. 예수는 사망을 향하여 소리치실 수 있는 분입니다. 사망과 죽음을 향하여 명령하실 수 있는 분입니다. 죽음의 권세를 물리치시며 무덤을 향하여 명령하실 수 있는 유일하신 분입니다. 예수는 생명이시며 사망을 다스리며 주관하십니다.



예수는 죽은 사람에게 명령했습니다. 그러자 신기하게도 죽은 나사로가 걸어 나옵니다. 무덤에서 나옵니다. 죽은 사람이 수족을 베로 동인 채로 나옵니다. 얼굴은 수건에 싸여 있습니다. 미라가 무덤 밖으로 걸어 나왔습니다. 베로 칭칭 감아 놓았으니 걸어 다니기가 불편합니다. 예수는 "풀어 놓아 다니게 하라"(요 11:44)고 말씀하십니다. 나사로가 자유롭게 걸어 다닐 수 있습니다. 예수는 죽은 나사로에게 자유를 주었습니다. 다시 두 발로 걸어 다닐 수 있도록 살려 주었습니다.

예수는 나사로를 다시 살리심으로 "나는 부활이요 생명이다"는 자기선언을 입증하십니다. 예수는 죽은 자에게 다시 생명을 주실 수 있는 분입니다. 죽음은 인류의 최대 적입니다. 아담과 하와가 선악과를 따먹은 후로 죽음이 인류에게 들어왔습니다. 죽음을 정복한 사람이 없습니다. 그러나 예수는 죽은 자를 다시 살리심으로 죽음을 정복하십니다.

하나님이 사람을 만드신 후에 생명을 주셨습니다. 그리고 에스겔 선지자는 하나님이 마른 뼈를 살리시는 것을 보았습니다. 하나님만이 생명을 주시며 죽은 자를 다시 살리실 수 있습니다. 그런데 예수는 죽은 나사로를 다시 살리심으로 자신이 사람을 만드시고 생명을 주신 창조주 하나님이라는 것을 계시하십니다.

부활은 종말에 일어날 사건입니다. 예수 그리스도께서 재림하실 때에 죽은 자들이 부활할 것입니다. 그런데 예수는 죽은 나사로를 다시 살리심으로 종말에 일어날 사건을 미리 보여주십니다. 따라서 나사로 사건은 종말에 일어날 사건을 미리 성취하는 선취이자 또한 미리 보여주는 예기입니다.

### 9.3 나는 길이요 진리요 생명이다

예수의 여섯 번째 자기소개 "나는 길이요 진리요 생명이다"(요 14:6)입니다. 이 진술은 다락방 강화에서 나옵니다. 예수는 하나님께로 돌아가실 때가 되었다는 것을 알고 계십니다(요 13:3). 예수께서 가는 곳에 제자들은 따라올 수가 없습니다(요 13:33). 그러자 베드로가 물어봅니다. "주여 어디로 가시나이까?" 예수는 이 질문에 "내가 가는 곳에 네가 지금은 따라올 수 없으나 후에는 따라오리라"(요 13:36) 하고 답변하십니다.

예수는 제자들에게 자신이 "떠날 것"과 "다시 오실 것"을 말씀하십니다. 예수는 제자들에게 "내가 너희를 위하여 거처를 예비하러 가노니"(요 14:3) 하십니다. 그리고 "거처를 예비하면 내가 다시 와서 너희를 내게로 영접하여 나 있는 곳에 너희도 있게 하리라"(요 14:3)고 하십니다. 하지만 제자들은 예수께서 무슨 말씀을 하는지 이해하지 못합니다. 예수는 더 알쏭달쏭한 말을 합니다. 제자들은 예수께서 가시는 길을 안다고 하십니다. "내가 어디로 가는지 그 길을 너희가 아느니라"(요 14:4). 그러자 도마는 그 길을 알지 못한다고 말합니다. "주여 주께서 어디로 가시는지 우리가 알지 못하거늘 그 길을 어찌 알겠사옵나이까?"(요 14:5). 도마는 예수께서 가시는 장소도 그 가는 길도 다 모른다고 대답니다. 도마는 예수의 말씀을 이해할 수 없었습니다.

이 강화의 초점은 예수께서 가는 장소와 그 장소로 가는 길입니다. 도마의 대답에 예수는 이렇게 답변하십니다. "내가 곧 길이요 진리요 생명이니 나로 말미암지 않고는 아버지께로 올 자가 없느니라"(요 14:6). 예수의 여섯 번째 자기소개가 나옵니다. 예수는 길과 진리와 생명이라고 자신을 소개하십니다. 도마가 물어 본 그 길에 대한 답변입니다. 당연히 "길"에 강조점이 있습니다. 그리고 예수께서 가시는 곳은 "아버지"입니다. 예수는 아버지께 가는 "길"입니다(참고 히 10:20). 예수는 자신이 아버지께 가는 유일한 길이라고 하십니다. "나로 말미암지 않고는 아버지께로 올 자"가 없다고 하십니다. 즉 예수를 통하지 않고는 가는 길이 없습니다(참고 행 4:12).

또한 예수는 자신이 "진리"라고 하십니다. 진리는 '참'을 뜻합니다. 요한복음에서 "진리"라는 단어는 다양한 문맥에서 사용됩니다. 예수는 아버지의 말씀을 진리라고 하십니다(요 17:17). 예수는 진리를 말씀하시며(요 8:40, 45-46) 진리를 증언하십니다(요 18:37). 이 진리를 아는 사람은 자유를 얻습니다(요 8:32). 그리고 예배를 드리는 자는 "영과 진리"(요 4:24)로 예배를 드려야 합니다. 또한 진리의 성령은 예수를 증거할 것입니다(요 15:26). 이 진리는 예수 그리스도로부터 온 것입니다(요 1:17). 사도 요한은 그의 복음서에서 진리라는 표현을 이렇게 다양하게 사용하고 있습니다. 그런데 예수는 자기 자신을 가리켜서 "나는 진리이다" 하고 선언하고 계십니다.

더 나아가 예수는 자신을 "생명"이라고 소개하십니다. 이 선언은 앞에서 "나는 생명의 떡이다"와 "나는 부활이요 생명이다"에서 이미 나왔습니다.

예수는 자신을 소개하는 세 단어, 길, 진리 그리고 생명은 동격이며 점층적입니다. 마치 계단을 올라가는 것같이 길에서 생명으로 나아갑니다. 이 문맥에서 강조점은 "길"(요 14:4, 5, 6)에 있음을 부인할 수 없습니다. 예수는 아버지께로 가는 유일한 길입니다. 예수는 아버지에게 가는 길이 자신이라고 밝히신 후에 이렇게 말씀합니다. "너희가 나를 알았더라면 내 아버지도 알았으리로다 이제부터는 너희가 그를 알았고 또 보았느니라"(요 14:7). 예수는 나를 알면 아버지도 안다고 하십니다. 그리고 제자들은 아버지를 알고 보았다고 하십니다. 그러자 빌립이 아버지를 보여 달라고 요청합니다(요 14:8).

빌립은 아버지를 본 적이 없다고 생각하고 있기 때문입니다. 이에 대하여 예수는 "나를 본 자는 아버지를 보았거늘"(요 14:9)이라고 대답합니다. 여기서 아버지와 예수와의 관계가 나옵니다. 아버지와 예수는 하나라는 것입니다. 그래서 예수의 설명은 한 걸음 더 나아갑니다. "내가 아버지 안에 거하고 아버지는 내 안에 계신 것"(요 14:10)이라고 밝히십니다. 하나님과 예수는 하나입니다(요 10:30; 17:11). 그래서 예수는 자신을 가리켜 아버지께로 가는 길이라고 소개하신 것입니다.

예수 그리스도께서 이 땅에 오신 것은 신현의 절정입니다. 하나님이 인간의 몸을 입고 오셨습니다. 성부 하나님과 성자 하나님이 한 분이시기 때문에 예수는 제자들에게 아버지를 알았고 아버지를 보았다고 말씀하신 것입니다.

## 9.4 나는 포도나무이다

일곱 번째 예수의 자기소개는 "나는 포도나무이다"입니다. 이 자기 소개는 하나님과 제자들과도 관련이 있습니다. "나는 참 포도나무요 내 아버지는 농부라"(요 15:1) 그리고 "나는 포도나무요 너희는 가지라"(요 15:5). 하나님은 포도원의 농부이며 예수는 포도나무입니다. 그리고 성도들은 가지입니다. 이 자기소개는 예수와 제자들 사이의 신비로운 연합을 설명해 줍니다.

하나님이 포도원을 가꾸는 농부입니다. 농부의 마음은 열매에 있습니다. 많은 열매를 수확하기를 꿈꿉니다. 포도나무는 열매 외에는 다른 용도로 쓸 나무가 아닙니다. 포도나무는 열매가 아주 중요합니다. 농부는 많은 수확을 꿈꾸면서 열심히 포도나무 가지를 쳐 줍니다.

포도나무에는 두 종류의 가지, 열매를 맺지 못하는 가지와 열매를 맺는 가지가 있습니다. 농부는 열매를 맺지 못하는 나무 가지는 잘라버립니다. 죽은 나무 가지는 질병과 해충을 옮기기 때문에 쳐주어야 합니다. 열매를 맺는 가지 역시 가지치기를 해줍니다. 전지라고 합니다. 열매를 더 맺게 하기 위해서 열매 맺는 가지에게 영양분이 더 가도록 필요 없는 가지를 쳐줍니다. 농부는 막 꽃을 피우려고 하는 가지들을 짧게 쳐 줍니다. 포도 가지나 덩굴은 아주 빨리 길게 자랍니다. 이러면 열매를 맺는데 필요한 영양분을 빼앗아 갑니다. 이래서 가지치기를 해 줍니다. 냉정한 것 같지만 열매를 더 맺게 하기 위해서 잘 자라는 가지라도 쳐 주어야 합니다.

농부는 열매를 원합니다. 마찬가지로 하나님은 성도들에게 열매를 원하십니다. 성도들은 열매를 더 맺기 위해서 깨끗해져야 합니다. "너희는 내가 일러준 말로 이미 깨끗하여졌으니"(요 15:3)라고 말합니다. 성도들은 예수의 말씀을 통해서 깨끗해집니다.

말씀으로 깨끗하게 되는 것은 예수와 연합되는 것과 관련이 있습니다. "내 안에 거하라 나도 너희 안에 거하리라 가지가 포도나무에 붙어 있지 아니하면 스스로 열매를 맺을 수 없음 같이 너희도 내 안에 있지 아니하면 그러하리라"(요 15:4). 예수는 우리에게 "열매를 많이 맺어라"고 하지 않고 "내 안에 거하라"고 말씀하십니다. 전치사 "안에"의 반복에 주목하십시오. 제자들은 예수님 안에 거할 때 열매를 많이 맺을 수 있습니다.

"내 안에 거하라"는 것은 공간적인 의미를 갖고 있지 않습니다. 이것은 예수와의 관계를 의미합니다. 가지는 포도나무에 붙어 있습니다. 가지가 포도나무에 붙어 있어야 수분과 영양분을 공급받아 열매를 맺을 수 있습니다. 성도들은 예수와 떨어져 있으면 영양분을 공급받을 수 없습니다. 그래서 예수는"나는 포도나무요 너희는 가지라"고 말씀하십니다. 가지가 포도나무에 붙어 있는 것과 같이 제자들이 예수께 붙어 있어야 합니다. 이것은 예수 그리스도와의 신비로운 연합입니다. 가지는 포도나무에 붙어 있을 때 생명이 있습니다. 제자들은 예수께 붙어 있을 때 생명이 있습니다. 예수는 성도들의 생명입니다. 예수께로부터 모든 것들이 옵니다. 예수 그리스도는 우리 삶에 필요한 모든 것을 공급해 주실 수 있는 능력이 있습니다.

예수는 지금 "나는 포도나무요 너희는 가지라" 하고 제자들과의 관계를 설명합니다. 예수와 성도들은 떨어질 수 없는 관계입니다. 서로 연합되어 있습니다. 가지가 포도나무에게서 떨어지면 말라비틀어져서 죽습니다. 열매를 맺을 수 없습니다. 예수께 붙어 있는 사람은 삽니다. 그러나 예수에게서 떨어지는 사람은 죽습니다. "나는 포도나무요 너희는 가지라 그가 내 안에 내가 그 안에 거하면 사람이 열매를 많이 맺나니 나를 떠나서는 너희가 아무것도 할 수 없음이라"고 하십니다(요 15:5). 예수께 붙어 있는 사람 즉, 예수 안에 거하는 사람은 삽니다. 회복됩니다. 아무리 말라 있어도 다시 회복할 수 있습니다.

그러나 제자들이 예수를 떠나가면 망합니다. "사람이 내 안에 거하지 아니하면 가지처럼 밖에 버려져 마르나니 사람들이 그것을 모아다가 불에 던져 사르느니라"(요 15:6). 예수에게서 떨어지면 열매를 맺을 수 없습니다. 사망입니다. 심판을 의미합니다. 예수께로부터 생명과 지혜와 능력을 공급받을 수 없기 때문입니다. 이래서 제자들은 예수께 붙어 있으려고 노력해야 합니다. 예수는 "내 안에 거하라 나도 너희 안에 거하리라"(요 15:4)고 말씀하십니다. 예수와 제자들이 서로의 "안에" 거주하여 신비로운 연합을 이룹니다. "내 안에 거하라"는 명령입니다. 제자들이 이 명령에 순종하기를 바라고 계십니다. 이것은 제자의 노력과 순종을 요구하는 명령입니다.

성도들은 예수와 연합해 있으려면 노력해야 합니다. 예수 안에 머무는 것은 예수의 말씀 안에 있는 것입니다. "너희가 내 안에 거하고 내 말이 너희 안에 거하면 무엇이든지 원하는 대로 구하라 그리하면 이루리라"(요 15:7). "나도 너희 안에 거하리라"(요 15:4)는 흥미롭게도 다시 "내 말이 너희 안에 거하면"으로 설명되고 있습니다. 예수께서 제자들 안에 거하는 것을 예수의 말씀이 제자들 안에 거하는 것과 같이 말합니다. 즉 예수의 말씀이 제자들 안에 있는 것입니다. 이것은 또한 제자들이 예수의 말씀대로 살아가는 것을 의미합니다. 이래서 말씀이 중요합니다. 말씀 중심의 신앙은 객관적입니다. 말씀이 신앙의 표준입니다.

성도들이 예수와 연합해 있을 때 생명이 있습니다. 예수께서 주시는 생명과 능력이 있습니다. 예수와 역동적인 관계를 유지할 수 있습니다. 그렇다면 우리가 예수께 붙어 있다는 것을 어떻게 확인해 볼 수 있겠습니까?

예수와 연합되었다는 것을 확인하는 방법은 기도입니다. 기도를 통해서 예수와 교제를 확인할 수 있습니다. "너희가 내 안에 거하고 내 말이 너희 안에 거하면 무엇이든지 원하는 대로 구하라 그리하면 이루리라"(요 15:7). 예수의 말씀대로 살아간다면 기도하라는 것입니다. 예수께 무엇이든지 기도하라고 말합니다. 예수는 "무엇이든지 원하는 대로 구하라"고 하십니다. 마치 백지수표 같습니다. 하나님이 제자들의 필요를 다 채워 주실 것을 약속하고 있습니다. 엄청난 약속입니다. 창조주 하나님께서 제자들의 기도를 다 들어 주실 것을 약속하고 있습니다.

기도는 제자들이 예수 안에 거하는지를 확인하는 방법입니다. 기도는 신비롭습니다. 기도는 하나님께 예수의 이름으로 구하는 것입니다. 제자들은 이 땅에서 살아갑니다. 그리고 하나님은 하늘에 계십니다. 하나님은 영이시기 때문에 사람의 눈으로 볼 수 없습니다. 그러나 하나님은 살아 계셔서 제자들의 기도를 들으시며 제자들의 삶을 보고 계십니다.

예수는 기도의 응답을 강조합니다. "너희가 내 안에 거하고 내 말이 너희 안에 거하면 무엇이든지 원하는 대로 구하라 그리하면 이루리라 너희가 열매를 많이 맺으면 내 아버지께서 영광을 받으실 것이요 너희는 내 제자가 되리라"(요 15:8). 기도의 응답은 열매입니다. 포도나무의 생명은 열매입니다. 제자들이 예수와 연합되었다는 것을 보여주는 것이 바로 열매입니다.

예수는 "내 안에 거하"는 것이 무엇인지를 더 자세하게 설명합니다. "아버지께서 나를 사랑하신 것 같이 나도 너희를 사랑하였으니 나의 사랑 안에 거하라"(요 15:9). 예수 안에 거하는 것은 예수의 사랑 안에 거하는 것입니다. 사랑은 이상적이며 추상적일 수 있습니다. 그래서 예수는 사랑 안에 거하는 구체적인 방법을 설명해 줍니다. "내가 아버지의 계명을 지켜 그의 사랑 안에 거하는 것 같이 너희도 내 계명을 지키면 내 사랑 안에 거하리라"(요 15:10). 예수는 아버지께 순종했습니다. 이와 같이 제자들도 예수께 순종할 것을 요구합니다. 예수의 말씀에 순종하는 삶을 살라고 하십니다. 그리고 예수는 서로 사랑하라고 말합니다. "내 계명은 곧 내가 너희를 사랑한 것 같이 너희도 서로 사랑하라 하는 이것이니라"(요 15:12). 예수는 "내 계명"이라고 하십니다. 구약에서 율법을 제정하며 반포하신 분은 하나님입니다. 구약에서 법을 제정할 수 있는 자격이 있는 사람은 없습니다. 그런데 예수는 지금 "내 계명"이라고 하십니다. 예수의 법입니다. 이것은 예수께서 법을 제정하실 수 있는 자격이 있다는 것을 보여줍니다. 즉 하나님이라는 것입니다. 예수의 계명은 "서로 사랑하라"는 것입니다. "서로"라는 말에 주목해야 합니다. 일방적인 사랑이 아닙니다. 쌍방간의 사랑을 말합니다. 제자들은 "서로" 사랑할 책임과 의무가 있습니다.

기도 응답과 사랑은 귀한 열매입니다. 예수는 다른 열매를 하나 더 말씀하십니다. 바로 기쁨입니다. "내가 이것을 너희에게 이름은 내 기쁨이 너희 안에 있어 너희 기쁨을 충만하게 하려 함이라"(요 15:11). "내 기쁨"이라는 표현에 주목해야 합니다. 세상이 주는 기쁨이 아닙니다. 이 세상의 기쁨은 잠시이며 순간입니다. 그러나 예수의 기쁨은 영원합니다.

# 10

# 안식일 논쟁

읽어야 할 본문: 마태복음 12장, 마가복음 3장, 누가복음 6, 13–14장, 요한복음 5, 9장

예수와 유대 종교 지도자들 사이에 첨예한 대립이 일어난 것은 안식일 때문입니다. 유대인들은 예수와 제자들이 안식일에 해서는 안 되는 일을 한다고 생각합니다. 제자들이 안식일에 이삭을 잘라 먹었을 때 예수와 바리새인들 사이에 논쟁이 벌어졌습니다(마 12:1–8; 막 2:23–28; 눅 6:1–5). 그리고 다른 논쟁들은 예수께서 안식일에 병을 고치신 것 때문에 일어났습니다. 예수께서 안식일에 병을 고친 사건은 여러 차례에 걸쳐 일어났습니다. 손 마른 사람을 고친 사건(마 12:9–21; 막 3:1–6; 눅 6:6–11), 18년 동안 귀신들려 꼬부라진 여인을 고친 사건(눅 13:10–17), 수종병 든 사람을 고친 사건(눅 14:1–6), 38년 된 병자를 고친 사건(요 5:1–18) 그리고 맹인을 고친 사건(요 9:13–16)입니다.

유대인들은 안식일에 병을 고친다고 하여 예수를 죄인으로 정죄를 했습니다(요 9:16, 24). 또한 이들은 이 일로 인하여 예수를 그리스도(메시야)로 인정하지 않았습니다(요 9:22). 더 나아가 예수께서 안식일에 병을 고침으로 인하여 유대인 종교 지도자들(바리새인, 서기관, 율법 교사, 회당장)은 예수를 죽이려고 모의를 합니다(마 12:14; 막 3:6; 눅 6:11; 요 5:16, 18). 유대인들은 예수께서 안식일에 병을 고치는 것과 더불어 예수께서 아버지와 자기를 동일시 한다는 것도 문제를 삼았습니다(요 5:18). 예수께서도 유대인들이 자신을 죽이려고 한다는 사실을 잘 알고 있었습니다(요 7:19–23). 안식일 논쟁에 관해서

는 양용의 교수의 책 『예수와 안식일 그리고 주일』(이레 서원, 2000)을 많이 참고 했음을 밝힙니다.

## 10.1 이삭을 잘라 먹은 사건

이 사건은 마태, 마가 그리고 누가 복음에 다 기록되어 있습니다. 그 가운데 마태복음의 기록은 가장 길 뿐만 아니라 이 사건을 통해서 예수의 신분을 잘 드러내고 있습니다(마 12:1-8).

사건은 안식일에 제자들이 밀밭 사이로 지나갈 때 일어났습니다. 제자들이 이삭을 잘라 먹은 것이 발단입니다. 바리새인들이 제자들이 이삭을 잘라 먹는 것을 본 것입니다. 바리새인들은 예수께 "보시오. 당신의 제자들이 안식일에 하지 못할 일을 하나이다."(마 12:2) 하고 고발합니다. 바리새인들이 밀밭에까지 같이 있었던 것이 흥미롭습니다. 바리새인들이 우연히 이 일을 본 것인지 아니면 제자들을 감시하고 있었는지 모르겠습니다. 다른 사람의 밭에 들어가서 곡식 이삭을 자르는 것은 불법이 아닙니다. 모세의 율법은 가난한 자들과 객을 위하여 모퉁이의 이삭을 남겨 놓을 것을 말합니다. 그리고 배가 고픈 사람은 다른 사람의 밭에 들어가 손으로 이삭을 잘라 먹을 수 있습니다(레 19:9; 23:22; 신 23:25). 여기서 문제는 안식일에 하지 못할 일을 했다는 것입니다. 바리새인들은 제자들이 손으로 이삭을 자르는 행위를 추수하는 일로 생각한 것입니다. 이 비난에 대하여 예수는 제자들이 안식일을 범하지 않았다고 4가지에 근거하여 답변을 주십니다. 이 답변은 특이하게도 예수의 신분을 잘 밝혀 주고 있습니다.

1) 예수의 첫 번째 답변은 다윗이 진설병을 먹은 사건입니다(마 12:3-4). 이스라엘의 이상적인 왕 다윗이 사울에게 쫓길 때에 놉에 있는 제사장 아히멜렉에게 가서 진설병을 먹은 사건입니다(삼상 21:1-6). 다윗과 함께 한 자들은 배가 고플 때에 제사장들이 먹는 음식인 "거룩한 떡"인 진설병을 먹었습니다. 성소의 상에 두 줄로 한 줄에 여섯 개씩 놓아두는 떡으로 매 안식일마

다 교체하며 제사장들이 거룩한 곳에서 그 빵을 먹을 수 있습니다(레 24:5-9). 다윗이 "거룩한 떡"을 먹은 날은 안식일입니다. 예수는 다윗이 시장할 때에 한 행위가 안식일을 범하지 않았다고 주장합니다. 그리고 제자들이 이삭을 잘라 먹은 것 역시 "시장하여 이삭을 잘라" 먹었다고 말합니다(마 12:1). 예수는 "다윗이 자기와 그 함께 한 자들이 시장할 때에 한 일"(마 12:3)을 제자들이 한 일과 비교합니다.

이 말씀에서 우리의 주목을 끄는 것은 예수께서 다윗과 자신을 비교하고 있다는 사실입니다. 다윗은 기름부음 받은 자입니다. 가장 이상적인 왕이며 위대한 왕입니다. 선지자들은 다윗의 후손에서 한 사람이 와서 나라를 세우며 공의와 정의로 나라를 다스릴 것을 예언했습니다(사 9:1-7; 11:1-5; 렘 23:5-6; 겔 34:23-24). 이 예언들은 다윗의 가문에서 메시야가 올 것을 예언하는 것입니다. 예수는 지금 다윗과 자신을 비교합니다. 자신이 구약에서 예언된 다윗의 후손이라는 것을 말하고 있습니다. 더 나아가 예수는 지금 제자들이 한 일을 다윗이 한 일과 비교합니다. 이삭을 잘라 먹은 것은 예수가 아니라 그의 제자들입니다. 제자들이 한 일을 역사적인 다윗이 한 일과 비교한 것입니다. 이러한 비교를 통해서 예수는 자신이 다윗보다 더 크신 분이라는 것을 밝힙니다. 다윗의 행위가 안식일을 범한 것이 아닌데 다윗보다 더 큰 예수의 제자들이 한 행위가 어떻게 안식일을 범한 죄가 되겠느냐는 것입니다.

2) 예수의 두 번째 대답은 성전과 자신을 비교하신 것입니다(마 12:5-6). 번제는 안식일에도 하나님께 드렸습니다. 안식일의 번제가 있습니다(민 28:9-10). 제사장들은 안식일에 하나님께 번제를 드리기 위해 일을 해야 합니다. 제사장들이 희생 제물을 잡아드리는 일을 해도 이것은 일로 여겨지지 않습니다. 제사장들이 성전 안에서 희생 제사를 드리는 것은 안식일을 범하는 것이 아닙니다. 예수는 이것을 말합니다. "안식일에 제사장들이 성전 안에서 안식을 범하여도 죄가 없음을 너희가 율법에서 읽지 못하였느냐"(마 12:5). 예수는 제사장들이 안식일에 성전에서 일하는 것을 제자들이 이삭을 잘라 먹은 사건과 관련해서 말하고 있습니다.

그렇다면 여기서 질문이 생깁니다. 제자들이 안식일에 이삭을 잘라 먹은 것과 제사장들이 안식일에 성전 안에서 희생 제사를 드리는 것과 무슨 관련이 있겠습니까? 이 질문에 대한 대답은 예수께서 자신에 대해서 하신 선언에서 드러납니다. "내가 너희에게 이르노니 성전보다 더 큰 이가 여기 있느니라"(마 12:6). 예수는 성전과 자신을 비교하고 있습니다(참고 요 2:19-21). 안식일에 성전 안에서 일하는 제사장들이 죄가 없듯이 제자들은 성전 보다 더 큰 이와 함께 하기 때문에 죄가 없다는 것입니다. 제사장들은 성전 안에서 하나님의 임재를 경험합니다. 그러나 제자들은 하나님이신 예수 그리스도와 직접 함께 하고 있는 것입니다. 성전보다 더 권위가 있는 예수와 함께 하기 때문에 제자들은 안식일을 범하지 않았다는 것입니다.

3) 예수의 세 번째 답변 "나는 자비를 원하고 제사를 원치 아니하노라 하신 뜻을 너희가 알았더라면 무죄한 자를 정죄하지 아니하였으리라"(마 12:7)는 호세아 6:6을 인용해서 답변한 것입니다.

여기서 첫째, 예수의 신분이 조심스럽게 제시됩니다. 호세아의 "나"는 하나님입니다. 하나님이 자비를 원하십니다. 예수는 이 말씀을 인용하여 자신을 호세아의 "나"와 동일시합니다.

둘째, 여기서 자비와 제사가 비교되고 있습니다. 하나님이 원하시는 것은 자비이며 제사를 원하지 않습니다. 예수는 이 말씀으로 바리새인의 행위를 비난하고 계십니다. 바리새인은 배고픈 제자들을 자비롭게 대했어야 하는데 오로지 종교적인 태도로 제자들을 정죄한 것입니다. 종교적인 의식보다는 배고픈 사람을 긍휼히 여기고 동정심을 보이는 것이 더 중요하다는 것입니다.

셋째, 여기서 예수의 성품이 나타납니다. 예수는 자비를 원하시는 분입니다. 자비롭고 인애하신 성품을 소유한 예수는 성전의 형식적인 제사보다는 배고픈 사람을 긍휼히 여기는 자비를 더 기뻐하십니다. 배가 고파서 이삭을 따먹은 제자들을 비난하고 정죄하는 바리새인의 태도와 비교되고 있습니다.

4) 예수는 마지막으로 "인자는 안식일에 주인이니라"(마 12:8)고 선언하십니다. 인자는 예수를 의미합니다. 이 선포는 예수의 신분을 더 자세하게 밝혀 줍니다. 안식일에 성전에서 희생 제사를 드리기 위해 하는 일들은 하나님을 위한 것입니다. 안식일은 하나님께 예배하는 날입니다. 따라서 하나님이 안식일의 주인입니다. 그리고 하나님이 육일 동안 하늘과 땅을 창조하신 후에 칠일 째 되는 날 쉬셨습니다. 하나님이 안식일을 복주시며 거룩하게 하셨습니다. 하나님은 안식일에 쉬시고 모든 사람에게 쉬라고 명령하셨습니다. 십계명의 네 번째 계명에 나옵니다. 하나님이 안식일의 주인입니다.

예수는 자신이 안식일의 주인이라고 선언하십니다. 이 선언은 자신이 하나님이거나 아니면 하나님과 동등한 분이라는 주장입니다. 예수께서 자신의 신분을 밝히는 신적 선언입니다.



안식일에 제자들이 이삭을 잘라 먹음으로 촉발된 안식일 논쟁은 예수의 신분을 밝혀주는 의의가 있습니다. 마태는 마가와 누가보다 더 자세하게 이 논쟁을 소개합니다. 특히 마태는 예수의 답변을 네 가지로 기술합니다. 여기에 반해 마가와 누가는 두 가지, 다윗이 진설병을 먹은 것과 인자는 안식일의 주인이라는 소개만을 실고 있습니다.

예수는 이스라엘의 가장 위대한 왕 다윗보다 그리고 성전보다 더 큰 분입니다. 나아가 자비를 원하시는 하나님과 동등한 분이며 안식일의 주인입니다. 안식일에 주인이라는 소개는 자신이 창조주임을 밝히는 것입니다.

## 10.2 안식일에 병을 고치심

유대인들에게 존경을 받는 랍비 샴마이는 안식일에 환자를 위해 기도해주는 것을 금지한 반면에 랍비 힐렐은 허용했습니다. 유대인들은 일반적으로 당장 생명이 위협받지 않는 한 안식일에 병을 고치는 것을 금지했습니다.

유대인들의 종교 지도자들이 예수를 반대한 까닭은 예수께서 안식일에 병을 고치셨기 때문입니다. 안식일에 병을 고치신다는 이유로 바리새인과 유대인들이 예수를 죽이려고 모의했다는 사실에서 이들이 얼마나 예수의 치유 사역을 싫어하며 반대했는가를 잘 알 수 있습니다(마 12:14; 요 5:18, 9:14–16).

### 10.2.1 한쪽 손 마른 사람을 고친 사건

흥미롭게도 예수는 바리새인들과 유대인들의 반대에도 불구하고 안식일에 병자들을 고치십니다. 마태는 안식일에 대한 예수와 바리새인 사이의 논쟁 이야기 다음에 안식일에 병을 고친 사건을 기록합니다(마 12:9–21). 이 기사는 마가와 누가도 기록하고 있습니다(막 3:1–6; 눅 6:6–11).

예수께서 안식일에 회당에 들어가셨는데 거기에 한쪽 손이 마른 사람이 있습니다. 사람들이 예수께 "안식일에 병 고치는 것이 옳으니이까"(마 12:10) 하고 묻습니다. 이 질문은 안식일에 병을 고치는 것이 합법적이냐고 묻는 것입니다. 안식일 준수 규정에 맞느냐 안 맞느냐 하는 질문입니다. 이들이 이렇게 질문하는 의도는 예수를 고발하려고 하는 것입니다.

유대인 문헌들을 살펴보면 안식일에 짐승이 구덩이에 빠졌으면 꺼내주는 것을 금지합니다(다메섹 문헌과 쿰란 문헌). 어떤 랍비들은 짐승이 도랑에 빠졌으면 베개나 침구를 갖다가 그 아래 놓아두어서 짐승이 올라올 수 있도록 할 수 있다고 합니다. 다른 사람은 식량을 넣어주어 그 짐승이 죽지 않도록 할 수는 있지만 베개나 침구를 넣어 주어서는 안 된다고 말합니다. 안식일에 짐승을 꺼내주는 것은 통일된 의견이 없지만 꺼내주지 않는다는 것입니다.

예수는 그 당시 사람들이 일반적으로 행하던 관습에 근거해서 말씀하십니다. 양이 안식일에 구덩이에 빠졌으면 사람들이 양을 구덩이에서 건져냅니다(마 12:11). 랍비들의 가르침과 실제 백성들이 행한 것 사이에는 차이가 있을 수 있습니다.

예수는 그 당시의 사람들이 어떻게 했는지를 알고 대답한 것입니다. 사람이 안식일에 양을 구덩이에서 꺼내 주는 것 같이 안식일에 병을 고칠 수 있다고 대답합니다. "사람이 양보다 얼마나 더 귀하냐 그러므로 안식일에 선을 행하는 것이 옳으니라"(마 12:12). 예수는 병을 고치는 것을 안식일에 선을 행하는 것으로 생각합니다.

이 말씀을 한 후에 예수는 그 병든 사람에게 손을 내밀라고 명령하십니다. 예수의 명령은 능력이 있습니다. 말씀이 현실화되어 손 마른 사람이 원래대로 회복되었습니다. 예수는 말씀으로 육신의 병을 고쳐주십니다.

마태는 이 사건 뒤에 더 많은 사람들의 병을 고쳐 주신 것을 기록합니다. 그리고 예수께서 병을 고치신 사건을 이사야의 예언의 성취라고 말합니다. 마태가 인용하고 있는 본문은 이사야 42:1-4입니다. 이 본문은 고난 받는 종의 노래로 불리는 전형적인 메시야 예언입니다(참고 『대망의 책』, 418-421). 마태는 예수의 병 고친 사역을 메시야 예언의 성취로 보도합니다. 예수께서 구약에서 기다리던 메시야라는 것입니다.



### 10.2.2 구부러진 여인을 고친 사건

이 사건은 누가복음만 보도하고 있습니다. 예수께서 안식일에 회당에서 가르치고 있습니다. 여기에 18년 동안 귀신들려 병을 앓는 여인이 있습니다. 꼬부라져서 조금도 펼 수 없는 여인입니다. 뼈의 퇴화나 근육마비를 동반한 병인 것 같습니다. 예수께서 그 여인에게 "여자여 네가 네 병에서 놓였다"(눅 13:12)고 선언하시며 안수하십니다. 그러자 그 여인이 펴고 하나님께 영광을 돌립니다.

그러자 회당장이 이것을 보고 화를 냅니다. 예수께서 안식일에 병을 고쳤기 때문입니다. 회당장이 백성에게 육일 동안에 일을 할 수 있으니 병이 든 사람은 육일 동안에 와서 병을 고치고 안식일에는 병을 고치지 말라고 말합니다. 회당장은 예수께서 병을 고친 것을 안식일에 일을 했다고 생각합니다. 안식일을 범한 것이라고 간주하고 말한 것입니다.

그러자 예수께서 회당장을 "외식하는 자"라고 비판합니다. 안식일에도 사람들은 소나 나귀를 외양간에서 끌어내어 이끌고 가서 물을 먹입니다. 그렇다면 18년 동안 사탄에게 매인 이 여인을 고쳐주는 것이 무엇이 잘못이냐고 묻습니다. 예수는 "안식일에 자기의 소나 나귀를 외양간에서 풀어내어"(눅

13:15) 가는 것과 "사탄에게 매인 바 된 이 아브라함의 딸을 안식일에 이 매임에서 푸는 것"(눅 13:16)을 비교하고 있습니다. 사람이 소나 나귀보다 더 중요하다는 말씀입니다. 안식일에 소나 나귀도 매임에서 풀어서 물을 먹이는데 사탄에게 18년 동안 매임을 받고 있는 여인을 풀어주는 것은 더 합당한 일이라는 것입니다. 안식일에 병을 고치는 것은 일이 아니라는 것입니다.

이 사건에서 흥미로운 점은 구부러진 병의 기원이 사탄이라는 점입니다. 예수의 치유 사역은 육신의 질병뿐만이 아니라 영적인 영역도 포함되어 있습니다. 예수께서 사탄의 권세를 파하시는 것입니다.

### 10.2.3 수종병 든 사람

누가는 예수께서 안식일에 병을 고친 사건을 하나 더 소개하고 있습니다. 안식일에 바리새인의 지도자의 집에서 식사를 합니다. 그 집에 수종병 든 사람이 있습니다. 예수께서 바리새인들과 율법 교사들에게 질문을 합니다. "안식일에 병 고쳐 주는 것이 합당하냐"(눅 14:3). 한쪽 손이 마른 사람을 치료하신 경우에는 사람들이 예수께 이 질문을 했습니다. 그런데 이번에는 예수께서 바리새인들과 율법 교사들에게 질문을 합니다. 바리새인들이 대답을 못하고 잠잠합니다. 그러자 예수께서 그 사람을 고쳐 보내십니다. 그리고 "너희 중에 누가 그 아들이나 소가 우물에 빠졌으면 안식일에라도 곧 끌어내지 않겠느냐"(눅 14:5)고 하십니다. 유대 문헌에 보면 사람이 구덩이에 빠지면 안식일에도 건져낼 수 있습니다(다메섹 문헌와 쿰란 문헌). 하지만 일반적으로 소나 나귀는 안식일에 건져내지 못하도록 합니다. 그러나 일반 백성들은 랍비들의 가르침과는 상관없이 행동했을 것입니다. 예수께서 그 당시 사람들이 행하는 일반적인 행동을 보고 말씀하시는 것입니다.

### 10.2.4 삼십 팔년 된 병자를 고치심

요한도 예수께서 안식일에 병을 고치신 사건을 보도합니다. 예루살렘 북쪽에 양문이 있습니다. 양이 그 문을 통해서 지나다녔기 때문입니다. 양문에서 가까운 곳에 베데스다라는 못이 있습니다. 이 못에 각종 병을 앓고 있는 사람들이 모여듭니다. 사람들 사이에 이 못이 치료의 효험이 있다는 소문이 퍼져 나가고 있었기 때문입니다. 천사들이 가끔 못에 내려와서 물을 움직이게 하는데 그때 가장 먼저 내려가는 사람은 치료를 받는다는 소문입니다.

이 소문이 사실인지 확인할 길이 없습니다. 학자들은 샘에서 물이 솟구쳐 나올 때를 말할 것이라고 생각합니다. 이때 먼저 들어가는 사람은 치료를 받는다고 소문이 퍼진 것입니다. 38년 된 병자도 이 소문을 듣고 이 못에 와서 생활하고 있습니다.

예수는 38년 된 병자를 찾아오셔서 물으십니다. "네가 낫고자 하느냐?" (요 5:6). 38년 병자가 대답합니다. 저를 도와줄 사람이 없습니다. 못의 물이 움직일 때 내가 먼저 들어가야 하는데 나는 움직일 수가 없습니다. 나를 도와주는 사람이 없습니다. 그래서 나보다 다른 사람들이 먼저 내려갑니다. 낫고 싶다는 사실을 자신의 상황을 통해서 말하고 있습니다.

그러자 주님께서 말씀하십니다. "일어나 네 자리를 들고 걸어가라"(요 5:8). 38년 된 모든 저주를 끊는 명령입니다. 병의 자리에서 일어나라고 명령하십니다. 걷지도 못했던 사람에게 예수는 명령하십니다. 그러자 즉시 38년 된 병자가 누워 있던 자리를 들고 일어납니다. 걸어갑니다.

이 사건이 다른 문제를 야기했습니다. 유대 당국자들의 심기를 건드린 사건이 되었습니다. 38년 된 환자가 자리를 들고 걸어가는 모습을 본 유대인들이 안식일인데 네가 자리를 들고 가는 것이 옳지 않다고 말합니다. 안식일에 자리를 옮기는 일을 한다는 것입니다. 병자였던 사람이 나를 낫게 한 사람이 자리를 들고 걸어가라고 했다고 말합니다. 그러자 유대인들이 너에게 자리를 들고 걸어가라고 한 사람이 누구냐고 묻습니다. 유대인들의 마음이 강퍅합니다. 38년 된 병자가 자리를 들고 걸어가는 일이 발생했으면 병에서 놓임을 받은 사람을 축하해 주어야 합니다. 그동안 고생했다. 얼마나 고생이 많았느냐 하면서 위로를 해 주는 것이 정상입니다. 그런데 병에서 나은 것에 대해서는 관심이 없습니다. 다만 안식일에 일을 했다는 사실에만 집중합니다. 율법을 어겼다는 것입니다.

유대인의 전통 중에 "장로의 유전"이 있습니다. 안식일에 할 수 없는 39개의 조항이 있습니다. 그 중에 39조가 바로 안식일에 물건을 옮기는 것입니다. 사람이 집에서 사용하는 깔개를 옮겨도 안식일의 율법을 어겼다고 가르쳤습니다.

이들은 지금 장로의 유전을 가지고 예수를 얽어매려고 합니다. 예수를 잡으려고 합니다. 예수는 38년 동안 병으로 삶이 망가진 사람에게 자유와 안식을 주셨습니다. 병에 의해 38년 동안 얽매여 있던 사람을 고쳐 주었습니다. 사람을 불쌍히 여기신 것입니다. 그러나 유대인들은 이러한 사랑과 긍휼의 마음이 없습니다. 단지 장로의 유전을 어겼다는 사실에만 관심이 있습니다.

유대인들이 38년 된 병자에게 묻습니다. 너를 고쳐 준 사람이 누구냐? 그 사람이 예수를 알지 못합니다. 사람들이 몰려들자 예수는 자리를 피하셨기 때문입니다. 이 사람이 후에 성전에서 예수를 다시 만납니다. 예수는 이 사람에게 충고를 합니다. "보라 네가 나았으니 더 심한 것이 생기지 않게 다시는 죄를 범하지 말라"(요 5:14). 예수는 병에 걸렸다 나은 사람에게 충고를 해 주었습니다. 이 사람이 38년 동안 병에 매여 고생했던 원인은 죄 때문입니다. 죄가 병의 한 원인이 될 수 있다는 사실을 알려줍니다.

그러자 이 사람이 눈치 없이 유대인에게 가서 자기를 고쳐 준 사람은 예수라고 말합니다. 이 일로 인해서 유대인들과 예수님 사이에 불화가 생깁니다. 유대인들이 예수를 미워합니다. 자신들이 존중히 여기는 장로의 유전을 지키지 않는다는 이유입니다. 이 일로 인해서 예수를 죽이려고 합니다.

그러자 예수께서 유대인들에 대하여 "내 아버지께서 이제까지 일하시니 나도 일한다"(요 5:17)고 말씀하십니다. 예수께서 자신과 하나님과 부자관계임을 말씀하십니다. 자신이 하나님의 아들이심을 밝히신 것입니다. 그러나 유대인들은 예수의 말을 믿지 않습니다. 오히려 신성모독이라고 생각합니다. 사람이 하나님과 동등하게 말한다고 비난합니다. 이 말로 인하여 예수를 더욱 미워하며 죽이려고 합니다(요 5:17-18).

### 10.2.5 맹인을 고친 사건

예수께서 안식일에 병을 고친 것은 요한복음에 한 번 더 나옵니다. 맹인을 고쳐주신 것입니다. 예수께서 땅에 침을 뱉어 진흙을 이겨서 맹인의 눈에 붙여 주었습니다. 그리고 "실로암 못에 가서 씻으라"(요 9:7) 하고 말했습니다. 맹인이 실로암 못에 가서 눈을 씻자 눈이 시력을 회복하였습니다. 그런데 이 날이 안식일입니다.

이 일로 인해서 바리새인들 사이에 논쟁이 일어납니다. 어떤 바리새인은 이 사람이 안식일을 지키지 않았기 때문에 하나님께로부터 온 사람이 아니라고 합니다. 그러나 다른 바리새인은 죄인은 이런 표징을 행할 수 없다고 주장합니다(요 9:16).

결국 바리새인들은 예수를 죄인으로 규정합니다(요 9:24). 안식일을 지키지 않았다는 것입니다. 그리고 예수를 그리스도(메시야)로 인정하는 사람을 출교하기로 결정을 내립니다(요 9:22).

## 10.3 일하지 말라

위에서 우리는 안식일에 예수께서 병을 고쳐주신 사건들을 살펴보았습니다. 유대인의 종교지도자들이 예수를 반대하는 가장 큰 이유는 안식일에 일을 했다는 것입니다.

안식일에 일하지 않고 쉬는 것은 하나님의 창조 행위에서 기원합니다. 일곱째 날은 하나님이 모든 일에서 물러나 쉬신 날 즉 안식하신 날입니다. 안식은 일에서 물러나 쉬는 것입니다. 특별히 안식일은 "하나님이 일곱째 날을 복 주사 거룩하게 하셨으니"라는 표현으로 다른 육일과 구별이 됩니다. 다른 육일과 일곱째 날의 차이점은 '복'과 '거룩'입니다. 하나님은 생물과 새(창 1:22) 그리고 인간(창 1:28, 5:2, 9:1, 12:3, 17:16, 20)에게 복을 주었습니다. 살아있는 생명체 외에 안식일(시간)에 하나님의 복이 주어진 것이 아주 특이합니다. 하나님이 제 칠을 복을 주셨는데, 그 복의 내용은 구체적으로 나오지 않습니다. 하지만 하나님이 그 날에 취하신 행동은 일에서 '쉬는 것' 입니다.

안식일에 일하지 말라는 계명은 만나 사건과 밀접한 관련이 있습니다. 안식일이 제도화 되어 이스라엘 역사에 나타난 것은 만나 사건 때입니다. 이스라엘 백성이 모세의 인도 하에 하나님의 큰 이적과 기사를 통하여 이집트를 탈출하여 광야로 나왔습니다. 광야에서 먹을 것이 없자 모세를 원망합니다. 이스라엘 백성이 양식을 요구하자 하나님은 만나를 주시면서 한 가지 율법을 제정하십니다(출 16:5). 육일 동안 날마다 만나를 거둘 수 있으나 안식일 전날에는 이틀 분의 양식을 거두어서 안식일의 양식을 준비하는 것입니다. 안식일에는 만나가 내리지 않기 때문에 만나를 거두는 일을 쉬고 안식하라는 것입니다. 하나님은 안식일을 "내 계명과 내 율법"(출 16:28)으로 부릅니다.

이러한 안식일 계명은 십계명에 구체적으로 나옵니다. 십계명에서 가장 긴 계명은 안식일 계명입니다. 여기에 일하지 말라는 표현이 명확하게 나옵니다(출 20:10; 신 5:14).

안식일을 지키는 방법은 육일 동안 하던 일을 멈추는 것입니다. "엿새 동안은 힘써 네 모든 일을 행할 것이나, 일곱째 날은 … 아무 일도 하지 말라"(출 20:9-10). 육일 동안은 "모든 일"을 할 수 있습니다. 그러나 칠 일에는 "아무 일도 하지" 못합니다. 육체적인 일을 의미합니다. 하지만 안식일에 해서는 안 되는 일들이 구체적으로 무엇인지는 말하지 않습니다.

십계명에는 일에 대한 구체적인 규정이 나오지 않지만 구약의 다른 책들에서 일에 대한 예들이 간헐적으로 나옵니다. 만나를 거두는 일(출 16:26-28), 불을 피우는 일(출 35:3), 나무를 하는 행위(민 15:32-36), 밭을 가는 일과 추수하는 일(출 34:21), 짐을 지는 일(렘 17:19-27) 그리고 장사하는 일(느 10:31; 암 8:5)입니다.

이스라엘은 안식일의 거룩을 유지하기 위해 일을 멈춰야 합니다. 일을 하는 자는 사형에 처해졌습니다(출 31:13-15). 안식일의 거룩을 더럽혀서 처벌받은 경우도 있습니다. 안식일에 한 사람이 나무를 하다가 발각되었습니다. 모세와 아론은 여호와께 이 사람을 어떻게 처리할 것인지에 대한 지시를 받고 이 사람을 진 밖에서 돌로 쳐 죽였습니다(민 15:32-36).

안식일은 육체적인 일을 멈추고 하나님께 예배하는 날이며(겔 46:3-4) 성소와 하나님의 사람에게 나아가는 날입니다(왕하 4:23, 사 1:13, 66:23). 안식일에는 일 년 되고 흠 없는 수양 둘로 안식일 번제와 소제와 전제를 드리며(민 28:9-10) 여호와 앞에 진설병(빵)을 드리는 날입니다(레 24:7-8).

구약 시대가 끝나고 신약 시대가 시작되기까지 사백년의 기간이 있습니다. 하나님의 말씀이 주어지지 않았던 신구약 중간기입니다. 이때의 유대 문헌들을 보면 안식일에 일하지 말라는 계명에 대한 구체적인 설명들이 주어졌습니다. 특별히 희년서에 금지된 많은 규정들이 나옵니다. 희년서 2:17-33에 따르면 안식일에 먹고 마실 것을 준비하는 행위, 물을 긷는 행위, 안식일에 어떤 일거리를 집 안으로 들여오거나 밖으로 내어 놓는 행위를 금지하고 있습니다. 희년서 50:1-13을 보면 더 구체적입니다. 안식일에 아내와 동침하는 행위, 사업에 관해 이야기 하는 것, 물을 긷는 것, 집에서 짐을 들고 나가는 것, 여행을 떠나는 것, 불을 지피는 것, 밭을 가는 것, 짐승을 타거나 배를 타고 여행 하는 것, 무엇을 죽이는 것, 짐승이나 새, 물고기를 잡는 것, 금식하는 것 그리고 전쟁하는 것 등이 금지되었습니다. 이러한 일들을 하는 사람은 사형에 해당한다고 명백하게 밝힙니다. 마카베우스 2서 5:25과 마카베우스 1서 2:32-38에 보면 안식일에 전쟁을 금지하는 내용을 담고 있습니다. 그러나 마카베우스 1서 2:39-41에 따르면 유대인 마타디아스는 비록 안식일이라도 자기 방어를 위해서는 칼을 들어 전쟁을 수행했습니다.

우리는 여기서 중간기 시대에는 일하지 말라는 계명이 더 구체적이며 엄격하게 되었다는 것을 알 수 있습니다. 이러한 전통이 예수님 당시까지 내려왔습니다.

위의 구약의 예들에서 치료 행위는 나오지 않습니다. 구약에서 치료를 일로 보았는지에 대한 명확한 사례는 없습니다. 구약에서 나오는 안식일에 해서는 안 되는 일들의 경우를 보면 먹고 살기 위한 일들입니다. 만나 거두고 불 피우고 나무하고 장사하는 밭 갈고 추수하는 일들입니다. 치료는 이러한 일들과 다릅니다. 사람의 육신과 생명을 고쳐주는 일이기 때문입니다.

유대인들은 치료가 일이라고 생각합니다. 그러나 예수께서는 안식일에 병을 고쳐주는 일은 합당하다고 하십니다. 옳은 일이라는 것입니다. 치료는 확실히 구약에서 하지 말라고 한 일들과는 성격이 다릅니다. 하나님의 일이기 때문입니다. 예수께서 38년 된 병자를 고쳐주셨습니다. 이 날이 안식일입니다. 그러자 유대인들이 안식일에 치료 행위를 한다고 해서 예수를 박해합니다. 그러자 예수께서 "내 아버지께서 이제까지 일하시니 나도 일한다"(요 5:17)고 하십니다. 예수께서 행하신 치료 행위는 아버지께서 하시는 일입니다(요 5:19). 예수는 아버지께서 보내신 자이기 때문입니다. 예수는 치료 행위를 통해서 아버지의 일을 하고 계십니다. 아버지의 구속적인 일을 하고 있습니다.

## 10.4 치료는 하나님의 일

우리는 위에서 예수의 치료 행위는 하나님의 일이라는 것을 보았습니다. 치료가 하나님의 일이라는 구체적인 예수의 말씀이 있습니다. "아들이 아버지께서 하시는 일을 보지 않고는 아무 것도 스스로 할 수 없나니 아버지께서 행하시는 그것을 아들도 그와 같이 행하느니라"(요 5:19). 이것은 38년 된 병자를 고쳐주고 나서 하신 말씀입니다. 유대인들이 치료 행위를 안식일에 해서는 안 되는 일이라고 비난하고 난 후에 주신 말씀입니다.

예수의 말씀에 따르면 치료는 하나님의 일입니다. 하나님이 아들을 통해서 하시는 일입니다. 그래서 예수께서 "내 아버지께서 이제까지 일하시니 나도 일한다"(요 5:17)고 선언하신 것입니다.

치료가 하나님의 일이라는 것은 다음 사실을 보면 알 수 있습니다. 예수는 병자들을 치료하신 경우들을 살펴보면 말씀으로 병을 고치십니다. 먼저 예수께서 한쪽 손 마른 사람을 향해서 "손을 내밀라"(마 12:13)고 하시자 완치됩니다. 18년 동안 사탄에 매여서 구부러져 펴지 못하는 여인에게 예수는 "여자여 네가 네 병에서 놓았다"(눅 13:12) 하고 선언하십니다. 그러자 여인이 병에서 나음을 받습니다. 예수는 38년 된 병자를 향해서도 "일어나 네 자리를 들고 걸어가라"(요 5:8) 하고 명령하십니다. 그러자 병자가 자리를 들고 걸어갑니다. 또한 예수는 맹인을 향해서도 "실로암 못에 가서 씻으라"(요 9:7) 하고 명령합니다. 맹인이 실로암 못에 가서 씻고 시력을 회복합니다.

예수는 병자들에게 창조적인 명령을 하십니다. 예수께서 명령하시자 병으로 고통 받던 사람들이 치료함을 받습니다. 이러한 말씀 치유 행위는 하나님의 천지 창조 사건을 기억나게 합니다. 하나님은 하늘과 땅과 모든 피조물을 말씀으로 창조하십니다. 하나님이 명령하시자 모든 것이 존재하게 되었습니다. 예수께서 말씀으로 병들을 향하여 명령하자 모든 것이 원상태로 돌아갑니다. 회복됩니다. 하나님이 창조하신 온전한 상태로 회복됩니다. 예수께서 말씀으로 병을 치료하신 것은 예수가 창조주 하나님이심을 드러내는 것입니다.

예수께서 병을 고치신 사건은 병으로 고통받는 사람들에게 진정한 안식을 주신 것입니다. 하나님은 육일 동안 말씀으로 천지를 창조하시고 칠일에 쉬셨습니다. 하나님이 창조하신 피조물은 선하고 하나님이 보시기에 아주 좋았습니다. 하지만 인간의 불순종으로 인하여 죄가 세상에 들어오고 나서 피조물은 죄악으로 왜곡되고 병과 슬픔이 있게 되었습니다. 병과 슬픔으로 병자들은 진정한 안식을 누리지 못하고 있었습니다. 예수는 안식일(제 칠일)에 하나님의 선한 창조물(인간)이 왜곡된 상태로 있는 것(병)에서 구원해 주심으로 인간에게 진정한 안식을 가져다주십니다. 왜곡된 형태로 있는 것을 다시 회복시키심으로 육체적 왜곡으로부터 구속(진정한 안식)을 주십니다.

예수의 이러한 치유 행위는 '인자는 안식일의 주인' 이라는 선언과 일치합니다. 예수는 왜곡된 피조 세계에 선을 행하심(병 고침)으로 구원과 진정한 안식을 주신 것입니다.

## 10.5 안식일과 하나님 나라

예수께서 안식일에 병을 고치신 것은 의도적입니다. 예수는 바리새인들과 유대인들의 반대를 알고도 병을 고치십니다. 예수께서 이렇게 안식일에 의도적으로 병을 고치신 이유가 있습니다. 새로운 시대가 시작되었기 때문입니다. 예수께서 18년 동안 "귀신들려" 구부러진 병자를 고쳐주십니다. 사탄에게 매여 있었던 여인입니다. 예수께서 사탄의 매임에서 이 여인을 구원하십니다(눅 13:11, 16). 이것은 하나님의 나라가 임했다는 표적입니다. 병의 배후에 있는 귀신의 세력, 사탄의 나라를 파하시는 것입니다. "내가 하나님의 성령을 힘입어 귀신을 쫓아내는 것이면 하나님의 나라가 이미 너희에게 임하였느니라"(마 12:28). 예수께서 병을 고친 것은 하나님의 나라가 임한 표적입니다. 왜곡된 피조 세계에 하나님의 능력이 임했습니다. 비틀어진 피조 세계를 회복시키는 구속 역사입니다. 이것은 새로운 시대가 임했다는 표적입니다.



하나님의 나라가 이미 임했습니다. 이것은 역사에 큰 변화가 있다는 의미입니다. 새로운 시대가 임했기 때문입니다. 이것은 안식일 계명과도 밀접한 관련이 있습니다. 안식일은 옛 언약 즉, 시내 산 언약의 표입니다. "이같이 이스라엘 자손이 안식일을 지켜서 그것으로 대대로 영원한 언약을 삼을 것이니 이는 나와 이스라엘 자손 사이에 영원한 표징이며"(출 31:16-17). 안식일은 옛 언약의 표이며 십계명의 한 계명입니다. 이래서 십계명에서 안식일 계명이 다른 계명들에 비해 가장 긴 것입니다. 이스라엘은 안식일을 지킴으로 하나님의 언약 백성의 신분을 유지하는 것입니다.

유대인들이 안식일에 집착하는 이유가 여기 있습니다. 안식일을 지키는 것은 옛 언약에 남아 있는 것입니다. 언약 백성이라는 신분을 유지하는 방법입니다. 그러나 옛 언약은 이미 파기되었습니다. 예레미야는 유다가 망할 때에 옛 언약이 파기되었음을 명확히 했습니다(참고 『대망의 책』, 441-444). 유다는 한 나라로서 하나님과 맺은 언약을 파기했습니다. 그 후에 포로기에서 돌아온 공동체는 나라를 이루지 못했습니다. 그들은 강대국 밑에서 속국으로 있었습니다. 이들은 성전을 지으려고 귀환한 종교 공동체입니다. 이래서 포로 후기 공동체가 더 율법에 집착합니다. 더 엄격한 안식일 준수를 요구합니다. 이러한 전통이 신약 시대까지 이어져 내려왔던 것입니다.

율법은 선택된 하나님의 백성인 이스라엘 나라의 법입니다. 이스라엘 백성이 국가로서의 존재 기반을 잃어감으로 나라의 법이라는 의미도 약화되었습니다. 그렇지만 유대인들은 다윗의 나라를 재건하기를 원합니다. 이러니 율법 준수를 아주 중요하게 생각합니다. 유대인들이 예수께서 안식일에 병을 고친 사건들에 주목하는 이유입니다. 유대인들은 안식일을 지키지 않는다는 이유로 예수를 죽이려고 합니다.

예수는 안식일에 병을 고치십니다. 이것은 안식일의 참된 의미를 성취하는 것입니다. 구약에서 안식일을 지켜야 하는 이유는 두 가지입니다. 하나는 하나님께서 6일 동안 세상을 창조하시고 쉬셨기 때문입니다. 다른 하나는 하나님께서 이스라엘을 이집트에서 구원하심으로 참된 안식을 주셨기 때문입니다. 하나님은 십계명에서 창조와 출애굽의 구원 때문에 안식일을 지키라고 명하셨습니다.

병자는 병에 매여 육신의 고통을 당하며 참된 안식을 누리지 못하고 있습니다. 예수는 이들을 고쳐주십니다. 병에서 해방되어 참된 안식을 누리게 하십니다. 그리고 귀신과 사탄의 세력에 매여 있는 자들을 병에서 해방시켜 구원해 주십니다. 예수의 병 고침은 이렇게 안식과 구원이라는 의미가 담겨 있습니다. 예수의 병 고침은 안식일의 참된 의미를 성취할 뿐만 아니라 하나님 나라에서 누릴 진정한 안식을 보여줍니다. 예수는 병 고침을 통해서 하나님의 나라가 이미 임했다고 선언했습니다.

### 10.6 병 고침과 율법

예수께서 안식일에 병을 고친 사건은 예수께서 율법에 어떤 태도를 가지고 있었는지 하는 것과도 관련이 있습니다. 왜냐하면 안식일은 십계명의 네 번째 계명이며 율법의 표이기 때문입니다.

우리는 앞에서(5. 예수의 율법 해석) 예수께서 율법을 성취하러 오셨다는 것을 살펴보았습니다. 예수는 "내가 율법이나 선지자를 폐하러 온 줄로 생각하지 말라 폐하러 온 것이 아니요 완전하게 하려 함이라"(마 5:17)고 선포하셨습니다. 예수께서 이 땅에 오심으로 율법이 이루어졌습니다. 즉 성취된 것입니다. 이래서 율법은 변화를 겪습니다. 우리는 앞에서(5.2 여섯 대조법) 율법의 변화를 6개의 반제 또는 대조법으로 불리는 부분에서(마 5:21-48) 이미 살펴보았습니다.

예수는 여섯 반제에서 나타난 계명들을 개별적으로 다룹니다. 간음과 살인은 외적인 행위는 물론 내적인 동기까지 더 엄격해집니다. 더 내면화되며 철저하게 되었습니다. 이혼은 이혼할 수 있는 이유가 달라집니다. 맹세와 복수는 무효화됩니다. 원수를 미워하는 것은 원수를 사랑하라고 변경되었습니다.

예수는 율법의 계명들을 하나씩 다룹니다. 예수께서 이 땅에 오심으로 율법의 조항들은 큰 변화를 맞이합니다. 예수는 십계명을 다시 해석합니다. 어떤 계명은 더 강화시키기도 하며 어떤 계명은 무효화시키기도 합니다. 율법은 신약 시대에 변화를 겪습니다. 새로운 시대가 되었기 때문입니다. 연속성이 있는 계명이 있는가 하면 불연속성이 있는 계명이 있습니다. 신약의 성도들이 여전히 지켜야 할 계명이 있는가 하면 지키지 않아도 될 계명들이 존재합니다.

이러한 관점에서 본다면 안식일 계명 역시 심한 변화를 맞이합니다. 안식일 계명은 이제 더 이상 중요하지 않습니다. 구약 시대가 끝나고 새로운 시대가 되었습니다. 예수께서 병 고침의 사역을 통해서 안식일의 참된 의미(안식과 구원)를 성취하셨기 때문입니다 이래서 예수는 의도적으로 안식일에 병을 고치신 것입니다. 안식일은 형식적인 계명 "일하지 말라"는 무효화 됩니다. 불연속성을 갖습니다. 그렇지만 안식일의 안식과 구원은 예수 그리스도에 의해 성취됩니다. 연속성을 갖습니다. 그래서 예수는 수고하고 무거운 짐 진 자들을 초청합니다. 예수께 오면 참된 쉼을 얻을 수 있기 때문입니다. 예수께서 제시하는 멍에는 율법이 제사하는 것처럼 무겁지 않습니다. 쉽고 가볍습니다(마 11:28-30).

# 11

# 하나님 나라 비유(I)

읽어야 할 본문: 마태복음 13장, 마가복음 4장, 누가복음 8, 13장

예수의 설교에는 비유가 자주 등장합니다. 마태는 예수의 가르침을 이렇게 규정합니다. "예수께서 이 모든 것을 무리에게 비유로 말씀하시고 비유가 아니면 아무 것도 말씀하지 아니하셨으니"(마 13:34). 비유(파라볼레)는 '우화,' '수수께끼' 라는 뜻으로 수사학적 상징입니다. 하나를 다른 하나와 비교할 때 사용하는 방법입니다. 예수는 천국 또는 하나님의 나라를 설명하기 위하여 이 땅위에 있는 어떤 것을 실례로 들어 말씀하십니다. 예를 들면, "하나님의 나라는 사람이 씨를 땅에 뿌림과 같으니"(막 4:26) 하는 것입니다. 하나님 나라를 농사의 파종에 비유하는 것입니다. 그래서 "천국(또는 하나님 나라)은..와 같으니" 하는 형식이 자주 나옵니다(마 13:44, 45, 47; 18:23; 22:2; 25:1 막 4:26). 예수는 하나님 나라에 관한 진리를 설명하기 위하여 일상생활에서 흔히 볼 수 있는 농업, 목축, 어업, 건축, 상업, 가족 관계, 재정관리, 재판, 세금 그리고 잔치 등과 관련된 일을 예로 들어 말씀하십니다. 예수께서 이렇게 다양한 예를 들어 천국을 설명하시는 이유는 천국은 몇 개의 비유로 다 설명할 수 없기 때문입니다. 예수께서 비유로 말씀하신 것은 약 60개에서 80개 정도로 추산할 수 있습니다.

## 11.1 마태복음 13장

마태복음 13장은 천국에 관한 비유를 8개나 담고 있습니다(13:19, 24, 31, 33, 44, 45, 47, 52). 1) 씨 뿌리는 비유(13:1-9), 2) 밭의 가라지 비유(13:24-30), 3) 겨자씨 비유(13:31-32), 4) 누룩 비유(13:33), 5) 밭에 감취인 보화 비유(13:44), 6) 진주 비유(13:45-46), 7) 그물 비유(13:47-50), 8) 집주인 비유(13:52). 제자들은 이 비유들 가운데서 씨 뿌리는 비유와 밭의 가라지 비유에 대한 설명을 요구합니다. 그래서 예수는 직접 그 비유에 대한 해설을 주고 계십니다(마 13:18-23; 37-43). 동시에 예수는 왜 비유로 하나님 나라의 비밀을 말씀하시는지 밝히십니다(마 13:10-17; 참고 마 13:34-35).

마태복음 13장은 다음과 같은 구조를 갖고 있습니다.

a 씨 뿌리는 비유(1-9)
- a-1 비유의 목적(10-17)
- a-2 씨 뿌리는 비유 해설(18-23)

b 밭의 가라지 비유(24-30)
- c 겨자씨 비유(31-32)
- d 누룩 비유(33)
- b-1 비유의 목적(34-35)
- b-2 밭의 가라지 비유 해설(36-43)
- e 보화 비유(44)
- f 진주 비유(45-46)

g 그물 비유(47-50)

h 집주인 비유(51-52)

씨 뿌리는 비유는 서론 역할을 해 주며 집 주인 비유는 결론에 해당합니다. 씨 뿌리는 비유와 밭의 가라지 비유가 가장 길며 두 비유 모두 해설을 갖고 있다는 점에서 유사합니다. 천국 비유를 듣고 깨닫는 자가 30배, 60배,

100배의 결실을 맺습니다(마 13:23; 막 4:13). 그리고 이들은 천국의 서기관으로서 새 것과 옛 것을 곳간에서 내어오는 집주인들입니다(마 13:51).

씨 뿌리는 비유와 밭의 가라지 비유에서 알 수 있는 것은 곡식이 자라는 기간이 필요하다는 것입니다. 즉 하나님의 나라는 갑작스럽게 임하지 않고 이 땅위에서 성장하는 기간이 필요합니다. 이러한 사실을 겨자씨 비유와 누룩 비유가 잘 보여주고 있습니다. 처음에 하나님 나라는 초라하게 시작하지만 그 결실이 풍성합니다.

이 땅 위에서 하나님 나라를 발견하는 사람은 그 진정한 가치를 알게 되며 그들의 모든 소유를 다 팔아서 하나님 나라를 소유하기를 원합니다. 하나님 나라는 그 가치를 발견하는 사람들에게 자신의 소유를 다 팔 것을 요구합니다.

하나님 나라는 종말론적 심판을 바라봅니다. 알곡과 가라지를 분류하며 좋은 고기와 못된 고기를 분류할 때가 있습니다. 하나님 나라는 사람들을 두 부류로 나눕니다. 중간 지대가 없습니다. 하나님 나라의 가치를 발견하거나 아니면 풀무 불에 들어가게 되든가 둘 중에 하나입니다.



### 비유의 목적

예수께서 왜 비유로 말씀하셨는지에 대한 설명이 두 군데서 나타납니다. 예수께서 직접 말씀하신 것(마 13:10-17)과 사도 마태가 설명한 것(마 13:34-35)입니다. 예수는 씨 뿌리는 비유를 말씀하시자 제자들이 나아와 왜 비유로 말씀하시는지 질문합니다(마 13:10). 예수는 "천국의 비밀을 아는 것이 너희에게는 허락되었으나 그들에게는 아니되었나니"(마 13:11) 하고 답변합니다. 여기서 "너희"와 "그들"이 대조를 이룹니다. "너희"는 제자들입니다. 제자들에게는 천국의 비밀을 아는 것이 허락된 자들입니다. 그러나 제자들 외에 "그들"에게는 허락되지 않았습니다(마가는 "외인에게" 막 4:11). "그들"은 제자들이 아닌 자들이며 천국의 비밀을 아는 것을 허락받지 않은 자들입니다. 일반적으로 예수의 교훈에 적대적인 태도를 보이는 종교 지도자들이나 예수의 말씀을 받아들이지 않는 사람들이나 단순한 호기심을 갖고 몰려오는 무리들입니다. 여기서 우리는 "허락되었으나"와 "아니되었나니"를 주목해야 합니다. 하나님 나라의 비밀을 아는 것이 허락된 사람들이 있고 허락받지 못한 사람들이 있습니다. 예수께서 선포하신 비유를 듣고 그 비밀을 알 수 있도록 허락받은 사람들만이 알 수 있습니다. 제자들만이 예수께서 말씀하신 하나님 나라의 비밀을 깨달을 수 있습니다.

비유에는 천국의 비밀이 담겨있습니다. 비유를 이해하는 것은 하나님 나라의 비밀을 이해하는 것입니다. 비밀은 아는 사람들만이 공유하는 지식입니다. 예수는 비유를 많은 유대인들 앞에서 공개적으로 말씀하십니다. 따라서 비유는 공개적인 비밀입니다. 이런 의미에서 예수는 비유를 말씀하시고 나서 "귀 있는 자는 들어라"고 말씀하십니다(마 13:9). 귀가 없는 사람은 없습니다. 그러나 이 귀는 육체적인 귀를 말하는 것이 아닙니다. 하나님 나라의 비밀을 아는 것을 허락받은 사람들만이 가지고 있는 귀입니다. 하나님 말씀을 듣고 깨달을 수 있는 영적인 귀입니다. 누구나 비유를 들을 수 있습니다. 그러나 아무나 하나님 나라의 비밀을 깨닫는 것은 아닙니다.

하나님 나라의 비밀의 성격은 영적인 빈익빈 부익부입니다. 예수는 천국 비밀을 깨닫는 것에 대하여 이렇게 말씀합니다. "무릇 있는 자는 받아 넉넉하게 되되 없는 자는 그 있는 것도 빼앗기리라"(마 13:12). "있는 자"와 "없는 자"가 대조를 이룹니다. 하나님의 나라의 비유를 듣고 깨닫는 사람들은 그 말씀 속에 담겨있는 하나님 나라의 비밀을 더 많이 알고 영적 부요함에 이르게 됩니다. 하지만 듣고도 깨닫지 못하는 사람들은 영적으로 더 빈곤에 처하게 됩니다.

일반 유대인들이 왜 하나님 나라의 비유를 듣고도 깨닫지 못하는가? 왜 제자들만이 깨닫는가? 유대인들은 영적인 듣는 귀와 보는 눈이 없기 때문입니다. "내가 그들에게 비유로 말하는 것은 그들이 보아도 보지 못하며 들어도 듣지 못하며 깨닫지 못함이니라"(마 13:13). 영적 귀와 눈이 없기 때문에 비유의 말씀을 들어도 깨닫지 못합니다. 비유에 담겨 있는 하나님 나라의 비밀을 이해하지 못합니다.

예수는 유대인들이 하나님 나라의 비유를 듣고도 이해하지 못하는 것을 이사야의 예언이 성취된 것이라고 하십니다. "너희가 듣기는 들어도 깨닫지 못할 것이요 보기는 보아도 알지 못하리라 이 백성들의 마음이 완악하여져서 그 귀는 듣기에 둔하고 눈은 감았으니 이는 눈으로 보고 귀로 듣고 마음으로 깨달아 돌아켜 내게 고침을 받을까 두려워함이라"(마 13:14-15; 사 6:9-10). 영적 귀와 눈이 없는 것은 마음의 상태 때문입니다. "마음이 완악하여져서"는 '지방이 많아지다,' '두꺼워지다' 입니다. 지방이 많아져서 두꺼워진 상태입니다. 여기서 '무디어지다,' '무감각해지다,' '둔해지다' 의 뜻이 나옵니다. 마음이 무감각해지고 단단해집니다. 이래서 예수의 말씀을 듣고도 이해하지 못합니다. 비유를 듣고도 깨닫지 못하는 것은 결국 마음의 문제입니다. 마음이 무디어져 있습니다. 그러나 제자들은 영적 귀와 눈이 있습니다. 그들은 예수를 보고 예수께서 하시는 비유의 말씀을 듣습니다. 복이 있는 사람들입니다.

제자들이 듣고 보는 것은 구약의 선지자와 의인들이 보고 듣기를 원했던 것입니다. 그러나 그들은 보지 못했고 듣지 못했습니다(마 13:17). 구약 시대에 하나님 나라는 감춰져 있었습니다. 그러나 제자들은 구약의 선지자와 의인과 대조를 이룹니다. 제자들은 예수의 사역과 인격 속에 임하는 하나님의 나라를 듣고 보고 있습니다. 현재적 하나님 나라를 체험하고 있습니다. 이것은 창세로부터 감추어져 있던 것이지만 예수께서 이제 비유로 그 의미를 드러내는 것입니다(마 13:34-35).

비유는 제자들에게 하나님의 나라의 비밀을 나타내지만 유대인들에게는 숨깁니다. 따라서 비유는 이중적인 기능이 있습니다. 드러내는 기능과 숨기는 기능입니다. 계시와 은폐의 기능입니다. 그래서 예수는 비유가 아니면 "아무 것도 말씀하지 아니"하셨습니다(마 13:34). 예수는 비유를 통해서 창세로부터 숨겨 왔던 하나님 나라의 비밀을 계시하는 것입니다(마 13:35). 계시를 받은 자만이 비유를 알 수 있습니다(마 11:27).

## 11.2 씨 뿌리는 비유

씨 뿌리는 비유는 네 종류의 밭 비유라고도 불리며 마가와 누가에 해석과 함께 모두 기록되어 있습니다(마 13:1-9; 18-23; 막 4:1-9; 13-20; 눅 8:4-8; 11-15). 씨 뿌리는 비유는 아주 중요합니다. 다른 비유들을 이해하는 데 초석이 되기 때문입니다. 마가는 씨 뿌리는 비유가 다른 비유들을 이해하는 데 있어서 차지하는 중요성을 이렇게 설명합니다. "또 이르시되 너희가 이 비유를 알지 못할진대 어떻게 모든 비유를 알겠느냐"(막 4:13). 씨 뿌리는 비유를 이해하지 못하면 다른 비유들을 알 수 없다는 것입니다.

제자들에게 천국의 비밀을 아는 것이 허락되었지만 제자들이 비유를 듣는다고 해서 금방 이해하는 것은 아닙니다. 예수께서 씨 뿌리는 비유를 말씀하시고 나서 제자들에게 씨 뿌리는 비유의 의미를 설명해 주시기 때문입니다. 그리고 제자들은 밭의 가라지 비유를 듣고도 이해하지 못했습니다. 그래서 제자들이 예수께 나와 가라지 비유를 설명해 달라고 요청하고 있습니다(마 13:36). 제자들은 하나님 나라의 비밀을 아는 것이 허락되었습니다. 그러나 이 비밀을 알기 위해서는 가르침을 받아야 합니다. 그래서 예수는 제자들에게 비유를 해석해 주십니다(막 4:33-34).

예수께서 씨 뿌리는 비유를 말씀하실 때에 유대인들은 이 비유를 표면적으로는 이해하는 것 같았습니다. 왜냐하면 씨를 뿌리는 모습은 흔히 볼 수 있는 광경이기 때문입니다. 예수는 그 당시 농사법을 기초로 해서 말씀하십니다. 농사법은 단순합니다. 무더운 여름철이 지나면 농부는 땅을 갑니다. 밀이나 보리 씨앗을 땅위에 뿌리고 씨앗을 덮기 위해 땅을 갈아엎습니다. 그리고 겨울비가 와서 싹이 나기를 기다립니다.

농부는 목에 메는 주머니에 씨앗을 가득 담고 나가서 갈아 놓은 밭고랑을 따라 씨를 뿌립니다. 씨를 뿌릴 때 씨 가운데 더러는 길 가에 떨어집니다. 이러면 새들이 날아와서 길 위에 떨어진 씨앗을 먹어버립니다. 물론 새들은 좋은 땅에 떨어진 씨들도 먹으려고 할 것입니다. 어떤 씨들은 흙이 얕은 돌밭에 떨어집니다. 그 씨는 곧 자라지만 해가 돋은 후에는 뿌리가 없어서 타죽어 버립니다. 어떤 씨들은 가시떨기 위에 떨어집니다. 이곳에 뿌려진 씨는 잘 자라지만 동시에 가시나무가 같이 자라서 씨앗의 기운을 막습니다. 그래서 열매를 맺지 못합니다. 그렇지만 좋은 땅에 뿌려진 씨는 30배, 60배 그리고 100배의 결실을 맺습니다.

표면적으로는 농사 이야기를 하는 비유입니다. 그러나 사람들은 이 비유의 심층적인 의미를 깨닫지 못합니다. 제자들도 이 비유를 이해하지 못했습니다. 그래서 제자들은 예수께 와서 이 비유의 뜻을 물어봅니다(막 4:10). 제자들에게 천국 비유의 비밀을 아는 것이 허락되었습니다. 하지만 제자들이 스스로 그 뜻을 아는 것은 아닙니다. 주님께서 그 비유의 비밀을 알려 주실 때 알 수 있습니다.

예수께서 직접 제자들에게 이 비유의 의미를 해석해 줍니다. 씨앗은 천국 말씀 그리고 밭은 마음을 의미합니다. 예수의 말씀에 따르면 하나님 나라의 비유를 듣고 반응하는 인간의 마음이 네 종류로 나타납니다. 마음에도 종류가 있습니다.

1) 첫째 밭은 길가입니다. 씨가 길가에 떨어지자 새들이 와서 먹어버렸습니다. 길 가에 떨어진 씨는 딱딱한 땅속으로 들어갈 수 없습니다. 땅을 갈아주어야 씨가 흙속에 묻힐 수 있습니다. 그런데 씨가 길 위에 떨어졌기 때문에 농부는 쟁기로 갈지 않습니다. 길은 사람들이 많이 다니기 때문에 단단합니다. 하나님의 말씀을 받아들이기에 너무 단단한 마음입니다. 이런 사람은 여러 가지 이유로, 전통이나 문화, 자기주장과 사상, 고집 등으로 마음이 단단해집니다. 이런 사람들은 하나님의 말씀을 들을 때 고분고분하지 않습니다(예를 들면, 바로의 마음: 출 5:2, 불순종하는 이스라엘의 마음: 렘 7:23-24, 사울의 마음: 삼상 15:22-23). 복음을 배척합니다.

이런 사람들의 특징은 사탄의 영향을 쉽게 받는 것입니다. 길 위에 떨어진 씨앗을 새가 와서 먹어버립니다. 예수는 이것을 악한 자가 와서 천국 말씀을 빼앗아 가는 것이라고 해석해줍니다. 마가는 악한 자를 사탄이라고 부릅니다(마 13:19; 막 4:15). 하나님의 말씀을 깨닫지 못하도록 사탄이 사람의 마음 속에서 역사하는 것입니다(참고 고후 4:3-4; 엡 2:1-2). 누가는 사탄이 말씀을 빼앗아 가는 이유를 더 자세하게 설명해 줍니다. "마귀가 가서 그들이 믿어 구원을 얻지 못하게 하려고 말씀을 그 마음에서 빼앗는 것이요"(눅 8:12). 우리는 여기서 세 가지 사실을 알 수 있습니다. 첫째, 하나님의 말씀은 구원과 관련이 있습니다. 말씀을 믿음으로 구원을 받습니다. 둘째, 사탄은 말씀 사역을 방해합니다. 사람들이 믿어 구원을 받지 못하게 하는 것입니다. 셋째, 말씀은 사람의 마음에서 역사합니다. 또한 사탄 역시 사람의 마음에서 활동하고 있습니다.

2) 둘째 밭은 돌밭입니다. 돌밭에 떨어진 씨앗은 금방 싹이 납니다. 그러나 돌이 많기 때문에 뿌리가 깊이 내리지 못합니다. 뿌리가 깊이 내리지 못하니 수분을 충분히 공급받지 못합니다. 태양이 뜨겁게 내리 쬐이면 발아했던 새 싹은 금방 말라서 죽어갑니다. 하나님의 말씀을 들을 때, 기쁨으로 받는 사람들이 있습니다. 말씀에 대한 반응이 좋습니다. 하지만 믿음 때문에 환난이 닥치고 어려움이 닥치면 금방 믿음을 포기해 버립니다(마 13:20-21). 누가는 이런 사람을 "잠깐 믿다가 시련을 당할 때에 배반하는 자요"(눅 8:13) 하고 해석해 줍니다. 잠깐 믿는 사람들입니다. 말씀의 깊이에 들어가지 못한 사람들입니다.

3) 셋째 밭은 가시나무 밭입니다. 가시나무 밭에 떨어진 씨앗은 자라납니다. 그러나 가시나무가 더 크게 자라서 씨앗의 기운을 막아버립니다. 가시나무는 "세상의 염려와 재물의 유혹"을 의미합니다. "재물의 유혹"은 '물질(부)의 매력, 속임, 유혹' 입니다(마 13:22). 누가는 "이생의 염려와 재물과 향락"(삶의 염려와 부와 즐거움)으로 해석합니다(눅 8:14). 가시나무 밭은 말씀보다 다른 데에 더 관심을 두는 마음입니다. 이 세상살이와 부와 물질에 관심을 더 기울입니다. 사도 바울을 재판했던 벨릭스가 해당할 것입니다(행 24:24-26).

벨릭스 총독은 예수 그리스도의 복음을 들었으나 돈에 더 관심이 많았습니다. 사도 바울과 같이 전도 여행을 다녔던 데마도 이에 해당할 것입니다. 그는 세상을 더 사랑했습니다(딤후 4:10). 가시나무 밭에 떨어진 씨는 무엇보다도 열매가 없다는 사실에 주목해야 합니다. 가시나무에 떨어진 씨앗은 똑같이 자랍니다. 싹이 나고 줄기가 나고 잎이 납니다. 그러나 결정적인 것은 열매가 없습니다. "말씀이 막혀 결실하지 못하는 자요"(마 13:22). 말씀을 받고 은혜를 받습니다. 모든 예배에 잘 참여합니다. 신앙생활을 잘 하는 것 같습니다. 그러나 열매가 없습니다. 이것이 결정적인 차이입니다. 예수는 열매를 강조했다는 사실을 기억해야 합니다(마 7:15-20). 네 번째 좋은 땅에 떨어진 씨는 열매를 맺습니다. 가시나무 밭과 좋은 밭의 차이는 열매에 있습니다.

4) 넷째 밭은 좋은 땅입니다. 좋은 땅에 떨어진 씨앗은 열매를 맺습니다. 좋은 밭은 천국 말씀을 듣고 깨닫는 사람입니다. 또한 말씀을 잘 실행할 준비가 되어 있는 마음을 가진 사람입니다(참고 히 4:2). 누가는 "착하고 좋은 마음으로 말씀을 듣고 지키어 인내로 결실하는 자"라고 규정합니다(눅 8:15). 착하고 좋은 마음은 하나님의 말씀에 순종할 뜻과 의지가 있는 마음입니다. 좋은 땅의 특징은 열매를 맺는 것입니다. 한 알의 씨앗이 땅에 떨어져서 결실을 맺는데 최소가 30배. 보통이 60배. 최고가 100배입니다. 이 말씀은 농사에 근거해서 볼 때 결코 과장이 아닙니다. 옥수수 한 알이 자라서 그 옥수수에 맺히는 열매를 생각해 보십시오. 여기서 강조점은 풍성한 열매에 있습니다.

씨 뿌리는 비유의 중요성은 먼저 씨에 있습니다. 씨는 네 종류의 밭에 다 떨어지기 때문입니다. 하지만 씨의 결과는 다릅니다. 이 비유는 구조상 4분의 3이 실패합니다. 길가에 떨어진 씨, 돌밭에 떨어진 씨, 가시나무에 떨어진 씨는 열매를 맺지 못합니다. 그러나 좋은 땅에 떨어진 씨는 엄청난 결실을 맺습니다. 물론 씨앗이 똑같은 비율로 뿌려진다는 의미는 아닙니다. 세 종류의 밭에 떨어진 씨는 다 실패합니다. 하지만 좋은 땅에 떨어진 씨는 큰 결실을 맺습니다. 잃어버린 씨보다 더 많은 수확이 있습니다. 이 비유의 핵심은 풍성한 수확에 있습니다.

씨는 네 종류의 밭에 다 떨어졌습니다. 씨가 자라서 열매를 맺느냐 맺지 못하느냐는 땅에 달려 있습니다. 즉 말씀을 받고 말씀에 어떤 반응을 보이느냐 하는 것입니다. 어떤 사람은 아예 처음부터 말씀에 관심이 없습니다. 어떤 사람은 말씀을 처음에는 환영합니다. 그러나 외부적인 어려움이 오면 말씀을 버립니다. 믿음을 포기합니다. 또 다른 사람은 신앙생활을 똑같이 하지만 그의 진정한 관심은 말씀에 있지 않습니다. 세상과 물질의 유혹을 받을 때 그 마음이 드러납니다. 유혹을 받을 때, 그의 마음은 세상의 삶에 더 많은 관심을 보입니다. 재물에 욕심이 있습니다.

네 종류의 밭 중에서 세 개의 밭이 실패합니다. 마음이 완악했기 때문입니다(마 13:14-15). 좋은 땅은 열매를 맺습니다. 결국 하나님 나라의 비유를 듣는 사람들의 마음이 중요합니다. 하나님 나라의 비유를 열린 마음으로 받아들일 때, 하나님 나라의 비밀을 깨달을 수 있습니다. 비유의 말씀을 깨닫는 것이 중요합니다. 예수는 이 비유를 해석하시면서 두 번이나 깨닫는 것(이해하는 것)을 말씀하십니다. "아무나 천국 말씀을 듣고 깨닫지 못할 때"(마 13:19), "좋은 땅에 뿌려졌다는 것은 말씀을 듣고 깨닫는 자니"(마 13:23). 이 씨 뿌리는 비유를 깨달을 때, 좋은 마음으로 구원에 이르는 지식을 얻게 될 때(눅 8:12), 다른 천국 비유들의 의미도 알 수 있습니다(막 4:13). 이 비유를 깨닫는 사람들이 영적인 부익부의 상태에 이릅니다. 그러나 이 비유를 깨닫지 못하면 영적인 빈익빈 상태에 처하게 될 것입니다.

좋은 땅에 떨어진 씨는 사탄의 영향과 시험을 이기며 뜨거운 태양 즉 외부적인 어려움을 견딥니다. 또한 가시나무의 유혹 즉, 세상의 염려와 재물의 유혹을 이겨냅니다. 이 모든 것을 견딜 수 있는 마음이 좋은 마음입니다.

### 11.3 밭의 가라지 비유

예수는 두 번째로 밭의 가라지 비유를 말씀합니다. 이 비유는 마태만 전하고 있습니다. 주인이 좋은 씨를 밭에 뿌렸습니다. 사람들이 잠든 사이에 원수가 와서 가라지를 그 밭에 덧뿌리고 갔습니다. 곡식이 자라자 가라지가 함께 보입니다. 그래서 하인들이 주인에게 와서 좋은 씨를 뿌렸는데 왜 가라지가 자랐는가를 묻습니다. 주인은 원수가 이렇게 했다고 대답합니다. 하인들이 '가라지를 뽑기를 원하십니까?' 하고 묻자 주인은 그냥 추수 때까지 두라고 합니다. 가라지를 뽑다가 곡식까지 뽑을까 염려하기 때문입니다. 추수 때에 추수꾼이 가라지를 먼저 뽑아서 불사르고 곡식을 모아 곡간에 넣을 것입니다(마 13:24-30).

제자들은 밭의 가라지 비유를 이해하지 못합니다. 그래서 예수께 설명해 주실 것을 요청합니다. 예수는 가라지 비유를 자세하게 설명해 주십니다(마 13:37-43). 1) 좋은 씨를 뿌리는 자는 인자이며 2) 밭은 세상입니다. 3) 좋은 씨는 천국의 아들들이며 4) 가라지는 악한 자의 아들들입니다. 5) 가라지를 심은 원수는 마귀이며 6) 추수 때는 세상 끝이며 7) 추수꾼은 천사들입니다. 예수는 이 가라지 비유에 나오는 모든 요소들을 하나씩 의미가 있다고 설명해 주고 있습니다.

씨는 자라는 기간이 필요합니다. 씨앗이 뿌려지고 자랍니다. 열매를 맺으면 추수를 합니다. 추수 때에 알곡과 가라지는 가려집니다. 이 비유에서 말하는 것이 이것입니다. 추수할 때가 있는 것과 같이 이 세상도 끝날 때가 있습니다. 세상 끝에는 천국의 아들들과 악한 자의 아들들이 가려질 것입니다. 이 비유는 심판의 때가 있음을 말하고 있습니다.

유대인들은 하나님의 나라가 당장에 나타날 줄 알고 있었습니다(참고 눅 19:11). 사실 세례 요한과 예수의 메시지 "회개하라 천국이 가까웠느니라"는 이러한 유대인들의 기대에 부응하는 것 같았습니다. 유대인들은 하나님의 나라가 당장 임할 것으로 생각하고 있었습니다. 하지만 하나님의 나라는 곡식이 다 자랄 때까지, 열매가 맺혀 추수할 때까지 기다려야 합니다. 추수할 때까지 세상에는 천국의 아들들과 악한 자의 아들들이 함께 공존할 것입니다. 이 둘 사이를 인위적으로 구분하는 것이 아니라 하나님이 구분할 때까지 기다려야 합니다.

이 비유는 교회 안에 신자와 불신자가 섞여있을 것만을 말하지 않습니다. 오히려 교회를 넘어서 세상을 말합니다. 세상에는 천국의 아들들과 악한 자의 아들들이 함께 공존합니다. 가라지(독 보리)는 곡식(겨울 밀)과 유사합니다. 겨울 밀은 봄이 올 때까지 가라지와 함께 자랍니다. 후에 밀 이삭이 나올 때, 농부는 곡식과 가라지를 구별할 수 있습니다. 농부는 가라지가 섞여 있는 것을 발견하고 주인에게 가서 가라지를 뽑을 것인가를 논의합니다. 가라지는 곡식과 함께 자라기 때문에 곡식이 흡수해야 할 수분과 양분을 빼앗아 갑니다. 자연히 수확량은 줄어들 수밖에 없습니다. 가라지를 제거해 주는 것이 수확량을 증가시키는 방법입니다. 하지만 주인은 가라지를 뽑는 것을 거절합니다. 주인은 수확량 보다는 밀의 안전을 먼저 생각합니다. 가라지를 뽑다가 밀까지 뽑을 것을 염려합니다. 실제로 가라지의 뿌리가 밀의 뿌리와 얽혀있기 때문에 가라지를 뽑다가 밀을 뽑는 경우가 있습니다. 주인은 밀의 안전을 생각해서 가라지를 추수 때까지 그대로 두라고 합니다. 추수 때에 가라지를 먼저 정리해서 불에 태워버리고 곡식은 곳간에 저장할 계획입니다.

이 비유는 하나님 나라의 현재성과 미래성을 잘 보여주고 있습니다. 하나님 나라는 이 땅위에서 추수 때까지 성장합니다. 하나님 나라의 아들들은 하나님 나라가 완성되기를 인내하면서 기다립니다. 이 땅의 역사가 끝날 때가 있습니다. 그때에 악한 자의 아들들, 불법을 행하는 자들은(마 13:41) 풀무불에서 심판을 당합니다. 그러나 하나님 나라의 아들들은 하나님 나라에서 해와 같이 빛나게 될 것입니다(마 13:42-43).

## 11.4 겨자씨 비유와 누룩 비유

예수는 천국을 다시 겨자씨와 누룩에 비유하고 있습니다. 겨자씨 비유(마 13:31-32; 막 4:30-32; 눅 13:18-19)와 누룩 비유(마 13:33; 눅 13:20-21)는 한 쌍의 비유입니다. 마태는 이 비유들을 가라지 비유(마 13:24-30)와 가라지 비유

해설(마 13:36-43) 사이에 놓고 있습니다. 구조상 이 비유들은 가라지 비유와 관련이 있습니다.

겨자씨는 아주 작은 씨에 속합니다. 참깨 한 알보다 더 작습니다. 본문에서도 말하듯이 겨자씨는 "모든 씨보다 작은 것"이지만 자라면 "풀보다 커서 나무가" 되어 새들이 와서 깃들입니다(마 13:32). 겨자씨는 보통 3m 또는 4.5m가량 자랍니다. 그 가지가 단단하게 되었을 때, 각종 새들이 날아와서 집을 짓고 쉬는 곳이 됩니다. 작은 씨와 새들이 쉴 수 있는 나무 사이의 대조가 특징을 이루고 있습니다.

구약에서 보면 큰 나무에 새들이 와서 깃들인다는 것은 상징적인 의미가 있습니다. 나무를 큰 제국으로 그리고 나무에 깃들이는 새들은 큰 제국의 보호 아래 있는 나라들을 뜻합니다(겔 17:23; 31:3-9; 단 4:10-12).

예수께서 하나님의 나라를 겨자씨에다 비유한 것은 하나님의 나라는 성장한다는 것입니다. 하나님 나라의 성장은 외형적으로 볼 수 있습니다. 겨자씨에서 큰 나무로 자라기 때문입니다. 하나님의 나라는 큰 나무로 자라날 것이며 많은 나라들이 그 나무에 와서 깃들일 것입니다. 이스라엘이라는 작은 지역에서 시작한 복음은 세계의 많은 나라들에게 영향력을 미치고 있음을 역사적으로 볼 수 있습니다. 하나님의 나라는 외견상 보잘 것이 없는 곳, 이스라엘의 갈릴리에서 시작하였지만 그 영향력은 전 세계로 퍼져나가고 있습니다. 하나님 나라는 이 땅에서 성장하고 있는 것입니다.

누룩 비유 역시 하나님 나라의 성장을 보여주고 있습니다. 한 여인이 가루 서 말(약 40리터, 약 100-150명이 먹을 수 있는 빵의 양)에 소량의 누룩을 넣어서 반죽합니다. 누룩은 밀가루를 부풀게 만드는 힘이 있습니다. 소량의 누룩은 많은 밀가루를 부풀게 만듭니다. 소량의 누룩과 부풀은 밀가루 사이에 대조를 보이고 있습니다. 누룩이 밀가루를 어떻게 부풀게 만드는지 눈으로 볼 수는 없지만 밀가루를 부풀게 만들었습니다. 이것은 은밀하게 성장하는 하나님 나라의 모습을 보여줍니다. 하나님의 나라는 점진적으로 은밀하게 성장합니다.

겨자씨 비유와 누룩 비유는 쌍둥이 비유로서 하나님 나라의 성장을 보여줍니다. 겨자씨 비유는 하나님 나라가 외견상 볼 수 있게 성장하는 것을 그리고 누룩 비유는 은밀하게 성장하는 하나님 나라의 모습을 설명합니다. 하나님 나라의 현재성과 미래성을 적절하게 말하고 있는 비유들입니다.

이렇게 보면 이 두 비유가 왜 밭의 가라지 비유와 그 해설 사이에 끼여 있는지 알 수 있습니다. 밭에 뿌려진 좋은 씨는 자랍니다. 씨는 자라서 열매를 맺습니다. 이러면 추수꾼들이 와서 추수를 합니다. 씨는 성장합니다. 그리고 성장해서 열매를 맺힐 때까지 시간이 필요합니다. 겨자씨 비유와 누룩 비유는 하나님 나라의 성장을 설명합니다. 그래서 마태는 이 두 비유를 샌드위치처럼 밭의 가라지 비유와 그 해설 사이에 끼워 놓은 것입니다.

## 11.5 밭에 감춰인 보화 비유와 좋은 진주 비유

밭에 감춰인 보화 비유(마 13:44)와 좋은 진주 비유(마 13:45-46) 역시 쌍을 이루고 있습니다. 예수는 천국을 밭에서 보물을 발견한 농부와 좋은 진주를 구하는 상인에 비유하고 있습니다.

은행이 발달하지 않았던 고대에서 재물을 보관할 수 있는 방법은 일반적으로 땅에 묻어두는 것입니다. 자신만이 아는 장소에 숨겨둡니다. 집안에 보물을 두면 강도의 위험이 있습니다. 그리고 고대 팔레스타인은 전쟁이 빈번했습니다. 보물을 집에 숨겨두는 것보다는 밭에 숨겨두는 것이 더 안전했습니다. 적군이 침입해 왔을 때에 주인이 보물을 땅에 숨겨 둡니다. 그러다 약탈자에 의해 죽임을 당하기도 합니다. 이러면 그 땅에 묻힌 보물은 다른 사람이 발견할 때까지 묻혀 있습니다. 또한 사람들은 전쟁에 나가기 전에 자신의 동전이나 보석을 땅 속에 묻어두었습니다. 이 보물을 땅에 묻은 사람이 전쟁에 나가 죽으면 그 보물은 오랫동안 땅에 묻혀 있게 되었습니다. 후에 밭을 산 사람이 이 보물을 발견했을 때, 이 사람은 부자가 될 것입니다. 이러한 이야기는 예수 당시에 흔히 있었던 일이었습니다.

예수께서 이야기하고 있는 비유에서 나오는 사람은 소작인입니다. 그가 일을 하다가 보물을 발견했습니다. 밭에 묻혀 있던 보석을 발견한 사람은 크게 기뻐합니다. 그 소작인은 그 밭을 살 수 있다면 그 보물은 법적으로 자기 소유가 됩니다. 그는 자기 전 재산을 팔아서 그 밭을 사려고 합니다. 이 비유의 핵심은 보물을 발견한 사람이 전 재산을 팔아서 그 보물이 묻혀 있는 밭을 살만한 가치가 있다는 것을 말합니다. 여기서 밭주인에게 보물의 존재유무를 알려야 할 윤리적인 문제는 거론하지 않습니다. 예수께서 강조하고자 하신 것은 보물의 가치이며 그 보물을 발견한 사람이 취해야 할 태도입니다.

좋은 진주 비유 역시 같은 내용을 담고 있습니다. 신약 시대에 진주는 값진 보석입니다(마 7:6; 딤전 2:9; 계 18:11-12). 그 당시 상인들은 좋은 진주를 얻기 위해 홍해, 인도, 페르시아 만으로 여행했습니다. 크고 좋은 진주를 발견한 상인은 자신의 소유를 다 팔아서 그 진주를 사려고 합니다. 이 비유의 핵심도 진주가 상인이 전 재산을 팔만큼의 가치를 갖고 있다는 것입니다.

위의 두 비유는 하나님 나라의 가치를 말하고 있습니다. 하나님 나라는 자신의 전 재산을 팔아서 살만한 가치가 있습니다. 자신의 전 재산을 파는 것은 희생이나 강요가 아닙니다. 자발적인 것입니다. 밭에서 보물을 발견한 농부는 기뻐합니다. 기뻐서 자신의 전 재산을 다 팔아 그 밭을 삽니다. 보물을 발견한 기쁨이 있습니다. 이와 같이 하나님 나라는 제자들이 자신의 모든 것을 다 포기할 만큼의 기쁨과 가치가 있습니다. 아니 그 이상이라고 말할 수 있습니다. 이 비유들은 또한 제자들이 취해야 할 태도를 보여주고 있습니다. 하나님 나라의 가치를 발견한 제자들은 자신의 모든 것을 팔아서라도 하나님 나라를 사야한다는 것입니다.

### 11.6 그물 비유

예수는 천국을 물고기를 잡는 그물에 비유합니다. "또 천국은 마치 바다에 치고 각종 물고기를 모는 그물과 같으니"(마 13:47). 이 비유는 어부 출신이 많은 제자들과 갈릴리 호수 주변에서 몰려든 무리들에게 친숙한 이야기입니다. 모여든 무리들은 고기 잡는 모습을 늘 보았을 것입니다. 갈릴리 호수의 북쪽 끝 부분은 이스라엘에서 고기가 잘 잡히는 지역가운데 하나로 알려져 있습니다. 요단강 물에 식물들이 휩쓸려 내려와 갈릴리 호수 북쪽에 가라앉기 때문에 많은 어종들이 살고 있습니다. 그 당시의 어부들은 그물을 양쪽에서 잡고 두 대의 배가 타원형을 그려가면서 고기를 몰아 잡거나 한 쪽을 해안에 고정시키고 다른 한 쪽은 배를 타고 나가서 타원형을 그리며 다시 해안으로 돌아오기도 했습니다. 그물 밑에는 추가 달려 있고 그물 위에는 코르크가 달려 있어서 그물이 잘 펴질 수 있습니다.

갈릴리 호수에서 친 그물에 각종 물고기들이 잡힙니다. 하지만 모든 물고기를 먹을 수 있는 것은 아닙니다. 유대인의 음식 법에 따르면 지느러미와 비늘이 없는 고기는 부정한 것으로 먹을 수 없습니다(레 11:10; 신 14:9-10). 어부들은 이러한 음식 법에 따라서 잡은 물고기들을 분류했을 가능성이 큽니다.

그물 비유(마 13:47-50)는 예수께서 해석해 준 세 번째 비유입니다. 곡식과 가라지 비유와 유사한 면이 있습니다. 추수 때까지 곡식과 가라지를 같이 두었던 것처럼 그물에 잡힌 고기도 뭍으로 나오기까지 분류되지 않습니다. 추수 때가 있는 것같이 물고기를 분류할 때가 있습니다. “좋은 것은 그릇에 담고 못된 것은 내버리느니라”(마 13:48). “좋은 것”은 먹을 수 있는 물고기를 그리고 “못된 것”은 먹을 수 없는 물고기를 의미합니다. 그물 안에 좋은 물고기와 나쁜 물고기가 함께 있는 것 같이 교회 안에는 두 종류의 사람들이 함께 있을 것입니다.

물고기를 분류하는 것은 종말의 심판을 의미합니다. 예수께서 직접 해석해 주셨기 때문입니다. “세상 끝에도 이러하리라 천사들이 와서 의인 중에서 악인을 갈라내어 풀무 불에 던져 넣으리니 거기서 울며 이를 갈리라”(마 13:49-50). 세상 끝에는 천사들이 와서 의인 중에서 악인을 골라냅니다(마 13:41-42, 49-50). 이 비유는 종말의 심판이 임할 때가 있다는 것과 함께 세상 끝 날까지 의인과 악인이 함께 공존할 것을 말합니다.

## 11.7 집주인 비유

마태복음 13장의 8개 비유가운데 마지막 비유로 결론 역할을 합니다. 예수는먼저 제자들에게 이 모든 비유를 깨달았는지를 묻자 제자들은 예라고 대답합니다(마 13:51). 비유들을 깨닫는 것은(깨달음의 중요성은 마 13:19, 23을 보라) 하나님 나라의 비밀을 이해하는 것입니다(마 13:11). 하나님 나라의 비밀을 이해한 사람은 이제 그 것을 나눠주어야 할 책임이 있습니다. "예수께서 이르시되 그러므로 천국의 제자 된 서기관마다 마치 새 것과 옛 것을 그 곳간에서 내오는 집주인과 같으니라"(마 13:52). 천국의 비밀을 아는 사람은 "천국의 제자 된 서기관"이 되었습니다. 그 당시의 서기관은 랍비에게서 교육을 받습니다. 유대교 율법과 전통들을 교육받아 전달하는 자입니다. 율법을 가르치는 자입니다. 하지만 예수께서 말씀하시는 서기관은 천국의 제자가 된 서기관입니다. 이들은 예수께 교육을 받습니다. 이들은 마치 곡간에서 옛 것과 새 것을 내어오는 집주인과 같습니다. 옛 것(구약)만 아니라 새 것(예수에 의해 성취되고 가르쳐진 것)도 가르치며 전달해야 하는 자들입니다. 제자들은 이제 하나님 나라의 비밀(새 것)을 잘 전달해야 할 책임과 의무를 지고 있습니다.

## 11.8 결론

마태복음 13장은 8개의 천국 비유들이 나옵니다. 이 비유들은 다 천국의 비밀을 밝히고 있습니다. 하나님의 나라는 예수 그리스도의 말씀 사역을 통해서 드러납니다. 예수는 천국 말씀을 전파합니다. 그 말씀을 받아들이는 좋은 마음이 있습니다. 이들에게 하나님의 나라의 비밀이 계시됩니다. 하나님의 비밀을 깨닫는 자들은 어려움과 환난을 견디어 냅니다. 그래서 결실을 합니다. 풍성한 열매를 맺습니다.

말씀을 통하여 계시되는 하나님 나라의 비밀은 이 땅에서 자라는 곡식과 유사합니다. 씨를 심으면 추수할 때가 있습니다. 추수할 때에 알곡과 가라지를 골라냅니다. 알곡은 모아서 곡간에 들이고 가라지는 모아서 불에 사릅니다. 추수 때가 있는 것과 같이 세상의 끝이 있습니다. 이 때는 심판이 있습니다. 천국의 아들들과 악한 자의 아들들을 구분하는 때입니다. 악한 자의 아들들은 풀무 불에 들어가 고통을 받습니다. 그러나 천국의 아들들은 하나님의 나라에 들어갑니다.

하나님 나라는 곡식이 자라는 것에 비유되고 있습니다. 곡식이 자라는 것처럼 하나님 나라도 성장할 것입니다. 이것을 잘 보여주는 비유들이 바로 겨자씨 비유와 누룩 비유입니다. 겨자씨는 작은 씨앗이 자라서 큰 나무가 되는 것을 볼 수 있습니다. 외적인 성장을 나타냅니다. 하나님의 나라는 이 땅에서 이렇게 성장하는 것을 볼 수 있습니다. 또한 누룩은 밀가루를 부풀게 합니다. 누룩이 밀가루 안에서 어떻게 활동하는지 볼 수 없습니다. 그렇지만 밀가루는 부풉니다. 누룩이 은밀하게 밀가루를 부풀게 하는 힘이 있듯이 하나님 나라는 은밀하게 성장합니다. 사람들의 눈에 보이지 않지만 성장합니다. 이 두 비유는 이 땅에서 하나님 나라가 성장한다는 것을 보여줍니다.

하나님 나라는 이 땅에서 성장합니다. 사람은 하나님 나라를 발견할 수 있습니다. 이것은 밭에 감추어진 보화 비유와 진주 비유에서 나타납니다. 소작인이 밭을 갈다가 숨겨져 있는 보화를 발견합니다. 보화를 발견한 기쁨이 너무 커서 자신의 모든 재산을 팔아 그 밭을 삽니다. 또한 좋은 진주를 구하는 상인은 크고 좋은 진주를 발견했습니다. 상인은 자신의 재산을 팔아 그 진주를 삽니다. 이 두 비유에서 보화와 진주는 그만큼 가치가 있다는 것입니다. 우리가 이 땅에서 발견하는 하나님 나라는 이렇게 전 재산을 다 투자할 만큼 가치가 있습니다. 하나님 나라는 우리의 모든 것을 다 팔아서 살만큼 가치가 있습니다. 하나님 나라의 현재성을 보여줍니다.

하나님 나라는 마지막 때가 있습니다. 고기를 잡은 그물을 뭍에 가지고 와서 좋은 고기와 나쁜 고기를 분류합니다. 이와 같이 하나님 나라는 마지막 때에 심판이 있습니다. 의인과 악인을 분류할 것입니다. 하나님 나라의 미래성입니다.

마지막으로 하나님 나라의 비밀을 깨달은 제자들은 마치 서기관과 같습니다. 그들이 깨달은 비밀을 혼자만 간직할 것이 아니라 다른 사람들에게 가르쳐야 할 임무가 있다는 것을 보여줍니다. 즉 서기관 된 제자들에게 예수에 의해 시작된 천국 말씀 사역을 이어나가야할 책임과 의무가 있다는 것을 보여줍니다.

예수의 말씀 사역으로 시작된 하나님 나라는 이 세상에서 계속 성장합니다. 제자들은 하나님 나라가 완성될 때까지 이 말씀 사역을 계승하여 나가야 합니다.

# 12

# 하나님 나라 비유(II)

읽어야 할 본문: 마태복음 18-22장, 마가복음 12장, 누가복음 15, 20장

예수는 하나님 나라의 비밀을 비유로 말씀하십니다. 예수는 "천국은 …과 같으니" 하고 명확하게 밝히는 천국 비유(마 13장)도 있지만 이러한 문구 없이 천국의 본질을 설명해 주는 비유도 있습니다. 특별히 예수께서 예루살렘으로 향하는 길에 주어지는 비유들은 하나님 나라와 관련한 깊은 의미가 있습니다. 누가는 15장에서 세 개의 비유, 잃어버린 양(눅 15:3-7), 잃어버린 동전(눅 15:8-10) 그리고 잃어버린 아들(눅 15:11-32)을 말합니다. 이 비유들에서 하나님 나라와 관련된 직접적인 표현들은 나오지 않습니다. 그렇지만 이 비유들은 하나님 나라의 복음에 관한 메시지의 핵심을 내포하고 있습니다. 세 비유는 잃어버린 것에 대한 관심을 표현하는데 특별히 잃어버린 하나님의 백성에 대한 하나님의 관심을 잘 나타내줍니다. 또한 마태는 예수께서 예루살렘을 향하여 가시면서 주는 비유들을 소개합니다. 그 가운데서 우리의 관심을 끄는 비유는 다음과 같습니다. 유다 지방에서 포도원 품꾼 비유(마 20:1-16)를 주시고 예루살렘에서 두 아들 비유(마 21:28-32), 악한 소작인 비유(마 21:33-46) 그리고 혼인 잔치 비유(마 22:1-14)를 주십니다. 이 비유들은 하나님 나라의 본질을 잘 나타내고 있습니다.

예수께서 예루살렘에서 많은 반대를 받으시면서 이러한 비유들을 주셨다는 것은 의미가 있습니다. 이 비유들에는 예수를 반대하는 자들에 대한 예수

의 비난과 책망이 담겨 있기 때문입니다. 예수는 이 비유들을 통해서 하나님 나라 복음을 반대하며 비방하는 자들은 하나님 나라에 들어갈 수 없다는 사실을 분명히 하고 있습니다.

## 12.1 세 개의 비유들(누가복음 15장)

누가복음 15장에는 잃어버린 양(15:3-7), 잃어버린 동전(15:8-10) 그리고 잃어버린 아들(15:11-32)에 관한 세 개의 비유가 나옵니다. 이 비유들은 하나님 나라와 관련된 직접적인 표현들은 나오지 않습니다. 그렇지만 이 비유들이 하나님 나라의 복음에 관한 메시지의 핵심을 내포하고 있다는 사실을 부인하기 어렵습니다. 잃어버린 양의 비유는 마태복음 18:12-14에도 나타나지만 잃어버린 동전 비유와 잃어버린 아들 비유는 누가복음에만 나타납니다.



### 잃어버린 양의 비유

잃어버린 양의 비유는 마태복음과 누가복음에 나옵니다(마 18:12-14; 눅 15:3-7). 마태복음의 문맥에 따르면 제자들이 '천국에서는 누가 큽니까?' 하고 질문합니다. 여기에 예수는 다음과 같이 답변합니다. 천국에서 큰 자는 어린아이와 같은 자입니다. 예수를 믿는 어린아이 하나를 실족하게 하는 자는 깊은 바다에 빠지는 것이 낫습니다(마 18:6). 어린아이를 실족하게 하는 일 그리고 업신여기는 일이 있어서는 안 됩니다(마 18:7,10). 이러한 답변 후에 예수는 백 마리 양 가운데 잃어버린 한 마리 양의 비유를 줍니다. 마태에 따르면 이 비유는 교회에 적용될 수 있습니다.

누가복음의 문맥은 마태와 다릅니다. 세리와 죄인들이 예수의 말씀을 들으러 나아옵니다. 그러자 바리새인과 서기관들은 예수께서 죄인을 영접하고 그들과 같이 식사를 한다고 그를 비난합니다(눅 15:1-2). 이 비난에 대한 답변으로 예수는 잃어버린 양과 동전 그리고 아들 비유를 말씀하십니다. 잃어버린 양과 동전 비유는 쌍둥이 비유입니다.



어떤 사람이 양 백 마리를 기르고 있습니다. 양 백 마리는 목축을 하는 사람에게 많은 떼는 아닙니다. 목자는 양들의 이름을 다 기억하며 밤마다 그 숫자를 셀 것입니다. 따라서 목자는 한 마리가 비는 것을 금방 눈치 챕니다. 양 한 마리가 길을 잃었습니다. 양은 무리를 지어 다니는 사회성이 강한 짐승입니다. 무리를 지어 다니기 때문에 양이 길을 잃으면, 목자를 볼 수 없으면 그 양은 공항상태에 빠집니다. 목자는 양 한 마리가 빈다는 것을 알아챕니다. 곧 아흔 아홉 마리를 들에 두고 잃어버린 한 마리의 양을 찾아다닙니다. 비유의 초점은 잃어버린 양입니다. 잃어버린 양을 찾기까지 목자는 찾아다닙니다(참고 겔 34:11-12). 마침내 목자가 잃어버린 양을 발견합니다. 목자는 양을 어깨에 메고 돌아옵니다. 목자는 잃어버린 양을 찾은 것을 크게 기뻐합니다. 목자는 이 기쁨을 다른 사람과 함께 합니다. 친구와 이웃을 불러 함께 즐거워하며 잔치를 벌입니다.

예수는 이 비유를 말씀하시고 나서 이렇게 결론을 짓습니다. "이와 같이 죄인 한 사람이 회개하면 하늘에서는 회개할 것 없는 의인 아흔 아홉으로 말미암아 기뻐하는 것보다 더하리라"(눅 15:7). 여기에 잃어버린 양의 비유의 핵심이 있습니다. 잃어버린 양 한 마리는 죄인 한 사람을 의미합니다. 잃어버린 양을 찾는 것은 죄인 한 명이 회개하고 돌아오는 것입니다. 이런 일이 있으면 하늘에서 의인 아흔 아홉보다 더 기뻐합니다. 하나님은 죄인 한 사람이 회개하고 돌아오는 것을 더 기뻐하십니다. 또한 마태는 "이 작은 자 중의 하나라도 잃는 것은 하늘에 계신 아버지의 뜻이 아니니라"(마 18:14; 참고 요 6:39)고 말합니다. 아버지의 관심과 뜻은 잃어버린 양 한 마리에 있습니다.

### 잃어버린 동전 비유

한 여인이 열 개의 드라크마(은전의 명칭)를 소유하고 있었습니다. 드라크마는 보통 노동자의 하루 품삯에 해당합니다. 이 여인이 열 개의 동전 가운데서 한 개의 동전을 잃어버렸습니다. 그 당시의 집은 일반적으로 작고 어두웠습니다. 대부분이 창은 없거나 있어도 작습니다. 빛이 들어오는 창이 작으니 집이 어둡습니다. 따라서 잃어버린 동전을 찾기 위해 등을 켜고 온 집을 쓸고 찾아야 합니다. 여인이 드디어 동전을 찾았습니다. 그러자 그 여인은 친구와 이웃을 초청하여 잔치를 벌이며 기뻐합니다. 기쁨을 다른 사람과 함께 나눕니다. 어쩌면 찾은 동전 하나보다 잔치 비용이 더 들어갈지도 모릅니다. 경제적인 비효율성에도 불구하고 여인은 기뻐하며 잔치를 벌입니다.

예수는 이 비유의 결론을 이렇게 말씀하십니다. "이와 같이 죄인 한 사람이 회개하면 하나님의 사자들 앞에 기쁨이 되느니라"(눅 15:10). 이것이 이 비유의 요점입니다. 잃어버린 양의 비유와 같은 결론입니다. 잃어버린 동전은 죄인 한 사람을 의미합니다. 죄인 한 사람이 회개하고 돌아오는 것을 기뻐합니다.

## 잃어버린 아들 비유

잃어버린 아들 비유(눅 15:11-32)는 일명 탕자 비유로 더 알려져 있습니다. 잃어버린 아들의 비유는 위의 두 비유와 약간 다릅니다. 양과 동전을 잃어버린 사람들은 그것을 찾아 나섭니다. 그러나 잃어버린 아들의 비유에서 아들은 자발적으로 집을 나갑니다. 그리고 아버지는 아들을 찾아 나서지 않습니다. 잃어버린 양과 동전 비유에서 잃어버린 것을 찾아 나서는 주인의 행위에 강조가 있었다면 잃어버린 아들 비유에서는 아들의 회심과 아들이 돌아오기를 기다리는 아버지의 부성에 강조점이 있습니다. 이러한 차이점에도 불구하고 세 비유는 모두 잃어버린 것을 찾은 기쁨에 대해 말하고 있습니다.

어떤 사람에게 두 아들이 있습니다. 둘째 아들이 하루는 아버지에게 자신에게 돌아올 재산의 몫을 달라고 요청합니다. 둘째 아들은 아버지가 돌아가신 이후 삼분의 일을 받을 수 있습니다(신 21:17). 둘째 아들은 아버지가 생존해 있을 때에 자신의 상속 재산을 요구했기 때문에 삼분의 일보다는 작은 양을 받았을 것입니다. 그리고 둘째 아들은 아버지가 돌아가신 후에는 상속 재산을 요청할 권리를 박탈당했을 것입니다.

둘째 아들은 그 재산을 가지고 다른 나라에 가서 방탕한 생활을 합니다. 재물을 다 날려버린 후에 궁핍한 생활을 하게 되었습니다. 이때 이 나라에 흉년이 들어서 돼지를 치는 일을 합니다. 유대인에게 돼지는 부정한 짐승입니다(레 11:7). 둘째 아들은 부정한 짐승보다 더 못한 생활을 합니다. 배가 고파서 돼지가 먹는 쥐엄 열매를 먹으려고 하지만 주는 사람이 없습니다. 자신의 빈궁한 처지를 깨달은 둘째 아들은 아버지의 집을 그리워합니다. 아버지 집에서 생활하는 품꾼들은 풍족하게 먹고 삽니다. 그는 자신의 처지를 깨닫고 이렇게 말합니다. "내가 일어나 아버지께 가서 이르기를 아버지 내가 하늘과 아버지께 죄를 지었사오니 지금부터는 아버지의 아들이라 일컬음을 감당하지 못하겠나이다 나를 품꾼의 하나로 보소서 하리라"(눅 15:18-19). 둘째 아들은 진심으로 뉘우치고 있습니다. 자신의 처지를 인정합니다. 그리고 아들의 지위를 포기합니다. 품꾼의 하나로 인정받기를 바랍니다. 둘째 아들은 생각한 것을 실천에 옮깁니다. 아버지 집으로 돌아옵니다.

아버지는 아들을 기다리고 있었습니다. 거리가 멀리 있었음에도 불구하고 아버지는 아들을 알아보고 나와서 아들을 반갑게 맞이합니다. 둘째 아들은 그가 생각했던 말을 아버지께 말합니다. 자신의 죄를 회개합니다. 하지만 아버지는 그에게 아들의 지위를 다시 회복시켜줍니다. 좋은 옷을 입히고 반지를 끼워주고 송아지를 잡아 잔치를 베풉니다. 아들의 생각과 아버지의 생각은 다릅니다. 아버지는 여전히 둘째 아들을 아들로 생각하고 있습니다. 아버지는 기뻐하며 이렇게 말합니다. "이 내 아들은 죽었다가 다시 살아났으며 내가 잃었다가 다시 얻었노라"(눅 15:24). 아버지의 말은 대조를 보여줍니다. "죽었다가"와 "살아났으며" 그리고 "잃었다가"와 "다시 얻었노라"입니다. 아버지는 잃어버린 아들을 다시 찾은 기쁨을 잔치로 표현합니다. 이 비유는 아버지의 부성애를 강조합니다. 아버지는 첫째 아들이 화를 내며 잔치에 참여하기를 거절했을 때, 이 말을 다시 합니다(눅 15:32). 두 번씩이나 잃어버린 아들을 다시 찾았음을 강조합니다.

첫째 아들이 일을 마치고 집에 돌아와서 잔치 소리를 들었습니다. 첫째 아들이 종에게 무슨 일이 있었는지를 물어봅니다. 그 종이 둘째 아들이 돌아온 상황을 설명해줍니다. 그러자 첫째 아들이 화를 내며 집에 들어가기를 거부합니다. 아버지는 다시 집밖으로 나옵니다. 첫째 아들은 아버지에게 자신의 행위를 말합니다. 여러 해에 아버지를 섬겼음에도 아버지는 염소 새끼 한 마리도 자신과 친구들에게 잡아 주어 즐기게 하지 않았습니다. 그런데 아버지의 재산을 창기와 함께 먹어버린 둘째 아들을 위해서는 송아지를 잡아 잔치를 벌여줍니다. 첫째 아들은 아버지의 행동을 비난합니다. 그러자 아버지는 첫째 아들에게 "내 것이 다 네 것"이라고 말하며 첫째 아들을 달랩니다(눅 15:31). 그리고 둘째 아들의 무사 귀환을 즐겁게 맞아야 한다고 말합니다. 아버지의 이러한 말에 첫째 아들이 어떤 반응을 보였는지는 알 수 없습니다.

이 비유의 참 의미는 누가복음 15장의 서론이 제공합니다. 죄인과 세리를 영접하여 식사를 같이 한 예수를 바리새인과 서기관이 비난합니다. 그 당시 세리는 유대인에게 세금을 걷어 로마에게 주는 매국노이며 로마의 앞잡이입니다. 그런데 예수는 이들과 함께 식탁의 교제를 나누십니다. 이들의 비난에 예수는 이 세 가지 비유로 답하신 것입니다.



이 세 비유는 다음과 같은 의미를 담고 있습니다. 1) 예수께서 이 땅에 오신 목적은 잃어버린 자를 찾아 오셨다는 것입니다. 이 비유들에서 잃어버린 자는 죄인과 세리입니다. 특히 죄인이 회개하는 것을 세 가지 비유는 다 말하고 있습니다(눅 15:7,10,18,21). 잃어버린 것을 다시 찾는 것은 구원을 말합니다. 2) 잃어버린 자를 다시 찾은 기쁨은 크다는 것을 보여줍니다. 그래서 잔치를 베풉니다. 특히 잃어버린 양과 동전 비유에서는 "하늘에서" 그리고 "하나님의 사자 앞에서" 기뻐합니다. 죄인이 회개하고 돌아오는 것은 하나님 나라의 큰 기쁨입니다. 이 땅에서 죄인이 한 명 회개하는 일은 하늘에서 크게 기쁜 일입니다. 죄인이 회개하고 돌아올 때마다 잔치가 베풀어집니다. 하나님 나라의 잔치는 지금 이 순간에도 베풀어지고 있습니다. 예수의 복음 전파를 통하여 구원의 은총이 이 세상에서 행해지고 있는 것입니다. 구원의 문은 현재도 열려있습니다. 3) 죄인들은 탕자와 같이 회개하고 아버지가 개최하는 잔치에 들어와야 합니다. 하나님 나라는 잔치로 표현되고 있습니다. 아버지는 잃어버린 아들을 향해 두 팔을 벌리며 기다리고 계십니다. 아버지는 회개하고 돌아오는 아들을 외면하지 않고 맞아주십니다. 하나님은 죄인들이 회개하고 돌아오기를 아직도 기다리십니다.

위에 세 비유는 하나님 나라의 현재성을 말합니다. 하나님 나라의 구원은 현재 진행형입니다. "회개하라 천국이 가까웠느니라" 하는 예수의 음성을 듣고 돌아오는 자들은 하나님의 나라의 잔치에 참여할 수 있습니다. 이 세 비유는 같은 결론을 담고 있습니다. 잃어버린 것을 찾은 기쁨은 말할 수 없이 크다는 것입니다. 예수는 죄인이 회개하고 돌아올 때 하늘에서 큰 기쁨이 있을 것을 말씀하신 것입니다. 예수께서 여리고 성을 지나갈 때, 예수께서 삭개오의 집에 유하실 것을 말씀하십니다. 삭개오는 세리장으로 그 당시 죄인으로 취급받던 자입니다. 삭개오는 예수를 만나 즐거워하며 자신의 재산을 가난한 자들에게 나눠줄 것을 선언합니다. 이때 예수는 "오늘 구원이 이 집에 이르렀으니" 하고 선포하시면서 이 땅에 오신 목적을 말씀하십니다. "인자의 온 것은 잃어버린 자를 찾아 구원하려 함이니라"(눅 19:9-10). 예수는 잃어버린 자를 찾으러 이 땅에 오셨습니다(참고 겔 34:11-16). 그래서 예수는 제자들을 전도 여행을 보낼 때에 이방인에게 가지 말고 이스라엘의 잃어버린 양에게 갈 것을 말씀하십니다. 잃어버린 양에게 가서 '천국이 가까웠다' 하고 전파하며 병든 자를 고치며 죽은 자를 살리며 귀신을 좇아내라고 명령하십니다(마 10:5-8). 잃어버린 자를 찾는 것이 전도의 목적입니다.

위의 세 비유는 예수께서 이 땅에 오신 목적과도 잘 맞습니다. 예수께서 세리 마태를 제자로 불렀습니다. 세리 마태가 예수를 위하여 자기 집에서 잔치를 베풉니다. 세리와 다른 사람들이 많이 참석했습니다. 이때 바리새인과 서기관들이 제자들을 비난합니다. "너희가 어찌하여 세리와 죄인과 함께 먹고 마시느냐"(눅 5:30). 이 비난에 대하여 예수는 "내가 의인을 부르러 온 것이 아니요 죄인을 불러 회개시키러 왔노라"(눅 5:32) 하십니다. 예수께서 이 땅에 오신 목적은 죄인을 회개시키러 오셨습니다. 위의 세 비유는 이 목적을 잘 보여줍니다.

## 12.2 포도원의 품꾼 비유

포도원 품꾼 비유(마 20:1-16)는 하나님 나라의 특성을 잘 설명하는 비유들 가운데 하나로 포도원 주인에게 초점이 맞춰있습니다. 포도원을 가지고 있는 주인이 포도를 수확할 때가 되었습니다. 그래서 포도원에서 일할 품꾼들을 고용하려고 합니다. 일반적으로 품꾼들은 이른 아침부터 해가 질 때까지 일합니다(마 20:1,8). 포도원 주인이 이른 아침에 나가서 품꾼들에게 한 데나리온씩을 주기로 약속하고 데려옵니다. 주인과 품꾼 사이에 계약을 체결한 것입니다. 한 데나리온은 그 당시 노동자 하루 품삯입니다. 주인이 삼 시(오전 9시)에 다시 장터에 나가보니 일꾼들이 놀고 있습니다. 주인은 이들도 포도원에서 일할 것을 권유하며 상당한 품삯을 주기로 약속합니다. 주인은 육 시(정오)와 구 시(오후 3시)에도 장터에 나가서 일꾼들을 고용합니다. 주인이 십일 시에도(오후 5시) 장터에서 놀고 있는 일꾼들을 보았습니다. 그들을 일꾼으로 고용하는 사람이 없어서 장터에서 놀고 있었던 것입니다. 주인은 이들도 자기 소유의 포도원에 가서 일하라고 합니다. 이들과는 품삯에 관한 말을 하지 않습니다. 해가 저물기까지 한 시간이 남았기 때문입니다.

주인이 왜 이렇게 많은 일꾼들을 고용했는지에 대한 설명은 없습니다. 포도 수확은 시기가 중요합니다. 포도를 수확할 시기를 놓치면 당분이 너무 많아집니다. 품질이 좋은 포도는 당분에 의해 결정됩니다. 만일 안식일 전날에 포도 수확을 마치려고 했다면 주인은 많은 품꾼들이 필요했을 것입니다. 하지만 제 십일 시(오후 5시)에 품꾼들을 데려온 주인의 의도는 이해하기 어렵습니다. 보통 일꾼들은 일하면서 원하는 대로 포도를 먹을 수 있습니다. 마지막에 온 품꾼들이 포도를 먹으면서 일을 하면 수확량은 그만큼 줄어들 것입니다. 그리고 품삯을 주면 주인은 손해를 볼 것이 자명합니다.

수확이 끝난 후에 주인이 나중에 온 품꾼들부터 삯을 주기 시작합니다. 제 십일 시(오후 5시)에 온 품꾼들이 한 데나리온을 받습니다. 그러자 맨 처음에 온 일꾼들이 더 받을 줄로 기대합니다. 하지만 그들 역시 한 데나리온을 받습니다. 그러자 이들이 주인을 비난하기 시작합니다. 먼저 온 품꾼들이 주인에게 하는 비난은 잃어버린 아들 비유(눅 15:11-32)에서 첫째 아들이 아버지에게 불평하며 비난하는 것(눅 15:29-30)과 유사합니다. 맨 나중에 온 사람은 한 시간만 일을 했는데 한 데나리온을 주고 하루 종일 수고와 더위를 무릅쓰고 일한 자기들도 한 데나리온을 주었다는 것입니다. 그들은 임금이 불공정하다고 비판하는 것입니다. 시장 경제에 맞지 않는다는 것입니다. 시장 경제에 따르면 많은 시간을 일한 사람에게 품삯을 더 많이 주어야 합니다. 이들은 더 많은 보상을 받을 것을 기대했습니다. 그러나 그 기대에 미치지 못하자 주인의 행동을 비난합니다. 이들의 불평은 나중에 온 사람과 자신들을 비교하는 데에서 나오고 있습니다.

그러자 주인은 품꾼들과 맺은 약속을 상기시킵니다. '나는 너희와 한 데나리온을 주기로 약속했다. 네 것이나 가지고 가라.' 하고 말합니다. 주인은 약속을 지켰다는 것을 말해줍니다. 주인이 먼저 온 품꾼에게 잘못한 것이 없습니다. 먼저 온 품꾼들은 지금 나중 온 자들이 더 받는 것을 시기하고 있습니다. 그러나 포도원 주인은 '나중에 온 이 사람들에게도 한 데나리온을 주는 것이 내 뜻이다. 내 것을 가지고 내 뜻대로 한다.' 하고 말합니다. 포도원 주인은 나중에 온 사람들에게 한 데나리온을 주기를 원합니다. 은혜를 베푸는 것입니다. 주인은 자신의 물질을 자신의 뜻대로 사용하기를 원합니다.

특별히 주인의 마지막 말은 의미심장합니다. "내가 선하므로 네가 악하게 보느냐"(마 20:15). 주인이 선합니다. 마지막에 온 품꾼들에게 한 데나리온을 주었기 때문입니다. 주인의 선함이 비난받을 이유가 되지는 않습니다. 품꾼들은 집 주인의 자비와 호의를 비난할 근거가 없습니다. 처음 온 일꾼들에게 약속을 지켰기 때문입니다. 집 주인은 마지막에 온 품꾼들에게 은혜를 베풀기를 원한 것입니다.

예수는 이 비유를 말씀하시면서 마지막을 이렇게 덧붙입니다. "이와 같이 나중 된 자로서 먼저 되고 먼저 된 자로서 나중 되리라"(마 20:16). 이 말씀은 앞 장에서 베드로가 한 질문과 관련이 있습니다. 베드로가 예수께 "보소서 우리가 모든 것을 버리고 주를 따랐사온대 그런즉 우리가 무엇을 얻으리이까"(마 19:27) 하고 질문합니다. 베드로는 자신의 희생과 수고에 대한 보상을 바라고 있습니다. 복음을 위하여 수고한 대가가 무엇인지를 묻고 있습니다. 그러자 예수는 세상이 새롭게 될 때에 제자들이 열 두 보좌에 앉아 열 두 지파를 심판할 것을 말합니다. 그러면서 "또 내 이름을 위하여 집이나 형제나 자매나 부모나 자식이나 전토를 버린 자마다 여러 배를 받고 또 영생을 상속하리라"(마 19:29) 하고 답변해 줍니다. 예수를 위해서 헌신하고 수고한 것에 대한 보상이 있을 것을 말해 줍니다. 그러면서 마지막에 "그러나 먼저 된 자로서 나중 되고 나중 된 자로서 먼저 될 자가 많으니라"(마 19:30) 하고 말해 줍니다. 먼저 예수의 이름을 위하여 자신의 것을 포기하고 헌신하는 자가 나중에 희생하며 헌신하는 자 보다 더 많은 것을 보상받을 것이라는 기대는 옳지 않다는 것입니다. 그리고 예수는 이 포도원 품꾼 비유를 들어주고 있습니다. 천국은 포도원 주인과 같다는 것입니다. 이른 시간에 먼저 와서 수고하고 희생한 품꾼이라고 해서 더 많은 것을 받지는 않습니다. 약속한 것을 받을 뿐입니다. 그러나 나중에 와서 수고한 품꾼은 먼저 와서 수고한 품꾼과 똑같이 받습니다. 이것이 하나님 나라의 은혜와 평등의 원리입니다.

이 비유는 "천국은 마치 품꾼을 얻어 포도원에 들여보내려고 이른 아침에 나간 집 주인과 같으니"(20:1)로 시작합니다. 따라서 집 주인의 행위가 천국의 특성을 잘 설명하고 있습니다. 집 주인의 행위는 일반 시장 경제 원칙과 대조를 이룹니다. 세상 경제 원칙에 따르면 많은 시간을 일한 사람이 많은 임금을 받습니다. 그러나 집 주인은 다릅니다. 마지막에 와서 한 시간만 일한 사람에게도 똑같이 한 데나리온을 주었습니다. 마지막에 와서 한 시간만 일한 품꾼에게 주인은 호의와 자비를 베풉니다. 여기에 이 비유의 강조점이 있습니다.

또한 우리는 주인이 이른 아침에 모집한 품꾼들에게만 임금을 약속했다는 사실에 주목해야 합니다. 그리고 주인은 그 약속을 지켰습니다. 주인은 비난받을 일을 하지 않았습니다. 그리고 그 외의 시간에 들어온 일꾼들과 집 주인은 정확한 임금을 약속하지 않았습니다. 또한 집 주인은 그 날 품삯을 다음 날로 미루지 않고 당일에 지급한 자비로운 주인입니다(신 24:15).

이 비유에 따르면 하나님 나라는 많은 수고와 능력을 우선하기 보다는 평등과 은혜가 지배하는 곳입니다. 하나님은 모든 사람에게 똑같은 은혜를 베푸시기 원하십니다. "나중 온 이 사람에게 너와 같이 주는 것이 내 뜻이니라"(마 20:14). 포도원 주인의 뜻에 하나님 나라의 성격이 드러납니다. 하나님 나라의 은혜는 세상 경제 원칙과 다릅니다. 집 주인의 은혜와 자비가 두드러집니다. 이와 같이 하나님은 은혜와 자비를 베푸십니다.

### 12.3 두 아들 비유

두 아들 비유는 마태복음에만 나오는 비유입니다(마 21:28-32). 한 사람에게 두 아들이 있습니다. 아버지가 큰 아들에게 오늘 포도원에 가서 일하라고 합니다. 큰 아들은 가겠다고 대답한 후에 가지 않습니다. 다시 아버지는 둘째 아들에게 포도원에 가서 일하라고 합니다. 둘째는 싫다고 말하고서 후에 뉘우치고 포도원에 가서 일합니다. 이 비유를 말씀하신 후에 예수는 대 제사장들과 장로들에게 묻습니다. 누가 아버지의 뜻대로 했느냐? 그들은 둘째 아들이라고 답변합니다.

이 비유는 예수의 권위에 대해서 대제사장들과 장로들이 질문한 후에 주어졌습니다(마 21:23-27). 대제사장들과 장로들이 예수께 찾아와서 "네가 무슨 권위로 이런 일을 하느냐 또 누가 이 권위를 주었느냐"(마 21:23) 하고 묻습니다. 그러자 예수께서 오히려 그들에게 질문을 하십니다. 예수께서 그들에게 묻는 질문에 대답을 하면 그들의 질문에 답변해 주시겠다고 합니다. "요한의 세례가 어디로부터 왔느냐 하늘로부터냐 사람으로부터냐"(마 21:25). 대제사장들과 장로들이 예수의 질문에 모른다고 답변합니다. 요한의 세례가 하늘로부터 왔다고 하면 왜 요한을 믿지 않았느냐고 할 것입니다. 그리고 사람으로부터 왔다고 하면 백성들이 요한을 선지자로 여기니 백성들이 무섭습니다. 그래서 모른다고 대답합니다. 그러자 예수님도 그들의 질문에 대하여 답변을 하지 않으십니다(마 21:23-27).

이러한 논쟁 후에 예수는 두 아들 비유를 말씀하십니다. 아버지의 뜻대로 행한 자는 둘째 아들입니다. 대제사장들과 장로들도 둘째 아들이라고 대답하자 예수께서 기다렸다는 듯이 이렇게 선언하십니다. "내가 진실로 너희에게 이르노니 세리들과 창녀들이 너희보다 먼저 하나님의 나라에 들어가리라"(마 21:31). 세례 요한이 의의 도를 말할 때 세리와 창녀는 믿었고 종교 지도자들은 믿지 않았기 때문입니다(마 21:32). 대제사장들과 장로들은 하나님의 나라에 들어가지 못한다는 것입니다. 이들이 바로 첫째 아들입니다. 첫째 아들은 아버지가 포도원에 가서 일하라고 말했을 때 대답만 하고 가지 않았습니다. 불순종한 아들입니다. 유대 종교 지도자들이 바로 이와 같습니다. 입으로는 순종합니다. 그러나 행동으로는 순종하지 않습니다. 그러나 대제사장들과 장로들이 무시하는 세리와 창녀는 그렇지 않습니다. 세례 요한이 죄 사함을 받게 하는 회개의 세례를 전파하였습니다(막 1:4). 그러자 세리들과 창녀들이 회개하며 세례 요한에게 나와서 세례를 받습니다. 둘째 아들이 아버지의 말을 듣지 않은 것을 뉘우치고 일하러 간 것처럼 세리와 창기들은 회개하고(마 9:9-13; 눅 19:1-10) 요한의 세례를 받아들였습니다. 하지만 종교 지도자들은 회개하지 않고 그들의 의를 주장하였습니다.

이 비유는 실제 행하는 자가 누구인지 즉 순종하는 자가 누구인지에 초점이 있습니다. 둘째 아들은 뉘우치고 실제 일하러 갔습니다. 하나님의 나라의 복음을 듣고 실제 반응하는 자 즉, 회개하는 자가 복이 있습니다. 이 비유는 누가 하나님의 나라에 들어갈 수 있는지를 말하고 있습니다. 둘째 아들처럼 회개하고 아버지의 뜻대로 사는 사람이 하나님의 나라에 들어갈 것입니다.

## 12.4 악한 소작인 비유





두 아들 비유에 이어서 악한 소작인 비유가 주어졌습니다(마 21:33-46). 악한 소작인 비유는 마가(12:1-12)와 누가(20:9-19)에 모두 기록되었습니다. 두 아들 비유와 악한 소작인 비유는 모두 포도원을 언급하며 유대인 지도자들을 책망하는 점에서 유사합니다. 그렇지만 악한 소작인 비유는 두 아들 비유에 비해 훨씬 상세하며 깁니다. 두 아들 비유는 유대인 지도자들이 세례 요한을 거절한 것을 강조하는데 반하여 악한 소작인 비유는 포도원 주인의 아들을 거절한 것을 말합니다(마 21:37-39).

어떤 집 주인이 포도원을 만들어 농부들에게 세를 주고 타국으로 떠났습니다. 포도원에 소출이 나올 때가 되어서 하인들을 농부들에게 보냈습니다. 보통 포도원을 지었을 경우 4년이 지나 5년이 되면 포도를 수확합니다. 주인이 하인들을 보내었으나 소작인들이 주인의 하인들을 돌로 치고 때리고 죽여 버립니다. 다시 주인이 다른 종들을 더 많이 보냅니다. 소작인들은 전과 같이 하인들을 대우합니다. 후에 포도원 주인은 자기 아들을 보냅니다. 자기 아들은 공경할 것이라고 생각합니다. 그러나 악한 소작인들은 주인의 아들을 보자 상속자를 죽이고 그 포도원을 차지하려고 합니다. 결국 소작인들이 아들을 포도원 밖에서 죽여 버립니다. 그 당시에 주인이 없는 포도원은 소작인이 차지할 권리가 있었습니다. 악한 소작인들이 포도원 주인의 아들을 죽인 것은 이러한 의도가 있었습니다.

예수는 이 말씀을 하시고 유대인 지도자들에게 질문합니다. '포도원 주인이 올 때에 악한 소작인들을 어떻게 하겠느냐?' 대제사장들과 장로들이 '악한 자들을 진멸하고 포도원 소출을 제 때에 바칠 다른 농부들에게 세를 줄 것' 이라고 답변합니다.

이 비유를 들은 유대인 지도자들은 이 비유의 의미를 알아듣습니다. 누가에 따르면 그들은 주인이 악한 소작인들을 진멸할 것이라는 말을 들을 때, 그렇게 되어서는 안 된다고 말합니다(눅 20:16). 또한 마태나 마가 그리고 누가 역시 모두 유대인 종교 지도자들이 이 비유의 의미를 이해한 것으로 기록합니다. 제사장, 장로 그리고 서기관들은 이 비유가 그들을 빗대서 한 말이라는 것을 알아듣고 예수를 잡으려고 했기 때문입니다(마 21:45-46; 막 12:12; 눅 20:19).

그렇다면 이들은 어떻게 이 비유의 의미를 알아들었겠습니까? 포도원 비유는 구약의 포도원 노래를 배경으로 합니다(사 5:1-7). 포도원 노래는 이스라엘에서 즐겨 부르던 노래였습니다. 포도원 노래에 따르면 하나님은 사랑하는 자를 위하여 포도원을 만듭니다.

이 포도원의 노래의 내용은 아주 단순합니다. 주인의 노력에 비해 수확이 없다는 것입니다. 한 포도원 주인이 비옥한 산지에 포도원을 만듭니다. 땅을 파고 돌을 제하고 포도원을 만든 후에 아주 좋은 포도나무를 심습니다. 포도가 맺힐 것을 기대하면서 망대를 세우고 술틀도 만듭니다. 하지만 좋은 포도를 기대했던 주인의 바람과는 달리 "들 포도"(쓸모없는 포도)가 열립니다. 그래서 주인이 이 포도원을 없애버릴 것을 결심합니다.

포도원 노래는 비유입니다. 이사야는 끝에 포도원이 누구인지를 밝힙니다. "만군의 여호와의 포도원은 이스라엘 족속이요 그의 기뻐하시는 나무는 유다 사람이라 그들에게 정의를 바라셨더니 도리어 포학이요 그들에게 공의를 바라셨더니 도리어 부르짖음이었도다"(사 5:7). 결국 들 포도를 맺은 것은 이스라엘과 유다입니다. 결실이 없는 이스라엘과 유다에게 하나님이 심판하실 것을 말합니다. 포도원의 노래는 유다와 이스라엘을 향한 하나님의 관심과 심판 의지를 담고 있습니다.

유대인 지도자들은 포도원 노래를 익히 알고 있었습니다. 그래서 예수께서 이 비유를 말씀 하시자 '그렇게 되어서는 안 된다' 는 반응을 보입니다(눅 20:16). 종교 지도자들은 악한 소작인 비유가 자신들을 겨냥하고 있음을 잘 알고 있었습니다.

예수께서 말씀하신 악한 소작인 비유는 다음 세 가지 점을 강조합니다.

1) 주인은 놀랄만한 인내심을 보여주었습니다. 여러 차례 종들을 보내며 소작인들이 주인의 요구에 순종할 것을 기다렸습니다(참고 마 23:34-37). 하지만 악한 소작인들은 주인의 요구를 거부합니다. 이것은 마치 이스라엘의 역사를 말하고 있는 것 같습니다. 하나님은 부지런히 선지자들을 보냈습니

다. 그러나 이스라엘과 유다는 하나님의 목소리에 순종하지 않았습니다(렘 44:4-5). 포도원 주인은 결국 그의 아들을 보냅니다. 하지만 악한 소작인들은 주인의 아들을 죽여 버립니다. 이 비유에 나타난 주인은 마치 하나님의 인내를 보여주는 것 같습니다. 하나님은 죄인들이 돌아오기를 오래 참고 기다리십니다. 그러나 백성들은 하나님을 배반합니다.

2) 악한 소작인들은 포도원 주인의 아들도 죽여 버립니다. 그렇다면 여기서 포도원 주인의 아들이 누구인가 하는 질문이 나옵니다. 이 비유에서는 자세한 설명은 나오지 않습니다. 그렇지만 마태와 마가 그리고 누가는 건축자들에게 버림받은 돌에 대한 말씀을 이 비유에 연결시킴으로 포도원 주인의 아들 신분을 밝히고 있습니다(마 21:42; 막 12:10; 눅 20:17). "예수께서 이르시되 너희가 성경에 건축자들이 버린 돌이 모퉁이의 머릿돌이 되었나니 이것은 주로 말미암아 된 것이요 우리 눈에 기이하도다 함을 읽어 본 일이 없느냐"(마 21:42). 건축자들이 버린 돌이 집 모퉁이의 머릿돌이 되었습니다(시 118:22-23). 건물의 모퉁이 돌은 기초의 일부이며 집의 상부 구조를 유지합니다. 아주 중요한 돌입니다. 건축자들은 전문가들입니다. 전문가들이 필요 없다고 한 돌이 모퉁이 돌이 되었습니다. 하나님의 주권으로 된 것입니다. 그렇다면 건축자들이 버린 돌은 누구인가? 예수는 포도원 주인의 아들과 버림받은 돌로서 자신을 나타냅니다. 포도원 주인의 아들과 건축자들에게 버림받은 돌은 유대 종교 지도자들에게 버림받고 십자가에 못 박혀 죽으신 예수 그리스도입니다. 사도 베드로는 건축자들이 버린 돌이 바로 예수라고 명확하게 밝힙니다(행 4:10-12; 사 28:16; 롬 9:32-33; 마 21:44; 엡 2:20; 벧전 2:4-8). 결국 악한 소작인 비유는 유대 종교 지도자들이 예수를 십자가에 못 박을 것을 말하고 있습니다.

3) 예수는 악한 소작인 비유를 마치시면서 분명한 결론을 주십니다. "그러므로 내가 너희에게 이르노니 하나님의 나라를 너희는 빼앗기고 그 나라의 열매 맺는 백성이 받으리라"(마 21:43). 대제사장, 장로들 그리고 서기관들은

하나님 나라에 들어갈 수 없습니다. 그러나 하나님의 나라는 열매 맺는 사람이 들어갈 수 있습니다. 행함이 있는 사람이 바로 하나님 나라의 백성입니다. 악한 소작인 비유는 두 아들 비유와 함께 하나님 나라에 들어갈 수 있는 사람이 누구인지를 말하고 있습니다.

## 12.5 혼인 잔치 비유

이 비유는 마태와 누가에 나옵니다(마 22:1-14; 눅 14:15-24). 어떤 왕이 자기 아들의 혼인 잔치를 베풀었습니다. 왕은 그의 하인들을 보내어 손님들, 아마도 그의 신하들과 영주들을 잔치에 초청합니다. 옛날에는 인편으로 초청장을 보냈습니다. 하지만 초대받은 자들은 그 잔치에 오기를 싫어합니다. 다시 하인들을 보내어 잔치에 초청하지만 각자 자신의 볼 일을 보러 가 버립니다. 한 명은 자기 밭으로, 한 명은 상업으로 그리고 다른 한 명은 하인들을 잡아서 죽여 버립니다. 화가 난 왕은 군대를 보내어 살인한 자를 진멸하고 그 동네를 불사릅니다. 살인한 사람의 동네가 함께 멸망한 것을 보면 아마도 지방 영주들이 왕의 초청에 반기를 든 것 같습니다(마 22:7).

왕은 왕자의 혼인 잔치를 계속 진행하기 원합니다. 그래서 하인들에게 길거리에 나가 아무나 닥치는 대로 데려오라고 명령합니다. 하인들이 명령을 실행하자 혼인 자리에 손님이 가득 찹니다. 왕이 손님들을 둘러보는데 한 사람이 예복을 입지 않고 들어왔습니다. 왕이 그 손님에게 왜 예복을 입지 않았는지 물어보았으나 그 사람은 답변하지 않습니다. 결혼식에 필요한 예복입니다. 이에 왕이 그 사람을 결박하여 어두움에 던져 넣어 버립니다.

이 비유의 요점은 세 가지입니다. 1) 혼인 잔치가 준비되었습니다(마 22:8). 이 잔치는 왕의 아들의 혼인 잔치입니다. "천국은 마치 자기 아들을 위하여 혼인 잔치를 베푼 어떤 임금과 같으니"(22:1). 왕의 아들 혼인 잔치를 하늘나라로 비유하고 있습니다. 즉 하나님 나라의 잔치가 준비되었다는 것입니다. 왕은 종들을 보내어 계속 손님들을 초청했습니다. 그러나 손님들은 이 초청을 거절합니다. 이와 같이 하나님은 이스라엘에게 선지자들을 계속 보내었습니다. 그러나 이스라엘은 거절하였습니다. 마치 포도원 주인이 포도 소출을 얻기 위해 계속 종들을 보낸 것과 유사합니다(마 21:34-36; 23:37). 왕의 아들의 혼인 잔치 비유는 또한 예수의 의해서 선포되는 하나님 나라의 복음 초청을 받아들이지 않는 유대인을 뜻합니다. 유대인들은 예수께서 선포하는 말씀과 이적을 체험했음에도 불구하고 예수를 배척합니다. 그들은 초청을 받지만 계속 거부합니다. 2) 천국 잔치에 초청받은 사람은 많습니다. 그러나 사람들은 자신의 일로 바쁩니다. 자신의 삶에 우선순위를 두는 사람들입니다. 먼저 초청받은 사람들은 오지 않습니다. 이것은 유대인을 의미합니다. 유대인들은 먼저 된 자로서 하나님의 말씀을 받는 특권을 누렸습니다(참고 롬 3:1-2). 먼저 초청받은 사람들이 오지 않자 왕은 사 거리에 나가서 사람들을 초청해 오라고 합니다. 이에 종들이 나가서 "악한 자나 선한 자"(마 22:10)를 데려옵니다. 누가는 사회의 소외 계층인 "가난한 자들과 몸 불편한 자들과 맹인들과 저는 자들"(눅 14:21)을 데려옵니다. 후에 초청받은 사람들은 그 잔치에 참석합니다. 이들은 새로운 하나님의 백성을 의미합니다. 3) 하나님 나라의 잔치에 참여하는 사람은 예복을 입어야 합니다. 그러나 손님 중에는 예복을 입지 않은 사람이 있습니다. 이 예복이 구체적으로 무엇을 말하는지 알기 어렵습니다. 그러나 이 비유가 하나님 나라 비유라는 것을 생각해 보면 하나님 나라의 잔치에 어울리는 예복을 말합니다. 돌아온 탕자 역시 아버지에 의해 가장 좋은 옷을 입었습니다. 이것은 아들이 과거의 죄를 용서받고 그의 지위가 회복되었음을 말합니다(참고 눅 15:22).

결혼 잔치에 참석하는 사람에게 예복이 중요합니다. 그렇다면 옷은 무엇을 뜻하는가? 구약에서 하나님을 만나기 위해서는 옷을 바꿔 입거나 빨아야 했습니다(창 35:2; 출 19:10, 14). 하나님을 만나기 위한 성결행위입니다. 이사야 선지자는 인간의 의는 더러운 옷과 같다고 말하며(사 64:6) 하나님이 구원의 옷을 주신다(사 61:10)고 말합니다. 사도 바울은 예수 그리스도로 옷 입어야 한다고 주장합니다(롬 13:14; 갈 3:27). 이것은 옛 사람을 벗어 버리고 새 사람을 입는 것입니다(엡 4:22, 24). 예수 그리스도를 믿어 변화된 사람은 그에 맞는 삶의 행위가 있어야 합니다. 즉 청함을 받은 사람은 하나님 나라의 말씀에 따라 사는 삶이 있어야 합니다(마 7:21, 23; 21:41, 43; 계 3:4-5; 19:8). 하나님 나라의 초청을 받은 사람은 하나님 나라의 규범을 따라야 합니다. 예수는 이 비유의 결론으로 이렇게 말씀하십니다. "청함을 받은 자는 많되 택함을 입은 자는 적으니라"(마 22:14; 참고 계 19:9). 청함을 받은 사람은 많습니다. 먼저 왕의 초청을 받았지만 거절한 사람들이 이에 속합니다. 그리고 사 거리 길에서 초청을 받아 왕의 혼인 잔치에 들어온 사람들이 있습니다. 그러나 그 가운데 결혼 예복을 입지 않은 사람들이 있습니다. 이들도 청함을 받은 자에 속합니다. 이 두 부류는 청함을 받았지만 택함을 받지는 못했습니다. 택함을 받은 사람은 결혼 잔치에 참여한 사람으로 하나님의 나라에 규범에 맞는 삶을 사는 사람들입니다.



## 12.6 결론

위의 비유들은 예수께서 예루살렘을 향해 올라가시면서 말씀하셨습니다. 이 비유들은 누가 하나님의 나라에 들어갈 수 있는지를 보여줍니다. 누가복음 15장의 세 비유들은 모두 잃어버린 자들을 말합니다. 잃어버린 자들은 회개하고 돌아옵니다. 회개하는 자들이 잔치에 참여할 수 있습니다. 그리고 두 아들 비유는 회개하고 일하러 간 둘째 아들을 말합니다. 둘째 아들이 아버지의 뜻대로 했습니다. 악한 소작인 비유는 회개하지 않는 소작인들을 보여줍니다. 이들은 주인의 종들을 죽일 뿐만 아니라 아들까지도 죽입니다. 이들은 하나님 나라에 들어가지 못합니다. 마지막 혼인잔치 비유는 먼저 초청받은 자들은 잔치에 오는 것을 거부합니다. 그러나 나중에 초청을 받은 사람들은 아들의 혼인 잔치에 들어갑니다. 이 비유들은 회개한 자들이 하나님 나라의 잔치에 참여할 수 있다는 것을 보여줍니다.

여기에 덧붙여서 포도원 품꾼 비유는 먼저 와서 일한 사람이나 늦게 와서 일한 사람에게 똑 같은 품삯을 줄 것을 말합니다. 하나님 나라는 평등과 은혜의 원리가 있다는 것을 말합니다.

흥미로운 것은 하나님 나라의 잔치에 들어갈 수 없는 자들입니다. 구약에서 재미있는 사실은 둘째 아들들이 첫째 아들보다 선택함을 받는 경우가 있습니다. 물론 꼭 그런 것은 아닙니다. 가인과 아벨에서 아벨이, 이스마엘과 이삭에서 이삭이, 에서와 야곱에서 야곱이, 므낫세와 에브라임에서 에브라임이, 유다의 쌍둥이 아들 베레스와 세라에서 베레스가 그렇습니다. 이러한 배경에서 보면 예수께서 말씀하신 비유에서 둘째 아들이 더 아버지의 뜻에 합당하게 행동합니다. 잃어버린 아들 비유(탕자 비유)에서 둘째가 회개하고 돌아옵니다. 포도원 비유에서 먼저 와서 일한 사람들이 주인을 비난합니다. 이 비유 후에 나중 된 자가 먼저 되고 먼저 된 자가 나중 된다는 말씀이 주어집니다(마 20:16). 또한 두 아들 비유에서 둘째 아들이 회개하고 포도원에 일하러 갑니다. 혼인 잔치 비유에서 먼저 초청을 받은 사람들은 다 왕의 초청을 거절합니다. 그러나 나중에 초청을 받은 사람들은 왕의 아들의 혼인 잔치에 참석합니다.

예수는 비유를 통해서 회개하지 않는 자들은 첫째 아들, 먼저 와서 일한 사람, 악한 소작인과 먼저 초청을 받은 사람이라고 말합니다. 그러나 회개하는 자들은 둘째 아들 또는 나중에 초청을 받은 사람이라고 말합니다. 먼저 된 자들(첫째 아들)은 유대의 종교 지도자들입니다. 제사장, 장로, 바리새인과 서기관들입니다. 나중 된 자들(둘째 아들)은 세리, 창기, 죄인들입니다. 이들이 하나님의 나라에 들어갑니다.

잃어버린 아들 비유에서 아버지는 둘째 아들을 계속 기다립니다. 회개하고 돌아올 때 맞아줍니다. 포도원 비유에서 주인은 나중에 와서 일한 사람들에게도 호의를 베풀어서 한 데나리온을 줍니다. 선한 주인입니다. 악한 소작인 비유에서 포도원 주인은 회개하지 않는 소작인들에게 인내합니다. 많이 참아주십니다. 이 비유들에서 아버지와 포도원 주인은 하나님의 모습을 보여줍니다. 죄인을 맞아주시는 하나님, 회개하지 않는 사람들을 끝까지 기다려주시며 인내하시는 하나님, 일한 것이 없어도 호의와 은혜를 베푸시는 하나님의 모습을 보여줍니다.

# 13

# 예수와 유대 종교 지도자들과의 충돌

**읽어야 할 본문: 마태복음 21-23장, 마가복음 11-12장, 누가복음 19-20장, 요한복음 12장**

예수의 초기 사역은 갈릴리 중심이었습니다. 이때 유대 종교 지도자들과의 충돌은 주로 안식일 논쟁이었습니다. 후에 예수께서 예루살렘으로 향하십니다. 예루살렘에 도착하신 후에 예수는 유대 종교 지도자들과 충돌이 더 잦아졌습니다. 앞 장에서 언급한 두 아들 비유, 악한 소작인 비유 그리고 왕의 혼인 잔치 비유는 유대 종교 지도자들을 염두에 둔 교훈입니다. 이 비유들을 통하여 예수는 대제사장, 장로, 바리새인들을 비난하셨습니다.

예수께서 예루살렘 성에 입성한 사건은 사 복음서 모두가 기록하고 있습니다(마 21:1-11; 막 11:1-11; 눅 19:28-38; 요 12:12-19). 마태는 예수의 예루살렘 방문을 21장에서 처음 언급합니다. 그러나 요한은 수차례 예수께서 명절 때에 예루살렘을 방문했다는 것을 보도합니다(요 2:13-25; 5:1-18; 7:14-24; 10:22-23; 12:12-19). 요한에 따르면 예수는 이미 예루살렘에서 유대인들과 충돌이 있었습니다. 예루살렘 양문 베데스다 연못에서 38년 된 병자를 고쳐 주었습니다. 이때가 안식일입니다. 그러자 유대인들이 예수를 박해하며 죽이려고 계획을 꾸몄습니다(요 5:16-18). 예루살렘 사람들도 유대 종교 지도자들이 예수를 죽이려고 한다는 사실을 알고 있었습니다(요 7:25). 유대 종교 지도자들이 예수를 잡으려고 사람을 보낸 적도 있었습니다(요 7:45-46).

예수와 유대 종교 지도자들의 충돌은 예수께서 예루살렘 성에 입성하신 후부터 더 확연하게 드러납니다. 예수께서 예루살렘에 입성하시자 많은 무리들이 환호하며 따릅니다. 그리고 예수는 성전을 청결하게 하십니다. 이 사건은 대제사장, 바리새인과 서기관들을 분노하게 만듭니다. 그래서 바리새인, 사두개인, 율법사가 예수를 옭아매려고 공개 논쟁을 합니다. 예수께서는 이들의 논쟁에 응하시며 더 나아가 공격적인 질문을 하시기도 합니다.

예수는 아예 공개적으로 바리새인과 서기관들을 비난하십니다. 이들의 외식을 지적하시며 화를 선언하십니다. 예수는 마지막으로 예루살렘의 멸망을 공언하십니다.

### 13.1 예루살렘 입성

예수와 유대 종교 지도자들 사이의 충돌은 예수께서 예루살렘에 공식적으로 입성함으로 더 크게 나타났습니다. 예수께서 예루살렘에 가까이 오시자 두 제자들에게 나귀를 끌어 오라고 하십니다. 이 나귀는 새끼로서 아직 아무도 타보지 않았습니다. 제자들이 나귀를 끌고 오자 예수께서 그 나귀를 타고 예루살렘에 들어가십니다. 그 당시는 유월절이 가까운 기간입니다. 많은 방문객들이 몰릴 때입니다. 각지에서 유월절을 지키기 위해서 올라온 순례자들이 걸어가고 있습니다. 그런데 예수께서 일부러 나귀를 타고 가십니다. 다분히 의도적인 행동입니다.

마태는 예수께서 나귀를 타신 것을 구약의 메시야 예언(사 62:11; 슥 9:9)을 성취한 사건이라고 말합니다. "시온 딸에게 이르기를 네 왕이 네게 임하나니 그는 겸손하여 나귀, 곧 멍에 매는 짐승의 새끼를 탔도다 하라"(마 21:5). 나귀를 탄 것은 특별히 스가랴 9장 9절과 관련이 있습니다. "시온의 딸아 크게 기뻐할지어다 예루살렘의 딸아 즐거이 부를지어다 보라 네 왕이 네게 임하시나니 그는 공의로우시며 구원을 베푸시며 겸손하여서 나귀를 타시나니 나귀의 작은 것 곧 나귀 새끼니라." 여기서 우리의 주위를 끄는 표현은 왕입니다. 예수를 향하여 왕이라고 부르고 있습니다. 구약에서 왕은 말을 타고 다닙니다. 말은 병거를 끄는 짐승으로 전쟁 무기입니다. 군사력의 상징입니다(잠 21:31). 그러나 나귀는 전쟁 무기가 아닙니다. 말은 전쟁을 그리고 나귀는 평화로운 시골 전경을 연상하게 합니다. 예수는 유대인의 왕으로서 예루살렘에 입성합니다. 그런데 말을 타지 않고 나귀를 타고 입성하십니다. 이것은 전쟁의 왕으로 오신 것이 아니라 평화의 왕으로 오신 것을 보여줍니다. 그러나 예수께서 다시 오실 때는 백마를 타고 오십니다. 전쟁의 왕으로서 심판자로서 오실 것입니다(계 19:11-21).

예수께서 나귀를 타신 것은 또한 겸손하신 모습을 보여줍니다. 고대에서 왕은 말을 타고 승리의 장군처럼 위엄이 있는 모습으로 입성합니다. 인간의 권세를 자랑하는 것입니다. 그러나 예수는 말을 타지 않고 나귀를 타심으로 스스로를 낮추십니다. 유대인의 왕으로 오시지만 겸손한 모습으로 오십니다(참고 마 11:29; 빌 2:5-8).

예수께서 나귀를 타고 예루살렘에 입성하시자 무리들이 환영합니다. 겉옷을 벗어서 길에 깔아 놓기도 하며 나뭇가지를 베어서 길에 펴 놓습니다. 무리들이 예수를 따르면서 외칩니다. "호산나 다윗의 자손이여 찬송하리로다 주의 이름으로 오시는 이여 가장 높은 곳에서 호산나 하더라"(마 21:9). 호산나는 "비노니 구원하소서!" 하는 뜻입니다. 무리들은 예수께서 다윗의 자손으로 오신 왕이라고 이해하고 있습니다. 마가 역시 예수께서 다윗과 관련이 있다고 말합니다. "찬송하리로다 오는 우리 조상 다윗의 나라여 가장 높은 곳에서 호산나 하더라"(막 11:10). 마태와 마가는 예수께서 다윗의 후손으로 오신 것을 증거합니다. 유대인들은 예수를 로마의 지배로부터 자신들을 구원할 정치적 메시야로 생각하고 있습니다. 하지만 누가는 이러한 유대인의 색채를 배제합니다. 누가는 "주의 이름으로 오시는 왕이여 하늘에는 평화요 가장 높은 곳에는 영광이로다"(눅 19:38). 누가는 예수께서 왕으로 오신 것을 부인하지 않지만 유대인의 왕이라고 말하지 않습니다. 아마도 누가는 독자를 의식했을 것입니다. 그는 지금 이방인 데오빌로 각하에게 이 서신을 쓰고 있기 때문입니다(눅 1:3). 누가는 예수의 족보를 기록할 때도 아브라함을 넘어 전 인류로 연결했었습니다. 예수께서 유대인의 왕으로만 오신 것이 아니라 전 인류의 왕으로 오신 것이라고 생각하는 것입니다. 그래서 누가는 "하늘에는 평화요 가장 높은 곳에는 영광"이라고 말하고 있는 것입니다.

무리들이 열렬히 예수를 환영합니다. 물론 이들의 지지는 유대인의 왕, 다윗의 후손으로 오신 예수를 환영합니다. 무리들은 아마도 로마의 지배에서 그들을 구원해 낼 정치적인 메시야로 환호했을 것입니다. 아무튼 이 일로 인하여 예루살렘에 큰 소동이 일어나며 갈릴리에서 오신 선지자 예수의 이름이 예루살렘에 크게 알려집니다(마 21:10-11). 또한 이 일은 바리새인들의 반발을 사게 되었고(눅 19:39) 바리새인들도 예수에 대한 대중의 지지도에 놀랍니다(요 12:19).

예수의 예루살렘 입성은 성공적입니다. 백성들의 큰 환호를 받습니다. 그러나 아이러니하게도 환호 뒤에 승리가 있는 것이 아니라 죽음이 기다리고 있습니다. 유대인의 왕이신 예수에게 영광이 기다리고 있는 것이 아니라 십자가가 기다리고 있습니다. 역설입니다.

## 13.2 성전 청결

예수의 예루살렘 입성은 대중에게 큰 호응을 얻었습니다. 그러나 유대 종교 지도자들에게는 반감을 더 삽니다. 그런데 예수는 여기서 한 걸음 더 나아가 유대 종교 지도자들의 분노를 사는 행동을 하십니다. 성전에 들어가서 장사하는 사람들을 내쫓아버리신 것입니다. 이 사건은 사 복음서에 전부 기록되어 있습니다(마 21:12-17; 막 11:15-19; 눅 19:45-48; 요 2:13-22). 하지만 요한은 이 사건을 예수의 사역 초기에 배열하고 있습니다. 특별히 요한은 예수께서 예루살렘 성전을 향해 하신 말씀을 기록합니다. "너희가 이 성전을 헐라 내가 사흘 동안에 일으키리라"(요 2:19). 유대인들은 성전은 사십 육년 동안 지어졌다고 말하면서 예수의 말에 의문을 제기합니다. 요한은 예수의 이 말을 "성전된 자기 육체"를 가리킨다고 설명을 합니다(요 2:20-22). 후에 이 말은 약간 변경된 형태로 유대인들이 예수를 고소하는 데 사용되기도 했습니다(마 26:61).

예수는 성전에 들어가서 "매매하는 모든 사람을 내 쫓으시며 돈 바꾸는 사람들의 상과 비둘기파는 사람들의 의자를 엎으"십니다(마 21:12). 아마도 성전 안 이방인의 뜰이나 40개의 기둥이 네 줄로 늘어 서 있는 왕의 회랑에서 이런 일이 있었을 것으로 추정합니다. 제사장들의 허락을 받은 상인들이 먼 지방에서 온 예배자들에게 제사 드리기에 흠이 없는 짐승을 팔았습니다. 만 20세 이상 유대인 남자들은 성전 세금으로 반 세겔(두 드라크마)를 드려야 합니다(출 30:12-14; 38:26). 이것은 두로 세겔로 바쳐야 했습니다(마 17:24-27). 그래서 각 지역에서 올라 온 순례객을 위하여 환전상들이 있었습니다. 따라서 이곳은 돈을 바꾸려는 사람들과 짐승을 사려는 사람들로 인하여 북적였습니다. 예수께서 이들을 쫓아내신 것입니다.

예수는 장사하는 사람과 사는 사람을 쫓아내시면서 "내 집은 기도하는 집이라 일컬음을 받으리라 하였거늘 너희는 강도의 소굴을 만드는도다"(마 21:13) 하십니다. 예수는 성전을 기도하는 집이라고 부릅니다. 예배드리는 곳입니다. 그러나 유대인들은 장사하는 곳으로 만들고 있습니다. 예수는 장사하는 사람들을 향해 "강도들의 소굴"이라고 부릅니다. 강도들은 다른 사람의 물질을 강탈하는 자들입니다. 장사를 통하여 예배드리러 오는 자들의 물질을 빼앗고 있습니다. 이윤에만 목적이 있는 것입니다.

마가는 이 일에 대한 대제사장과 서기관들의 반응을 보도합니다. "대제사장들과 서기관들이 듣고 예수를 어떻게 죽일까 하고 꾀하니 이는 무리가 다 그의 교훈을 놀랍게 여기므로 그를 두려워함일러라"(막 11:18). 성전을 깨끗이 하신 사건은 예수와 유대 종교 지도자들 사이를 더 크게 악화시키고 있습니다.

### 13.3 무화과나무 저주

무화과나무를 저주하신 사건은 마태와 마가가 보도하고 있습니다(마 21:18-19; 막 11:12-14, 20-25). 성전을 청결하게 하신 사건과 무화과나무를 저주하신 사건은 연이어 기록되어 있어서 두 사건이 서로 밀접한 관련이 있습니다. 특히 마가는 이 사건들을 흥미롭게 보도합니다. 예수께서 베다니에서 나와서 길을 가다가 시장하십니다. 마침 잎이 무성한 무화과나무를 보셨습니다. 무화과열매를 기대하고 가까이 가서 보셨지만 열매가 없습니다. 그러자 예수께서 그 나무를 저주하셨습니다(막 11:12-14). 이 일 후에 마가는 예수께서 성전을 청결하게 하신 사건을 기록합니다(막 11:15-19). 다음 날 아침에 예수의 일행이 다시 무화과나무가 있는 곳을 지나갑니다. 제자들이 무화과나무가 마른 것을 발견합니다. 베드로가 예수께 저주하신 무화과나무가 말랐다고 말합니다. 그러자 예수께서 믿음에 대한 교훈을 주십니다(막 11:20-25). 마가는 무화과나무를 저주하신 사건 사이에 성전 청결 사건을 두고 있습니다. 마치 샌드위치처럼 무화과나무 저주 사건이 성전 청결 사건을 싸고 있습니다. 구조상 무화과나무 저주 사건과 성전 청결 사건이 밀접하게 관련이 있습니다.

구약에서 이스라엘과 유다는 때때로 무화과나무에 비유되기도 합니다(렘 8:13; 호 9:10, 16). 따라서 예수께서 무화과나무를 저주하신 사건은 단순히 열매가 없다는 이유만으로 나무를 저주한 것으로 보기에는 무리가 있습니다. 왜냐하면 마가는 "이는 무화과의 때가 아님이라" 하고 밝히고 있기 때문입니다(막 11:13). 이때는 유월절이 가까운 시기였기 때문에 정상적인 열매(늦 무화과)를 맺는 무화과는 개화기입니다. 이것은 4월에 달려서 9월에 추수하기 때문에 열매가 없습니다. 하지만 비정상적으로 열리는 무화과가 있습니다. 이것은 6월에 익습니다(처음 익은 무화과). 예수께서는 이것을 찾으신 것입니다. 이 무화과는 종려주일 때(4월 초순)에는 아직 익지 않은 무화과로 달려 있습니다. 예수께서는 배가 고프셔서 덜 익은 무화과를 찾으신 것입니다. 그 당시 행인들은 배가 고프면 덜 익은 무화과를 따 먹었습니다. 예수께서도 이같은 이유에서 열매를 찾았습니다. 하지만 열매가 없습니다. 이것은 길 가에 있었기 때문에 이미 다른 사람이 따 먹었을 수도 있습니다.

예수께서 무화과나무를 저주하신 사건은 어떤 상징적인 의미를 갖습니다. 이렇게 해석하는 이유는 위에서 보았듯이 무화과나무 저주 사건이 성전 청결 사건을 샌드위치처럼 감싸고 있기 때문입니다. 그리고 구약에서 선지자들은 하나님의 메시지를 전달하기 위해서 상징적인 행동들을 많이 하기 때문입니다.

예수께서 무화과나무를 저주하셨습니다. 사복음서에서 예수께서 능력을 이렇게 파괴적으로 사용하신 적이 없습니다. 이것이 처음입니다. 그래서 이 사건은 더 흥미롭습니다. 예수께서 나무를 저주하시자 나무가 말라서 죽었습니다.

예수께서 나무를 저주하신 이유는 단순합니다. 열매가 없었기 때문입니다. 무화과나무는 유실수이기 때문에 열매가 생명입니다. 열매가 없는 나무는 존재 이유가 없습니다. 그렇다면 이 열매가 무엇을 의미하는가 하는 것입니다. 위에서 언급한 샌드위치 구조에서 그 대답을 발견할 수 있습니다. 예수는 참된 예배를 드리지 않고 장사를 통해서 이윤을 추구하는 자들을 비난하시며 성전에서 몰아 내셨습니다. 유다 공동체의 성전 예배에 문제가 있습니다. 성전은 기도하는 집입니다. 하지만 대제사장과 서기관들이 기도보다는 이윤에 더 관심이 있습니다. 성전 예배에 열매가 없습니다. 이래서 예수께서는 상징적인 행위로 무화과나무를 저주하신 것입니다.

예수께서 무화과나무에게 "이제부터 영원토록 사람이 네게서 열매를 따 먹지 못하리라"(막 11:14) 하고 저주하심으로 나무가 말랐습니다. 이것은 성전과 함께 유다 공동체가 파괴될 것을 의미합니다. 이렇게 해석하는 이유는 예수는 곧 종말론 강화에서 예루살렘의 파괴를 예언하시기 때문입니다(막 13:1-23).

그리고 예수께서 무화과나무와 관련하여 믿음에 대한 교훈을 주신 것이 흥미롭습니다. 베드로가 무화과나무가 마른 것을 보고 예수께 말합니다. 그러자 예수께서 "하나님을 믿으라 내가 진실로 너희에게 이르노니 누구든지 이 산더러 들리어 바다에 던져지라 하며 그 말하는 것이 이루어질 줄 믿고 마음에 의심하지 아니하면 그대로 되리라"(막 11:22-23)고 하십니다. 믿음에 대해서 말씀하십니다. 믿음이 갖고 있는 능력입니다. 예수의 말에 무화과나무가 마른 것은 믿음이 있었기 때문입니다. 하나님을 믿는 믿음으로 말을 한 것입니다. 이렇게 믿음으로 말할 것을 교훈합니다. 그리고 더 나아가 예수께서 믿음의 말이 무엇인지를 말씀하십니다. "그러므로 내가 너희에게 말하노니 무엇이든지 기도하고 구하는 것은 받은 줄로 믿으라 그리하면 너희에게 그대로 되리라"(막 11:24). 믿음의 말은 기도를 뜻합니다. 믿음으로 구하는 것은 다 받을 것이라고 하십니다. 성전은 기도의 집이기 때문에 기도에 대해서 말씀하십니다.

예수는 상징적인 행위로 열매 없는 무화과나무를 저주하셨습니다. 이것은 타락한 성전 예배를 의미합니다. 믿음의 기도가 없는 성전 예배는 망할 것입니다. 특별히 말라 죽은 무화과나무와 관련해서 믿음을 강조하는 것이 흥미롭습니다. 믿음이 없는 성전 중심의 유다 사회를 책망하시는 것입니다. 이것은 예수를 향한 유대인들의 태도와도 관련이 있습니다. 하나님의 아들이신 예수 그리스도께서 오셨는데도 불구하고 예수를 믿지 않고 배척합니다. 예수를 믿지 않고 죽이려고 합니다. 열매 없는 유대 공동체입니다. 예수께서는 이들을 저주하시는 것입니다.

마태는 성전 청결 사건과 무화과나무 저주 사건에 이어서 예수의 권위에 대한 도전과 함께 두 아들 비유(마 21:23-32)를 말합니다. 그리고 연이어서 악한 소작인 비유(마 21:33-46)와 왕의 혼인 잔치 비유(마 22:1-14)를 다루고 있습니다. 이 비유들은 우리가 위에서 다룬 내용들입니다. 이 비유들은 유대인들의 불순종과 반역을 말합니다. 특히 악한 소작인들은 포도원 주인의 아들을 죽일 것을 말하고 있습니다(마 21:37-42). 예수와 유대인들과의 충돌은 점점 돌이킬 수 없는 강을 건너고 있습니다. 이 이야기들은 예수의 죽음으로 결말을 맞이할 것을 암시하고 있습니다. 성전 청결 사건 후에 대제사장들과 서기관들은 예수를 죽일 계획을 꾸미고 있었습니다(막 11:18).

### 13.4 예수와 유대 종교 지도자들 사이의 논쟁

예수의 예루살렘 입성과 성전 청결 사건은 유대 당국자들에게 큰 당혹감과 불쾌감을 주었습니다. 이에 대제사장들과 장로들은 예수께 나와서 무슨 권위로 이러한 일을 하는지 물어봅니다(마 21:23). 그러자 예수는 두 아들 비유로 그들의 질문에 답하십니다(마 21:28-32). 두 아들 비유에서 예수는 대제사장들과 장로들을 큰 아들로 말하며 그들에게 하나님의 나라에 들어가지 못한다고 선언합니다. 더 나아가 예수는 악한 소작인 비유(마 21:33-46)와 왕의 혼인 잔치 비유(마 22:1-14)를 통해서 유대 종교지도자들을 비난합니다.

그러자 유대 종교 지도자들이 예수와 공개적인 논쟁을 벌입니다. 먼저 바리새인들과 헤롯 당원들이 로마의 황제 가이사에게 세금을 바치는 것이 옳은 것인지를 묻습니다(마 22:15-22). 그리고 사두개인들은 죽은 자의 부활 문제를 질문합니다(마 22:23-33). 후에 율법사는 율법가운데 큰 계명을 묻습니다(마 22:34-40). 그러자 예수께서도 바리새인들에게 그리스도께서 어떻게 다윗의 자손이 되는지를 질문하십니다(마 22:41-46).



### 13.4.1 세금

이 사건은 공관복음에 모두 기록되어 있습니다(마 22:15-22; 막 12:13-17; 눅 20:20-26). 마태는 바리새인들과 헤롯당이 이 질문을 한 이유를 "예수를 말의 올무에 걸리게"(마 22:15), 마가는 "예수의 말씀을 책잡으려고"(막 12:13) 그리고 누가는 "예수의 말을 책잡게"(눅 20:20) 하기 위한 것이라고 밝힙니다. 이들은 예수의 답변을 근거로 예수를 잡으려는 악한 의도를 갖고 접근했습니다.

바리새인들은 예수를 반대하기 위해 헤롯당과 손을 잡았습니다. 헤롯당은 그 당시 헤롯 왕가를 지지하는 자들입니다. 헤롯 왕가를 변호하며 로마의 지배를 옹호하는 세력입니다. 율법을 지키며 랍비 전통을 준수하는 바리새인들과는 전혀 다른 자들입니다. 바리새인과 헤롯당이 한 가지 목적을 향해 손을 잡았습니다. 예수를 올가미에 걸리게 하려는 것입니다.

이들이 연합하여 예수께 나와서 정치적인 질문을 합니다. "가이사에게 세금을 바치는 것이 옳으니이까 옳지 아니하니이까"(마 22:17). 세금 문제입니다. 이것은 인두세를 의미합니다. 헤롯은 유대인들에게 로마의 이름으로 세금을 걷어 로마에 공물을 바치고 자신의 통치를 위한 자금으로 사용하였습니다. 로마의 식민지에 있는 나라들은 로마에 세금을 바쳐야 했습니다. 따라서 유대인들이 세금을 내는 것을 아주 수치스럽게 생각합니다. 로마의 지배를 생각나게 하기 때문입니다.

이들의 질문에는 함정이 있습니다. 만일 예수께서 가이사에게 세금을 내야 한다고 말한다면 예수를 따르는 많은 유대인들의 지지를 잃을 것입니다. 유대인들은 그들을 로마의 지배로부터 구원해줄 메시야를 기다리고 있기 때문입니다. 예수께서 세금을 내야한다고 찬성하면 많은 유대인들과 사이가 벌어질 수 있습니다. 그러나 만일 예수께서 세금을 내지 말아야 한다고 말한다면 로마의 지배를 거부하는 것입니다. 로마에 대한 저항입니다. 로마 당국에 고발하여 예수를 제거할 근거로 삼을 수 있습니다. 이래서 바리새인들이 정치적인 이해가 다른 헤롯당과 함께 온 것입니다.

예수는 이들의 질문이 악하다는 것을 알고 계십니다. 그들에게 "외식하는 자들아 어찌하여 나를 시험하느냐"(마 22:18) 하고 말씀하십니다. 예수는 자신을 함정에 빠뜨리려는 질문이라는 것을 알고 있습니다. 예수는 그들에게 데나리온 하나를 가져오라고 하십니다. 바리새인들과 헤롯당에게 동전에 있는 형상과 글이 누구의 것이냐고 묻습니다. 그러자 그들이 가이사의 것이라고 대답합니다. 그 당시 데나리온에는 로마의 티베리우스 황제의 초상이 새겨져 있고 라틴어로 "신 아우구스투스의 아들, 티베리우스 황제 아우구스투스"라는 글이 있었습니다.

예수는 데나리온의 형상과 글을 보여주신 후에 그들에게 "가이사의 것은 가이사에게 하나님의 것은 하나님에게 바치라"(마 22:21) 하고 대답하십니다. 예수는 두 가지 모두를 하라고 하십니다. 유대인들은 지금 로마의 지배를 받고 있습니다. 따라서 로마 당국에 세금을 내야하는 현실입니다. 예수는 유대인의 현실을 인정합니다. 예수는 이 세상의 정치 현실을 부인하지 않습니다. 예수는 로마의 정치적, 군사적 세력과 맞서서 싸우기 위해 오신 분이 아니라는 것을 여기서 알 수 있습니다. 이 말씀을 생각해 보면 예수를 따르는 제자들 역시 이 세상의 질서를 인정해야 합니다(참고 롬 13:1-7).

하지만 예수는 하나님의 것도 있음을 가르치십니다. 로마에 세금을 바치는 것을 이유로 하나님의 것을 바치지 않을 수 없다는 것을 보여주십니다. 하나님의 것을 하나님께 바침으로 하나님의 백성의 의무를 다하라고 하십니다.

바리새인과 헤롯당의 질문은 어느 한 쪽을 선택하도록 한 질문입니다. 그러나 예수는 그 질문의 의도를 아시고 현실의 체제를 인정하면서도 하나님을 섬길 수 있는 길이 있다는 사실을 알려주십니다. 예수께서 로마의 통치를 인정하셨다고 해서 로마의 권세가 하나님의 권세보다 우위에 있다는 것이 아닙니다. 하나님이 이 세상의 통치자이십니다. 모든 권세와 권력은 다 하나님이 주신 것일 뿐입니다.



### 13.4.2 부활

이번에는 사두개인들이 예수께 나와서 질문합니다. 이 질문은 공관복음에 모두 나옵니다(마 22:23-33; 막 12:18-27; 눅 20:27-40). 사두개파는 신구약 중간사의 하스모니안 가문의 상속자로서 제사장 직분을 맡고 있습니다. 바리새파 보다 숫자는 작았지만 실권을 장악하고 있는 자들입니다. 이들은 모세오경을 권위 있는 책으로 인정하고 부활을 믿지 않았습니다. 부활은 후대의 책들(사 26:19; 단 12:2)에서 나오는 교리이기 때문입니다.

바리새인들은 정치적인 질문을 하였지만 사두개인들은 종교적인 질문을 합니다. 이들의 질문은 모세의 계대법(신 25:5-10)에 근거합니다. 어떤 사람이 아들이 없이 죽으면 그 형제가 죽은 형제의 아내와 결혼하여 아들을 낳아주는 법입니다(참고: 유다와 다말 사건, 창 38장). 어떤 사람이 결혼해서 아들이 없이 죽었습니다. 그 사람은 칠 형제였습니다. 둘째가 결혼했지만 똑같은 일이 벌어졌습니다. 이 일이 계속되어 일곱째까지 그 형수를 취하였지만 아들이 없이 모두 죽었습니다. 후에 그 여인도 죽었습니다. 부활한 후에 그 여인은 일곱 중에 누구의 아내가 되겠습니까? 이것이 사두개인들의 질문입니다.



사두개인들은 부활을 믿지 않기 때문에 이 질문을 가지고 나왔습니다. 이들은 이 질문으로 예수를 어려움가운데 처하게 할 수 있게 되기를 바라고 왔습니다. 그러자 예수는 그들의 질문에 두 가지로 대답하십니다.

첫째, 예수는 사두개인들이 이 세상과 오는 세상의 질서를 동일한 것으로 오해하고 있다고 지적합니다. 사두개인들은 오는 세상에서도 결혼 제도가 유지할 것으로 생각하고 있습니다. 여기에 대하여 예수는 "부활 때에는 장가도 아니 가고 시집도 아니 가고 하늘에 있는 천사들과 같으니라"(마 22:30) 하고 답변해 주십니다. 부활 때에는 이 세상의 결혼 제도는 더 이상 유지되지 않습니다. 천사들과 같이 다시 죽지 않는 존재가 될 것입니다. 사두개인들은 천사의 존재도 부인했습니다(행 23:8). 예수는 사두개인들에게 부활도 있고 천사도 있다는 것을 가르치십니다.

둘째, 사두개인들은 성경 해석에도 문제를 보입니다. 그들은 모세 오경을 인정합니다. 그런데 모세 오경도 제대로 이해하고 있지 않다는 것입니다. 예수는 하나님이 불타는 가시나무에서 모세에게 나타나서 자신을 소개한 말씀을 인용하여 부활에 대하여 가르쳐 주십니다(출 3:6). "나는 아브라함의 하나님이요 이삭의 하나님이요 야곱의 하나님이로다 하신 것을 읽어 보지 못하였느냐 하나님은 죽은 자의 하나님이 아니요 살아 있는 자의 하나님이시니라"(마 22:32). 예수는 하나님의 자기소개 문장이 과거형("나는 아브라함의 하나님이었다.")이 아니라 현재형("나는 아브라함의 하나님이다")으로 되어 있다는 것을 지적합니다. 하나님이 모세에게 자신을 소개하실 때에는 이미 아브라함과 이삭과 야곱은 죽었습니다. 그러나 육체는 죽었지만 하나님 안에서 이들이 다 살아 있다고 하십니다. 그래서 하나님은 자신을 "죽은 자의 하나님이 아니요 살아 있는 자의 하나님"이라고 소개하신 것입니다. 아브라함과 이삭과 야곱이 육체로는 죽었지만 살아 있다는 것입니다(참고 눅 16:19-31). 아브라함과 이삭과 야곱이 살아 있다면 이들이 다시 육체로 부활할 수 있다는 논리적인 결론을 가져옵니다.

예수는 사두개인들이 모세 오경도 제대로 이해하지 못하고 있었으며 그들이 또한 하나님의 능력도 알지 못하고 있었다고 지적합니다(마 22:29). 이에 사두개인들은 아무 대답도 하지 못합니다.

예수의 가르침에 무리들이 놀랍니다. 누가는 서기관 중에서 한 사람이 예수의 답변에 동의하며 예수께 선생이라며 존경을 표했음을 기록하고 있습니다(눅 20:39).

### 13.4.3 큰 계명

예수와 유대 종교 지도자들 사이의 논쟁이 더 격렬해 집니다. 마태는 바리새인들과 헤롯당의 정치적인 질문과 사두개인들의 종교적 질문 후에 다시 바리새인들의 율법에 관한 질문을 기록합니다. 이 논쟁은 마태와 마가에 보도되어 있습니다(마 22:34-40; 막 12:28-34; 참고 눅 10:25-28). 마태는 한 율법사가 예수를 시험하기 위하여 질문했다고 하는 반면 마가는 좀 더 호의적인 상황 속에서 율법사가 질문했다고 기록합니다.

율법사의 질문은 "율법 중에서 어느 계명이 크니이까"(마 22:36) 하는 것입니다. 율법은 613개의 계명이 있습니다. 그 가운데 어느 계명이 가장 큰가 하는 것입니다. 율법의 계명 사이에 경중이 있음은 그 당시의 사람들 사이에 이미 인식하고 있었습니다(마 23:23). 또한 율법을 읽어보면 계명을 어겼을 때에 처벌의 강도에 차이가 있음을 발견할 수 있습니다. 예를 들면, 간음의 경우에는 다양한 상황들이 반영되어 처벌이 다를 수 있습니다(신 22:13-30). 하지만 안식일을 어겼을 경우에는 사형입니다(출 31:14). 같은 십계명 안에 있는 계명들이지만 처벌에 차이가 있습니다. 이래서 자연스럽게 유대인들 사이에서 어느 계명이 큰가 하는 질문이 일어납니다.

예수는 이 질문에 "네 마음을 다하고 목숨을 다하고 뜻을 다하여 주 너의 하나님을 사랑하라 하셨으니 이것이 크고 첫째 되는 계명이요"(마 22:37) 하고 답변하십니다. 예수는 우선 율법의 계명들 사이에 경중이 있음을 인정하십니다. "크고 첫째 되는 계명"이 있음을 가르치십니다. 예수께서 인용하신 말씀(신 6:5)은 유일신론을 선언하는 신명기의 "들으라"(쉐마)로 시작하는 본문의 말씀입니다(신 6:4-9). 하나님을 사랑하는 것이 율법의 가장 큰 계명입니다. 하나님을 사랑하는 방법은 "마음"과 "목숨"과 "뜻"을 다하는 것입니다

(마가는 "마음"과 "목숨"과 "뜻"과 "힘"을 말합니다. 막 12:30). 즉 전 인격적으로 하나님을 사랑할 것을 말씀하십니다. 인간의 모든 것을 다하여 하나님을 사랑해야 할 것입니다. 이 말씀은 경건한 유대인들이 매일 외우는 본문이기도 합니다. 또한 이 본문은 정통 유대인들이 이마에 다는 성구함phylactery 속에 있는 말씀이기도 합니다. 유대인들은 네모난 작은 가죽 상자를 만들어 이마에 달았는데 그 안에 양피지에 이 말씀을 기록해 두었습니다. 예수께서는 유대인들이 생활 속에서 중요하게 생각하는 말씀 '하나님을 사랑하는 것'을 율법의 가장 큰 계명이라고 선언하십니다.

예수는 두 번째 큰 계명을 "둘째도 그와 같으니 네 이웃을 네 자신같이 사랑하라 하셨으니"(마 22:39)하고 설명합니다. 이것은 레위기 19장 18절을 인용한 말씀입니다. 예수는 첫째와 둘째라는 표현을 사용합니다. 율법의 계명 가운데 차이가 있는 것을 말하고 있습니다.

하나님을 사랑하는 것이 첫째입니다. 그리고 이웃을 사랑하는 것이 둘째입니다. 이것은 십계명을 잘 요약한 것입니다. 십계명의 1계명부터 4계명은 하나님에 관한 계명입니다. 그리고 5계명부터 10계명은 인간에 관한 계명입니다. 예수는 십계명을 사랑으로 요약하고 있습니다.

그리고 예수는 이렇게 선언합니다. "이 두 계명이 온 율법과 선지자의 강령이니라"(마 22:40). 이것을 다시 번역해 보면 "이 두 계명들 안에 온 율법과 선지자들이 걸려 있다"입니다. 율법 전체와 선지자들은 구약을 의미합니다. 즉 구약의 모든 말씀들이 "이 두 계명들 안에 걸려 있다"입니다. "강령이니라"는 '걸려 있다,' '달려 있다' 라는 의미입니다. 하나님을 사랑하고 이웃을 사랑하는 것에 모든 율법과 선지자들이 의존하고 있습니다. 가장 중요하다는 뜻입니다. 마가는 "이보다 더 큰 계명이 없느니라"(막 12:31) 하고 덧붙여 설명합니다.

마가는 여기에 대하여 율법사의 반응을 덧붙입니다. 율법사는 예수의 가르침에 전적으로 동의합니다. 더 나아가 율법사는 하나님을 사랑하고 이웃을 사랑하는 것을 "전체로 드리는 모든 번제물과 기타 제물보다 나으니이다"(막 12:33) 하고 고백합니다. 마가는 이 율법사를 지혜로운 자로 묘사합니다. 예수께서도 이 율법사에게 긍정적인 반응을 보이십니다. "네가 하나님의 나라에서 멀지 않도다"(막 12:34).

예수께서 율법사의 질문에 답변하시는 것을 보고 이제 더 이상 질문하는 자들이 없습니다. 예수의 권위에 도전하지 않는 것입니다.

### 13.4.4 그리스도와 다윗의 자손

바리새인, 헤롯당, 사두개인 그리고 율법사가 한 차례씩 예수께 질문했습니다. 예수는 그들의 질문에 다 답변하십니다. 이제 그들은 더 이상 질문을 하지 않습니다. 그러자 반대로 예수께서 그들에게 질문하십니다.

예수의 질문은 그리스도(메시야)에 관한 것입니다. 바리새인들에게 그리스도가 누구의 자손이냐고 묻습니다. 아주 기본적인 질문입니다. 바리새인들이 다윗의 자손이라고 대답합니다. 이것은 그 당시 유대인들이 갖고 있던 메시야 사상입니다. 다윗의 자손으로 메시야가 오실 것이라는 기대감이 있었습니다.

예수는 아주 기본적인 질문을 합니다. 그러나 이것은 다음 질문으로 넘어가기 위한 단계입니다. 바리새인들이 다윗의 자손이라고 대답을 하자 예수는 그들의 허를 찌르는 질문을 하십니다. 시편 110:1을 인용합니다. "주께서 내 주께 이르시되 내가 네 원수를 네 발 아래에 둘 때까지 내 우편에 앉아 있으라 하셨도다"(마 22:44). 이 구절을 인용한 후에 예수는 진짜 질문을 합니다. "다윗이 그리스도를 주라 칭하였은 즉 어찌 그의 자손이 되겠느냐"(마 22:45). 시편 110편은 다윗의 시로 그 당시 유대인들에게 메시야 시편으로 인정받고 있었습니다. 다윗이 "주(여호와)께서 내 주(그리스도)께"라고 말합니다. 다윗이 그리스도를 향해 "내 주"라고 부르고 있습니다. 분명히 그리스도는 다윗의 자손인데 다윗이 그리스도를 주로 부릅니다. 그렇다면 이것이 어떻게 된 것이냐 하는 질문입니다.

그리스도는 다윗의 자손으로 올 것입니다. 그렇다면 그리스도(메시야)께서 다윗을 주로 불러야 합니다. 그런데 시편 110편에 따르면 다윗이 그리스도(메시야)를 주라고 부르고 있습니다. 이것을 설명해 보라는 것입니다. 이 질문에 대하여 바리새인들은 아무 대답을 하지 못합니다. 마태는 "그 날부터 감히 그에게 묻는 자도 없더라"(마 22:46)고 바리새인들의 반응을 기록합니다.

예수는 그리스도(메시야)께서 다윗의 후손이라는 것을 부인하지 않고 인정합니다(마 22:15-16). 하지만 단순히 그리스도를 다윗의 후손으로 즉 군사적인 메시야로서만 알고 있는 바리새인들의 생각을 교정하기 원하십니다. 다윗이 그리스도를 주라고 불렀으니 그리스도는 다윗보다 더 크신 분이라는 것을 가르쳐주는 것입니다.

## 13.5 일곱 화

예수는 유대의 종교 지도자들과 논쟁을 마친 후에 바리새인들과 서기관들을 책망하십니다. 마태는 이러한 책망을 가장 길게 기술하고 있습니다(마 23:1-39; 막 12:38-40; 눅 11:37-52; 20:45-47). 예수의 교훈을 듣는 자들은 무리와 제자들입니다. 따라서 무리와 제자들에게 바리새인과 서기관을 본받지 말라고 말하는 것입니다.

바리새인과 서기관(율법사)는 "모세의 자리"를 차지하고 앉아 있습니다. "모세의 자리"(마 23:2)라는 표현에서 알 수 있듯이 이들은 율법을 맡아서 낭독하며 해석하며 교훈하는 책임을 맡은 자들입니다. 이들의 가장 큰 잘못은 말과 행동이 다르다는 사실입니다. 이들은 말만 하고 행하지 않습니다. 이들은 율법을 해석하여 다른 사람들에게 지키라고 "무거운 짐"(마 23:4)을 지워주지만 정작 자신들은 행하려고 하지 않습니다.

이들은 그들의 행위를 다른 사람들에게 보이려고 노력합니다. 그래서 "경문 띠를 넓게 하며 옷술을 길게"(마 23:5) 합니다. 바리새인들과 서기관들은 구약의 말씀들을 문자적으로 실행합니다. "경문 띠"는 이마나 왼팔에 매어 달았던 작은 성구함 상자를 말합니다(신 6:8). "옷술"은 겉옷의 네 모서리에 파란 끈을 매어 달았습니다(민 15:37-42; 신 22:12). 바리새인들과 서기관들은 다른 사람들의 눈에 잘 보이게 하기 위하여 이것들을 넓게 하며 길게 했습니다. 마음의 진정성이 없이 외형적인 모습에만 신경을 쓰는 것을 지적하고 있습니다.

바리새인들과 서기관들은 또한 존경을 받는 것을 좋아합니다. 그래서 잔치 집에서 상석에 앉는 것과 회당에서 높은 자리에 앉는 것을 선호합니다. 사람들이 많이 모이는 시장에서 인사 받는 것과 선생이라고 칭함을 받는 것을 기뻐합니다. 이들은 대접받기를 좋아합니다. 그러나 예수는 바리새인들과 서기관들의 경향과는 다른 기준을 제시합니다. "너희 중에 큰 자는 너희를 섬기는 자가 되어야 하리라 누구든지 자기를 높이는 자는 낮아지고 누구든지 자기를 낮추는 자는 높아지리라"(마 23:11-12). 유대 종교 지도자들은 높아지는 것을 좋아합니다. 그러나 예수는 자기를 낮추는 사람이 높아진다고 하십니다. 유대 종교 지도자들이 추구하는 것과 정반대의 가르침입니다.



예수는 무리와 제자들에게 바리새인과 서기관에 대해서 말했습니다(마 23:1-12). 그리고 이제 그는 직접 바리새인과 서기관에게 화를 선언하십니다(마 23:13-36). 일곱 화는 하나만 제외하고("화 있을진저 눈 먼 인도자여" 마 23:16) 대부분 "화 있을진저 외식하는 서기관들과 바리새인들이여"(마 23:13, 15, 23, 25, 27, 29) 하는 도입구를 갖고 있습니다. 예수는 바리새인들과 서기관들을 "외식하는" 자들로 규정하고 있습니다. 이것은 '위선자' 라는 뜻입니다. 배우가 관객을 위하여 연기하는 것처럼 행동하는 사람입니다. 다른 사람에게 보여주기 위하여 가장하는 사람입니다. 일곱 화 시리즈는 구약의 이사야의 여섯 개의 화(사 5:8-22)와 하박국의 다섯 개의 화(합 2:6-20)와 비교할 만합니다. 그리고 일곱 화는 팔복과 대조됩니다(마 5:3-12).

1) 바리새인들과 서기관의 가장 큰 잘못은 잘못된 천국 문지기 역할을 하는 것입니다. 이들은 천국 문을 닫아 놓고 있습니다. 이들은 천국에 들어갈 생각을 하지 않습니다. 더 나아가 천국에 들어가려고 하는 사람도 들어가지 못하게 합니다(마 23:13). 이들을 천국 문의 문지기로 비유하는 것이 흥미롭습니다. 이들이 천국 문을 닫아 놓고 있습니다. 왜냐하면 바리새인들과 서기

관들은 "모세의 자리"에 앉은 자들로서 백성들을 가르치는 자들이기 때문입니다(마 23:2-3, 8, 10). 이들은 하나님의 말씀인 율법을 해석하며 가르치는 역할을 하고 있습니다. 그러나 이들은 가르치기만 할뿐 실천하려고 하지 않습니다(마 23:3-4).

2) 바리새인들과 서기관들은 "교인 한 사람을 얻기 위하여 바다와 육지를 두루" 다닙니다. "교인 한 사람"은 '한 명의 개종자'를 말합니다. 이들은 한 명의 개종자를 얻기 위하여 엄청난 노력을 하고 있습니다. 많은 수고를 하고 있습니다. 그러나 한 명의 개종자가 생기면 "너희보다 배나 더 지옥 자식이 되게" 합니다(마 23:15). 이것이 문제입니다. 자신들도 지옥의 자식일 뿐만 아니라 개종자들도 지옥의 자식이 되게 만들고 있습니다.

첫 번째 화와 두 번째 화는 서로 관련이 있습니다. 바리새인들과 서기관들은 천국 문을 닫고 들어가려고 하지 않습니다. 결국 이들이 들어갈 곳은 지옥입니다.

3) 예수는 바리새인들과 서기관들을 "눈 먼 인도자"라고 부릅니다. 앞을 볼 수 없는 맹인은 다른 사람을 인도할 수 없습니다. 오히려 인도를 받아야 합니다. 그런데 이들은 지도자 역할을 하려고 합니다. 이들의 인도는 구체적으로 맹세입니다. 이들은 맹세를 아주 세분화했습니다. 성전으로 맹세하고 지키지 않아도 문제가 되지 않지만 성전의 금으로 맹세를 하면 지켜야 한다고 말합니다. 여기에 대하여 예수는 "어리석은 맹인들이여" 하고 비판합니다. 예수는 이들을 "어리석은" 자들 즉 '바보들'이라고 부릅니다. 성전의 금을 거룩하게 하는 것은 성전이기 때문입니다. 바리새인들과 서기관들은 또 제단으로 맹세한 것은 지키지 않아도 되지만 제단의 제물로 맹세를 한 것은 지키라고 가르칩니다. 여기에 대하여 예수는 제물을 거룩하게 하는 제단이 더 크다고 가르쳐주십니다(마 23:16-20).

바리새인들과 서기관들은 성전의 금과 제단의 제물보다 성전과 제단이 더 크다는 사실을 잊어버리고 있습니다. 그들은 사소한 것, 성전의 금과 제단의 제물에 더 신경을 쓰고 있습니다. 이들의 탐욕적인 성향을 보여줍니다. 바리새인들은 돈을 좋아했기 때문입니다(눅 16:14). 이들의 탐욕적인 성향이 맹세를 가르치는 데에도 나타난 것입니다. 그러나 예수는 맹세하지 말라고 말씀하십니다(마 5:33-37).

4) 바리새인들과 서기관들의 외식하는 태도는 십일조에 대한 규정에서 나타납니다. 이들은 율법을 아주 세세하게 지킵니다. 밭의 아주 작은 식물들, "박하와 회향과 근채"의 십일조도 챙겼습니다. 율법을 지키려는 노력이 가상합니다. 그러나 아주 작은 것을 지키려는 노력에 맞게 율법의 더 중요한 것 "정의와 긍휼과 믿음"도 지켜야 했습니다. 하지만 바리새인들과 서기관들은 율법의 세부 조항인 십일조 규정을 지키려고 노력하면서 율법의 더 중요한 사항은 버렸습니다. 이들은 외적인 것을 잘 준수했지만 내적인 것은 쉽게 무시해 버렸습니다(마 23:23). 예수께서는 이 말씀을 하심으로 율법의 계명들 가운데에 더 중요한 것이 있다는 것을 알려 주십니다. 나무는 보면서 숲을 보지 못하는 우를 범하지 말라는 것입니다.

예수는 이들의 외식적인 태도를 이렇게 풍자합니다. "맹인 된 인도자여 하루살이는 걸러내고 낙타는 삼키는도다"(마 23:24). 율법에 따르면 하루살이와 낙타는 다 부정합니다. 그런데 바리새인들과 서기관들은 하루살이는 부정하다고 걸러내면서 낙타는 집어 삼킵니다. 아이러니입니다.

5) 바리새인들과 서기관들의 위선적인 태도는 외적인 것을 중요시하는 데에 나타납니다. 그들은 "잔과 대접의 겉은 깨끗이 하되 그 안에는 탐욕과 방탕으로 가득하게"(마 23:25) 합니다. 이들은 정결 의식을 아주 중요하게 준수합니다(참고 마 15:1-20; 막 7:1-23). 그래서 겉은 아주 정결하게 합니다. 그렇지만 그들의 마음은 "탐욕과 방탕"으로 꽉 차 있습니다. 예수는 이들의 이런 이중적인 모습을 질타하십니다. 먼저 안을 깨끗이 하라고 가르치십니다. 안을 깨끗이 하면 겉도 깨끗해 질 것입니다.

6) 바리새인들과 서기관들이 겉으로 드러나는 의식을 중요시하는 태도는 무덤을 다루는 데에서도 나타납니다. 예수는 이들을 향하여 "회칠한 무덤 같으니 겉으로는 아름답게 보이나 그 안에는 죽은 사람의 뼈와 모든 더러운 것이 가득하도다"(마 23:27) 하고 비판합니다. 죽은 조상들의 뼈를 담아 놓은 납골당의 겉은 하얀 석회암으로 되어 있습니다. 겉으로 보기에는 아름답게 보이지만 그 속에는 뼈들이 있습니다. 예수는 바리새인들과 서기관들의 외식을 이러한 무덤에 빗대어 비난하십니다. 겉으로는 "옳게" 보이지만 속으로는 "외식과 불법"이 가득하다는 것입니다(마 23:28).

7) 바리새인들과 서기관들은 선지자들의 무덤과 의인들의 비석을 만드는 일을 하였습니다. 이는 그 당시 관습을 보여줍니다. 이들은 이러한 일을 하면서 우리가 그 당시에 살았더라면 선지자와 의인을 죽이는 일에 동참하지 않았을 것이라고 말합니다. 이러한 말에 대하여 예수는 그렇게 말하는 것 자체가 "너희가 선지자를 죽인 자의 자손임을 스스로 증명"(마 22:31) 하는 것이라고 지적합니다.

마지막으로 예수는 바리새인들과 서기관들을 향하여 독설을 내뱉습니다. "뱀들아 독사의 새끼들아 너희가 어떻게 지옥의 판결을 피하겠느냐"(마 23:33). 결코 지옥의 판결을 피할 수 없다는 의미입니다. 왜냐하면 이들은 천국 문을 닫고 들어가려고 하지 않았기 때문입니다(마 23:13).

# 14

# 종말론

**읽어야 할 본문: 마태복음 24-25장, 마가복음 13장, 누가복음 21장**

예수는 고난 주간에 예루살렘에 입성한 후에 성전을 청결하게 하셨습니다. 그리고 열매 없는 무화과나무를 저주하십니다. 열매 없는 무화과나무 저주 사건을 통하여 성전 예배의 멸망을 미리 예고 하셨습니다. 그 후에 종교 지도자들과 계속 논쟁을 하십니다. 바리새인, 헤롯당, 사두개인 그리고 율법사의 질문들에 다 답변을 하시고 역으로 그들에게 질문을 하셨습니다. 예수는 종교 지도자들과의 논쟁에서 승리하신 후에 공개적으로 바리새인들과 서기관들에게 화를 선언하십니다. 이들은 천국에 들어갈 수 없다고 하십니다. 그리고 예루살렘의 멸망도 말씀하십니다.

예수께서 예루살렘의 멸망을 예언하십니다. "보라 너희 집이 황폐하여 버려진 바 되리라"(마 23:38). 이것은 예루살렘의 파괴를 의미합니다. 예루살렘의 파괴는 자연스럽게 성전의 파괴도 포함하고 있습니다. 예루살렘의 파괴와 성전의 멸망은 종말론의 주제가 됩니다.

예수께서 성전을 나와서 가실 때에 제자들이 성전 건물을 자랑합니다. 그러자 예수는 성전의 파괴를 예고하십니다. 이 말을 들은 제자들이 감람 산에서 조용히 와서 묻습니다. "어느 때에 이런 일이 있겠사오며 또 주의 임하심과 세상 끝에는 무슨 징조가 있사오리이까"(마 24:3). 제자들의 질문에 대한 예수의 답변이 종말론입니다. 종말론 교훈은 제자들에게 사적으로 주어졌습니다. 예수의 종말론 강화는 마태복음 24장, 마가복음 13장 그리고 누가복음 21장에 기록되어 있습니다.

## 14.1 두 질문

성전 파괴에 대한 제자들의 질문은 마태, 마가 그리고 누가에 다 나옵니다. 그런데 마가와 누가에는 제자들의 질문이 이렇게 나옵니다. "어느 때에 이런 일이 있겠사오며 이 모든 일이 이루어지려 할 때에 무슨 징조가 있사오리이까"(막 13:4; 눅 21:7). 이들의 질문에 따르면 성전 파괴는 종말의 한 사건으로 이해되고 있습니다. 제자들은 성전 파괴를 이 세대가 끝이 나고 종말론적인 하나님의 나라가 임하는 사건들 가운데 하나로 생각한 것입니다. 예수는 성전 파괴 질문에 종말론을 주신 것입니다.

하지만 마태에 나오는 제자들의 질문은 더 정교합니다. 마태에 따르면 제자들의 질문은 두 가지입니다(마 24:3). 1) "어느 때에 이런 일이 있겠사오며" 즉 성전 파괴가 언제 일어날 것인가 하는 질문입니다. 2) "주의 임하심과 세상 끝에는 무슨 징조가 있사오리이까" 즉 주의 재림과 세상의 역사가 끝나는 때에 일어날 징조는 무엇인가 하는 질문입니다.

마태에 나타나는 제자들의 질문은 두 가지 사건을 말합니다. 성전 파괴는 예루살렘 성의 멸망을 수반합니다. 이것은 역사적인 사건입니다. 제자들이 질문할 때에는 아직 이 사건이 일어나지 않았지만 A.D 70년에 로마에 의해 이루어질 것입니다. 그리고 주의 재림과 세상의 끝은 종말론적 사건입니다. 미래에 일어날 일입니다. 제자들의 질문에는 역사적 사건과 종말론적 사건이 함께 있습니다. 따라서 예수는 이 두 가지 질문에 대한 답변을 하신 것입니다(마 24:1-51). 예수께서 답변을 하시면서 이것은 성전 파괴에 대한 것이며 이것은 종말의 때에 일어날 일이다 하고 답변하지 않았기 때문에 이 두 가지 사건을 명확하게 분별하기가 쉽지 않습니다.

예수의 답변은 역사적인 상황과 종말론적인 상황이 얽혀있습니다. 최후의 종말론적 상황은 역사적인 상황을 통하여 예시되고 있습니다. 예수의 답변은 구약의 예언자들이 미래를 예언할 때 자주 사용하였던 예언적 원근법에 의해서 설명될 수 있습니다. 한 사람이 정면에서 멀리 떨어진 앞산과 뒷산을 봅니다. 앞에서 보는 사람에게는 그 산들 사이에 있는 간격은 보이지 않고 두 산이 겹쳐 보입니다. 하지만 측면에서 보면 앞산과 뒷산은 거리적인 간격이 있습니다. 이와 마찬가지로 예수는 임박한 역사적 상황(성전 파괴)을 사용하여 최후에 임할 종말론적 상황(재림)을 함께 보고 계시는 것입니다. 임박한 역사적 상황이 미래의 상황을 보는 거울의 역할을 하는 것입니다. 따라서 두 사건은 겹쳐 있습니다.

한 가지 염두에 두어야 할 사항은 예수께서 오심으로 종말이 시작되었다는 것입니다. 종말은 예수의 초림부터 재림까지입니다.



## 14.2 재난의 시작(마 24:4-14)

예수는 성전 파괴와 주의 재림의 때에 나타날 현상을 말해줍니다.

1) 거짓 그리스도의 미혹입니다. 제자들에게 먼저 미혹 받지 말 것을 경고합니다. 거짓 그리스도(메시야)가 나와서 사람들을 속일 것입니다(24:4-5). 많은 사람들이 예수의 이름으로 와서 "나는 그리스도"라고 주장하며 사람들을 미혹할 것입니다. 거짓 그리스도의 출현은 역사적으로 많습니다. 유다 전쟁(A.D 66)이 있기 전에 드다와 갈릴리의 유다가 그리스도라고 했고 2세기에는 시몬 바르 코크바를 메시야로 부르기도 했습니다. 현재 우리나라에 있는 자칭 메시야라고 주장하는 사람들이 많습니다. 이단 연구가로 이름이 있었던 고 탁명환 소장의 말을 들어보십시오. "한국에는 자신이 메시야, 재림주임을 자처하는 교주가 37명이나 되며, 자신을 보혜사 성령, 천부님, 새 하나님, 심판주 등으로 부르게 하는 교주들도 13명이나 된다."(현대종교 1994년 9월호).

2) 거짓 그리스도의 출현과 더불어 나타날 사람은 거짓 선지자입니다. "거짓 선지자가 많이 일어나 많은 사람을 미혹"(마 24:11)합니다. 거짓 그리스도와 거짓 선지자들이 활동할 때는 사회적인 혼란이 있을 것입니다. 그래서 사

람들은 난리에 대한 소문을 들을 것입니다.

3) 전쟁의 소문입니다. 전쟁에 대한 소문이 들려오며 나라들끼리 전쟁을 하기 위하여 일어납니다. 그 당시 역사와 근접하게는 파르티아 전쟁(A.D 36-37), 안티파스와 나바테아 왕 아레타스와의 전쟁(A.D 36-37)이 있었습니다. 근현대사에는 세계 대전이 두 차례나 일어났습니다. 이때는 유럽과 아시아 그리고 아프리카에서 전쟁이 발발해서 마치 온 세계가 전쟁에 휩싸인 것처럼 보였습니다.

4) 기근의 소식입니다. 클라우디우스 황제(A.D 46) 때에 기근이 있었습니다(행 11:28). 현대에도 아프리카에서 계속 기근의 소식이 들려옵니다.

5) 지진의 소문입니다. 과거 역사적인 기록에 따르면 예루살렘 지진(A.D 67), 빌립보 지진(행 16:26), 소아시아 대지진(A.D 61) 그리고 폼페이 지진(A.D 62)이 있었습니다. 현대에 계속 일어나는 지진의 소식들은 더 무섭습니다. 터키, 중국, 일본, 인도네시아 수마트라 섬, 미국과 아이티에 있었던 지진들은 더 참혹했습니다.

이러한 현상들이 "난리와 난리 소문"을 만들어 냅니다. 이럴 때에 제자들은 속지 말아야 합니다. 왜냐하면 이러한 일들은 "재난의 시작"이며(마 24:8) "끝이 아직 아니기" 때문입니다(마 24:6). 시작과 끝이라는 단어에 주목해야 합니다(마 24:6, 8, 13-14). 성전 파괴의 때에 있을 일들이 세상 끝에도 일어날 것이기 때문입니다. 예수께서 이 모든 일들을 "세상 끝에는 무슨 징조가 있사오리이까"(마 24:3) 하는 질문에 답하신 것입니다. 주의 재림의 때에 종교적, 사회적 그리고 자연적인 재해들이 일어날 것입니다.

이러한 현상들이 벌어질 때(마 24:9, 10절의 '그때에'), 제자들은 박해를 당합니다. 미움을 받고 순교를 당하는 상황이 벌어집니다. 많은 사람들이 시험에 빠져 서로 미워하며 사랑이 식어지고 거짓 선지자가 많이 일어나 사람을 미혹합니다(마 24:9-14). 이러한 재난의 때에 제자들에게 요구되는 것은 인내입니다. 인내로 끝까지 견디는 자가 구원을 받을 것입니다(마 24:13).

하지만 이것이 끝이 아닙니다. 세상의 끝은 선교와 관련이 있습니다. "이 천국 복음이 모든 민족에게 증언되기 위하여 온 세상에 전파되리니 그제야 끝이 오리라"(마 24:14). 복음 전파는 성전 파괴로부터 주의 재림의 때까지 지속될 것을 보여줍니다. 모든 민족에게 복음이 전파될 때 끝이 옵니다. 이 끝은 "세상 끝"을 의미합니다(마 24:3).

### 14.3 멸망의 가증한 것과 큰 환란(마 24:15-28)

예수는 역사적으로 유대인들에게 임할 환란을 말씀하십니다. 환란의 때는 다니엘 선지자가 말한 "멸망의 가증한 것이 거룩한 곳에 선 것을" 볼 때입니다(참고 단 11:31; 12:11). 다니엘이 예언한 '멸망의 가증한 것'이 무엇인지는 구체적으로 알 수 없습니다(참고 『대망의 책』, 490-491). 어떤 이는 안티오커스 에피파네스(Antiocus Epiphanes, B.C 175-164)가 성전 제단 위에 이방 제단을 세웠던 일을 의미한다고 말합니다(마카비 1서 1:54). 하지만 이것은 이미 지나간 과거 일입니다. 예수는 이러한 일이 다시 일어날 것을 말씀하신 것입니다. 학자들은 이것을 다양하게 해석합니다. 주후 67-68년에 열심당원들에 의해 성전이 더럽혀진 사건 또는 주후 70년에 로마 군인에 의해 예루살렘 성이 파괴될 때 성전에 보였던 로마의 군기 또는 적그리스도를 의미(참고 살후 2:3)한다고 말하기도 합니다, 그리고 주후 40년 예루살렘 성전 안에 로마의 황제 칼리굴라가 자신의 상을 세우려는 시도로 해석하기도 합니다.

가장 확실한 설명은 누가복음에서 나타납니다. 누가는 마태의 "멸망의 가증한 것"이 무엇인지를 나타나는 상황을 더 구체적으로 밝힙니다. "너희가 예루살렘이 군대들에게 에워싸이는 것을 보거든 그 멸망이 가까운 줄을 알라 그때에 유대에 있는 자들은 산으로 도망갈 것이며"(눅 21:20-21). 마태복음에서 말하는 "멸망의 가증한 것이 거룩한 곳에" 서는 것은 로마 군인들에 의해 예루살렘 성이 포위당하여 함락당할 때에 일어난 사건입니다. "멸망의 가증한 것"이 구체적으로 무엇인지는 모르지만 그 상황은 로마 군대에 의해 성전이 파괴당할 때입니다. 예루살렘 성이 멸망할 때(A.D 70), 유대인들은 도망해야 합니다. 이때는 임산부와 젖 먹이는 유모들에게 큰 재앙의 날이 될 것입니다. "그 날에는 아이 밴 자들과 젖 먹이는 자들에게 화가 있으리로다"(마 25:19). 왜냐하면 이들은 아이로 인하여 피난가기가 어렵기 때문입니다. 이러한 재앙이 겨울이나 안식일에 되지 않도록 기도하라고 말합니다(마 24:15-20).

예루살렘 성의 멸망은 역사적인 사건입니다. 그리고 예루살렘 성의 멸망은 주의 재림의 때에 일어날 일의 전형이 될 것입니다. 역사적인 예루살렘 성의 멸망이 종말론적 사건을 미리 보여주는 것입니다. 그래서 예수는 역사적인 사건을 넘어 종말론적 사건으로 나아갈 것을 말씀하십니다. "이는 그때에 큰 환난이 있겠음이라 창세로부터 지금까지 이런 환난이 없었고 후에도 없으리라"(마 24:21) 하고 말합니다. 역사 속에서 전무후무한 환난이 될 것입니다. 이 설명은 역사적인 예루살렘 성의 파괴만을 말하고 있지 않음이 분명합니다(제자들의 질문이 두 가지였음을 기억해야 합니다). 역사적인 예루살렘 성의 파괴를 넘어 더 큰 종말의 사건을 말하고 있습니다. 그러나 이 큰 환란은 하나님의 택하신 자들을 위하여 그 환란의 날들이 줄어들 것입니다. "그 날들을 감하지 아니하면 모든 육체가 구원을 얻지 못할 것이나 그러나 택하신 자들을 위하여 그 날들을 감하시리라"(마 24:22).

큰 환란의 때에 거짓 그리스도와 거짓 선지자들의 활동이 활발합니다. 이들은 택하신 자들을 미혹할 것입니다. 따라서 택하심을 입은 자들은 거짓 그리스도의 출현에 속지 말아야 합니다. 거짓 그리스도는 광야와 골방에 나타났다고 선전합니다(마 24:23-26). 그러나 예수 그리스도의 재림은 번개가 임함 같이 임할 것입니다. "번개가 동편에서 나서 서편까지 번쩍임 같이 인자의 임함도 그러하리라"(마 24:27). 번개가 치는 것은 모든 사람들이 볼 수 있습니다. 예수의 재림도 이와 마찬가지입니다. 그리스도의 재림은 은밀하게 이루어지는 사건이 아니라 공개적인 사건입니다. 모든 사람들이 재림의 주님을 볼 수 있습니다.

## 14.4 인자의 임함(마 24:29–31)

큰 환란 후에 자연계에 변화가 있을 것입니다. 해가 빛을 잃고 어두워지며 달 역시 빛을 내지 아니합니다. 하늘에서 별들이 떨어지며 권능들이 흔들립니다(참고 사 13:10; 34:4; 겔 32:7-8; 욜 2:10; 계 6:13). 어떤 학자들은 이 단락의 말씀을 성전 파괴의 사건을 말하는 묵시 문학적인 표현이라고 주장합니다. 그러나 이것은 맞지 않습니다. 이것은 다음 세 가지 이유 때문에 문자적인 해석을 요구합니다. 1) 누가는 이 사건이 일어날 때에 사람들의 반응을 말하고 있습니다. "사람들이 세상에 임할 일을 생각하고 무서워하므로 기절하리니 이는 하늘의 권능들이 흔들리겠음이라"(눅 21:26). 2) 이러한 일들이 구체적으로 어떻게 일어날지 우리의 좁은 머리로 다 이해하기 힘들지만 사도 베드로 역시 주의 재림 전에 천체에 큰 변화가 있을 것을 말합니다(벧후 3:7, 10-12). 3) 사도 요한도 예수의 재림 후에는 해와 달의 빛이 쓸모가 없다고 말하고 있습니다(계 21:22-25; 22:5).

천체의 변화와 더불어 주님의 재림이 있습니다. 예수는 재림을 명확하게 말씀하십니다. "그들이 인자가 구름을 타고 능력과 큰 영광으로 오는 것을 보리라"(마 24:30). 예수께서 구름을 타고 모든 족속들이 볼 수 있게 임할 것입니다(행 1:11). 재림 때의 주님은 초림 때의 모습과 다릅니다. 능력과 영광으로 오실 것이기 때문입니다. 예수께서 재림하실 때에 나팔 소리가 울립니다(살전 4:16). 신현의 사건이 일어날 때 나팔 소리가 울립니다(참고 출 19:18-19). 그때에 예수는 천사들을 보내어 온 땅에서 선택한 사람들을 불러 모으실 것입니다.

이 단락에서 우리는 예수께서 제자들의 두 가지 질문, 역사적인 사건(예루살렘 성의 멸망)과 종말론적 사건(재림)에 대하여 예언적 원근법을 사용하여 답변하고 있음을 볼 수 있습니다. 역사적 사건이 앞산이라면 종말론적 사건이 뒷산입니다. 이 두 사건이 겹쳐서 보이고 있는 것입니다. 예루살렘 사건은 예수의 재림 사건을 미리 보여주고 역할을 하고 있습니다.

## 14.5 무화과나무 비유(마 24:32-35)

예수는 자연 현상을 예로 들어 그의 재림의 때를 설명해 주십니다. 무화과나무는 늦은 봄에 잎이 돋아납니다. 팔레스타인 지역에 사는 사람들은 무화과나무에 잎이 피어나는 것을 보고 여름이 가까이 왔음을 압니다. 이와 마찬가지로 예수는 위에서 말씀하신 모든 일이 일어나는 것을 볼 때, 주님의 재림이 가까이 왔음을 알아야 한다고 말씀합니다.

예수는 무화과나무 비유를 말씀하시면서 "이와 같이 너희도 이 모든 일을 보거든 인자가 가까이 곧 문 앞에 이른 줄 알라"(마 24:33)고 말씀하십니다. 이 말씀은 상반절과 하반절이 다른 때를 의미하는 것처럼 보입니다. "너희"는 문자적으로 지금 예수의 말씀을 듣는 제자들을 의미합니다. 따라서 "너희도 이 모든 일 보거든"은 성전의 멸망 때에 일어날 일을 뜻합니다. 그렇지만 "인자가 가까이 곧 문 앞에 이른 줄 알라"는 재림의 때를 의미합니다(누가는 "하나님의 나라가 가까이 온 줄을 알라," 눅 21:31). 제자들은 역사적으로 예루살렘 성이 멸망할 때 일어나는 일들을 보면 주의 재림이 가까이 온 줄을 알아야 합니다. 여기서 한 가지 문제가 발생합니다. 제자들이 주님의 재림의 때까지 살아 있을 것인가 하는 것입니다.

그리고 다음 구절은 더 어렵습니다. "내가 진실로 너희에게 말하노니 이 세대가 지나가기 전에 이 일이 다 일어나리라"(마 24:34). "이 세대"는 제자들이 살고 있는 세대를 의미하는 것 같이 보이기 때문입니다. 제자들이 살아있는 세대에 주님의 재림이 이루어질 것 같이 말씀하고 있기 때문입니다.

하지만 이 말씀은 제자들이 살아 있을 때에 주의 재림이 일어난다는 것을 말하지 않습니다. 역사적으로도 예수는 제자들이 살아있는 동안에 오시지 않았습니다. 그렇다면 이 말씀들은 어떤 의미를 가지고 있겠습니까? 우리는 위에서 예언적 원근법을 말했습니다. 이 말씀들 역시 이러한 원리에 비춰 보아야 합니다. 예수의 말씀을 듣고 있는 "너희"는 꼭 제자들만을 의미하지 않습니다. 제자들을 포함한, 예수의 종말론 말씀을 듣는 모든 사람들을 의미합니다. 이렇게 해석할 수 있는 이유는 마가복음 때문입니다. "깨어 있으라 내가 너희에게 하는 이 말이 모든 사람에게 하는 말이니라"(막 13:37). 예수의 종말론 설교는 모든 사람들을 대상으로 합니다. 따라서 "이 세대가 지나가기 전에 이 일이 다 일어나리라"(마 24:34)는 오는 세대 즉, 영원한 하나님의 나라의 세대와 대조되는 이 땅 위의 세대, 이 땅 위의 역사를 의미합니다.

예루살렘 성이 파괴될 때에 일어났던 사회적인 혼란, 종교적인 미혹, 전쟁, 기근과 지진은 다시 예수의 재림 때에도 발생할 것입니다. 하지만 이러한 현상들은 예수의 재림에 대한 결정적인 때를 제공해 주지 않습니다. "그러나 그날과 그때는 아무도 모르나니 하늘의 천사들도, 아들도 모르고 오직 아버지만 아시느니라"(마 24:36). 미혹, 전쟁, 기근과 지진은 단지 종말의 현상입니다. 이러한 현상들로 인하여 주님의 재림의 때를 정확하게 알 수 없습니다. 주님의 재림의 때는 성부 하나님의 고유한 결정 사항입니다. 하나님이 재림의 때를 결정하십니다. 하나님의 주권 아래에서 예수의 재림은 일어날 것입니다.



## 14.6 깨어 있으라(마 24:37-43)

예수는 그의 재림의 때의 시간을 아무도 알 수 없다고 결론지었습니다. 사람들은 예수의 재림의 때를 알지 못합니다. 아무도 알지 못한다는 사실을 구약의 노아의 때를 들어서 설명하십니다. 예수의 재림의 때는 노아의 때와 같다는 것입니다. 노아가 구원의 방주에 들어갈 때까지 사람들은 홍수에 관해서 전혀 신경을 쓰지 않았고 홍수에 대한 대비도 없었습니다. 그냥 일상적인 생활을 하고 있었습니다. 먹고 마시고 결혼하고 일상적인 삶을 살다가 홍수를 맞았습니다. 주님의 재림도 마찬가지입니다. 일상적인 생활이 반복될 때, 주님의 재림이 있을 것입니다.

예수께서 재림하실 때 사람들은 일상적인 생활을 하고 있을 것입니다. 그리고 예수의 재림은 사람들을 두 부류로 나눌 것입니다. 두 사람이 밭에서 일을 하고 있습니다. 한 사람은 데려감을 당합니다. 그러나 다른 한 사람은 버림을 받을 것입니다. 두 여인이 맷돌을 갈고 있습니다. 한 여인은 데려감을 당합니다. 그러나 다른 여인은 버림을 받을 것입니다. 사람들이 일상생활을 하고 있을 때 재림의 사건이 발생합니다. 예수께서 자신의 백성을 불러 모으는 것입니다(마 24:31). 예수께서 택하신 백성을 불러 모으실 때에 사람들의 일상적인 삶은 중단될 것입니다.

예수는 다시 자신의 재림의 때를 사람들이 알지 못한다는 것을 도둑 비유로 설명해 주십니다. 도둑은 한 밤중에 예고 없이 찾아옵니다. 집주인은 도둑이 언제 올지를 알지 못합니다. 집주인이 깊이 잠자고 있을 때에 도둑이 와서 집안의 물건을 훔쳐갑니다. 만일 집주인이 도둑이 오는 시간을 알고 있었다면, 깨어 있어서 자신의 물건을 도둑으로부터 지켰을 것입니다. 그러나 집주인은 도둑이 올 시간을 알지 못합니다.

사람들은 예수의 재림의 때를 정확하게 알지 못합니다. 그래서 깨어 있어야 합니다. "그러므로 깨어 있으라 어느 날에 너희 주가 임할는지 너희가 알지 못함이니라"(마 24:42).

## 14.7 예비하고 있으라(마 24:44–51)

그렇다면 깨어 있는 삶은 어떤 것이겠습니까? 깨어 있는 삶은 예수의 재림의 때를 알려고 노력하는 것이 아니라 준비하는 것입니다. "이러므로 너희도 준비하고 있으라 생각하지 않은 때에 인자가 오리라"(마 24:44). 깨어있는다는 것은 예비하는 삶입니다. 일상의 삶속에서 재림을 생각하면서 살아가는 것입니다.

예수께서는 준비하는 삶이 무엇인지를 다시 비유를 들어서 설명하십니다. 집주인이 출타를 했습니다. 슬기롭고 충성된 종은 주인이 없는 동안에 때를 따라 그 집 사람들에게 양식을 나누어주며 집안을 돌봅니다. 주인이 다시 올 것이라는 것을 의식하고 있기 때문입니다. 그러나 악한 종은 집 주인이 늦게 올 것이라고 생각합니다. 술친구들과 술을 마시고 그 집 하인들을 돌보지 않고 때리고 괴롭힙니다. 악한 종이 생각하지 못한 시간에 드디어 집주인이 돌아왔습니다. 집주인은 신실하지 않은 종을 벌하고 심판할 것입니다. 예수께서 오실 때에는 심판이 있습니다. 충성된 종은 복을 받습니다. 그러나 악한 종은 매를 맞습니다.

위의 비유에서 깨어있는 것은 "충성되고 지혜 있는 종"의 삶의 태도입니다(마 24:45). 깨어 있는 것은 준비하는 삶이며(마 24:44) 주인의 귀환을 생각하고 일하는 것입니다(마 24:44, 48, 50). 깨어 있는 삶에 대해 예수는 세 가지 비유를 더 말씀해 주십니다.

## 14.8 세 비유(마 25장)

예수는 종말에 관하여 설교를 하신(마 24장) 다음에 세 개의 비유, 열 처녀 비유(마 25:1-13), 달란트 비유(마 25:14-30) 그리고 양과 염소 비유(마 25:31-46)를 말씀하십니다. 달란트 비유와 유사한 열 므나 비유가 누가복음(눅 19:11-27)에 나오긴 하지만 이 비유들은 모두 마태복음에만 나오고 있습니다.

예수는 종말론 교훈에서 두 부류의 사람들이 있을 것을 선언하셨습니다. 예수께서 임하실 때에 한 사람은 데려감을 당하지만 한 사람은 버림을 당할 것입니다. 그래서 깨어 있어야 합니다(마 24:40-42). 이와 같이 세 비유 모두에서 우리는 두 종류의 사람들을 발견할 수 있습니다. 슬기로운 다섯 처녀는 혼인 잔치에 들어갑니다. 하지만 미련한 다섯 처녀는 혼인 잔치에 들어가지 못합니다(마 25:1-13). 착하고 충성된 종은 칭찬을 받고 주인의 즐거움에 참여합니다. 하지만 악하고 게으른 종은 바깥 어두운데 쫓겨남을 당합니다(마 25:14-30). 양은 왕의 오른편에 서며 영생에 들어갑니다. 하지만 염소는 왕의 왼편에 서며 영벌에 들어갑니다(마 25:31-46). 이 세 비유는 모두 예수께서 재림하실 때 즉 하나님의 나라가 완성될 때 두 부류의 사람들이 생겨날 것을 설명하고 있습니다.

슬기로운 다섯 처녀, 착하고 충성된 종 그리고 양과 같은 사람들은 깨어 있는 삶을 산 사람들입니다. 이들은 예수의 재림에 대하여 준비하는 삶을 살았습니다. 그러나 미련한 다섯 처녀, 악하고 게으른 종 그리고 염소와 같은 사람들은 깨어 있지 못했습니다. 이들은 예수의 재림을 준비하지 못한 사람들입니다.

## 열 처녀 비유

예수는 먼저 "그때에 천국은 마치 등을 들고 신랑을 맞으러 나간 열 처녀와 같다 하리니"(마 25:1) 하고 시작합니다. 천국 비유입니다. 이 비유를 통해서 하나님의 나라가 완성될 때를 설명해 주고 있는 것입니다. 예수 당시의 결혼 관습은 일반적으로 처녀들이 신부 집에 가서 등을 들고 신랑을 맞이하러 나갑니다. 등은 기름을 묻힐 수 있는 솜뭉치를 가지고 있는 횃불을 의미합니다. 등불에 불을 밝게 밝히기 위해서는 주기적으로 기름을 공급해 주어야 합니다. 열 명의 처녀들이 신랑을 기다리고 있습니다. 그런데 신랑이 늦게 옵니다. 그러자 열 처녀 모두 잠이 들었습니다. 어떤 이유 때문에 신랑이 늦게 오는지 알 수 없지만 그 당시 문화적인 배경에서 보면 결혼 지참금 문제를 조정하는 것 때문에 신랑이 늦게 온 것일 수 있습니다. 밤중에 신랑이 온다는 소리를 듣고 열 처녀들이 깨어나서 등을 준비합니다. 다섯 명의 처녀는 등과 함께 여분의 기름을 준비해서 등불이 꺼지지 않습니다. 그러나 다섯 명의 처녀는 등과 함께 여분의 기름을 준비하지 않았습니다. 이들의 등불이 꺼져가자 여분의 기름을 갖고 있는 처녀들에게 기름을 나눠달라고 요청합니다. 그러나 그들은 나눠 쓰기에는 기름이 부족하니 차라리 기름을 사라고 말합니다. 이들이 기름을 사러 간 사이에 신랑이 옵니다. 여분의 기름을 준비한 처녀들은 신랑과 함께 혼인 잔치에 들어갑니다. 그러나 기름을 사러간 처녀들은 혼인 잔치에 들어가지 못합니다. 때를 놓친 것입니다.

우리는 이 비유에서 먼저 주목해야 할 사실이 있습니다. 신랑이 늦게 왔다는 사실입니다. 신랑이 늦게 오는 것처럼 예수의 재림이 늦을 수 있다는 사실을 보여줍니다. 신랑이 늦게 왔기 때문에 열 처녀들이 다 잠이 들었습니다. 위의 악한 종의 경우에서 집 주인이 출타를 했습니다. 그러자 악한 종은 "주인이 더디 오리라"(마 24:48) 하고 생각했습니다. 집 주인이 늦게 올 수 있다는 것을 암시했습니다. 그런데 열 처녀 비유는 신랑이 아주 늦게 왔습니다. 예수는 이 비유에서 그의 재림이 사람들의 생각과는 다르게 늦어질 수 있다는 사실을 보여주고 있습니다. 그래서 예수는 이 비유의 결론으로 "그런즉 깨어 있으라 너희는 그 날과 그때를 알지 못하느니라"(25:13) 하고 말씀하십니다.

우리는 예수의 재림이 언제 이루어질지 모릅니다. 그래서 깨어 있어야 합니다. 그렇다면 깨어 있는 것은 무엇을 의미하겠습니까? 깨어있는 것은 문자적으로 잠을 자지 않는 상태를 의미하지 않습니다. 왜냐하면 열 명의 처녀 모두는 신랑이 늦게 올 때 잠이 들었기 때문입니다. 이 비유에서 핵심은 기름을 준비 했는가 준비하지 않았는가 하는 것입니다. 여분의 기름을 준비한 처녀들은 슬기로운 자들이며 준비하지 못한 처녀들은 미련합니다(마 25:2-4). 이들의 차이점은 신랑이 늦게 올 수 있다는 사실을 생각했느냐 하지 않았느냐 하는 것입니다. 여분의 기름을 준비한 지혜로운 처녀들은 신랑이 늦게 왔을 때, 그 기름을 아주 유용하게 사용하였습니다. 기름을 준비한 처녀들은 혼인 잔치에 들어갔습니다. 깨어있다는 것은 미리 준비하고 있는 것입니다.

혼인 잔치에 들어가는 것은 하나님의 나라에 들어가는 것을 의미합니다. 예수께서 재림하실 때 하나님의 나라는 완성될 것입니다. 기름을 준비하지 못한 처녀들은 늦게 와서 "주여 주여 우리에게 열어 주소서"(마 25:11) 하고 말합니다. 하지만 신랑은 문을 열어 달라고 요청하는 그들을 알지 못한다고 냉정하게 대답합니다. 기름을 준비하는 것은 혼인 잔치가 시작되기 전에 해야 할 일이었습니다. 문이 닫힌 후에는 그들에게 기회가 주어지지 않습니다. 이 대화 속에서 산상수훈에서 주었던 예수의 말씀이 메아리쳐 울립니다. "나더러 주여 주여 하는 자마다 천국에 다 들어갈 것이 아니요 다만 하늘에 계신 내 아버지의 뜻대로 행하는 자라야 들어가리라"(마 7:21).

### 달란트 비유

열 처녀 비유 다음에 달란트 비유가 주어집니다. 어떤 주인이 타국으로 가면서 그 종들의 재능에 따라서 한 종에게 금 다섯 달란트를, 한 종에게는 두 달란트를 그리고 다른 종에게는 한 달란트를 맡겼습니다. 한 달란트는 6,000 데나리온입니다. 그 당시 노동자가 하루 종일 일해서 받는 품삯이 한 데나리온입니다. 따라서 한 달란트는 엄청난 돈입니다. 다섯 달란트를 받은 사람은 즉시 나가서 장사를 해서 다섯 달란트를 남겼습니다. 두 달란트 받은 사람 역시 장사를 해서 두 달란트를 남겼습니다. 그러나 한 달란트를 받은 사람은 땅을 파서 그 돈을 묻어 두었습니다.

오랜 시간이 지난 후에 주인이 돌아와서 종들과 결산을 합니다. 다섯 달란트 받은 자는 다섯 달란트를 남겼다고 보고합니다. 두 달란트 받은 자 역시 두 달란트를 남겼다고 보고합니다. 주인은 이들에게 착하고 충성된 종이라고 칭찬합니다. 주인의 즐거움에 동참할 것을 말합니다. 하지만 한 달란트 받은 자는 한 달란트를 그대로 주인에게 가져다주면서 "주인이여 당신은 굳은 사람이라 심지 않은 데서 거두고 헤치지 않은 데서 모으는 줄을 내가 알았으므로 두려워하여 나가서 당신의 달란트를 땅에 감추어 두었었나이다 보소서 당신의 것을 가지셨나이다"(마 25:24-25) 하고 말합니다. 그러자 주인이 그 사람을 악하고 게으른 종이라고 책망합니다. 주인은 나를 그런 사람으로 인식했다면 은행에 맡겨서 본전과 이자를 같이 받게 했어야 한다고 말합니다. 그리고 한 달란트를 빼앗아 열 달란트 가진 자에게 줍니다. 주인은 악한 종을 바깥 어두운 곳에 내어 쫓아 버립니다.

이 비유는 먼저 주인이 돌아올 날이 있다는 것을 말합니다. 신랑이 늦게 온 것처럼 주인이 늦게 돌아옵니다. 예수께서 다시 오실 때가 있을 것을 말합니다. 주인이 돌아올 때는 종들과 결산을 할 것입니다. 회계를 하는 것입니다. 예수께서 재림하실 때에 심판이 있을 것입니다.

주인은 종들의 재능에 따라 돈을 맡겨 주었습니다. 한 달란트는 6,000데나리온입니다. 엄청나게 큰돈입니다. 종들은 주인에게 큰돈을 받았습니다. 큰돈에 대한 책임이 따라옵니다. 다섯 달란트 받은 자와 두 달란트 받은 자는 자신의 일에 충실합니다. 이들은 책임감을 가지고 돈을 관리했습니다. 그들은 장사를 해서 이익을 남겼으며 주인이 돌아왔을 때에 착하고 충성된 종이라는 칭찬을 받습니다. 동시에 주인은 그 종들에게 더 많은 것을 맡깁니다. 성실함과 책임감이 입증되었기 때문입니다. 더 나아가 종들은 주인의 즐거움에 참여합니다.

하지만 한 달란트 받은 종은 상황이 다릅니다. 사실 이 비유는 한 달란트 받은 자에게 더 많은 관심을 기울입니다. 다섯 달란트와 두 달란트 받은 자에게는 두 절 그러나 한 달란트 받은 자에게는 일 곱절이 주어졌기 때문입니다.

한 달란트 받은 자의 잘못된 점은 주인에 대한 잘못된 인식입니다. 그는 주인을 "굳은(엄한) 사람"이라고 말하며 "심지 않은 데서 거두고 헤치지 않은 데서 모으는" 사람이라고 말합니다. 하지만 이 종이 주인에 대한 인식은 틀렸습니다. 종은 주인에게 "심지 않은 데서 거두고" 하고 말합니다. 그러나 주인은 종에게 한 달란트라는 엄청난 돈을 투자했습니다. 주인은 종에게 한 달란트라는 큰돈을 분명히 심었습니다. 그러자 주인은 종의 논리로 그대로 답합니다. 네가 나를 그런 식으로 생각했다면 그 돈을 "취리하는 자들(돈 놀이하는 자들)에게 맡겼다가 내가 돌아와서 내 원금과 이자를 받게"(마 25:27) 해야 한다는 것입니다. 결국 주인은 이 종에게서 한 달란트를 빼앗습니다. 그리고 이 종은 바깥 어두운 데에 쫓겨나 슬피 울며 이를 갈게 됩니다.

한 달란트 받은 사람은 주인에 대한 잘못된 생각이 그의 행동을 제한했습니다. 주인을 엄한 사람으로 판단하고 심지 않은데서 거두는 분으로 생각합니다. 이러한 생각이 그에게 두려움을 갖게 했습니다(마 25:24-25). 혹시 그 돈으로 장사를 했다가 파산하지는 않을까 하는 염려가 있었습니다. 그래서 그 돈을 땅에 묻어둡니다. 주인이 돌아오자 그 돈을 그대로 갖다 줍니다.

하지만 종이 큰돈에 대해 갖는 염려 보다는 주인이 갖는 염려가 더 컸을 것입니다. 그 돈은 주인의 돈이기 때문입니다. 주인은 하인들의 재능을 보고 돈을 맡겨 주었기 때문입니다. 하인들이 장사에 실패한다면 돈을 잃어버리는 사람은 주인입니다. 다행히 다섯 달란트와 두 달란트를 받은 하인들은 성공해서 두 배의 이윤을 남겼습니다. 한 달란트 받은 자만 이윤을 남기지 못했습니다. 한 달란트 받은 자는 두려움 때문에 아무 일도 하지 않았습니다. 주인이 여행에서 돌아올 동안 한 달란트 받은 사람은 큰돈을 맡은 것에 대한 책임감과 성실함을 보여주지 못했습니다.

사실 주인은 자기 돈을 그대로 되돌려 받았습니다. 손해 본 것은 없습니다. 그러나 주인은 종을 책망합니다. "악하고 게으른 종아" 하고 야단을 칩니다. 종의 태도를 꾸짖고 있습니다. 종은 주인에 대한 악한 생각을 갖고 있었습니다. 종은 주인을 신뢰하지 못한 것입니다. 주인에 대한 믿음이 부족했습니다. 큰돈을 맡겨 준 주인을 믿지 못했습니다. 그리고 큰돈을 맡은 자의 책임을 다하지 못하고 게으름을 부렸습니다. 종은 주인에 대한 악한 생각과 삶의 게으른 태도 때문에 벌을 받습니다.

한 달란트 받은 자는 다섯 달란트와 두 달란트를 받은 사람과 대조를 이룹니다. 다섯 달란트와 두 달란트를 받은 자들은 "착하고 충성된 종"이기 때문입니다. 이들은 주인에 대한 선한 생각을 갖고 있었고 자신의 삶에 대하여 충성했습니다.

이 비유에서 흥미로운 점은 열 달란트를 가진 사람이 한 달란트까지 더 갖게 되는 것입니다. 예수는 이 비유의 결론으로 "무릇 있는 자는 받아 풍족하게 되고 없는 자는 그 있는 것까지 빼앗기리라"(마 25:29) 하고 말씀하십니다. 이것은 예수께서 씨 뿌리는 비유를 말씀하신 후에 비유로 말씀하신 이유를 설명해 주면서 하신 말씀과 유사합니다(마 13:12). 하나님의 나라는 철저하게 빈익빈 부익부입니다. 하나님을 신뢰하고 자신의 일에 충성을 다하는 사람은 풍성한 결실을 맺습니다. 그러나 하나님을 신뢰하지 못하고 자신의 일에 게으른 사람은 있는 것마저 빼앗기게 됩니다.

깨어 있는 삶은 준비하는 삶입니다. 신랑이 늦게 왔습니다. 이와 같이 주인도 "오랜 후에"(마 25:19) 돌아왔습니다. 지혜로운 다섯 처녀들은 신랑이 늦게 올 것을 대비하여 기름을 준비했습니다. 이들은 재림을 준비했습니다. 달란트 비유는 준비하는 삶이 무엇인지를 더 구체적으로 보여줍니다. 하나님을 신뢰하고 하나님이 맡기신 일에 충성을 다하는 삶입니다.

## 양과 염소 비유

주인이 돌아왔을 때에 주인은 달란트를 맡은 종들과 결산을 했습니다. 이것은 심판을 의미합니다. 예수께서 다시 오실 때에 심판이 있습니다. 이것은 양과 염소 비유에서 확연히 드러납니다. "인자가 자기 영광으로 모든 천사와 함께 올 때에 자기 영광의 보좌에 앉으리니 모든 민족을 그 앞에 모으고 각각 구분하기를 목자가 양과 염소를 구분하는 것 같이 하여 양은 그 오른편에 염소는 왼편에 두리라"(마 25:31-33). 예수는 모든 천사들과 함께 올 때에 영광의 보좌에 앉아서 목자가 양과 염소를 분류하는 것처럼 모든 민족을 분류할 것입니다.

인자 즉, 예수는 모든 민족의 왕으로 오십니다. 이 세상의 왕으로 심판하는 자입니다. 왕은 오른 편에 있는 자들에게 "내 아버지께 복 받을 자들이여 나아와 창세로부터 너희를 위하여 예비 된 나라를 상속받으라"(마 25:34) 하고 말합니다. "복 받을 자들이여"는 완료 수동형 분사로 복을 받는 것은 능동적인 행위가 아니라 수동적인 행위입니다. 준비되어진 복을 받는 것입니다. 아버지께서 복을 주시고 그들은 나라를 받는 것입니다.

그들이 받는 복은 창세전부터 예비 되어진 나라입니다. 즉 하나님의 나라를 받는 것입니다. 이들이 이러한 복을 받는 것은 이들이 한 행동 때문입니다. "내가 주릴 때에 너희가 (나에게) 먹을 것을 주었고 (내가) 목마를 때에 (너희가 나에게) 마시게 하였고 (내가) 나그네 되었을 때에 (너희가 나를) 영접하였고 (내가) 헐벗었을 때에 (너희가 나에게) 옷을 입혔고 (내가) 병들었을 때에 (너희가 나를) 돌보았고 (내가) 옥에 갇혔을 때에 (너희가 나를) 와서 보았느니라"(마 25:35-36). 개역 성경은 인칭 대명사를 많이 생략하고 있습니다. 헬라어에 나온 대로 괄호에 인칭 대명사를 넣어 주었습니다. 위에 괄호에 넣어 둔 인칭 대명사는 '내'와 '너희'가 대조를 이룹니다. 복을 받는 자들은 "나에게" 즉 예수께 아주 구체적인 행동을 했습니다. 먹을 것을 주고 물을 마시게 하고 옷을 입혀 주고 병문안을 하고 옥에 갇혔을 때 찾아왔습니다.

그러자 오른 편에 있는 자들(의인들, 마 25:37)은 우리가 언제 이런 일들을 했느냐고 질문합니다. 그러자 왕은 "내 형제 중에 지극히 작은 자 하나에게 한 것이 곧 내게 한 것"이라고 답변합니다(마 25:40). 오른 편에 있는 자들은 왕의 형제 중에 지극히 작은 자에게 선행을 베풀었습니다. 지극히 작은 자는 '왕의 형제' 입니다. 즉 예수 그리스도를 믿는 형제입니다. 예수는 자신을 형제 중의 지극히 작은 자와 동일시하고 있습니다. 이들은 먹을 것과 마실 물 그리고 입을 옷이 없는 형제입니다. 병들고 감옥에 갇혀 있는 어려운 상황가운데 있는 형제입니다.

왕은 다시 왼 편에 있는 자들에게 "저주를 받은 자들아 나를 떠나 마귀와 그 사자들을 위하여 예비된 영영한 불에 들어가라"고 명령합니다(마 25:41). 이들이 들어갈 장소는 마귀가 있는 곳입니다. 마귀는 사탄이라고 하는 자입니다. 온 천하를 속이는 자입니다. 마귀가 들어가는 곳은 "불과 유황 못"입니다(계 20:10). 유황불이 타는 곳으로 지옥입니다. 이곳에서 꺼지지 않는 불로 영원한 고통을 받습니다. 이곳에 던져지는 자는 둘째 사망에 처해지는 것입니다(계 20:14). 예수의 왼쪽에 서 있는 사람들이 들어갈 장소입니다.

이들이 이곳에 들어가는 이유는 행동하지 않았기 때문입니다. "내가 주릴 때에 너희가 (나에게) 먹을 것을 주지 아니하였고 (내가) 목마를 때에 (너희가 나에게) 마시게 하지 아니하였고 (내가) 나그네 되었을 때에 (너희가 나를) 영접하지 아니하였고 (내가) 헐벗었을 때에 (너희가 나에게) 옷 입히지 아니하였고 (내가) 병들었을 때와 옥에 갇혔을 때에 (너희가 나를) 돌보지 아니하였느니라"(마 25:42-43). 왕이 한 말에서 다시 '내가' 와 '너희가' 대조를 이룹니다. 이들은 오른 편에 있는 자들이 한 행동을 하지 않았습니다.

그러자 이들 역시 언제 우리가 이런 일을 하지 않았느냐고 왕께 물어 봅니다. 왕의 대답은 "이 지극히 작은 자 하나에게 하지 아니한 것이 곧 내게 하지 아니한 것"이라고 말합니다(마 25:45). 왕은 자신을 지극히 작은 자와 동일시하고 있습니다. 이들은 먹을 것, 마실 것 그리고 입을 것이 필요한 자들이었습니다. 병문안이 필요한 자들이었습니다.

재미있는 사실은 예수는 제자들에게 믿음을 요구했습니다. 그리고 성경은 전반적으로 믿음으로 구원받는다고 말합니다. 그런데 심판 때는 꼭 행동을 봅니다. 행위대로 심판하신다고 말씀하십니다. 양과 염소의 비유에서도 왕의 심판은 행동을 기준으로 합니다. 이것을 보면 참된 믿음은 행동으로 나와야 합니다. 믿음의 실천이 있어야 합니다. 손은 손바닥과 손등이 함께 있습니다. 이와 같이 믿음은 행위와 함께 갑니다(약 2:14-17).

왕은 오른 편에 있는 자들에게 영원한 생명에 들어가게 합니다. 그러나 왼편에 있는 자들에게 영원한 형벌에 들어가게 합니다. 예수는 재림 때에 마지막 심판이 있다는 사실을 확실하게 말씀하십니다.

이 비유는 위의 두 비유와 밀접한 관련이 있습니다. 열 처녀 비유에서 처녀들은 기름을 준비해야 했습니다. 이것이 주의 재림을 맞는 성도들의 깨어 있는 삶입니다. 그런데 여기서 깨어 있는 삶은 좀 추상적입니다. 깨어 있는 삶은 달란트 비유에서 더 구체화 됩니다. 회계할 날이 있다는 것을 인식하고 자기에게 주어진 재능을 따라서 성실하게 살아가는 것입니다. 자신의 일에 충성을 다하는 것입니다. 그리고 또한 깨어 있는 삶은 주의 형제들을 돌보는 태도로 나타나야 합니다. 자신의 일을 감당함과 동시에 양처럼 주위에 어려움을 당하고 소외당한 그리스도의 형제들을 섬기는 삶을 살아야 하는 것입니다.

이런 사람들이 깨어 있는 자들이며 하나님 나라의 잔치에 참여할 수 있는 자격이 있습니다.

# 15

# 성만찬과 새 언약

읽어야 할 본문: 마태복음 26장, 마가복음 14장, 누가복음 22장, 요한복음 13-17장

예수는 유대 종교 지도자들과 논쟁을 마치고 예루살렘의 멸망을 예언하셨습니다. 이때가 유대인의 최대 명절인 유월절이 가까이 왔을 때입니다. 예수는 이스라엘이 기다리던 그리스도(메시야)입니다. 예수는 그리스도의 직분을 감당하기 위하여 고난의 길을 걸어가실 준비를 합니다. 그리스도(메시야)의 사역은 십자가에서 죽는 것입니다(마 16:13-28; 막 8:27-38; 눅 9:18-27). 이제 예수는 이 사역을 위하여 고난의 길을 자발적으로 가십니다. 예수는 십자가의 길을 가기 전에 다음의 일들을 행하십니다.

예수는 유월절에 제자들과 함께 마지막 식사를 합니다. 이때 예수께서 친히 제자들의 발을 닦아 주십니다. 제자들의 발을 씻어 주시면서 섬기는 자가 큰 자라는 역설적인 진리를 몸소 보여주십니다. 유월절 식사를 드시면서 떡과 포도주를 주시며 새 언약을 제정하십니다. 새 언약은 짐승의 피가 아니라 예수의 피로 세우는 언약입니다. 예수께서 십자가에서 죽으심으로 새 언약을 세우십니다. 예수께서 다시 오실 때까지 그의 죽음을 기념하기 위하여 이 의식을 거행하라고 성찬식을 제정해 주십니다.

예수는 마지막으로 고별 설교로 다락방 강화를 하십니다. 예수께서 떠나가시지만 다시 오실 것을 말씀하십니다. 예수께서 떠나가시고 보혜사가 오실 것을 예언하십니다. 보혜사를 통하여 제자들과 함께 하실 것을 말씀하십

니다. 예수께서 떠나실 것을 말하자 제자들은 불안해합니다. 그러나 예수는 제자들에게 승리를 약속하십니다.

예수는 또한 대제사장의 기도를 드리십니다. 자신을 위하여, 제자들을 위하여 그리고 교회를 위하여 긴 기도를 하십니다. 그리고 겟세마네 동산으로 나아갑니다. 겟세마네 동산에서 하나님 아버지의 뜻을 이루기 위하여 간절히 기도하십니다.

예수는 이 일련의 사건들을 통하여 그리스도(메시야)가 당하는 고난의 참된 의미를 드러내주십니다.

## 15.1 세족식(요 13:1-20)



예수께서 제자들과 저녁 식사를 하시던 중에 일어나 제자들의 발을 씻어 주십니다. 이스라엘 사람들은 샌들을 신고 다닙니다. 날이 뜨겁고 모래가 많아서 집을 나서서 잠깐만 다녀도 발에 먼지가 묻습니다. 그래서 집에 들어올 때 발을 씻습니다. 종이 있는 집은 종이 주인의 발을 씻어 줍니다. 종이 없으면 자신이 직접 씻고 들어갑니다. 손님이 집에 오면 주인이 발 씻는 물을 내어 줍니다. 이스라엘에서 집에 들어갈 때, 발을 씻는 것은 하나의 습관이며 문화입니다(참고 눅 7:44).

예수와 제자들이 식탁에 앉았습니다. 예수께서 갑자기 식탁 자리에서 일어나십니다. 겉옷을 벗고 수건을 가져다가 허리에 두릅니다. 그리고 제자들의 발을 닦아 주시기 시작합니다. 발을 닦는 것은 종이 하는 천한 일입니다.

이 사건은 제자들에게 충격입니다. 제자들은 예루살렘에 올라오면서 계속 서로 싸웁니다. 싸우는 주제는 "누가 크냐" 하는 것입니다. 제자들이 서로 높은 자리를 차지하려고 합니다. 이들은 예수께서 예루살렘에 입성하면 왕이 될 것이라고 기대합니다. 하나님의 나라가 현세적으로 임해서 예수께서 왕위에 오를 것이라고 생각합니다. 예수께서 왕이 되면 그 다음 자리를 누가 차지할 것인가에 관심이 많습니다. 심지어 야고보와 요한의 어머니까지 나섰습니다. 야고보와 요한의 어머니가 예수께 와서 청탁을 합니다. "나의 이 두 아들을 주의 나라에서 하나는 주의 우편에 하나는 주의 좌편에 앉게 명하소서"(마 20:21). 어머니가 아들들을 위해서 나섭니다. 현대식으로 말하면 예수께서 대통령의 자리에 오르면 자기 아들들을 부통령과 국무총리의 자리를 달라고 부탁하는 것입니다. 야고보와 요한이 먼저 선수를 치고 나서자 다른 제자들이 이 소리를 듣고 화를 냅니다.

제자들은 이렇게 서로 누가 큰 자리를 차지할까 하고 다투고 있는 중입니다. 이들이 식탁 자리에 앉았습니다. 누군가 나서서 발을 씻어 주어야 합니다. 다른 사람의 발을 씻어 주면 내가 당신보다 더 낮은 위치에 있다는 사실을 인정하는 것입니다. 아무도 나서지 않습니다. 제자들은 서로 발을 씻어 주지 않습니다. 또한 이들은 스스로 발을 씻지도 않습니다. 그냥 식탁에 앉아서 음식을 먹고 있습니다.

이때 예수께서 친히 물을 가져오시고 수건을 두르고 제자들의 먼지 묻은 발을 씻어 주십니다. 제자들이 놀랍니다. 그러나 아무도 나서지 않고 말리지 않습니다. 아무도 말을 하지 않습니다. 이때 성질 급한 베드로가 놀라서 말합니다. "주여 주께서 내 발을 씻으시나이까"(요 13:6). 예수를 "주여"라고 불렀으니 당연히 베드로가 종입니다. 그런데 지금 상황은 반대입니다. 예수께서 베드로의 발을 씻어줍니다. 예수는 스스로 종의 자리에 내려가셨습니다.

베드로가 놀라자 예수는 "내가 하는 것을 네가 지금은 알지 못하나 이후에는 알리라"고 하십니다(요 13:7). 이 일 후에 기다리고 있는 것은 예수의 죽음입니다. 예수는 십자가의 낮은 자리로 내려가실 것입니다. 죽음의 자리까지 낮아지실 것입니다.

예수는 그 당시의 사회적인 관습을 깨십니다. 종이 주인의 발을 씻겨 주어야 합니다. 제자가 선생의 발을 씻어주는 것이 당연합니다. 그러나 예수는 주인으로서, 선생으로서 낮은 자리로 내려가십니다. 자신을 낮추십니다. 종의 신분으로, 종의 자리로, 겸손의 자리로 내려가십니다. 기꺼이 자신을 내어주십니다. 자신을 희생하며 섬깁니다. 하나님 나라의 질서는 세상의 질서와 다르다는 것을 직접 보여주십니다.

베드로는 놀라면서 "내 발을 절대 씻지 못하시리이다" 하고 예수의 행동을 막습니다. 그러자 예수는 "내가 너를 씻어 주지 아니하면 네가 나와 상관이 없느니라" 하고 대답하십니다(요 13:8). '상관이 없다'는 것은 함께 할 '몫' 또는 '부분'이 없다는 의미입니다(구약 칠십인경에서 이 단어는 이스라엘 지파들이 상속받을 가나안 땅을 의미). 예수께서 베드로의 발을 씻어 주어야 예수와 베드로는 서로 상관이 있습니다. 베드로가 예수와 함께 할 몫이 있는 것입니다. 예수의 죽음으로 인해 베드로가 함께 할 몫을 상징하는 것입니다. 그러자 베드로가 "주여 내 발뿐 아니라 손과 머리도 씻어 주옵소서" 하고 요구합니다(요 13:9). 베드로가 손과 머리도 씻어 달라고 합니다. 이것은 베드로가 상속 재산을 더 받으려고 한 오해일 수도 있습니다. 그러자 예수는 "이미 목욕한 자는 발밖에 씻을 필요가 없느니라 온 몸이 깨끗하니라 너희가 깨끗하나 다는 아니니라" 하고 대답하십니다(요 13:10). 이미 목욕을 한 사람은 발만 씻으면 됩니다. 샌들을 신고 다니기 때문에 발은 금방 더러워집니다.

그러나 이 말씀은 더 깊은 의미가 있습니다. 왜냐하면 뒤에 "너희가 깨끗하나 다는 아니니라"(요 13:10) 하고 말씀하시기 때문입니다. 제자들이 다 깨끗합니다. 전신이 다 깨끗합니다. 그러나 제자 중에 한 사람은 깨끗하지 않습니다. 예수를 배반하는 가룟 유다입니다. 예수는 유다가 자신을 팔려고 하는 계획을 알고 있습니다. "이는 자기를 팔 자가 누구인지 아심이라 그러므로 다는 깨끗하지 아니하다 하시니라"(요 13:11).

예수는 유다의 계획을 알고 계십니다. 그래서 유다는 깨끗하지 않다고 하십니다. 그렇다면 목욕이라는 말은 깊은 뜻을 갖고 있습니다. 한 번 목욕한 자는 더 이상 목욕할 필요가 없다고 하십니다. 예수에 의해서 선택된 자들을 말합니다. 하나님의 백성으로, 하나님의 자녀로 선택된 자들입니다. 즉 구원받은 자들입니다.

따라서 목욕은 구원을 의미합니다. 그러나 예수를 믿는 사람들도 이 땅에서 살면서 죄를 짓습니다. 한 번 구원의 은혜를 체험했다고 해서 완전한 것은 아닙니다. 악한 세상에 살면서 죄를 완전히 떨쳐 버리지 못하고 살고 있습니다. 샌들을 신고 다니면 발에 먼지가 묻는 것처럼 이 세상에 살면서 짓는 죄들이 있습니다. 이러한 죄들을 씻어내야 합니다.

이미 목욕한 사람은 발만 씻습니다. 마찬가지입니다. 이미 구원받은 사람들은 크고 작은 죄들을 지을 때마다 예수 그리스도 앞에 나아와 고백합니다. 그러면서 죄를 씻어 버립니다. 즉 성화의 단계로 나아갑니다. 목욕은 속죄를 그리고 발을 씻는 것은 성화를 의미합니다.

예수는 제자들의 선생으로 먼저 본을 보여 주십니다. 그리고 제자들에게 서로 발을 씻어 주라고 하십니다. 서로 섬기라는 것입니다(요 13:15). 이것이 세족식의 교훈입니다. 예수는 후에 십자가의 더 낮은 자리로 내려가십니다. 세족식은 후에 있을 십자가의 의미를 미리 보여주는 사건입니다.

### 15.2 새 언약(마 26:26-30; 막 14:22-26; 눅 22:14-20)



예수는 제자들과 마지막으로 식사를 합니다. 이것은 유월절 식사입니다. 이 식사는 예루살렘에서 먹어야 합니다. 유대인들은 이 식사를 기대어 누워서 먹습니다. 낮은 상에 사람들은 왼쪽 팔꿈치로 기대어 누워서 오른손으로 음식을 먹었습니다. 유월절은 이스라엘이 이집트에서 출애굽 할 때에 제정한 절기입니다(자세한 설명은 『대망의 책』, 103-104 참고). 예수는 제자들과 이 유월절 식사를 함께 하기를 원했다고 말씀하십니다. 그리고 하나님의 나라에서 이 유월절을 이루기까지 다시 유월절을 먹지 않겠다고 하십니다.

예수께서 식사를 하시면서 먼저 떡을 가지고 감사 기도를 하시고 떼어 주십니다. 이 떡은 누룩이 없는 빵 즉 이스트로 부풀리지 않은 빵입니다. 무교병이라고 부릅니다(출 12:8, 15-20). 유월절 저녁 식사부터 무교병을 칠 일 동안 먹어야 합니다. 그래서 이것을 무교절이라고 부르기도 합니다(참고 눅 22:1). 예수는 무교병을 떼어서 제자들에게 줍니다. "이것은 너희를 위하여 주는 내 몸이라 너희가 이를 행하여 나를 기념하라"(눅 22:19). 무교병을 예수의 몸이라고 하십니다. 무교병이 실제 예수의 몸이라는 것이 아니라 상징적인 의미입니다.

다시 예수는 포도주 잔을 가지고 감사 기도를 한 후에 제자들에게 나눠주십니다. "이 잔은 내 피로 세우는 새 언약이니 곧 너희를 위하여 붓는 것이라"(눅 22:20). 포도주 잔을 가리켜 "내 피로 세우는 새 언약"이라고 하십니다. 포도주를 예수의 피로 말씀하십니다. 이것 역시 상징적인 의미입니다.

마태는 이 피에 대하여 더 자세한 설명을 합니다. "이것은 죄 사함을 얻게 하려고 많은 사람을 위하여 흘리는바 나의 피 곧 언약의 피니라"(마 26:28). 피의 구속적인 의미를 설명합니다. 죄 사함을 얻게 하는 피입니다. 예수께서 제자들과 유월절 식사를 하고 있습니다. 구약의 유월절에서 중요한 것은 어린 양의 피입니다. 이스라엘이 출애굽을 할 때에 어린양을 잡아서 그 양의 고기를 먹는 집의 문 좌우 설주와 인방에 발랐습니다. 하나님께서 이집트의 모든 장자와 처음 난 것을 치실 때에 그 피가 있는 집은 넘어갔습니다. 그 집의 장자와 처음 난 것은 죽임을 당하지 않았습니다. 피가 구속적인 기능을 한 것입니다. 그런데 예수는 지금 유월절 식사를 하시면서 포도주를 나눠주시며 "죄 사함을 얻게 하려고 많은 사람을 위하여 흘리는바 나의 피"라고 하십니다. 예수께서 포도주와 같은 붉은 피를 흘리실 것입니다. 십자가의 죽음을 의미합니다. 예수께서 십자가에서 흘리는 피가 죄를 사해줍니다. 예수께서 십자가에서 죽은 것을 믿는 사람들은 죄가 용서함을 받습니다. 자기 죄에서 구원함을 받는 것입니다(참고 마 1:21).

예수는 이 피를 "언약의 피"라고 부릅니다. "언약의 피"라는 표현은 모세가 시내 산에서 이스라엘을 하나님과 언약을 맺게 할 때에 나타났습니다. 모세는 피를 제단에 반을 뿌립니다. 그리고 백성에게 반을 뿌립니다. 그리고 이 피를 "언약의 피"(출 24:8)라고 불렀습니다(더 자세한 설명은 『대망의 책』, 114-116을 참고하세요). 따라서 예수께서 포도주 잔을 "언약의 피"라고 부르는 것에서 우리는 모세의 시내 산 언약을 기억할 수 있습니다. 그런데 누가는 이것을 "새 언약"이라고 부르고 있습니다. 누가는 모세의 시내 산 언약을 옛 언약으로 생각하며 예수께서 유월절 식사에서 세우시는 의식을 새 언약으로 간주합니다.

예수께서 세우신 새 언약은 예언의 성취입니다. 예레미야는 이스라엘과 유다가 불순종함으로 옛 언약을 파기했다고 명확하게 선언했습니다(렘 11:10). 그리고 예레미야는 여호와께서 이스라엘과 유다 집에 새 언약을 맺을 날이 올 것이라고 예언했습니다. 새 언약은 무엇보다도 죄의 용서를 말합니다(렘 31:31-34). 예레미야에 의해 선언된 그날이 예수에 의해 성취된 것입니다.

이사야 선지자는 고난 받는 종이 올 것을 예언했습니다. 그 종은 많은 사람의 죄를 위하여 대속적인 죽임을 당할 것입니다(사 53:11-12). 예수는 많은 사람을 위하여 죽을 것을 말씀하십니다. 예수는 고난 받는 종으로서 많은 사람을 위하여 피를 흘리실 것입니다.

예수께서 떡과 포도주를 나눠주셨습니다. 이것은 예수의 몸과 피를 상징합니다. 예수께서 곧 십자가에서 몸을 찢기시고 피를 흘리실 것을 미리 보여주는 것입니다. 예수께서 십자가에서 육체적인 죽임을 당하실 것입니다. 이것을 "새 언약"이라고 규정하는 것입니다. 예수는 포도주를 "이 잔은 내 피로 세우는 새 언약이니"(눅 22:20) 하십니다. 십자가의 죽음이 새 언약입니다. 예수께서는 십자가에서 죽으심으로 새 언약을 맺는 것입니다. 마태와 마가는 이 피가 "많은 사람을 위하여" 흘리는 것이라고 설명하고 있습니다(마 26:28; 막 14:24). 그리스도(메시야)의 십자가 죽음은 많은 사람을 위한 새 언약입니다.

예수께서 유월절 식사에서 성만찬을 제정하십니다. 이것은 구약을 성취하는 사건입니다. 구약의 유월절의 의미를 성취합니다. 예수께서 어린양으로 십자가에서 죽으실 것이기 때문입니다(요 1:36; 고전 5:7). 십자가 사건은 믿는 모든 사람들을 죄에서 구원합니다. 이런 의미에서 구약의 유월절은 예수 그리스도의 십자가의 모형입니다.

더 나아가 예수의 십자가 사건은 구약의 시내 산 언약과 대조를 이룹니다. 구약의 시내 산 언약은 이스라엘이 동의함으로 세웠습니다. 그러나 이스라엘과 유다가 시내 산 언약을 지키지 않음으로 폐기 되었습니다. 그러나 새 언약은 십자가의 피로 맺어진 언약입니다. 많은 사람들이 지키겠다고 동의해서 맺은 언약이 아닙니다. 예수 그리스도께서 십자가에서 맺으신 언약입니다. 이 언약은 믿는 사람들에게 효력을 발휘합니다.

마지막으로 예수는 제자들에게 유월절 식사 때에 제정한 성만찬 의식을 거행하라고 합니다. "너희가 이를 행하여 나를 기념하라"(눅 22:19). 이것은 이제 하나의 의식으로서 자리를 잡습니다. 떡을 먹고 포도주를 마심으로 예수 그리스도의 죽음을 기억하며 기념하는 것입니다. 이것이 성찬식입니다.

## 15.3 다락방 강화

다락방 강화는 소위 고별 강화로 불리는 본문입니다(요 13:31-16:33). 사도 요한만이 이 다락방 강화를 길게 기록합니다. 여기에는 예수의 떠남과 오심, 보혜사, 연합 그리고 세상의 핍박과 승리라는 큰 주제들이 나타납니다.



### 떠남과 오심

제자들은 예수께서 예루살렘에 입성하면 왕이 될 것으로 기대했습니다. 그러나 예수는 고난과 죽음에 대해서 말씀하십니다. 예수는 제자들과 마지막 식사를 하면서 자신이 떠날 것을 말씀하십니다.

예수는 아직 잠시 제자들과 함께 있지만 곧 자신이 떠나갈 것을 말씀하십니다(요 13:3). 그러면서 제자들에게 "서로 사랑하라"는 새 계명을 주십니다(요 13:34). 예수는 이미 율법을 하나님 사랑과 이웃 사랑으로 말씀하셨습니다(마 22:37-39). 그리고 이제 새 계명을 주십니다. 예수는 율법을 제정, 선포하실 수 있는 분입니다. 그러자 제자들이 불안해합니다. 베드로가 먼저 "주여 어디로 가시나이까" 하고 물어봅니다(요 13:36). 예수는 베드로가 지금은 따라올 수 없다고 합니다. 그러자 베드로는 주를 위하여 자신의 목숨을 버릴 것을 장담합니다. 그러나 예수는 베드로가 자신을 따라오지 못할 것이며 더 나아가 세 번 부인할 것을 예언하십니다(요 13:37-38).

제자들이 불안해합니다. 마음에 근심이 있습니다. 예수는 제자들에게 "마음에 근심하지 말라 하나님을 믿으니 또 나를 믿으라"(요 14:1)고 말합니다.

예수께서 떠나시는 목적은 제자들의 처소를 예비하러 가는 것입니다. 이 처소가 다 마련되면 다시 오실 것입니다. "내가 너희를 위하여 거처를 예비하러 가노니 가서 너희를 위하여 거처를 예비하면 내가 다시 와서"(요 14:2-3). 예수의 떠남과 다시 오심이 다락방 강화의 큰 주제입니다. 이것은 곧 있을 예수의 십자가 죽음을 말하며 후에 예수께서 다시 오실 것 즉, 재림을 의미합니다. 예수는 자신이 가는 그 곳으로 오는 길을 제자들이 안다고 말합니다. 그러자 도마가 어디로 가는지도 모르는데 그 길을 어떻게 아느냐고 물어봅니다. 도마의 말에 예수는 자신이 아버지께로 가는 것이며 오는 길은 예수 자신이라고 가르쳐 주십니다. "내가 곧 길이요 진리요 생명이니 나로 말미암지 않고는 아버지께로 올 자가 없느니라"(요 14:6).

가는 곳의 목적지는 아버지입니다. 그러자 이번에는 빌립이 아버지를 보여 달라고 요청합니다(요 14:8). 제자들이 불안해하며 근심이 있습니다. 그래서 계속 베드로, 도마 그리고 빌립이 물어봅니다. 이에 예수는 아버지와 자신이 하나임을 가르쳐 주십니다. "내가 아버지 안에 거하고 아버지는 내 안에 계신 것을 네가 믿지 아니하느냐 내가 너희에게 이르는 말은 스스로 하는 것이 아니라 아버지께서 내 안에 계셔서 그의 일을 하시는 것이라"(요 14:10). 예수는 아버지와의 하나됨과 친밀한 연합을 말씀하십니다.



### 보혜사

예수는 곧 제자들을 떠날 것입니다. 제자들과 함께 하지 않습니다. 제자들이 불안해합니다. 그러나 예수는 "보혜사"가 오셔서 제자들과 함께 할 것을 말씀하십니다. "내가 아버지께 구하겠으니 그가 또 다른 보혜사를 너희에게 주사 영원토록 너희와 함께 있게 하리니"(요 14:16). 보혜사의 뜻은 '옆에 불려 온 자' 입니다. 일반적인 법정에서 어떤 사람을 변호해 주고 그에게 조언을 해 주기 위해서 옆에 있는 사람입니다. 즉 변호사입니다. 그래서 법률 상담가, 변호사, 상담자 또는 위로자로도 번역합니다. 이 보혜사는 일반적으로 "돕는 자"입니다. 이 단어 "보혜사"(파라클레토스)는 일반적으로 그냥 번역하지 않고 '파라클레테' 로 말하기도 합니다.

예수는 하나님께서 제자들에게 "다른 보혜사"를 보내실 것을 말씀하십니다. "다른 보혜사"라고 말하는 것이 흥미롭습니다. "다른"이라는 말에서 보혜사가 또 있다는 것을 전제하기 때문입니다. 요한은 보통 파라클레테를 성령을 지칭할 때 사용합니다. 그런데 이 파라클레테를 예수에게 사용한 적이 있습니다. "만일 누가 죄를 범하여도 아버지 앞에서 우리에게 대언자가 있으니 곧 의로우신 예수 그리스도시라"(요일 2:1). "대언자"가 바로 "보혜사"입니다. 예수를 가리켜 보혜사라고 부릅니다.

이 "다른 보혜사"는 "진리의 영" 즉, 성령을 의미합니다. "그는 진리의 영이라 세상은 능히 그를 받지 못하나니 이는 그를 보지도 못하고 알지도 못함이라 그러나 너희는 그를 아나니 그는 너희와 함께 거하심이요 또 너희 속에 계시겠음이라"(요 14:17). 세상은 보혜사의 존재를 알지 못합니다. 그러나 제자들은 보혜사를 압니다. 보혜사가 제자들과 함께 할 것입니다. 그런데 아주 독특한 사실은 이 보혜사와 함께 예수께서 오실 것입니다. "내가 너희를 고아와 같이 버려두지 아니하고 너희에게로 오리라 조금 있으면 세상은 다시 나를 보지 못할 것이로되 너희는 나를 보리니 이는 내가 살아 있고 너희도 살아 있겠음이라"(요 14:18-19). 예수는 분명히 십자가에서 죽으심으로 제자들을 떠날 것입니다. 그런데 예수는 다시 오실 것이라고 하십니다. 이것은 재림을 의미하는 것이 아닙니다. 보혜사를 통하여 예수께서 제자들과 함께 할 것을 말하는 것입니다. 그래서 보혜사이신 예수는 성령을 다른 보혜사라고 부르고 있는 것입니다.

아버지께서 보혜사(성령)를 보내실 것입니다. 성령은 선생의 역할을 하는 자로서 제자들을 진리로 인도합니다. "보혜사 곧 아버지께서 내 이름으로 보내실 성령 그가 너희에게 모든 것을 가르치고 내가 너희에게 말한 모든 것을 생각나게 하리라"고 하십니다(요 14:26). 성령은 가르치는 자입니다. 예수께서 하신 말씀을 자꾸 생각나게 하며 가르칩니다.

또한 성령은 예수를 증거합니다. "내가 아버지께로부터 너희에게 보낼 보혜사 곧 아버지께로부터 나오시는 진리의 성령이 오실 때에 그가 나를 증언하실 것이요"(요 15:26). 예수께서 보혜사를 보내십니다. 보혜사 성령의 가장 큰 역할은 예수를 증언하는 것입니다. 이것은 물론 제자들과 함께 하는 일입니다(요 15:27). 그래서 오순절에 성령이 임하심으로 복음이 예루살렘을 넘어 이방인 지역으로 널리 전파되기 시작한 것입니다.

예수께서 떠나가셔야 보혜사가 오십니다. 예수께서 가셔서 보혜사를 보내실 것입니다(요 16:7). 보혜사는 오셔서 책망하는 일도 하십니다. "그가 와서 죄에 대하여, 의에 대하여, 심판에 대하여, 세상을 책망하시리라"(요 16:8). 성령께서 오셔서 하는 일입니다. 성령이 오셔서 세상의 죄를 드러내며 폭로합니다. 더 나아가 정죄하는 것입니다.

1) 보혜사는 죄를 책망하십니다. 보혜사는 진리의 영이며 거룩한 영입니다. 거룩은 죄를 드러냅니다. "죄에 대하여라 함은 그들이 나를 믿지 아니함이요"(요 16:9). 죄는 여러 종류가 있습니다. 강도, 살인, 간음, 거짓말, 우상숭배 등등의 죄들이 있습니다. 그런데 예수는 이러한 죄들을 말하지 않고 불신앙의 죄를 지적합니다. 세상이 예수를 거부하며 믿지 않는 것입니다. 세상은 하나님의 아들 예수 그리스도를 대적하며 배척합니다. 이것이 가장 큰 죄입니다. 성령은 세상의 불신앙을 드러내며 정죄합니다.

2) 성령은 의에 대하여 세상을 책망하십니다. "의에 대하여라 함은 내가 아버지께로 가니 너희가 다시 나를 보지 못함이요"(요 16:10). 예수는 이 땅을 떠나 하나님께로 가기 때문에 사람들이 예수를 보지 못합니다. 예수의 부재를 말합니다. 예수는 하나님의 의입니다(롬 1: 17). 예수가 이 세상을 떠나가시면 의가 이 세상에 존재하지 않습니다. 성령은 이것에 대하여 세상을 책망하십니다. 이 세상에 의가 없음을 폭로하여 드러내는 것입니다.

3) 성령께서 책망하시는 것은 심판입니다. "심판에 대하여라 함은 이 세상 임금이 심판을 받았음이라"(요 16:11). 이 세상 임금은 사탄입니다. 사탄이 이제 심판을 받을 것입니다. 예수께서 십자가에서 죽으심으로 사탄이 심판을 받고 이 세상에서 쫓겨날 것입니다(요 12:31-33).

성령은 이 세상에 오셔서 죄를 드러내실 것입니다. 그렇지만 제자들은 진리로 인도하십니다. "그러나 진리의 성령이 오시면 그가 너희를 모든 진리 가운데로 인도하시리니 그가 스스로 말하지 않고 오직 들은 것을 말하며 장래 일을 너희에게 알리시리라"(요 16:13). 보혜사는 진리의 영입니다. 예수는 자신을 "내가 곧 길이요 진리요 생명이니" 하고 소개하셨습니다(요 14:6). 보혜사와 예수가 하나라는 것을 여기서 알 수 있습니다. 진리의 영은 제자들을 진리 가운데로 인도하십니다. 그는 들은 것을 가지고 말합니다. 즉 예수께서 제자들에게 말한 것입니다(요 14:26). 보혜사는 예수의 것을 가지고 제자들에게 알려 주십니다(요 16:14).

### 신비로운 연합

빌립이 예수께 아버지를 보여 달라고 합니다(요 14:8). 그러자 예수는 아버지와 자신이 하나임을 말씀하십니다. "나를 본 자는 아버지를 보았거늘 어찌하여 아버지를 보이라 하느냐"(요 14:9). 예수는 아버지와 자신을 동일시하고 있습니다. 더 나아가 "내가 아버지 안에 거하고 아버지는 내 안에 계신 것을 네가 믿지 아니하느냐" 하고 예수와 아버지는 하나임을 말합니다. 이것은 예수의 사역이 하나님의 사역이라는 것을 뜻하기도 합니다. "내가 너희에게 이르는 말은 스스로 하는 것이 아니라 아버지께서 내 안에 계셔서 그의 일을 하시는 것이라"(요 14:10). 예수께서 하시는 말씀은 하나님 아버지께서 하시는 말씀입니다. 하나님의 말씀입니다. 예수는 제자들에게 하나님이 자신 안에 계심을 믿으라고 말합니다. 이것을 믿을 수 없다면 예수께서 행하는 일을 보고 믿으라고 하십니다(요 14:11).

예수와 아버지는 하나이십니다. 이러한 연합은 보혜사가 오심으로 더 확장됩니다. 예수는 "다른 보혜사"가 오실 것을 예언합니다(요 14:16). 위에서 말한 것같이 예수 역시 보혜사입니다(요일 2:1). 다른 보혜사는 "진리의 영"(요 14:17)입니다. 예수는 자신을 "내가 곧 길이요 진리요"(요 14:6) 하고 소개했습니다. 예수와 보혜사와 하나됨이 있습니다. 이러한 하나됨은 예수께서 다른 보혜사로서 오심으로 더 확실해집니다. "내가 너희를 고아와 같이 버려두지 아니하고 너희에게로 오리라"(요 14:18). 예수께서 제자들에게 다른 보혜사를 통해서 오십니다. 이렇게 오실 때에 예수는 제자들과도 하나가 되십니다. "그날에는 내가 아버지 안에 너희가 내 안에 내가 너희 안에 있는 것을 너희가 알리라"(요 14:20). 성령을 통하여 아버지와 예수 그리고 제자들이 신비로운 연합을 이룹니다. 예수께서 제자들 안에 그리고 제자들이 예수 안에 거합니다. 제자들이 예수와 연합했다는 것을 알 수 있는 방법은 예수의 계명을 지키는가 하는 것입니다. "사람이 나를 사랑하면 내 말을 지키리니 내 아버지께서 그를 사랑하실 것이요 우리가 그에게 가서 거처를 그와 함께 하리라"(요 14:23). 제자들이 예수를 사랑하면 예수의 말을 지킵니다. 그러면 아버지와 예수께서 그 제자에게 와서 함께 거하십니다.

예수께서 아버지와 연합하신 것 같이 제자들은 예수와 연합하여야 합니다. 이를 잘 나타내는 것이 포도나무 비유입니다. 예수는 자신과 아버지와의 관계 그리고 자신과 제자들과의 관계를 포도나무를 통해서 설명합니다. "나는 참 포도나무요 내 아버지는 농부라"(요 15:1), "나는 포도나무요 너희는 가지라 그가 내 안에 내가 그 안에 거하면 사람이 열매를 많이 맺나니 나를 떠나서는 너희가 아무 것도 할 수 없음이라"(요 15:5). 이러한 연합의 관계는 사랑과 순종의 관계입니다. 1) 사랑은 내리 사랑입니다. 아버지가 예수를 사랑합니다. 그리고 예수는 제자들을 사랑합니다. "아버지께서 나를 사랑하신 것 같이 나도 너희를 사랑하였으니 나의 사랑 안에 거하라"(요 15:9). 2) 이제 역순으로 순종의 관계가 있습니다. 예수는 아버지께 순종합니다. 그리고 제자들은 예수께 순종합니다. 이럴 때 참된 연합이 있습니다. "내가 아버지의 계명을 지켜 그의 사랑 안에 거하는 것 같이 너희도 내 계명을 지키면 내 사랑 안에 거하리라"(요 15:10).



### 세상의 핍박과 승리

제자들이 예수의 말을 지킴으로 예수와 하나가 됩니다. 예수와 신비로운 연합을 이룹니다. 제자들은 예수와 하나가 되면 세상과 적대관계가 됩니다.

세상이 제자들을 미워하며 핍박합니다. 세상이 제자들을 미워하는 것은 세상이 예수를 미워하기 때문입니다. 세상과 예수와는 관계가 좋지 않습니다. "세상이 너희를 미워하면 너희보다 먼저 나를 미워한 줄을 알라"(요 15:18). 세상이 예수와 제자들을 반대합니다. 세상이 제자들을 반대하는 이유는 예수께서 제자들을 세상에서 선택했기 때문입니다(요 15:19). 따라서 제자들은 세상에 속한 자들이 아닙니다. 여기서 세상은 예수를 반대하는 사람들입니다. 그래서 예수는 "사람들이 나를 박해하였은즉 너희도 박해할 것이요"(요 15:20) 하고 말합니다. 예수를 반대하는 사람들이 있습니다. 이들은 예수를 보내신 아버지를 알지 못하기 때문입니다(요 15:21). 결국 예수를 미워하는 사람은 하나님을 미워하는 것입니다(요 15:23).

예수는 제자들에게 핍박이 있을 것을 미리 알려주십니다. 핍박은 출교와 죽음을 의미합니다. 세상 사람들은 예수의 제자들을 죽이면서 이것이 하나님을 섬기는 것이라고 생각합니다(요 16:3). 잘못된 열심입니다. 제자들을 죽이는 것은 예수와 아버지를 알지 못하기 때문에 하는 행동입니다(요 16:3).

예수는 제자들에게 곧 떠나갈 것이라고 했습니다. 그러더니 한 걸음 더 나아가 세상이 제자들을 핍박할 것이라고 합니다. 제자들의 마음에 불안이 가득합니다. 그러자 예수는 보혜사 성령이 오셔서 제자들과 함께 할 것을 말씀해 주십니다.

제자들은 예수께서 떠나실 것을 이해하지 못합니다. 그런데 예수는 더 알쏭달쏭한 말씀을 하십니다. "조금 있으면 너희가 나를 보지 못하겠고 또 조금 있으면 나를 보리라"(요 16:16). 예수께서 십자가에서 죽으심으로 세상을 떠나가실 것입니다. 그러나 예수는 3일 만에 다시 살아나심으로 제자들을 찾아올 것입니다. 예수는 십자가의 죽음과 부활을 말하고 있습니다. 그러나 제자들은 이것을 이해하지 못합니다(요 16:17-18).

요한은 예수의 다시 오심을 다양하게, 재림(파루시아)으로(요 14:3), 다른 보혜사로(요 14:17-18) 그리고 부활(요 16:16-22)로 말하고 있습니다.

예수께서 세상을 떠나시면 세상은 기뻐할 것입니다. 그러나 제자들은 근심하고 애통합니다. 하지만 제자들의 근심과 애통은 곧 기쁨으로 바뀝니다.

제자들이 예수를 다시 볼 것이기 때문입니다(요 16:22). 예수는 이제 아버지께로 갈 것입니다. 제자들이 다 떠나고 혼자 있을 것입니다. 제자들은 떠나지만 아버지께서 예수와 함께 하십니다(요 16:32). 마지막으로 예수는 제자들에게 승리의 선언을 하십니다. "세상에서는 너희가 환난을 당하나 담대하라 내가 세상을 이기었노라"(요 16:33).

## 15.4 대제사장 기도

예수는 고별강화(요 13:31-16:33)를 마치신 후에 하나님께 기도를 드립니다. 이 기도를 고별 기도 또는 대제사장 기도라고 부릅니다(요 17:1-25). 이것은 예수의 가장 긴 기도입니다. 이 기도는 흔히 세 부분으로 나눕니다. 1) 예수 자신을 위한 기도(요 17:1-8), 2) 제자들을 위한 기도(요 17:9-19) 그리고 3) 교회를 위한 기도(요 17:20-26)입니다.

이렇게 세 부분으로 나누는 이유는 각 부분의 첫 구절에 기도에 대한 표현들이 나오기 때문입니다. "예수께서 이 말씀을 하시고 눈을 들어 하늘을 우러러 이르시되"(요 17:1), "내가 그들을 위하여 비옵나니"(요 17:9), "내가 비옵는 것은"(요 17:20). 그 외에도 각 부분은 예수께서 아버지를 부르는 모습이 나옵니다. "아버지여"(요 17:5), "거룩하신 아버지여"(요 17:11), "아버지여"(요 17:21).

1) 예수는 자신을 위하여 기도합니다. "아버지여 때가 이르렀사오니 아들을 영화롭게 하사 아들로 아버지를 영화롭게 하게 하옵소서"(요 17:1). 이 구절을 다시 번역해 보면 '아버지여! 때가 왔습니다. 당신의 아들을 영화롭게 하소서! 아들이 당신을 영화롭게 하기 위하여' 입니다. 예수와 하나님과의 관계는 부자관계입니다. 예수는 하나님 아버지께 한 특정한 때가 왔다고 말합니다. 이때는 예수께서 십자가에서 죽으실 때입니다. 대제사장 기도 이후에 예수께서 잡히셔서 십자가에서 죽기 때문입니다. 예수는 하나님께 아들을 영화롭게 해 달라고 요청합니다. 이것은 명령형입니다. 아버지가 아들을 영화롭게 합니다. 아버지가 아들을 영화롭게 하는 목적은 아들이 아버지를

영화롭게 하기 위해서입니다. 아버지가 아들을 영화롭게 하면 아들이 아버지를 영화롭게 합니다. 그렇다면 어떻게 아들이 영화롭게 되느냐 하는 것입니다. 이것은 요한복음 다음 구절에서 더 구체적으로 나옵니다. "아버지께서 내게 하라고 주신 일을 내가 이루어 아버지를 이 세상에서 영화롭게 하였사오니"(요 17:4). 아버지께서 아들에게 하라고 하신 일이 있습니다. 아들이 그 일을 이루어 아버지를 영화롭게 합니다. 이것은 십자가의 일입니다. 십자가의 죽음을 통하여 아들이 영화롭게 됩니다. 그리고 이 일을 통하여 하나님께서도 영화롭게 됩니다. 왜냐하면 아버지께서 아들 안에서 그의 일을 하시기 때문입니다(요 14:10). 아들은 이 땅에서 해야 할 일을 다 마치고 다시 제 자리로 돌아가려고 합니다. 이 세상이 존재하기 전에 아들이 아버지와 함께 가졌던 영화를 다시 갖기를 기도하고 있습니다(요 17:5).

아버지는 아들에게 사람들을 주었습니다. 세상에서 선택한 사람들입니다. 아들은 그 사람들에게 영생을 줍니다. "영생은 곧 유일하신 참 하나님과 그가 보내신 자 예수 그리스도를 아는 것이니이다"(요 17:3). 영생은 하나님과 예수 그리스도를 아는 것입니다. 아는 것은 경험적인 지식입니다. 이 지식은 순종을 요구합니다. 하나님의 말씀을 지키는 순종입니다(요 17:6). 하나님이 예수께 말씀을 주었습니다. 다시 예수는 그 말씀을 그 사람들에게 줍니다. 그들이 말씀을 지키며 순종합니다. 말씀을 받아들이는 것입니다. 이들은 말씀을 받고 아버지께서 아들을 보내셨다는 것을 믿습니다(요 17:6-8).

2) 예수는 이제 말씀을 받아들인 자들을 위하여 기도합니다. 이들은 아버지의 것이었는데 아들에게 주신 자들입니다. 아버지와 아들의 소유입니다. "내 것은 다 아버지의 것이요 아버지의 것은 내 것이온데"(요 17:10). 아들은 아버지와 영광도 동일하실(요 17:5) 뿐만 아니라 소유에서도 동일하십니다.

예수는 이제 세상을 떠나갑니다. 그러나 예수를 따르는 자들은 세상에 남아 있습니다. 그래서 예수는 아버지께 제자들을 보호해 주시기를 기도합니다. "거룩하신 아버지여 내게 주신 아버지의 이름으로 그들을 보전하사 우리와 같이 그들도 하나가 되게 하옵소서"(요 17:11). 제자들을 보호해 달라고 기도합니다. 하지만 그들 가운데 한 명은 제외입니다. 그를 "멸망의 자식"이라고 부릅니다(요 17:12). 가룟 유다를 의미합니다.

예수의 제자들은 세상에 있지만 세상에 속한 자들이 아닙니다. 그래서 세상이 제자들을 미워합니다. 그들은 세상에 남아 있습니다. 예수는 제자들이 "악에 빠지지 않게 보전"해 주시기를 기도합니다(요 17:15). 예수는 더 적극적으로 제자들의 거룩을 간구합니다. "그들을 진리로 거룩하게 하옵소서 아버지의 말씀은 진리니이다"(요 17:17). 거룩은 구분입니다. 예수는 제자들이 세상과 구별되기를 위해 기도합니다. 제자들이 거룩해지는 방법은 하나님의 말씀을 통해서입니다. 하나님의 말씀을 지킬 때 그들은 예수와 연합할 수 있으며 거룩하게 될 수 있습니다.

예수는 세상을 떠나시면서 제자들을 세상에 보내십니다. 아버지께서 아들을 보내신 것과 같이 아들도 제자들을 이 세상에 보냅니다(17:18). 예수는 제자들을 파송하면서 그들을 위해, 세상에서 보호해 주시기를(17:11), 악에 빠지지 않기를(17:15) 그리고 거룩하게 되기를(17:17) 기도합니다.

3) 예수는 더 나아가 제자들을 통하여 예수를 믿게 될 사람들을 위해서도 기도합니다. 곧 교회의 연합을 위해서 기도하는 것입니다. "아버지께서 내 안에 내가 아버지 안에 있는 것 같이 그들도 다 하나가 되어 우리 안에 있게 하사 세상으로 아버지께서 나를 보내신 것을 믿게 하옵소서"(요 17:21). 교회가 연합하여 하나 되는 것은 예수의 마지막 기도 제목입니다. 교회가 하나 되는 것이 세상에 증거가 됩니다. 아버지께서 아들을 보내셨다는 것을 증거하는 것입니다. 예수는 하나가 된 교회 안에 거하십니다. 또한 아버지는 예수를 통하여 교회 안에 거하십니다. "내가 그들 안에 있고 아버지께서 내 안에 계시어 그들로 온전함을 이루어 하나가 되게 하려 함은 아버지께서 나를 보내신 것과 또 나를 사랑하심 같이 그들도 사랑하신 것을 세상으로 알게 하려 함이로소이다"(17:23). 교회가 하나 되는 것은 예수와 하나 되는 것입니다. 또한 교회가 하나 되는 것은 하나님이 예수를 보내셨고 사랑하셨다는 것을 세상에 보여주는 것입니다.

마지막으로 예수는 하나님께 예수를 믿는 자들을 다 예수가 있는 곳 즉 하나님의 나라에 있게 해 달라고 기도합니다(요 17:24).

## 15.5 겟세마네 기도

예수의 대제사장 기도는 독특합니다. 사도 요한만이 전하고 있고 공관복음에는 나오지 않습니다. 그렇지만 공관복음은 또한 사도 요한이 전하고 있지 않는 겟세마네 기도를 우리에게 전해주고 있습니다(마 26:36-46; 막 14:32-42; 눅 22:39-46). 예수는 제자들과 유월절 식사를 마친 후에 겟세마네 동산으로 갑니다. 이곳은 올리브 산이라고 불리며(눅 22:39) 기드론 시내 건너편(요 18:1)에 있습니다. 이곳은 제자들과 자주 모이는 장소입니다. 가룟 유다도 이 장소를 알고 있습니다(요 18:2). 후에 가룟 유다가 이곳으로 군인들을 데리고 옵니다.

예수는 제자들과 함께 겟세마네 동산으로 가십니다. 특히 예수는 베드로와 야고보와 요한을 데리고 함께 기도하기를 원하십니다. 이 세 제자들은 예수께서 변화산상에서 모습이 변할 때에도 함께 있었고(마 17:1) 예수께서 야이로의 딸을 살리실 때에도 함께 했던(눅 8:51) 핵심 제자들입니다. 또한 이들은 예수의 고난에 함께 할 수 있다고 큰소리를 친 제자들이기도 합니다(마 20:20-28; 26:31-35).

예수는 이 세 제자들을 데리고 가신 이유는 분명합니다. 제자들과 함께 있고 제자들과 함께 기도하기 위해서입니다(마 26:40-41). 예수는 죽음의 고난 앞에서 자신의 감정을 솔직하게 표현합니다. "내 마음이 매우 고민하여 죽게 되었으니 너희는 여기 머물러 나와 함께 깨어 있으라"(마 26:38). 예수의 인성을 볼 수 있습니다. 죽음의 고난 앞에서 하나님의 아들이신 예수는 "고민하고 슬퍼"하십니다(마 26:37).

예수는 하나님 아버지께 "얼굴을 땅에 대시고 엎드려 기도"합니다(마 26:39). 간절하게 그리고 겸손하게 기도합니다. 기도의 내용은 단순합니다. "내 아버지여 만일 할 만하시거든 이 잔을 내게서 지나가게 하옵소서 그러나 나의 원대로 마시옵고 아버지의 원대로 하옵소서"(마 26:39). "잔"은 구약에서 때때로 '진노의 잔'을 의미합니다. 하나님의 재앙과 심판을 상징합니다(사 51:17, 21-23; 렘 25:15-29). 예수가 마셔야 할 "이 잔"은 고난과 십자가의 죽음을 뜻합니다. 많은 사람들의 죄를 위하여 대신 당하시는 고난입니다. 죄를 범하여 심판을 받을 수밖에 없는 사람들을 위하여 대신 당하시는 하나님의 진노입니다. 예수께서는 인성을 입고 있기 때문에 죽음의 고난을 잘 알고 계십니다. 그래서 할 수 있으면 이 고난을 피하게 해 달라고 기도합니다. 이것은 예수의 뜻입니다. 그렇지만 예수는 하나님 아버지의 뜻이 이루어지기를 기도합니다. 아버지의 뜻에 순종하는 아들입니다. 이스라엘은 하나님 아버지께 불순종했지만 예수는 아버지께 순종합니다.

첫 번째 기도를 마치고 예수께서 세 제자에게 오십니다. 예수는 제자들이 함께 깨어 있어서 기도해 주기를 바라셨습니다. 그러나 세 제자는 예수의 마음을 헤아리지 못하고 잠을 잡니다. 예수는 베드로에게 "시험에 들지 않게 깨어 있어 기도하라 마음에는 원이로되 육신이 약하도다"(마 26:41) 하고 말씀하십니다. 예수는 베드로가 세 번이나 자신을 부인할 것이라고 이미 예고하셨습니다(마 26:34). 그러나 베드로는 예수를 버리지 않을 것이라고 자신 있게 말했습니다. 베드로는 시험에 들지 않도록 깨어 있어야 했습니다. 그러나 그는 깨어 있어 기도하는 데에 실패합니다.

예수께서 두 번째 가셔서 기도합니다. "내 아버지여 만일 내가 마시지 않고는 이 잔이 내게서 지나갈 수 없거든 아버지의 원대로 되기를 원하나이다"(마 26:42). 두 번째 기도는 간결합니다. 아버지의 뜻대로 되기를 바라고 있습니다. 예수는 세 번째에도 두 번째 기도와 동일하게 기도하십니다. 그러나 제자들은 계속 잠을 잡니다. 예수의 세 번 기도는 베드로의 세 번 부인과 묘한 대조를 이룹니다.

겟세마네 기도는 아버지께 순종하는 아들의 모습을 잘 보여줍니다. 누가는 예수의 기도가 얼마나 처절했는지를 이렇게 설명해줍니다. "예수께서 힘쓰고 애써 더욱 간절히 기도하시니 땀이 땅에 떨어지는 핏방울 같이 되더라"(눅 22:44). 아버지의 뜻에 복종하기 위하여 간절히 기도합니다.

# 16

# 재판과 사형선고

**읽어야 할 본문: 마태복음 26-27장, 마가복음 14-15장, 누가복음 22-23장, 요한복음 18장**

예수는 겟세마네 동산의 기도에서 아버지의 뜻을 따를 것을 결심합니다. 아버지의 뜻은 고난과 십자가의 죽음입니다. 아들은 아버지의 뜻에 순종합니다. 예수 그리스도(메시야)의 고난은 예정된 것입니다. 예수는 이미 제자들에게 여러 차례 자신의 죽음을 알려주셨습니다. 예수는 자신의 고난을 분명하게 알고 계셨습니다. 이것은 가이사랴 빌립보 사건에서 잘 나타납니다. 예수는 제자들에게 "너희는 나를 누구라 하느냐" 하고 묻습니다. 그러자 베드로가 "주는 그리스도시니이다"(막 8:29) 하고 대답합니다.

이 대답을 들은 예수는 자신이 그리스도라는 것을 인정하십니다. 그리고 그리스도(메시야)가 해야 할 일을 설명하십니다. "인자가 많은 고난을 받고 장로들과 대제사장들과 서기관들에게 버린바 되어 죽임을 당하고 사흘 만에 살아나야 할 것을 비로소 저희에게 가르치시되"(막 8:31). 예수께서 십자가 죽음과 부활을 예고하신 것입니다. 예수께서 이 땅에 오신 목적 즉 메시야의 사역을 공개적으로 가르치신 것입니다.

그러나 제자들은 메시야의 사역에 대한 생각이 다릅니다. 이것은 베드로의 말을 통해 드러납니다. 예수께서 메시야가 해야 할 일을 가르치시자 베드로는 예수를 책망합니다. "예수를 붙들고 항변하매"(막 8:32). "항변하매"는 '꾸짖다' 입니다. 메시야는 고난을 당해서는 안 된다는 의미입니다. 베드로는 예수께서 설명하신 메시야의 사역에 동의하지 않습니다. 제자들도 다른 메시야 상을 가지고 있었습니다.

베드로의 말을 들은 예수는 제자들을 보시며 베드로를 꾸짖습니다. "예수께서 돌이키사 제자들을 보시며 베드로를 꾸짖어 이르시되 사탄아 내 뒤로 물러가라 네가 하나님의 일을 생각하지 아니하고 도리어 사람의 일을 생각하는도다"(막 8:33). "꾸짖어"는 "항변하매"와 헬라어로 같은 단어입니다. 예수는 베드로의 말을 사탄의 역사로 간주하십니다. 베드로는 하나님의 일을 생각하지 않고 사람의 일을 생각하고 있습니다. "하나님의 일"과 "사람의 일"이 대조를 이룹니다. 예수께서 십자가에서 죽는 것이 하나님의 일입니다. 그러나 "사람의 일"은 예수께서 십자가에서 죽는 것이 아닙니다. 베드로는 '주는 그리스도입니다' 라는 올바른 대답을 했지만 그리스도가 해야 할 사역에 대한 이해가 없었습니다.

그리스도의 사역, 십자가와 부활이 바로 하나님의 계획이었습니다. 베드로는 이것을 깨닫지 못합니다. 사탄은 베드로를 통하여 예수의 사역을 방해하려고 합니다. 예수께서 십자가에서 죽는 것을 말리려고 한 것입니다. 사탄의 영향을 받은 사람의 생각이었습니다. 하나님의 생각은 예수께서 십자가에서 죽는 것입니다. 이것이 하나님의 목적입니다. 이 사건 후에 예수는 그의 고난을 계속 말씀하십니다(막 8:31 ; 9:31 ; 10:32-34).



## 16.1 유대인의 재판

가룟 유다가 예수를 배신합니다. 가룟 유다의 배신으로 예수는 군인들에게 잡혀서 안나스에게 끌려갑니다. 안나스는 대제사장이었습니다. 그러나 로마 총독 발레리우스 그라투스(빌라도의 전임)에 의해 대제사장 직에서 해임 당했습니다(주후 15년). 안나스 이후에 가야바가 대제사장 직을 이어받았습니다. 전통에 따르면 대제사장 직은 종신직입니다. 비록 로마 총독에 의해 해임을 당했지만 백성들은 그를 대제사장으로 생각하고 있습니다. 그리고 대제사장 가야바는 안나스의 사위입니다. 이래서 누가는 안나스와 가야바를 대제사장이라고 부르고 있습니다(눅 3:2). 군인들이 예수를 잡아 안나스에게 먼저 간 이유가 여기에 있습니다.

유대 종교 지도자들의 심문은 두 단계로 이루어집니다. 첫째는 안나스에 의한 심문입니다. 두 번째는 대제사장 가야바를 중심으로 한 산헤드린 공회에 의한 재판입니다. 이것은 공식적인 재판입니다.

안나스가 먼저 예수를 심문합니다(요 18:12-14, 19-24). "대제사장이 예수에게 그의 제자들과 그의 교훈에 대하여 물으니"(요 18:19). 안나스가 예수에게 예수의 제자들과 예수의 가르침에 대해서 물어봅니다. 이것은 유대인의 최고 의결 기관인 산헤드린 공회에 제출할 정보를 얻기 위한 심문에 해당합니다.

예수는 안나스의 질문에 구체적인 답변을 하지 않습니다. 오히려 예수의 교훈을 들은 사람들에게 물어보라고 하십니다. "예수께서 대답하시되 내가 드러내 놓고 세상에 말하였노라 모든 유대인들이 모이는 회당과 성전에서 항상 가르쳤고 은밀하게는 아무 것도 말하지 아니하였거늘"(요 18:20). "드러내 놓고"와 "은밀하게는"이 대조를 이룹니다. 예수는 은밀하게 가르치지 않고 회당과 성전에서 공개적으로 가르쳤습니다. 곧 제자들과 은밀하게 어떤 모의를 하지 않았습니다. 예수는 재판에 회부될만한 어떤 음모를 제자들과 비밀스럽게 꾸미지 않았습니다. 예수께서 회당과 성전에서 공개적으로 가르쳤기 때문에 예수의 가르침을 들은 사람들에게 공개적으로 물어보라고 하십니다. 예수는 안나스에게 사적인 심문을 할 것이 아니라 공개적인 재판을 요구하는 것입니다.

예수께서 안나스에게 이렇게 답변을 하자 대제사장의 관리 한 사람이 예수를 손으로 때리면서 대제사장에게 그런 식으로 답변하느냐 하고 말합니다. 관리는 예수가 무례하다고 생각합니다. 대제사장의 질문에 고분고분하지 않다는 것입니다. 그러나 예수는 다시 "내가 말을 잘못 하였으면 그 잘못한 것을 증언하라 바른 말을 하였으면 네가 어찌하여 나를 치느냐"(요 18:23) 하십니다. 예수는 자신의 말에 잘못이 없다고 주장합니다. 예수는 관리의 폭력과 압력에 굴하지 않습니다. 예수는 생명을 유지하기 위하여 비굴하게 굴

지도 않습니다. 그러자 안나스는 예수를 가야바에게로 보냅니다.

안나스가 예수를 심문한 것은 비공개적입니다. 사적인 성격이 강합니다. 이제 안나스는 예수를 가야바에게로 보냈습니다. 대제사장들과 서기관들과 장로들이 모였습니다. 산헤드린 공회의 회원들이 다 모였는지는 모르지만 이것은 산헤드린의 공식적인 재판입니다(마 26:57-68; 막 14:53-65; 눅 22:66-71).

산헤드린 공회의 목적은 분명합니다. 예수를 죽이기 위하여 거짓 증거를 찾습니다(마 26:59; 막 14:55). 여러 증거들이 나오지만 결정적인 증거가 나오지 않습니다. 두 사람이 나와서 성전에 대한 증거를 제시합니다(참고 신 17:6). "이 사람의 말이 내가 하나님의 성전을 헐고 사흘 동안에 지을 수 있다 하더라"(마 26:61). 하지만 이것은 예수의 말을 왜곡한 것입니다. 예수는 "너희가 이 성전을 헐라 내가 사흘 동안에 일으키리라"(요 2:19) 하셨습니다. 예수는 "너희가" 성전을 헐라고 말씀하셨지 "내가" 성전을 헌다고 말하지 않았습니다. 이것이 거짓 증거인 것은 마가도 말합니다. 마가는 약간 다르게 보도합니다. "우리가 그의 말을 들으니 손으로 지은 이 성전을 내가 헐고 손으로 짓지 아니한 다른 성전을 사흘 동안에 지으리라 하더라"(막 14:58). 그러나 이 증거도 서로 맞지 않습니다(막 14:59).

그렇지만 성전에 대한 이 거짓 증언은 대제사장에게 큰 자극을 준 것 같습니다. "대제사장이 일어서서 예수께 묻되 아무 대답도 없느냐 이 사람들이 너를 치는 증거가 어떠하냐"(마 26:62) 하고 반응을 보입니다. 아마도 이전에 예수께서 성전과 관련해서 한 발언과 사건들을 기억하고 있었는지 모르겠습니다. 1) 예수께서 바리새인들과 안식일 논쟁을 벌인 때에 예수께서 "내가 너희에게 이르노니 성전보다 더 큰 이가 여기 있느니라"(마 12:6) 하고 발언했습니다. 예수는 자신이 성전보다 더 위대한 자라고 주장한 것입니다. 2) 예수는 예루살렘에 입성한 후에 성전에서 장사하는 사람들과 파는 사람들을 다 몰아낸 사건도 있었습니다(마 21:12-16). 3) 예수께서 성전을 청결하게 하시고 후에 성전에서 가르치실 때에 대제사장들과 장로들이 예수께 나아와

"무슨 권위로 이런 일을 하느냐 또 누가 이 권위를 주었느냐"(마 21:23) 하고 묻기도 했습니다. 이러한 사건들 때문에 대제사장은 예수께 "이 사람들이 너를 치는 증거가 어떠하냐"(마 26:62) 하고 물었을 것입니다. 여러 사람들이 예수를 쳐서 거짓 증거를 하지만 예수는 아무 말씀도 하지 않습니다. 자신의 목숨을 유지하기 위해 적극적으로 변호하지 않습니다.

마침내 대제사장이 일어나서 최후의 질문을 합니다. "내가 너로 살아 계신 하나님께 맹세하게 하노니 네가 하나님의 아들 그리스도인지 우리에게 말하라"(마 26:63). 유대 종교 지도자들은 예수에게 그리스도(메시야)인지를 묻습니다. 다른 거짓 증거들에 대해서 침묵하시던 예수께서 "네가 말하였느니라"(마 26:64) 하고 대답하십니다. 예수는 자신이 메시야이심을 간접적으로 답변하신 것입니다. 예수는 자신이 하나님의 아들이며 구약에서 기다리던 메시야이심을 부인하지 않습니다(참고 삼하 7:14; 시 2:7; 89:26-27). 예수는 자신의 신분에 대하여 거짓말을 하지 않습니다. 그리고 더 적극적으로 예수는 "이 후에 인자가 권능의 우편에 앉아 있는 것과 하늘 구름을 타고 오는 것을 너희가 보리라"(마 26:64) 하고 말씀하십니다(참고 단 7:13; 시 110:1).

대제사장 가야바는 기다리던 답변을 얻었습니다. 가야바는 예수의 발언을 신성 모독으로 간주하며 사형에 합당하다고 판결합니다. 그들은 더 이상 증인을 필요로 하지 않습니다. 그 자리에 참석한 모든 이들이 예수의 발언을 들었기 때문입니다. 이제 그들은 예수를 죽일 수 있는 근거를 마련했습니다. 그들은 예수를 때리고 침을 뱉고 조롱합니다.

유대의 최고 공회인 산헤드린이 예수를 사형에 해당한다고 판결을 내렸습니다. 그러나 그들에게는 사람을 죽일 권한이 없습니다. 유다는 로마의 지배를 받고 있었기 때문입니다. 그래서 그들은 로마 총독 빌라도에게 예수를 데리고 갑니다.

## 16.2 베드로의 부인

예수께서 공회에서 심문과 재판을 받는 동안에 밖에서는 베드로가 예수를 부인하는 사건이 벌어집니다. 베드로는 예수께 다른 제자들은 다 주님을 버릴지라도 자신은 주님을 버리지 않겠다고 말합니다. 예수를 위해 자신의 목숨을 내 놓겠다고 말했습니다. 그러나 예수는 그가 세 번이나 부인할 것을 예언하셨습니다(마 26:31-35; 막 14:27-31; 눅 22:31-34; 요 13:37-38). 또한 베드로는 겟세마네 동산에서 예수께서 체포당하실 때에 용감하게 칼을 꺼내어 대제사장의 종인 말고의 귀를 자르기도 했습니다(요 18:10).

예수께서 체포당하시자 제자들이 다 흩어졌습니다. 제자들 가운데 두 사람이 그래도 대제사장의 집에까지 들어갑니다. 베드로와 다른 제자 한 사람입니다. "다른 제자 한 사람"(요 18:15)은 대제사장을 아는 사람입니다. 다른 제자 한 사람이 누구인지에 대해서 논란이 많습니다. 대부분은 예수께서 십자가에서 죽으실 때에 바로 옆에 있었던 "사랑하시는 제자"(요 19:26)일 것이라고 추측합니다(요한?). 그 제자가 대제사장의 여종에게 말해서 베드로를 데리고 들어옵니다. 그때 여종이 베드로를 알아보고 "너도 이 사람의 제자 중 하나가 아니냐" 하고 물어봅니다. 그러자 베드로가 "나는 아니라"(요 18:17) 하고 답변합니다. 날이 추워서 대제사장의 종들과 사람들이 불을 쬐고 있습니다. 베드로도 같이 불을 쬐고 있습니다. 사람들이 베드로를 알아보고 "너도 그 제자 중 하나가 아니냐" 하고 다시 묻습니다. 그러자 베드로가 "나는 아니라"(요 18:25) 하고 대답합니다. 베드로가 두 번이나 자신은 예수의 제자가 아니라고 대답합니다. 그때 베드로에게 귀를 잘린 말고의 친척이 결정적인 증언을 합니다. "네가 그 사람과 함께 동산에 있는 것을 내가 보지 아니하였느냐"(요 18:26). 겟세마네 동산에서 베드로가 예수와 함께 있는 것을 보았다는 증언이 나왔습니다. 그래도 베드로는 또 부인합니다. 마태는 베드로가 "저주하며 맹세하여 이르되 나는 그 사람을 알지 못하노라"(마 26:74) 하고 말했다고 기록합니다. 베드로가 세 번째 부인할 때 닭이 웁니다. 이때 베드로는 예수께서 "닭 울기 전에 네가 세 번 나를 부인하리라"(마 26:75) 하신 말씀이 생각납니다. 베드로가 밖에 나가서 심히 통곡을 합니다.

사 복음서 모두 베드로의 부인을 보도합니다. 예수는 유대인들의 심문을 받을 때에 자신이 하나님의 아들이며 메시야이신 것을 숨기지 않습니다. 부인하지 않습니다. 그러나 예수의 수제자였던 베드로는 세 번씩이나 예수를 모른다고 부인합니다. 예수의 재판 과정 사이에 껴 있는 베드로의 부인 기사는 예수와 그의 수제자의 태도를 대조하여 보여주고 있습니다.

## 16.3 가룟 유다의 죽음

베드로의 부인과 더불어서 마태는 가룟 유다의 자살을 보도합니다. 이 사건은 마태가 유일하게 말하고 있습니다(마 27:3-10; 참고 행 1:18-19). 가룟 유다는 예수께서 재판을 받는 것을 보고 "스스로 뉘우쳐 그 은 삼십을 대제사장들과 장로들에게 도로 갖다"(마 27:3) 줍니다. 유다의 "스스로 뉘우쳐"는 회개가 아니라 후회를 뜻합니다. 양심의 가책을 받아서 후회하는 것입니다. 유다가 돈을 갖다 주며 "내가 무죄한 피를 팔고 죄를 범하였도다"(마 27:4) 하고 말합니다. 가룟 유다 역시 예수께서 죄가 없다는 것을 인정합니다. 그러자 대제사장들과 장로들은 "그것이 우리에게 무슨 상관이냐 네가 당하라"(마 27:4) 하고 말합니다. 예수의 피 값에 대한 책임이 유다에게 있다고 주장합니다. 이들은 유다보다 더 강퍅한 마음을 가지고 있습니다.

대제사장들이 은 삼십을 받지 않자 유다는 제사장들이 섬기는 성소에 그 돈을 던져 넣습니다. 유다는 그 돈을 성소에 던져 넣고 스스로 목을 매어 자살합니다. 유다는 죄에 대한 슬픔과 통회가 없습니다. 죄를 회개하지 않고 스스로 목숨을 끊습니다. 이런 행동은 베드로와 비교됩니다. 베드로는 세 번이나 예수를 부인한 후에 나가서 "심히 통곡"(마 26:75) 합니다. 회개에 대한 암시가 있습니다. 유다와 베드로의 행동은 서로 대조를 이룹니다.

대제사장들은 유다가 던진 돈을 어디에 사용할 것인가를 논의합니다. 그들은 그 돈을 "핏값"이라고 부르며 "토기장이의 밭을 사서 나그네의 묘지를" 삼습니다(마 27:6-7). 예루살렘으로 순례를 온 사람들 가운데 고향으로 돌아가기 전에 예루살렘에서 죽은 사람들을 위한 무덤을 마련한 것입니다. 이래서 그 밭을 "피밭"(아겔다마)이라고 부릅니다(마 27:8; 행 1:19).

마태는 이것을 예레미야의 예언이 성취된 것이라고 말합니다. "이에 선지자 예레미야를 통하여 하신 말씀이 이루어졌나니 일렀으되 그들이 그 가격 매겨진 자 곧 이스라엘 자손 중에서 가격 매긴 자의 가격 곧 은 삼십을 가지고 토기장이의 밭 값으로 주었으니 이는 주께서 내게 명하신 바와 같으니라 하였더라"(마 27:9-10). 하지만 이 말씀은 정확하게 어디에서 인용한 것인지 밝히기 어렵습니다. 아마도 마태는 예레미야 19장 1-13절의 말씀과 스가랴의 11장 12-13절의 말씀을 자유롭게 혼합하여 인용한 것 같습니다.

가룟 유다의 배신과 죽음은 이미 성경이 예언하고 있었던 것입니다(시 41:9; 요 13:18; 행 1:16). 예언의 말씀이 성취된 것은 모든 일이 하나님의 주권 아래에 있었다는 것을 보여줍니다. 가룟 유다가 예수를 배신한 것은 스스로 선택한 것입니다. 가룟 유다의 의지로 이 일이 이루어졌습니다. 그렇지만 이 모든 일들은 하나님의 섭리와 주권 가운데 있었던 일입니다.



## 16.4 본디오 빌라도의 재판

예수께서 빌라도의 재판을 받은 것은 두 단계로 나눠집니다. 첫째, 빌라도는 예수를 재판한 후에 예수를 헤롯에게로 보냅니다. 헤롯이 예수를 빌라도에게 돌려보냅니다. 그러자 빌라도가 두 번째로 예수를 재판합니다.

유대의 산헤드린 회원들이 예수를 로마 총독 빌라도에게 데리고 갑니다. 요한은 이들의 태도를 잘 설명합니다. "그들이 예수를 가야바에게서 관정으로 끌고 가니 새벽이라 그들은 더럽힘을 받지 아니하고 유월절 잔치를 먹고자 하여 관정에 들어가지 아니하더라"(요 18:28). 대제사장, 장로, 서기관들은 유월절 식사를 하기 원합니다. 그래서 총독의 관정에 들어가기를 꺼려합니다. 유대인으로서 이방인의 집에 들어가는 것은 부정한 일입니다. 부정해지면 유월절 식사에 참여할 수가 없습니다. 그래서 로마 총독의 관정에 들어가지 않고 예수를 총독에게 고소합니다.

빌라도가 나와서 이들에게 무슨 일로 예수를 고발하는지 묻습니다. 그들은 "이 사람이 행악자가 아니었더라면 우리가 당신에게 넘기지 아니하였겠나이다"(요 18:30) 하고 말합니다. 이들은 예수를 "행악자"라고 부릅니다. 유대인들은 예수를 악인으로 고발합니다. 그러자 총독이 "너희가 그를 데려다가 너희 법대로 재판하라"고 합니다. 그러자 이들은 예수를 고발하는 이유를 말합니다. "우리에게는 사람을 죽이는 권한이 없나이다"(요 18:31). 이들은 예수를 죽이려고 합니다.

이들은 유월절 식사를 하기 위해서 의식적인 정결을 지키려고 합니다. 이방인의 집에 들어가지 않습니다. 그러면서도 예수를 죽이려고 합니다. 죄가 없는 예수를 행악자라고 고발합니다. 전형적으로 외식하는 자들의 모습입니다. 겉으로는 정결한 것 같지만 속으로 미움과 살인이 가득합니다.



사 복음서 모두 유대 산헤드린 공회가 예수를 어떤 죄목으로 고발했는지를 밝힙니다. 예수를 "유대인의 왕"으로 고소합니다(마 27:11; 막 15:2; 눅 23:3; 요 18:33). 정치적인 죄목입니다. 산헤드린 공회에서는 예수를 신성 모독 죄로 정죄했습니다. 예수께서 하나님의 아들이며 메시야라는 것을 인정하자 이것을 정죄한 것입니다. 그러면서도 빌라도에게 올 때는 "유대인의 왕"이라는 죄목을 강조합니다. 왜냐하면 유대인들이 그들의 종교 문제로 예수를 고발하면 예수를 죽일 수 없기 때문에 정치적인 죄목을 강조하는 것입니다.

누가는 유대인의 왕이라는 죄목과 더불어 다른 점들도 말합니다. "고발하여 이르되 우리가 이 사람을 보매 우리 백성을 미혹하고 가이사에게 세금 바치는 것을 금하며 자칭 왕 그리스도라 하더이다"(눅 23:2). 죄목이 세 가지입니다. 1) 백성을 미혹하는 것입니다. 백성을 선동한 죄입니다(눅 23:5). 2) 가이사에게 세금 바치는 것을 금한다고 주장합니다. 이것은 로마를 대항하는 죄입니다. 그러나 이것은 거짓입니다. 예수는 가이사의 것은 가이사에게 바치라고 말했습니다(눅 20:25). 3) 예수께서 자신을 왕 그리스도라고 주장했다는 것입니다. 이것이 가장 중요한 죄목입니다. 예수께서 유대인의 왕이라고 했다는 것입니다. 유대인의 왕이라는 것은 로마의 지배를 거부하는 것입니다. 로마에 대항하여 유다의 독립을 주장하는 정치적인 반란입니다. 여기서 그리스도(메시야)는 정치적인 구원자를 의미합니다.

빌라도 총독이 예수께 들어가서 심문을 합니다. "네가 유대인의 왕이냐"(요 18:33). 이것은 '네가 로마에 대하여 반란을 일으키는 정치 지도자이냐' 하는 의미입니다. 유대인들은 예수를 로마 정부에 대하여 반란을 일으키는 주범이라고 고소한 것입니다. 총독 입장에서 반란은 심각한 죄입니다. 이 사건을 당연히 조사해야 합니다.

빌라도가 예수를 심문합니다. "네 나라 사람과 대제사장들이 너를 내게 넘겼으니 네가 무엇을 하였느냐"(요 18:35). 유대 사람들이 유대인인 예수를 로마 사람에게 넘겨주었습니다. 빌라도가 볼 때에는 같은 유대인끼리 분쟁이 일어난 것입니다. 빌라도가 예수께 무엇을 했느냐고 묻습니다. 유대인의 왕으로서 로마를 대항하는 어떤 계획을 세웠는지를 추궁합니다.

그러자 예수는 빌라도에게 이렇게 대답합니다. "내 나라는 이 세상에 속한 것이 아니니라 만일 내 나라가 이 세상에 속한 것이었더라면 내 종들이 싸워 나로 유대인들에게 넘겨지지 않게 하였으리라 이제 내 나라는 여기에 속한 것이 아니니라"(요 18:36). 예수는 "내 나라"가 있다고 하십니다. 이것은 빌라도가 "네가 유대인의 왕이냐" 하고 질문한 것에 대한 답변입니다. 예수께 속한 "나라"가 있습니다. 그런데 이 나라는 이 세상에 속한 나라가 아닙니다. 유다 나라가 아닙니다. 예수께 속한 나라는 정치, 군사, 외교적인 힘으로 세운 나라가 아닙니다. 예수께서 이 세상에 속하지 않은 것처럼(요 17:16) 예수께 속한 나라도 이 세상에 속하지 않았습니다.

예수는 "내 나라"는 군사력으로 유지할 수 있는 나라가 아니라고 하십니다. "만일 내 나라가 이 세상에 속한 것이었더라면 내 종들이 싸워 나로 유대인들에게 넘겨지지 않게 하였으리라"(요 18:36). 예수를 추종하는 무리들이 많습니다. 예수께서 싸우자고 하셨으면 아마 많은 사람들이 동조했을 것입니다. 그러나 예수의 나라 즉 하나님의 나라는 이 세상의 나라들처럼 군사력으로 지킬 수 있는 나라가 아닙니다. 예수는 로마 총독 빌라도에게 심문을 받고 있지만 오히려 하나님의 나라를 증거하고 계십니다.

빌라도가 다시 묻습니다. "그러면 네가 왕이 아니냐." 그러자 예수는 "네 말과 같이 내가 왕이니라" 하고 답변하십니다(요 18:37). 예수는 자신이 왕이라고 밝히십니다. 예수는 예수의 나라에서 왕이십니다. 예수는 로마 총독 빌라도 앞에서 담대하게 자신의 신분을 밝히십니다. "내가 왕이니라 내가 이를 위하여 태어났으며 이를 위하여 세상에 왔나니 곧 진리에 대하여 증언하려 함이로라 무릇 진리에 속한 자는 내 음성을 듣느니라"(요 18:37).

예수는 자신의 신분을 밝히실 뿐만 아니라 자신의 사명까지도 말씀하십니다. 이 세상에 오신 이유는 예수가 왕이신 나라를 증언하기 위해서입니다. 이것을 "진리"라고 하십니다. "곧 진리에 대하여 증언하려 함이로라 무릇 진리에 속한 자는 내 음성을 듣느니라"(요 18:37). 예수의 나라(하나님의 나라)가 있고 예수께서 그 나라의 왕이십니다. 이것이 진리입니다. 진리에 속한 자는 예수님의 음성을 압니다. 예수의 목소리를 듣고 따라갑니다.

예수는 빌라도 앞에서 진리에 대하여, 하나님의 나라에 대하여 증언하십니다. 그러자 빌라도가 잠시 관심을 보입니다. "빌라도가 이르되 진리가 무엇이냐"(요 18:38) 하고 묻습니다. 그러나 빌라도는 다른 데 정신이 팔려 있습니다. 진리에 대한 생각보다는 지금 유대 당국자들이 예수를 고발하는데 더 신경을 쓰고 있습니다.

빌라도는 진리에 대한 관심을 가졌습니다. 그러나 그는 예수의 답변을 들으려고 하지 않습니다. 다시 자신의 일에 매진합니다. 빌라도가 곧장 유대 당국자들에게 갑니다. 그리고 "나는 그에게서 아무 죄도 찾지 못하였노라"고 선언합니다(요 18:38). 유대 당국자들은 예수를 "행악자"로 고발했지만 빌라도는 예수께 죄가 없다는 사실을 알았습니다. 살인이나 강도, 로마에 대한 반역이나 반란을 계획하지 않았다는 사실을 잘 알고 있습니다.

빌라도가 예수께서 죄가 없다고 선언합니다(눅 23:4). 그러자 유대 지도자들은 끈질기게 예수를 고발합니다. "그가 온 유대에서 가르치고 갈릴리에서

부터 시작하여 여기까지 와서 백성을 소동하게 하나이다"(눅 23:5). 백성을 선동한다고 말합니다. 빌라도가 이 말을 듣고 묘수를 찾았습니다. 예수께서 갈릴리 사람이라는 것을 알고 예수를 헤롯에게로 보냅니다(눅 23:7).

헤롯은 헤롯 왕의 아들 헤롯 안디바를 의미합니다. 그는 예수를 보기를 원하고 있었습니다(눅 9:9). 헤롯 안디바는 의붓 형제 헤롯 빌립의 아내 헤로디아를 취했습니다. 이 일로 세례 요한이 그를 비판했습니다(눅 3:19). 헤롯 안디바의 생일에 헤로디아의 딸이 춤을 춰 헤롯을 기쁘게 합니다. 그때 헤롯이 헤로디아의 딸에게 구하는 것을 다 주겠다고 약속합니다. 그녀는 헤로디아의 시킴을 받아 세례 요한의 머리를 달라고 요청합니다. 헤롯이 세례 요한을 죽여 그녀에게 줍니다(마 14:1-12). 후에 헤롯은 예수의 사역 소식을 듣고 세례 요한이 살아났다고 말합니다(마 14:2).

이러한 이유 때문에 헤롯 안디바는 예수를 보기 원했습니다. 헤롯이 예수를 보고 여러 가지를 물어봅니다. 헤롯이 예수를 보기 원하는 이유가 또 있었습니다. 예수께서 이적을 행하시는 것을 보기 원했습니다. 그러나 예수께서 침묵하시며 아무 기적도 행하지 않습니다. 헤롯은 자신이 원하는 것을 얻지 못하자 예수를 조롱하며 다시 빌라도에게 돌려보냅니다(눅 23:8-12).

빌라도는 유대 당국자들에게 예수를 죽일 죄를 찾지 못했다고 말합니다. 빌라도는 헤롯 안디바도 예수에게서 죄를 찾지 못했다고 선언하며 사형에 처할 만한 죄가 없다고 합니다. 채찍질을 한 후에 풀어주겠다고 말합니다(눅 23:13-16).

예수께서 죄가 없다는 사실은 확실합니다. 그러나 유대 당국자들은 끈질기게 빌라도를 압박합니다. 유월절 절기를 맞아 특별 사면을 해주는 관례가 있습니다. 빌라도는 유월절 특사로 "내가 유대인의 왕을 너희에게 놓아 주기를 원하느냐" 하고 물어 봅니다(요 18:39). 빌라도의 말은 논리적으로 맞지 않습니다. 유대인들이 예수를 "유대인의 왕"으로 고발했습니다. 이 말은 로마에 대항하여 반란을 계획하고 있다는 의미입니다. 그러나 빌라도가 예수를 심문한 결과 예수께서 증거 하는 나라는 "이 세상에 속한 나라가 아니라"

는 것을 알았습니다. 죄가 없습니다. 그런데도 빌라도는 유대인들에게는 유월절 특사로 "유대인의 왕"을 풀어주기를 원하느냐고 묻습니다. 유대인들의 고발을 인정하는 태도를 보이고 있습니다.

그러자 유대인들이 예수보다는 다른 사람을 풀어 달라고 합니다. "그들이 또 소리 질러 이르되 이 사람이 아니라 바라바라 하니 바라바는 강도였더라" (요 18:40). 강도라는 단어에는 반역이라는 뜻도 있습니다. 살인자 또는 강도이며 혁명에 참여했던 자입니다. 마가는 "민란을 꾸미고 그 민란 중에 살인하고 체포된 자"(막 15:7)라고 소개합니다. 흥미로운 사실은 마태복음의 다른 사본들은 바라바를 "예수 바라바"라고 기록합니다. 바라바는 아람어로 '아버지의 아들' 이라는 뜻입니다. 그렇다면 바라바는 "예수 아버지의 아들" 이런 의미입니다.



유대인들은 메시야인 예수를 죽이려고 합니다. 그리고 강도와 살인을 저지르고 혁명에 참여했던 반란자 "바라바 예수"를 선택합니다. 아이러니입니다. 유대인들은 두 명의 예수가운데 가짜를 선택합니다. 하나님의 백성으로 하나님의 말씀을 받았던 민족이 하나님이 보내신 예수 그리스도를 죽이려고 합니다. 하나님께 선택을 받아서 하나님을 섬기던 민족이 그들의 왕을 죽이려고 시도합니다.

빌라도는 유대인들의 강요에 의하여 예수를 채찍질합니다. 채찍질을 한 후에 풀어주려고 했던 것 같습니다. 로마 시대의 기록에 의하면 죄인에게 가하는 채찍은 생명을 빼앗아 갈 수도 있습니다. 죄수의 옷을 벗기고 기둥이나 말뚝에 묶습니다. 여러 명의 고문자들이 지쳐 녹초가 되기까지, 죄수의 살점이 찢겨 피를 흘릴 때까지 계속해서 때립니다. 가죽 끈에 납이나 뼈 조각이 달려 있어서 채찍질을 하면 살점이 뜯겨 나갑니다. 죄수의 내장이 보이는 경우도 있고 심하면 죽는 경우도 있었습니다.

예수께서 이러한 매질을 당하십니다. 그러나 예수는 죄가 없습니다(요 18:38). 군병들이 예수님을 조롱합니다. 가시나무로 관을 만들어 씌웁니다. 가시에 찔려서 피가 흘러내립니다. 왕들이 입는 자주색이 나는 헌 옷을 가져

와서 예수님께 입힙니다. 그리고 군인들이 와서 "유대인의 왕이여 평안할지어다"(요 19:3) 하고 인사하며 손으로 때립니다. 마태는 "갈대를 그 오른손에 들리고"(마 27:29) 하고 말합니다. 군인들은 왕이 입는 자주색 복장과 왕관 그리고 왕의 홀을 만든 것입니다. 예수는 유대인의 왕이지만 영광이 아니라 조롱과 멸시를 당합니다(사 50:6).

하지만 예수는 조용합니다. 억울해 하지도 않으시며 분노하지도 않습니다. 누구를 원망하거나 저주를 퍼붓지도 않습니다. 죄가 없음에도 불구하고 조용히 이 모든 채찍질과 조롱과 비난을 감수하십니다(사 53:4-5).

빌라도는 예수를 매질한 후에 유대인들 앞으로 데려 옵니다. "보라 이 사람을 데리고 너희에게 나오나니 이는 내가 그에게서 아무 죄도 찾지 못한 것을 너희로 알게 하려 함이로라"(요 19:4). 총독 빌라도는 다시 예수의 무죄를 선언합니다. 그러나 유대인들은 동의하지 않습니다. 유대인들은 가시 면류관을 쓰시고 피를 흘리시는 예수를 보고도 "십자가에 못 박으소서 십자가에 못 박으소서"(요 19:6) 하고 소리를 지릅니다.

대제사장과 장로들이 예수를 죽이려고 무리를 충동질합니다(마 27:20). 이들은 시기심에 눈이 멀었습니다. 마태는 대제사장들과 유대인들이 예수를 넘겨 준 이유를 빌라도가 알고 있다고 말합니다. "이는 그가 그들의 시기로 예수를 넘겨 준 줄 앎이더라"(마 27:18). 대제사장들과 서기관과 바리새인들이 예수를 시기합니다. 예수께서 오셔서 백성들에게 하나님 나라를 설교합니다. 백성들의 병을 고쳐주며 귀신들린 사람들을 귀신으로부터 자유롭게 해주십니다. 많은 백성들이 예수의 교훈을 들으려고 따릅니다.

예수를 추종하는 무리들이 많아지자 대제사장, 서기관들, 장로들, 바리새인들이 모여서 회의를 합니다. 유대인들의 최고 의결 기관인 산헤드린 공회가 모입니다. 이들이 모여서 예수께서 이적을 행하는 것을 염려합니다. 백성들이 다 예수를 따라가기 때문입니다. 그래서 이 문제를 어떻게 하겠느냐고 회의를 합니다. "이 사람이 많은 표적을 행하니 우리가 어떻게 하겠느냐 만일 그를 이대로 두면 모든 사람이 그를 믿을 것이요 그리고 로마인들이 와서 우리 땅과 민족을 빼앗아 가리라"(요 11:47-48). 그들이 보기에는 많은 백성들이 예수를 따른다는 것입니다. 만일 예수를 이대로 두면 로마 군인들이 와서 땅과 민족을 빼앗아 갈 것이라고 말합니다. 그러나 실제 그 당시 유다는 로마의 지배를 받고 있습니다. 로마가 유다를 다 통제하고 있습니다. 유다는 이미 로마의 식민지입니다. 유대 지도자들의 고민과 염려는 민족을 위한 것이 아닙니다. 만일 로마인들이 다시 군사적인 행동을 한다면 그들이 누리는 기득권이 없어질 것을 염려한 것입니다.

대제사장, 서기관들, 장로들과 바리새인들이 실제 염려하는 것은 그들이 누리고 있는 기득권입니다. 로마의 지배 체제 아래서 누리는 유익입니다. 그래서 예수를 죽이려고 합니다. 그들이 빌라도 총독에게 "십자가에 못 박으소서" 하고 외치는 것은 그들의 기득권을 지키려는 몸부림입니다.

십자가는 그 당시 중범죄자들을 처형하는 아주 끔찍한 사형 제도입니다. 십자가에 양 손과 양 발을 못 박아 뜨거운 태양아래 매달아 놓습니다. 피와 물이 다 빠져서 탈진해 죽이는 방법입니다. 유대 당국자들은 자신들의 기득권을 지키려는 마음과 예수를 향한 시기심으로 인하여 예수를 십자가에 못 박으라고 외치고 있습니다. 이들은 마음에 살인죄를 품고 있습니다. 예수를 향한 증오와 미움, 시기와 질투를 가지고 죽이려고 하고 있습니다. 그러면서도 유월절 식사에 참여하려고 빌라도의 집에는 들어가지 않습니다(요 18:28). 정결 의식을 깨끗이 지키려는 그들의 마음은 살인죄로 가득 차 있습니다.

빌라도는 거듭 예수에게서 죄를 찾지 못했다고 선언합니다. 무죄입니다. 그러자 유대인들이 자신들이 예수님을 죽이려는 진짜 이유를 말합니다. "우리에게 법이 있으니 그 법대로 하면 그가 당연히 죽을 것은 그가 자기를 하나님의 아들이라 함이니이다"(요 19:7). 유대인들의 법대로 하면 예수는 사형이라는 것입니다. 자신을 하나님의 아들이라고 주장했기 때문입니다. 신성 모독죄를 범했다는 것입니다.

빌라도는 예수께서 하나님의 아들이라는 소리를 들었습니다. 더 두려움에 사로잡힙니다. 예수께 다시 물어봅니다. "너는 어디로부터냐"(요 19:9). 빌라도가 예수님의 기원을 묻습니다. 당신은 하늘로부터 왔는가 아니면 땅으로부터 왔는가? 어디에서 왔느냐? 하는 의미입니다. 빌라도는 초조하게 예수의 기원을 묻지만 예수는 아무 대답을 하지 않습니다.

그러자 빌라도는 "내가 너를 놓을 권한도 있고 십자가에 못 박을 권한도 있는 줄 알지 못하느냐" 하고 묻습니다(요 19:10). 예수께서 침묵하시자 빌라도가 짜증을 냅니다. 이러한 심문 자체가 아주 불쾌하며 성가십니다. 예수는 죄가 없는데 유대 당국자들은 예수를 죽이려고 달려듭니다. 유대인의 문제로 총독이 아주 시달리고 있습니다.

빌라도는 총독이라는 자신의 신분을 예수께 각인시켜 줍니다. 예수를 죽이고 살릴 수 있는 권한이 있다고 말합니다. 그러자 예수께서 빌라도에게 답변합니다. "위에서 주지 아니하셨더라면 나를 해할 권한이 없었으리니 그러므로 나를 네게 넘겨 준 자의 죄는 더 크다"(요 19:11). 예수는 위에 있는 권세를 말합니다. 그러나 빌라도는 위에 있는 분의 권세를 알지 못합니다. 자신이 갖고 있는 세상 권력이 전부인줄 압니다. 위에 있는 하나님이 허락하지 않으면 빌라도가 예수의 생명을 취할 권한이 없습니다. 하나님이 허락하셨기 때문에 이 모든 일이 일어나고 있습니다.

예수는 빌라도가 갖고 있는 권한이 "위에서 주신" 것이라고 밝힙니다. 위에 계신 분이 있다는 것입니다. 이 말은 빌라도가 "너는 어디로부터냐" 하고 물은 것에 대한 답변입니다. 예수는 "위에서" 오신 분입니다. 하늘의 기원을 갖고 있습니다. 그러나 빌라도는 이 말의 의미를 알아듣지 못합니다. 영적인 분별력이 없습니다.

예수는 빌라도가 갖고 있는 권한은 하늘에서 주신 것이라고 분명히 말씀하십니다. 그리고 또한 유대인들의 죄악도 지적하십니다. 예수를 빌라도에게 넘겨준 자들의 죄가 더 크다고 선언하십니다. 아이러니입니다. 하나님을 섬긴다고 자처하는 유대 종교 지도자들이 하나님의 뜻을 모릅니다. 하나님의 말씀을 잘 안다고 주장하는 자들이 하나님의 예언의 말씀을 이해하지 못합니다.

빌라도는 예수를 풀어주려고 노력합니다. 그러나 유대인들이 빌라도를 자극하며 충동합니다. 유대인들이 소리를 지릅니다. "이 사람을 놓으면 가이사의 충신이 아니니이다 무릇 자기를 왕이라 하는 자는 가이사를 반역하는 것이니이다"(요 19:12).

"가이사의 충신"이라는 말은 '가이사의 친구'입니다. 가이사의 친구라는 말은 공식적인 명칭입니다. 로마 황제에게 특별한 충성과 봉사를 보인 사람들에게 부여하는 호칭입니다. "가이사의 충신이 아니니이다" 하는 말은 가이사의 친구가 아니라는 말입니다. 빌라도가 가이사의 친구가 아니면 그는 원수입니다. 가이사의 친구가 아니면 반역에 동조하는 자입니다. 유대인들의 주장은 지금 반역이 일어나려고 한다는 것입니다. 자기를 왕이라고 주장하는 자가 나타났는데, 총독 빌라도는 이 반란을 진압하려고 하지 않는다고 몰아 부칩니다.

유대인들의 이 말은 총독 빌라도를 위협하는 말입니다. 실제 유대인들은 로마 원로원에 대표단을 파견하여 총독들의 정책에 불만을 표현하는 경우가 있었습니다. 이러면 총독들의 지위는 위협을 당합니다.

그 당시의 역사 기록을 보면 빌라도 총독은 로마의 고위 관직에 있던 세자누스의 총애를 입고 있었습니다. 그런데 세자누스는 예수가 십자가에 달리기 몇 달 전에 로마의 정치권력에서 밀려 났습니다. 총독 빌라도는 자신을 밀어주던 정치 후원자가 없어진 것입니다. 이러한 상황에서 만일 유대인들이 대표단을 파견하여 로마 원로원에 자신에 대한 불만을 표현한다면 자신의 정치 생명도 위태롭습니다.

유대인들이 "이 사람을 놓으면 가이사의 충신이 아니니이다" 하는 말에 빌라도가 빨리 결정을 내립니다. 유대인들이 이 말을 하자 재판석에 앉습니다. 빌라도가 유대인들에게 "보라 너희 왕이로다"(요 19:14) 하고 말합니다. 그러자 유대인들이 "그를 십자가에 못박게 하소서"(요 19:15) 하고 소리지릅니다. 빌라도가 다시 "내가 너희 왕을 십자가에 못 박으랴"(요 19:15) 하고 말합니다. 이때 유대 종교 지도자들과 백성들은 예수를 죽이기 위해 결정적인 말을 합니다. "가이사 외에는 우리에게 왕이 없나이다"하고 소리칩니다(요

19:15). 유대인들은 로마 황제를 왕이라고 부릅니다. 로마 황제의 백성이라고 소리칩니다. 그리고 그들의 진짜 왕을 죽이려고 합니다. 이들은 로마 황제를 선택함으로 하나님의 백성이라는 신분을 포기합니다. 하나님의 아들이며 메시야이신 예수를 죽이려고 하나님의 선택된 민족이라는 신분을 버립니다. 마치 구약에서 이스라엘이 인간 왕을 세우기 위하여 이스라엘의 왕이신 하나님을 버린 것과 유사합니다. 이스라엘은 모든 나라와 같이 되기 위하여 인간 왕을 세우고 하나님의 백성이라는 신분을 포기하려고 시도했습니다(삼상 8:4-8).

빌라도가 마침내 재판석에 앉아서 공식적인 판결을 내립니다. 예수를 십자가에 못 박도록 유대인들에게 넘겨줍니다. 빌라도는 자신의 권력과 정치생명을 위하여 하나님의 아들을 십자가에 죽도록 방조합니다.

빌라도는 예수님이 죄가 없다고 세 번이나 강조해서 선언했습니다(요 18:38; 19:4, 6). 그럼에도 불구하고 빌라도는 예수님을 십자가에 넘겨줍니다. 재판이 끝났습니다. 죄가 없는 예수께서 채찍질을 당하고 십자가에서 죽음을 당합니다(사 53:5).

예수는 "나를 네게 넘겨 준 자의 죄는 더 크다"(요 19:11)고 유대인들의 죄를 지적하셨습니다. 유대인의 아이러니입니다. 하나님의 백성이 하나님의 아들을 죽입니다. 마태는 유대인의 죄를 더 자세하게 지적합니다. 빌라도가 유대인의 요구에 예수를 십자가에 넘깁니다. 이때 빌라도가 유대인들 앞에서 물로 손을 씻습니다. 그러면서 "이 사람의 피에 대하여 나는 무죄하니 너희가 당하라"고 말합니다(마 27:24).

그러자 유대 백성들이 "그 피를 우리와 우리 자손에게 돌릴지어다" 하고 소리를 지릅니다(마 27:25). 참으로 무서운 말입니다. 하나님의 아들의 피 값을 유대인들이 치르겠다는 말입니다. 유대인들은 하나님의 아들을 죽이는 큰 죄를 저지릅니다. 하나님의 아들을 죽인 피 값을 당하겠다고 말합니다. 예수를 죽인 죄와 유대인들이 세계 역사 속에서 당한 고난과의 역사적인 인과 관계를 정확하게 증명할 수는 없을 것입니다. 그러나 역사를 보면 예루살렘이 로마에 의해 망한 뒤에(A.D 70) 유대인들이 세계 역사 속에서 당한 고난은 다 표현할 수 없을 정도로 심했습니다. 유대 종교 지도자들이 그렇게 지키고 싶어 했던 유다는 결국 로마에 의해 망합니다. 그 뒤로 유대인들은 세계 각처를 떠돌아 다녔습니다. 유대인들은 어디를 가도 환영받지 못하는 민족이 되었습니다.

## 17

# 십자가와 부활

**읽어야 할 본문: 마태복음 27-28장, 마가복음 15-16장, 누가복음 23-24장, 요한복음 19-21장**

예수의 십자가 죽음은 역사적 사건입니다. 이 역사적 사건은 우연히 일어난 일이 아닙니다. 이것은 구약에서 예언한 것을 성취하는 사건입니다. 예수는 가룟 유다의 배신을 말씀해 주시면서 "인자는 자기에 대하여 기록된 대로 가거니와"(마 26:24) 하고 말씀하심으로 예수의 죽음이 역사 속에서 준비된 사건임을 드러내십니다. 예수의 죽음은 구약에서 기록된 말씀이 역사 속에서 이루어진 것입니다.

또한 예수께서 자신의 죽음을 미리 예언하신 것을 이룬 사건이기도 합니다. 예수는 여러 차례 자신의 죽음을 제자들에게 말씀하셨습니다. 더 나아가 예수는 자신의 부활도 예고하셨습니다. "인자가 대제사장들과 서기관들에게 넘겨지매 그들이 죽이기로 결의하고 이방인들에게 넘겨주겠고 그들은 능욕하며 침 뱉으며 채찍질하고 죽일 것이나 그는 삼 일 만에 살아나리라"(막 10:33-34). 예수께서 십자가에서 죽으시고 다시 살아나시는 것은 역사적인 우연이 아니라 예언의 성취입니다.

십자가 사건은 역사 속에서 객관적으로 일어났습니다. 그 사건은 또한 신학적인 의미가 있습니다. 예수는 십자가의 죽음의 의미를 이렇게 설명하셨습니다. "이것은 죄 사함을 얻게 하려고 많은 사람을 위하여 흘리는 바 나의 피 곧 언약의 피니라"(마 26:28). 예수님이 십자가에서 죽는 것은 많은 사람의 죄를 용서하기 위한 것입니다. 그래서 사도 바울은 예수의 십자가 죽음과 부활은 성경의 말씀을 이루는 사건이라고 말하며 십자가는 대속적인 죽음이라고 설명합니다. "성경대로 그리스도께서 우리 죄를 위하여 죽으시고 장사 지낸 바 되셨다가 성경대로 사흘 만에 다시 살아나사"(고전 15:3-4).

사복음서는 예수의 죽음을 아주 자세하게 보도합니다. 예수께서 유대 종교 지도자들에게 재판을 받는 과정과 더불어서 유대 종교 지도자들이 로마 총독 빌라도에게 예수를 고발한 사건을 설명해 줍니다. 본디오 빌라도가 예수에게 십자가 죽음을 언도했습니다. 예수는 로마 군인들에게 넘겨져서 채찍질과 조롱을 당한 뒤에 골고다로 끌려갑니다.

## 17.1 십자가에 못 박힘



로마 군인들은 예수를 채찍질했습니다. 그리고 십자가를 지고 골고다로 가게 합니다. 그 당시 십자가는 중죄인들을 처형하는 방법입니다. 죄인은 자기 십자가를 지고 처형장으로 갔습니다. 그러나 심한 매질을 당한 예수는 자신이 매어달릴 나무로 만든 십자가를 옮길 힘이 없습니다. 심문과 재판을 당하고 극심한 채찍질로 인하여 이미 탈진한 상태입니다. 그러자 로마 군인들은 지나가던 구레네 사람 시몬을 붙잡아 강제로 예수의 십자가를 대신 지고 골고다로 가게 합니다(참고 막 15:21; 롬 16:13).

예수께서 골고다로 갈 때에 큰 무리가 뒤를 따릅니다. 우는 여인들과 백성들이 예수를 따라갑니다. 여인들이 울며 예수를 따르자 예수는 그들을 향하여 "예루살렘의 딸들아 나를 위하여 울지 말고 너희와 너희 자녀를 위하여 울라"(눅 23:28)고 하십니다. 그리고 곧 임할 민족적인 재앙에 대한 예언을 하십니다. "보라 날이 이르면 사람이 말하기를 잉태하지 못하는 이와 해산하지 못한 배와 먹이지 못한 젖이 복이 있다 하리라 그때에 사람이 산들을 대하여 우리 위에 무너지라 하며 작은 산들을 대하여 우리를 덮으라 하리라"(눅 23:29-30). 고대 사회에서는 다산이 복입니다. 그러나 재앙의 날에는 아이가 없는 자들이 복입니다. 외적의 침입을 받을 때는 임산부와 어린 아이를 젖먹이는 여인들은 아이들 때문에 빨리 피난할 수 없기 때문입니다. 이것은 예루살렘에 임할 재앙을 의미합니다. 예루살렘의 딸들에게 "너희와 너희 자녀를 위하여 울라"고 하셨기 때문입니다. 예수는 종말론 교훈을 주시면서 예루살렘이 군대에 포위당할 때가 이를 것을 예언하셨습니다. 그때는 "징벌의 날"이 될 것입니다. 이방인들에게 예루살렘이 황폐화되며 지배를 받을 것입니다(눅 21:20-24). 예수는 자신의 죽음을 애통해하는 여인들과 무리들을 향하여 예루살렘에 임할 재앙을 상기시켜 주신 것입니다. 예수를 죽이는 유대인들에게 임할 하나님의 재앙이 있을 것을 예고합니다.

예수께서 골고다(해골의 장소)에 도착합니다. 이곳은 예루살렘 성에서 가까운 성 밖입니다(요 19:20). 이곳은 일반적으로 갈보리로 알려졌으며 사람들이 많이 지나다니는 길에 있습니다(마 27:39). 로마인들은 많은 사람들이 볼 수 있는 장소에서 죄인을 처형함으로서 반란을 진압하려는 목적이 있었습니다. 예수께서 지금 반역자로 처형을 당합니다.

군인들은 예수를 십자가에 못 박기 전에 "쓸개 탄 포도주"(마 27:34)를 예수께 마시게 합니다. 이것은 고통을 덜어주기 위한 마취 성분이 있는 포도주입니다. 그러나 예수는 이것을 맛보시고 마시기를 거부합니다(시 69:21). 혼미한 정신으로 십자가에 달리는 것이 아니라 온전한 정신으로 십자가에 달리려는 의지를 보이십니다.

군인들이 예수를 십자가에 못 박았습니다. 십자가 위에 "유대인의 왕"이라는 죄목이 히브리어와 로마(라틴어)와 헬라어로 써 있습니다(요 19:19-20). 세 가지 언어로 예수의 신분을 써 놓은 것이 특이합니다. 유대인과 로마인들 그리고 헬라어를 사용하는 헬라 문화권에 있는 사람들은 이 글을 읽을 수 있습니다. 많은 사람들이 예수께서 유대인의 왕이라는 것을 알 수 있습니다. 그러자 유대인의 대제사장들이 빌라도를 찾아가 "유대인의 왕이라 쓰지 말고 자칭 유대인의 왕"(요 19:21)이라고 써 달라고 요청합니다. 이들은 세 가지 언어로 기록된 예수의 신분에 거부감을 느낍니다. 참으로 위선적인 사람들입니다. 예수를 고소할 때는 유대인의 왕이라고 했습니다. 그러더니 이제는 "자칭 유대인의 왕" 즉, "이 사람은 '내가 유대인의 왕이다' 라고 말했다"로 써 달라고 합니다. 그러나 빌라도는 "내가 쓸 것을 썼다"(요 19:22)고 이 제안을 거절합니다. 빌라도가 예수의 명패를 유대인의 왕이라고 씀으로 인하여, 비록 예수께서 십자가에 못 박히셨지만 그의 신분은 온 세상에 확실하게 선포된 것입니다.

유대인의 왕이라는 표현이 예수의 신분을 나타냅니다. 예수께서 유대인의 왕이며 그리스도입니다(마 2:2, 4). 예수께서 이 땅에 오실 때부터 유대인들은 관심이 없었습니다. 오히려 이방의 동방 박사들이 예수께 경배하러 왔었습니다. 유대인들은 그들의 왕을 십자가에 못 박아 죽입니다. 아이러니하게 예수는 유대인의 왕의 신분으로 고난을 당합니다. 왕이 고난을 당합니다. 이것은 이사야의 메시야 예언을 성취하는 사건입니다. 이사야는 메시야가 이상적인 왕으로 올 것을 예언했습니다. 또한 그 메시야는 고난 받는 여호와의 종이라고 밝혔습니다. 이사야의 메시야 예언은 예수께서 유대인의 왕으로서 고난을 받으심으로 성취됩니다.

예수와 함께 두 명의 행악자들이 함께 못 박힙니다. 한 명은 예수의 우편에 그리고 다른 한 명은 좌편에 있습니다. 예수는 십자가의 극심한 고통을 당하시면서도 자기를 못 박는 자들을 위하여 기도합니다. "아버지 저들을 사하여 주옵소서 자기들이 하는 것을 알지 못함이니이다"(눅 23:34). 예수는 십자가에서 하나님을 "아버지"라고 부릅니다. 하나님과 예수 사이는 부자관계입니다. 예수를 비난하며 조롱하는 사람들은 예수께서 하나님의 아들이심을 믿지 않지만 예수의 신분은 하나님의 아들입니다. 예수는 자신을 십자가에 못 박는 자들을 용서해 달라고 합니다. 그들은 지금 자신들의 행동에 어떤 의미가 있는지를 모른다는 것입니다. 하나님의 아들을 십자가에 못 박는 무지를 용서해 달라고 기도합니다. 예수는 지금 원수를 위해 기도함으로 원수를 사랑하라는 말씀을 몸소 실천하고 있습니다(눅 6:27, 35).

군인들이 예수를 십자가에 못 박고 죽기를 기다립니다. 기다리면서 예수의 옷을 나눠가집니다. 사형수의 물품을 사형 집행자가 갖는 것은 그 당시 관습입니다. 군인들이 속옷은 나누지 않고 제비를 뽑아 한 사람이 갖도록 하자고 합니다. 이 사건은 시편의 말씀 "그들이 내 옷을 나누고 내 옷을 제비 뽑나이다"(시 22:18; 요 19:24)을 성취합니다. 이것은 예수의 죽음이 우연히 일어난 일이 아니라 이미 예고되었던 일임을 밝혀줍니다.

예수께서 십자가에 못 박히자 지나가는 사람들이 예수를 조롱합니다. "지나가는 자들이 자기 머리를 흔들며 예수를 모욕하여 이르되 성전을 헐고 사흘에 짓는 자여 네가 만일 하나님의 아들이어든 자기를 구원하고 십자가에서 내려오라"(마 27:39-40). 이것은 시편 22편 7절 "나를 보는 자는 다 나를 비웃으며 입술을 비쭉거리고 머리를 흔들며 말하되"를 기억나게 합니다. 지나가던 사람들은 예수께 성전을 헐고 사흘에 짓는 자라고 조롱합니다. 또한 이들은 예수를 향하여 "만일 하나님의 아들이어든" 하고 말합니다. 이것은 사탄이 예수를 시험할 때에 했던 말이기도 합니다(마 4:3, 6). 하나님의 아들이라면 지금 십자가에서 내려와 자신을 구원하라고 말합니다. 이들은 예수께서 하나님의 아들이라는 사실을 믿지 않습니다. 예수는 하나님의 아들입니다(마 3:17; 17:5). 하지만 유대인들은 믿지 않습니다. 하나님의 아들을 조롱합니다.

유대 종교 지도자들도 예수를 조롱하는데 합세합니다. 대제사장들과 서기관들과 장로들도 "그가 이스라엘의 왕이로다 지금 십자가에서 내려올지어다 그리하면 우리가 믿겠노라"(마 27:42) 하고 비웃습니다. 종교 지도자들은 하나님을 잘 안다고 말하면서도 하나님의 뜻을 알지 못합니다. 하나님이 보내신 메시야를 지금 죽이면서 비웃고 조롱하고 있습니다. 이스라엘은 광야 여행에서 그리고 가나안 땅에서 계속 하나님께 불순종했습니다. 하나님의 구속 계획을 반대하며 하나님을 믿지 않았습니다. 이스라엘의 불신앙은 이제 하나님의 아들을 십자가에 못 박음으로 절정에 이릅니다.

군인들도 예수께 신포도주를 주면서 "네가 만일 유대인의 왕이면 네가 너를 구원하라"(눅 23:37)고 조롱합니다.

지나가던 사람들, 유대 종교 지도자들 그리고 군인들이 예수를 믿지 않고 조롱합니다. 그러자 함께 십자가에 못 박혔던 강도도 예수를 조롱합니다. 한 강도는 "네가 그리스도가 아니냐 너와 우리를 구원하라"(눅 23:39) 하고 말합니다. 그러자 다른 강도는 그 사람을 책망합니다. 다른 강도는 자신이 한 행동을 인정합니다. 자신의 죄 값을 받는다는 것입니다. "우리는 우리가 행한 일에 상당한 보응을 받는 것이니 이에 당연하거니와 이 사람이 행한 것은 옳지 않은 것이 없느니라"(눅 23:41). 다른 강도는 자신이 죄인임을 인정하며 예수 그리스도께서는 죄가 없으심을 고백합니다. 그리고 예수께 간청합니다. "예수여 당신의 나라에 임하실 때에 나를 기억하소서"(눅 23:42). 다른 강도는 예수께서 구원자이심을 인정합니다. 그리고 예수의 나라가 있다는 사실도 믿습니다. 그러자 예수는 그 사람에게 구원을 선포합니다. "내가 진실로 네게 이르노니 오늘 네가 나와 함께 낙원에 있으리라"(눅 23:43). 예수는 자신의 나라를 낙원으로 말씀하십니다. 다른 강도는 십자가에서 죽기 전에 자신이 죄인임과 예수께서 구원자이심을 고백함으로 구원을 받습니다. 이 사건은 많은 시사점을 줍니다. 예수를 가운데 두고 한 강도는 구원을 받고 한 강도는 구원을 받지 못합니다. 예수께서 기준입니다. 예수를 믿는 사람은 하나님의 나라에 들어가지만 믿지 않는 사람들은 하나님의 나라에 들어가지 못합니다. 중간 지점이 없습니다. 예수를 믿던지 아니면 부인하던지 둘 중의 하나입니다.

예수께서 십자가에 못 박히실 때에 여인들이 함께 있습니다. "어머니와 이모와 글로바의 아내 마리아와 막달라 마리아"(요 19:25)와 갈릴리에서 온 많은 여인들(마 27:55-56; 막 15:40-41) 그리고 "사랑하시는 제자"(요 19:26)가 곁에 있습니다. 글로바의 아내 마리아에 대한 정보는 없습니다. 막달라 마리아는 막달라 마을 출신입니다. 예수께서 귀신을 쫓아내 주신 여인입니다(막 16:9; 눅 8:2). 예수의 어머니의 자매인 "이모"는 명확하진 않지만 아마도 세베대의 아들들(야고보와 요한)의 어머니(마 27:56)일 가능성이 있습니다. 예수께서 "사랑하시는 제자" 외에는 다른 제자들이 없습니다. 여인들이 끝까지 예수 곁에 있음으로 해서 예수의 죽음에 대한 자세한 설명을 들을 수 있습니다.

예수는 어머니와 사랑하는 제자가 곁에 서 있는 것을 보고 어머니에게

"여자여 보소서 아들이니이다"(요 19:26) 하고 말합니다. 그리고 제자에게 "보라 네 어머니라"(요 19:27) 하고 말합니다. 예수의 형제들은 예수를 믿지 않았습니다(요 7:5). 그러나 예수의 어머니는 끝까지 예수를 후원했습니다. 예수는 마리아에게 장남이었기 때문에 예수는 십자가에서 죽으면서 어머니를 사랑하는 제자에게 위탁합니다.

예수께서 십자가에 달려 계실 때가 제 육시(정오 열두 시)로부터 제 구시(오후 세 시)까지입니다. 태양이 강렬하게 비칠 때입니다. 그러나 이때 어둠이 임합니다. 구시에 예수께서 크게 소리 지릅니다. "엘리 엘리 라마 사박다니 하시니 이는 곧 나의 하나님, 나의 하나님 어찌하여 나를 버리셨나이까 하는 뜻이라"(마 27:46; 막 15:34). 이것은 시편22편 1절을 인용한 것입니다. 예수는 하나님을 "나의 하나님"으로 부릅니다. 친밀한 관계에 있음을 보여줍니다. 그렇지만 하나님께 "어찌하여 나를 버리셨나이까?" 하고 묻습니다. 예수는 하나님과 친밀한 관계에 있지만 십자가에서 버림을 받았다고 느끼고 있습니다. 예수께서 이 말씀을 하자 사람들은 엘리야를 부른다고 착각합니다. 한 사람이 해면에 신 포도주를 적시어 줍니다. 그러자 다른 사람은 말립니다. 엘리야가 와서 구원하는지 보자고 말합니다.

이제 예수께서 운명하실 때가 이르렀습니다. "예수께서 모든 일이 이미 이루어진 줄 아시고 성경을 응하게 하려 하사 이르시되 내가 목마르다 하시니"(요 19:28). 예수는 돌아가실 때까지 정신이 온전하셨습니다. "모든 일이 이미 이루어진 줄"을 알고 계십니다. 이것은 하나님께서 예수께 맡기신 십자가 사역을 의미합니다. 예수는 하나님께서 주신 "잔"을 마신 것입니다(마 20:22; 26:39, 42). 예수께서 십자가에서 죽으심으로 하나님의 구원 사역이 완성된 것입니다. 그리고 예수는 성경의 말씀을 성취하기 위하여 "내가 목마르다"고 하십니다. 이것은 시편 69편 21절 "그들이 쓸개를 나의 음식물로 주며 목마를 때에는 초를 마시게 하였사오니"를 성취하기 위하여 하신 말씀입니다. 성경의 예언을 이루기 위한 것입니다. 그러자 사람들이 신 포도주(묽게

희석한 포도주)를 적신 해면을 우슬초에 매어서 예수의 입에 대어 줍니다. 그러자 예수는 "다 이루었다"(요 19:30)고 선언하십니다. 이 단어는 위의 "이루어진 줄"과 같은 단어로 모든 일이 끝난 것 즉 완성을 의미합니다. 하나님께서 예수께 맡기신 모든 일을 다 성취하신 것입니다. 예수는 이 말씀을 하시고 운명하십니다. 누가는 예수께서 숨지시기 전에 "아버지 내 영혼을 아버지 손에 부탁하나이다"(눅 23:46) 하고 말씀하셨다고 보도합니다. 예수는 마지막 순간에 하나님을 "아버지"로 부릅니다. 그리고 자신의 영혼을 "아버지"께 부탁합니다. 예수께서 십자가에서 "나의 하나님, 나의 하나님 어찌하여 나를 버리셨나이까"(마 27:46) 하고 외치셨지만 하나님과 예수와의 관계가 아주 끝난 것이 아니라는 것을 여기서 알 수 있습니다. 예수는 마지막까지 하나님 아버지를 의지하고 있습니다.

예수께서 운명하시자 이상한 일들이 일어납니다. 1) 가장 먼저 성소 휘장이 찢어집니다. "이에 성소 휘장이 위로부터 아래까지 찢어져 둘이 되고"(마 27:50; 막 15:38; 눅 23:45). 성소 휘장은 지성소와 성소 사이를 막고 있는 것입니다. 휘장이 찢어졌다는 것은 성전에 대한 예수의 말씀을 생각나게 합니다. 예수는 종말론 설교에서 성전이 파괴될 것을 예언하셨습니다(마 24:1-2). 성전이 무너지면 성전 예배가 끝날 것입니다. 예수께서 죽으실 때 휘장이 찢어진 것은 성전 예배가 끝날 것을 보여줍니다. 성전이 있을 때에는 대제사장이 일 년에 한 번만 지성소 안으로 들어갈 수 있습니다. 지성소는 구별된 거룩한 장소로 아무나 들어갈 수 있는 곳이 아닙니다. 그러나 예수께서 죽으심으로 휘장이 찢어졌습니다. 이제 그 안으로 예수를 믿는 사람은 누구나 들어갈 수 있는 길이 열린 것입니다. 히브리서는 이것을 "그 길은 우리를 위하여 휘장 가운데로 열어 놓으신 새로운 살 길이요 휘장은 곧 그의 육체니라"(히 10:20) 하고 말합니다. 이제 구약 시대의 성전 예배는 끝이 나고 새로운 예배 시대가 시작된 것입니다.

2) 예수께서 운명하시자 자연에 이상한 현상이 일어납니다. 이것은 마태만 기록하고 있습니다. "땅이 진동하며 바위가 터지며"(마 27:51). 예수의 죽

음에 지진이 일어납니다. 신기한 자연 현상입니다. 지진과 더불어서 우리가 주목해야 할 것은 어둠입니다. 예수께서 십자가에 달려 있을 때에 어둠이 있었습니다(마 27:45). 어둠과 지진은 신현 현상입니다. 하나님이 시내 산에 임하실 때에 어둠과 지진 현상이 있었습니다(출 19:18; 신 4:11). 하나님이 나타나실 때 지진과 어둠이 함께 있습니다(시 18:7, 9).

3) 예수께서 운명하시자 죽은 자들이 살아납니다. 이것 역시 마태만 보도하고 있습니다. "무덤들이 열리며 자던 성도의 몸이 많이 일어나되 예수의 부활 후에 그들이 무덤에서 나와서 거룩한 성에 들어가 많은 사람에게 보이니라"(마 27:52-53). 죽은 자들이 부활합니다. 이들은 예수께서 부활하신 후에 무덤에서 나와 예루살렘 성으로 들어가 많은 사람들에게 나타납니다. 이들의 부활은 마지막 때에 있을 부활에 대한 전조입니다. "자던 성도의 몸이 많이"라는 표현은 모든 성도들이 다시 살아난 것이 아니라 일부 성도들이 다시 살아난 것을 의미합니다. 이 사건은 예수께서 십자가에서 죽으시고 부활하심으로 사망의 권세를 깨뜨리셨다는 것을 보여줍니다. 예수는 일찍이 "나는 부활이요 생명이니 나를 믿는 자는 죽어도 살겠고 무릇 살아서 나를 믿는 자는 영원히 죽지 아니하리니"(요 11:25-26) 하고 말씀하셨습니다. 자던 성도들이 부활한 사건은 예수의 이러한 자기소개를 증명해줍니다.

예수께서 죽으실 때 일어났던 이러한 초자연적인 사건들은 예수의 신분을 보여줍니다. 지나가던 사람들과 유대의 종교지도자들 그리고 군인들과 강도가 십자가에 달리신 예수를 비웃었지만 이러한 초자연적인 사건들이 예수는 하나님의 아들이시며 그리스도이신 것을 보여줍니다. 이러한 일들을 지켜본 백부장과 사람들은 예수의 신분을 인정합니다. "백부장과 및 함께 예수를 지키던 자들이 지진과 그 일어난 일들을 보고 심히 두려워하여 이르되 이는 진실로 하나님의 아들이었도다 하더라"(마 27:54). 특별히 백부장의 고백이 두드러집니다(막 15:39; 눅 23:47). 백부장은 이방인이기 때문입니다. 유대인들과 유대의 종교 지도자들은 예수를 조롱하며 비웃었기 때문에 이방인 백부장의 고백은 더욱 두드러집니다. 백부장이 예수를 "하나님의 아들"로 고백한 것은 이방인들이 예수의 십자가 사건을 받아들일 것을 미리 보여주는 것 같습니다(참고 마 8:11-12).

예수께서 십자가에서 운명하셨습니다. 로마인들은 전시 효과를 위하여 시체를 십자가에 오래 매달아 놓았습니다. 그러나 유대인들은 그렇지 않습니다. 이들은 나무에 달려 죽은 시체를 밤새 매달아 두지 않고 그 날 장사를 치룹니다(신 21:22-23). 유대인들이 빌라도를 찾아가 다리를 꺾어 시체를 치워 달라고 합니다. 이 날이 안식일 전 날이기 때문입니다(요 19:31). 군인들이 예수와 함께 못 박힌 두 강도의 다리를 꺾습니다. 예수는 이미 죽었기 때문에 다리를 꺾지 않습니다. 요한은 이 사건에 의미를 부여합니다. "이 일이 일어난 것은 그 뼈가 하나도 꺾이지 아니하리라 한 성경을 응하게 하려 함이라"(요 19:36). 예수를 유월절 어린 양으로 보는 것입니다. 유월절 어린 양은 뼈가 부러져서는 안 되기 때문입니다(출 12:46; 민 9:12; 시 34:20). 요한은 예수의 죽음을 유월절 희생 양으로 보고 있습니다. 모형론이 여기서 나오고 있습니다. 예수의 십자가 사건은 유월절의 진정한 의미를 성취하신 것입니다.

군인들이 예수께서 이미 죽은 것을 보고 다리를 꺾지 않았습니다. 한 군인이 예수의 죽음을 확인하기 위하여 창으로 찌릅니다. "그 중 한 군인이 창으로 옆구리를 찌르니 곧 피와 물이 나오더라"(요 19:34). 이것은 예수의 죽음이 사실이라는 것을 보여줍니다. 예수께서 인간의 몸을 입으시고 역사적으로 죽었다는 것을 나타냅니다. 예수의 죽음은 역사적인 사건입니다.

예수의 몸에서 피와 물이 나왔다는 것은 신학적인 의미가 있습니다. 예수는 오병이어 사건 후에 자신을 생명의 떡으로 소개하셨습니다. "내 살을 먹고 내 피를 마시는 자는 영생을 가졌고"(요 6:54). 이것은 예수께서 십자가에서 죽으실 것을 의미합니다. 예수의 피(십자가 죽음)에 생명이 있습니다. 다른 하나는 물입니다. 예수는 초막절 끝 날에 사람들을 초청하셨습니다. "누구든지 목마르거든 내게로 와서 마시라 나를 믿는 자는 성경에 이름과 같이 그 배에서 생수의 강이 흘러나오리라"(요 7:37-38). 물이 나올 것을 말씀하고 있습니다. 물은 상징적인 의미가 있습니다. 요한은 이 말을 "이는 그를 믿는 자들이 받을 성령을 가리켜 말씀하신 것이라"(요 7:39)고 설명해 줍니다. 하지만 이때는 아직 십자가에 달리시기 전입니다. 그래서 요한은 "예수께서 아직 영광을 받지 아니하셨으므로 성령이 아직 그들에게 계시지 아니하시더라" (요 7:39) 하고 부연 설명을 합니다. 예수께서 십자가에서 죽으신 후에 성령이 올 것을 의미합니다. 예수는 자신이 떠나가야 보혜사 성령이 오실 것이라고 가르치셨습니다(요 16:7). 물은 성령을 상징하고 있습니다. 예수의 몸에서 나온 피와 물은 십자가 사건을 믿는 사람들에게 영생이 있다는 사실을 의미합니다. 이 일은 성령을 통해서 이루어질 것을 뜻합니다.

요한은 또한 군인이 예수의 옆구리를 찌른 것은 다른 구약 예언의 성취라고 설명합니다. "또 다른 성경에 그들이 그 찌른 자를 보리라 하였느니라"(요 19:37). 이것은 스가랴 예언의 성취입니다(슥 12:10). 요한은 예언과 성취를 통해서 예수의 죽음은 우연한 사건이 아니라 성경에 미리 예언되어 있던 일이라는 것을 강조합니다. 예수의 죽음은 율법의 성취(유월절)일 뿐만 아니라 예언의 성취입니다. 즉 구약 역사의 궁극적인 목표가 예수 그리스도께 있다는 것입니다. 구약의 역사는 예수 그리스도를 향하여 나아갔던 것입니다. 예수 그리스도는 구약 역사가 지향했던 것의 성취입니다. 위에서 우리는 예수께서 죽을 때에 초자연적인 일들이 일어났다는 것을 살펴보았습니다. 신현의 현상들이 나타난 것입니다. 이것은 예수께서 하나님이시며 하나님의 아들로서 인간의 몸을 입고 이 땅에 오셨다는 것을 보여줍니다.



## 17.2 장사

예수께서 운명하시자 아리마대 사람 요셉이 빌라도를 찾아가 예수의 시체를 달라고 요구합니다. 아리마대 사람 요셉은 유대인 동네 아리마대 출신이며 산헤드린 공회원입니다. 산헤드린 공회가 예수의 처형을 결정할 때 찬성하지 않았던 사람이며 하나님의 나라를 기다리던 자입니다(눅 23:50-51). 요셉도 예수의 제자이며 부자입니다(마 27:57). 자기를 위하여 바위에 파 두었던 새 무덤이 있었습니다(마 27:60). 빌라도는 예수께서 죽은 것을 확인한 후에 요셉에게 시체를 내어줍니다. 요셉이 예수의 시체를 세마포로 싸서 새 무덤에 둡니다. 이것은 이사야 53장 9절의 말씀이 성취된 것입니다. 이사야는 고난 받는 종이 죽은 후에 부자와 함께 있을 것을 예언했습니다.

니고데모도 몰약과 침향을 섞은 것을 약 백 리트라(약 34킬로그램)를 가져와서 예수의 장사를 돕습니다. 몰약과 침향은 장례용 용품이며 상당한 양을 가지고 왔습니다. 니고데모는 밤에 예수를 찾아와서 예수께서 하나님으로부터 왔다는 것을 인정한 사람입니다(요 3:2).

아리마대 사람 요셉과 니고데모는 예수께서 십자가에서 죽으시자 용기를 내서 예수의 시체를 장사지냅니다. 이들은 이전에 자신들의 신분을 드러내기를 주저했습니다. 사도 요한은 관리들 가운데 예수를 믿는 사람들이 많다고 보도했습니다. "그러나 관리 중에도 그를 믿는 자가 많되 바리새인들 때문에 드러나게 말하지 못하니 이는 출교를 당할까 두려워함이라"(요 12:42) 하고 말했습니다. 물론 사도 요한은 이러한 태도에 대하여 비판적이었습니다. "그들은 사람의 영광을 하나님의 영광보다 더 사랑하였더라"(요 12:43). 하지만 아리마대 사람 요셉과 니고데모는 예수께서 죽으신 후에 자신들의 신분이 드러나는 것을 개의치 않습니다. 이들은 용기를 내어 예수의 시신을 가져다가 장사지냅니다. 이들은 예수의 시신이 공동묘지나 길 가에 방치되지 않도록 새 무덤에 장사지냅니다. 무덤은 바위를 파서 만든 것으로 무덤에 돌을 굴려 막아 놓았습니다. 유대교의 전통에 따르면 시신을 만지는 것은 정결 의식에 어긋납니다. 부정해집니다. 부정한 자는 절기 의식에 참여할 수 없습니다(요 18:28). 그렇지만 이들은 이러한 정결 의식에 상관하지 않습니다. 예수의 제자로서 선생에 대한 존경과 경의를 표합니다.

이들이 예수를 장사지낼 때에 여인들이 함께 합니다. 여인들은 예수께서 십자가에 달리실 때에도 무덤에 안치될 때에도 그 자리에 있었습니다. 예수의 죽음과 장사를 목격한 증인들입니다. 이들은 또한 예수의 부활을 목격한 증인들이 될 것입니다.

장례가 다 끝났습니다. 그러자 마태는 특이한 사실을 보도합니다. 대제사장들과 바리새인들이 빌라도를 찾아가서 이렇게 말합니다. "주여 저 속이던 자가 살아 있을 때에 말하되 내가 사흘 후에 다시 살아나리라 한 것을 우리가 기억하노니"(마 27:63). 이들은 예수를 "속이던 자"라고 부르며 예수께서 3일 후에 부활할 것이라고 한 말을 알고 있습니다. 그래서 무덤을 지키도록 명령을 내려 달라고 요청합니다. 혹시 제자들이 그 시신을 도둑질해 가고 다시 살아났다고 말하면 큰 혼란이 올 것이라고 말합니다(마 27:64). 이들의 바람은 예수께서 그냥 무덤에 계셨으면 하는 것입니다. 예수의 제자들이 시신을 훔쳐갈 수 있다고 말합니다. 빌라도는 이 말을 듣고 유대 종교 지도자들에게 자체적으로 지키라고 합니다. 이들은 경비병을 세워 무덤을 지킵니다.

대제사장들과 바리새인들이 한 말이 인상적입니다. 이들의 말 자체는 예수께서 사흘 후에 다시 살아나실 것이라는 암시를 주고 있습니다.

## 17.3 예수의 부활



예수께서 무덤에 계신지 3일입니다. 부활 사건은 "안식일이 다 지나고 안식 후 첫 날이 되려는 새벽에"(마 28:1) 일어납니다. "안식 후 첫 날이 되려는 새벽에"는 '그 주간의 첫 날 동틀 무렵'을 의미합니다. 한 주간이 시작되는 첫 날입니다. 이때 예수께서 다시 살아나셨습니다. 예수는 주일(일요일)에 부활하셨습니다. 주일은 예수의 부활을 기념하며 예배드리는 날입니다. 새 창조의 날입니다.

이날에 막달라 마리아와 다른 마리아(마 28:1)가 무덤에 갑니다. 마가는 막달라 마리아와 야고보의 어머니 마리아와 살로메(막 16:1; 눅 24:10)가 예수께 향품을 바르기 위하여 갔다고 설명합니다. 여인들은 예수께서 십자가에서 죽으실 때에도 가까이에 있었습니다. 그러더니 이제는 부활의 소식도 가장 먼저 듣습니다. 이들이 무덤에 갔을 때 지진이 일어나며 천사가 내려와서 돌을 굴려 냅니다. 경비병들은 천사를 보고 두려움에 사로잡혀 죽은 자처럼 됩니다(마 28:4).

천사는 여인들이 예수를 찾아왔다는 것을 알고 있다고 말합니다. 그리고 천사는 그가 살아나셨다고 선언합니다. "그가 여기 계시지 않고 그가 말씀하시던 대로 살아나셨느니라 와서 그가 누우셨던 곳을 보라"(마 28:6). 천사는 세 가지를 말합니다. 1) 예수는 무덤에 있지 않습니다. 2) 예수께서 말씀하셨던 대로 다시 살아났습니다(마 16:21; 17:23). 예언의 성취입니다. 3) 빈 무덤을 보라고 합니다. 여기서 우리는 예수께서 어떻게 부활하셨는지, 부활의 과정을 알 수 없습니다. 천사의 증언과 더불어 빈 무덤만이 있을 뿐입니다. 다시 천사는 여인들이 해야 할 일을 말해 줍니다. 1) 제자들에게 가서 예수의 부활을 알리라고 합니다. 2) 제자들보다 먼저 예수께서 갈릴리로 갈 것이라고 하십니다. 갈릴리에서 예수를 만날 것입니다(마 28:7).

막달라 마리아는 이 사실을 베드로와 예수께서 사랑하시던 제자에게 알려 줍니다. 두 제자가 무덤에 달려갑니다. 그들이 본 것은 빈 무덤입니다. 시신은 없고 시신을 쌌던 수건과 세마포가 놓여 있는 것을 봅니다. 사도 요한은 이들이 빈 무덤을 보고 느낀 것을 이렇게 설명해 줍니다. "그들은 성경에 그가 죽은 자 가운데서 다시 살아나야 하리라 하신 말씀을 아직 알지 못하더라"(요 20:9).

막달라 마리아는 다시 무덤에 돌아와서 천사들을 봅니다. 천사들이 마리아에게 왜 우느냐고 묻습니다. 마리아는 사람들이 주님의 시신을 옮겨가서 어디에 있는지 모르기 때문이라고 말합니다. 이때 부활하신 주님께서 마리아에게 나타나십니다. "이 말을 하고 뒤로 돌이켜 예수께서 계신 것을 보았으나 예수이신 줄은 알지 못하더라"(요 20:14). 위의 두 제자도 마리아도 "알지 못하더라" 하는 표현이 따라나옵니다. 두 제자와 마리아는 부활을 아직 경험하지 못했습니다. 부활이 믿어지지 않습니다. 마리아는 예수를 보고도 예수이신 줄을 알지 못합니다. 예수께서 마리아에게 왜 울며 누구를 찾느냐고 묻습니다. 마리아는 동산을 지키는 사람인 줄로 착각하고 당신이 예수의 시신을 옮겼으면 달라고 요청합니다. 이때 주님께서 "마리아야" 하고 부르십니다. 마리아는 이제야 주님인 것을 알아봅니다. 예수께서 마리아에게 제자들에게 전해야 할 말을 알려주십니다. "너는 내 형제들에게 가서 이르되 내가 내 아버지 곧 너희 아버지, 내 하나님 곧 너희 하나님께로 올라간다 하라"(요 20:17)고 하십니다. 예수는 자신을 배반하고 다 떠난 제자들을 "내 형제들"로 부릅니다. 친밀한 가족관계로 말씀하십니다. 하나님과 제자들 관계도 "너희 아버지"로 아버지와 자녀로 묘사됩니다. 제자들이 비록 예수를 다 버리고 떠났지만 예수는 제자들을 다시 맞아주십니다. 막달라 마리아는 예수를 본 것과 예수의 말을 제자들에게 전해 줍니다.

여인들이 가장 먼저 부활의 증인이 됩니다. 여인들은 천사의 말을 듣고 "무서움과 큰 기쁨"(마 28:8)에 사로잡혀 무덤을 떠납니다. 두려움과 기쁨이 공존합니다. 너무나도 큰 소식에 이들의 감정은 혼선을 겪습니다. 여인들이 제자들에게 달려갈 때 부활하신 예수를 만납니다. 예수께서 그들에게 평안하냐고 묻습니다. 여인들이 예수를 알아보고 경배합니다. 예수는 여인들에게 "내 형제들에게 갈릴리로 가라 하라 거기서 나를 보리라"(마 28:10)고 말합니다. 갈릴리는 예수의 초기 사역에 중심지였습니다. 부활하신 후에도 중심지로 나옵니다. 예루살렘의 유대인과 종교지도자들은 예수를 핍박하며 십자가에 못 박았지만 갈릴리의 사람들은 예수를 따릅니다. 도시와 지방의 묘한 대조를 이룹니다.

여인들이 가서 제자들에게 부활의 소식을 전합니다. 그러나 제자들은 이 소식을 듣고 믿지 못합니다. "그들은 예수께서 살아나셨다는 것과 마리아에게 보이셨다는 것을 듣고도 믿지 아니하니라"(막 16:11; 눅 24:11). 제자들의 반응은 어쩌면 당연합니다. 죽은 사람이 다시 살아났다는 소식은 사람의 이성으로 믿기 어렵기 때문입니다.

마태는 대제사장들의 반응을 보도합니다. 경비병들 가운데 몇 사람이 대제사장들에게 가서 일어난 일을 보고합니다. 그들이 모여서 회의를 하고 대책을 마련합니다. "그들이 장로들과 함께 모여 의논하고 군인들에게 돈을 많이 주며 이르되 너희는 말하기를 그의 제자들이 밤에 와서 우리가 잘 때에 그를 도둑질하여 갔다 하라"(마 28:12-13). 대제사장들과 장로들은 천사가 나타난 것과 빈 무덤에 관한 소식을 듣고도 회개하지 않습니다. 오히려 제자들이 시신을 훔쳐갔다고 사건을 조작합니다. 하나님의 뜻을 끝까지 대적하는 모습을 보여줍니다. 대제사장들의 말을 들은 경비병들이 나가서 이 말을 퍼뜨립니다. "군인들이 돈을 받고 가르친 대로 하였으니 이 말이 오늘날까지 유대인 가운데 두루 퍼지니라"(마 28:15). 유대인들 사이에 예수의 부활 사건을 덮으려는 시도가 있었습니다. 예수께서 부활하신 것이 아니라 제자들이 시신을 도둑질해 갔다는 것입니다. 마태는 특별히 이 사건을 자세하게 보도합니다. 아마도 경비병들의 말이 믿음이 없는 자들과 믿지 않는 자들에게 설득력이 있었기 때문일 것입니다. 마태는 이러한 말이 어떻게 나왔는지 사건의 전모를 밝히기 위하여 자세하게 보도하고 있습니다.

누가는 두 제자에 관한 이야기를 전해줍니다. 두 제자가 예루살렘에서 엠마오로 가고 있습니다. 두 제자는 서로 예수에게 일어난 일들을 이야기 하고 있습니다. 이때 예수께서 그들에게 다가가서 동행하십니다. 그렇지만 그들은 예수인줄을 알지 못합니다. "그들의 눈이 가리어져서 그인 줄 알아보지 못하거늘"(눅 24:16). 이들은 예수를 보고도 예수인줄을 알아보지 못합니다. 이들이 예수와 자연스럽게 대화한 것을 보면 예수께서 평범한 사람의 모습으로 나타난 것입니다. 예수께서 이들에게 무슨 이야기를 하고 있었는지를 물어봅니다. 그러자 두 사람은 예수를 의아해 합니다. 예루살렘에 머물면서 예루살렘에서 일어난 일을 혼자만 모르고 있기 때문입니다. 글로바라는 제자가 예루살렘에서 일어난 일을 설명합니다. "나사렛 예수의 일이니 그는 하나님과 모든 백성 앞에서 말과 일에 능하신 선지자이거늘 우리 대제사장들과 관리들이 사형 판결에 넘겨주어 십자가에 못박았느니라 우리는 이 사람이 이스라엘을 속량할 자라고 바랐노라"(눅 24:19-21). 글로바는 먼저 예수의 신분을 선지자라고 말하고 있습니다(참고 신 18:15, 18). 글로바는 또한 예수를 "이스라엘을 속량할 자라고" 말합니다. 이들은 예수께서 이스라엘을 구원할 것이라는 소망을 갖고 있었다고 말합니다. 그렇지만 이러한 소망을 유대 종교 지도자들이 끊어버렸습니다. 대제사장과 관리들이 예수를 십자가에 처형했기 때문입니다.

하지만 여기서 일이 끝난 것이 아닙니다. 글로바는 말을 계속 이어갑니다. "이뿐 아니라 이 일이 일어난 지가 사흘째요 또한 우리 중에 어떤 여자들이 우리로 놀라게 하였으니 이는 그들이 새벽에 무덤에 갔다가 그의 시체는 보지 못하고 와서 그가 살아나셨다 하는 천사들의 나타남을 보았다 함이라"(눅 24:21-23). 두 명의 제자들이 길을 가면서 서로 토론한 것이 무엇인지를 설명합니다. 예수께서 부활하셨다는 소식입니다. 이들이 들은 소식입니다. 1) 예수의 부활은 3일 만에 이루어졌습니다. 2) 여인들이 빈 무덤을 보았습니다. 3) 여인들은 천사들이 예수께서 살아나셨다고 말하는 것을 들었습니다. 글로바는 여기에 덧붙여 제자들이 여인들의 말을 듣고 무덤에 갔지만 빈 무덤뿐이었으며 예수는 보지 못했다고 말합니다.

글로바의 말을 다 들으신 예수께서 제자들을 책망하십니다. "미련하고 선지자들이 말한 모든 것을 마음에 더디 믿는 자들이여 그리스도가 이런 고난을 받고 자기의 영광에 들어가야 할 것이 아니냐"(눅 24:25-26). 예수는 두 제자들의 마음 상태를 지적합니다. 제자들이 어리석습니다. 예루살렘에서 일어난 일을 볼 수 있는 지혜가 없는 것입니다. 지혜가 없을 뿐만 아니라 믿음도 부족합니다. 선지자들이 말한 예언을 더디 믿습니다. 마음으로 예언의 말씀을 믿는 것이 너무 늦습니다. 그리고 예루살렘에서 일어난 일은 그리스도(메시야)에게 일어나야 할 일이라고 말합니다. "그리스도가 이런 고난을 받고 자기의 영광에 들어가야 할 것이 아니냐" 하는 말은 꼭 일어나야 할 당위성을 가진 일이라는 뜻입니다. 헬라어는 '데이'(해야만 한다)라는 단어를 사용하여 그리스도가 고난을 받는 것과 영광에 들어가는 것이 반드시 일어나야만 하는 일이라는 것을 강조합니다. 그리스도(메시야)가 고난을 받고 영광에 들어가는 일이 선지자들이 말한 것이기 때문입니다. 예언이 성취되어야 한다는 의미입니다. 그리고 예수는 "모세와 모든 선지자의 글로 시작하여 모든 성경에 쓴 바 자기에 관한 것을 자세히 설명"해 주십니다(눅 24:27). 구약의 메시야 예언을 설명해 주십니다. 예수께서 메시야이심을 밝히십니다.

두 제자가 가려는 목적지에 도착했습니다. 그러자 두 제자가 이곳에서 머물다 가라고 예수를 붙잡습니다. 예수께서 제자들과 함께 들어가서 식탁에 앉습니다. 떡을 가지고 축사해 주십니다. 그때서야 제자들이 예수를 알아봅니다. "그들의 눈이 밝아져 그인 줄 알아보더니 예수는 그들에게 보이지 아니하시는지라"(눅 24:31). 예수를 볼 수 있는 눈이 떠졌습니다. 예수께서 설명해 주신 것을 듣고 영적인 분별력이 생긴 것입니다. 두 제자는 예수께서 성경을 풀어주실 때에 일어났던 내적 현상을 서로 말합니다. "그들이 서로 말하되 길에서 우리에게 말씀하시고 우리에게 성경을 풀어 주실 때에 우리 속에서 마음이 뜨겁지 아니하더냐"(눅 24:32). 마음이 뜨거워진 것은 불타는 상태입니다. 말씀을 들을 때에 마음에 불이 붙은 것입니다. 이들은 예수께 "선지자들이 말한 모든 것을 마음에 더디 믿는 자"라는 책망을 받았습니다. 그러나 예수께서 말씀을 풀어주실 때에 마음에 불이 붙고 그리스도께서 구약의 예언을 성취하기 위하여 십자가에서 죽으시고 부활하신 것을 깨닫습니다.

두 제자는 곧장 다시 예루살렘으로 올라갑니다. 제자들이 모인 곳에 도착하니 예수께서 베드로에게 나타났다는 말을 듣습니다. 이에 두 제자들도 길에서 일어난 일을 제자들에게 말합니다(눅 24:34-35).

제자들이 모여서 두 제자의 말을 듣고 있을 때에 예수께서 찾아오십니다. 예수께서 제자들에게 하신 첫 말씀은 "너희에게 평강이 있을지어다"입니다(눅 24:36). 제자들은 모든 상황이 두렵고 혼란스럽습니다. 그들이 믿고 따르던 예수께서 죽었습니다. 예수를 잡아 죽인 유대인들이 자신들도 찾지는 않을까 두렵습니다(요 20:19). 그런데 예수께서 다시 살아났다는 소식을 듣습니다. 모든 것이 혼란스럽습니다. 이때 찾아오신 예수는 제자들에게 평강을 선언합니다. 제자들이 예수를 보고 두려워합니다. "그 보는 것을 영으로 생각"합니다(눅 24:37). 제자들의 마음에 의심이 있습니다. 그러자 예수는 자신의 몸을 보여주십니다. "내 손과 발을 보고 나인 줄 알라 또 나를 만져 보라 영은 살과 뼈가 없으되 너희 보는 바와 같이 나는 있느니라"(눅 24:39). 예수는 자신의 몸을 보여주시면서 제자들에게 의심을 불식시켜 줍니다.

사도 요한도 이 사건을 보도합니다. 예수께서 제자들에게 나타나셔서 평강을 선언하시며 “손과 옆구리를”(요 20:20) 보여주십니다. 이때 도마는 이 자리에 참석하지 않았습니다. 후에 제자들이 도마에게 부활하신 예수를 만났다고 말합니다. 그러자 도마는 “내가 그의 손의 못 자국을 보며 내 손가락을 그 못 자국에 넣으며 내 손을 그 옆구리에 넣어 보지 않고는 믿지 아니하겠노라”(요 20:25) 하고 말합니다. 도마는 철저한 현실주의자입니다. 자신의 눈으로 직접 확인하지 않고는 믿지 않겠다고 합니다.

이 사건이 있고 나서 한 주 후에 예수께서 다시 제자들에게 나타나십니다. 이때 도마도 함께 있었습니다. 문이 닫혀 있었지만 예수께서 들어오셔서 제자들에게 평안을 전하십니다. 그리고 도마에게 “네 손가락을 이리 내밀어 내 손을 보고 네 손을 내밀어 내 옆구리에 넣어 보라 그리하여 믿음 없는 자가 되지 말고 믿는 자가 되라”(요 20:27)고 하십니다. 예수는 도마가 한 말에 그대로 반응하십니다. 도마의 요구에 그대로 응해주십니다. 그러자 도마는 “나의 주님이시요 나의 하나님이시니이다”(요 20:28) 하고 고백합니다. 도마는 예수를 눈으로 보고 확인한 후에 믿습니다. 이에 예수는 “너는 나를 본 고로 믿느냐 보지 못하고 믿는 자들은 복되도다”(요 20:29) 하십니다.

부활은 역사적인 사건입니다. 예수께서 역사 속에서 죽었다가 다시 살아났습니다. 많은 제자들이 부활하신 예수를 보았습니다. 그 제자들이 후 세대 사람들에게 예수의 부활을 증거했습니다. 이 부활의 소식이 현재 우리들에게까지 전해 내려온 것입니다. 그런데 역사적으로 예수의 부활을 목격하고 지금까지 살아있는 사람들은 없습니다. 예수께서 3일 만에 다시 살아났다는 소식이 전해져 내려옵니다. 따라서 이것은 역사적으로 증명할 수 있는 사건이 아닙니다. 증명이 아니라 믿음의 문제입니다. 예수의 부활 사건은 우리에게 믿음을 요구하는 사건입니다.

사도 요한은 자기가 직접 보고 들은 것을 책으로 써 놓으면서 이렇게 말합니다. “오직 이것을 기록함은 너희로 예수께서 하나님의 아들 그리스도이심을 믿게 하려 함이요 또 너희로 믿고 그 이름을 힘입어 생명을 얻게 하려 함이니라”(요 20:31). 믿음은 영원한 생명을 가져옵니다.

# 18

# 오순절 성령 강림

읽어야 할 본문: 사도행전 1-2장

예수께서 십자가에서 죽으시고 3일 만에 다시 살아나셨습니다. 예수의 마지막 사역은 십자가와 부활입니다. 십자가와 부활은 그리스도(메시야)께서 해야 할 일이었습니다.

십자가는 역사적이며 객관적인 사건입니다. 예수께서 유다의 산헤드린 공회의 정죄를 받고 빌라도 총독에게 재판을 받았습니다. 그리고 로마 군인들에 의해 십자가에서 죽었습니다. 이것을 많은 사람들이 보고 조롱했습니다.

십자가의 사건은 또한 신학적인 의미가 있습니다. 예수의 죽음은 속죄의 죽음이기 때문입니다. 예수는 자신이 이 땅에 오신 목적을 이렇게 설명하십니다. "인자의 온 것은 섬김을 받으려 함이 아니라 도리어 섬기려 하고 자기 목숨을 많은 사람의 대속물로 주려 함이니라"(막 10:45; 참고 딤전 2:6). 예수는 "자기 목숨을 많은 사람의 대속물로" 주기 위하여 오셨습니다. 대속물은 노예가 자유를 얻기 위해 또는 전쟁 포로를 되찾기 위해서 지불하는 값입니다. 예수는 그의 생명을 죄에 매여 죽을 수밖에 없는 많은 사람들을 해방시키기 위해 속전으로 지불하셨습니다. "많은 사람의 대속물"은 '많은 사람을 대신하여(또는 위하여)' 입니다. 이래서 예수의 십자가 죽음은 대속적인 의미를 가집니다. 예수 그리스도는 '우리 죄를 위하여' 죽으신 것입니다(고전 15:3). 자기 백성을 죄에서 구원하기 위해서 십자가에서 죽었습니다(마 1:21).

예수는 십자가에서 죽었지만 3일 만에 다시 살아났습니다. 예수는 부활하신 후에 제자들에게 그의 몸을 보여주십니다. 많은 제자들이 예수의 부활한 몸을 보았지만 모든 제자들이 본 것은 아닙니다. 또한 그 당시 모든 사람들이 예수의 부활을 본 것은 아닙니다. 따라서 이것은 증명될 수 있는 문제가 아닙니다. 이것은 믿음의 문제입니다. 예수의 부활을 본 사람들이 현재까지 살아서 증언하지 않기 때문입니다.

예수의 십자가와 부활은 역사적인 사건입니다. 하나님은 이 사건이 모든 민족에게 전파되기 원하십니다. 이것이 하나님의 구원계획입니다. 예수의 십자가와 부활 사건을 믿는 사람들은 구원을 받습니다. 영원한 생명을 얻습니다. 부활하신 예수는 이러한 하나님의 구원 계획을 제자들에게 위임합니다.

## 18.1 위임과 명령



부활하신 예수는 제자들에게 사명을 부여합니다. 특히 마태는 갈릴리에서 예수께서 제자들에게 하신 말씀을 보도합니다(마 28:16-20). 열 한 제자가 예수께서 말씀하신 갈릴리의 한 산에서 모였습니다. 이들 가운데는 아직도 예수를 의심하는 제자들도 있었습니다. 하지만 이들의 의심은 예수를 부인하고 배척하는 것은 아닙니다. 예수의 부활이 너무 경이롭기 때문에 실감이 나지 않는 것입니다.

예수는 자신에게 주어진 권세가 있다고 선언하십니다. "하늘과 땅의 모든 권세를 내게 주셨으니"(마 28:18). "하늘과 땅"이라는 표현이 주의를 끕니다. 하나님이 태초에 하늘과 땅을 창조하셨습니다. 그런데 지금 그 하늘과 땅의 권세가 예수께 있습니다. 하늘과 땅을 다스리는 모든 권한을 의미합니다. 예수는 지금 온 우주의 왕이십니다. 예수는 십자가에서 유대인의 왕으로 죽으셨습니다. 그러나 부활하신 후에는 하늘과 땅의 권세를 가지신 우주의 왕이십니다. 이 선언은 다니엘의 예언을 성취한 것입니다. 인자 같은 이가 하나님께 영원한 나라와 권세를 받는 예언입니다(단 7:13-14).



우주의 왕이신 예수께서 제자들에게 사명을 주십니다. "그러므로 너희는 가서 모든 민족을 제자로 삼아 아버지와 아들과 성령의 이름으로 세례를 베풀고 내가 너희에게 분부한 모든 것을 가르쳐 지키게 하라 볼지어다 내가 세상 끝 날까지 너희와 항상 함께 있으리라"(마 28:19-20). 여기서 주요 동사는 "제자로 삼아"입니다. 이것은 '제자를 삼으라' 하는 명령입니다. 이 명령에 "가서"와 "세례를 베풀고"와 "가르쳐"가 걸립니다. 이 세 단어들은 모두 분사형으로 '제자를 삼으라'는 명령을 수식합니다.

'제자를 삼으라'는 명령은 예수께서 열 한 제자를 삼은 것과 유사합니다. 사람들을 제자로 만드는 것입니다. 예수는 열한 명을 유대인들 가운데서 선택해서 제자로 세웠습니다. 배신한 가룟 유다를 제외한 숫자입니다. 제자들은 이제 모든 족속 가운데서 제자를 삼아야 합니다. 유대인을 넘어서 전 세계로 나아갑니다. 인종적인 경계를 넘어섭니다. 이방인들을 제자로 삼는 것입니다. 예수는 이스라엘 집의 잃어버린 양에게로 보냄을 받았지만(마 15:24) 예수는 가나안 여인의 믿음을 보고 귀신들린 딸을 고쳐주셨습니다. 이방인을 외면하지 않았습니다. 또한 예수는 이방인들이 하나님의 나라에 들어올 것을 예언하셨습니다(마 8:11). 그 예언이 이제 성취될 때가 된 것입니다. 예수는 이제 제자들에게 모든 민족에게로 제자들을 파송합니다. 하나님이 예수를 이 세상에 파송하신 것 같이 예수께서도 제자들을 모든 민족에게 파송하십니다(요 17:18).

제자를 삼기 위해서는 먼저 "가서"라는 명령에 순종해야 합니다. 모든 민족에게 즉, 이방인들에게 가야 합니다. 두 번째는 세례를 베푸는 것입니다. "아버지와 아들과 성령의 이름으로" 세례를 주어야 합니다. 세례를 통하여 제자들은 삼위일체 하나님과 연합을 이루는 것입니다(참고 롬 6:1-11). 예수는 대제사장 기도에서 삼위일체 하나님과 성도들 사이의 연합을 기도했습니다(요 17:21, 23). 세 번째는 가르치는 것입니다. 예수께서 제자들에게 가르치신 것을 제자들이 또 다른 제자들에게 가르치는 것입니다. 말씀을 가르치고 말씀대로 사는 것이 예수와 연합된 표이기 때문입니다(요 15:7-10). 말씀을 가르치는 것과 배우는 것이 제자 교육의 핵심입니다.

예수는 제자들에게 사명을 위임하시고 나서 제자들과 함께 하실 것을 약속하십니다. "볼지어다 내가 세상 끝 날까지 너희와 항상 함께 있으리라"(마 28:20). 예수는 모든 민족에게 복음이 전파되기 위해서 세상 끝 날까지 제자들과 함께 하실 것을 약속하십니다. 임마누엘의 약속이 여기서도 나타납니다(마 1:23).

## 18.2 성령을 기다려라

마태는 갈릴리에서 예수께서 제자들에게 지상 명령을 주신 것을 기록하고 있습니다. 그리고 누가는 예루살렘에서 예수께서 제자들에게 하신 마지막 명령을 전해주고 있습니다. 누가에 따르면 예수의 십자가와 부활 사건은 구약을 성취하는 사건(사 53장. 부활 사상에 대해서는 『대망의 책』, 427을 보십시오)입니다. "내가 너희와 함께 있을 때에 너희에게 말한바 곧 모세의 율법과 선지자의 글과 시편에 나를 가리켜 기록된 모든 것이 이루어져야 하리라 한 말이 이것이라"(눅 24:44). 구약을 세 부분으로 나누고 있습니다. 율법(토라)과 예언(말씀) 그리고 시편(지혜)를 다 언급합니다. 이것은 전통적인 구분 방법으로 구약 전체를 의미합니다. 구약은 예수의 십자가 사건과 부활을 지향하고 있습니다(눅 24:46). 예수의 십자가와 부활 사건이 구약 전체의 궁극적인 성취라는 것입니다. 예수는 구약의 성취자입니다. 예수는 제자들의 "마음을 열어 성경을 깨닫게"(눅 24:45) 해줍니다. 기록된 하나님의 말씀을 이해하게 하는 것으로 내적 조명을 말합니다.

예수의 십자가와 부활은 이제 모든 족속에게 전파되어야 합니다. 이것이 하나님의 구속 계획입니다. "또 그의 이름으로 죄 사함을 받게 하는 회개가 예루살렘에서 시작하여 모든 족속에게 전파될 것이 기록되었으니"(눅 24:47). 예수의 이름으로 죄 사함을 받게 하는 회개가 시작됩니다. 예수는 자기 백성을 죄에서 구원할 자입니다(마 1:21). 이것은 새 언약이 시작되었다는 것을 의미합니다. 예수는 유월절 식사에서 십자가 죽음을 예고 하셨습니다. 많은 사람들의 죄를 위하여 예수께서 피를 흘릴 것을 말씀하셨습니다. 이것이 새 언약입니다(마 26:28; 눅 22:20). 예레미야는 새 언약은 죄를 씻어 줄 것이라고 예언했습니다(렘 31:34). 죄를 용서받기 위해서는 회개가 필요합니다. 죄에서 돌아서서 하나님께로 가는 것입니다. 마음의 변화가 있어야 합니다. 이러한 회개가 예루살렘에서부터 시작됩니다. 모든 족속에게 전파될 것입니다. 이것은 이사야가 말한 종말론적 토라입니다(사 2:2-3). 예루살렘에서 이방인들을 위한 새로운 율법이 나오는 것입니다(참고 『대망의 책』, 405-406). 이것은 또한 하나님이 아브라함에게 하신 "네 씨로 말미암아 천하 만민이 복을 받으리니"(창 22:18; 12:3)는 약속이 성취되는 것이기도 합니다.

예수는 제자들을 증인으로 내세웁니다. "너희는 이 모든 일의 증인이라"(눅 24:48). 제자들은 예수의 공생애 기간 동안에 함께 했습니다. 예수께서 십자가에 죽으시고 3일 만에 다시 살아나신 것을 직접 보았습니다. 이 일의 증인입니다. 증인의 할 일은 자기가 보고 들은 것을 전하는 것입니다. 제자들은 예수에 관한 일을 전해야 할 사명이 있습니다.

제자들은 이 증인의 사명을 감당하기 위하여 해야 할 일이 있습니다. "볼지어다 내가 내 아버지께서 약속하신 것을 너희에게 보내리니 너희는 위로부터 능력으로 입혀질 때까지 이 성에 머물라 하시니라"(눅 24:49). 1) 하나님이 약속하신 것을 기다려야 합니다. 이것은 성령을 기다리는 것입니다. 예수는 보혜사 성령께서 오실 것을 수차례 말씀하셨습니다(요 14:16, 17, 26; 16:7, 13). 예수께서 떠나가셔야 성령이 오십니다. 성령이 오시면 제자들에게 능력을 주실 것입니다(참고 마 10:1). 2) 제자들은 성령이 오시기까지 예루살렘 성에 머물러야 합니다. 예수의 이 말씀은 오순절에 성령이 임하심으로 성취됩니다(행 2장).

## 18.3 예수의 승천

예수께서 다시 살아나신 후에 사십일 동안 제자들에게 여러 차례 나타나셨습니다(고전 15:4-8). 예수는 제자들에게 예루살렘을 떠나지 말고 아버지께서 약속하신 성령을 기다리라고 하십니다(행 1:4). 제자들은 예수의 부활을 직접 보았습니다. 그렇지만 이들은 아직 하나님의 구속계획을 완전히 이해하지 못하고 있습니다. 제자들은 예수께 하나님 나라에 대한 가르침을 받았습니다. 그러나 이들의 생각은 현세적입니다. 하나님의 나라를 이스라엘 국가를 위한 것으로 이해하고 있습니다. 제자들이 예수께 "주께서 이스라엘 나라를 회복하심이 이 때니이까"(행 1:6) 하고 질문합니다. 이스라엘 나라, 민족적인 회복에 관심이 있습니다. 이스라엘이 로마의 지배로부터 벗어나 국가적으로 독립하는 것을 묻고 있습니다. 이 질문에 대해 예수는 "이르시되 때와 시기는 아버지께서 자기의 권한에 두셨으니 너희가 알 바 아니요 오직 성령이 너희에게 임하시면 너희가 권능을 받고 예루살렘과 온 유다와 사마리아와 땅 끝까지 이르러 내 증인이 되리라 하시니라"(행 1:7-8).

예수의 대답에서 우리는 다음과 같은 사실을 알 수 있습니다. 1) 예수는 이스라엘 나라의 회복을 부인하지 않습니다. 2) 이스라엘 나라의 회복은 아버지의 권한입니다. 제자들이 상관할 일이 아닙니다. 이 대답이 흥미롭습니다. 왜냐하면 제자들의 시대에 예루살렘은 곧 망할 것이기 때문입니다. 예수는 예루살렘의 멸망을 이미 예언하셨습니다(마 24장). 예수는 예루살렘의 멸망을 알고 계시면서도 이스라엘 나라가 회복될 것이냐는 질문에 이스라엘 나라의 회복을 부인하지 않았습니다. 우리는 21세기를 살아갑니다. 우리는 이미 역사 속에서 이스라엘이 나라로 회복되었음을 목격하면서 살고 있습니다. 예수의 대답이 흥미로운 이유입니다. 3) 예수는 제자들에게 이스라엘 나라의 회복은 하나님의 일이니 너희는 너희 일을 하라고 하십니다. 제자들의 일은 우선 성령의 능력을 받는 것입니다. 4) 능력이 임하면 제자들은 나가서 예수의 증인이 되어야 합니다. 예루살렘부터 땅 끝까지 예수의 증인으로서의 삶을 살아야 합니다.

예수는 제자들에게 해야 할 일을 분명하게 말씀하시고 난 후에 하늘로 올라가십니다. 예수께서 하늘로 올라가실 때 구름에 가려서 보이지 않습니다. 제자들이 하늘로 올라가시는 예수를 자세히 쳐다보고 있습니다. 이때 천사들이 나타나서 제자들에게 "너희 가운데서 하늘로 올려지신 이 예수는 하늘로 가심을 본 그대로 오시리라"(행 1:11)고 말합니다. 예수께서 재림하실 것을 말합니다. 성경의 구조가 흥미롭습니다. 구약은 오실 메시야(그리스도)를 증거합니다. 신약은 메시야가 오셨다고 말합니다. 예언이 성취되었습니다. 그리고 신약은 또한 다시 오실 메시야를 예언하고 있습니다. 요한 계시록은 예수께서 다시 오실 것을 말합니다. 예언이 성취되기를 다시 기다리는 구조입니다.

## 18.4 오순절 성령 강림

부활하신 주님은 제자들에게 하나님의 나라에 관한 일을 설명하셨습니다(행 1:3). 또한 제자들에게 예루살렘을 떠나지 말고 아버지의 약속하신 성령을 기다리라고 명령하셨습니다(행 1:4). 제자들은 이제 성령으로 세례를 받을 것입니다. "요한은 물로 세례를 베풀었으나 너희는 몇 날이 못되어 성령으로 세례를 받으리라"(행 1:5). 성령을 받으면 제자들은 능력을 받고 예루살렘, 유다, 사마리아 그리고 땅 끝까지 예수님의 증인이 될 것입니다(행 1:8).

예수는 이 말씀들을 하신 후에 감람산에서 제자들이 보는 앞에서 하늘로 올라가셨습니다. 제자들은 예루살렘으로 돌아와서 성령을 기다리면서 두 가지 일을 합니다. 1) 기도에 힘씁니다. "마음을 같이하여 오로지 기도에 힘쓰더라"(행 1:14). 기도에 힘썼다는 것은 '한 마음으로 계속 기도했다' 또는 '한 마음으로 기도에 헌신했다' 는 의미입니다. 이 기도회에 많은 사람들이 참여합니다. 열 한 제자들, 여인들, 예수의 어머니와 아우들 그리고 백 이십 명이 모였습니다. 이들은 마음을 같이하여 즉 같은 기도제목으로 한 목표를 갖고 계속 기도합니다. 이들이 무엇을 위해서 기도했는지 구체적인 기도 내용은 나오지 않지만 예수께서 말씀하신 성령 강림을 위해 기도했을 것입니다. 2) 조직을 정비합니다. 가룟 유다가 배신해서 열 두 제자가운데 한 명이 빠졌습니다. 그래서 열 한 제자들은 제비를 뽑아서 한 명을 충원합니다. 열 두 제자 가운데 한 직분을 맡는 조건과 임무는 이렇습니다. "요한의 세례로부터 우리 가운데서 올려져 가신 날까지 주 예수께서 우리 가운데 출입하실 때에 항상 우리와 함께 다니던 사람 중에서 하나를 세워 우리와 더불어 예수께서 부활하심을 증언할 사람이 되게 하여야 하리라"(행 1:22-23). 예수께서 이 땅에 계실 때 함께 했던 사람입니다. 이 사람의 임무는 예수의 부활을 증언하는 것입니다. 그래서 맛디아가 뽑혀서 열 두 제자가운데 한 사람이 됩니다.

### 성령 강림의 현상

성령 강림은 오순절 날에 이뤄졌습니다. 오순절은 유월절 후 안식일 다음 날부터 50일째 되는 날이며(레 23:15이하) "칠칠절 곧 맥추의 초실절"(밀 추수의 만물, 출 34:22; 신 16:9-10), "칠칠절 처음 익은 열매 드리는 날"(민 28:26)입니다. 밀 추수의 첫 열매를 하나님께 드리는 날입니다. 오순절에 하나님이 약속하신 성령이 임하시는 것은 성령께서 구원의 일을 시작하신다는 의미입니다. 예수께서 십자가와 부활 사건을 통해서 구원의 토대를 놓으셨습니다. 이제 예수 그리스도를 믿고 주로 고백하는 사람들은 죄를 용서 받고 구원을 받습니다. 성령께서 세계 각처에 있는 하나님의 백성의 추수를 시작하는 것입니다. 이것은 예루살렘에서부터 시작하여 땅 끝까지 나아갈 것입니다. "베드로가 이르되 너희가 회개하여 각각 예수 그리스도의 이름으로 세례를 받고 죄사함을 받으라 그리하면 성령의 선물을 받으리니 이 약속은 너희와 너희 자녀와 모든 먼데 사람 곧 주 우리 하나님이 얼마든지 부르시는 자들에게 하신 것이라"(행 2:38-39).



오순절에 백 이십 명의 성도들이 모였습니다. 이때 성령이 임하십니다. 성령 강림의 현상은 크게 세 가지로 나타납니다.

1) 성령 강림은 귀로 들을 수 있습니다. "홀연히 하늘로부터 급하고 강한 바람 같은 소리가 있어 그들이 앉은 온 집에 가득하며"(행 2:2). 들을 수 있는 현상은 "하늘로부터 급하고 강한 바람 같은 소리"입니다. 성령의 임하심은 바람소리를 동반했습니다. 예수는 니고데모와 대화하실 때에 성령을 바람에 비유하시기도 하셨습니다(요 3:8). 바람소리는 엘리야 사건을 기억나게 합니다. 엘리야가 이세벨의 위협을 받고 호렙 산으로 도망을 갔습니다. 호렙 산에서 하나님이 엘리야에게 나타나십니다. 이때 여호와께서 지나가시는데 "크고 강한 바람이 산을 가르고 바위를" 부숩니다(왕상 19:11). 바람은 하나

님이 나타날 때 함께 한 동반 현상입니다.

2) 성령 강림은 눈으로 볼 수 있습니다. "마치 불의 혀같이 갈라지는 것들이 그들에게 보여 각 사람 위에 하나씩 임하여 있더니"(행 2:2-3). 성령의 강림은 불과 같이 임하십니다. 구약에서 여호와는 시내 산에서 불과 구름 가운데 이스라엘 백성이 보는 앞에서 임하셨습니다. 이때 신현의 동반 현상으로 우레, 번개, 빽빽한 구름, 나팔 소리, 연기 그리고 불이 나타났습니다(출 19:16-19). 하나님이 임하실 때 불이 자주 나타났던 것을 기억해야 합니다. 엘리야가 호렙 산에서 하나님을 만날 때, 먼저 "크고 강한 바람"과 "지진"이 있은 후에 "불"이 있었습니다(왕상 19:11-12). 그리고 성경은 하나님을 불로 잘 묘사합니다. 모세는 하나님을 "소멸하는 불"로 소개했습니다(신 4:24). 시편 기자도 하나님의 입에서 불이 나온다고 말합니다(시 18:8). 에스겔은 보좌에 앉으신 하나님을 "그 허리 위의 모양은 단 쇠 같아서 그 속과 주위가 불같고 내가 보니 그 허리 아래의 모양도 불같아서 사방으로 광채가 나며"(겔 1:27) 하고 묘사하고 있습니다. 다니엘도 하나님의 보좌를 봅니다. 하나님이 앉은 보좌는 불이며 하나님 앞에서 불이 나온다고 말합니다(단 7:9-10). 위의 사실들을 고려해 보면 성령이 불과 같이 임하셨다는 것은 성령께서 하나님이시라는 것을 보여줍니다. 불과 같이 성령이 임하시는 것은 신현입니다. 하나님이 나타난 것입니다. 세례 요한은 뒤에 오실 예수를 증거 하면서 그는 성령과 불로 세례를 주실 분이라고 말했습니다(눅 3:16). 성령과 불이 평행을 이루며 나타난다는 사실에 주목해야 합니다.



3) 성령의 임하심은 백 이십 명의 사람들에게 영향을 미칩니다. 특이하게 성령은 불의 혀같이 갈라져서 백 이십 명 각 사람위에 임합니다. 성령이 각 사람 위에 임하자 백 이십 명의 제자들이 각 나라의 방언을 말하기 시작합니다. "그들이 다 성령의 충만함을 받고 성령이 말하게 하심을 따라 다른 언어들로 말하기를 시작하니라"(행 2:4). 성령 세례는 성령의 충만함으로 나타났고 각 나라의 방언을 말하는 기적을 일으킵니다. 흥미롭게도 성령이 "불의 혀같이" 각 사람 위에 임하더니 각 사람이 다른 나라 언어를 말하기 시작합니다. 혀는 언어와 밀접한 관련이 있습니다. 백 이십 명의 성도들이 말한 방

언은 각 나라에 사용하는 지역 언어입니다. 각 나라에서 온 디아스포라 유대인들이 이 말을 듣고 이해할 수 있었기 때문입니다. 오순절에 예루살렘에 수많은 유대인들이 절기를 지키러 왔습니다. 이들은 바대, 메대, 엘람, 메소보다미아, 유대, 갑바도기아, 본도, 아시아, 브루기아, 밤빌리아, 애굽, 구레네, 리비야, 로마, 그레데와 아라비아에서 온 사람들입니다. 세계 각처에 흩어져 있는 유대인들입니다. 이들은 오순절을 맞아 하나님이 선택한 성인 예루살렘에서 절기를 지키려고 온 사람들입니다(신 16:9-12). 이들은 갈릴리 출신의 제자들이 각 지역의 언어로 말하는 것을 들었습니다. 놀랍고 신기한 일이 일어났습니다. 디아스포라 유대인들은 이 놀라운 기적을 "하나님의 큰 일"이라고 부릅니다(행 2:5-11). 하지만 모든 사람들이 이 일을 하나님이 하신 일로 생각한 것은 아닙니다. 어떤 사람들은 제자들을 향하여 "새 술"(행 2:13)에 취하였다고 조롱합니다.

이 사건은 바벨탑 사건과 대조를 이룹니다. 인간들이 모여서 하늘에 닿는 탑을 쌓으려 하자 하나님이 내려오셔서 인간이 하려는 일을 방해합니다. 언어를 서로 다르게 하십니다. 바벨탑 사건으로 언어의 혼잡이 왔습니다. 사람들이 서로 의사소통을 할 수 없습니다. 결국 바벨탑을 쌓으려는 시도를 멈춥니다(창 11:1-9). 그러나 오순절에 성령이 임하시자 제자들이 다른 지역의 언어로 말을 합니다. 서로 다른 지역에 사는 사람들끼리 의사소통이 이루어집니다. 언어의 장벽을 뛰어넘습니다. 성령의 능력으로 언어의 장벽이 무너집니다.

오순절에 제자들이 말한 방언은 고린도 전서 14장에서 말하는 방언과 다른 것 같습니다. 고린도 교회에서 나타난 방언은 개인이 하나님께 기도하는 언어이기 때문입니다.

### 성령 강림의 신학적 의미

1) 오순절에 임하신 성령은 약속의 성취입니다. 성령이 임해서 제자들이 각 나라 방언을 말하자 사람들이 술 취한 것으로 오해하기도 합니다. 그러자 베드로가 성령 강림은 요엘 선지자의 예언이 성취된 것이라고 설명합니다

(행 2:16-21). 요엘은 "말세에 내가 내 영을 모든 육체에 부어 주리니"(욜 2:28; 행 2:17) 하고 예언했습니다. 이 예언이 이루어진 것입니다. 또한 예수는 이 땅을 떠나시면 성령을 보내주실 것을 약속하셨습니다(요 16:7; 14:16-17). 예수는 부활하신 후에도 제자들에게 성령이 임하실 것을 말씀하셨습니다(눅 24:49). 하늘로 승천하신 예수께서 오순절에 성령을 보내주신 것입니다. 이 약속들이 성취된 것입니다. 성령이 오신 것은 우연히 일어난 일이 아니라 하나님의 계획 속에서 있었던 일이라는 사실을 여기서 알 수 있습니다.

2) 성령 강림은 종말론적인 사건입니다. 요엘의 예언은 "그 후에 내가 내 영을 만민에게 부어 주리니" 하고 시작하는데(욜 2:28), 베드로는 이것을 "말세에 "('이 마지막 날들에,' 행 2:17)로 고쳐서 말합니다. 베드로는 성령 강림 사건을 종말론적인 사건으로 인식한 것입니다. 성령의 임하심은 종말의 시대라는 것을 보여줍니다.



3) 성령이 임하자 제자들이 각 나라의 방언을 말했습니다. 이것은 표적입니다. 성령 강림으로 복음이 유대를 넘어 전 세계로 퍼져 나갈 것을 보여줍니다. 성령이 임하심으로 복음은 이제 인종적, 민족적인 신분을 넘어 전 세계로 나아갑니다. 언어의 장벽을 넘어설 것입니다. 성령이 임하시자 백 이십 명의 제자들이 각 나라의 지역 언어를 말합니다. 이 사건은 바벨탑 이후에 생긴 언어의 장벽을 넘어서는 것입니다(창 11장). 이제 복음은 전 세계로 퍼져나갈 것입니다. 예수 역시 제자들에게 성령이 임하시면 제자들이 예루살렘, 유다, 사마리아와 땅 끝까지 예수의 증인이 되어야할 것을 말씀하셨습니다(행 1:8). 베드로 역시 성령의 임하심은 회개하고 예수를 믿는 모든 사람, 멀리 있는 사람들에게까지 이뤄질 것을 설교합니다(행 2:38-39). 성령이 오심으로 전 세계에 복음이 선포되는 선교 사역이 시작되었습니다. 선교의 시대가 활짝 열린 것입니다. 예수께서는 종말론 강화에서 "이 천국 복음이 모든 민족에게 증언되기 위하여 온 세상에 전파되리니 그제야 끝이 오리라"(마 24:14) 하셨습니다. 이 말씀이 성령이 오심으로 실현되기 시작합니다.

4) 성령은 이제 모든 사람에게 임하십니다. 베드로는 요엘의 예언을 인용해 이 점을 명확히 합니다. 신약 시대에 성령은 예수를 믿는 모든 육체에게

부어집니다. 구약에서 여호와의 영은 사사, 제사장, 선지자, 왕과 같은 특별한 사람에게만 임했습니다. 그러나 이제 신약 시대에 성령은 모든 사람에게 임하십니다. 이 모든 사람은 예수 그리스도를 믿는 사람들을 의미합니다(행 2:17, 38-39).

5) 오순절에 성령은 백 이십 명 성도들에게 임하십니다. 백 이십 명은 그 당시에 회당을 독자적으로 세울 수 있는 숫자입니다. 유대교와는 다른 새로운 공동체가 출현한 것입니다. 이 숫자에는 열 한 제자들, 여인들, 예수의 어머니와 아우들도 포함되어 있습니다. 성령 강림은 모든 사람 즉 자녀, 늙은 사람, 젊은 사람, 남종과 여종을 포함합니다(행 2:17-18). 어떠한 사회적인 차별이 없습니다. 성령이 임하는데 성, 남자나 여자 또는 신분, 자유인이나 종 또는 연령, 나이의 많고 적음이 문제가 되지 않습니다. 성령이 임하는 모든 사람은 하나님 안에서 평등합니다. 구약 시대에 여호와의 영은 특별한 사람들에게 임했던 것을 생각하면 오순절에 임하신 성령과 큰 차이를 보입니다. 이제 하나님은 사람을 차별하지 않으십니다.

6) 오순절 성령 강림은 성령 세례로 불립니다. 더 정확하게 말하면 '성령으로 세례' 입니다. 세례 요한은 뒤에 오시는 예수를 자신과 비교해서 말합니다. 세례 요한은 물로 세례를 주지만 예수는 "성령으로 세례"를 주시는 분입니다. 마가와 요한은 "성령으로 세례"(막 1:8; 요 1:33) 그리고 마태와 누가는 "성령과 불"(마 3:11; 눅 3:16)로 세례를 준다고 말합니다. 성령 세례를 주시는 분이 예수 그리스도입니다.

부활하신 주님은 제자들에게 "요한은 물로 세례를 베풀었으나 너희는 몇 날이 못되어 성령으로 세례를 받으리라"(행 1:5)고 하십니다. 이것은 오순절에 성령이 오심으로 성취되었습니다. 따라서 성령 세례는 오순절 성령 강림을 의미합니다. 오순절 성령 강림은 "성령의 충만함을 받고"(행 2:4)로도 나옵니다.

하지만 성령 세례는 한 번으로 그친 것은 아닙니다. 후에 베드로가 이방인 고넬료 집에 심방을 가서 성령이 임하시는 것을 보았습니다. 베드로가 예루살렘의 할례자들에게 고넬료 심방 사건을 회고하면서 이렇게 말합니다. "내가 말을 시작할 때에 성령이 그들에게 임하시기를 처음 우리에게 하신 것과 같이 하신지라 내가 주의 말씀에 요한은 물로 세례를 베풀었으나 너희는 성령으로 세례를 받으리라 하신 것이 생각났노라"(행 11:15-16). 베드로는 이방인 고넬료에게 "성령이 그들에게 임하시기를" 이라고 말합니다. 이것을 성령 세례라고 회고합니다. 베드로는 이방인들이 성령을 받은 것을 "처음 우리에게 하신 것과 같이" 한 것이라고 말합니다. 오순절 성령 강림 사건과 이방인 고넬료가 성령을 받은 사건이 같다는 것입니다. 이것은 "베드로가 이 말을 할 때에 성령이 말씀 듣는 모든 사람에게 내려오시니 베드로와 함께 온 할례 받은 신자들이 이방인에게도 성령 부어 주심으로 말미암아 놀라니"(행 10:44-45) 하고 표현되어 있습니다. 성령 세례는 "성령이 말씀 듣는 모든 사람에게 내려오시니" 그리고 "성령 부어 주심으로"도 표현되었습니다. 이방인들도 성령으로 세례를 받았습니다.



사도 바울도 성령 세례라는 표현을 사용합니다. "우리가 유대인이나 헬라인이나 종이나 자유인이나 다 한 성령으로 세례를 받아 한 몸이 되었고 또 다 한 성령을 마시게 하셨느니라"(고전 12:13). 이것은 고린도 교회에 임한 성령 세례 사건일 것입니다.

위의 예들을 종합해 보면 성령 세례 사건은 반복되었습니다. 이방인 고넬료에게도 나타났고 고린도 교회에도 있었습니다. 또한 성령 세례는 다양한 언어로 표현됩니다. "내 아버지께서 약속하신 것"(눅 24:49), "성령이 너희에게 임하시면"(행 1:8), "약속하신 성령을...부어 주셨느니라"(행 2:33). 이것을 보면 성령 세례는 앞으로도 계속 반복될 것입니다.

성령은 사마리아 사람들에게(행 8장), 사도 바울에게(행 9장), 이방인 고넬료 가정에(행 10-11장) 그리고 에베소 제자들에게 임하십니다(행 19장). 성령의 임하심이 계속 있으며 언어의 장벽을 넘어갑니다. 여기서 주목할 것은 계속되는 성령 강림 사건은 같은 성령이 임하시는 사건들이지만 오순절과 똑같은 현상으로 일어나지는 않습니다.

이러한 사실에도 불구하고 오순절 성령 강림 사건은 독특한 의미가 있습니다. 예수께서 승천하신 후에 성령을 부어주신 첫 번째 사건이라는 것입니다.

또한 오순절에 성령이 임하셨다는 것도 의미가 있습니다. 오순절은 밀의 첫 소산물을 바치는 절기입니다. 오순절에 오신 성령은 예수 그리스도의 십자가와 부활 사건을 적용하여 구원의 첫 열매를 드리는 사건입니다. 오순절을 시작으로 구원의 추수가 시작된 것입니다. 오순절의 성령 강림은 예수를 직접 본 예수 시대의 사람들에게 임했습니다. 이런 점에서 독특한 사건입니다.

7) 오순절 성령 강림은 높아지신 주님께서 보내주신 사역입니다. "하나님이 오른손으로 예수를 높이시매 그가 약속하신 성령을 아버지께 받아서 너희가 보고 듣는 이것을 부어 주셨느니라"(행 2:33). 예수께서 성령을 보내십니다. 오순절에 임하신 성령은 예언의 영으로서 예수 그리스도를 증거 하는 역할을 합니다.

8) 오순절에 임하신 성령은 주의 크고 두려운 날이 임하기까지 사역을 계속합니다. 성령이 임하신 사건은 종말론적인 사건입니다. 이 종말은 최후의 심판까지 지속됩니다. 이 기간에 예수를 주로 부르는 모든 사람은 구원을 받으며 성령을 선물로 받습니다(행 2:19-21, 38-39). 오순절에 시작된 추수는 주의 재림 때까지 계속될 것입니다(마 24:29-31).

10) 오순절의 성령은 바람과 불로 표현되었습니다. 바람과 불은 고정화된 형체가 없는 것이 특징입니다. 형태가 자유롭습니다. 이와 같이 성령의 역사 역시 자유로울 것입니다. 때로는 강하고 뜨겁게 때로는 부드럽고 온화하게 역사하십니다. 오순절 성령 강림(행 2장), 사마리아 사람들(행 8장), 사도 바울(행 9장), 이방인 고넬료 가정(행 10-11장) 그리고 에베소 제자들(행 19장)에게 임하신 성령의 모습을 보면 정형화 되어 있지 않습니다. 일정하고 체계적인 모습으로 나타나지 않습니다. 자유롭고 신비스러운 방법으로 임하십니다. 그렇지만 성령이 임한 그들 모두는 예수 그리스도를 고백하는 공통점이 있습니다(고전 12:13).



### 예언의 영과 설교

오순절에 성령이 임하자 갈릴리 사람들이 각 나라의 방언을 말합니다. 그러자 사람들이 새 술에 취했다고 조롱합니다(행 2:1-13). 이때 베드로와 열

한 사도들이 일어나 오순절에 모인 유대인들에게 성령 강림 사건의 의미를 말합니다(행 2:14-21). 제자들이 대중에게 설교를 한 것입니다. 특히 베드로가 주도적으로 요엘서를 인용하여(욜2:28-32) 설명합니다.

베드로의 설교 내용에서 첫 번째 눈에 들어오는 것이 예언입니다. 오순절 성령 강림은 예언을 강조합니다. "너희의 자녀들은 예언할 것이요"(행 2:17), "내 남종과 여종들에게 부어 주리니 그들이 예언할 것이요"(행 2:18). 베드로는 요엘을 인용하면서 요엘서에 없는(욜 2:29) "그들이 예언할 것이요"(행 2:18)를 첨가하여 예언을 강조하고 있습니다. 오순절에 임하신 성령은 예언의 영의 역할을 감당합니다. 예언은 베드로의 설교를 통해서 나타나고 있습니다.

오순절의 성령은 예언의 영의 역할을 담당합니다. 그렇다면 이 예언은 무슨 내용인가? 성령이 임하시자 베드로는 많은 사람들 앞에서, 회개한 사람의 수가 삼천 명이니 최소한 삼천 명이상의 사람들 앞에서 설교합니다. 물론 베드로의 설교는 현대 교회의 예배형식에서 행하는 설교와는 다릅니다.

설교의 내용은 예수 그리스도의 죽음과 부활입니다(행 2:22-36). 설교의 주 내용은 예수 그리스도에 관한 내용입니다. 이것은 예수의 말씀과도 일치합니다. "오직 성령이 너희에게 임하시면 너희가 권능을 받고 예루살렘과 온 유대와 사마리아와 땅 끝까지 이르러 내 증인이 되리라 하시니라"(행 1:8). 성령의 능력으로 베드로는 설교하는데, 예수의 증인으로 예수 그리스도의 십자가와 부활을 선포합니다. 오순절의 성령은 예수 그리스도의 십자가와 부활을 설교하는 예언의 영의 특징을 갖고 있습니다.

베드로는 예수께서 이 땅에 오셔서 "큰 권능과 기사와 표적"을 베풀었다고 말합니다. 그렇지만 유대인들이 예수를 십자가에 못 박아 죽였습니다. 이것은 "하나님께서 정하신 뜻과 미리 아신 대로" 일어난 일이라고 선언합니다(행 2:22-23). 예수께서 십자가에서 죽으신 일은 하나님이 정하신 뜻입니다. 하나님의 계획입니다. 예수께서 죽었습니다. 그러나 하나님이 그를 다시 살리셨습니다. "하나님께서 그를 사망의 고통에서 풀어 살리셨으니 이는 그가 사망에 매여 있을 수 없었음이라"(행 2:24). 예수께서 다시 살아나신 것은 시편의 말씀(시 16:8-11)을 성취하는 사건입니다. 다윗은 메시야께서 다시 살아나서 영원히 있을 것을 예언했습니다. "이는 내 영혼을 음부에 버리지 아니하시며 주의 거룩한 자로 썩음을 당하지 않게 하실 것임이로다 주께서 생명의 길을 내게 보이셨으니 주 앞에서 내게 기쁨이 충만하게 하시리로다"(행 2:27-28). 다윗은 이미 죽어서 무덤에 있습니다. 다윗이 말하는 것은 메시야(그리스도)의 부활입니다(행 2:31). 다윗은 선지자로서 메시야의 고난과 부활을 미리 예언한 것입니다. 베드로는 다윗의 시편을 인용하여 예수께서 죽었다가 다시 살아나셨음을 설교합니다. 하나님이 예수를 다시 살리셨습니다. 제자들이 이 일을 직접 보았습니다. 증인들입니다(행 2:32).

베드로는 예수께서 죽었다가 다시 살아나셨다고 설교합니다. 예수는 부활하셨으며 하늘로 올라가셨습니다. 높아지신 예수께서 성령을 부어주셨다고 증언합니다. "하나님이 오른손으로 예수를 높이시매 그가 약속하신 성령을 아버지께 받아서 너희가 보고 듣는 이것을 부어 주셨느니라"(행 2:33). 베드로는 예수의 죽음, 부활, 승천, 높아지심 그리고 성령 부어주심을 말합니다. 성령으로 충만한 베드로는 예수 그리스도에 관한 일을 설교하고 있습니다. 더 나아가 베드로는 시편 110:1을 인용하여 예수께서 하나님의 보좌 우편에 앉아 계신다고 증거합니다(행 2:34-35). 이 시편은 다윗의 시입니다. 특히 예수께서 바리새인들과 논쟁할 때에 이 시편을 인용하여 질문했습니다. 그리스도가 다윗의 후손인데 어찌하여 다윗이 그리스도께 주라고 했느냐고 바리새인들에게 물었습니다(마 22:41-46). 바리새인들은 이 질문에 아무도 답변을 하지 못했습니다. 예수께서 바리새인들과의 논쟁에서 완승을 거두었습니다. 베드로는 이 시편(110:1)을 인용하여 예수를 그리스도라고 밝히고 있습니다. 다윗은 하늘에 올라가지 못했지만 예수는 하늘에 올라 하나님의 우편에 앉아 있다고 설교합니다.

유대의 종교 지도자들은 예수께서 메시야(그리스도)이심을 부인했습니다. 그러나 하나님은 예수를 그리스도로 인정하십니다. "이스라엘 온 집은 확실히 알지니 너희가 십자가에 못 박은 이 예수를 하나님이 주와 그리스도가 되게 하셨느니라"(행 2:36). 예수는 하나님이 인정한 만왕의 왕이며 만군의 주입니다. 이 예수가 바로 그리스도입니다. 베드로는 성령의 충만함을 받아서 예수께서 그리스도이심을 설교하고 있습니다. 오순절에 임하신 성령은 예언의 영으로서 예수 그리스도를 증거하는 영이라는 사실을 여기서 알 수 있습니다.

## 성령의 능력

예수는 성령이 임하시면 제자들이 능력을 받을 것이라고 하셨습니다(행 1:8). 그렇다면 이 능력은 어떤 능력이겠습니까? 성령이 임하자 제자들이 방언을 말합니다. 첫째는 방언을 말하는 능력입니다. 지역 언어 즉 외국어를 구사할 수 있는 능력이 생겼습니다. 제자들이 방언을 말하자 유대인들이 새 술에 취했다고 조롱했습니다. 그러자 베드로와 제자들은 이 조롱에 맞서서 자기들에게 임한 성령에 대해서 설교합니다. 베드로와 제자들이 변했습니다. 예수께서 잡혀가실 때에 제자들은 도망갔습니다. 십자가에 못 박힐 때 예수께서 사랑하시는 제자 외에는 다 그 자리에 없었습니다. 이들은 유대인들을 두려워했습니다. 제자들이 모일 때에도 두려움 때문에 문을 닫아 놓았습니다(요 20:19). 두려움 때문에 비겁했던 제자들입니다. 그러나 성령이 임하자 제자들이 변합니다. 두려워하지 않습니다. 담대하게 유대인들 앞에서 예수 그리스도를 증거합니다. 용기가 있습니다. 이것이 둘째 능력입니다. 예수 그리스도를 전할 수 있는 용기와 담대함입니다. 내적인 변화가 생긴 것입니다. 더 나아가 베드로는 설교를 할 때에 성령의 임하심이 요엘 예언의 성취임을 밝힙니다. 그리고 예수 그리스도께서 십자가에서 죽으시고 부활하시고 하늘에 올라가신 것을 구약 시편을 인용하여 논증합니다. 예수 그리스도에 대해 일어난 일을 신학적으로 설명할 수 있는 지적 능력이 있습니다. 셋째로 지적 능력이 생긴 것입니다. 예수는 성령이 임하시면 성령이 제자들을 가르치고 생각나게 할 것이라고 하셨습니다(요 14:26). 마지막으로 제자들은 기사와 표적을 행합니다(행 2:43). 사람의 이성과 한계를 뛰어넘는 일들을 행합니다. 걷지 못하는 사람을 일으켜 걷게 하는 이적을 행하기도 합니다(행 3:1-10).

### 오순절 성령 강림의 결과

오순절에 성령이 임하셨습니다. 제자들이 예수를 증거합니다. 모인 무리들이 베드로의 설교를 다 듣고 마음에 감동을 받습니다. "그들이 이 말을 듣고 마음에 찔려 베드로와 다른 사도들에게 물어 이르되 형제들아 우리가 어찌할꼬 하거늘"(행 2:37). 유대인들은 말씀을 듣고 마음에 찔림을 받습니다. 마음에 영향을 받는 것입니다. 그래서 제자들에게 어떻게 행동을 해야 하는지를 묻습니다. 이에 베드로는 해야 할 행동을 설명합니다. 먼저 회개해야 합니다. "너희가 회개하여 각각 예수 그리스도의 이름으로 세례를 받고 죄 사함을 받으라 그리하면 성령의 선물을 받으리니"(행 2:38). 말씀을 듣고 나타나는 참된 반응은 죄에 관한 인식이 변하는 것입니다. 먼저 자신이 죄인이라는 사실을 압니다. 그 죄를 자백하며 용서함을 구합니다. 이럴 때 죄 용서함을 받습니다. 죄로부터 구원을 받는 것입니다. 이것이 회개입니다. 둘째, 예수 그리스도의 이름으로 세례를 받습니다. 죄의 문제가 해결되고 난 후에 성령을 받습니다. 성령은 거룩한 영입니다. 죄의 문제가 해결된 사람들에게 임합니다.

그런데 베드로는 이러한 회개와 성령을 받는 것이 단지 유대인들에게 해당되는 것이 아니라고 선언합니다. "이 약속은 너희와 너희 자녀와 모든 먼 데 사람 곧 주 우리 하나님이 얼마든지 부르시는 자들에게 하신 것이라"(행 2:39). 이방인들도 성령을 받을 수 있습니다.

베드로의 설교를 받고 회개한 사람이 약 삼천 명이나 됩니다. 엄청난 숫자가 예수 그리스도를 믿습니다. 새로운 공동체가 생겨납니다. 예루살렘 교회입니다. 오순절은 하나님께 밀 추수의 첫 소산물을 드리는 절기입니다. 성령이 임하시자 약 삼천 명이나 되는 사람들이 회개하고 구원을 받습니다. 예수 그리스도의 십자가와 부활 사역이 첫 열매를 맺습니다(참고 사 53:10-11).

예루살렘 공동체에 네 가지 중요한 특징이 나옵니다. "그들이 사도의 가르침을 받아 서로 교제하고 떡을 떼며 오로지 기도하기를 힘쓰니라"(행 2:42). 1) 사도들의 가르침입니다. 사도들은 예수의 마지막 지상 명령(마 28:20)에 따라 성도들을 가르칩니다. 교회 공동체에 말씀 교육이 얼마나 중요한지를 보여줍니다. 2) 서로 교제합니다. 친밀함을 나타냅니다. 3) 같이 모여 식사를 합니다. 일상적인 교제의 식사(행 2:46)이거나 주의 성찬일 것입니다(참고 고전 11:17-34). 4) 예루살렘 교회는 기도에 힘씁니다.

# 19

# 예루살렘에서 유다와 사마리아로

**읽어야 할 본문: 사도행전 3-12장**

성령이 임하시자 제자들이 능력을 받아 예수의 증인이 됩니다. 제자들은 예수의 십자가와 부활을 전합니다. 이 복음은 예루살렘에서 시작하여 유다와 사마리아와 땅 끝까지 퍼져나가기 시작합니다.

누가는 복음이 전파되는 역사를 사도행전에서 잘 보여주고 있습니다. 처음에는 예루살렘에서 복음 전파가 시작됩니다(행 1-8장). 오순절에 성령이 임한 후에 베드로와 요한이 성전 미문에 앉아 있던 걷지 못하는 사람을 고쳐줍니다. 이 일로 베드로가 대중에게 다시 설교를 하여 오천 명이 되는 사람들이 회심합니다. 이 일로 인하여 베드로와 요한이 감옥에 갇히고 위협을 받습니다. 대제사장들과 종교 지도자들이 제자들에게 예수의 이름으로 가르치지 말라고 협박합니다. 그러나 제자들은 이것을 거부합니다. 유대 종교지도자들은 제자들을 어떻게 처리할지를 몰라 풀어줍니다. 예루살렘 교회는 더 부흥합니다. 성도들이 자신의 재산을 팔아서 가난한 사람들에게 나눠줍니다. 이때 아나니아와 삽비라도 재산을 팔아 사도들에게 기부합니다. 그러나 이들은 땅을 판 값의 얼마를 감춰 놓고 전부라고 거짓말을 합니다. 성령을 속인 것입니다. 아나니아와 삽비라는 심판을 받아 죽습니다. 이 일후에 베드로와 사도들을 통하여 많은 이적과 기적이 나타납니다. 대제사장들과 유대 종교 지도자들이 제자들을 감옥에 가둡니다. 그러나 주의 사자가 제자들을 감옥에서 풀어줍니다. 이들이 나가서 다시 성전에서 말씀을 전파합니다. 유대 종교 지도자들이 제자들을 위협합니다. 그러나 제자들은 굴하지 않고 복음을 증거합니다. 이 일 후에 예루살렘 교회에서 구제 문제로 논란이 일어납니다. 사도들이 일곱 집사를 세워 구제 문제를 담당하게 합니다. 교회 조직이 갖춰지기 시작합니다. 일곱 집사 가운데 스데반과 빌립이 두드러집니다. 스데반은 지혜와 능력이 뛰어납니다. 유대 종교 지도자들이 스데반을 붙잡아 공회에 세웁니다. 거짓 증인들이 나서서 모세와 하나님을 모욕하는 말을 했다고 증언합니다. 이에 스데반이 긴 설교를 합니다. 그러자 유대인들은 스데반의 설교를 듣지 않고 스데반을 죽입니다. 스데반이 순교자가 되었습니다. 그리고 예루살렘 교회에 큰 핍박이 있습니다. 사도들 외에는 다 예루살렘을 떠나 사마리아와 유다로 흩어집니다.

이 박해로 인하여 복음이 예루살렘을 넘어 주변으로 확대됩니다(행 9-12장). 빌립 집사에 의해 사마리아가 복음을 받습니다. 또한 에디오피아 내시가 빌립의 전도를 받고 회심을 합니다. 이 후에 기독교 역사에 중요한 사건 가운데 하나인 사도 바울의 회심이 일어납니다. 사울이 다메섹에 있는 기독교인들을 핍박하기 위하여 가다가 부활하신 주님을 만납니다. 사울의 회심으로 기독교는 이방인 전도에 탄력을 받습니다. 베드로는 이방인 고넬료의 집에 심방을 갑니다. 그곳에서 복음을 전합니다. 이때 성령이 이방인들에게도 내려옵니다. 스데반 일로 예루살렘에 박해가 일어나 성도들이 흩어졌습니다. 이 일로 인하여 복음이 안디옥에게까지 나아갑니다. 안디옥에 교회가 세워집니다.

### 19.1 베드로의 성전 설교

오순절 성령 강림 사건 후에 예루살렘 교회가 괄목할만한 성장을 이루는 사건이 일어납니다. 베드로와 요한이 9시(오후 3시) 기도시간에 성전에 올라갑니다. 선천적으로 걷지 못하는 사람이 성전 미문에 앉아서 구걸을 합니다. 이 사람이 베드로와 요한을 보고 구걸을 합니다. 그러자 베드로가 "우리를 보라"(행 3:4) 하고 말합니다. 그 사람이 무엇을 얻을까 하고 바라봅니다. 베드로가 "은과 금은 내게 없거니와 내게 있는 이것을 네게 주노니 나사렛 예수 그리스도의 이름으로 일어나 걸으라"(행 3:6) 하고 명령을 합니다. 베드로는 은과 금을 예수 그리스도의 이름과 비교합니다. 베드로는 예수 그리스도의 이름으로 "걸으라" 하고 명령을 합니다. 그리고 오른손을 잡아 일으킵니다. 그러자 선천적으로 걷지 못하던 사람이 일어나 걷고 뜁니다. 하나님을 찬양합니다.

이 사건이 일어나자 백성들이 베드로와 요한에게 몰려듭니다. 솔로몬의 행각에 사람들이 밀려옵니다. 베드로가 백성에게 설교를 합니다. 오순절에 이어 두 번째 설교입니다. 일종의 전도 설교입니다. 베드로는 먼저 선천적으로 걷지 못하던 사람이 걷게 된 일은 자신들의 능력으로 된 일이 아니라고 말합니다. 그리고 예수 그리스도를 말합니다. 유대인들이 예수를 빌라도에게 넘겨주었습니다. 빌라도는 예수를 놓아 주려고 했으나 유대인들이 반대했습니다. "너희가 거룩하고 의로운 이를 거부하고 도리어 살인한 사람을 놓아 주기를 구하여 생명의 주를 죽였도다 그러나 하나님이 죽은 자 가운데서 그를 살리셨으니 우리가 이 일에 증인이라"(행 3:14-15). 베드로는 예수를 "거룩하고 의로운 이"라고 부릅니다. 예수는 죄가 없는 거룩한 분이며 의인(참고 슥 9:9)입니다. 그리고 예수를 "생명의 주"라고 부릅니다. 이 말은 '생명의 창시자' 또는 '생명의 군주'라는 뜻입니다. 예수는 일찍이 자신을 "나는 부활이요 생명이니"(요 11:25) 하고 소개했습니다. 예수는 생명을 다스리는 분이며 생명을 주시는 분입니다. 유대인들은 이러한 분을 십자가에 죽였습니다. 그렇지만 하나님이 그를 다시 살리셨습니다. 제자들이 이 일에 증인입니다. 베드로는 부활하신 예수의 이름으로 걷지 못하는 자가 걷게 되었다고 말합니다. 여기에 한 가지를 덧붙입니다. "예수로 말미암아 난 믿음이 너희 모든 사람 앞에서 이같이 완전히 낫게 하였느니라"(행 3:16). 예수를 믿는 믿음이 병자를 치유했다고 선언합니다. 베드로와 요한이 앉은뱅이를 치유한 사건은 믿음의 역사라고 말합니다.

베드로는 이제 설교를 듣는 대중들이 해야 할 일을 설명합니다. 먼저 유대인들이 예수를 못 박은 것은 알지 못하고 한 일이라고 합니다. 유대인들이 예수를 십자가에 못 박았지만 이 모든 일은 또한 하나님이 선지자들을 통하여 예언하신 일이 성취된 것이라고 말합니다(행 3:18). 십자가는 구약이 성취된 사건입니다. 그리고 유대인들에게 회개를 촉구합니다. "그러므로 너희가 회개하고 돌이켜 너희 죄 없이 함을 받으라 이같이 하면 새롭게 되는 날이 주 앞으로부터 이를 것이요 또 주께서 너희를 위하여 예정하신 그리스도 곧 예수를 보내시리니"(행 3:19-20). 베드로는 유대인들에게 죄 용서함을 받으라고 설교합니다. 그런데 이 설교에서 특이한 점이 있습니다. 회개하고 나면 하나님이 예수 그리스도를 보내 주신다는 것입니다. 이 설교는 오순절 설교와 비교할 때 흥미롭습니다. 베드로는 오순절에 "너희가 회개하여 각각 예수 그리스도의 이름으로 세례를 받고 죄 사함을 받으라 그리하면 성령의 선물을 받으리니"(행 2:38) 하고 설교했습니다. 여기서 죄 사함을 받는 것이 두 설교에 모두 나타납니다. 그런데 한 쪽은 예수 그리스도를 보내준다고 하고 다른 한 쪽은 성령을 선물로 받는다고 말합니다. 이 두 설교에서 성령과 예수가 동일시되고 있습니다. 이것은 예수께서 이 땅에 계실 때에 하신 보혜사 설교에서 그 해답을 찾을 수 있습니다(15.3의 "보혜사"를 참고하십시오). 예수는 "다른 보혜사"가 오실 것을 말씀하셨습니다(요 14:16). 예수 역시 보혜사입니다(요일 2:1). 예수와 성령은 보혜사입니다. 다른 보혜사(성령)는 "진리의 영"(요 14:17)입니다. 예수 역시 "진리"(요 14:6)입니다. 예수는 자신이 떠나가면 보혜사(성령)가 오실 것을 예언했습니다. 그러면서 예수는 다시 제자들에게 오실 것을 약속합니다. 보혜사와 함께 예수께서 오시는 것입니다(요 14:18-19). 성령을 통하여 예수는 제자들과 함께 할 것입니다. 베드로는 이것을 알고 있습니다. 그래서 오순절 설교 때에는 회개하면 성령을 선물로 받는다고 말했습니다. 그리고 성전 미문에서 앉은뱅이를 고친 후에는 회개하고 나면 예수께서 오신다고 설교하고 있습니다. 예수는 하늘 보좌 우편에 앉아 계시지만 성령을 통하여 오십니다. 이래서 베드로는 성령을 "주의 영"이라고도 부르는 것입니다(행 5:3, 9).

더 나아가 베드로는 예수가 구약의 성취자라는 것을 네 가지 예를 들어 논증합니다(참고 행 3:18). 1) 모세가 율법에서 말한 "나 같은 선지자 하나"가 예수임을 말합니다(행 3:22-23). 이것은 신명기의 선지자 법을 말하는 본문에서 나오는 표현입니다(신 18:15-22). 하나님이 시내 산에 임하실 때 모세는 하나님과 이스라엘 사이의 중보자였습니다. 모세는 그때 "나와 같은 선지자 하나"가 올 것을 예언했습니다. 이스라엘은 그 선지자의 말을 들어야 합니다. 베드로는 이것을 말함으로 예수께서 모세와 같은 선지자라고 밝힙니다. 예수께서 하나님과 하나님의 백성 사이의 참된 중보자라는 의미입니다. 예수는 선지자로서 구약의 율법을 성취하는 분이라는 것입니다. 베드로는 예수의 말을 듣지 않는 사람들은 멸망할 것을 선언합니다(행 3:23). 2) 예수는 선지자 사무엘 이후의 모든 예언을 성취하는 분입니다. "또한 사무엘 때부터 이어 말한 모든 선지자도 이 때를 가리켜 말하였느니라"(행 3:24). 3) 베드로는 또한 예수께서 구약의 약속과 언약을 성취하는 분이라고 밝힙니다. 특별히 아브라함이 이삭을 번제로 바치려고 한 후에 하나님이 하신 "땅 위의 모든 족속이 너의 씨로 말미암아 복을 받으리라"(행 3:25; 창 12:3; 22:18)는 약속을 성취하는 분입니다. 아브라함에게 하신 약속과 언약이 예수를 통해서 이루어지는 것입니다. 4) 베드로는 예수께서 여호와의 고난 받는 종임을 말합니다. "하나님이 그 종을 세워 복 주시려고 너희에게 먼저 보내사 너희로 하여금 돌이켜 각각 그 악함을 버리게 하셨느니라"(행 3:26). 여기서 "그 종"이라는 표현은 이사야 선지자 말한 "내 종" 즉, 고난 받는 여호와의 종을 기억나게 합니다(사 52:13). 고난 받는 종은 죽음에 넘겨집니다. 그는 "우리의 죄악 때문에"(사 53:5) 징계를 받고 고난을 받습니다. 그는 "많은 사람의 죄를 담당" 하여 죽습니다(사 53:12). 베드로는 예수께서 구약의 율법, 약속, 언약 그리고 예언을 성취하는 분이라고 설교합니다.

베드로의 설교는 성공적입니다. 설교를 들은 유대인들 가운데 약 오천 명이 예수를 믿습니다. 놀라운 결과입니다. 오순절 설교 때보다 더 큰 사람들이 회심하여 주님께 돌아오는 쾌거를 이룹니다. 예루살렘 교회가 더 부흥합니다. 그러나 핍박도 함께 있습니다. 유대의 종교 지도자들이 베드로와 요한이 기적을 행하고 백성을 가르치는 것을 반대합니다. 베드로와 요한을 붙잡아 다음 날 대제사장들과 종교 지도자들 앞에 세웁니다. "너희가 무슨 권세와 누구의 이름으로 이 일을 행하였느냐"(행 4:7) 하고 묻습니다. 예수께 물었던 질문과 유사합니다(마 21:23). "이에 베드로가 성령이 충만하여"(행 4:8) 대답합니다. 이것을 보면 성령 세례를 받았어도(행 1:5; 2:4) 계속 성령의 충만함을 받을 수 있다는 것을 알 수 있습니다. 성령의 충만은 반복될 수 있습니다. 베드로는 유대 종교지도자들의 질문에 명확하게 답변합니다. "너희가 십자가에 못 박고 하나님이 죽은 자 가운데서 살리신 나사렛 예수 그리스도의 이름으로 이 사람이 건강하게 되어 너희 앞에 섰느니라"(행 4:10). 베드로는 예수를 죽인 자들이 "너희"라고 확실하게 말합니다. 유대 종교 지도자들입니다. 그러나 "하나님"이 예수를 다시 살리셨습니다. 베드로는 유대 종교 지도자들이 죽인 예수를 모퉁이 돌로 비유합니다. "이 예수는 너희 건축자들이 버린 돌로서 집 모퉁이의 머릿돌이 되었느니라"(행 4:11; 시 118:22). 건축 전문가들이 필요 없는 돌이라고 버렸습니다. 그런데 그 돌이 집 모퉁이 돌이 되었습니다. 신기한 일이 벌어졌습니다. 베드로는 유대 종교 지도자들이 예수를 죽였지만 하나님이 그를 집 모퉁이 돌이 되게 하셨다고 말합니다. 여기서 예수는 하나님의 집 즉 성전을 짓는 자의 이미지로 나옵니다. 이것은 다윗 언약을 연상하게 해 줍니다(참고 『대망의 책』, 277-281). 예수는 하나님의 아들로서 참된 성전을 짓는 자입니다. 더 나아가 베드로는 예수 그리스도 외에는 구원이 없음을 확실하게 합니다(행 4:12).

베드로가 말을 잘 합니다. 유대 종교지도자들이 할 말이 없습니다. 그들이 베드로와 요한에게 예수의 이름으로 말하지 말라고 경고합니다. 그러자 베드로와 요한은 너희의 말을 듣는 것보다 하나님의 말을 듣는 것이 더 낫다고 말하며 이들의 협박에 굴하지 않습니다. "우리는 보고 들은 것을 말하지 아니할 수 없다"(행 4:20)고 선언합니다. 증인으로서 사명을 감당하겠다는 의지를 밝힙니다.

베드로와 요한이 풀려나서 제자들에게 이 일을 다 말합니다. 그러자 다른 제자들이 하나님께 영광을 돌리며 시편 2편을 말합니다. “어찌하여 열방이 분노하며 족속들이 허사를 경영하였는고 세상의 군왕들이 나서며 관리들이 함께 모여 주와 그의 그리스도를 대적하도다”(행 4:25-26; 시 2:1-2). 유대 종교지도자들이 예수를 전하는 사도들을 방해합니다. 제자들은 이것을 시편 말씀을 성취하는 사건으로 이해합니다. 복음에 능력이 있습니다. 복음을 방해하기 위하여 세상 권력이 나서고 있습니다. “헤롯과 본디오 빌라도는 이방인과 이스라엘 백성과 합세하여 하나님께서 기름 부으신 거룩한 종 예수를 거슬러 하나님의 권능과 뜻대로 이루려고 예정하신 그것을 행하려고 이 성에 모였나이다”(행 4:27-28). 제자들은 세상 권력에 맞서서 복음을 전합니다. 이들은 담대하게 복음을 증거할 수 있도록 기도합니다. 제자들이 기도를 마치자 다시 성령이 오십니다. “모인 곳이 진동하더니 무리가 다 성령이 충만하여 담대히 하나님의 말씀을 전하니라”(행 4:31). 마치 시내 산에 하나님이 임하실 때 산이 진동한 것처럼(출 19:18) 성령이 임하자 “모인 곳이 진동”합니다. 성령 하나님이 임하신 것입니다. 제자들이 다시 성령의 충만을 받습니다.

### 19.2 스데반의 설교와 순교

사도들이 구제 사역을 위해서 “성령과 지혜가 충만”(행 6:3)한 사람으로 일곱 집사를 세웠습니다. 일곱 집사들 가운데 스데반과 빌립은 뛰어난 복음 사역자들입니다. 특히 스데반은 “믿음과 성령이 충만”(행 6:5)하며 “은혜와 권능이 충만”(행 6:8)하여 많은 이적과 표적을 행합니다.

디아스포라 유대인들 가운데 어떤 사람들이 회당에서 스데반과 논쟁을 합니다. 그러나 스데반을 당하지 못합니다. 스데반은 “지혜와 성령”(행 6:10)의 사람이기 때문입니다. 이들은 거짓 증인들을 내세워서 스데반을 모함합니다. 스데반이 “모세와 하나님을 모독하는 말을”(행 6:11) 했다고 합니다. 이들은 스데반을 붙잡아 공회에서 “이 거룩한 곳과 율법을 거슬러 말”했다고(행 6:13) 하며 “그의 말에 이 나사렛 예수가 이곳을 헐고 또 모세가 우리에게 전하여 준 규례를 고치겠다 함을 우리가 들었노라”(행 6:14) 하고 주장합니다. 이들이 거짓 증인을 내세워 스데반을 고소하는 주제는 율법과 성전 그리고 예수에 관한 것입니다.

이들의 주장에 대제사장이 "이것이 사실이냐"(행 7:1) 하고 스데반을 심문합니다. 이에 스데반이 그들의 주장에 반박하는 긴 설교를 합니다. 스데반의 설교는 오순절에 베드로가 한 설교보다 더 깁니다.

특이하게 스데반의 설교는 이스라엘의 역사를 요약하는 형태를 갖고 있습니다. 이러한 형식은 하나님이 아브라함에게 하신 예언적 약속(창 15:13-16), 이스라엘의 신앙고백(신 26:5-10) 그리고 여호수아가 한 설교(수 24:2-13)에서도 발견할 수 있습니다. 이러한 짧은 본문 안에 이스라엘 역사가 요약되어 나타납니다. 이것을 흔히 구원역사라고 부릅니다.

스데반 설교의 특징은 약속과 성취의 형식을 가지고 있습니다. 하나님이 아브라함에게 땅을 주시기로 약속하셨습니다. 이 약속을 따라 이스라엘이 가나안으로 들어와 살게 된 역사를 말합니다. 하나님은 이스라엘 역사 속에서 자신의 구원계획을 성취해 나가시는 것을 보여줍니다. 이러한 역사 가운데 모세가 강조되었습니다. 모세의 활동에 대한 기록이 가장 깁니다. 특히 모세가 만든 장막은 가나안 땅에 들어왔습니다. 이후에 다윗과 솔로몬에 의해 성전으로 대체되었습니다. 그리고 의인의 죽음으로 설교가 끝이 납니다. 이스라엘의 역사는 아브라함(행 7:1-8)부터 시작하여 요셉(행 7:9-19), 모세(행 7:20-38), 아론의 금송아지(행 7:39-43), 장막(행 7:44-45), 성전(행 7:46-50) 그리고 이스라엘이 의인을 죽이는 역사(행 7:51-53)까지 나타납니다. 스데반이 밝히는 구원역사는 땅과 후손에 대한 하나님의 약속이 역사 속에서 어떻게 이루어졌는지를 보여줍니다. 그리고 모세가 만든 장막이 가나안 땅에 들어와서 성전으로 대체되었다는 것을 말합니다. 약속의 땅에 하나님의 거처인 성전이 세워졌습니다. 그러나 솔로몬이 성전을 지었지만 하나님은 사람의 손으로 지은 성전에 계시지 않습니다. 마지막으로 이스라엘이 반역하여 의인을 잡아 죽였습니다.

스데반의 설교는 약간 어수선한 느낌이 듭니다. 체계적인 구약 역사를 말하지 않습니다. 왜냐하면 유대인의 거짓 증인들에 대한 답변으로 주어졌기 때문입니다. 모세의 율법과 성전에 대한 고소 사건에 대한 답변입니다. 나사렛 예수가 성전을 헐고 모세의 율법을 고친다고 거짓 증인을 세웠습니다. 스데반 설교는 이들에 대한 답변이기 때문에 모세 이야기가 가장 깁니다. 그리고 설교 마지막 부분에 장막과 성전이 나옵니다. 마지막에 의인의 죽음 곧 예수 그리스도의 죽음이 나옵니다.

이스라엘 역사에 하나님의 구원계획이 나옵니다. 그러나 이스라엘은 항상 하나님의 구원역사에 반역합니다. 요셉의 형들은 요셉을 미워하여 팔아버립니다(행 7:9). 그러나 하나님은 요셉을 세워서 이스라엘을 구원합니다. 하나님은 모세를 세워서 이스라엘을 구원하려고 합니다. 모세는 하나님이 보내신 "속량하는 자"(행 7:35)이며 "나와 같은 선지자"(행 7:37)입니다. 그러나 이스라엘은 모세에게 "누가 너를 관리와 재판장으로 우리 위에 세웠느냐"(행 7:27)고 모세를 거절합니다. 광야에서 이스라엘은 증거의 장막에서 하나님을 섬길 수 있었습니다. 스데반은 광야 생활을 하는 이스라엘을 향하여 "광야 교회"(행 7:38)라고 부르고 있습니다. 그러나 이스라엘은 아론에게 금송아지를 만들라고 합니다. 금송아지 우상을 만들어 섬기며 기뻐합니다(행 7:40-43). 이스라엘은 또한 선지자들을 잡아 핍박하며 죽입니다(행 7:52). 이스라엘은 계속 하나님의 구원역사에서 반항하며 불순종합니다. 그러더니 결국 의인을 잡아 죽입니다. 예수 그리스도를 죽인 것입니다(행 7:52).

스데반은 이스라엘의 구원역사에서 하나님의 구원계획과 더불어 이스라엘의 반역의 역사를 함께 말합니다. 거짓 증인을 내세워 스데반을 고소하는 유대 종교 지도자들의 행태를 고발하는 것입니다. 스데반은 그의 설교 마지막 부분에서 유대 종교 지도자들을 공격합니다. 그들이 애지중지하는 성전에 대해서 이사야 선지자의 글을 인용하여 하나님은 사람의 손으로 지은 성전에 계시지 않는다고 말합니다(행 7:48-50). 그리고 유대인들은 선지자를 죽이고(행 7:52) 율법을 지키지 않았다고 비난합니다(행 7:53). 그리고 나사렛 예수 역시 너희가 죽였다고 명확하게 말합니다(행 7:52). 스데반의 연설은 변증 설교의 형식을 갖고 있습니다. 기독교에 대한 변론입니다.

스데반이 이렇게 설교를 하자 듣던 유대인들이 반응을 일으킵니다. "그들이 이 말을 듣고 마음에 찔려 그를 향하여 이를 갈거늘"(행 7:54). 유대인들은 스데반의 설교를 듣고 마음에 영향을 받습니다. 그러나 이들은 반항합니다. 이들의 태도는 베드로의 설교를 듣고 "마음에 찔려"(행 2:37) 회개한 삼천 명과 다릅니다. 스데반이 성령에 충만하여 하나님 우편에 서신 부활하신 예수를 보고 말합니다. "보라 하늘이 열리고 인자가 하나님 우편에 서신 것을 보노라"(행 7:56). 이 말을 들은 유대인들은 소리를 지르고 귀를 막고 스데반을 성 밖으로 끌고 나가 돌로 쳐 죽입니다. 스데반은 기독교 역사에 최초의 순교자가 됩니다. 스데반의 죽음을 옆에서 지켜보는 사람이 있었습니다. 사울입니다. 사울은 스데반의 죽음을 적법하다고 생각합니다.

## 19.3 사마리아의 성령 강림



스데반이 순교를 당한 후에 예루살렘 교회에 큰 핍박이 일어납니다. 사도들 외에 예루살렘에 있던 성도들이 핍박을 피해 유다와 사마리아 지역으로 흩어집니다. 그 가운데 빌립 집사는 사마리아 지역에 들어가 복음을 전파합니다. 많은 역사가 나타나고 빌립의 전도로 사마리아 사람들이 "하나님의 말씀"을 받았고(행 8:14) 예수의 이름으로 세례를 받습니다(행 8:16). 하지만 "아직 한 사람에게도 성령 내리신 일이" 없었습니다(행 8:16). 이것이 특이합니다. 왜냐하면 베드로는 오순절에 예수를 믿고 세례를 받으면 "성령을 선물"로 받는다고 설교했기 때문입니다(행 2:38). 어찌된 일인지 예수의 이름으로 세례를 받았음에도 성령이 임하지 않았습니다. 사마리아 사람들이 하나님의 말씀을 받았다는 소식이 예루살렘 교회에 보고되었습니다. 사도 베드로와 요한이 사마리아 성에 내려와서 사마리아 사람들에게 안수하자 그들이 성령을 받습니다(행 8:17). 사마리아 사람들이 성령을 받은 사건을 오순절 성령강림 사건과 비교해 보면 오순절에 성령이 임할 때, 나타났던 현상들이 기록되어 있지 않습니다. 바람 같은 소리도 없었고 불의 혀 같은 것도 없었습니다. 또한 방언이 나타났다는 기록도 없습니다. 이러한 현상이 있었는데 누가가 이것을 기록하지 않은 것인지, 아니면 이러한 현상 자체가 없었는지 알 수 없습니다. 그렇지만 두 사도가 안수하자 사마리아 사람들이 성령을 받는 것을 눈으로 볼 수 있었습니다. 어떤 현상이 있었던 것만은 확실합니다. 그래서 시몬이 성령 받는 것을 보고 돈을 드려 자기에게도 권능을 달라고 요청했기 때문입니다(행 8:18-19). 성령의 임하심이 눈으로 볼 수 있도록 나타난 것입니다. 성령의 임재는 어떤 일정한 형식에 매여 나타나는 것이 아닙니다. 고정화된 패턴이 있는 것이 아닙니다. 성령은 바람처럼, 불처럼 자유롭게 임재하십니다.

특별히 사마리아 사람들이 성령을 받은 사건은 복음이 이제 예루살렘과 유다를 넘어 사마리아 지역으로 확장되었음을 보여줍니다(행 1:8). 복음은 예루살렘과 유다의 경계를 넘어갑니다. 성령은 인종적 신분과 상관없이 이제 사마리아 사람들에게도 임하였습니다. 전 세계를 향한 구원의 복음이 퍼져 나가기 시작합니다.

이러한 사실은 빌립이 에디오피아 관리 내시에게 복음을 전하는 사건에서 확인할 수 있습니다. 빌립은 주의 사자를 따라 예루살렘에서 가사로 내려가는 길로 갑니다. 그 곳에 에디오피아 여왕 간다게의 국고를 맡은 내시가 예루살렘에 예배하러 왔다가 고향으로 돌아가고 있었습니다. 내시가 수레에 앉아 이사야의 고난받는 종에 대한 예언 본문을 읽고 있습니다. 빌립이 내시에게 다가가서 읽는 것을 이해하느냐고 묻습니다. 내시는 가르쳐주는 사람이 없어서 이해할 수 없다고 대답합니다. 내시가 읽고 있던 본문은 이사야 53:7-8입니다(행 8:32-33). 고난받는 종에 대한 예언으로 메시아 본문입니다. 빌립이 내시에게 이 예언이 예수에게 이루어진 것을 설명해주며 복음을 가르쳐줍니다. 이것을 보면 성경 교사가 필요하다는 것을 알 수 있습니다. 그러자 내시가 세례를 받습니다(행 8:26-40). 이 사건은 이제 복음이 이방인에게도 선포되어야 한다는 사실을 보여줍니다. 이방인들도 하나님의 구원의 복음을 듣고 하나님의 백성이 됩니다(참고 사 18:7; 19:23-25).

## 19.4 바울의 회심

오순절에 성령이 임함으로 기독교는 이제 예루살렘 교회를 통하여 전 세계로 퍼져나갑니다. 기독교의 세계 전도에 있어서 가장 탁월한 인물은 바울입니다. 바울의 이전 이름은 사울입니다. 사울은 기독교를 핍박하며 박해하는 데 앞장섰던 인물입니다. 스데반이 순교를 당할 때에 증인들이 옷을 벗어 사울 앞에 두었습니다. 사울은 스데반의 죽음을 당연하다고 생각하고 기독교를 핍박했습니다(행 7:58; 8:1, 3). 사울은 적극적인 유대교 신봉자였습니다.

사울이 기독교인들을 잡아들이기 위해서 대제사장의 공문을 가지고 다메섹으로 가고 있습니다. 다메섹에 가까이 왔을 때에 신기한 현상을 체험합니다. 사울은 다메섹 도상에서 부활하신 주님을 만납니다. 하늘에서 빛이 그를 둘러 비취며 음성이 들립니다. "홀연히 하늘로부터 빛이 그를 둘러 비추는지라"(행 9:3). 부활하신 예수께서 사울에게 나타나신 것입니다. 예수께서 "사울아 사울아 네가 어찌하여 나를 박해하느냐"(행 9:4) 하고 물으십니다. 사울이 "주여 누구시니이까" 하고 묻습니다. 그러자 예수께서 "나는 네가 박해하는 예수라" 하고 신분을 밝히십니다(행 9:5). 사울이 부활하신 예수를 직접 보고 만난 것입니다. 예수께서 사울에게 나타나십니다. 신현 사건입니다.

사울을 부르시는 이 사건은 사울의 소명 이야기입니다. 이 사건에서 사울이 성령을 받는 것보다 부활하신 예수의 현현을 체험하는 것이 더 중요한 의미를 갖고 있습니다. 왜냐하면 부활하신 예수께서 사울을 사도로 부르시기 때문입니다. 바울이 사도로 세움을 받습니다. 사도는 예수를 직접 본 자들이며 예수의 부르심을 받은 자들입니다. 예수는 사울에게 신분을 밝히신 후에 "너는 일어나 시내로 들어가라 네가 행할 것을 네게 이를 자가 있느니라"(행 9:6) 하십니다. 사울이 해야 할 일이 있습니다. 부활하신 예수께서 사울에게 어떤 임무를 부여하실 것입니다. 부활하신 예수를 본 사울은 눈을 떴지만 시력을 상실합니다. 사람들에게 이끌려 다메섹에 들어갑니다. 사흘 동안 보지 못하고 먹지도 못합니다.

다메섹에 아나니아라는 제자가 있습니다. 예수께서 그를 부르십니다. 다소 사람 사울을 찾아가라고 하십니다. 그에게 안수하여 다시 보게 하라고 하십니다. 그러자 아나니아가 염려합니다. 사울에 대하여 들은 부정적인 소식들을 말합니다. 성도들을 박해하며 예수를 믿는 사람들을 잡아가려고 한다고 말합니다. 그러자 예수께서 아나니아의 염려를 불식시키며 사울을 부르셨다는 것을 말씀하십니다. "가라 이 사람은 내 이름을 이방인과 임금들과 이스라엘 자손들에게 전하기 위하여 택한 나의 그릇이라 그가 내 이름을 위하여 얼마나 고난을 받아야 할 것을 내가 그에게 보이리라"(행 9:15-16). 예수는 사울을 선택했다고 말씀하십니다. 사울은 예수의 이름을 전해야 할 사람입니다. 그가 전해야 할 대상은 이방인과 왕들과 이스라엘 자손입니다. 이 순서에서 이방인이 먼저 나옵니다. 사울은 이방인을 위해 선택받은 사도였습니다. 또한 사울은 예수의 이름을 증거하기 위하여 많은 고난을 받을 것입니다. 그가 예수 믿는 자들을 박해한 것처럼 그도 이제 예수의 이름을 위해 박해를 받을 것입니다. 이방인의 구원을 위한 험난한 복음 사역이 그를 기다리고 있는 것입니다.

시력을 상실하고 기도하고 있던 사울에게 아나니아가 찾아와서 안수 기도를 합니다. 아나니아는 "형제 사울아 주 곧 네가 오는 길에서 나타나셨던 예수께서 나를 보내어 너로 다시 보게 하시고 성령으로 충만하게 하신다" 하고 말합니다(행 9:17). 안수 기도를 통하여 사울은 시력을 회복하고 성령 충만함을 받습니다. 그리고 사울이 세례를 받습니다.

예수께서 사울에게 나타나신 것은 신현 사건입니다. 마치 구약의 선지자들이 소명을 받을 때 하나님을 보는 것과 유사합니다(이사야, 에스겔). 사울은 하나님께 선택을 받고 성령으로 충만함을 받습니다. 이것은 하나님이 그를 사도로 부르신 것입니다. 마치 선지자들이 신적 직면을 통해서 소명을 받는 것처럼 사울이 부활하신 예수를 직접 만나고 소명을 받습니다. 이 사건을 통해서 사울은 예수에 대한 인식이 변합니다. 이전에는 예수를 믿지 않았던 그가 이제는 "예수가 하나님의 아들이심을 전파"하며 "예수를 그리스도라 증언"하는 자가 됩니다(행 9:20, 22). 사울은 예수 믿는 자들을 박해했을 때의 열심이 이제는 예수를 전하는 데 나타납니다. 방향이 바뀌었습니다. 사울은 "즉시로 각 회당에서" 예수를 증언합니다(행 9:20). 결단력이 강하며 행동에 지체함이 없습니다. 또한 과감합니다. 예수를 증거하는 데에 아주 놀라운 추진력을 보입니다. 기독교에 뛰어난 지도자가 입문합니다. 이 일이 다메섹에 사는 사람들에게 큰 이슈가 됩니다. 유대인들은 사울로 인하여 당혹해 합니다.

사울의 회심을 보면 그가 성령을 체험한 것보다는 부활하신 예수를 만난 사건이 더 중요하게 다뤄지고 있습니다. 누가는 사도행전 9장과 더불어 22장과 26장에서도 바울의 회심 사건을 기록합니다. 바울은 체포되기 전에 예루살렘 시민 앞에서 설교합니다. 그 설교에서 바울은 자신이 부활하신 예수를 만난 사건을 고백합니다(행 22장). 또한 바울은 아그립바 왕 앞에서도 자신이 부활하신 예수를 만난 사건을 다시 말합니다(행 26장). 이것을 보면 다메섹 사건이 바울의 사고와 행동에 얼마나 큰 영향을 미쳤는가 하는 것을 알 수 있습니다.

사울의 회심은 기독교 역사에서 중요한 사건입니다. 그의 전도 사역을 통해서 복음이 이방인들에게 전파되기 때문입니다. 또한 그는 신약 성경에서 중요한 서신들을 썼습니다. 기독교의 복음의 진수들을 글로 남겨 놓았습니다.

## 19.5 고넬료에게 성령이 임하심

복음은 이제 이방인에게도 선포됩니다. 집사 빌립을 통해서 에디오피아 내시에게도 복음이 전해졌습니다. 복음의 확장은 사도 베드로를 통해서도 나타납니다. 베드로가 이방인에게 복음을 전합니다. 사도 베드로는 열 두 사도들과 예루살렘 교회의 대표자라는데 의미가 있습니다.

가이사랴 지역에 로마의 군대가 머물고 있습니다. 이탈리아 군대의 백부장 가운데 고넬료는 이방인이지만 경건한 사람으로 하나님을 경외합니다. 백성을 많이 구제하고 하나님께 항상 기도합니다. 하지만 그의 신앙은 구약적인 신앙입니다. 그는 아직 복음을 듣지 못했으며 성령을 체험하지 않았습니다. 하루는 그가 기도할 때에 환상을 봅니다. 하나님의 사자가 나타나서 고넬료의 기도가 하나님께 상달되었다고 말합니다. 그리고 베드로를 초청할 것을 말합니다. 이에 고넬료가 베드로를 부르기 위해 욥바로 사람들을 보냅니다.

고넬료가 환상을 본 것처럼 다른 지역에 있던 베드로도 기도 시간에 환상을 봅니다. 하늘에서 큰 보자기가 내려오는데 그 안에는 "땅에 있는 각종 네 발 가진 짐승과 기는 것과 공중에 나는 것들"이 있습니다(행 10:12). 그리고 하늘에서 베드로에게 잡아먹으라는 음성이 들립니다. 베드로는 이 음성에 즉각적으로 거부 반응을 보입니다. "주여 그럴 수 없나이다. 속되고 깨끗하지 아니한 것을 내가 결코 먹지 아니하였나이다" 하고 거절합니다(행 10:14). 구약 율법의 음식 법에 따르면 먹을 수 있는 짐승과 먹을 수 없는 짐승이 있습니다. 레위기의 법에 "땅에 기어 다니는 모든 길짐승은 가증한즉 먹지 못할지니"(레 11:41) 하고 말합니다. 그런데 하나님은 베드로에게 먹을 수 없는 음식을 먹으라고 명령하고 있습니다. 베드로가 먹기를 거절하자 다시 음성이 들립니다. "하나님께서 깨끗하게 하신 것을 네가 속되다하지 말라"(행 10:15). 이 말에 구약의 세계관이 나타납니다. 구약은 거룩의 관점으로 모든 것을 분류합니다. "너희가 거룩하고 속된 것을 분별하며 부정하고 정한 것을 분별하고"(레 10:10). 거룩한 것은 구별된 것입니다. 속된 것은 일반적인 것입니다. 속된 것은 다시 정한 것(깨끗한 것)과 부정한 것(깨끗하지 않은 것)으로 구분합니다. 이러한 구분에 의하여 정한 짐승은 먹을 수 있지만 부정한 짐승은 먹지 못합니다. 땅에 기어 다니는 짐승은 부정합니다. 먹을 수 없습니다. 그런데 하나님이 이것을 깨끗하게 하셨다고 선언합니다. 하나님이 깨끗하게 하신 것을 속되다고 하지 말라고 하십니다. 이런 일이 세 번 있은 후에 보자기가 하늘로 올라갑니다(행 10:16).

이 환상의 의미는 이방인들에게 의미가 있습니다. 구약의 세계관에 따르면 이방인은 거룩한 백성이 아니며 부정한 자들입니다. 그런데 이제 이러한 세계관이 깨어지는 것입니다. 하나님이 이방인들을 깨끗하다고 인정하십니다. "하나님께서 깨끗하게 하신 것을 네가 속되다 하지 말라"(행 10:15). 하나님이 이방인들을 받으시기로 결정하신 것입니다. 이방인들이 하나님의 구원에 참여할 수 있게 되었습니다.

이 환상의 두 번째 의미는 율법이 변화되었다는 것을 보여줍니다. 하나님이 직접 구약의 음식법이 더 이상 의미가 없다는 것을 선언하셨습니다. 하나님이 부정한 것을 깨끗하다고 인정하셨기 때문입니다. 율법은 국가적인 성격이 있기 때문에 복음이 유대를 넘어 이방인에게 선포되면서 율법에서 국가적인 성격을 띠는 법들은 폐해집니다.

베드로가 이 환상의 의미를 생각하고 있을 때, 고넬료가 보낸 사람들이 베드로를 찾아옵니다. 이때 성령께서 베드로에게 의심하지 말고 그 사람들과 함께 가라고 하십니다. 성령께서 그 사람들을 보내셨다고 말씀하십니다(행 10:19-20). 베드로가 다른 형제들과 함께 그들을 따라 고넬료의 집으로 심방을 갑니다. 유대인의 전통에 따르면 유대인들은 이방인들과 교제할 수 없습니다. 하지만 하나님이 이방인들을 깨끗하다고 인정하셨기 때문에 베드로는 고넬료의 집을 방문한 것입니다. 베드로도 고넬료에게 이 사실을 말합니다. "하나님께서 내게 지시하사 아무도 속되다 하거나 깨끗하지 않다 하지 말라"(행 10:28; 11:2-3). 고넬료는 그의 친척들과 친구들을 모아놓고 베드로의 말을 듣고자 합니다. 베드로가 하나님이 이방인들을 받아들이시기로 결정하신 것을 깨닫고(행 10:34-35) 예수 그리스도의 복음을 전파합니다. 베드로가 이방인들에게 설교합니다. 이것은 복음 설교에 해당합니다.

사도 베드로는 먼저 세례 요한의 세례부터 말합니다. 그리고 나사렛 예수에 대해서 말합니다. "하나님이 나사렛 예수에게 성령과 능력을 기름 붓듯 하셨으매 그가 두루 다니시며 선한 일을 행하시고 마귀에게 눌린 모든 사람을 고치셨으니 이는 하나님이 함께 하셨음이라"(행 10:38). 예수의 사역은 선한 일을 하시며 마귀에 눌린 사람들을 고치시는 것입니다. 마귀에게서 해방시켜 줍니다(참고 히 2:14-15). 그러나 유대인들이 예수를 나무에 달아 죽였습니다. 하지만 3일 만에 하나님이 그를 다시 살리셨습니다. 부활하신 예수께서 "모든 백성"에게 나타난 것이 아니라 "미리 택하신 증인"에게만 나타나셨습니다(행 10:41). 증인은 예수의 부활을 직접 본 제자들입니다. 베드로는 이 일에 증인이라고 합니다. 부활하신 예수께서 제자들에게 "백성에게 전도하되 하나님이 살아 있는 자와 죽은 자의 재판장으로 정하신 자가 곧 이 사람인 것을 증언"(행 10:42)하라고 명령하셨습니다. 예수를 믿는 사람들은 "다 그의 이름을 힘입어 죄 사함을 받는다"(행 10:43) 하고 말합니다.

베드로가 예수 그리스도의 십자가 죽음과 부활을 증거 합니다. 이때 "성령이 말씀 듣는 모든 사람에게 내려" 오십니다(행 10:44). 베드로와 함께 온 사람들이 이 광경을 목격합니다. "베드로와 함께 온 할례 받은 신자들이 이방인들에게도 성령 부어 주심으로 말미암아 놀라니 이는 방언을 말하며 하나님 높임을 들음이러라"(행 10:45-46). 성령이 임하시자 이방인들이 방언을 말합니다. 오순절에 나타났던 표적과 같습니다. 유대인 성도들이 이것을 보고 놀랍니다. 베드로는 이들에게 성령이 임하시는 것을 보고 이들을 지도자들로 세웁니다. "이 사람들이 우리와 같이 성령을 받았으니 누가 능히 물로 세례 베풂을 금하리요"(행 10:47) 하고 말하면서 "예수 그리스도의 이름으로 세례를 베풀라"(행 10:47) 하고 말합니다. 세례를 베푼다는 것은 의미가 있습니다. 세례 요한이 세례를 베풀었습니다. 그러자 바리새인들이 보낸 사람들이 세례 요한에게 와서 "네가 만일 그리스도도 아니요 엘리야도 아니요 그 선지자도 아닐진대 어찌하여 세례를 베푸느냐"(요 1:25) 하고 물었습니다. 이 말을 생각해 보면 세례를 베풀 수 있는 자격이 있다는 것을 알 수 있습니다. 그리고 예수의 제자들도 세례를 베풀었습니다(요 4:1-2). 예수께서 마지막 지상 명령을 제자들에게 주셨을 때, 아버지와 아들과 성령의 이름으로 세례를 베풀라고 했습니다(마 28:19). 물로 세례를 베푼다는 것은 제자라는 의미입니다. 고넬료와 함께 한 이방 사람들이 성령을 받음으로 이제 지도자의 위치에 서게 되었습니다. 이들에게도 복음을 전해야 할 사명이 주어진 것입니다.

유다에 있는 교회가 이방인들도 하나님의 말씀을 받았다는 소식을 듣습니다. 베드로가 예루살렘에 올라갑니다. 그러자 유대인들 가운데 믿는 어떤 사람들이 베드로를 비난합니다. 이방인과 교제를 나누었기 때문입니다(행 11:2-3). 이 비난에 대하여 베드로는 그 사건을 다시 설명합니다. 베드로는 자신이 본 환상을 말합니다. 보자기에 "땅에 네 발 가진 것과 들짐승과 기는 것과 공중에 나는 것들이" 있었습니다(행 11:6). 그리고 하늘에서 하나님의 음성이 들려옵니다. "베드로야 일어나 잡아 먹으라"(행 11:7) 그러자 베드로는 "주님 그럴 수 없나이다 속되거나 깨끗하지 아니한 것은 결코 내 입에 들어간 일이 없나이다"(행 11:8) 하고 말합니다. 이때 하늘에서 "하나님이 깨끗하게 하신 것을 네가 속되다고 하지 말라"(행 11:9) 하는 음성이 들립니다. 베드로는 이런 일이 세 번 있었다고 말합니다. 누가는 지금 이 사건을 10장에서 그리고 11장에서 두 번이나 길게 강조하고 있습니다. 이방인들이 구원받는 것은 하나님의 뜻이라는 것입니다. 하나님의 구원계획이 이방인들에게도 선포되는 것입니다. 하나님이 이방인들을 구원의 자리로 부르시고 있다는 의미입니다. 유대인과 이방인 사이의 장벽이었던 율법의 장애가 사라집니다.

베드로는 고넬료가 사람들을 보낸 이야기를 계속 합니다. 고넬료가 사람들을 베드로에게 보낸 목적이 분명합니다. "그가 너와 네 온 집이 구원 받을 말씀을 네게 이르리라 함을 보았다"(행 11:14)는 것입니다. 고넬료는 "구원받을 말씀"을 듣기 위하여 베드로를 초청한 것입니다. 베드로가 이방인들에게 구원의 말씀을 선포합니다. 베드로가 설교를 할 때에 성령이 임하십니다. "내가 말을 시작할 때에 성령이 그들에게 임하시기를 처음 우리에게 하신 것과 같이 하는지라"(행 11:15). 오순절에 임하신 성령이 고넬료와 함께 한 사람들에게도 임하십니다. 베드로는 이것을 성령 세례라고 말합니다(행 11:16). 이방인들도 "성령으로 세례"를 받은 것입니다. 베드로는 성령 세례가 "우리가 주 예수 그리스도를 믿을 때에 주신 것"(행 11:17)이라고 말합니다. 이 사건으로 인하여 이제 이방인들도 성령으로 세례를 받습니다. 복음이 이방인들에게도 본격적으로 선포됩니다. 이방인들에게 구원의 문이 열린 것입니다.

베드로는 이 사건을 회고하면서 이방인들이 성령을 받는 것은 사도들과 차이가 없었음을 말합니다. 성령을 받은 것은 하나님의 선물이며 구원 얻는 회개의 말씀이 이방인들에게도 전파된 것입니다. 고넬료 사건은 예수께서 승천하시기 전에 하신 말씀에서 이방인들을 의미하는 "땅 끝까지"를 생각나게 합니다(행 1:8). 이제 복음이 유대인들을 넘어 이방인들에게 나아가고 있습니다.

## 19.6 그리스도인

복음이 이방인들에게도 선포됩니다. 에디오피아 내시와 고넬료 가족이 예수를 믿습니다. 그 후에 복음은 베니게와 구브로와 안디옥에까지 퍼져나갑니다. 스데반 순교 사건 때에 흩어진 성도들이 안디옥에서 헬라인에게도 전도를 합니다. 수많은 헬라인들이 예수를 믿고 돌아옵니다. 예루살렘 교회가 이 소식을 듣고 바나바를 파송합니다. 바나바는 "착한 사람이요 성령과 믿음이 충만한 사람"입니다(행 11:24). 바나바가 안디옥에 오자 교회가 더 부흥합니다. 바나바가 다소에 가서 사울을 데려옵니다. 바나바와 사울이 안디옥 교회에서 말씀을 가르칩니다. 더 많은 사람들이 예수를 믿습니다. 안디옥에서 처음으로 믿는 제자들을 가리켜 "그리스도인"(그리스도의 사람들)이라는 말이 생겨났습니다(행 11:26).

# 20

# 사도 바울의 이방인 선교

읽어야 할 본문: 사도행전 13-28장

안디옥 교회에 지도자들이 여러 명 있습니다. 바나바, 시므온, 루기오, 마나엔 그리고 사울입니다. 이들이 금식을 할 때에 성령이 "내가 불러 시키는 일을 위하여 바나바와 사울을 따로 세우라"(행 13:2) 하고 말씀하십니다. 안디옥 교회가 금식 기도를 하고 이 두 사람을 안수하여 파송합니다. 이 두 사람이 전도 여행을 떠납니다. 이것이 바울의 1차 전도 여행입니다(A.D 46-48년경). 안디옥의 실루기아 항구에서 구브로 섬의 살라미와 바보에서 전도합니다. 구브로 섬에서 밤빌리아 버가로 갑니다. 이때 마가 요한이 바나바와 바울 일행을 떠나 예루살렘으로 돌아갑니다. 이것은 후에 바나바와 바울이 갈라서는 요인이 됩니다(행 15:36-41). 이후에 이들은 비시디아 안디옥, 이고니온, 루스드라, 그리고 더베로 나아갑니다. 바나바와 바울은 다시 루스드라, 이고니온, 비시디아 안디옥으로 돌아옵니다. 버가에서 앗달리아로 가서 거기서 배타고 안디옥 교회로 돌아옵니다(행 13-14장). 이들의 전도를 통해서 많은 이방인들이 예수를 믿습니다. 그러나 이들은 또한 유대인들의 반대도 받습니다.

바울이 2차 전도 여행을 떠납니다(A.D 50-52년경). 1차 전도 여행 때에 다녔던 도시들, 더베와 루스드라를 다시 방문합니다. 루스드라에서 디모데를 데리고 갑니다. 브루기아와 갈라디아로 다니며 무시아를 거쳐 드로아로 내려갑니다. 드로아에서 바울은 마게도냐 사람이 건너와 우리를 도우라는 환상을 봅니다. 바울 일행이 배를 타고 빌립보로 갑니다. 빌립보, 데살로니가, 베뢰아, 아덴, 고린도, 에베소로 전도 여행을 다닙니다. 그리고 에베소에서 안디옥 교회로 돌아옵니다(행 15:36-18:22).

바울은 세 번째 전도 여행을 떠납니다(A.D 53-57). 갈라디아와 브루기아를 경유하여 에베소로 갑니다. 에베소에서 약 이년 정도 머물며 복음을 전파합니다. 그 후에 마게도냐를 지나 헬라(그리스)로 갔다가 다시 마게도냐로 돌아옵니다. 드로아에서 앗소로 갑니다. 앗소에서 배를 타고 미들레네, 사모, 밀레도로 여행합니다. 밀레도에서 고스, 로도, 바다라, 두로로 갑니다. 두로에서 돌레마이, 가이사랴를 거쳐 예루살렘에 도착합니다(행 18:23-21:16).

세 번에 걸친 전도 여행을 마친 바울은 예루살렘에서 유대인들에게 체포당합니다. 바울이 체포당할 때 유대인 앞에서 자신을 변호합니다(행 22장). 다시 바울은 산헤드린 공회 앞에서 자신을 변호합니다(행 23장). 유대인들이 바울을 죽이려고 하자 로마 군인들이 가이사랴로 피신을 시킵니다. 유대인들이 바울을 고소하자 바울은 총독 벨릭스 앞에서 심문을 받습니다(행 24장). 총독이 바뀝니다. 베스도가 신임 총독이 되어 부임합니다. 바울은 베스도에게 심문을 받다가 로마 황제 가이사에게 상소합니다(행 25장). 이 일로 인하여 바울은 로마로 가게 됩니다. 로마에서 바울은 구속된 상태이지만 계속 복음을 전합니다.

### 20.1 비시디아 안디옥 회당에서의 바울 설교

1차 전도 여행 때에 바울의 일행이 비시디아 안디옥에 도착하여 안식일에 회당에서 예배를 드립니다. 회당장이 율법과 선지자를 낭독한 후에 참석자 중에서 설교할 사람이 있는지를 묻습니다. 그러자 바울이 일어나 설교를 시작합니다(행 13:14-16). 누가는 바울의 설교를 길게 소개하고 있습니다.

바울의 설교는 이스라엘 역사를 짧게 요약하며 지나갑니다. 조상들, 이집트에서의 해방, 광야 생활, 가나안 땅 정복, 사사 시대, 사울 왕 그리고 다윗 왕을 말합니다. 이 긴 역사를 단지 6절에 다 말합니다(행 13:17-22). 바울의 설교는 다윗 왕에게 초점이 맞추어집니다. "다윗을 왕으로 세우시고 증언하여 이르시되 내가 이새의 아들 다윗을 만나니 내 마음에 맞는 사람이라 내 뜻을 다 이루리라 하시더니"(행 13:22). 다윗은 하나님의 마음에 맞는 사람입니다. 하나님은 다윗을 통하여 하나님의 뜻을 이루시겠다고 하십니다.

그 후에 바울의 설교는 다윗에서 직접 예수로 나아갑니다. "하나님이 약속하신 대로 이 사람의 후손에서 이스라엘을 위하여 구주를 세우셨으니 곧 예수라"(행 13:23). 하나님의 약속은 하나님이 다윗에게 하신 약속입니다. 하나님이 다윗의 후손 가운데 한 사람을 세워 영원한 나라를 세우시겠다는 것입니다. 이것은 다윗 언약입니다(삼하 7:1-17). 이 약속에 따라 다윗의 후손에서 예수가 오십니다. 바울은 예수를 구원자라고 부릅니다(마 1:21). 하나님의 뜻이 이제 다윗의 후손 예수를 통하여 이루어지는 것입니다. 하나님의 뜻은 구원입니다. 바울은 세례 요한의 증거를 말합니다. 세례 요한은 뒤에 오시는 자에게 주목하라고 증거합니다. 그 사람이 바로 예수입니다. 하나님이 예수를 보냈습니다. 그러나 유대인들은 예수가 구원자인 것을 알지 못합니다. 유대인들이 예수를 십자가에 못 박아 죽였습니다. 바울은 유대인들이 안식일마다 선지자의 예언을 외우지만 그 뜻을 알지 못했다고 말합니다. 유대인들이 선지자의 말을 알지 못해서 예수를 정죄하여 죽였습니다. 선지자의 예언이 성취된 것입니다. "예루살렘에 사는 자들과 그들 관리들이 예수와 및 안식일마다 외우는 바 선지자들의 말을 알지 못하므로 예수를 정죄하여 선지자들의 말을 응하게 하였도다"(행 13:27). 바울은 예수의 죽음이 성경에 기록된 것이라고 말합니다. "성경에 그를 가리켜 기록한 말씀을 다 응하게 한 것이라"(행 13:29). 예수의 죽음은 예언의 성취라고 강조합니다.

바울의 설교는 이제 예수의 부활로 나아갑니다. "후에 나무에서 내려다가 무덤에 두었으나 하나님이 죽은 자 가운데서 그를 살리신지라"(행 13:29-30). 부활하신 예수를 본 사람들이 있습니다. 제자들이 그 증인입니다. 바울은 예수의 부활을 강조합니다. 예수의 부활은 "조상들에게 주신 약속"입니다(행 13:32). 하나님이 예수를 다시 살리심으로 구약의 약속을 성취한 것이라고 설교합니다. "곧 하나님이 예수를 일으키사 우리 자녀들에게 이 약속을 이루게 하셨다 함이라 시편 둘째 편에 기록한 바와 같이 너는 내 아들이라 오늘 너를 낳았다 하셨고"(행 13:33). 바울은 시편 2:7의 말씀을 예수 그리스도에게 적용합니다. 특히 부활을 성취한 말씀으로 해석합니다. 예수의 부활은 그가 하나님의 아들이심을 드러내는 것입니다. 바울은 로마서에서 이 사실을 명확하게 합니다(롬 1:4). 바울은 예수의 부활을 길게 강조합니다. 그의 설교에서 8절이나 할애하고 있습니다(행 13:30-37). 다메섹에서 부활하신 예수를 본 것이 바울에게 큰 인상을 남긴 것입니다. 다윗은 죽어서 땅에 묻혀 썩었지만 예수는 부활하여 썩음을 당하지 않았습니다. 이것은 시편의 말씀을 성취한 것(시 16:10)이라고 설교합니다(행 13:35-37).



바울은 이스라엘 역사를 짧게 말한 후에 다윗에게서 예수로 넘어갔습니다. 예수의 십자가 사건과 부활 사건에 큰 강조를 합니다. 십자가와 부활 사건은 역사적이며 객관적인 사건입니다. 또한 구약의 예언을 성취하는 사건입니다. 이제 바울은 그의 설교를 듣는 청중들에게 이 사건들을 믿으라고 권합니다. "그러므로 형제들아 너희가 알 것은 이 사람을 힘입어 죄 사함을 너희에게 전하는 이것이며 또 모세의 율법으로 너희가 의롭다 하심을 얻지 못하던 모든 일에도 이 사람을 힘입어 믿는 자마다 의롭다 하심을 얻는 이것이라"(행 13:38-39). 바울은 예수의 십자가와 부활 사건을 믿는 개인에게 어떤 영향이 미치는지를 설명합니다. 십자가와 부활을 믿는 사람들은 죄를 용서받고 의롭게 된다고 설교합니다. 특별히 바울은 율법과 예수를 비교해서 말합니다. 율법으로는 의롭게 되지 못하지만 예수를 믿는 자들은 의롭게 될 것입니다. 예수를 믿는 믿음이 죄 용서와 칭의를 가져오는 것입니다. 예수의 십자가와 부활 사건은 믿는 개인에게 내면적인 영향을 미칩니다. 십자가와 부활 사건이 개인에게 미치는 내면적, 실존적인 상태를 말합니다. 바울은 설교를 마치면서 믿지 않는 자들은 멸망당할 것이라고 경고를 덧붙입니다(행 13:40-41).

바울의 설교는 많은 호응을 얻었습니다. 유대인들과 유대교에 입교한 경건한 사람들이 바울을 따릅니다. 다음 안식일에도 와서 설교를 하라고 말합니다. 다음 안식일에 많은 사람들이 바울의 설교를 듣기 위해 몰려들었습니다. 그러자 유대인들 가운데 바울을 반대하는 사람들이 나타납니다. 이들은 바울의 설교를 반박합니다. 바울과 바나바는 반대하는 유대인들에게 이렇게 말합니다. "하나님의 말씀을 마땅히 먼저 너희에게 전할 것이로되 너희가 그것을 버리고 영생을 얻기에 합당하지 않은 자로 자처하기로 우리가 이방인에게로 향하노라"(행 13:46). 말씀의 우선권은 유대인에게 있습니다. 그러나 유대인들이 말씀을 거절합니다. 그래서 이방인에게로 이 말씀이 흘러갑니다. 바울과 바나바는 자신들이 이방인에게로 가는 이유를 이사야 예언을 근거로 듭니다. "내가 너를 이방의 빛으로 삼아 너로 땅 끝까지 구원하게 하리라"(행 13:47). 이방인의 구원이 "땅 끝까지"라는 표현에 함축되어 있습니다. 이방인들이 옆에서 바울이 하는 말을 들었습니다. 이방인들은 유대인들과 다른 태도를 보입니다. "이방인들이 듣고 기뻐하여 하나님의 말씀을 찬송하며 영생을 주시기로 작정된 자는 다 믿더라"(행 13:48). 이방인들 가운데 "영생을 주시기로 작정된 자"가 있습니다. 이들은 바울이 전하는 복음에 "믿음"으로 나아옵니다. 구원은 영생으로 표현됩니다. 이방인들은 복음을 환영합니다. 그러나 유대인들은 바울과 바나바를 핍박합니다. 두 사도를 그 지방에서 쫓아냅니다.

## 20.2 루스드라에서의 전도

베드로와 요한이 성전 미문에 앉아 있던 사람을 고쳐준 것처럼 바울과 바나바도 걷지 못하는 사람을 고쳐줍니다. 두 사도가 루스드라에서 전도할 때, 선천적으로 걷지 못하던 사람이 바울의 설교를 듣습니다. 바울이 그 사람에게 "구원 받을 만한 믿음"이 있는 것을 보고 "네 발로 바로 일어서라" 하고 명령합니다(행 14:9-10). 그러자 그 사람이 일어나 걷는 기적이 일어났습니다.

이때 모여든 사람들이 이 광경을 보았습니다. 신들이 사람의 형상으로 내려왔다고 말합니다. 바나바를 제우스(그리스의 신) 그리고 바울을 헤르메스(제우스의 아들, 신들의 전령)라고 부릅니다. 루스드라 사람들이 바나바와 바울에게 제사를 드리려고 합니다. 두 사도가 이들을 말립니다. 두 사도는 같은 사람이라는 것을 말하며 복음을 전하는 이유를 말합니다. 먼저 두 사도는 제사가 "헛된 일"이라고 말합니다. 그들이 섬기는 신들(제우스와 헤르메스)에게 제사를 드리는 일이 가치 없는 일입니다. 그리고 "살아 계신 하나님"이 있다고 설교합니다. 그분은 천지를 창조하신 하나님입니다. "헛된 일"을 버리고 "살아 계신 하나님"께 "돌아오게" 하기 위하여 복음을 전한다고 말합니다(행 14:15). 구약의 회개 개념이 나타납니다. 우상을 섬기는 것으로부터 하나님께 돌아오는 것입니다. 하나님이 과거에는 우상 숭배하는 것을 내버려 두셨습니다. 그러나 하나님은 자연을 통하여 자신을 나타내셨습니다. 하늘에서 비를 주셔서 결실을 주신 것입니다. 바나바와 바울은 자연 계시를 통하여 하나님을 설교합니다. 두 사도는 겨우 그들이 제사를 드리려는 것을 말립니다.

베드로와 요한이 앉은뱅이를 고치고 나서 설교를 했을 때는 큰 호응이 있었습니다. 약 오천 명이나 되는 유대인들이 하나님께로 돌아왔습니다. 그러나 바울과 바나바가 앉은뱅이를 고치고 이방인들에게 설교한 후에는 그와 같은 큰 회개는 일어나지 않았습니다. 오히려 안디옥과 이고니온에서 온 유대인들이 돌로 바울을 칩니다. 바울이 죽은 줄 알고 시외로 끌어내버립니다. 그러나 바울은 제자들이 둘러 서 있을 때에 기적적으로 일어나서 성으로 들어갑니다.



## 20.3 예루살렘 공회

1차 전도 여행이 끝나고 바울과 바나바가 안디옥 교회로 돌아왔습니다. 그때에 유대에서 온 형제들이 안디옥 교회에 와서 율법과 할례를 말합니다. "너희가 모세의 법대로 할례를 받지 아니하면 능히 구원을 받지 못하리라"(행 15:1). 구원론에 관한 가르침입니다. 모세의 법을 지켜 할례를 받아야 구원을 받는다고 말합니다. 이들의 가르침 때문에 안디옥 교회에서 구원론 논쟁이 일어납니다. 모세의 율법을 지킬 것인가 하는 문제입니다. 안디옥 교회에서 이 문제로 인하여 바울과 바나바를 예루살렘 교회로 보냅니다.

바울과 바나바는 예루살렘 교회에서 이방인 사역을 보고합니다. 예루살렘 교회가 크게 기뻐합니다. 그 후에 이방인들이 모세의 율법을 따라 할례를 해야 할 것인지에 대한 토론이 벌어집니다. 바리새파 출신의 형제들이 "이방인에게 할례를 행하고 모세의 율법을 지키라 명하는 것이 마땅하다"(행 15:5)고 주장합니다. 이 주제로 열띤 토론이 벌어집니다.

사도 베드로가 일어나서 말합니다. 베드로는 이방인 고넬료의 집에 가서 설교를 했던 경험에 근거하여 이방인이나 유대인이나 차별이 없다는 것을 말합니다. "하나님이 우리에게와 같이 그들에게도 성령을 주어 증언하시고 믿음으로 그들의 마음을 깨끗이 하사 그들이나 우리나 차별하지 아니하셨느니라"(행 15:8-9). 유대인이나 이방인이나 똑 같이 믿음이 있고 성령을 받았다는 것입니다. 성령을 받고 믿음을 가진 것에 차이가 없습니다. 그리고 율법을 지키는 것은 멍에라고 말합니다. "그런데 지금 너희가 어찌하여 하나님을 시험하여 우리 조상과 우리도 능히 메지 못하던 멍에를 제자들의 목에 두려느냐"(행 15:10). 베드로는 이방인 형제들이 율법을 지키며 할례를 행하는 것을 부정적으로 말합니다. 여기서 "멍에"는 비유적으로 사용되어 율법을 지키고 할례를 행하는 것을 뜻합니다. 속박과 구속입니다. 유대인 성도들이 멍에를 이방인들에게 지움으로 하나님을 시험하려고 합니다. 하나님은 이방인들도 예수 그리스도의 십자가와 부활을 믿음으로 구원받는다고 말씀하셨습니다. 그런데 유대인 성도들은 이방인 성도들에게 율법을 지키고 할례를 받아야 한다고 말합니다. 사실 유대인 조상들이나 유대인들도 율법을 잘 지키지 못했습니다. 그럼에도 불구하고 그들은 율법을 지켜야 한다고 말합니다. 이것은 하나님을 시험하는 것입니다. 베드로는 확실하게 선언합니다. "그들이 우리와 동일하게 주 예수의 은혜로 구원 받는 줄을 믿노라"(행 15:11). 예수를 믿음으로 구원받는다는 것을 의미합니다.

베드로의 발언이 있고 나서 바울과 바나바가 하나님이 그들을 통하여 행하신 표적과 기사를 말합니다. 회의에 참여한 모든 사람들이 이방인 사역 보고를 들었습니다.

후에 야고보가 일어나 회의를 마무리합니다. 예수의 제자 야고보는 순교를 당했기 때문에(행 12:1-2) 여기의 야고보는 다른 야고보, 아마도 예수의 형제 야고보일 것입니다. 야고보가 회의의 의장 역할을 수행하고 있습니다. 야고보는 베드로의 옛 이름 시므온을 언급하면서 그의 견해에 동의합니다. 더 나아가 아모스 선지자의 예언(암 9:11-12)이 성취되었다고 선언합니다(행 15:15-18). 하나님께서 무너진 다윗의 장막을 다시 세울 때에 이방인들도 함께 할 것입니다. "내 이름으로 일컬음을 받는 모든 이방인들로 주를 찾게 하려 함이라"(행 15:17). 이방인들도 구원의 자리에 동참할 것을 말한 것입니다.

야고보는 회의를 마무리하면서 이방인들에게 실제적인 권면을 하자고 제안합니다.

1) "이방인 중에서 하나님께로 돌아오는 자들을 괴롭게 하지 말고"(행 15:19). 이것은 회개하고 돌아오는 이방인들에게 율법을 지키게 하지 말자는 것입니다. 이방인들은 율법을 지키고 할례를 행할 의무가 없습니다. 구원론에 대한 문제를 명확히 합니다.

2) 하지만 이방인들이 주의해야 할 것이 있습니다. "다만 우상의 더러운 것과 음행과 목매어 죽인 것과 피를 멀리하라고 편지하는 것이 옳으니"(행 15:20).

야고보의 제안은 예루살렘 교회에 의해 받아들여집니다. 예루살렘 교회는 안디옥 교회에게 공적인 편지를 씁니다. 먼저 안디옥 교회에 가서 율법을 지키고 할례를 행하라고 가르친 자들은 예루살렘 교회에서 보낸 자들이 아니라고 확인해 줍니다(행 15:24). 따라서 그들의 가르침은 권위가 없습니다. 그들은 옛날부터 각 성에서 모세의 가르침을 전하는 자들입니다(행 15:21).

예루살렘 교회는 회의를 통해 결정된 것을 알려줍니다. "성령과 우리는 이 요긴 한 것들 외에는 아무 짐도 너희에게 지우지 아니하는 것이 옳은 줄 알았노니 우상의 제물과 피와 목매어 죽인 것과 음행을 멀리할지니라 이에 스스로 삼가면 잘되리라 평안함을 원하노라"(행 15:28-29).

1) 예루살렘 교회의 회의 결과는 "성령과 우리"를 통해서 된 것이라고 말합니다. 성령이 먼저 나옵니다. 이 회의 주관자가 성령입니다. 성령께서 교회의 지도자들을 통해서 신학 논쟁을 정리하게 하십니다.

2) 예루살렘 교회는 안디옥 교회에게 "짐을 지우지 아니"하기로 결정합니다. 짐은 율법을 지키는 것과 할례를 받는 것을 의미합니다. 이로써 구원론이 명확해집니다. 예수 그리스도를 통해서 구원을 받습니다.

3) 구원론을 결정한 후에 윤리적인 권면을 줍니다. 안디옥 교회는 이방인들로 구성된 교회입니다. 예루살렘 교회는 유대인들로 구성된 교회입니다. 이방인과 유대인은 믿음으로 구원을 받습니다. 그 후에 이 두 그룹들 사이에 교제와 식탁의 교제 문제가 생길 수 있습니다. 이 두 그룹이 평화롭게 공존하기 위해서 윤리적인 문제들을 지킬 것을 말합니다. 유대인들은 어려서부터 이방인과 상종하지 말 것과 음식법을 지켜야 할 것을 교육받고 자라기 때문입니다. "우상의 제물과 피와 목매어 죽인 것"을 삼가라고 합니다. 이것은 먹는 문제입니다. 우상에게 드려진 제물을 먹는 것과 피를 완전히 빼지 않은 고기와 목매어 죽인 짐승의 고기를 먹는 문제입니다. 유대인들은 가축을 도살 할 때 피를 완전히 뺀 후에 고기를 먹었습니다. 유대인들은 피를 먹지 않았습니다. 죽은 사체를 만지는 것은 부정한 일이기도 했습니다. 예루살렘 교회가 이렇게 먹는 문제를 언급한 것은 이방인 성도들과 유대인 성도들 사이의 식탁 교제를 염두에 두었을 것입니다. 유대인 성도들은 구약과 그들의 전통으로부터 완전히 자유로울 수 없기 때문입니다. 그리고 음행도 말합니다. 이방인들은 성적으로 더 자유분방한 분위기에서 생활하기 때문입니다. 믿지 않는 이방인들은 성적으로 아주 음란합니다. 믿는 이방인 성도들이 이러한 분위기에 영향을 받을 수 있기 때문에 음행을 삼가라고 권면합니다.

예루살렘 교회는 위의 결의 사항을 만장일치로 결정했습니다. 이것을 공적인 편지로 써서 바나바와 바울 그리고 유다와 실라를 통해 안디옥 교회에 보냅니다. 안디옥 교회는 이 편지를 받고 기뻐합니다. 구원론에 대한 신학적인 문제가 해결된 것입니다.

### 20.4 바울의 환상

2차 전도 여행은 두 팀으로 나뉩니다. 바나바와 바울이 마가 요한을 데리고 가는 문제로 심하게 싸웠기 때문입니다(행 15:36-41). 바나바는 마가 요한을 데리고 구브로로 갑니다. 바울은 실라와 함께 수리아와 길리기아로 갑니다. 사도행전을 기록한 저자 누가는 바울의 일행이 되어 동행합니다. 이래서 이후부터 사도행전에서 바울 이야기가 주로 나옵니다.

2차 전도 여행에서 중요한 사건은 바울의 환상입니다. 바울이 본 환상 때문에 전도 여행의 목적지가 달라집니다. 바울이 처음에 아시아 지역에서 복음을 전합니다. 그러나 성령이 반대합니다. "성령이 아시아에서 말씀을 전하지 못하게 하시거늘"(행 16:6). 바울의 전도 여행의 코스를 성령께서 인도하고 있습니다. 그래서 바울 일행은 브루기아와 갈라디아 땅으로 갑니다. 무시아 앞에서 비두니아로 가려고 계획합니다. 현재의 터키 지역입니다. 하지만 다시 성령의 반대에 부딪힙니다. "무시아 앞에 이르러 비두니아로 가고자 애쓰되 예수의 영이 허락하지 아니하시는지라"(행 16:7). 성령을 "예수의 영"이라고 부릅니다. 성령께서 다시 바울이 비두니아로 가는 것을 반대합니다. 성령이 어떻게 바울의 전도 여행을 막았는지 구체적으로 나오지 않습니다. 아마도 환경을 통해서 막은 것 같습니다. 전도를 해도 결신자가 나오지 않았을 가능성이 있습니다. 왜냐하면 바울이 1차 전도 여행을 마치고 와서 보고할 때 "하나님이 함께 행하신 모든 일과 이방인들에게 믿음의 문을 여신 것"(행 14:27)을 말했기 때문입니다. 바울의 전도 계획이 번번이 막히고 있을 때에 바울이 환상을 봅니다. "마게도냐 사람 하나가 서서 그에게 청하여 이르되 마게도냐로 건너와서 우리를 도우라"(행 16:9)합니다. 이 환상에서 하나님의 말씀이나 주의 천사들이 나타나지 않습니다. 그렇지만 바울은 이 환상을 하나님의 계시로 해석합니다. 결국 바울은 전도 여행의 목적지를 마게도냐로 변경합니다. 드로아에서 배를 타고 빌립보 성으로 갑니다.

바울의 빌립보 전도 여행은 열매를 맺습니다. 빌립보에서 옷감 장사를 하는 루디아를 전도합니다. "두아디라 시에 있는 자색 옷감 장사로서 하나님을 섬기는 루디아라 하는 한 여자가 말을 듣고 있을 때 주께서 그 마음을 열어 바울의 말을 따르게 하신지라"(행 16:14). 바울은 복음을 전합니다. 그리고 주님은 루디아의 "마음을 열어" 바울이 전하는 메시지를 듣게 합니다. 예수께서 제자들에게 지상 명령을 주실 때에 제자들의 전도 사역에 함께 해 주시겠다고 약속했습니다(마 28:20). 이 약속이 이루어지는 것을 볼 수 있습니다. 루디아와 그녀의 집 사람들이 다 예수를 믿습니다. 루디아는 바울에게 그녀의 집을 개방하여 머물 곳을 제공합니다. 바울이 루디아의 집에 전도 캠프를 차리게 되었습니다.



바울 일행이 기도하러 가다가 귀신 들린 여종을 만납니다. 이 여종이 점을 쳐주어 주인들이 경제적인 유익을 얻습니다. 이 여인이 바울 일행을 계속 따라 다니면서 큰 소리로 말합니다. "이 사람들은 지극히 높은 하나님의 종으로서 구원의 길을 너희에게 전하는 자라"(행 16:17)고 합니다. 바울이 이 말을 듣고 괴로워합니다. 여종이 하는 말은 맞는데 말하는 방식이 좋지 않습니다. 귀신들린 여종이 전도를 하는 셈이기 때문입니다. "바울이 심히 괴로워하여 돌이켜 그 귀신에게 이르되 예수 그리스도의 이름으로 내가 네게 명하노니 그에게서 나오라 하니 귀신이 즉시 나오니라"(행 16:18). 바울은 귀신에게 예수 그리스도의 이름으로 명령합니다. 귀신들린 여종을 상대하는 것이 아니라 여종을 사로잡고 있는 귀신을 상대합니다. 이 명령에 권세가 있습니다. 귀신이 즉시 그 여종에게서 나옵니다. 하지만 이것이 새로운 사건을 일으킵니다. 주인들이 귀신들린 여종의 치유를 기뻐하지 않습니다. 경제적인 유익이 없어졌기 때문입니다. 주인들이 바울과 실라를 잡아서 성의 관리에게 고발합니다. 유대인들이 로마 사람인 자기들이 받아들이지 못할 풍속을 전하여 이 성을 요란하게 한다는 것입니다. 관리들이 이 말을 듣고 바울과 실라를 잡아 때리고 감옥에 가둡니다. 바울과 실라가 옥에 갇혀서 기도하며 하나님을 찬송합니다. 이때 지진이 일어나 옥문이 열리고 죄수들을 묶어 놓았던 사슬들이 다 풀어지는 기적이 일어납니다. 간수가 잠을 자다가 놀라서 깨어납니다. 옥문이 열린 것을 보고 자살을 하려고 합니다. 바울이 소리를 질러 간수의 자살을 막습니다. 간수가 등불을 들고 바울과 실라에게 뛰어와 묻습니다. "선생들이여 내가 어떻게 하여야 구원을 받으리이까"(행 16:30). 간수의 질문이 흥미롭습니다. 지금 자다가 일어났습니다. 지진을 경험하고 감옥의 문이 열린 것을 확인하고 이 질문을 합니다. 이 상황에서 구원을 받기 원하는 것인지 아니면 죄의 문제에서 영적인 구원을 받기를 원하는 것인지 정확한 설명이 없는 질문입니다. 그러나 바울은 명확하게 구원을 정의합니다. "주 예수를 믿으라 그리하면 너와 네 집이 구원을 받으리라"(행 16:31). 예수를 믿는 것이 구원을 받을 수 있는 방법입니다. 바울이 말씀을 그 간수와 간수의 집 사람들에게 전합니다. 이들이 세례를 받고 예수를 믿습니다. 바울과 실라는 고난을 겪은 후에 결신자를 얻습니다. 하나님이 바울을 부르실 때에 했던 말씀이 생각납니다. "그가 내 이름을 위하여 얼마나 고난을 받아야 할 것을 내가 그에게 보이리라"(행 9:16). 하나님의 전도 방법이 신비롭습니다.

바울은 루디아와 간수를 전도함으로 빌립보 교회의 초석을 놓았습니다. 빌립보 교회를 통해서 바울은 이제 유럽 전도 여행의 전초기지를 확보한 것입니다.

### 20.5 아덴에서의 전도 설교

바울이 아덴(현대 그리스의 수도)에서 실라와 디모데를 기다리다가 그 성에 우상이 많은 것을 봅니다. "그 성에 우상이 가득한 것을 보고 마음에 격분하여 회당에서는 유대인과 경건한 사람들과 또 장터에서는 날마다 만나는 사람들과 변론하니"(행 17:16-17). 바울이 아덴에 있는 우상들을 보고 바울의 영이 자극을 받습니다. 그래서 바울이 회당에서는 유대인들과 장터에서는 이방인들과 토론을 벌입니다. 특별히 누가는 바울이 이방인들에게 행한 설교를 기록합니다. 바울이 에피쿠로스와 스토아 철학자들과도 논쟁을 벌입니다. 에피쿠로스(에피쿠로스(B.C 341-370)가 창시한 학파)는 쾌락을 중요하게 여기는 철학 사상입니다. 인생의 최대 목적은 고통과 공포가 없는 쾌락입니다. 신에 대한 견해는 신은 존재하지만 세상 역사에 관여하지 않고 멀리 있다고 생각합니다. 스토아(키프로스 제논(B.C 340-265)이 기초한 철학으로 스토아 학파라고 불림)는 자연에 순응하는 삶을 강조합니다. 신에 대한 견해는 자연과 신을 동일시하는 범신론이며 세계정신이라고 말합니다. 바울은 이러한 철학자들을 상대로 논쟁을 합니다. 특히 예수의 부활을 증거합니다. 사람들이 바울을 붙들고 아레오바고로 데려갑니다. 아레오바고는 "아레스의 언덕"이라는 뜻으로 아덴의 행정지이며 법정 역할을 감당한 곳입니다. 사람들이 바울에게 "이 새로운 가르침"(행 17:19)이 무엇인지 자세하게 설명해 줄 것을 요구합니다. 일종의 종교 청문회 같은 것을 개최합니다. 이러한 요구에 의하여 바울이 설교를 시작합니다.

바울은 먼저 아덴 사람들이 종교심이 많다고 말합니다. 아덴에 많은 신상들이 있습니다. 우상입니다. 그 가운데는 "알지 못하는 신"(행 17:23)에게 드리는 단도 있습니다. 이것을 본 바울은 참된 신을 알려 주겠다고 말합니다. 바울은 창조주 하나님을 말합니다. 하나님이 모든 것을 창조하셨습니다. 그 분은 무엇이 부족해서 사람의 손으로 섬김을 받는 분이 아니며 사람의 손으로 만든 신전에 거하는 분도 아닙니다. 사람에게 생명을 주시는 분입니다. 하나님이 인류를 만드시고 경계를 정해 주셨습니다. 그 하나님은 사람에게서 멀리 떨어져 계신 분이 아닙니다. 사람은 그 하나님으로 인하여 움직이며 살 수 있습니다. 사람은 "하나님의 소생"(행 17:29)입니다. 사람이 하나님으로부터 나온 하나님의 자손, 후예이기 때문에 하나님을 금은으로 새기거나 만든 것으로 간주해서는 안 됩니다. 우상을 섬겨서는 안 된다는 것입니다. 바울은 사람의 기원이 창조주 하나님께 있기 때문에 우상을 만들어 섬겨서는 안 된다고 주장합니다. "알지 못하던 시대에는 하나님이 간과하셨거니와 이제는 어디든지 사람에게 다 명하사 회개하라 하셨으니"(행 17:30). 바울은 이제 시대가 변했다고 말합니다. "알지 못하던 시대"(무지의 시대)는 과거입니다. 복음이 선포되기 이전입니다. 그러나 "이제는" 즉, 복음이 선포되는 시대입니다. 복음이 선포되는 시대에는 사람들에게 "회개하라"고 명령하셨습니다. 하나님께서 회개하라고 하신 이유가 있습니다. 심판이 있기 때문입니다. 하나님이 공의로 심판하실 심판의 날이 있을 것입니다. 또한 심판하실 분이 있습니다. 하나님이 죽음에서 다시 살리신 예수입니다(행 17:31-32; 참고 요 5:27). 하나님은 예수 그리스도를 통하여 세상을 심판하실 것입니다.

바울은 이방인들을 대상으로 전도 설교를 합니다. 이 설교를 들은 사람들은 두 가지로 반응을 보입니다. 어떤 사람은 복음을 비웃습니다. 어떤 사람은 복음을 믿습니다. 확실히 복음은 공개적인 비밀입니다. 복음을 듣고 믿는 사람들에게는 복음이 열리는 계시의 기능을 합니다. 그러나 복음을 듣고도 믿지 않는 사람들에게 복음은 가리어져 있는 은폐의 기능을 합니다. 바울은 이 설교로 인하여 믿는 여러 사람, 디오누시오, 다마리 그리고 다른 사람들을 얻습니다(행 17:34).

### 20.6 에베소의 제자들에게 성령 강림

바울의 3차 전도 여행 중에 특이한 사건은 에베소 제자들에게 성령이 임한 일입니다(행 19:1-7). 오순절 성령 강림은 예루살렘에 머물고 있는 제자들에게 일어났습니다. 오순절 성령 강림 후에 베드로가 설교를 했습니다(행 2장). 그 후에 사마리아 사람들이 하나님의 말씀을 받습니다. 예루살렘 교회가 베드로와 요한을 파송합니다. 두 사도가 성령 받기를 위해 기도하자 성령이 임합니다(행 8:15-17). 그 후에 이방인 고넬료와 그 집 식구들에게 성령이 임합니다. 이때는 베드로가 복음을 전할 때, 말씀을 듣는 모든 사람에게 성령이 임했습니다(행 10:44-46). 사마리아와 고넬료에게 성령이 임할 때에 사도 베드로가 관여했습니다. 고넬료는 이방인이지만 첫 번째로 성령의 강림을 체험한 사람입니다. 하지만 그는 지역적으로 가이사랴에 거주했습니다 (행 10:1).

위의 세 차례에 걸친 성령 강림은 유대 예루살렘과 사마리아 땅에서 이루어졌습니다. 이제 성령 강림은 이방인의 지역으로 확장되어 갑니다. 사도 바울의 전도로 인하여 복음이 유대 지역을 넘어 소아시아 지역으로 선포됩니다. 바울이 에베소 지역에 도착했을 때 제자들을 만납니다. 바울은 에베소 제자들에게 "너희가 믿을 때에 성령을 받았느냐" 하고 묻습니다. 그러자 그들은 "아니라 우리는 성령이 계심도 듣지 못하였노라" 하고 답변합니다(행 19:2). 그들은 세례 요한의 세례를 받았습니다. 바울은 그들에게 세례 요한 이후에 오신 예수를 말합니다. 그들은 예수에 관한 소식을 듣고 예수의 이름으로 세례를 받습니다. "바울이 그들에게 안수하매 성령이 그들에게 임하시므로 방언도 하고 예언도 하니"(행 19:6). 바울이 그들에게 안수하자 성령이 그들에게 임하십니다. 이방인 사도 바울이 안수하자 이방인들에게 성령이 임했습니다. 이 사건은 사마리아와 고넬료 성령 강림 사건과 비교를 이룹니다. 이때는 사도 베드로의 역할이 두드러졌기 때문입니다.

사도행전의 성령 강림 사건은 네 차례에 걸쳐서 일어나지만 각기 다른 모습을 띠고 있습니다. 오순절 성령 강림 사건은 현상적인 측면에서 특이하며 또한 성령이 임한 사람들의 수도 많습니다. 각 지역 방언을 말한 것도 특이합니다. 오순절 성령 강림 이후 성령이 임하시는 일정한 패턴은 없습니다. 하지만 성령 강림은 복음 선포와 함께 일어났습니다. 사마리아 사람들이나 고넬료의 경우 그리고 에베소의 제자들의 경우에 복음 선포와 함께 성령 강림이 일어났습니다.

그런데 한 가지 흥미로운 점이 있습니다. 사도행전에서 복음을 받아들인 사람들은 많이 있습니다. 베드로의 설교를 듣고 회개하고 돌아온 삼천 명 그리고 오천 명의 사람들은 성령을 받았다는 기록이 나오지 않습니다. 빌립의 전도로 세례를 받은 에디오피아의 내시도 성령을 받았다는 기록은 없습니다. 사도 베드로는 회개하고 예수 그리스도의 세례를 받으면 죄 사함을 받고 성령을 선물로 받을 것이라고 약속했습니다. 이 약속은 믿는 모든 사람들에게 해당되는 것입니다(행 2:38-39). 성령의 임함은 특별한 사람들에게만 주어지는 것이 아니라 예수 그리스도를 주로 고백하는 모든 사람들에게 주어질 것입니다. 그렇다면 자연스럽게 왜 위에서 언급한 사람들에게는 성령강림 사건이 기록되지 않았는가 하는 질문이 생깁니다. 누가는 왜 오순절 성령 강림, 사마리아 사람들, 고넬료 그리고 에베소 제자들에게 임한 성령 사건만을 기록하고 있느냐 하는 것입니다.

위에 성령강림 사건이 기록되어 있는 본문들을 자세히 살펴보면 복음이 확장될 때, 지역적으로 그리고 인종적인 장벽이 넘어설 때 강력한 성령 강림 사건이 나타납니다. 예수께서 "오직 성령이 너희에게 임하시면 너희가 권능을 받고 예루살렘과 온 유대와 사마리아와 땅 끝까지 이르러 내 증인이 되리라"(행 1:8) 하셨습니다. 이 말씀에 근거해서 생각해보면 누가는 성령 강림 사건을 선교적 측면에서 복음이 확장되어 나아갈 때 강하게 나타났음을 밝히고 있는 것입니다.

## 20.7 바울의 목회 설교

바울의 3차 전도 여행의 최종 목적지는 예루살렘입니다. 그는 오순절 전에 예루살렘을 방문하기 원합니다. 밀레도에서 배를 타기 위해 기다리는 동안에 바울은 에베소 교회의 장로들을 초청하여 고별 설교를 합니다. 장로들을 대상으로 한 목회적인 설교입니다.

바울은 먼저 자신의 이야기를 합니다. 아시아에서 바울이 어떻게 생활했는지를 에베소 교회의 장로들이 다 알고 있다고 말합니다. 바울은 겸손하게 행동했습니다. 유대인들로 인하여 시험을 당할 때에도 인내하면서 성도들에게 유익한 것은 집이든 공중 앞에서든 장소를 가리지 않고 가르쳤습니다. 바울의 가르침의 핵심은 회개와 예수 그리스도에 대한 믿음 그리고 하나님 나라입니다(행 20:18-21, 25). 바울은 이어서 예루살렘에 올라가려는 자신의 계획을 말합니다. 그가 예루살렘에 올라가는 것은 "성령에 매여"(행 20:22) 가는 것입니다. 성령의 강력한 인도에 순종하는 것입니다. 하지만 예루살렘에서 바울이 어떤 일을 당할지 구체적으로 알지 못합니다. 단지 성령께서 "결박과 환난"(행 20:23)이 바울을 기다리고 있다고만 알려주셨습니다. 그렇지만 바울은 "주 예수께 받은 사명 곧 하나님의 은혜의 복음을 증언"(행 20:24) 하기 위하여 자신의 생명을 귀하게 생각하지 않습니다. 바울은 환난을 당할 것을 알면서도 예루살렘으로 올라갈 결심을 굳게 하고 있습니다(행 20:22-24).

바울이 예루살렘으로 올라가기 때문에 이제 다시 에베소 교회 장로들을 볼 수 없을 것이라고 말합니다. 그러면서 바울은 에베소 교회 장로들에게 교회를 위탁합니다. 장로로서 맡은 책임이 있다는 것입니다. 1) 장로들은 자신을 조심해야 합니다. 즉 신앙의 자기 관리를 잘하라는 것입니다. 성령께서 그들을 "감독자"로 삼았기 때문입니다. 2) 따라서 이들은 양들을 돌봐야 합니다. 목양을 잘 할 것을 부탁합니다. 이들이 돌봐야 할 양은 "하나님이 자기 피로 사신 교회"(행 20:28)이기 때문입니다. 교회는 예수의 십자가 사건을 통해서 세워졌다고 말합니다. 예수를 하나님이라고 부르고 있습니다(참고 요 20:28). 3) 에베소 교회 장로들이 양들을 잘 돌봐야 할 이유가 있습니다. 바울이 떠나면 이리가 들어올 것이기 때문입니다. 4) 또한 에베소 교회 가운데서도 자신의 사람들을 세우기 위하여 "어그러진 말"을 하는 사람이 나올 것입니다. 이러한 이유들 때문에 바울은 에베소 교회 장로들에게 주의해야 할 것을 당부합니다. 장로들은 바울의 가르침을 잘 기억해야 합니다. 바울은 장로들을 하나님과 그의 말씀에 위탁합니다. 말씀이 장로들을 든든하게 세울 것이며 기업이 있게 할 것입니다(행 20:28-32).

바울은 장로들에게 위탁과 경고를 한 후에 자신의 삶을 다시 한 번 말합니다. 바울이 에베소에 있는 동안 은금과 의복을 탐내지 않았습니다. 물질에 대한 욕심을 내지 않았습니다. 바울은 스스로 일해서 필요한 경비를 채웠습니다. 바울의 이러한 모습이 장로들에게 모델입니다. 장로들이 따라야 할 모범입니다. 바울은 장로들에게 마지막으로 "주는 것이 받는 것보다 복이 있다"(행 20:35)는 주님의 말씀을 하고 끝을 맺습니다(행 20:33-35).

바울의 목회 설교가 끝나자 다 같이 무릎을 꿇고 울며 기도합니다. 바울을 다시 보지 못할 것이라는 말 때문에 다들 슬퍼하며 바울을 전송합니다.

## 20.8 바울의 간증 설교

바울은 예루살렘에서 고난을 당할 것을 알고도 예루살렘에 올라갑니다. 여러 차례 다른 제자들이 예루살렘 행을 만류합니다(행 21:4, 12). 그렇지만 바울은 "주 예수의 이름을 위하여"(행 21:13) 죽을 결심을 하고 올라갑니다.

바울이 예루살렘의 성전에 있을 때에 아시아에서 온 유대인들이 그를 알아보고 바울을 붙잡습니다. 그들이 예루살렘 있는 유대인들에게 바울을 고소합니다. "이스라엘 사람들아 도우라 이 사람은 각처에서 우리 백성과 율법과 이곳을 비방하여 모든 사람을 가르치는 그 자인데 또 헬라인을 데리고 성전에 들어가서 이 거룩한 곳을 더럽혔다"(행 21:28). 아시아에서 온 유대인들은 바울이 율법과 성전을 대적한다고 말합니다. 바울이 에베소 사람 드로비모를 성전에 데리고 들어갔다고 착각하고 한 말입니다(행 21:29). 이 일로 인하여 유대인들이 바울을 사로잡아 때립니다. 이때 성이 소란하다는 보고를 들은 천부장이 군사들을 데리고 와서 바울을 체포합니다. 이에 바울이 천부장에게 유대 백성들에게 말할 수 있는 기회를 요청합니다. 천부장이 허락하자 바울이 층대 위에 서서 히브리어로 설교를 합니다.

바울의 연설은 간증 설교입니다(행 22:2-21). 바울은 이러한 간증 설교를 아그립바 왕 앞에서 한 번 더 합니다(행 26:2-23). 누가가 바울의 회심을 세 번(행 9, 22, 26장)이나 사도행전에 기록한 것을 보면 다메섹 사건이 얼마나 중요한지를 알 수 있습니다.

바울은 자신을 길리기아 다소에서 태어났고 가말리엘 문하에서 수학했다고 소개합니다. 율법에 열심이었고 기독교인들을 핍박했습니다. 다메섹에 있는 기독교인들을 잡아 오기 위해 가던 중에 하늘로부터 큰 빛이 둘러 비칩니다. 하늘에서 "사울아 사울아 네가 왜 나를 박해하느냐"(행 22:7) 하는 소리가 들려 누구냐고 물었습니다. "나는 네가 박해하는 나사렛 예수라"(행 22:8) 하는 대답이 들렸습니다. 바울이 앞을 보지 못하고 다메섹에 들어갔습니다. 다메섹에서 아나니아라는 사람에 의해 세례를 받습니다. 아나니아는 바울을 하나님이 택한 사람이라고 말합니다. "우리 조상들의 하나님이 너를 택하여 너로 하여금 자기 뜻을 알게 하시며 그 의인을 보게 하시고 그 입에서 나오는 음성을 듣게 하셨으니 네가 그를 위하여 모든 사람 앞에서 네가 보고 들은 것에 증인이 되리라"(행 22:14-15). 바울은 예루살렘의 유대인들에게 자신이 체험한 것을 말합니다. 다메섹에서 부활하신 주님을 만난 것을 간증합니다. 부활하신 주님의 증인으로 택함을 받았다고 말합니다.

바울은 다메섹 체험을 말한 후에 다시 예루살렘에서 있었던 주님의 계시를 말합니다. 바울이 성전에서 기도할 때에 주님께서 예루살렘에서 떠날 것을 말씀하십니다. 바울이 증언하는 것을 유대인들이 듣지 않기 때문입니다. 바울은 주님께 자신이 그동안 한 일을 말합니다. 자신은 기독교인들을 사로잡아 때리고 감옥에 가두었습니다. 스데반이 죽을 때도 증인들의 옷을 지켰다고 말합니다. 그러자 주님께서 "떠나가라 내가 너를 멀리 이방인에게로 보내리라"(행 22:21) 하셨다고 말합니다.

바울은 자신이 이방인들에게 복음을 전하는 이유를 설명합니다. 부활하신 예수의 현현과 계시로 인하여 이방인에게 예수 그리스도의 복음을 증거한다고 말합니다. 하나님이 자신을 부르셨다고 간증합니다. 바울의 사도직의 기원은 하늘의 부르심입니다(행 26:16-18). 그러나 유대인들은 바울의 말을 믿지 않습니다. 오히려 더 포악해져서 바울을 죽이려고 합니다. 그러자 천부장이 바울을 사로잡아 갑니다.

천부장이 바울을 심문하려고 합니다. 그러자 바울이 로마 시민임을 밝힙니다. 천부장이 바울이 로마 시민이라는 것을 알고 함부로 대하지 못합니다. 유대인들이 공회를 소집하고 바울을 고발합니다. 바울은 유대인 공회 앞에서 부활하신 주님을 증거합니다(행 23:6). 바울이 유대인들의 공회에서 예수를 증거한 그 날 밤에 주님께서 나타나십니다. "그 날 밤에 주께서 바울 곁에 서서 이르시되 담대하라 네가 예루살렘에서 나의 일을 증언한 것 같이 로마에서도 증언하여야 하리라"(행 23:11). 바울은 3차 전도 여행 때에 예루살렘을 방문하고 후에 로마를 갈 계획을 갖고 있었습니다(행 19:21). 바울의 계획이 신기하게 이루어집니다. 바울은 이제 죄수의 신분으로 로마를 가게 됩니다.

유대인들의 고발로 인하여 바울이 풀려나지를 못합니다. 유대인들이 벨릭스 앞에서 바울을 고발합니다. 벨릭스가 바울에게 변호할 기회를 줍니다. 이 때 바울은 예루살렘에서 소동을 일으키지 않았다고 자신을 변호합니다. 바울은 유대인들이 "이단이라 하는 도를 따라 조상의 하나님을 섬기고 율법과 선지자들의 글에 기록된 것을 다 믿으며"(행 24:14) 하고 말합니다. 유대인들이 바울을 "나사렛 이단의 우두머리"(행 24:5)라고 고발을 했기 때문입니다. 바울은 부활을 소망한다고 말합니다(행 24:15). 바울은 자신이 지금 심문을 받는 이유는 "내가 그들 가운데 서서 외치기를 내가 죽은 자의 부활에 대하여 오늘 너희 앞에 심문을 받는다고 한 이 한 소리만 있을 따름이니이다"(행 24:21) 하고 설명합니다. 바울은 계속 부활을 강조합니다. 벨릭스가 유대인들에게 인심을 사려고 바울 사건의 결론을 내리지 않고 바울을 가두어 둡니다.

바울이 갇힌 지 2년이 되었습니다. 총독 벨릭스의 후임으로 베스도가 부임합니다. 대제사장들과 유대인들이 다시 바울을 고소합니다. 유대인들이 바울을 고소했지만 증거가 부족합니다. 바울은 자신의 무죄를 주장합니다. 그러나 베스도 역시 유대인들에게 환심을 사기 위하여 바울 구류합니다. 그러자 바울이 로마 황제 가이사에게 상소를 합니다. 바울은 로마 시민이기 때문에 이 일이 가능했습니다. 총독 베스도가 바울을 로마로 보내기를 결정합니다. 이에 바울이 로마로 가게 됩니다(행 25:12).

# 21

# 로마서: 이신칭의

읽어야 할 본문: 로마서 1-3장

바울은 다메섹에서 부활하신 예수를 만났을 때에 이방인의 사도로 부르심을 받았습니다. 바울은 이방인 전도를 위해 세 차례에 걸쳐 전도여행을 다녔습니다. 이때 많은 교회들을 개척하여 세웠습니다. 바울은 그가 세운 교회들이 문제들을 만났을 때에 적극적으로 편지를 써서 해결책을 제시합니다. 이러한 이유로 많은 바울 서신들이(13개) 나오게 되었습니다. 현재 신약 성경에 수록되어 있는 바울 서신들은 바울이 쓴 편지들의 길이에 따라 배열되었습니다. 그런데 바울이 쓴 서신들 가운데 유일하게 로마서를 받은 교회는 바울이 개척하여 세운 교회가 아닙니다. 그런데도 바울은 가장 길게 편지를 써서 보냈습니다.

로마서는 로마에 있는 교회에 보낸 편지입니다. 바울이 3차 전도 여행을 마칠 때에(A.D 55-57) 고린도에서 머물면서 이 편지를 썼을 것으로 추정됩니다. 그 이유는 가이오를 언급하는 것 때문입니다(롬 16:23; 고전 1:14). 또한 바울이 겐그레아 교회의 뵈뵈 자매를 추천하는데, 겐그레아는 고린도에서 가까운 지역입니다. 아마도 그녀가 로마서를 로마로 가져갔을 것입니다(롬 16:1-2). 그리고 고린도에서 발견된 일세기 비문은 도로를 포장한 "에라스도" 이름을 언급하는데, 아마도 이 사람이 로마서에 나오는 "재무관 에라스도"(롬 16:23)와 같은 인물일 것으로 간주됩니다.

로마 교회가 어떻게 시작되었는지 그 기원은 정확하게 알 수 없습니다. 아마도 오순절 때 "로마로부터 온 나그네 곧 유대인과 유대교에 들어온 사람들"(행 2:10)이 오순절의 성령 강림으로 인하여 사도들이 선포한 복음을 듣고 회심하고 돌아간 사람들에 의해서 로마 교회가 세워졌을 것으로 생각됩니다.

바울이 로마서를 쓴 역사적 배경은 다음과 같습니다(롬 1:11-17; 15:22-29). 1) 사도 바울은 로마 교인들에게 어떤 은사를 나누어주어 교회를 든든하게 세우기 위해서입니다. 2) 사도 바울과 로마 교인들이 믿음으로 서로 위로하기 위해서입니다. 3) 로마 교회가 열매를 맺기 위해서입니다. 4) 바울은 로마에 있는 사람들에게도 복음을 전하기 원합니다. 5) 바울은 예루살렘을 들러서 로마로 가기를 원합니다. 바울은 예루살렘에 이방인 교회들이 예루살렘 교회의 가난한 성도들을 위하여 헌금한 것을 가지고 갑니다. 이 일을 마친 후에 로마로 가서 로마 교회와 교제를 하고 로마 교회가 서바나(스페인)로 보내주기를 바라고 있습니다.

로마서는 바울이 쓴 서신들 가운데 가장 깁니다. 로마서는 기독교 신앙의 진리들을 잘 가르치고 있습니다. 바울은 여러 번 로마로 가기를 계획했습니다. 그러나 그 뜻이 잘 이루어지지 않았습니다(행 19:21; 롬 1:13; 15:22). 그래서 바울은 로마 교회에 방문하여 가르치기 원했던 복음을 서신으로 쓴 것입니다. 이후 로마서는 기독교 역사에 큰 영향을 미칩니다. 기독교 역사에 뛰어난 신학자들과 종교 개혁자들, 어거스틴, 루터, 멜랑히톤, 칼빈, 웨슬리 그리고 바르트에게 큰 영감을 줍니다.

## 21.1 하나님의 복음

사도 바울은 세 차례에 걸쳐 전도 여행을 다니면서 복음을 전파했습니다. 그는 이방인을 위한 사도로 부름을 받았습니다. 바울은 그의 사도직이 하늘로부터 즉, 하나님께로부터 왔다는 의식을 갖고 있습니다(갈 1:1). 이것은 사도 바울이 아그립바 왕 앞에서 한 간증 설교에서 잘 나타납니다(행 26:2-23).

바울은 하늘의 부르심을 받아 복음을 증거한다고 말합니다. 이러한 바울의 고백은 로마서에서도 잘 나타납니다. "예수 그리스도의 종 바울은 사도로 부르심을 받아 하나님의 복음을 위하여 택정함을 입었으니"(롬 1:1). 바울은 자신을 "예수 그리스도의 종"으로 소개합니다. 마치 구약의 여호와의 종과 유사합니다. 바울은 "사도로 부르심을 받아" 하고 말합니다. 사도는 부활하신 예수를 직접 본 사람입니다(고전 15:8). 바울은 다메섹 도상에서 부활하신 예수를 보았고 부르심을 받았습니다(행 9:1-19). 마치 구약의 선지자들이 이상을 보고 선지자로 소명을 받는 것과 유사합니다. 바울은 무엇보다도 "복음을 위하여 택정함을 입었으니" 하고 말합니다. "택정함을 입었으니"는 '구별하여' 라는 뜻입니다(참고 행 13:2). 바울은 복음을 위하여 '따로 세움을 받은 사람' 입니다. "하나님의 복음"은 '하나님의 좋은 소식' 입니다. 복음의 기원이 사람에게 있는 것이 아니라 하나님께 있습니다. 하나님이 계획하신 좋은 소식입니다.

바울이 전하는 복음은 구약과 밀접한 관련이 있습니다. "이 복음은 하나님이 선지자들을 통하여 그의 아들에 관하여 성경에 미리 약속하신 것이라"(롬 1:2). 복음은 구약에서 미리 약속한 것입니다. 이 약속은 선지자들을 통하여 된 것입니다. 메시야(그리스도) 예언입니다. 그 메시야가 누구냐 하면 바로 "그의 아들" 즉, 하나님의 아들입니다. 복음은 하나님의 아들에 관한 소식입니다.

바울은 하나님의 아들이 누구인지 더 정확하게 설명합니다. "그의 아들에 관하여 말하면 육신으로는 다윗의 혈통에서 나셨고"(롬 1:3). 하나님의 아들이 다윗의 후손으로 오셨습니다. 하나님의 아들이 인간의 몸을 입고 오셨습니다. "다윗의 혈통"은 '다윗의 씨' 입니다. 이 표현은 구약의 오랜 약속을 생각나게 합니다. 야곱은 유다 지파에서 왕이 올 것을 예고했습니다(창 49:10). 이것은 하나님이 다윗에게 하신 약속으로 더 구체화됩니다. 다윗의 후손이 왕위에 올라 영원히 이스라엘을 통치할 것입니다(삼하 7:12-16; 시 89:3-4). 하나님이 다윗에게 하신 약속에 근거하여 선지자들은 다윗의 후손에서 이상적인 왕이 올 것을 예언했습니다(사 9:6-7; 11:1-5; 렘 23:5-6; 겔 34:23-24). 구약의 약속과 예언을 성취하신 분이 태어나셨습니다. 바로 예수입니다.

더 나아가 바울은 예수께서 하나님의 아들이심을 말합니다. "성결의 영으로는 죽은 자들 가운데서 부활하사 능력으로 하나님의 아들로 선포되셨으니 곧 우리 주 예수 그리스도시니라"(롬 1:4). "성결의 영"은 '거룩의 영' 으로서 성령을 말합니다. 예수는 십자가에서 죽었습니다. 그러나 3일 만에 다시 살아났습니다. 예수께서 부활하신 것은 성령의 능력을 따라 된 것입니다. 사망의 세력을 이기신 것입니다. 부활로 인하여 하나님의 아들로 선포되었습니다.

바울이 말한 복음의 내용은 다음과 같이 비교가 됩니다.

| | |
|---|---|
| "육신으로는" | "성결의 영으로는" |
| "다윗의 혈통에서" | "하나님의 아들로" |
| "나셨고" | "선포되셨으니." |

예수 그리스도는 완전한 인간이시며 하나님의 아들입니다. 인성과 신성을 갖고 계신 분입니다. "육신"과 "성결의 영"(성령)의 대조는 구약 시대와 신약 시대를 비교해서 보여줍니다. 옛 시대와 새 시대를 대조시켜 줍니다. 예수 그리스도는 구약의 약속과 언약을 성취하는 분입니다. 옛 시대는 육신과 사망의 지배를 받았다면 새 시대는 이제 성령의 능력과 생명이 지배하는 시대입니다. 성령은 예수를 죽음에서 다시 살리셨습니다. 성령의 능력으로 부활하신 예수 그리스도(메시야)가 바로 하나님의 아들입니다. 바울이 말한 하나님의 복음은 이런 내용을 갖고 있습니다. 바울은 이 복음을 이방인들에게 전한 것입니다.

바울은 복음을 전하기 위해 여러 차례 로마로 가기를 원했습니다. 바울이 이렇게 복음을 전하려는 이유가 있습니다. "헬라인이나 야만인이나 지혜 있는 자나 어리석은 자에게 다 내가 빚진 자라"(롬 1:14). 사도 바울은 자신을 "빚진 자"로 말합니다. 갚아야 할 채무가 있다는 것입니다. 바울은 채무감을 갖고 있습니다. 이것은 복음을 전해야 할 의무와 책임이 있다는 뜻입니다. "헬라인이나 야만인이나"에서 헬라인은 꼭 그리스인만을 의미하지 않습니다. 헬라어를 사용하는 이방인 또는 헬라 문화권에 있는 사람들을 의미할 것입니다. 왜냐하면 지금 바울은 로마에 있는 사람들에게 편지를 쓰고 있기 때문입니다. 야만인은 헬라어 바르바로스에서 온 의성어입니다. 헬라어를 사용하는 사람들이 헬라어를 사용하지 않는 사람들의 말을 들으면 이해할 수 없습니다. 헬라어를 사용하는 사람들이 통역이 필요한 외국어를 들을 때 흉내 내었던 의성어가 바르바로스(야만인)입니다. 로마에는 전쟁에서 져서 사로 잡혀 온 많은 노예들이 있었음을 기억해야 합니다. "헬라인이나 야만인" 그리고 "지혜 있는 자나 어리석은 자"는 모두 이방인을 뜻합니다. 바울은 모든 사람들에게 복음을 전할 의무가 있다고 밝힙니다.

바울은 다시 복음에 대한 자신의 태도를 밝힙니다. "내가 복음을 부끄러워하지 아니하노니 이 복음은 모든 믿는 자에게 구원을 주시는 하나님의 능력이 됨이라 먼저는 유대인에게요 그리고 헬라인에게로다"(롬 1:16). 바울은 복음을 부끄러워하지 않는다고 말합니다. 복음은 피상적으로 보면 유대 청년 예수가 로마 정부에 대항하여 죽은 정치범 이야기로 보일 수 있습니다. 그래서 복음을 받아들이지 않는 사람들에게 십자가의 말씀은 "미련한 것"(고전 1:18)입니다. 바울은 이방 세계에 복음을 전하고 다녔습니다. 수많은 철학자들을 만나서 변증하고 토론했습니다(행 17:18). 바울은 이들에게 복음을 부끄러워하지 않습니다. 복음에 대한 확신이 있습니다. 더 나아가 복음을 자랑스럽게 생각합니다.

바울이 복음을 부끄러워하지 않는 이유는 복음을 믿는 자에게 구원이 임하기 때문입니다. 복음은 "믿는 자에게 구원을 주시는 하나님의 능력"이기 때문입니다. 복음은 받아들이는 사람에게 믿음을 요구합니다. 그 믿음을 통해서 하나님의 구원이 임합니다. 구원은 구약에서 다양하게 사용되었습니다. 병에서 낫는 것, 전쟁에서 이기는 것, 기근에서 살아남는 것, 그리고 노예와 전쟁 포로에서 해방되는 것 등을 말할 때도 구원이라고 표현합니다. 신약에서도 이와 같은 의미들로도 사용됩니다. 모든 악과 위험으로부터 구원입니다. 그렇지만 바울은 여기서 영적인 의미로 구원을 말합니다. 죄와 영원한 심판으로부터 구원받는 의미로 사용합니다. 하나님의 능력으로 믿는 자들은 죄와 심판으로부터 구원을 받습니다. 이러한 구원에는 순서가 있습니다. 먼저는 유대인입니다. 그리고 헬라인 즉, 이방인입니다. 복음은 유대인들로부터 나왔기 때문에 유대인들에게 우선순위가 있습니다. 예수께서 이 점을 가나안 여자에게 말했습니다(마 15:26). 하나님의 구원 역사는 유대인으로부터 시작하여 이방인에게로 나아갑니다.

더 나아가 바울은 복음을 믿는 자에게 복음이 어떤 영향을 미치는지를 설명합니다. "복음에는 하나님의 의가 나타나서 믿음으로 믿음에 이르게 하나니 기록된 바 오직 의인은 믿음으로 말미암아 살리라 함과 같으니라"(롬 1:17). "나타나서"는 감추어졌던 것이 '드러내다,' '폭로하다,' '노출시키다'라는 뜻으로 계시를 의미합니다. 복음에 "하나님의 의"가 드러난 것입니다. "하나님의 의"는 로마서 1:16과 관련해서 생각하면 믿는 자를 구원하는 하나님의 행동입니다. 역사 속에 개입하셔서 믿는 자를 구원하시는 하나님의 구원 행동입니다. 이러한 하나님의 행동은 믿는 자의 신분에 영향을 미칩니다. "오직 의인은 믿음으로 말미암아 살리라" 하고 말하기 때문입니다. 1) 이 선언은 법정적인 의미를 포함합니다. 구원은 영원한 심판으로부터 받는 것이기 때문입니다. 하나님의 최종 심판에서 의인은 구원을 받습니다. 2) 하나님의 의는 하나님의 신실성을 나타내기도 합니다. 하나님은 복음을 믿는 자를 구원하시겠다고 약속하셨습니다. 이 약속을 지키시는 신실하신 분입니다. 따라서 하나님의 의는 하나님의 성품을 나타내기도 합니다. 3) 복음을 믿는 자들은 구원을 받습니다. 하나님의 새로운 백성이 됩니다. 종말에 하나님의 최종 심판에서 구원받을 하나님의 백성입니다. 따라서 믿음을 가진 자는 하나님의 백성이라는 하나님과 관계를 갖습니다. 이런 의미에서 하나님의 의는 하나님과의 관계를 나타냅니다.



### 21.2 인간의 죄

복음은 믿는 사람에게 구원을 주시는 하나님의 능력입니다. 그렇다면 사람은 어떤 상태에 있기에 구원이 필요한가 하는 것입니다. 바울은 인간이 죄의 지배 아래 있다(롬 1:18-3:18)는 것을 보여줍니다. "의인은 없나니 하나도 없으며"(롬 3:10) 하고 선언함으로 사람은 하나님의 복음과 하나님의 구원이 필요한 존재임을 밝힙니다. 하나님의 복음에 나타난 하나님의 구원은 죄의 지배 아래에 있는 인간과 대조를 이룹니다.

## 이방인의 죄

바울은 모든 사람에게 하나님의 진노가 나타난다고 선언합니다. "하나님의 진노가 불의로 진리를 막는 사람들의 모든 경건하지 않음과 불의에 대하여 하늘로부터 나타나나니"(롬 1:18). "하나님의 진노가...나타나나니"는 "복음에서 하나님의 의가 나타나서"(롬 1:17)와 대조를 이룹니다. "하나님의 진노"와 "하나님의 의"가 동시에 나타납니다. 구약에서 하나님의 진노는 언약을 지키지 않는 사람들에게 임합니다(신 29:27). 언약과 율법을 어기는 사람들에게 하나님의 진노와 심판이 임합니다. 그런데 바울은 여기서 "사람들의 모든 경건하지 않음과 불의"(사람들의 모든 불의와 불경건)에 하나님의 진노가 임한다고 선언합니다. 여기서는 모든 사람들입니다. 이방인과 유대인을 포함하고 있습니다. 특히 사람들의 불의한 행동이 진리를 막고 있습니다. 사람들의 불경건과 불의가 진리를 대적합니다. 이래서 하나님의 진노가 하늘로부터 임합니다. 하나님의 진노가 나타나는 이유입니다. 사람들의 불경건과 불의는 하나님의 진노의 대상입니다.

사람들이 하나님을 모르는 것이 아닙니다. "이는 하나님을 알만한 것이 그들 속에 보임이라 하나님께서 이를 그들에게 보이셨느니라 창세로부터 그의 보이지 아니하는 것들 곧 그의 영원하신 능력과 신성이 그가 만드신 만물에 분명히 보여 알려졌나니 그러므로 그들이 핑계하지 못할지니라"(롬 1:19-20). 사람들은 두 가지 면에서 하나님을 알 수 있습니다. 1) 사람들 안에 "하나님을 알만한 것"이 있습니다. 하나님에 관한 지식이 있습니다. 2) 자연을 통해서 하나님을 알 수 있습니다. 이것은 자연 계시입니다. 사람들이 이렇게 하나님을 알 수 있음에도 불구하고 불의를 행하며 경건한 생활을 하지 않습니다. 이래서 하나님의 진노가 임합니다.

사람들의 불의와 경건하지 않음이 진리를 막고 있습니다. 이것은 세 가지로 나타납니다.

1) 사람들이 하나님의 영광을 우상으로 바꾸었습니다(롬 1:21-23). 사람들은 자연 계시를 통해서 하나님을 알 수 있습니다. 그렇지만 하나님께 감사하지도 않고 하나님을 영화롭게도 하지 않습니다. 오히려 하나님의 영광을 우상으로 바꾸어 경배합니다. 이래서 하나님의 진노가 임합니다. 하나님의 심판은 내버려 두심으로 나타납니다. "그러므로 하나님께서 그들을 마음의 정욕대로 더러움에 내버려 두사 그들의 몸을 서로 욕되게 하게 하셨으니"(롬 1:24).

2) 사람들이 하나님의 진리를 거짓으로 바꿉니다(롬 1:25-27). 이래서 하나님이 "그들을 부끄러운 욕심에 내버려" 두십니다(롬 1:26). 그 결과 동성애 현상이 일어났습니다. 여자와 여자가 그리고 남자와 남자가 부끄러운 짓을 합니다.

3) 사람들이 하나님을 싫어합니다(롬 1:28-32). "또한 그들이 마음에 하나님 두기를 싫어하매 하나님께서 그들을 그 상실한 마음대로 내버려 두사 합당하지 못한 일을 하게 하셨으니"(롬 1:28). 사람들이 "마음에"(지식에) 하나님을 알기를 싫어합니다. 하나님에 관한 지식을 포기합니다. 그래서 하나님이 그들을 "내버려" 두심으로 유기하십니다. 사람들이 하나님과 관계를 맺지 않자 각종 더러운 행동을 합니다. 불의, 탐욕, 시기, 살인, 분쟁, 교만, 자랑 등등. 하나님은 이러한 일을 행하는 사람을 사형에 해당한다고 정해 놓으셨습니다. 그럼에도 불구하고 사람들이 이러한 일을 행합니다. 그리고 이러한 일을 행하는 사람들을 옳다고 인정합니다.

하나님이 사람을 내버려 두십니다. 하나님의 진노입니다. 하나님의 심판이 현재적으로 나타난 것입니다. 그런데 이러한 심판이 누구에게 나타났느냐 하는 것입니다. 보편적인 사람의 죄악을 말하고 있습니다.

## 유대인의 죄

위에서(롬 1:18-32) 하나님의 진노가 이방인들에게 임했다하는 표현은 나오지 않습니다. 그렇지만 다음에 나오는 구절들을 잘 생각해 보면 위의 죄(롬 1:18-32)는 이방인들에게 해당된다는 것을 알 수 있습니다. "그러므로 남을 판단하는 사람아, 누구를 막론하고 네가 핑계하지 못할 것은 남을 판단하는 것으로 네가 너를 정죄함이니 판단하는 네가 같은 일을 행함이니라"(롬 2:1). 하나님을 알 수 있는 것들이 있음에도 불구하고 우상을 숭배하며 동성애를 행하며 각종 악을 행하는 자들(이방인)이 있습니다. 이러한 사람들을 또 옆에서 보고 판단하며 정죄하는 사람이 있습니다. 바로 유대인입니다. 유대인은 이방인을 판단합니다. 그러나 유대인 역시 같은 죄를 행하고 있습니다.

하나님이 유대인을 보고 있습니다. 유대인이 이방인을 판단하는 것 같이 하나님이 유대인을 판단하십니다. 유대인은 하나님의 심판을 피할 수가 없습니다. 하나님이 유대인을 오래 참고 계십니다. 그러나 유대인은 회개하지 않고 고집을 부립니다. "다만 네 고집과 회개하지 아니한 마음을 따라 진노의 날 곧 하나님의 의로우신 심판이 나타나는 그 날에 임할 진노를 네게 쌓는도다"(롬 2:5). 유대인은 하나님의 진노를 저금하고 있습니다. 하나님의 진노가 나타날 날이 있습니다. 미래적인 심판의 때입니다. 이방인에게는 하나님의 현재적인 심판이 유기로 나타났습니다. 유대인에게는 하나님의 미래적인 심판이 있을 것입니다. 하나님의 심판이 이중적입니다. 하나님의 심판 기준은 각 사람의 행동입니다. "하나님께서 각 사람에게 그 행한 대로 보응하시되"(롬 2:6). 선을 행하는 사람에게는 영생이 있습니다. 그러나 악을 행하는 사람에게는 환난과 곤고가 기다리고 있습니다. 하나님이 심판하시는 순서는 유대인이 먼저이고 이방인이 나중입니다(롬 2:9-10). 그러나 하나님의 심판 기준은 유대인이나 헬라인이나 똑같습니다. 하나님은 외모로 사람을 판단하지 않습니다(롬 2:11). 유대인이라는 민족적인 신분이 특권을 보장하지 않습니다. 하나님이 예수 그리스도를 통해서 모든 사람들을 심판할 날이 있습니다(롬 2:16). 최후 심판의 날이 있습니다. 그 날에 사람들은 하나님의 심판을 눈으로 볼 수 있을 것입니다.

이방인과 유대인의 차이는 율법의 유무에 있습니다. 이방인은 율법이 없습니다. 그러나 유대인은 율법이 있습니다. 율법이 없이 죄를 지은 사람은 율법이 없이 망할 것입니다. 그러나 율법 아래에서 죄를 범한 사람은 율법으로 말미암아 심판을 받을 것입니다(롬 2:12). 이방인은 율법이 없이 죄를 지었고 유대인은 율법이 있지만 죄를 지었습니다. 율법이 없는 이방인은 "양심의 증거"가 있어서 "마음에 새긴 율법의 행위"를 드러냅니다(롬 2:15). 율법이 있는 유대인은 율법을 듣기만 하고 행하지를 않습니다(롬 2:12-13).

## 유대인의 불순종

유대인의 가장 큰 잘못은 착각입니다(롬 2:17-24). 유대인은 율법을 의지하고 하나님을 자랑합니다. 율법의 가르침을 받아서 하나님의 뜻을 안다고 생각합니다. 이들의 자랑은 율법을 소유하고 있다는 사실에 근거합니다. 그래서 유대인은 앞을 보지 못하는 사람의 안내자이며 어둠 가운데 있는 사람의 빛이라고 스스로 생각합니다. "율법에 있는 지식과 진리의 모본을 가진 자로서 어리석은 자의 교사요 어린 아이의 선생이라고 스스로 믿으니"(롬 2:20). 유대인은 착각하고 있습니다. 율법을 통하여 하나님의 뜻을 안다고 여깁니다. 하지만 그들은 모순 속에 살아갑니다. 도둑질하지 말라고 하면서 그들은 도둑질합니다. 간음하지 말라고 하면서 그들은 간음합니다. 도둑질과 간음은 십계명을 어기는 것입니다. 율법을 자랑하고 있지만 실제 율법을 지키지 않습니다. 불순종합니다. 이율배반적입니다. 유대인의 이런 모순적인 태도 때문에 하나님의 이름이 이방인 가운데서 모독을 받습니다. 유대인의 이율배반적인 태도는 신성모독을 범하고 있습니다. 이들은 예레미야 시대의 유대인과 유사합니다. 예레미야 시대의 유대인은 율법을 가지고 있다고 자랑했습니다(렘 8:8). 하지만 이들은 율법을 지키지 않습니다. 그래서 예레미야는 유대인이 여호와의 규례를 알지 못한다고 비평했습니다(렘 8:7). 더 나아가 예레미야는 유대인이 여호와를 알지 못한다고 말합니다(렘 9:3, 6).

유대인은 율법을 가지고 있지만 율법을 지키지 않습니다. 불순종합니다. 따라서 이들이 행한 할례는 아무런 소용이 없습니다. 할례의 유익이 없습니다(롬 2:25). 할례는 아브라함이 하나님과 맺은 언약의 표징입니다(창 17장). 아브라함의 후손이며 하나님의 언약의 백성이라는 의미입니다. 할례는 유대인의 외적 표지입니다. 율법을 지킬 때 할례에 의미가 있습니다. 그러나 율법을 지키지 않으면 할례는 아무런 의미가 없습니다. 아브라함의 후손이라는 민족적인 신분이 구원을 보장하지 않습니다. 바울은 의식적인 할례는 아무런 유익이 없다고 주장합니다. "무릇 표면적 유대인이 유대인이 아니며 표면적 육신의 할례가 할례가 아니니라"(롬 2:28). 겉으로 눈에 보이는 유대인 그리고 겉으로 드러나 보이는 할례가 진짜가 아닙니다. 살에 보이도록 한 할례가 중요한 것이 아닙니다. "오직 이면적 유대인이 유대인이며 할례는 마음에 할지니 영에 있고 율법 조문에 있지 아니한 것이라"(롬 2:29). 내면적인 유대인이 진짜입니다. 그리고 마음에 행한 할례가 중요합니다. 바울은 세 가지 면에서 비교를 하고 있습니다. 1) "표면적(외적인, 가시적인) 유대인"과 "내면적(내적인, 감추어진) 유대인"입니다. 유대인을 구별하고 있습니다. 같은 아브라함의 후손이라 할지라도 진짜 유대인이 있다는 것입니다. 이것은 마치 구약의 남은 자 사상과 유사합니다. 많은 이스라엘 사람들이 있지만 그 가운데 남은 자들이 있습니다. 이들이 진짜 하나님의 백성입니다. 2) "육신의 할례"와 "마음의 할례"가 대조를 이루고 있습니다. 육신의 할례는 태어난 후 팔일 만에 행했습니다. 마음의 할례는 구약에서도 계속 말했습니다(신 10:16; 렘 4:4; 9:25-26; 겔 44:9). 마음의 할례는 하나님의 말씀에 순종하는 것을 의미합니다. 3) "율법 조문"과 "영"입니다. "율법 조문"은 구약 시대에 모세를 통하여 주어진 율법을 뜻합니다. "영"은 성령입니다. 새로운 시대, 신약 시대를 의미합니다. 바울은 이 세 번째 비교를 통하여 구원 역사의 시대가 변했다는 것을 말합니다.

세 가지 대조에서 중요한 점은 사람의 눈에 보이는 것이냐 하나님의 눈에 보이는 것이냐 하는 것입니다. "그 칭찬이 사람에게서가 아니요 하나님에게서니라"(롬 2:29). 바울은 지금 내면적인 변화를 요구합니다. 마음에 할례를 받을 것을 요구하고 있습니다. 율법이 있어도 순종하지 않고 육신의 할례를 가지고 민족적인 신분을 자랑하는 유대인을 향하여 율법에 순종하는 것이 중요한 것이라고 말하는 것입니다. 더 나아가 이런 내면적인 변화는 성령에 의해서 가능합니다.

## 유대인의 유익

바울은 유대인이며 엄격한 토라 교육을 받고 성장한 사람입니다. 그렇지만 다메섹에서 부활하신 예수를 만난 후에 완전히 변합니다. 성령의 충만함을 받고 보니 유대인이 외적인 모습을 중시하며 민족적 신분을 자랑합니다. 율법과 할례를 중요하게 생각합니다. 바울은 유대인을 비평합니다. 유대인 내부에서 비평이 나오고 있습니다.

유대인을 비평한 바울은 이제 유대인이라는 신분의 유익이 무엇인지를 논합니다. "그런즉 유대인의 나음이 무엇이며 할례의 유익이 무엇이냐 범사에 많으니 우선은 그들이 하나님의 말씀을 맡았음이니라"(롬 3:1-2). 유대인의 유익과 할례의 장점이 무엇인지를 묻습니다. 바울은 하나님이 유대인과 이방인을 차별하지 않는다고 말했습니다. 그러나 우선순위는 있다고 지적했습니다. 복음을 듣는 것도 유대인이 먼저이고 다음이 헬라인(이방인)입니다(롬 1:16). 심판도 유대인이 먼저이고 다음이 헬라인(이방인)입니다(롬 2:9). 구원 역사에 있어서 유대인이 우선입니다. 유대인의 장점이 많습니다. "그들에게는 양자됨과 영광과 언약들과 율법을 세우신 것과 예배와 약속들이 있고 조상들도 그들의 것이요 육신으로 하면 그리스도가 그들에게서 나셨으니"(롬 9:4-5). 유대인들이 누린 장점이 많습니다. 그러나 이 모든 것 가운데서 바울은 먼저 "하나님의 말씀을 맡았음이니라" 하고 말합니다. 하나님의 말씀은 약속, 언약, 율법, 지혜 그리고 예언의 요소들로 구성되어 있습니다. 하나님은 먼저 이스라엘 사람들에게 나타나셨습니다. 이스라엘은 하나님의 특별 계시를 받은 것입니다. 이방인에게는 이러한 특별 계시가 없었습니다. 이방인은 자연 계시를 통하여 하나님을 알 수 있었습니다. 그러나 이 자연 계시는 하나님을 구체적으로 알기에 역부족입니다. 그래서 이방인은 잘못된 우상 숭배의 길로 나아갔습니다(롬 1:19-25).

유대인은 하나님의 특별 계시를 통하여 하나님을 알 수 있었습니다. 유대인은 하나님을 믿어야 합니다. 그러나 유대인은 하나님을 믿지 않습니다. 이스라엘 역사는 유대인의 불신앙과 비신실함을 증거합니다. 그러나 하나님은 계속 이스라엘을 찾아오시며 그들을 권고하십니다. 이스라엘의 불신앙과 비신실함은 하나님의 신실함과 대조를 이룹니다. 이스라엘의 비신실함이 하나님의 신실함을 더 드러내 주기도 합니다. 그래서 어떤 사람들은 궤변을 늘어놓습니다. "그러나 우리 불의가 하나님의 의를 드러나게 하면 무슨 말 하리요 내가 사람의 말하는 대로 말하노니 진노를 내리시는 하나님이 불의하시냐"(롬 3:5). 이스라엘이 반역함으로 하나님의 의가 더 드러났습니다. 하나님께 유익이 되었습니다. 그런데 하나님이 이스라엘을 심판합니다. 하나님의 심판이 불의한 것 같습니다. 이러한 궤변은 더 나아갑니다. "그러나 나의 거짓말로 하나님의 참되심이 더 풍성하여 그의 영광이 되었다면 어찌 내가 죄인처럼 심판을 받으리요"(롬 3:7). 유대인이 죄인 역할을 함으로써 하나님의 참되심이 더 풍성해졌습니다. 그렇기 때문에 유대인은 심판을 받아서는 안 된다는 것입니다. 하지만 하나님은 이러한 궤변을 용납하지 않습니다. 유대인에게 무죄를 선언하는 것이 아니라 유죄를 선언합니다.

## 인류는 죄 아래 있다

바울은 위에서 이방인과 유대인의 죄를 지적했습니다. 이방인은 율법이 없지만 자연 계시를 통해서 하나님을 알 수 있었습니다. 그러나 그들은 마음에 하나님 두기를 싫어합니다. 유대인은 하나님의 말씀을 맡았습니다. 이방인에 비해 하나님을 알 수 있는 특권이 있었습니다. 유대인은 율법이라는 특별 계시가 있었습니다. 그러나 이들은 불순종합니다. 율법을 지키지 않습니다. 율법이 없는 이방인이나 율법이 있는 유대인이나 다 죄를 범합니다. 바울은 이러한 인류를 다 죄 아래 있다고 선포합니다. "유대인이나 헬라인이나 다 죄 아래에 있다고 우리가 이미 선언하였느니라"(롬 3:9). 모든 사람이 다 죄를 짓습니다. 죄의 지배 아래 있는 것입니다. 그 결과 "의인은 없나니 하나도 없으며"(롬 3:10) 하는 선포가 주어집니다. 인간은 죄를 짓는데 담대합니다. 전적으로 타락했습니다. 하나님을 찾는 자도 없고 선을 행하는 사람이 하나도 없습니다. 속임과 저주와 악독이 가득합니다. 살인을 저지릅니다(롬 3:11-16). 무엇보다도 인간은 하나님을 두려워하지 않습니다. "그들의 눈 앞에 하나님을 두려워함이 없느니라"(롬 3:18). 이것이 가장 큰 죄악입니다. 지고의 선이신 하나님을 떠나니 사람은 부패합니다. 선의 기준이 없어진 것입니다. 이래서 인간은 구원받아야 할 필요가 있습니다.

## 21.3 믿음의 법

유대인은 율법이 있었지만 지키지 않고 불순종합니다. 이들은 전적으로 타락했기 때문에 율법에 순종할 능력이 없습니다(롬 3:9-18). 이들에게 남은 것은 하나님의 심판입니다. "우리가 알거니와 무릇 율법이 말하는 바는 율법 아래에 있는 자들에게 말하는 것이니 이는 모든 입을 막고 온 세상으로 하나님의 심판 아래에 있게 하려 함이니라"(롬 3:19). "율법 아래에 있는 자들"은 '율법 안에 있는 자들' 입니다. 즉 유대인을 말합니다. 유대인도 하나님의 심판 아래에 있다는 것입니다.

바울은 유대인이 심판을 받을 수밖에 없는 이유를 제시합니다. "그러므로 율법의 행위로 그의 앞에 의롭다 하심을 얻을 육체가 없나니 율법으로는 죄를 깨달음이니라"(롬 3:20). "율법의 행위"는 율법을 지키는 것을 말합니다. 율법을 지키는 자는 의롭게 될 수 있습니다. "오직 율법을 행하는 자라야 의롭다 하심을 얻으리니"(롬 2:13). 그러나 문제는 "율법의 행위로 그의 앞에 의롭다 하심을 얻을 육체가 없나니" 하는 것입니다. 왜냐하면 모든 인간은 전적으로 부패했기 때문입니다. 바울은 인간의 전적 부패와 타락을 위에서 선언했습니다(롬 3:9-18). 인간은 전 인격적으로 부패했습니다. 존재 자체가 죄로 오염되어 있습니다. 그래서 율법을 행할 수가 없습니다. 율법에 순종할 수 없는 것입니다. 그러나 율법은 죄를 깨닫게 해 줍니다. "율법으로는 죄를 깨달음이니라." 율법은 죄가 무엇인지 알게 하며 죄의 지배와 세력을 깨닫게 해 줍니다.

율법으로는 사람이 의롭게 될 수 없습니다. 그렇다고 해서 사람이 의롭게 될 수 있는 길이 없는 것은 아닙니다. 다른 길이 있습니다. "이제는 율법 외에 하나님의 한 의가 나타났으니 율법과 선지자들에게 증거를 받은 것이라" (롬 3:21). "이제는"이 중요합니다. 헬라어는 '그러나 이제는'(누니 데)입니다. 율법과 구별되는 다른 시대를 의미합니다. 율법이 옛 시대를 의미한다면 '그러나 이제는'은 새로운 시대를 뜻합니다. 사람은 율법으로는 의롭게 될 수 없습니다. '그러나 이제는' 사람이 의롭게 되는 다른 길이 있습니다. 이것은 율법과 상관이 없습니다. "율법 외에"가 이것을 잘 보여줍니다. 그렇지만 율법은 증거자의 역할을 감당합니다. 율법과 선지자는 구약을 뜻합니다. 구약이 증거하고 있는 하나님의 의가 있습니다. 하나님의 의는 새로운 시대입니다. 옛 시대와 대조를 이룹니다.

율법과 예수 그리스도를 믿는 믿음 사이에 연속성과 불연속성이 있습니다. 연속성은 "율법과 선지자들에게 증거를 받은 것이라"입니다. 불연속성은 "율법 외에"입니다. 율법은 예수 그리스도를 믿는 믿음을 증거합니다. 이 믿음은 구약의 증거를 받지만 새로운 것입니다. 율법과 상관이 없습니다.

바울은 "하나님의 의"가 무엇인지 아주 구체적으로 설명합니다. 복음의 성격과 내용을 말하는 것입니다(롬 1:17). "곧 예수 그리스도를 믿음으로 말미암아 모든 믿는 자들에게 미치는 하나님의 의니 차별이 없느니라"(롬 3:22). 이 구절에서 중요한 점은 세 가지입니다. 1) 예수 그리스도입니다. 예수 그리스도는 믿음의 대상이며 내용입니다. 2) 사람이 소유한 믿음입니다. 믿음은 사람에게 속해 있습니다. 예수를 믿는 것은 율법의 행위와 대조를 이룹니다. 3) 예수 그리스도를 믿는 것이 하나님의 의를 가져옵니다. 하나님이 예수를 믿는 사람을 의롭다고 인정하시는 행동입니다. 이러한 하나님의 행동으로 인하여 예수를 믿는 사람의 신분에 변화가 생깁니다. 개인적인 변화입니다. 의롭다고 인정을 받는 것입니다. 칭의가 이루어집니다.

예수 그리스도를 믿는 것은 율법과 선지자(구약)와 대조를 이루고 있습니다. 구약 시대가 증거하고 있는 새로운 것입니다. 예수 그리스도를 믿는 것은 구약 시대와 대조되는 새로운 시대입니다.

사람이 의롭게 되는 것은 율법이 아니라 이제 예수 그리스도를 믿는 믿음입니다. 시대가 변했습니다. 율법의 시대에서 예수 그리스도를 믿는 믿음의 시대로 변했습니다. 새로운 시대의 특징은 유대인과 이방인 사이의 차별이 없다는 점입니다. 민족적, 인종적인 신분은 더 이상 특권이 아닙니다. 유대인이나 이방인이나 다 믿음이 필요합니다. 유대인에게 주어진 특권이 없습니다. 구원 역사에 중대한 변화가 생겼습니다.

유대인이나 이방인 모두 예수 그리스도를 믿는 믿음이 필요합니다. 그 이유는 "모든 사람이 죄를 범하였으매 하나님의 영광에 이르지 못하더니"(롬 3:23) 하고 설명합니다. 유대인이나 이방인 모두 죄를 범했습니다. 그 결과 "하나님의 영광"에 이르지 못합니다. "하나님의 영광"은 간단히 말하면 하나님의 임재입니다. 모세가 장막을 완공했을 때에 "구름이 회막에 덮이고 여호와의 영광이 성막에 충만하매"(출 40:34) 하고 말합니다. 여호와께서 구름 가운데 임재하신 것입니다. 솔로몬이 성전을 건축하고 봉헌식을 거행합니다. "제사장이 그 구름으로 말미암아 능히 서서 섬기지 못하였으니 이는 여호와의 영광이 여호와의 성전에 가득함이었더라"(왕상 8:11). 여호와께서 구름 가운데 성전에 임하신 것입니다. 여호와의 영광이 여호와의 임재를 뜻한다는 것은 이가봇이라는 말에서 더 잘 드러납니다. 이스라엘이 블레셋과 전쟁에서 지고 법궤를 빼앗겼습니다. 그러자 비느하스의 아내가 아들을 낳고 아이 이름을 이가봇으로 짓습니다. "영광이 없다"는 뜻입니다(삼상 4:19-22). 바울이 모든 사람이 죄를 지었기 때문에 하나님의 영광에 이르지 못한다고 말합니다. 죄로 인하여 사람이 하나님의 임재 가운데 들어갈 수 없는 것입니다. "이르지 못하더니"는 '결핍하다'를 말합니다. 죄 때문에 하나님의 영광이 결핍되어 있습니다. 사람에게 하나님의 영광이 부족합니다. 하나님의 임재를 경험할 수 없습니다. 아담과 하와가 선악과를 따먹고 범죄하자 하나님은 아담과 하와를 에덴동산에서 추방합니다. 하나님과 자유로운 교제를 상실합니다. 하나님의 임재를 더 이상 누리지 못합니다.

사람은 죄 때문에 하나님의 영광을 상실하고 하나님의 영광을 누리지 못합니다. 이러한 하나님과 사람 사이의 관계를 회복해주는 분이 바로 예수 그리스도입니다. "그리스도 예수 안에 있는 속량으로 말미암아 하나님의 은혜로 값없이 의롭다 하심을 얻은 자 되었느니라"(롬 3:24). 여기서 주목해야 할 것은 다음과 같습니다. 1) "속량"은 '구속' 입니다. 이 단어는 고대에서 전쟁에 져서 포로나 노예가 된 사람을 값을 주고 해방시켜 주는 것입니다. "그리스도 예수 안에 있는 속량으로 말미암아"라고 말한 것은 예수 그리스도가 사람들을 구속하는 방편이라는 것을 알 수 있습니다. 이것은 다음 절에 더 자세하게 나옵니다. "속량"이라는 단어를 사용한 것을 보면 사람들이 포로나 노예의 상태에 있다는 것입니다. 이것은 죄의 지배 아래 있다는 의미입니다(롬 3:9). 바울은 모든 사람들이 죄를 지었기 때문에 하나님의 영광에 이르지 못한다고 말했습니다(롬 3:23). 사람은 죄의 세력 아래 있습니다. 여기서 하나님이 사람을 구속해 줍니다. 마치 이스라엘이 이집트에 노예로 있을 때에 하나님이 그들을 구원해 준 것과 유사합니다. 2) 의인이 된 것입니다. "의롭다 하심을 얻은 자 되었느니라"는 죄인이 의롭다고 선언된 것입니다. 법정적인 의미를 갖고 있는 칭의를 말합니다. 사람이 예수를 믿을 때 하나님이 그를 의롭다고 인정하십니다. 이러한 신분의 변화는 현재적입니다. 이것은 또한 하나님의 최후 심판 때에도 효력을 발휘할 것입니다. 3) 하나님의 구속과 칭의는 "하나님의 은혜로 값없이" 이루어집니다. 은혜는 하나님이 일하시는 방법입니다. 하나님의 구속을 받기 위해 어떤 일도 하지 않았고 받을 자격도 없지만 하나님이 구속과 칭의를 주십니다. 그것도 값없이 주십니다. 곧 선물입니다. 바울이 이런 말을 하는 것은 그의 경험이 밑바탕에 깔려 있습니다. 바울은 예수를 믿는 사람들을 핍박했습니다. 다메섹에 있는 기독교인들을 박해하기 위해서 가고 있을 때에 부활하신 예수께서 그에게 나타났습니다. 예수는 바울에게 자신을 드러내시며 바울을 그의 사도로 삼았습니다(행 9장). 바울은 이러한 경험을 하기 위해 어떤 수고와 노력을 하지 않았습니다. 그러나 예수는 바울에게 구원의 은혜를 주시고 그를 종으로 삼아 주셨습니다(참고 딤전 1:12-16).

바울은 "예수 안에 있는 속량"이 무엇인지를 더 구체적으로 설명합니다. "이 예수를 하나님이 그의 피로써 믿음으로 말미암는 화목제물로 세우셨으니 이는 하나님께서 길이 참으시는 중에 전에 지은 죄를 간과하심으로 자기의 의로우심을 나타내려 하심이니"(롬 3:25). "그의 피로써"는 십자가 사건을 의미합니다. 예수께서 십자가에서 죽으신 것입니다. "화목제물"(힐라스테리온)은 속죄의 수단(방법)이기도 하며 또한 속죄의 장소로 "시은좌"(법궤의 뚜껑)를 의미하기도 합니다. 예수의 십자가 죽음은 속죄의 희생 제사입니다. 그의 피로 죄를 씻어 주어 하나님과 화목하게 만듭니다. 또한 이 단어는 속죄의 장소인 "시은좌"를 뜻하기도 합니다. 대제사장이 일 년에 한 번 희생의 피를 가지고 들어가 속죄하기 위해 붓는 장소입니다. "시은좌"로 해석을 하면 하나님은 예수의 십자가 사건을 구약의 시은좌의 원형으로 제시하는 것입니다. 어떤 의미를 취하든지 간에 예수의 십자가 죽음은 속죄의 의미를 갖습니다. "세우셨으니"는 '공개적으로 제시하다'의 뜻입니다. 하나님은 예수의 십자가 죽음을 공개적으로 보이신 것입니다. 구약에서 속죄는 대제사장이 희생 제사의 피를 지성소로 가지고 들어가 시은좌 위에 붓습니다. 이것은 비공개적입니다. 그러나 신약에서 하나님은 예수의 십자가 죽음을 공개적으로 보이십니다. 공개적인 십자가 사건을 믿는 사람을 의롭다고 인정하십니다.

"전에 지은 죄를 간과하심으로"에서 "전에 지은 죄"는 옛 시대에 지은 죄를 의미합니다. "간과하심으로"는 '형의 유예'를 뜻합니다. 옛 시대에 지은 죄에 대한 벌을 유예하신 것입니다. 지은 죄를 처벌하지 않고 두신 것입니다.

하나님이 오래 참으심으로 형을 유예하셨습니다. 그리고 하나님이 예수의 십자가 사건을 화목제물로 세우셨습니다. 하나님이 이러한 일을 하신 이유가 있습니다. "자기의 의로우심을 나타내려 하심이니"입니다. 하나님의 공의를 보이신 것입니다. 더 나아가 이러한 하나님의 구속 계획을 믿는 사람을 의롭다고 하십니다. "또한 예수 믿는 자를 의롭다 하려 하심이라"(롬 3:26). 믿음으로 사람은 의롭게 됩니다. 이신칭의 교리입니다. 바울은 또한 이것을 "믿음의 법"이라고 부르고 있습니다(롬 3:27). 사람이 의롭게 되는 것은 율법의 행위가 아니라 예수를 믿는 것입니다. 이것을 바울은 "믿음의 법"(노무 피스테오스)이라고 부릅니다. '믿음의 율법' 입니다. '율법' (노모스)이라는 용어는 일반적으로 모세의 율법을 지칭할 때에 사용합니다. 그런데 바울은 흥미롭게도 여기서 "믿음의 법"이라고 말합니다. 이것은 예수 그리스도의 십자가 죽음으로 성취된 "믿음의 법"입니다. 바울은 율법이라는 용어를 새롭게 사용하고 있습니다. "믿음의 율법"입니다. 새로운 율법이 나온 것입니다. "믿음의 법"이 구약의 모세 율법을 대체합니다. 이것이 모든 인류를 위한, 유대인과 이방인을 위한 종말론적 토라입니다(참고 사 2:2-3). 유대인이나 이방인이나 이 새로운 "믿음의 법"을 통해서 의롭게 되는 것입니다.

모세의 율법과 구별되는 새로운 "믿음의 법"이 나왔습니다. 그렇다면 이제 모세의 율법과 이 "믿음의 법" 사이의 관계가 어떻게 되느냐 하는 것입니다. "그런즉 우리가 믿음으로 말미암아 율법을 파기하느냐 그럴 수 없느니라 도리어 율법을 굳게 세우느니라"(롬 3:31). 여기서 "파기하느냐"와 "굳게 세우느니라"가 서로 대조를 이룹니다. 믿음이 율법을 폐하지 않고 굳게 세웁니다. 이것은 율법과 믿음과의 관계입니다. 옛 시대와 새 시대의 대조입니다. 율법은 하나님의 의를 증거합니다(롬 3:21). 하나님의 의는 복음에 나타났습니다(롬 1:17). 이 복음은 하나님의 아들 예수 그리스도에 관한 소식입니다(롬 1:2-4). 예수께서 십자가에서 피를 흘려 죽으심으로 화목제물이 되셨습니다(롬 3:25). 이 사실을 믿는 사람은 의롭다고 인정을 받습니다(롬 3:24, 26). 이것이 믿음의 법입니다. 따라서 믿음은 율법을 폐하지 않습니다. 믿음의 법은 율법을 굳게 세웁니다. 즉 율법이 지향하는 바를 예수 그리스도께서 성취하신 것입니다. 여기에 율법의 연속성이 있습니다.

또한 바울은 예수의 십자가 죽음을 "화목제물"(롬 3:25)이라고 표현했습니다. 이것은 모형론적 해석입니다. 예수의 십자가 사건이 율법의 제사제도를 성취한다는 의미입니다.

# 22

# 로마서: 이방인과 이스라엘

읽어야 할 본문: 로마서 4-16장

복음은 하나님의 아들 예수 그리스도에 관한 소식입니다. 예수께서 십자가에서 죽으시고 3일 만에 부활하셨다는 내용이 중심입니다. 예수의 십자가는 역사적이며 객관적인 사건입니다. 로마 군인들에 의해 예루살렘의 골고다에서 비참하게 죽었습니다. 유대의 종교지도자들, 로마 군인들, 지나가는 유대인들 그리고 예수를 따르던 여자들이 예수의 십자가의 죽음을 보았습니다. 십자가의 죽음은 모든 사람들이 볼 수 있는 공개적인 사건입니다. 그렇지만 예수의 부활은 어떻게 이루어졌는지 본 사람이 없습니다. 단지 예수의 제자들과 예수를 따르던 여인들은 빈 무덤만을 보았습니다. 그리고 천사들이 나타나서 예수께서 다시 살아나셨다고 한 증언을 여인들이 보고 들었습니다. 실제 부활하신 예수께서 제자들에게 여러 차례 나타나셨습니다. 바울 역시 후에 부활하신 예수 그리스도를 다메섹 도상에서 만났습니다. 바울이 만난 예수 그리스도는 부활하여 하나님의 보좌 우편에 앉아 계시던 분입니다. 제자들과 바울 그리고 오백 명이나 되는 사람들이 부활하신 예수를 직접 보았기 때문에(고전 15:1-8) 예수의 부활 역시 객관적인 사건입니다. 이후 제자들과 바울은 예수께서 죽으시고 다시 살아나셨다고 선포합니다.

예수의 십자가와 부활은 역사적이며 객관적인 사건입니다. 바울은 이 십자가와 부활 사건이 갖는 신학적인 의미를 더 자세하게 설명합니다. 예수는 구약을 성취하는 분입니다. 율법과 선지자가 예수를 증거하기 때문입니다. 예수 그리스도께서 오신 것은 새로운 시대입니다. 구원 역사 속에서 획기적인 의미를 갖는 사건입니다. 따라서 예수의 십자가와 부활은 구속사에서 옛 시대와 비교되는 새 시대의 구속적인 의미가 있습니다. 하나님께서 예수의 십자가와 부활을 믿는 사람을 구원하시기 때문입니다.

예수의 십자가와 부활은 믿는 개인에게 영향을 미칩니다. 믿음을 가진 각 개인에게 실존적인 의미를 갖습니다. 죄의 세력으로부터 해방을 받으며 죄인이 의롭다고 인정을 받기 때문입니다. 의인의 신분으로 변화되는 현재적인 면이 있으며 하나님의 최후 심판으로부터 면제를 받는 미래적인 측면이 있습니다. 더 나아가 믿는 사람은 하나님과 화목함을 누립니다. 죄로 인하여 하나님과의 교제가 단절되었던 사람이 예수 그리스도의 십자가와 부활을 믿음으로 의롭게 되며 하나님과 화평을 누리는 것입니다.

예수 그리스도의 십자가와 부활 사건은 믿는 사람들에게 개인적, 실존적, 내면적인 변화를 주는 것입니다.



## 22.1 아브라함의 믿음

바울은 사람이 의롭게 되는 것은 율법의 행위에 있지 않고 믿음으로 된다고 천명했습니다. 하나님이 예수 그리스도를 믿는 사람을 의롭다고 인정하십니다. 이러한 법은 유대인에게나 이방인에게나 똑같습니다. 하나님은 유대인과 이방인의 하나님이시기 때문입니다. 바울은 믿음으로 의롭게 된다는 것을 아브라함의 예를 들어 설명합니다. 아브라함은 유대인의 조상입니다. 아브라함은 행위로 의롭다함을 받지 않았습니다. 만일 아브라함이 행위로 의롭다고 인정을 받았으면 자랑할 것이 있을 것입니다. 그러나 하나님 앞에서 자랑할 것이 없습니다. "아브라함이 하나님을 믿으매 그것이 그에게 의로 여겨진 바 되었느니라"(롬 4:3). 이것은 창세기 15:6의 말씀을 인용한 것입니다. 하나님이 아브라함에게 나타나셔서 많은 후손을 주실 것을 약속했습니다. 아브라함이 이 약속을 믿은 것입니다(창 15:1-6). 바울은 이 말씀을 인용하여 아브라함이 믿음으로 의롭게 되었다고 주장합니다.

아브라함이 하나님 앞에서 의롭다고 인정을 받는데 한 일이 없습니다. 어떤 공로를 내세울 수 없습니다. 일한 것이 없는데 하나님은 아브라함의 믿음을 보시고 의롭다고 선언하신 것입니다. 이것이 은혜이며 복입니다. "일한 것이 없이 하나님께 의로 여기심을 받는 사람의 복에 대하여 다윗이 말한 바 불법이 사함을 받고 죄가 가리어짐을 받는 사람들은 복이 있고 주께서 그 죄를 인정하지 아니하실 사람은 복이 있도다 함과 같으니라"(롬 4:6-8). 바울은 아브라함이 복을 받았다고 시편(32:1)을 인용하여 말합니다.

아브라함이 믿음으로 의롭게 된 시기가 중요합니다. 아브라함은 할례를 받기 전에 하나님의 약속을 믿었습니다. "그가 할례의 표를 받은 것은 무할례시에 믿음으로 된 의를 인친 것이니 이는 무할례자로서 믿는 모든 자의 조상이 되어 그들도 의로 여기심을 얻게 하려 하심이라"(롬 4:11). 바울은 할례를 아브라함의 믿음을 인친 표라고 말합니다. 할례는 아브라함의 후손인 유대인의 자랑거리입니다. 그러나 아브라함이 의롭게 된 것은 믿음이지 할례 때문은 아닙니다. 약속에 대한 믿음이 할례보다 우선합니다. 이로써 아브라함과 같은 믿음을 가진 이방인도 믿음으로 의롭게 될 수 있습니다. 아브라함은 유대인의 조상뿐만 아니라 이방인의 조상도 될 수 있습니다. 할례자와 무할례자 모두 믿음으로 의롭게 되는 것입니다.

아브라함은 믿음으로 의롭게 되었습니다. 따라서 그의 후손들도 믿음으로 의롭게 될 수 있습니다. 아브라함의 후손은 "세상의 상속자"라는 언약을 가지고 있었습니다. "아브라함이나 그 후손에게 세상의 상속자가 되리라고 하신 언약은 율법으로 말미암은 것이 아니요 오직 믿음의 의로 말미암은 것이니라"(롬 4:13). 아브라함의 후손이 세상의 상속자가 될 것이라는 언약은 하나님이 아브라함에게 가나안 땅을 줄 것이라는 언약(창 15:7, 18-21)과 아브라함이 여러 민족과 왕들의 조상이 될 것이라는 언약(창 17:4-6)에 근거한 것입니다. 세상의 상속자는 아브라함의 후손입니다. 그렇다면 이 후손은 누구인가 하는 것입니다. 바울은 아브라함의 후손이 아브라함의 믿음을 따라가는 사람들이라고 말합니다. 유대인이나 이방인이나 아브라함의 믿음을 갖고 있는 자들입니다. 아브라함의 언약은 율법이 오기 전에 있었습니다. 역사적으로 율법과 상관이 없습니다. 따라서 율법에 속한 자들이 상속자가 아닙니다. "만일 율법에 속한 자들이 상속자이면 믿음은 헛것이 되고 약속은 파기되었느니라"(롬 4:14). 상속자는 아브라함처럼 하나님의 약속을 믿는 자들입니다. 단순히 율법을 가지고 있다고 해서 상속자가 되는 것이 아닙니다. 율법에 속한 자도 믿음으로 상속자가 되는 것입니다(롬 4:16). 바울은 아브라함의 믿음을 예로 언급하면서 믿음이 구약과 연속성을 갖고 있다는 사실을 보여주고 있습니다. 할례자도 율법에 속한 자도 믿음으로 의롭게 될 수 있습니다. 유대인도 믿음이 필요합니다. 또한 할례와 율법과 상관이 없었던 이방인도 믿음이 필요합니다.



아브라함은 하나님의 약속을 믿었습니다. 아브라함은 믿음으로 의롭게 되었습니다. 이와 같이 믿음을 가진 사람들이 있습니다. "의로 여기심을 받을 우리도 위함이니 곧 예수 우리 주를 죽은 자 가운데서 살리신 이를 믿는 자니라"(롬 4:24). "우리"는 바울을 포함하여 믿음을 가지고 있는 자들입니다. 예수를 믿는 믿음을 소유한 사람들입니다. 바울은 아브라함이 하나님의 약속을 믿어 의롭게 된 것과 신약 시대에 성도들이 예수를 믿어 의롭게 되는 것을 동일한 것으로 간주합니다. 바울은 예수의 십자가 사건을 믿는 사람들은 죄를 용서함 받고 의롭게 된다는 것을 이미 말했습니다(롬 3:24-26). 이것은 새로운 믿음의 법입니다.

그렇다면 바울이 아브라함의 믿음을 예수를 믿는 믿음과 동일시하는 이유가 무엇이겠습니까? 예수를 믿는 믿음을 아브라함이 하나님의 약속을 믿었던 믿음을 좇는 것이라고 설명하는 이유가 무엇이겠습니까? 하나님이 아브라함에게 약속한 것은 세 가지입니다. 많은 후손, 가나안 땅 그리고 아브라함의 씨로 말미암아 천하만민이 복을 받는 것입니다. 바울은 세 번째 약속을 염두에 두고 있습니다. 예수 그리스도께서 아브라함의 후손으로 오셨기 때문입니다(마 1:1). "이 약속들은 아브라함과 그 자손에게 말씀하신 것인데 여렸을 가리켜 그 자손들이라 하지 아니하시고 오직 한 사람을 가리켜 네 자손이라 하셨으니 곧 그리스도라"(갈 3:16). 아브라함의 약속의 후손은 이삭 한 사람입니다. 그런데 바울은 이삭이라고 하지 않고 그리스도라고 말합니다. 예수는 구약의 율법과 선지자의 성취일 뿐 아니라 아브라함의 언약의 성취이기도 합니다. 이래서 바울은 아브라함이 하나님의 약속과 언약을 믿은 것을 길게 말하다가 결론으로 아브라함의 믿음과 예수를 믿는 사람의 믿음을 동일시하는 것입니다. 예수의 십자가와 부활 사건을 믿는 사람은 그가 유대인이건 이방인이건 의롭게 되기 때문입니다.

## 22.2 믿음에서 소망으로

믿음은 사람의 신분에 변화를 줍니다. 죄인에서 의인이 됩니다. 믿음으로 의롭게 된 사람은 하나님과 새로운 관계를 형성합니다. "그러므로 우리가 믿음으로 의롭다하심을 받았으니 우리 주 예수 그리스도로 말미암아 하나님과 화평을 누리자"(롬 5:1). 우리와 하나님 사이에 예수 그리스도가 있습니다. 예수 그리스도가 중보자입니다. 예수를 믿는 사람은 의인이 되었습니다. 죄인은 하나님의 심판과 진노 아래에 있습니다(롬 1:18, 32; 2:5-9). 그러나 의인은 하나님과 화평을 누립니다. 하나님과 적대적인 관계가 아니라 평화로운 관계입니다. 더 나아가 믿음의 의인은 하나님의 임재를 누립니다. "하나님의 영광을 바라고 즐거워하느니라"(롬 5:2). 위에서 말했듯이 하나님의 영광은 하나님의 임재입니다. 죄인은 하나님의 영광에 이르지 못합니다(롬 3:23). 그러나 믿음은 이 모든 것을 바꿔놓습니다. 믿음의 의인은 하나님의 영광을 바라보며 기뻐합니다. 믿음의 의인은 미래의 영광에 참여할 수 있기 때문입니다(롬 8:18-21). 기쁨은 현재적입니다. 하나님의 영광을 바라보는 것은 미래에 완전히 이루어질 것을 소망하는 것입니다. 이러한 소망이 있기 때문에 현재의 고난도 참아낼 수 있습니다. "우리가 환난 중에도 즐거워하나니 이는 환난은 인내를 인내는 연단을 연단은 소망을 이루는 줄 앎이로다"(롬 5:3). 믿음을 가진 사람은 환난 중에도 기쁨이 있습니다. 미래에 하나님의 영광에 참여할 소망이 있기 때문입니다. 이러한 소망 때문에 환난 가운데서 참고 인내하며 연단을 받습니다(롬 8:24-25).

하나님의 영광에 참여할 미래의 소망은 현재의 증거가 있습니다. 성령의 내주입니다. "소망이 우리를 부끄럽게 하지 아니함은 우리에게 주신 성령으로 말미암아 하나님의 사랑이 우리 마음에 부은바 됨이니"(롬 5:5). 사도 베드로는 오순절 설교에서 예수를 믿으면 성령을 선물로 받는다고 선포했습니다(행 2:38-39). 예수를 믿어 의롭게 된 사람에게 성령이 내주하십니다. 성령은 하나님이 믿음의 사람을 사랑한다는 증거입니다. 성령을 통하여 하나님의 사랑을 확증할 수 있습니다. 하나님의 사랑은 예수 그리스도입니다. 우리가 죄인이었을 때에 예수께서 십자가에서 우리를 위해 죽었습니다(롬 5:8). 하나님의 사랑은 예수의 십자가 죽음을 믿는 자에게 임합니다. 이 믿음을 갖고 있는 자를 삼킬 세력이 없습니다. 현재의 일이나 미래의 일이나 그 어떤 것도 믿는 자들을 하나님의 사랑에서 끊을 수가 없습니다. 하나님의 사랑은 믿음의 의인을 끝까지 지킵니다(롬 8:35-39).

믿음은 믿는 자의 현재와 미래 모두에 영향을 미칩니다. "그러면 이제 우리가 그의 피로 말미암아 의롭다 하심을 받았으니 더욱 그로 말미암아 진노하심에서 구원을 받을 것이니"(롬 5:9). "이제"는 현재입니다. 예수의 십자가 사건을 믿는 사람은 현재 의롭게 되었습니다. 죄인이 의인이 되었습니다. 칭의는 법정적인 선언의 의미가 있습니다. 현재 의인으로 선언된 사람은 미래에 하나님의 진노로부터 구원을 받을 것입니다. "구원을 받을 것이니"는 미래 수동태입니다.

예수의 십자가 죽음을 믿는 사람은 의롭게 되며 하나님과 평화를 이룹니다. 또한 예수의 부활은 미래의 하나님의 저주로부터 구원을 줄 것입니다. "곧 우리가 원수 되었을 때에 그의 아들의 죽으심으로 말미암아 하나님과 화목하게 되었은즉 화목하게 된 자로서는 더욱 그의 살아나심으로 말미암아 구원을 받을 것이니라"(롬 5:10). 예수 그리스도의 십자가와 부활은 믿는 자에게 실존적인 신분의 변화를 가져다줄 뿐만 아니라 미래의 구원도 보장해

줍니다. 최후 심판에서 구원을 받습니다. 이러한 소망이 있기 때문에 현재 즐거워할 수 있습니다(롬 5:11).

## 22.3 아담의 사망과 그리스도의 생명

바울은 모든 사람이 "죄 아래 있다"고 선언했습니다(롬 3:9). 그렇다면 이 죄의 기원은 무엇인가 하는 것입니다. "그러므로 한 사람으로 말미암아 죄가 세상에 들어오고 죄로 말미암아 사망이 들어왔나니 이와 같이 모든 사람이 죄를 지었으므로 사망이 모든 사람에게 이르렀느니라"(롬 5:12). "한 사람"은 최초의 사람인 아담을 의미합니다. 아담은 사람이라는 뜻이기도 합니다. 아담이 선악과를 따먹음으로 죄가 이 세상에 들어왔습니다. 하나님은 선악과를 따먹으면 죽는다고 말씀하셨습니다. 그 말씀대로 사망이 왔습니다. 그런데 여기서 흥미로운 것은 아담과 모든 사람의 비교입니다. 아담이 죄를 짓고 사망이 왔습니다. 그리고 모든 사람이 죄를 지었습니다. 사망이 모든 사람에게 왔다는 것입니다. 아담과 모든 사람 사이의 관계를 자세하게 설명하지 않고 모든 사람이 죄를 짓고 죽는다고 말하고 있습니다. 아담의 죄가 모든 사람에게 전가된 것입니다. 아담 안에서 모든 사람이 죄를 지은 것입니다. 아담은 모든 사람의 대표성을 갖습니다. 그래서 "아담으로부터 모세까지 아담의 범죄와 같은 죄를 짓지 아니한 자들까지도 사망이 왕 노릇 하였나니 아담은 오실 자의 모형이라"(롬 5:14) 하고 말하는 것입니다. 사망은 모든 사람의 왕이 되었습니다. 바울은 계속 한 사람의 죄와 그 영향을 말합니다. "한 사람의 범죄를 인하여 많은 사람이 죽었은즉"(롬 5:15). "심판은 한 사람으로 말미암아 정죄에 이르렀으나"(롬 5:16). "한 사람의 범죄로 말미암아 사망이 그 한 사람을 통하여 왕 노릇 하였은즉"(롬 5:17). "한 범죄로 많은 사람이 정죄에 이른 것 같이"(롬 5:18). "한 사람이 순종하지 아니함으로 많은 사람이 죄인 된 것 같이"(롬 5:19). 한 사람 아담의 죄와 불순종으로 인하여 모든 사람이 죄를 짓고 죽습니다. 정죄를 받고 심판을 받습니다. 아담이 모든 인류에 끼친 영향이 지대합니다.

그러나 아담의 죄와 죄로 인한 사망을 극복하고 지워버리는 분이 있습니다. 한 사람 예수 그리스도입니다. "그러나 이 은사는 그 범죄와 같지 아니하니 곧 한 사람의 범죄를 인하여 많은 사람이 죽었은즉 더욱 하나님의 은혜와 또한 한 사람 예수 그리스도의 은혜로 말미암아 선물은 많은 사람에게 넘쳤느니라"(롬 5:15). 바울은 아담과 예수 그리스도를 비교하고 있습니다. 비교는 "~와 같지 아니하니"로 이루어져 있습니다. 한 사람의 범죄로 인한 사망과 예수 그리스도의 은혜로 인한 선물이 비교되고 있습니다. 이 비교에서 "더욱"이라는 단어에 주목해야 합니다. 예수 그리스도의 선물이 아담의 죄로 인한 사망을 능가한다는 것입니다. 그리고 아담에게 속한 "많은 사람"이 있는 것과 같이 예수 그리스도에게 속한 "많은 사람"이 있습니다.

이러한 비교는 계속 이어집니다. 아담의 행위는 정죄되었습니다. 그러나 예수 그리스도의 행위는 칭의를 가져왔습니다. "정죄"와 "의롭다 하심"이 대조됩니다(롬 5:16). 정반대입니다. 이러한 정반대는 결과에서도 선명하게 드러납니다. "한 사람의 범죄로 말미암아 사망이 그 한 사람을 통하여 왕 노릇하였은즉 더욱 은혜와 의의 선물을 넘치게 받는 자들은 한 분 예수 그리스도를 통하여 생명 안에서 왕 노릇 하리로다"(롬 5:17). 아담과 예수 그리스도의 행위의 결과는 사망과 생명입니다. 아담은 불순종의 대표입니다. 그러나 예수 그리스도는 순종의 대표입니다. 아담의 불순종은 모든 인류에게 영향을 미쳤습니다. 모든 인류는 죽어야 합니다. 그러나 예수 그리스도의 순종은 또한 모든 인류에게 생명의 길을 열어 놓았습니다. 아담의 죄는 사망을 가져왔습니다. 예수 그리스도의 순종은 생명을 가져왔습니다. 그렇지만 여기에 한 가지 차이가 있습니다. 아담의 죄의 결과는 모든 인류에게 전가되었습니다. 예수 그리스도의 선물은 모든 인류에게 무조건적으로 주어지지 않습니다. 예수 그리스도의 십자가와 부활을 믿는 자에게만 주어집니다. 예수 그리스도께 속한 자들은 믿는 사람들입니다. 예수 그리스도의 선물은 죄와 사망을 극복하는 영생입니다.

## 22.4 예수 그리스도와 연합: 죄와 율법으로부터 해방

### 죄로부터 해방

예수의 십자가 사건을 믿는 사람은 의로워집니다. 법정적인 선언으로 칭의입니다. 믿음으로 의롭게 된 사람은 하나님과 화평을 누리며 하나님의 영광을 바라봅니다. 영생에 대한 소망이 있습니다. 이러한 사람은 현재의 고난 가운데서도 인내하며 기뻐합니다.

그러나 믿음으로 의롭게 된 사람은 한 번에 완전해지지 않습니다. 믿음의 의인은 여전히 죄가 지배하는 세상에 살며 믿음의 의인에게도 아직 죄의 습관과 성향이 남아 있습니다. 죄는 여전히 강력한 세력입니다. 죄가 왕 노릇을 하려고 하기 때문입니다. 따라서 믿음의 의인도 죄를 지을 가능성이 있습니다. 여기에 대하여 바울은 단호합니다. "죄에 대하여 죽은 우리가 어찌 그 가운데 더 살리요"(롬 6:2). 바울은 우리가 죄에 대하여 죽었다고 말합니다. 죄를 지을 수 없다고 선언합니다.

바울은 우리가 죄에 대하여 죽었다고 선언합니다. 이것은 예수의 십자가 사건 때문입니다. "무릇 그리스도 예수와 합하여 세례를 받은 우리는 그의 죽으심과 합하여 세례를 받은 줄을 알지 못하느냐"(롬 6:3). 여기서 세례는 물세례를 말합니다. 세례를 받을 때 우리는 예수 그리스도의 십자가 죽음과 부활을 믿는다고 고백합니다. 여기서 흥미로운 것은 "그리스도 예수와 합하여"와 "그의 죽으심과 합하여"입니다. "합하여"는 전치사 '안으로' 입니다. '그리스도 예수 안으로' 그리고 '그의 죽음 안으로' 입니다. 세례를 받음으로 우리가 그의 죽음 안으로 들어갑니다. 이것은 다음 구절에서 더 명확해집니다. "그러므로 우리가 그의 죽으심과 합하여 세례를 받음으로 그와 함께 장사되었나니 이는 아버지의 영광으로 말미암아 그리스도를 죽은 자 가운데서 살리심과 같이 우리로 또한 새 생명 가운데서 행하게 하려 함이라"(롬 6:4). 세례를 받음으로 우리가 그의 죽음 안으로 들어갑니다. 이것은 "그와 함께 장사되었나니"(과거 수동태)를 의미합니다. 우리가 예수와 "함께" 장사되었습니다. 그 당시 세례는 물속에 몸을 완전히 잠근 후에 다시 물 밖으로 나옵니다.

죽고 산다는 것을 표현합니다. 세례를 받을 때 우리는 예수의 죽음과 부활을 고백합니다. 세례를 통하여 우리가 그와 "함께" 장사됩니다. 신비로운 연합니다. 하나님은 예수를 죽은 자 가운데서 다시 살리셨습니다. 이 사건이 우리에게 "새 생명" 안에서 살게 해 줍니다. 예수의 죽음과 부활에 함께 합니다.

우리가 예수와 "함께" 죽었습니다(갈 2:20). 이것은 신비로운 연합입니다. 예수의 죽음은 역사적인 사건입니다. 우리와 약 이천년의 시간 간격이 있습니다. 세례를 통하여 역사적 시간간격을 뛰어넘어 예수 그리스도와 신비로운 연합을 이룹니다. "우리가 알거니와 우리 옛 사람이 예수와 함께 십자가에 못 박힌 것은 죄의 몸이 죽어 다시는 우리가 죄에게 종노릇 하지 아니하려 함이니"(롬 6:6). 우리가 세례를 받을 때, 예수의 죽음과 부활을 믿는다고 고백합니다. 이때 역사적인 예수의 십자가와 부활 사건이 믿는 자에게 내면적인 변화를 미칩니다. 믿는 자의 "옛 사람" 즉, "죄의 몸"이 십자가에 함께 못 박혀버리는 것입니다. 옛 사람이 죽고 새 생명 가운데 다시 삽니다. 우리가 죄에 대하여 죽은 것입니다.

더 나아가 예수의 부활이 믿는 자에게 실존적인 변화를 줍니다. "만일 우리가 그리스도와 함께 죽었으면 또한 그와 함께 살 줄을 믿노니 이는 그리스도께서 죽은 자 가운데서 살아나셨으매 다시 죽지 아니하시고 사망이 다시 그를 주장하지 못할 줄을 앎이로라"(롬 6:8-9). 바울은 우리가 예수와 "함께" 죽고 "함께" 살았다고 말합니다. 예수께서 살아나셨기 때문에 사망이 더 이상 그를 지배하지 못합니다. 예수의 부활이 우리의 부활을 보증합니다.

예수의 역사적인 죽음과 부활은 믿는 사람 개인에게 실존적인 변화를 줍니다. 예수 그리스도와 신비로운 연합을 이룹니다. 이래서 더 이상 죄가 믿는 사람을 지배할 수 없습니다. 믿는 자는 죄에 대하여 죽었기 때문입니다(롬 6:2, 11). 믿는 사람에게 왕은 "죄"에서 "예수 그리스도"로 바뀝니다.

하지만 믿는 자들에게도 책임이 따릅니다. 죄의 지배를 받지 않으려는 노력이 있어야 합니다. "그러므로 너희는 죄가 너희 죽을 몸을 지배하지 못하게 하여 몸의 사욕에 순종하지 말고"(롬 6:12). 믿는 자는 죄에게 순종하지 않아야 합니다. 오히려 새로운 주인을 따라서 하나님께 순종해야 합니다. "또한 너희 지체를 불의의 무기로 죄에게 내주지 말고 오직 너희 자신을 죽은 자 가운데서 다시 살아난 자 같이 하나님께 드리며 너희 지체를 의의 무기로 하나님께 드리라"(롬 6:13). 믿는 자의 의지와 노력이 중요합니다. 죄에게 순종할 것이냐 하나님께 순종할 것이냐 하는 것입니다. "죄의 종"이 되면 "사망"에 이릅니다. 그러나 "순종의 종"이 되면 "의"에 이릅니다(롬 6:16). 결과가 다릅니다. 예수 그리스도와 연합한 사람은 순종합니다. 영생의 열매를 맺습니다. "죄의 삯은 사망이요 하나님의 은사는 그리스도 예수 우리 주 안에 있는 영생이니라"(롬 6:23).

## 율법으로부터 해방

예수 그리스도와 연합한 사람은 죄로부터 해방됩니다. 더 나아가 율법으로부터도 해방됩니다. 바울은 결혼관계를 비유로 그리스도인이 율법으로부터 해방되었다는 것을 보여줍니다. 법은 사람이 살 동안만 주관합니다. 남편이 있는 여인은 남편이 살아 있는 동안에만 매여 있습니다. 남편이 죽으면 그 여인은 자유를 얻습니다. 다른 남자에게 가도 상관이 없습니다(롬 7:1-3).

이와 같이 믿는 자는 율법에 대하여 죽었습니다. "그러므로 내 형제들아 너희도 그리스도의 몸으로 말미암아 율법에 대하여 죽임을 당하였으니 이는 다른 이 곧 죽은 자 가운데서 살아나신 이에게 가서 우리가 하나님을 위하여 열매를 맺게 하려 함이라"(롬 7:4). 예수는 역사적으로 십자가에서 죽었습니다. 예수의 죽음은 우리를 위한 속죄의 죽음입니다. 예수께서 율법의 저주를 받아 우리를 위하여 나무(십자가)에서 죽은 것입니다(갈 3:13. 참고 신 21:23). 그리스도인은 믿음으로 예수 그리스도와 연합합니다. 예수 그리스도와 함께 십자가에 죽었습니다(롬 6:6; 갈 2:20). 이 죽음으로 인하여 그리스도인은 율법으로부터 자유함을 얻습니다. 그래서 바울은 "내 형제들아 너희도 그리스도의 몸으로 말미암아 율법에 대하여 죽임을 당하였으니" 하고 말하는 것입니다. 믿는 자는 이제 "죽은 자 가운데서 살아나신 이에게 가서" 열매를 맺습니다. 부활하신 예수께 나아갑니다. 예수의 부활로 인하여 율법에서부터 완전히 해방을 받습니다. 바울은 과거와 현재를 이렇게 말합니다. 먼저 과거의 모습입니다. "우리가 육신에 있을 때에는 율법으로 말미암는 죄의 정욕이 우리 지체 중에 역사하여 우리로 사망을 위하여 열매를 맺게 하였더니"(롬 7:5). 과거에는 사망의 열매가 있었습니다. 그러나 예수 그리스도와 연합한 현재의 모습은 다릅니다. "이제는 우리가 얽매였던 것에 대하여 죽었으므로 율법에서 벗어났으니 이러므로 우리가 영의 새로운 것으로 섬길 것이요 율법 조문의 묵은 것으로는 아니할지니라"(롬 7:6). 바울은 예수 그리스도와 연합하기 이전과 이후를 비교합니다. "육신에 있을 때에는"과 "이제는"입니다. 특별히 "율법 조문의 묵은 것"과 "영의 새로운 것"이 두드러진 대조입니다. 이것은 바울 개인이 예수 그리스도와 연합하기 이전 즉, 유대인으로 있을 때의 상태를 말하기도 합니다. 더 나아가 구속사의 두 시대 율법의 시대와 성령의 시대를 비교하기도 합니다. 옛 언약과 새 언약의 시대를 대조합니다.



옛 언약과 새 언약의 대조에서 바울은 율법의 기능을 말합니다. "그런즉 우리가 무슨 말을 하리요 율법이 죄냐 그럴 수 없느니라 율법으로 말미암지 않고는 내가 죄를 알지 못하였으니 곧 율법이 탐내지 말라 하지 아니하였더라면 내가 탐심을 알지 못하였으리라"(롬 7:7). 율법은 죄가 아닙니다. 죄는 율법이 있기 전부터 있었습니다. 율법이 없을 때에는 죄를 죄로 여기지 않았습니다(롬 5:13). 그러나 율법이 왔습니다. 율법은 죄를 규정합니다. 탐심을 탐심이라고 말합니다. 율법을 통해서 죄가 명확해집니다. 하지만 문제는 죄가 율법보다 강하다는 것입니다. 죄가 율법을 교묘하게 이용합니다. "그러나 죄가 기회를 타서 계명으로 말미암아 내 속에서 온갖 탐심을 이루었나니 이는 율법이 없으면 죄가 죽은 것임니라"(롬 7:8). 마치 막대기를 타고 올라오는 뱀과 유사합니다. 죄가 율법을 타고 올라옵니다. 율법을 이용합니다. 이것은 에덴동산의 하와를 생각나게 합니다. 에덴동산에서 아담과 하와는 자유롭게 살 수 있었습니다. 하나님이 그들에게 선악과를 따먹지 말라는 명령을 내렸습니다. 선악과를 따먹으면 죽는다고 하셨습니다(창 2:17). 그런데 뱀이 그 말을 교묘하게 이용합니다. 선악과를 따먹어도 죽지 않는다고 말합니다(창 3:4). 선악과를 따먹으면 하나님과 같이 되어 선악을 안다고 말합니다

(창 3:5). 뱀이 하나님의 명령(계명)을 이용합니다. 하와가 뱀의 말을 듣고 선악과를 봅니다. 선악과가 먹음직하고 지혜롭게 할 만큼 탐스럽습니다(창 3:6). 탐욕이 생깁니다. 결국 하와가 선악과를 따먹고 아담에게도 줍니다. 아담도 같이 먹습니다. 아담과 하와가 죄인이 되었습니다. 사망이 찾아왔습니다. 이와 같이 율법이 이런 기능을 합니다. "전에 율법을 깨닫지 못했을 때에는 내가 살았더니 계명이 이르매 죄는 살아나고 나는 죽었도다"(롬 7:9). 율법이 주어지자 죄가 살아납니다. 내가 죄인이라는 것이 명확해집니다. 이것이 율법의 기능입니다. 하지만 율법이 죄는 아닙니다. "죄가 기회를 타서 계명으로 말미암아 나를 속이고 그것으로 나를 죽였는지라"(롬 7:11). 죄가 더 강합니다. 죄가 율법을 이용합니다. 율법은 하나님의 말씀으로 거룩합니다. "율법은 거룩하고 계명도 거룩하고 의로우며 선하도다"(롬 7:12).

율법은 하나님의 말씀으로 선하고 거룩합니다. 율법은 죄를 깨닫게 하고 드러나게 하는 기능을 합니다. 문제는 죄입니다. 죄가 내 안에 있습니다. 죄의 삯은 사망이기 때문에 죄가 내 안에 있는 것이 문제입니다. 마치 율법이 사망을 가져오는 것같이 보이기 때문입니다. 그래서 바울은 이렇게 말합니다. "그런즉 선한 것이 내게 사망이 되었느냐 그럴 수 없느니라 오직 죄가 죄로 드러나기 위하여 선한 그것으로 말미암아 나를 죽게 만들었으니 이는 계명으로 말미암아 죄로 심히 죄 되게 하려 함이라"(롬 7:13). 율법은 죄를 더 드러나게 합니다. 그 결과로 "내게 사망"이 온 것입니다. 율법으로 "나"를 보니 문제가 심각합니다. 여기서 "나"는 바울을 의미합니다. 바울은 자신의 경험에 비추어서 율법 아래에 있었을 때의 상태를 설명합니다. 내 안에 죄가 있습니다. 그래서 원하는 것은 하지 않고 원하지 않는 것을 행합니다. "만일 내가 원하지 아니하는 그것을 행하면 내가 이로써 율법이 선한 것을 시인하노니 이제는 그것을 행하는 자가 내가 아니요 내 속에 거하는 죄니라"(롬 7:16-17). 율법은 선합니다. 문제는 내 안에 있는 죄입니다. 죄가 강해서 나를 사로잡습니다. 나는 원함은 있지만 선을 행할 능력이 없습니다.

바울은 유대인으로 있었을 때를 회고합니다. 옛 시대에 있었던 자신, 율법 아래에 있었던 자신을 회고하면서 율법의 기능과 자신의 타락 상태를 설명합니다(롬 7:7-20). 자신 안에 죄가 있었음을 고백합니다. 그리고 7:21-25에서 결론을 맺습니다. 선을 행하기 원하는 바울에게 악이 함께 있습니다. "내 속사람으로는 하나님의 법을 즐거워하되 내 지체 속에서 한 다른 법이 내 마음의 법과 싸워 내 지체 속에 있는 죄의 법으로 나를 사로잡는 것을 보는도다"(롬 7:22-23). 바울 안에 갈등과 싸움이 있습니다. 싸움의 결론은 죄로 기울어집니다. 죄에게 늘 집니다. 이래서 바울은 부르짖습니다. "오호라 나는 곤고한 사람이로다 이 사망의 몸에서 누가 나를 건져내랴"(롬 7:24). 죄 때문에 죽어야 할 몸입니다. 사망 선고가 내려진 몸입니다. 구원이 절실히 필요한 사람입니다. 여기서 반전이 일어납니다. 예수 그리스도가 등장하기 때문입니다. "우리 주 예수 그리스도로 말미암아 하나님께 감사하리로다 그런즉 내 자신이 마음으로는 하나님의 법을 육신으로는 죄의 법을 섬기노라"(롬 7:25). 예수 그리스도로 인한 승리가 보장되어 있습니다.



로마서 7장의 논리를 따라가면 바울은 율법 아래에 있었을 때를 회고하는 것입니다. 그런데 문제는 7장의 결론을 잘 읽어보면 묘한 여운이 남습니다. 마치 중생한 그리스도인이 여전히 내적인 투쟁을 하는 것처럼 읽을 수도 있기 때문입니다. 25절에서도 그렇습니다. 예수 그리스도를 통해서 승리가 주어졌습니다. 그런데 여전히 투쟁이 남아 있는 것 같습니다. "내 자신이 마음으로는 하나님의 법을 육신으로는 죄의 법을 섬기노라"하고 말하기 때문입니다. 내적인 갈등과 싸움이 남아 있습니다. 이것 때문에 7:13-20을 중생한 그리스도인이 겪는 내적 갈등이라고 해석하는 것입니다.

이것은 첫째, 바울이 중생한 후에 자신의 과거를 회고하기 때문입니다. 유대인으로 율법 아래 있었습니다. 이것을 먼저 말하는 것입니다. 그리고 둘째, 중생한 그리스도인도 율법 아래에 있는 자들과 유사한 성화의 과정이 있기 때문입니다. 예수 그리스도를 믿는 성도들은 최후 승리를 보장받습니다. 그러나 이 땅에서 완전히 승리한 것이 아닙니다. 이것은 "이미"와 "아직" 사이의 긴장이 있기 때문입니다. 예수 그리스도께서 십자가에서 죽으시고 부활하심으로 죄와 사망의 권세를 "이미" 꺾었습니다. 하지만 완전한 승리는

"아직" 오지 않았습니다. 예수 그리스도께서 재림하실 때에 완전한 승리가 이루어질 것입니다. 이래서 신약의 성도들은 두 시대를 살아가고 있습니다. "이미" 승리했지만 구원은 "아직" 완성되지 않았습니다. "이미"와 "아직" 사이에 긴장이 있습니다. 그래서 바울은 25절에 여운을 남겨 놓은 것입니다. 그리고 바울은 6장에서 이미 죄에 대하여 죽었다고 선언했습니다(롬 6:2, 11). 그리고 다시 죄가 너희를 지배하지 못하도록 의에게 순종하라고 말한 것입니다(롬 6:12-23). 죄의 세력은 이미 꺾였습니다. 그러나 여전히 힘이 남아 있습니다. 아직 최후의 승리가 오지 않았습니다. "이미" 구원받은 성도들은 완전한 승리를 바라보면서 싸워야 할 싸움이 여전히 남아 있습니다. 죄와 싸워야 합니다. 성화의 과정이 남아 있습니다.

예수 그리스도를 믿는 자들은 승리에 참여합니다. "그러므로 이제 그리스도 예수 안에 있는 자에게는 결코 정죄함이 없나니 이는 그리스도 예수 안에 있는 생명의 성령의 법이 죄와 사망의 법에서 너를 해방하였음이라"(롬 8:1-2). "이제"라는 단어는 구속사에 있어서 새로운 시대를 의미합니다. 새 언약의 시대 즉 예수 그리스도께 속한 시대입니다. 이러한 시대에 예수를 믿는 사람들에게는 "정죄"가 없습니다. "정죄"는 죄가 있다고 판결하여 선언하는 것과 실행까지를 포함합니다. 예수 안에 있는 자에게는 이러한 정죄가 없습니다. 왜냐하면 성령께서 "죄와 사망의 법"으로부터 믿는 자를 자유롭게 해주기 때문입니다. 우리는 여기서 예수를 믿으면 성령을 선물로 준다는 베드로의 설교를 기억해야 합니다(행 2:38). 예수 그리스도를 믿는 자들에게 성령이 임하십니다. 바울은 "생명의 성령"이라고 말합니다. "생명의 성령"은 "죄와 사망"을 극복하며 넘어섭니다. 율법은 죄를 깨닫게 하며 드러나게 하지만 생명을 주지는 못합니다. 율법은 무능력하며 한계가 있습니다. 그러나 성령은 그렇지 않습니다. 성령을 따르는 자들에게 능력을 줍니다. 율법의 요구를 이루게 합니다. "육신을 따르지 않고 그 영을 따라 행하는 우리에게 율법의 요구가 이루어지게 하려 하심이니라"(롬 8:4). "율법의 요구"는 정당한 요구입니다. 그렇다면 율법의 정당한 요구는 무엇이겠습니까? 바울은 사랑을 행하는 것이 율법을 완성하는 것이라고 말합니다(롬 13:8-10). 따라서 성령을 따르는 사람은 사랑을 행하는 자입니다.

예수를 믿는 자들에게 성령이 내주하십니다. 성령은 "하나님의 영" 그리고 "그리스도의 영"으로도 불립니다(롬 8:9). 성령은 "예수를 죽은 자 가운데서 살리신 이의 영"이며 하나님은 이 성령으로 "너희 죽을 몸도 살리"실 것입니다(롬 8:11). 믿는 자는 부활의 영광에 동참할 것입니다. 따라서 성도들은 최후 승리가 보장됩니다. 성령을 따라 사는 사람은 육신을 따라 살지 않습니다(롬 8:12). 성령을 따라 순종하려는 의지와 노력이 필요합니다(롬 8:13). 이런 사람이 하나님의 영의 인도를 받는 "하나님의 아들"(롬 8:14-16)이며 "하나님의 상속자"(롬 8:17)입니다. 하나님의 영광에 참여할 자입니다. 세상의 그 어떤 세력도 하나님과 하나님의 자녀 사이의 관계를 위협하지 못합니다. "현재 일"이나 "장래 일"이나 "사망"도 믿는 자를 그리스도 예수 안에 있는 하나님의 사랑에서 끊을 수 없습니다(롬 8:31-39). 성령께서 최후 승리를 보장하는 것입니다. 성도를 하나님의 나라에 들어갈 때까지 견인하십니다. 성령은 최후 승리를 위한 보증이 되십니다. 성도의 현재의 삶 속에서 구원의 확신을 줍니다.

믿음으로 의롭게 된 사람은 구원이 보장됩니다. 이는 하나님께서 역사 전에 "미리 정하신" 자들입니다. 하나님은 이들을 역사 속에서 "부르시고 부르신 그들을 또한 의롭다" 하십니다. 이들은 역사의 끝에 구원이 완성될 때에 "영화롭게" 될 것입니다(롬 8:29-30). 하나님은 역사의 처음과 끝을 다 주관하십니다. 믿는 자들을 역사 전부터 예정하셨습니다.

## 22.5 이스라엘의 남은 자

바울은 자신의 경험에 근거하여 유대인이 자랑하는 율법으로는 의롭게 될 수 없다고 선언했습니다. 사람이 의롭게 되는 것은 예수 그리스도를 믿음으로 된다고 천명했습니다. 이것은 유대인이나 이방인에게 똑같이 적용되는 원리입니다. 그렇다면 이제 이스라엘은 어떻게 되느냐 하는 문제가 남았습니다.

이 문제는 바울과 기독교에 아주 중요합니다. 왜냐하면 바울이 복음을 전할 때에 유대인들은 그를 따라다니면서 핍박했기 때문입니다. 대다수의 유대인들이 복음을 반대하며 예수 그리스도를 믿지 않았습니다. 이러한 역사적 경험에 근거하여 이제 바울은 이스라엘 백성이라는 신분에 대해서 논하는 것입니다.

이스라엘은 분명히 하나님의 선택을 받은 선민이었습니다(신 7:6-8). 이스라엘은 약속, 언약, 율법, 예배와 영광이 있었습니다. 그리스도 역시 이스라엘에서 오셨습니다(롬 9:4-5). 그런데 아이러니하게도 이스라엘은 예수를 배척합니다. 그렇다면 이것이 어떻게 된 일이냐 하는 것입니다.

바울은 "이스라엘에게서 난 그들이 다 이스라엘이 아니요" 하고 선언합니다(롬 9:6). 인종적, 민족적인 특권은 아무 소용이 없습니다. 오히려 약속이 중요합니다. "육신의 자녀가 하나님의 자녀가 아니요 오직 약속의 자녀가 씨로 여기심을 받느니라"(롬 9:8). 아브라함의 아들들 가운데 하나님의 아들로 인정된 사람은 약속의 아들인 이삭뿐입니다(롬 9:7). 그렇다면 이삭의 아들들은 다 약속의 아들이냐 하는 질문이 생깁니다. 바울은 이삭의 두 아들 에서와 야곱 가운데서는 야곱이 약속의 아들이라고 말합니다. 야곱이 하나님의 아들인 이유는 하나님의 주권적인 선택입니다. "그 자식들이 아직 나지도 아니하고 무슨 선이나 악을 행하지 아니한 때에 택하심을 따라 되는 하나님의 뜻이 행위로 말미암지 않고 오직 부르시는 이로 말미암아 서게 하려 하사"(롬 9:11). 하나님의 주권적인 선택은 에서와 야곱이 태어나기도 전에 이루어졌습니다. 하나님의 선택은 에서와 야곱의 행동에 근거한 것이 아닙니다. 야곱을 선택한 하나님의 주권입니다. "내가 야곱은 사랑하고 에서는 미워하였다"(롬 9:13)고 하십니다.

하나님의 부르심은 하나님의 주권입니다. 사람이 원한다고 되는 것이 아닙니다. 사람이 노력으로 얻을 수 있는 것도 아닙니다. "그런즉 원하는 자로 말미암음도 아니요 달음박질하는 자로 말미암음도 아니요 오직 긍휼히 여기시는 하나님으로 말미암음이니라"(롬 9:16). 이러한 하나님의 주권적 선택으로 인하여 유대인 가운데서 그리고 이방인 가운데서 구원을 받은 자들이 있습니다(롬 9:24). 특별히 이스라엘 가운데서 남은 자들이 구원 받은 자들입니다. "또 이사야가 이스라엘에 관하여 외치되 이스라엘 자손들의 수가 비록 바다의 모래 같을지라도 남은 자만 구원을 받으리니"(롬 9:29). 남은 자들이 구원받은 자들입니다. 이것은 구약에서 말하고 있는 것입니다. 바울이 전하는 복음은 구약과 대립되는 것이 아니라 구약의 성취입니다.

이스라엘 가운데 남은 자가 있습니다. 바울은 남은 자를 설명하면서 엘리야 시대의 예를 들어줍니다. 엘리야 시대에 아합과 이세벨로 인하여 여호와 신앙이 전멸당할 위기에 놓였습니다. 엘리야가 하나님께 "주여 그들이 주의 선지자들을 죽였으며 주의 제단들을 헐어 버렸고 나만 남았는데 내 목숨도 찾나이다"(롬 11:3) 하고 고발합니다. 이때 하나님은 바알에게 무릎을 꿇지 않은 사람이 칠천 명이나 있다고 답변합니다. 바울은 이 이야기를 하면서 "그런즉 이와 같이 지금도 은혜로 택하심을 따라 남은 자가 있느니라"(롬 11:5) 하고 주장합니다. 그렇습니다. 예수 그리스도를 믿는 유대인들이 남아 있습니다. 예수의 제자들과 예루살렘 교회가 있습니다. 이들이 남은 자들입니다.

이스라엘의 대다수가 믿음에 실패했습니다. 이스라엘이 넘어진 것이 이방인에게 복이 되었습니다. 이방인이 구원의 자리에 참여할 수 있기 때문입니다. 이방인은 돌 감람나무입니다. 돌 감람나무가 좋은 감람나무에 접붙임을 받았습니다(롬 11:24). 이방인은 이스라엘의 뿌리로부터 자양분을 공급받아 열매를 맺는 것입니다.

바울은 하나님의 구원 역사에 큰 단계를 말합니다. 구약에서는 이스라엘이 하나님의 백성이었습니다. 간혹 믿음으로 이 공동체에 들어온 이방인들이(예: 기생 라합과 룻) 있었습니다. 하지만 구약의 초점은 이스라엘입니다. 구약 역사가 끝나고 신약 시대로 넘어오면서 대다수의 유대인은 예수를 거절합니다. 그리고 이방인들이 구원의 공동체에 들어옵니다. 바울은 이것을 "신비"(비밀)라고 부릅니다. "형제들아 너희가 스스로 지혜 있다하면서 이 신비를 너희가 모르기를 내가 원하지 아니하노니 이 신비는 이방인의 충만한 수가 들어오기까지 이스라엘의 더러는 우둔하게 된 것이라"(롬 11:25). 구원 역사의 흐름이 나옵니다. "이스라엘의 우둔"은 "이방인의 충만"이 되었습니다. 역사의 초점이 이스라엘에서 이방인으로 넘어갑니다. 마치 예수께서 종말론 강화에서 "이 백성에게 진노가 있겠음이로다 그들이 칼날에 죽임을 당하여 모든 이방에 사로잡혀 가겠고 예루살렘은 이방인의 때가 차기까지 이방인들에게 밟히리라"(눅 21:23-24) 하신 말씀과 유사합니다. 그렇지만 이스라엘이 완전히 넘어진 것이 아닙니다. 이스라엘이 완악한 것은 임시적이며 제한적입니다. "이방인의 충만한 수가 들어오기까지"입니다. 이것은 또한 이방인의 구원이 계속될 것이 아니라는 것을 보여주기도 합니다. 그리고 이스라엘에는 남은 자들이 있기 때문에 이스라엘 다 넘어진 것은 아닙니다. 이스라엘이 구원받을 때가 있습니다. "그리하여 온 이스라엘이 구원을 받으리라"(롬 11:26) 하고 말합니다. "온 이스라엘의 구원"의 때가 있을 것입니다. 이스라엘의 회복을 말합니다. "온 이스라엘"은 하나님의 선택을 받은 이스라엘 사람들 모두를 말할 것입니다. 하지만 바울은 이 "온 이스라엘"의 구원이 언제, 어떻게 이루어질 것인가에 대해서는 말하지 않습니다. 역사 속에서 "온 이스라엘"이 대대적으로 회개하고 돌아온 사건이 없는 것으로 보아 아마도 마지막 때에 있을 것 같습니다.

# 23

# 고린도서: 지혜, 음행, 성찬과 성령의 은사

읽어야 할 본문: 고린도 전서 1-12장

사도 바울은 2차 전도 여행 때에 고린도를 방문했습니다. 그곳에서 로마에서 온 브리스길라와 아굴라와 함께 장막 만드는 일을 하며 안식일마다 회당에 들어가서 복음을 전했습니다. 마게도냐에서 내려온 실라와 디모데도 바울과 함께 합류했습니다. 하지만 유대인들의 반대를 받습니다. 바울은 디도 유스도 집으로 거처를 옮깁니다. 바울의 전도 열매는 회당장 그리스보와 온 집안이 믿는 것으로 나타납니다. 또한 많은 고린도 사람들도 예수를 믿습니다.

주님께서 바울에게 환상 가운데 나타나서 고린도에서 계속 사역할 것을 말씀하십니다. "두려워하지 말며 침묵하지 말고 말하라 내가 너와 함께 있으매 어떤 사람도 너를 대적하여 해롭게 할 자가 없을 것이니 이는 이 성중에 내 백성이 많음이라"(행 18:9-10). 주님께서 이런 말씀을 하는 배경이 있습니다. 바울 일행은 빌립보에서 심한 매를 맞고 옥에 갇혔습니다(행 16:16-40). 데살로니가 전도 때에는 유대인들이 바울을 반대하여 소동을 벌였습니다(행 17:5). 바울이 베뢰아로 피신하여 회당에서 복음을 전하자 데살로니가 유대인들이 좇아와서 다시 소동을 일으켰습니다(행 17:13). 그리고 아덴을 거쳐 고린도로 온 것입니다. 고린도에서 복음 전파에 열매가 있습니다. 하지만 유대인들의 반대도 있습니다. 그래서 주님께서 환상 가운데 나타나 바울에게 위로의 말씀을 하십니다. 바울은 주님의 말씀에 따라 고린도에서 1년 6개월을 머물며 전도활동을 합니다. 유대인들이 바울을 고소하지만 로마 총독 갈리오가 유대인의 종교 문제에 간여하지 않으려고 그들의 고소를 받아들이지 않습니다(행 18:1-17).

고린도는 그리스 남쪽에 그리스 본토와 펠로폰네소스를 연결해 주는 지점에 있습니다. 이곳에 고린도 운하가 생겨서(1893년) 관광 명소로 더 유명합니다. 이 운하가 없었으면 에게 해에서 그리스 남단을 돌아 이오니아 해로 가야하기 때문입니다. 고린도는 항구 도시이며 동쪽으로 조금 떨어진 곳에 겐그레아 항구(행 16:1)가 있습니다. 고린도는 천 명이 넘는 신전 창기로 유명했습니다. 그래서 "고린도화 한다"는 말은 간음을 의미할 정도였습니다. 이래서 고린도 교회의 문제 가운데 하나로 간음이 나오기도 합니다.

바울은 고린도 전서를 3차 전도 여행 기간 중에 에베소에서 썼습니다. 바울은 고린도 전서 이전에 먼저 편지를 하나 썼습니다. 그래서 "내가 너희에게 쓴 편지에 음행하는 자들을 사귀지 말라 하였거니와"(고전 5:9) 하는 표현이 나옵니다. 하지만 이 편지는 소실되어 현재는 남아 있지 않습니다. 바울이 고린도 전서를 쓴 이유는 "글로에의 집 편으로 너희에 대한 말이 내게 들리니"(고전 1:11) 하는 것입니다. 그리고 고린도 교회의 사람들 "스데바나와 브드나도와 아가이고"(고전 16:17)가 바울에게 왔습니다. 바울은 이 사람들로부터 고린도 교회에 대한 문제들을 들었습니다. 바울은 고린도 교회에서 일어나고 있는 여러 가지 문제들에 대한 목회적인 답변으로, 고린도 교회 성도들에게 바른 신앙과 삶을 교훈하기 위하여 이 편지를 쓴 것입니다.

## 23.1 세상의 지혜와 하나님의 지혜

고린도 교회에서 일어나고 있는 문제들 가운데 첫 번째는 분쟁입니다. 고린도 교회 성도들 사이에 지도자를 추종하는 문제가 생깁니다. 고린도 교회는 바울을 중심으로 한 전도 팀, 실라, 디모데, 브리스길라와 아굴라에 의해 2차 전도 여행 때에 세워졌습니다(행 18:1-11). 이 후에 아볼로가 고린도에서 목회를 했습니다(행 19:1). 아볼로는 "언변이 좋고 성경에 능통한 자"(행

18:24)라는 평가를 받았습니다. 그 후에 아마도 베드로(게바)가 와서 말씀을 전한 것 같습니다. 그래서 고린도 교회 성도들 가운데 "나는 바울에게, 나는 아볼로에게, 나는 게바에게, 나는 그리스도에게 속한 자라"(고전 1:12) 하는 말들이 생겨났습니다. 바울은 고린도 교회 설립자입니다. 아볼로는 설교를 잘 했던 목회자입니다. 게바(베드로)는 예수의 수제자로 예루살렘 교회의 대표자입니다. 쟁쟁한 지도자들이 고린도 교회에 와서 말씀을 가르쳤습니다. 고린도 교회 성도들이 복이 많습니다. 하지만 성도들이 지도자들을 너무 좋아한 나머지 다른 지도자를 배척하는 것이 문제였습니다. 추종자들 사이에 알력과 분쟁이 생겨납니다. 이러니 이 싸움을 보기 싫어하는 사람들은 "나는 그리스도에게 속한 자"라고 말했는지도 모릅니다. 교회 분쟁에서 한 걸음 뒤로 물러나 있는 사람들일 수 있습니다.



바울은 분쟁 때문에 시끄러운 고린도 교회 성도들을 향하여 "같은 마음과 같은 뜻으로 온전히 합하라"(고전 1:10) 하고 권면합니다. 그런데 문제는 같은 마음을 어떻게 만드느냐 하는 것입니다. 바울은 예수 그리스도의 십자가로 하나가 되라고 말합니다. "그리스도께서 어찌 나뉘었느냐 바울이 너희를 위하여 십자가에 못 박혔으며 바울의 이름으로 너희가 세례를 받았느냐"(고전 1:13). 고린도 교회의 분쟁은 예수의 십자가 사건으로 하나가 될 수 있다고 말합니다. 그리고 세례를 말합니다. 아마도 고린도 교회 성도들 사이에 누구에게 세례를 받았는가 하는 것이 중요한 분쟁의 원인이 된 것 같습니다. 그래서 바울은 자신의 이름으로 세례를 주지 않았다고 말합니다. "이는 아무도 나의 이름으로 세례를 받았다 말하지 못하게 하려 함이라"(고전 1:15). 또한 바울은 "그리스보와 가이오" 그리고 "스데바나 집 사람" 외에는 세례를 주지 않았다고 말합니다(고전 1:14, 16). 바울은 고린도 교회 성도들에게 세례를 적게 준 것을 감사합니다. 누구에게 세례를 받았는지가 교회 분쟁이 되고 있기 때문입니다. 바울은 예수께서 자신을 보내신 것은 세례를 주라고 한 것이 아니라 그리스도의 십자가 복음을 전하기 위함이라고 말합니다(고전 1:17).

바울은 분쟁으로 인하여 혼란스러운 고린도 교회를 향하여 십자가의 복음을 다시 말합니다. 십자가 정신으로 하나가 되라는 의미입니다. "십자가의 도가 멸망하는 자들에게는 미련한 것이요 구원을 받는 우리에게는 하나님의 능력이라"(고전 1:18). "십자가의 도"는 '십자가의 말씀'으로 십자가에 관한 메시지입니다. 예수께서 역사적으로 십자가에서 죽으신 사건을 뜻합니다. 십자가의 말씀은 멸망하는 자들에게 미련한 것입니다. 예수의 십자가 사건을 믿지 않는 사람들이 볼 때에 십자가는 미련한 것입니다. 어리석은 이야기입니다. 유대 청년이 로마 정부에 대항하다 정치범으로 몰려서 죽은 것같이 보입니다. 세상 사람들이 볼 때 아주 어리석은 이야기입니다. 세상 지혜로는 십자가 사건을 제대로 이해할 수 없습니다. 십자가는 하나님의 지혜이기 때문입니다. "하나님의 지혜에 있어서는 이 세상이 자기 지혜로 하나님을 알지 못하므로 하나님께서 전도의 미련한 것으로 믿는 자들을 구원하시기를 기뻐하셨도다"(고전 1:21). 세상의 지혜와 하나님의 지혜가 대조를 이룹니다. 세상의 지혜로는 하나님의 구원 계획을 알 수 없습니다. 그래서 하나님이 전도라는 방법을 사용하십니다.

십자가의 말씀은 다양한 반응을 일으켰습니다. "유대인에게는 거리끼는 것이요 이방인에게는 미련한 것"(고전 1:23)입니다. "거리끼는 것"은 발에 걸려 넘어지게 하는 '방해물,' '장애물'입니다. 십자가는 유대인들에게 장애물입니다. 예수께서 십자가 나무에 달려 죽었다는 소리에 거부반응을 보입니다. 왜냐하면 신명기 법에 따르면 나무에 달려 죽은 자는 하나님께 저주를 받았기 때문입니다(신 21:23). 유대인들에게 십자가 나무에 달려 죽은 예수는 구원자가 아닙니다. 하나님께 저주를 받은 자입니다. 다른 이유로는 예수께서 유대 종교 지도자들의 모임인 산헤드린의 정죄를 받았기 때문입니다(마 26:57-68). 유대인 최고 의결 기관에서 예수를 출교한 것입니다. 이러니 유대인들이 예수를 믿기 어렵습니다. 또한 이방인들에게 십자가 말씀은 "미련한 것"입니다. 이방인들이 볼 때 예수는 로마 정부에 대항한 유대의 한 정치범일 뿐입니다. 그런데 사도들이 이 복음을 믿으라고 합니다. 이방인들의 눈에 어리석게 보이는 것입니다.

하지만 십자가의 말씀을 받아들이는 사람들이 있습니다. 믿는 사람들은 하나님의 부르심을 받은 사람들입니다. "오직 부르심을 받은 자들에게는 유대인이나 헬라인이나 그리스도는 하나님의 능력이요 하나님의 지혜니라"(고전 1:24). 하나님의 부르심은 유대인과 이방인이라는 인종 구분이 없습니다. 십자가의 말씀은 사람의 기준으로 보면 미련하게 보입니다. 그러나 여기에 하나님의 지혜가 있습니다. 실제 고린도 교회의 성도들은 하나님의 부르심을 받을 때 인간적인 기준으로 보면 지혜로운 사람, 영향력이 있는 사람 그리고 귀족 출신인 사람이 많지 않았습니다(고전 1:26). 사회의 약자들이 십자가의 말씀을 많이 믿었습니다. 이들은 하나님의 지혜를 받아들인 사람들입니다. 하나님은 이들을 통하여 세상의 지혜로운 사람과 능력있는 사람을 부끄럽게 하십니다(고전 1:27). 하나님의 어리석음이 사람의 지혜로움보다 뛰어나기 때문입니다(고전 1:25).



하나님은 십자가의 말씀을 전도라는 방법으로 사람들에게 전하십니다. 사도 바울은 고린도에서 복음을 전했을 당시를 회고합니다. "내가 너희 가운데 거할 때에 약하고 두려워하고 심히 떨었노라 내 말과 내 전도함이 설득력 있는 지혜의 말로 하지 아니하고 다만 성령의 나타나심과 능력으로 하여 너희 믿음이 사람의 지혜에 있지 아니하고 다만 하나님의 능력에 있게 하려 하였노라"(고전 2:3-5). 바울이 고린도에서 전도할 때에 유대인들의 반대를 받았습니다. 그래서 주님께서 환상 중에 나타나셔서 두려워하지 말라고 말씀하셨습니다(행 18:9). 바울은 이때를 회고하며 말합니다. 바울이 전도할 때 "지혜의 말"로 하지 않고 "성령의 나타나심과 능력"으로 했습니다. 고린도 교인들이 바울의 말을 받아들인 것은 바울의 웅변술이나 수사력에 있지 않습니다. 성령께서 능력으로 함께 하셨기 때문입니다(참고 행 16:14). 고린도 교회 성도들의 믿음은 전적으로 성령의 능력입니다. 믿음은 "사람의 지혜"에 근거하지 않고 "하나님의 능력"에 근거합니다(고전 2:5).

십자가의 말씀은 하나님의 지혜이기 때문에 이 세상의 지혜로 알 수 없습니다. 이 세상의 통치자들이라고 해서 하나님의 지혜를 아는 것은 아닙니다. 이 세상 통치자들이 지혜가 없었기 때문에 예수를 십자가에 못 박았습니다.

하나님의 지혜는 비밀입니다. "오직 은밀한 가운데 있는 하나님의 지혜를 말하는 것으로서 곧 감추어졌던 것인데 하나님이 우리의 영광을 위하여 만세 전에 미리 정하신 것" 입니다(고전 2:7). "은밀한 가운데 있는 하나님의 지혜" 는 '비밀 안에 있는 하나님의 지혜' 입니다. 이 지혜는 창조 전부터 있었던 하나님의 구원 계획으로(참고 엡 1:4) 감추어져 있던 것입니다(참고 롬 16:25-26). 이 하나님의 지혜가 역사 속에 나타났습니다. 십자가 사건입니다. 그런데 이것은 사람의 눈이나 귀로 보고 듣고 깨달을 수 있는 것이 아닙니다. 사람의 마음으로 알 수 있는 것이 아닙니다(고전 2:9). 하나님의 지혜인 십자가 사건은 사람의 지혜와 이성으로 알 수 있는 것이 아니라 성령으로 알 수 있습니다. "오직 하나님이 성령으로 이것을 우리에게 보이셨으니 성령은 모든 것 곧 하나님의 깊은 것까지도 통달하시느니라" (고전 2:10). "보이셨으니" 는 '드러냈다,' '계시하셨다' 는 의미입니다. 성령께서 감추어져 있던 하나님의 지혜를 드러내시는 것입니다. 성령은 세상의 영이 아니라 하나님의 영입니다(고전 2:12). 성령을 받은 사람만이 십자가의 말씀을 이해하며 받아들입니다. 영적이기 때문입니다. 사람의 지혜나 세상의 지혜로 십자가의 말씀을 이해할 수 없는 이유가 있습니다. 성령이 없기 때문입니다. "육에 속한 사람은 하나님의 성령의 일들을 받지 아니하나니 이는 그것들이 그에게는 어리석게 보임이요 또 그는 그것들을 알 수도 없나니 그러한 일은 영적으로 분별되기 때문이라" (고전 2:14). "육에 속한 사람" 은 성령을 받지 못한 사람입니다. 이런 사람은 성령의 일들을 알 수 없습니다. 미련하게 보이기 때문입니다. 세상 사람들이 십자가를 어리석게 생각하는 이유입니다. 세상 사람들은 영적인 안목이 없습니다. 영적인 것을 분별할 능력이 없습니다. 성령이 없기 때문입니다. "육에 속한 사람" 과 반대되는 사람은 "신령한 자" (영적인 사람)입니다(고전 2:15). 성령을 받은 사람이며 예수의 십자가 사건을 믿는 사람입니다.

바울은 사람을 "육에 속한 사람" 과 성령의 가르침을 받는(고전 2:13) "신령한 자" 로 구분을 합니다(고전 2:14-15). 그런데 바울은 여기에 한 부류의 사람들이 더 있다고 말합니다. 성령을 받은 사람이지만 어린아이와 같은 사람들이 있습니다. 이들은 육에 속한 사람들과 유사합니다. "형제들아 내가 신령한 자들을 대함과 같이 너희에게 말할 수 없어서 육신에 속한 자 곧 그리스도 안에서 어린 아이들을 대함과 같이 하노라"(고전 3:1). "그리스도 안에서 어린아이"가 있습니다. 이들은 "육신에 속한 자"와 유사합니다. 바울은 고린도 교회 성도들을 "그리스도 안에서 어린아이들"이라고 말합니다. 성숙한 신앙인이 아닙니다. 이들에게 분쟁이 있기 때문입니다. "너희는 아직도 육신에 속한 자로다 너희 가운데 시기와 분쟁이 있으니 어찌 육신에 속하여 사람을 따라 행함이 아니리요"(고전 3:3). 예수 그리스도를 믿지만 아직도 세상 사람들과 똑같이 행동합니다. 육신을 따라 행동하기 때문입니다. 이들은 바울 파, 아볼로 파 그리고 게바 파로 나뉘어져 있습니다.

고린도 교회 성도들 사이에 그룹들이 존재합니다. 자신들이 존경하고 좋아하는 사역자를 따라서 나뉘어져 있습니다. 바울은 그들을 "주께서 각각 주신 대로 너희로 하여금 믿게 한 사역자들이니라"(고전 3:5) 하고 말합니다. "사역자들"은 '종들' 입니다. 그들은 십자가의 말씀을 전한 종들이며 고린도 교회 성도들은 그들을 통하여 믿음을 갖게 되었습니다. 바울은 이 사역자들을 농사꾼에 비유하면서 "심는 이나 물 주는 이는 아무 것도 아니로되" 하고 평가하며 교회를 성장시키는 분은 "오직 자라게 하시는 이는 하나님뿐이니라"(고전 3:7) 하고 말합니다. 사역자들은 그들이 일한 대로 하나님께 상을 받을 것입니다.

바울은 고린도 교회 성도들을 "하나님의 밭이요 하나님의 집"이라고 비유합니다. "하나님의 밭"은 위에서 사역자들을 농사꾼에 비유했기 때문입니다. 교회를 "하나님의 집"으로 비유한 것은 다른 성경에도 나오는 사상입니다. 바울은 사역자들을 건축자에 비유합니다. 그리고 바울 자신이 처음에 고린도 교회의 터를 닦았다고 밝힙니다. 바울이 닦은 터는 예수 그리스도입니다(고전 3:10-11). 각 사역자들이 이 터 위에 건축물을 세웁니다. 어떤 사역자는 금, 은, 보석으로 다른 사역자는 나무, 풀, 짚으로 건축을 합니다. 건축이 완공되면 건축물을 시험할 때가 있습니다. 이 시험에서 통과하면 상을 받을 것입니다.

"하나님의 집"은 "하나님의 성전"이며 "하나님의 성령"이 거하는 곳입니다(고전 3:16). 따라서 성전을 깨끗하게 하며 거룩하게 해야 합니다. 성전을 더럽히는 사람은 멸망을 당합니다(고전 3:17). 성전을 거룩하게 하라는 요구는 다음 주제인 음행과 밀접한 관련이 있습니다.

## 23.2 음행과 결혼

바울은 고린도 교회 성도들 가운데 아버지의 아내를 취한 자가 있다는 소식을 듣습니다. 아버지의 아내가 음행한 자의 어머니를 말하는지 아니면 다른 아내를 말하는지(예: 르우벤과 빌하)에 대한 구체적인 설명이 없습니다. 그 같은 행위는 "이방인 중에서도 없는 것"이라고 말합니다(고전 5:1). 여기서 "이방인"은 믿지 않는 자들을 의미합니다. 음행한 자 외에 고린도 교회 성도들의 다른 문제는 그런 행위를 한 자를 묵인하는 것입니다. "그리하고도 너희가 오히려 교만하여져서 어찌하여 통한히 여기지 아니하고 그 일 행한 자를 너희 중에서 쫓아내지 아니하였느냐"(고전 5:2). 고린도 교회 공동체의 잘못은 두 가지입니다. 1) 음행의 소식을 듣고 "통한히 여기지 아니"한 것입니다. 음행의 소식을 들었으면 죄를 슬퍼하며 통탄해야 합니다. 그런데 오히려 "교만하여" 거들먹거리고 있습니다. 2) 고린도 교회 공동체는 음행한 자를 쫓아내지 않았습니다. 마땅히 경고하고 출교해야 합니다. 그런데 이러한 권징을 실시하지 않았습니다.

고린도 교회가 음행한 사람을 징계하지 않는 것은 큰 잘못입니다. 왜냐하면 "적은 누룩이 온 덩어리에 퍼지는 것을"(고전 5:6) 알지 못했기 때문입니다. 음행의 죄를 누룩에 비유합니다(참고 마 16:6). 죄는 전염성이 있습니다. 바울은 죄가 전염되어 퍼져 나갈 것을 염려한 것입니다. 더 나아가 바울은 누룩 없는 밀가루 반죽을 유월절에 비유합니다. 유월절이 시작되면 누룩을 넣지 않은 무교병을 칠일 동안 먹습니다(출 12:18). 이 기간을 무교절이라고 부릅니다. 무교절에 누룩을 치워야 합니다. 누룩이 들어간 빵을 먹는 자는 이스라엘에서 끊어집니다(출 12:19-20). 바울은 유월절과 무교절에 누룩 없는 빵을 먹는 것을 상기시킵니다. 그리고 고린도 교회 성도들을 무교절에 먹는 빵을 만드는 덩어리에 비유합니다. "너희는 누룩 없는 자인데 새 덩어리가 되기 위하여 묵은 누룩을 내버리라 우리의 유월절 양 곧 그리스도께서 희생되셨느니라"(고전 5:7). 무교절 기간에 누룩을 버리는 것처럼 고린도 교회 성도들은 죄를 버려야 합니다. 왜냐하면 예수 그리스도께서 유월절 어린 양으로 희생되셨기 때문입니다. 유월절 어린 양을 십자가 사건의 모형론으로 말하고 있습니다. 바울은 지금 유월절과 무교절 모티브를 사용하여 고린도 교회에게 거룩을 요구하고 있습니다. 고린도 교회 성도들은 누룩 없는 덩어리가 되어야 합니다. 교회 공동체의 순결을 강조합니다(고전 5:8).

바울은 여기서 한 걸음 더 나아가 음행의 죄의 심각성을 경고합니다. "불의한 자가 하나님의 나라를 유업으로 받지 못할 줄을 알지 못하느냐 미혹을 받지 말라 음행하는 자나 우상 숭배하는 자나 간음하는 자나 … 속여 빼앗는 자들은 하나님의 나라를 유업으로 받지 못하리라"(고전 6:9-10). 음행의 죄를 심각하게 다루고 있습니다. 하나님의 나라에 들어갈 수 없다고 경고합니다.

그렇다면 왜 음행이 이렇게 심각한 죄인가 하는 것입니다. 바울은 세 가지 면에서 중요하다고 말합니다. 1) 성도는 예수 그리스도의 몸이기 때문입니다. "너희 몸이 그리스도의 지체인 줄을 알지 못하느냐 내가 그리스도의 지체를 가지고 창녀의 지체를 만들겠느냐 결코 그럴 수 없느니라"(고전 6:15). 2) 성적인 결합은 한 몸이 되는 것을 의미하기 때문입니다. 하나님은 결혼 제도를 통하여 두 사람이 한 몸이 되게 하셨습니다. "창녀와 합하는 자는 그와 한 몸인 줄을 알지 못하느냐 일렀으되 둘이 한 육체가 된다 하셨나니"(고전 6:16). 하나님이 아담에게 하와를 짝 지워 주시면서 하신 말씀입니다(창 2:24). 결혼을 통하여 육체적인 관계를 맺습니다. 창녀와 성관계를 갖는 것은 결혼 제도를 무시하는 것입니다. 3) 성도들은 하나님의 성전이기 때문입니다. "너희 몸은 너희가 하나님께로부터 받은바 너희 가운데 계신 성령의 전인 줄을 알지 못하느냐"(고전 6:19). 성령께서 우리 몸에 거하십니다. 성도들의 몸이 "성령의 전"(성전)입니다.

바울은 음행의 문제를 다룬 후에 결혼 제도에 대해서 설명합니다. "음행을 피하기 위하여 남자마다 자기 아내를 두고 여자마다 자기 남편을 두라"(고전 7:2). 음행은 합법적인 결혼 제도를 반대하는 불법적인 성행위입니다(고전 6:16-18). 음행을 피하기 위해서 바울은 결혼하라고 합니다. 결혼하지 않으면 성의 유혹이 많고 음행할 수 있기 때문입니다. 그리고 결혼한 후에는 서로 성적인 의무를 다할 것을 권고합니다(고전 7:3-4). 특히 경건을 이유로 성의 의무를 피하지 말라고 합니다. 다만 기도하기 위해서 부부가 서로 합의하에 분방하라고 권합니다. 정욕을 절제하기가 어렵기 때문입니다. 절제하지 못하면 사탄에게 시험을 당할 수 있습니다(고전 7:5).

바울은 할 수 있으면 싱글들과 과부들에게 자신과 같이 독신으로 지내는 것이 낫다고 말합니다(고전 7:7-8). 하지만 문제는 정욕입니다. 정욕을 절제하기가 어렵습니다. "만일 절제할 수 없거든 결혼하라 정욕이 불 같이 타는 것보다 결혼하는 것이 나으니라"(고전 7:9). 성욕을 불에 타는 것으로 비유합니다. 성욕이 얼마나 강한지를 보여주는 표현입니다. 성욕은 자신의 의지와 상관없이 "배꼽아래의 반란"으로 일어납니다.

바울은 건전한 결혼 관계를 유지하라고 권면합니다. 결혼한 사람은 이혼하지 말라고 합니다. 이혼을 했으면 그냥 지내든지 아니면 다시 전 배우자와 합하라고 합니다. 결혼한 성도들 중에 한 쪽이 믿지 않는 경우에는 함께 사는 것을 좋아하면 이혼하지 말라고 권고합니다. 믿는 배우자로 인하여 믿지 않는 배우자가 거룩해질 수 있습니다. 믿는 자를 통해서 믿지 않는 배우자가 구원받을 수 있기 때문입니다(고전 7:7-16).

바울은 결혼을 하지 않은 처녀에게 "곧 임박한 환난"(고전 7:26)으로 결혼하지 않고 그냥 지내는 것이 좋다고 권면합니다. "임박한 환난"은 '당면한 고난,' '현재의 필요'를 뜻합니다. 이것은 실제 결혼 생활로 오는 고난인지 아니면 종말이 임박한 데서 오는 고난인지에 대한 구체적인 설명이 없습니다. 그렇지만 계속 읽어보면 1) 결혼 생활에서 오는 "육신에 고난"(고전 7:28)을 뜻하기도 합니다. 2) 종말의 때가 가까이 왔다는 것을 의미하기도 합니다(고전 7:29-31). 바울은 처녀와 과부에게 그냥 지내는 것이 좋다고 합니다. 그러나 결혼은 죄가 아니라고 분명히 밝힙니다.

결혼한 사람의 마음은 현실 생활로 기울어집니다. 그러나 처녀와 총각은 "주의 일을 염려"하며 "주를 기쁘시게" 하려고 노력하며 "몸과 영을 다 거룩" 하게 하려고 노력합니다(고전 7:32-34). 하지만 결혼한 사람의 마음은 다른 곳에 있습니다. "세상 일을 염려"하며 "남편을 기쁘게"(고전 7:34)하려고 합니다. 이러한 이유 때문에 바울은 결혼하지 않는 것이 더 낫다고 말합니다. 하지만 결혼하는 것도 잘하는 것이라고 말합니다. 과부가 된 사람은 주 안에서 재혼할 것을 권합니다(고전 7:39).

### 23.3 우상 제물과 성찬

고린도 교회에 있는 다른 문제는 먹는 것입니다. 우상 제물을 먹을 것인가 하는 문제가 심각합니다. 바울은 우상 제물에 대해서 말하기 보다는 먼저 본질적인 우상에 대해서 언급합니다. "우상의 제물을 먹는 일에 대하여는 우리가 우상은 세상에 아무 것도 아니며 또한 하나님은 한 분밖에 없는 줄 아노라"(고전 8:4). 바울은 우상의 존재를 인정하지 않습니다. 우상은 없다고 선언합니다(참고 사 44:9-20). 이것은 십계명의 일, 이계명이 말하고 있는 사상이기도 합니다. 그러나 하나님은 "한 분"입니다(참고 신 6:4). 이 땅에는 많은 신들이 존재하는 것 같습니다. 이들은 "신이라 불리는 자"일 뿐입니다(고전 8:5). 사람들이 고안한 신입니다. 실제 존재하지 않습니다. 그러나 "우리에게는 한 하나님 곧 아버지가 계시니 만물이 그에게서 났고 우리도 그를 위하여 있고 또한 한 주 예수 그리스도께서 계시니 만물이 그로 말미암고 우리도 그로 말미암아 있느니라"(고전 8:6). 이 땅에 많은 신들이 있는 것 같지만 참된 신은 한 분입니다. 그분이 창조주 하나님입니다. 또한 한 주님 예수 그리스도가 계십니다. 창조주이시며 성도들도 그분으로 인하여 존재합니다. 성도들의 존재 근거는 예수 그리스도입니다.

이런 신적 지식이 있는 사람은 우상 제물로부터 자유롭습니다. 하지만 문제는 모든 사람들이 이런 지식을 갖고 있는 것이 아닙니다. 믿음이 약한 사람이 우상의 제물인 줄을 알고 먹음으로 양심이 약해질 수 있습니다(고전 8:7). 하지만 우상이 아무 것도 아니듯이 음식 역시 아무런 영향을 미치지 못합니다. "음식은 우리를 하나님 앞에 내세우지 못하나니 우리가 먹지 않는다고 해서 더 못사는 것도 아니고 먹는다고 해서 더 잘사는 것도 아니니라"(고전 8:8). 우상에게 바쳐진 음식을 먹는다고 해서 어떤 유익을 얻는 것이 아닙니다. 또한 먹지 않는다고 해서 어떤 손해가 있는 것도 아닙니다. 음식은 먹어도 되고 먹지 않아도 됩니다. 단지 한 가지 조심해야 할 것이 있습니다. 믿음이 약한 사람들을 배려해야 합니다. 우상은 아무 것도 아니라는 것을 안 사람이 자유롭게 우상에게 드려졌던 음식을 먹을 수 있습니다. 그런데 믿음이 약한 사람이 믿음이 강한 사람의 이런 행동을 보고 같이 음식을 먹을 수 있습니다. 믿음이 약한 사람이 우상의 제물을 먹으면서 양심이 약해지고 양심에 상처를 받을 수 있습니다. 믿음이 강한 사람의 지식이 믿음이 약한 사람을 넘어뜨릴 수 있기 때문입니다. "그러면 네 지식으로 그 믿음이 약한 자가 멸망하나니 그는 그리스도께서 위하여 죽으신 형제라 이같이 너희가 형제에게 죄를 지어 그 약한 양심을 상하게 하는 것이 곧 그리스도에게 죄를 짓는 것이니라"(고전 8:11-12). 우상은 아무 것도 아닙니다. 따라서 우상에게 드려진 제물 역시 먹어도 아무런 상관이 없습니다. 그러나 문제는 믿음이 강한 형제가 우상에게 드려졌던 고기를 먹음으로 믿음이 약한 형제가 실족할 수 있다는 것입니다. 만일 믿지 않는 사람이 믿는 자를 초청해서 상을 차려 놓았습니다. 이때는 자유롭게 먹을 수 있습니다. 바울은 "너희 앞에 차려 놓은 것은 무엇이든지 양심을 위하여 묻지 말고 먹으라"(고전 10:27) 하고 말합니다. 하지만 만일 이것은 제물이라고 말을 하면 "알게 한 자와 그 양심을 위하여 먹지 말라"(고전 10:28)고 권합니다. 먹을 자유가 있지만 다른 사람을 위해서 먹지 말라는 것입니다. 제물을 먹는 것은 합법적입니다. 그렇지만 그 먹는 행동이 반드시 유익을 가져다주는 것이 아닙니다(참고 고전 6:12). 결론으로 바울은 이렇게 선언합니다. "그러므로 만일 음식이 내 형제를 실족하게 한다면 나는 영원히 고기를 먹지 아니하여 내 형제를 실족하지 않게 하리라"(고전 8:13). 바울은 믿음이 약한 형제를 위하여 자신의 자유를 제한하는 것입니다. 이것이 형제를 사랑하는 참된 방법입니다. 다른 형제를 먼저 생각하는 것입니다(고전 10:24).

우상 제물을 먹는 것은 아무런 문제가 되지 않습니다. 우상 숭배가 문제입니다. 그래서 바울은 "내 사랑하는 자들아 우상 숭배하는 일을 피하라"(고전 10:14) 하고 권면합니다. 우상 숭배는 하나님이 십계명의 일, 이 계명에서 금하고 있습니다. 십계명의 우상 숭배 금지 계명들이 신약에서도 여전히 효력이 있습니다. 율법의 연속성이 있습니다. 바울은 우상 숭배가 무엇인지를 명확하게 밝힙니다. "무릇 이방인이 제사하는 것은 귀신에게 하는 것이요 하나님께 제사하는 것이 아니니 나는 너희가 귀신과 교제하는 자가 되기를 원하지 아니하노라"(고전 10:20). 우상 숭배의 참된 정체를 밝히고 있습니다. 귀신을 숭배하는 것입니다.



고린도 교회에서는 우상의 제물을 먹는 것이 큰 문제였습니다. 그런데 먹는 것에 또 다른 문제가 있습니다. 성만찬입니다. 고린도 교회의 문제들 가운데 우상의 제물을 먹는 것과 성만찬을 먹는 것이 대조를 이룹니다.

바울은 "그런즉 너희가 함께 모여서 주의 만찬을 먹을 수 없으니"(고전 11:20) 하고 말합니다. "주의 만찬"은 저녁식사로서 예수께서 잡히시기 전날에 제자들과 함께 한 식사를 의미합니다. 고린도 교회는 주의 만찬을 먹는 것이 큰 문제였습니다. 고린도 교회 성도들 사이에 분쟁이 있습니다. 바울파, 아볼로파 그리고 게바파가 나뉘어져 있습니다. 교회에서 모여서 주의 만찬을 먹을 때에도 이런 분쟁이 나타난 것입니다(고전 11:18-19). 끼리끼리 모여서 주의 만찬을 먹은 것입니다. "이는 먹을 때에 각각 자기의 만찬을 먼저 갖다 먹으므로 어떤 사람은 시장하고 어떤 사람은 취함이라"(고전 11:21). 주의 만찬을 나누는 데에 무질서합니다. 어떤 사람들은 함께 모여서 먼저 먹고 취합니다. 다른 사람은 시장합니다. 시장한 사람들은 가난한 사람들입니다. 식사를 나누어주지 않고 자기들끼리만 먹고 마십니다. "너희가 먹고 마실 집이 없느냐 너희가 하나님의 교회를 업신여기고 빈궁한 자들을 부끄럽게 하느냐"(고전 11:22). "빈궁한 자들"은 '가지고 있지 않은 자들'로 먹을 것을 가지고 있지 않는 사람들을 뜻합니다. 포도주와 빵을 교회에 가지고 와서 자기 사람들끼리만 먹습니다. 이러면 포도주와 빵이 없는 사람들은 모욕감을 느낍니다. 바울은 이러한 행위를 "하나님의 교회를 업신 여기"는 것이라고 비난합니다.

바울은 주의 만찬의 참된 의미를 설명해 줍니다. 주의 만찬은 예수께서 잡히시기 전 날에 제자들과 함께 하셨던 식사입니다. 그 식사에는 참된 의미가 있습니다. 예수께서 먼저 빵을 나눠주십니다. "축사하시고 떼어 이르시되 이것은 너희를 위하는 내 몸이니 이것을 행하여 나를 기념하라"(고전 11:24). 빵을 떼어서 나눠주신 것은 예수의 몸을 의미합니다. 예수께서 십자가에서 달려 죽으신 것입니다. 빵을 나눠주신 후에 포도주 잔을 나눠주십니다. "이 잔은 내 피로 세운 새 언약이니 이것을 행하여 마실 때마다 나를 기념하라"(고전 11:25). 포도주는 예수께서 십자가에서 흘리신 피를 의미합니다. "나를 기념하라"는 것은 '기억' 하라는 것입니다. 빵을 먹고 포도주를 마시는 것은 예수의 죽음을 기억하는 것입니다. 예수의 죽음은 죄를 용서해 주는 의미가 있습니다. "죄 사함을 얻게 하려고 많은 사람을 위하여 흘리는 바 나의 피 곧 언약의 피니라"(마 26:28). 예수께서 십자가에서 죽으심으로 새 언약을 맺었습니다. 믿는 사람들의 죄를 용서해 주시는 것입니다. 죄를 용서함을 받은 사람들은 하나님 앞에 자유롭게 나아가며 하나님과 평화를 누립니다. 주의 만찬은 이 새 언약을 기억하는 것입니다.

주의 만찬은 이러한 의미가 있습니다. 그런데 고린도 교회 성도들은 이 만찬을 먹는 것에 부주의하며 무질서합니다. 다른 사람을 기다려주지 않고 빵과 포도주가 없는 사람들을 배려하지 않습니다. 없는 사람들에게 모멸감을 주며 부끄럽게 만듭니다. 바울은 고린도 교회 성도들의 성만찬을 비판합니다. "그러므로 누구든지 주의 떡이나 잔을 합당하지 않게 먹고 마시는 자는 주의 몸과 피에 대하여 죄를 짓는 것이니라"(고전 11:27). "합당하지 않게"는 '가치 없는(하잘 것 없는) 방법' 입니다. 주의 성만찬을 가치 없게 만드는 사람은 죄가 있다고 말합니다. 고린도 교회 성도들은 주의 만찬을 하찮게 여겼습니다. 가치 없는 의식으로 만들었습니다. 그 결과 많은 사람들이 병들었습니다. “그러므로 너희 중에 약한 자와 병든 자가 많고 잠자는 자도 적지 아니하니”(고전 11:30).

바울은 주의 만찬을 먹는 실제적인 방법을 말합니다. 바울은 성만찬을 먹는 것이 판단 받는 모임이 되지 않도록 하라고 합니다. 자기 자신을 잘 살피고 성만찬을 먹으라고 합니다. 서로를 기다리라고 말합니다. 배가 고픈 사람이 있으면 집에서 먹으라고 말합니다(고전 11:28-34). 여기서 우리가 알 수 있는 사실은 초대 교회의 성만찬은 말 그대로 저녁식사였다는 사실입니다. 오늘날의 성찬식은 많이 간소화 된 것입니다.

## 23.4 성령의 은사들

바울은 “육에 속한 사람”(고전 2:14)이 있는가 하면 “신령한 자”(프뉴마티코스. 고전 2:15)가 있다고 말했습니다. 신령한 자는 성령의 가르침을 받는 자로서 하나님의 지혜인 십자가의 말씀을 이해하는 자입니다. 그러더니 이제 바울은 “신령한 것”(프뉴마티코스. 고전 12:1)에 대해서 논합니다. “신령한 것”은 영적인 은사를 뜻합니다. 성령께서 신령한 은사를 주십니다.

성령은 예수 그리스도를 믿는 자에게 신령한 은사를 주십니다. “성령으로 아니하고는 누구든지 예수를 주시라 할 수 없느니라”(고전 12:3). 성령을 받은 사람은 예수를 저주하지 않습니다. 오히려 “예수를 주”라고 고백합니다. 이렇게 예수를 주님으로 받아들이는 사람들에게 은사를 주십니다. “은사는 여러 가지나 성령은 같고”(고전 12:4). 은사(카리스마)는 성령께서 주시는 선물로서 여러 가지가 있습니다. 은사의 다양성을 말하기 전에 바울은 은사를 주시는 목적을 먼저 밝힙니다. “각 사람에게 성령을 나타내심은 유익하게 하려 하심이라”(고전 12:7). “각 사람에게 성령을 나타내심”은 ‘성령의 발표’(공시, 현현)를 뜻합니다. 각 사람에게 은사가 나타나는 것은 성령의 공개적인 알림이라는 의미입니다. 성령께서 이렇게 나타나시는 목적은 “유익하게 하려” 하기 위함입니다. 은사는 성도와 교회에게 유익입니다.

바울은 성령의 은사로 아홉 가지를 말합니다. 가장 먼저 언급하는 것은

"지혜의 말씀"과 "지식의 말씀"입니다(고전 12:8). 둘 다 모두 같은 성령께서 주시는 은사입니다. 지혜와 지식에 대한 명확한 구분은 어렵겠지만 지혜가 지식보다 더 넓은 의미를 가집니다. 무엇보다도 말씀(로고스)에 대한 강조가 있습니다. "말씀"(로고스)은 "십자가의 말씀"(고전 1:18), 사도 바울이 전도하면서 선포하는 "내 말"(고전 2:4), "하나님의 말씀"(고전 14:36) 그리고 "기록된 말씀"(고전 15:54)과 관련이 있습니다. 따라서 지혜와 지식은 하나님의 말씀을 이해하고 전하는 데 필요한 것입니다. 성령께서 말씀을 이해하고 전하는 데 필요한 지혜와 지식을 주십니다.

믿음이 성령께서 주시는 은사로 나오는 것이 특이합니다. "다른 사람에게는 같은 성령으로 믿음을"(고전 12:9). 예수 그리스도를 믿는 모든 자들에게 믿음은 주어집니다(롬 10:8-10). 또한 예수 그리스도를 믿는 자에게 성령이 주어집니다(요 7:39; 행 2:38). 그런데 여기서는 믿음이 성령의 은사로 나오고 있습니다. 믿음은 분량이 있습니다. 작은 믿음이 있는가 하면 큰 믿음이 있습니다(마 8:10; 15:28; 16:8). 여기서 성령께서 주시는 믿음은 특별한 이적과 기적을 일으키는 것입니다(마 17:20; 고전 13:2). 성령은 "병 고치는 은사(들)"를 주십니다(고전 12:9). 이것은 육체의 질병을 고치는 은사입니다. 또한 성령은 "능력 행함(들)"을 주십니다(고전 12:10). 이것은 이적을 행하는 것을 말합니다. 성령은 자연 질서를 뛰어넘는 초자연적인 능력을 주십니다. 병 고침과 능력 행함은 복수형입니다. 병은 다양한 병들이 있고 이적도 다양하다는 것을 알 수 있습니다. 세 가지 은사, 믿음, 병 고침 그리고 능력 행함은 이적을 행하는 은사들로 한 그룹으로 묶을 수 있을 것입니다.

성령은 또한 "예언함"(고전 12:10)을 주십니다. 바울은 후에 예언의 은사를 방언의 은사와 함께 다시 언급합니다. 그때 다시 말하도록 하겠습니다.

성령은 "영들 분별함"을 주십니다(고전 12:10). 영들을 구분할 수 있는 능력입니다. 복수 "영들"로 나오는 것을 보면 영이 많고 다양하다는 것을 알 수 있습니다(엡 2:2; 6:11-12; 살후 2:2-3; 요일 4:1).

성령은 "각종 방언 말함"을 주시며 또한 "방언들 통역함"을 주십니다(고전 12:10). 이 두 가지 은사는 서로 관련이 있습니다. "각종 방언(들)"은 '다른 종류(여러 가지)의 혀(언어)들'을 의미합니다. 이것은 "방언들 통역함(번역)"이 있어야 이해할 수 있습니다. 이런 언어를 배우지 않았는데도 성령께서 다른 언어를 말할 수 있는 능력을 주십니다.

이 모든 은사들은 성령께서 주시는 선물입니다. "이 모든 일은 한 성령이 행하사 그의 뜻대로 각 사람에게 나누어 주시는 것이니라"(고전 12:11). 선물은 어떤 대가가 없이 주어지는 것입니다. 은사는 성령께서 각 사람에게 개별적으로 주시는 선물입니다. 은사는 성령의 "뜻대로" 나누어주는 것입니다. 받는 사람의 뜻이 중요한 것이 아니라 나누어주는 분의 뜻이 중요합니다. 성령의 의지가 교회 공동체 사람들에게 다양하게 드러납니다.

고린도 교회는 분쟁이 있습니다. 분쟁으로 인하여 주의 만찬을 먹을 때에도 분당이 있었습니다. 그런데 여기에 은사의 문제까지 더해졌습니다. 고린도 교회 성도들 사이에 다른 은사를 받은 것이 문제가 됩니다. 문제가 이중 삼중으로 얽혔습니다. 이렇게 갈라져 있는 고린도 교인들에게 바울은 지체 의식을 강조합니다. 공동체 의식을 위해서 몸과 지체 비유를 사용합니다. "몸은 하나인데 많은 지체가 있고 몸의 지체가 많으나 한 몸임과 같이 그리스도도 그러하니라"(고전 12:12). 사람의 몸은 하나이지만 몸에는 많은 기관이 있습니다. 이와 같이 그리스도를 믿는 공동체도 마찬가지입니다. "우리가 유대인이나 헬라인이나 종이나 자유인이나 다 한 성령으로 세례를 받아 한 몸이 되었고 또 다 한 성령을 마시게 하셨느니라"(고전 12:13). 교회 공동체는 다양한 사람들로 구성되어 있습니다. 그렇지만 모두 한 성령으로 세례를 받았다는 사실입니다. 이것이 다양한 구성원들을 통일시켜 주는 것입니다.

몸의 기관들인 눈과 귀는 서로 배타적으로 대할 수 없습니다. 서로를 적대시하며 소외시킬 수 없습니다. 손과 발도 마찬가지입니다. 서로 필요 없다고 말할 수 없습니다. 손이 아프면 온 몸이 통증을 같이 느낍니다. 이와 같이 모든 지체는 한 몸에 속해 있습니다. 이러한 지체 의식이 교회 내의 분쟁을 극복할 수 있습니다. "몸 가운데 분쟁이 없고 오직 여러 지체가 서로 같이 돌보게 하셨느니라"(고전 12:25). 더 나아가 교회 내에 질서도 세울 수 있습니다.

사도 바울은 교회 내에 질서에 대해서 언급합니다. "하나님이 교회 중에 몇을 세우셨으니 첫째는 사도요, 둘째는 선지자요, 셋째는 교사요 그 다음은 능력을 행하는 자요 그 다음은 병 고치는 은사와 서로 돕는 것과 다스리는 것과 각종 방언을 말하는 것이라"(고전 12:28). 바울은 먼저 교회 내의 직분은 하나님이 세우신 것이라고 천명합니다. 신적 기원이 교회 내의 질서를 유지합니다. 직분에 권위를 부여합니다.

## 방언과 예언

사도 바울은 성령의 은사들을 논한 후에 교회 내의 직분을 언급했습니다. 바울이 이렇게 은사와 직분을 논한 이유가 있습니다. 고린도 교회 내에 은사로 인하여 문제가 있기 때문입니다. 특별히 바울은 예언과 방언을 길게 언급합니다.

방언은 하나님께 말하는 것입니다. "방언을 말하는 자는 사람에게 하지 아니하고 하나님께 하나니 이는 알아 듣는 자가 없고 영으로 비밀을 말함이라"(고전 14:2). 오순절에 성령이 임하자 제자들이 방언을 말했습니다. 그때의 방언과 고린도 교회에 나타난 방언의 차이점이 여기에 있습니다. 오순절에 나타난 방언은 사람들에게 말했습니다. 사람들은 난 곳 방언으로 제자들의 말을 이해할 수 있었습니다. 그러나 고린도 교회에 나타난 방언은 하나님께 말합니다. 사람은 알아들을 수가 없습니다. 하나님께 "영으로 비밀"을 말합니다.

방언은 방언을 말하는 자신에게 유익이 있습니다. "방언을 말하는 자는 자기의 덕을 세우고"(고전 14:4). 방언을 말하는 사람은 자신을 세웁니다. 하지만 방언은 한계가 있습니다. 통역이 필요합니다. "만일 방언을 말하는 자가 통역하여 교회의 덕을 세우지 아니하면 예언하는 자만 못하니라"(고전 14:5). 방언은 다른 사람이 이해할 수 없기 때문에 번역을 필요로 합니다. 교회 지도자가 방언으로 말하고 통역하지 않으면 이해하는 사람이 없기 때문에 교회에 유익이 되지 않습니다(고전 14:6-11). 따라서 교회에서 가르칠 때에 방언으로 말하는 것보다 알아들을 수 있는 언어로 말하는 것이 유익합니다(고전 14:19).

방언은 영으로 기도하는 것입니다. "내가 만일 방언으로 기도하면 나의 영이 기도하거니와 나의 마음은 열매를 맺지 못하리라"(고전 14:14). 영이 기도하는 것이기 때문에 방언을 말하는 자신도 그 방언을 이해하지 못합니다. 따라서 통역을 하지 않으면(고전 14:13) 기도하는 사람도 답답할 수 있습니다. 이럴 때는 방언과 마음으로 기도하면 됩니다. "영으로 기도하고 또 마음으로 기도하며 내가 영으로 찬송하고 또 마음으로 찬송하리라"(고전 14:15). 마음으로 기도하는 것은 자신이 아는 언어로 자신의 생각을 기도하는 것입니다.

방언은 믿지 않는 사람들에게 표적입니다. "방언은 믿는 자들을 위하지 아니하고 믿지 아니하는 자들을 위하는 표적이나"(고전 14:22). 외국어를 배운 적이 없는 사람이 방언을 말하는 것은 믿지 않는 자들에게 표적입니다. 그렇지만 온 교회가 다 방언을 말하면 이것은 무질서합니다. "온 교회가 함께 모여 다 방언으로 말하면 알지 못하는 자들이나 믿지 아니하는 자들이 들어와서 너희를 미쳤다 하지 아니하겠느냐"(고전 14:23). 고린도 교회의 문제점이 여기에 있습니다. 방언을 말하는 사람들이 무질서하게 여기저기서 방언을 말하는 것입니다. 이해하지 못하는 언어들로 여기저기서 말하니 시끄럽게 들립니다(고전 14:11). 다른 사람이 미쳤다고 오해합니다. 바울은 여기에 대하여 해결책을 제시합니다. "만일 누가 방언으로 말하거든 두 사람이나 많아야 세 사람이 차례를 따라 하고 한 사람이 통역할 것이요 만일 통역하는 자가 없으면 교회에서는 잠잠하고 자기와 하나님께 말할 것이요"(고전 14:27-28). 여러 사람이 동시에 방언으로 말하지 말라는 것입니다. 두 세 사람이 순서대로 말하고 통역을 하라고 합니다. 질서를 지키면서 행동하라고 말합니다.

바울은 방언을 말하는 것을 금하지 않습니다. 다만 한꺼번에 동시다발적으로 말하지 말고 순서대로 질서 있게 말하라고 합니다. 그리고 바울 자신도 방언을 말할 수 있다고 합니다. "내가 너희 모든 사람보다 방언을 더 말하므로 하나님께 감사하노라"(고전 14:18).

고린도 교회에 방언과 함께 예언도 문제가 있습니다. 바울은 방언보다 예언을 더 유익한 은사라고 말합니다. "특별히 예언을 하려고 하라"(고전 14:1). 예언은 사람에게 하는 은사입니다. "예언하는 자는 사람에게 말하여 덕을 세우며 권면하며 위로하는 것이요"(고전 14:3). 예언은 교회에 유익이 있습니다(고전 14:4). 믿는 사람들을 위한 은사이기 때문입니다(고전 14:22). 예언은 쉽게 알아들을 수 있기 때문에 믿지 않는 사람이나 배우지 못한 사람이 교회에 들어와도 예언하는 사람에 의해 죄와 은밀한 행위가 드러나게 됩니다. 이런 일이 일어나면 믿지 않는 사람이나 배우지 못한 사람도 하나님이 살아계심을 인정하며 하나님을 경배할 수 있습니다(고전 14:24-25). 하지만 고린도 교회는 예언의 은사에도 문제가 있습니다. 무질서하다는 것입니다. 그래서 바울은 조언을 해 줍니다. "예언하는 자는 둘이나 셋이나 말하고 다른 이들은 분별할 것이요 만일 곁에 앉아 있는 다른 이에게 계시가 있으면 먼저 하던 자는 잠잠할지니라"(고전 14:29-30). 예언도 방언과 마찬가지로 질서를 유지하면서 하라고 합니다. 그리고 방언은 통역이 필요한 것처럼 예언은 "분별"이 필요합니다. "분별"은 예언의 내용을 평가하는 것입니다. 예언의 내용의 가치를 심사숙고하는 것입니다. 왜냐하면 모든 영이 다 하나님께 속하지 않았고(요일 4:1) 거짓 선지자들이 있기 때문입니다(벧후 2:1).

바울은 방언을 예언보다 더 길게 언급합니다. 이것을 보면 고린도 교회에 방언을 말하는 것이 큰 혼란을 가져왔다는 것을 알 수 있습니다. 바울은 방언을 금하지 않고 예언을 장려합니다(고전 14:39). 하지만 이 은사를 받은 사람들은 질서를 유지해야 합니다. "모든 것을 품위 있게 하고 질서 있게 하라"(고전 14:40)고 권면합니다.

특별히 바울은 방언과 예언에 대해서 다 말한 후에 여성들에게 한마디 합니다. "여자는 교회에서 잠잠하라 그들에게 말하는 것을 허락함이 없나니 율법에 이른 것 같이 오직 복종할 것이요"(고전 14:34). 바울이 이런 말을 하는 것을 보면 고린도 교회에서 방언과 예언의 은사가 여성들에게 많이 임했음을 짐작할 수 있습니다.

# 24

# 고린도서: 사랑, 부활, 사도직과 헌금

**읽어야 할 본문: 고린도 전서 13장-고린도 후서 13장**

## 24.1 사랑

바울은 고린도 교회 성도들에게 방언과 예언의 은사를 설명해 줍니다. 그리고 "더 큰 은사를 사모하라"(고전 12:31)고 권면합니다. 이것은 사랑입니다. 바울은 고린도 전서 13장에서 사랑의 은사를 길게 논합니다.

바울은 다른 서신에서 사랑은 율법의 완성이라고 말합니다. "그러므로 사랑은 율법의 완성이니라"(롬 13:10). 이 사랑은 문맥에서 이웃을 사랑하는 것입니다. 다른 서신에서도 "온 율법은 네 이웃 사랑하기를 네 자신 같이 하라 하신 한 말씀에서 이루어졌나니"(갈 5:14) 하고 말합니다. 바울의 이러한 정의는 예수의 가르침을 따른 것입니다(마 22:34-40).

먼저 고린도 전서 13:1-3은 "만일~면"이라는 가정법으로 시작하여 "사랑이 없으면" 은사와 지식 그리고 구제에 의미가 없다고 선언합니다. 사랑과 다른 은사들과의 관계를 설명합니다.

1) "내가 사람의 방언과 천사의 말을 할지라도 사랑이 없으면 소리 나는 구리와 울리는 꽹과리가 되고"(고전 13:1). 사람의 방언과 천사의 방언이 있습니다. 이런 특별한 은사를 받아서 방언을 해도 사랑이 없으면 구리와 꽹과리 소리에 불과하다는 것입니다. 구리와 꽹과리 소리는 신호와 음악의 소리로

사용할 수 있습니다. 그러나 여기서 바울은 의미 없는 소리로 말합니다. 아무리 뛰어난 방언을 말해도 사랑이 없으면 아무런 의미가 없는 소리입니다.

2) "내가 예언하는 능력이 있어 모든 비밀과 모든 지식을 알고 또 산을 옮길 만한 모든 믿음이 있을지라도 사랑이 없으면 내가 아무 것도 아니요"(고전 13:2). 예언, 지식 그리고 믿음과 사랑과의 관계를 설명합니다. 여기서 "지식"은 아마도 "지식의 말씀"(고전 12:8)과 관련이 있는 것 같습니다. 믿음은 "산을 옮길 만한 모든 믿음"입니다. 엄청난 능력을 행할 수 있는 믿음입니다(고전 12:9). 이런 은사들을 소유하고 있어도 사랑이 없으면 "아무 것도 아니요" 하고 선언합니다.

3) "내가 내게 있는 모든 것으로 구제하고 또 내 몸을 불사르게 내줄지라도 사랑이 없으면 내게 아무 유익이 없느니라"(고전 13:3). 고린도 전서에서 바울은 구제와 섬김의 은사를 말하지 않습니다. 하지만 로마서에는 구제와 섬김이 은사의 항목으로 나옵니다(롬 12:7-8). 바울이 "내 몸을 불사르게 내줄지라도" 하는 것은 아마도 섬김과 관련이 있는 것 같습니다. 구제와 섬김의 은사도 사랑으로 해야한다는 것입니다. 사랑이 없으면 "아무 유익이 없느니라"고 말합니다. 구제는 잘못하면 구제받는 사람의 자존심에 상처를 줍니다. 구제할 때 사랑이 필요한 이유입니다.

바울은 사랑의 속성에 대해서 자세하게 설명합니다. 먼저 긍정적인 설명으로 "사랑은 오래 참고 사랑은 온유하며"(고전 13:4) 하고 말합니다. "오래 참고"는 오래 견디는 것이며 "온유"는 친절한 것입니다.

두 개의 긍정적인 진술 이후에 부정어를 사용한 설명이 주어집니다. 사랑은 "시기하지 아니하며 사랑은 자랑하지 아니하며 교만하지 아니하며"(고전 13:4) 하고 말합니다. "시기"는 다른 사람이 가진 것을 부러워하며 시샘하는 것입니다. "자랑"은 자신이 갖고 있는 것을 과시하는 것입니다. 사랑은 허풍을 떨거나 자화자찬을 하거나 과시하지 않습니다. "교만"은 부풀려 있는 상태입니다. 거만하고 잘난 체하는 것을 포함합니다. 사랑은 "무례히 행하지 아니하며 자기의 유익을 구하지 아니하며 성내지 아니하며 악한 것을 생각하지 아니하며"(고전 13:5). "무례"는 점잖지 않은 또는 버릇이 없는 행동입니다. "자기의 유익을 구하"는 것은 자신을 추구하는 것으로 자신의 방식이나 이익을 추구하는 것입니다. "악한 것을 생각하지 아니하며"에서 보면 사랑은 올바른 사고를 요구합니다.

위의 사랑에 대한 설명을 보면 사랑은 사람의 성품과 행동으로 나타납니다. 더 흥미로운 것은 사랑은 사회적인 요소가 있습니다. "불의를 기뻐하지 아니하며 진리와 함께 기뻐하고"(고전 13:6). 사랑은 부정과 불법을 기뻐하지 않고 오히려 진리와 진실을 기뻐합니다. 이것은 개인적인 행위일 뿐만 아니라 사회적인 기준과도 관련이 있습니다. 사랑은 개인적인 차원을 넘어서 사회적인 차원으로 나아갑니다.

사랑은 또한 믿음과 소망과도 관련이 있습니다. "모든 것을 참으며 모든 것을 믿으며 모든 것을 바라며 모든 것을 견디느니라"(고전 13:7). "믿으며"는 믿음을 그리고 "바라며"는 소망을 뜻합니다. 더 나아가 사랑은 다른 은사와 차이점이 있습니다. "사랑은 언제까지나 떨어지지 아니하되 예언도 폐하고 방언도 그치고 지식도 폐하리라"(고전 13:8). 예언, 방언 그리고 지식은 기한이 있습니다. 이 땅에 있는 동안 유용합니다. 그러나 사랑은 기한이 없습니다. 영원합니다. 이 땅에서의 지식과 예언은 부분적입니다. 완전하지 않습니다. 그러나 완전한 것이 올 때가 있습니다. "온전한 것이 올 때에는 부분적으로 하던 것이 폐하리라"(고전 13:10). 완전한 것이 올 때에는 지식에 변화가 있습니다. "지금은 내가 부분적으로 아나 그때에는 주께서 나를 아신 것 같이 내가 온전히 알리라"(고전 13:12). "지금은"과 "그때에는"이 대조를 이룹니다. "지금은" 이 땅의 시대를 그리고 "그때에는"은 "온전한 것이 올 때"로 주님께서 재림하실 때 즉, 새 창조의 때를 말합니다. 하나님의 나라가 완성될 때입니다. 사도 바울은 결론으로 이렇게 말합니다. "그런즉 믿음, 소망, 사랑 이 세 가지는 항상 있을 것인데 그 중의 제일은 사랑이라"(고전 13:13).

고린도 교회에 분쟁과 파당이 있습니다. 여기에 성만찬을 나누는 실제적인 문제가 있고 은사의 다양성으로 인한 혼란까지 겹쳤습니다. 이런 고린도 교회가 하나 되기 위해서 가장 필요한 은사는 사랑입니다.

## 24.2 부활

고린도 교회의 문제 가운데 하나는 부활을 믿지 않는다는 것입니다(고전 15:12). 바울은 이 소리를 듣고 부활에 대하여 길게 논합니다.

예수 그리스도의 부활은 먼저 성경을 성취하는 사건이라고 밝힙니다. "내가 받은 것을 먼저 너희에게 전하였노니 이는 성경대로 그리스도께서 우리 죄를 위하여 죽으시고 장사 지낸 바 되셨다가 성경대로 사흘 만에 다시 살아나사"(고전 15:3-4). 바울은 "받은 것"을 고린도 교인들에게 "전하였"다고 말합니다. 복음이 전수되는 것입니다. 바울이 전한 복음은 바울 자신이 만들어 낸 것이 아니라 받은 것입니다. 바울이 받아서 전한 것은 예수 그리스도의 십자가와 부활입니다. 예수께서 죽으시고 다시 살아난 사건은 "성경대로" 이루어진 것입니다. 여기서 "성경"은 구약을 의미합니다. 구약의 예언대로 예수께서 죽으시고 살아나셨습니다. 성경은 예수께서 죽으시고 다시 살아나실 것을 이러한 일들이 일어나기 전에 미리 말했습니다. 예수 그리스도의 십자가와 부활은 하나님의 계획 속에 있었습니다. 우연히 일어난 일이 아닙니다.

예수의 부활은 역사적인 사건입니다. 예수께서 다시 살아나신 것을 본 사람들이 많습니다. 바울은 부활하신 예수를 직접 본 사람들을 열거합니다. 게바(베드로), 열 두 제자, 오백여 형제, 야고보, 모든 사도, 마지막으로 사도 바울입니다(고전 15:5-8). 모두 부활의 증인들입니다. 바울은 자신도 부활의 주님을 보았다고 말합니다. "맨 나중에 만삭되지 못하여 난 자 같은 내게도 보이셨느니라"(고전 15:8). 부활하신 예수를 직접 본 것은 중요합니다. 사도의 자격 가운데 하나이기 때문입니다. 바울은 다메섹에서 부활하신 예수를 만났습니다(행 9:1-19). 이 사건으로 인하여 바울이 사도로 부르심을 받았습니다.

바울은 예수의 부활이 성경을 성취하는 사건이며 부활의 증인들이 많다는 사실을 말한 후에 부활이 없으면 어떤 일이 생기는지를 말합니다. 바울은 가정법 "만일 ~없으면"을 사용하여 부활이 없었을 경우 기독교 신앙에 일어날 일들을 논합니다(고전 15:13-18). 1) 부활이 없으면 그리스도가 다시 살지 못했을 것입니다(고전 15:13). 2) 그리스도가 다시 살지 못했으면 복음 전도가 헛것이며 "너희 믿음도 헛것"이라고 말합니다(고전 15:14). 또한 바울은 하나님이 그리스도를 다시 살렸다고 전하고 다녔기 때문에 바울은 거짓 증인이 됩니다(고전 15:15). 3) 부활이 없으면 하나님이 그리스도를 다시 살리지 않았을 것입니다(고전 15:15). 4) 죽은 자의 부활이 없으면 그리스도 역시 다시 살아나지 못했을 것입니다(고전 15:16). 5) 그리스도가 다시 살아나지 못했으면 "너희의 믿음도 헛되고 너희가 여전히 죄 가운데 있을 것"입니다(고전 15:17). 더 나아가 예수를 믿고 죽은 사람들도 망했을 것입니다(고전 15:18).

그리스도의 부활이 없으면 기독교의 모든 신앙은 무너집니다. 마치 도미노 같은 현상이 일어날 것입니다. 전도, 믿음, 죄 용서와 부활의 소망이 다 사라집니다. 특히 바울은 부활과 우리의 믿음과의 관계를 언급합니다. 그리스도의 부활이 없으면 우리의 믿음이 헛것입니다. 이것을 두 번이나 말합니다. 예수 그리스도의 부활은 우리 믿음의 내용입니다. 또한 우리도 마지막 때에 부활할 것을 믿습니다. 따라서 부활은 우리 믿음의 목표이기도 합니다. 그런데 부활이 없으면 우리의 믿음의 내용이 사라집니다. 내용이 텅 비게 됩니다. 믿음의 목표가 다 쓸모없어집니다. 믿음의 기반이 무너져 내립니다.

부활은 이 세상의 실존 양식이 아닙니다. 다가 올 세상의 실존 양식입니다. 그래서 사도 바울은 믿음을 가지고 죽은 성도들을 향하여 "그리스도 안에서 잠자는 자"(고전 15:18)라고 표현합니다. 죽은 사람을 잠잔다고 말합니다. 잠든 사람은 다시 깨어날 수 있습니다. 이와 같이 죽은 성도들이 다시 살아날 수 있습니다. 성도들은 이 세상의 삶뿐만 아니라 다가올 세상도 바라보고 있는 것입니다(고전 15:19).

그리스도의 부활은 "잠자는 자들의 첫 열매"(고전 15:20)입니다. 첫 열매는 다음 열매가 있다는 사실을 전제합니다(고전 15:23). 그리스도의 부활을 믿는 성도들도 부활할 것입니다. 다시 살아날 성도들은 영원히 살 것입니다. 부활은 사망과 대조를 이룹니다. 그래서 사도 바울은 그리스도와 아담을 비교합니다. "아담 안에서 모든 사람이 죽은 것 같이 그리스도 안에서 모든 사람이 삶을 얻으리라"(고전 15:22). 아담의 범죄로 인하여 모든 사람에게 사망이 왔습니다. 그러나 그리스도의 순종으로 인하여 생명이 왔습니다. "아담 안에서"와 "그리스도 안에서"가 서로 대조를 이룹니다. 아담에게 속한 사람들이 있는 것 같이 그리스도 안에 속한 사람이 있습니다. 그리스도의 십자가와 부활을 믿는 사람들입니다. 이런 사람들에게 생명과 부활이 있습니다.

그리스도는 다시 살아나셨습니다. 그리고 그리스도께서 이 세상에 다시 오실 때가 있습니다. 그때에 그리스도께 속한 사람들도 다시 살아날 것입니다(고전 15:23). 또한 그리스도는 "모든 원수를 그 발 아래에 둘"(고전 15:25) 것입니다. "맨 나중에 멸망 받을 원수는 사망"(고전 15:26)입니다. 사망의 권세가 폐해지며 부활한 자들에게 영원한 생명이 있을 것입니다.

고린도 교회 성도들 가운데 부활을 믿지 않는 사람들이 있었습니다. 그들의 질문은 "죽은 자들이 어떻게 다시 살아나며 어떠한 몸으로 오느냐"(고전 15:35) 하는 것입니다. 부활의 방법과 부활한 몸의 상태에 대한 질문입니다. 이 질문에 대하여 바울은 씨앗과 농사법으로 대답합니다. 밭에 뿌린 씨가 죽어야 다시 살 수 있습니다. 밭에 씨를 뿌릴 때에는 씨를 뿌리는 것이지 씨가 다 자란 곡식을 뿌리는 것이 아닙니다. 씨앗 속에 나타날 식물의 형태가 담겨 있습니다(고전 15:36-38). 바울은 씨앗을 비유로 해서 부활을 설명합니다. "죽은 자의 부활도 그와 같으니 썩을 것으로 심고 썩지 아니할 것으로 다시 살아나며"(고전 15:43). 씨앗을 심는 것과 같이 "썩을 것으로 심고" 라고 말합니다. 씨앗을 심어서 곡식이 나오는 것 같이 "썩을 것으로 심고 썩지 아니할 것으로 다시 살아"납니다. 흥미로운 것은 "썩을 것"과 "썩지 아니할 것"이 대조를 이루는 것입니다. 바울은 계속 심고 거두는 농사에 비유하여 부활을 설명합니다. "욕된 것으로 심고 영광스러운 것으로 다시 살아나며 약한 것으로 심고 강한 것으로 다시 살아나며 육의 몸으로 심고 신령한 몸으로 다시 살아나나니 육의 몸이 있은즉 또 영의 몸도 있느니라"(고전 15:43-44). "욕된 것"과 "영광스러운 것"이, "약한 것"과 "강한 것"이 그리고 "육의 몸"과 "영의 몸"이 대조를 이루고 있습니다. 바울은 땅에 속한 형상이 있는 것같이 하늘에 속한 형상이 있다는 사실을 말합니다(고전 15:48-49).

부활의 몸은 하나님 나라의 실존 양식입니다. 부활의 몸 곧 영의 몸이 하나님의 나라를 기업으로 받을 수 있기 때문입니다. "혈과 육은 하나님 나라를 이어 받을 수 없고 또한 썩는 것은 썩지 아니하는 것을 유업으로 받지 못하느니라"(고전 15:50). "혈과 육"은 "썩는 것"입니다. "썩는 것"은 "썩지 아니하는 것"을 유업을 받을 수 없습니다. 하나님의 나라는 썩지 않는 것입니다. 부활한 몸으로 하나님 나라에 들어갈 수 있습니다. 이때가 사망을 이기는 때입니다. 사망의 권세를 이기고 승리하는 때입니다(고전 15:54).

부활을 논하는 고린도 전서 15장에서 가장 중요한 것은 그리스도의 부활입니다. 예수께서 다시 살아나심으로 그리스도를 믿는 모든 사람들의 부활도 가능하게 되었습니다. 예수 그리스도의 부활은 종말에 일어날 부활 사건을 미리 보여주며 미리 당겨서 성취된 사건입니다. 예수께서 부활하심으로 모든 성도들은 영원한 생명에 대한 소망을 갖게 되었습니다.

## 24.3 고린도 후서

사도 바울은 고린도 전서를 쓸 때에 고린도를 방문할 계획을 말했습니다. 마게도냐를 지나 고린도에 가서 겨울을 지내려고 했습니다. 이때 바울은 에베소에 머물면서 디모데를 고린도에 보냈습니다(고전 16:5-11). 얼마 후에 바울은 계획을 변경했습니다. 마게도냐로 가는 길에 고린도를 방문하고 다시 마게도냐에서 오는 길에 고린도를 방문하려고 했습니다(고후 1:15-16). 하지만 바울은 이러한 계획을 실행할 수 없었습니다. 바울은 자신이 이렇게 계획을 변경한 것을 고린도 교회 성도들을 생각한 결정이라고 말합니다(고후 1:23).

바울이 고린도 전서를 쓴 것은 큰 효과를 보지 못한 것 같습니다. 고린도 교회는 여전히 분쟁과 여러 가지 문제로 시끄러웠습니다. 바울은 그래서 고린도 교회를 직접 방문한 것 같습니다(참고 고전 4:21). 이것을 바울의 "근심스러운 방문"이라고 부릅니다(고후 2:1). 바울이 고린도 교회를 다시 방문했을 때에 바울을 반대한 사람들에게 큰 모욕을 당한 것 같습니다(참고 고후 2:5-11). 이렇게 해석하는 이유는 바울이 세 번째 방문을 계획하고 있다고 말하기 때문입니다(고후 12:14; 13:1-2).

바울이 쓴 고린도 전서와 바울의 두 번째 방문은 큰 영향력을 미치지 못한 것 같습니다. 그래서 바울은 두 번째 방문 후에 편지를 또 쓴 것 같습니다. "내가 마음에 큰 눌림과 걱정이 있어 많은 눈물로 너희에게 썼노니"(고후 2:4). 이것을 바울의 세 번째 편지라고 부릅니다. 하지만 이 편지는 소실되어 지금은 없습니다(어떤 사람은 이 편지가 고린도 전서일 것이라고 말하기도 하고 다른 사람은 고후 10-13장이라고 합니다), 바울이 이 세 번째 편지를 써서 이번에는 디도 편에 보낸 것 같습니다. 이 편지는 특별히 바울을 반대한 사람을 권징하라는 내용을 담고 있었을 것입니다(고후 2:5-10). 바울은 디도가 마게도냐에서 드로아를 거쳐 올 것이라는 것을 알고 드로아로 가서 기다렸습니다. 그러나 바울은 디도를 만나지 못했습니다(고후 2:12-13). 바울은 마게도냐로 가서 디도를 기다렸습니다. 바울은 마게도냐에서의 상황을 이렇게 말합니다. "우리가 마게도냐에 이르렀을 때에도 우리 육체가 편하지 못하였고 사방으로 환난을 당하여 밖으로는 다툼이요 안으로는 두려움이었노라"고 말합니다(고후 7:5). 하지만 그곳에서 바울은 디도를 다시 만날 수 있었습니다. 디도는 좋은 소식을 가져 왔습니다. 바울은 디도를 통해 고린도 교회의 상황이 좋아졌다는 것을 듣습니다. 바울에 대한 반대파들이 많이 돌아섰다는 소식을 듣습니다(고후 7:6-14).

바울은 디도를 통하여 위로를 받았습니다. 그리고 후에 마게도냐에서 고린도 후서를 썼습니다. 고린도 교회의 대다수 성도들이 바울에 대해 마음을 열었다는 것을 알고 기쁨으로 쓴 편지입니다. 그래서 고린도 후서에는 바울 개인의 이야기들이 많이 기록되어 있습니다. 자서전적인 성향을 보이는 이유입니다. 그리고 바울이 고린도 후서를 쓴 이유로 바울의 사도직에 여전히 반대하는 소수의 사람들에 대해서 자신의 사도직의 권위를 변호하고 있습니다. 또한 예루살렘 교회의 가난한 성도들을 위한 헌금에 고린도 교회 성도들의 참여를 독려하기 위한 목적도 가지고 있습니다.

## 24.4 사도직의 변호

고린도 교회에는 바울을 반대하는 사람들이 있었습니다. 자연히 바울의 사도직분에 대한 의문을 표하는 사람들이 있기 마련입니다. 여기에 대하여 사도 바울은 고린도 후서 여기저기서 자신을 변호하는 내용을 쓰고 있습니다. 자신이 복음을 위하여 얼마나 노력하고 있는지를 보여주려고 합니다.

바울은 복음을 위하여 고난을 많이 당한 사람입니다. 바울은 특히 아시아에서 당한 고난을 말합니다. 아시아에서 얼마나 심한 고난을 당했는지 "살 소망까지 끊어"졌으며(고후 1:8) 바울 일행은 "사형 선고"를 받았다고 생각했습니다(고후 1:9). 하지만 이런 환경 가운데서도 바울은 하나님을 의지하고 바라보았습니다. 하나님이 이 "큰 사망"에서 바울을 건지셨습니다(고후 1:10). 바울은 심한 고난을 당했지만 이 고난 가운데서도 하나님의 위로를 경험했습니다. "그리스도의 고난이 우리에게 넘친 것 같이 우리가 받는 위로도 그리스도로 말미암아 넘치는도다"(고후 1:5). 바울이 이렇게 환난과 위로를 받는 것은 고린도 교인들을 위한 것이라고 말합니다(고후 1:6).

바울이 복음을 전하러 다닙니다. 바울은 복음 전하는 것을 "그리스도를 아는 냄새"('그의 지식의 향기')라고 말합니다. "항상 우리를 그리스도 안에서 이기게 하시고 우리로 말미암아 각처에서 그리스도를 아는 냄새를 나타내시는 하나님께 감사하노라"(고후 2:14). 바울의 이 말은 그 당시 로마 군대의 개선행렬을 배경으로 합니다. 로마 군대가 적과의 전쟁에서 승리한 후에 시내로 개선 행진을 합니다. 나팔소리를 따라, 전리품을 앞세우고 군인들이 행진을 합니다. 이때 거리에서 향신료를 태움으로 향내가 나게 했습니다. 바울은 이러한 배경에서 복음 전하는 바울 일행을 "그리스도를 아는 냄새"라고 부릅니다. 하나님이 바울 일행에게 승리의 행진을 할 수 있도록 하십니다.

이 향기는 기능을 갖고 있습니다. "우리는 구원받는 자들에게나 망하는 자들에게나 하나님 앞에서 그리스도의 향기니 이 사람에게는 사망으로부터 사망에 이르는 냄새요 저 사람에게는 생명으로부터 생명에 이르는 냄새라 누가 이 일을 감당하리요"(고후 2:15-16). 향기의 기능은 명확합니다. 생명 아니면 죽음입니다. 바울 일행이 전하는 복음을 받아들이고 믿는 자들에게는 생명이 있습니다. 구원의 향기입니다. 그러나 복음을 거절하며 믿지 않는 사람들에게는 사망이 있습니다. 사망의 향기입니다.

복음을 받아들이는 사람들에게 영생이 있습니다. 복음은 하나님의 말씀입니다. "우리는 수많은 사람들처럼 하나님의 말씀을 혼잡하게 하지 아니하고 곧 순전함으로 하나님께 받은 것 같이 하나님 앞에서와 그리스도 안에서 말하노라"(고후 2:17). "혼잡하게 하지 아니하고"는 정품에 이물질을 섞어서 품질을 떨어뜨리는 것입니다. 구약에서 이 단어는 구매자들을 속이기 위해 포도주에 물을 섞어 질을 떨어뜨리는 행위를 나타낼 때 사용했습니다. 다른 의미로는 '행상하지 아니하고' 입니다. 하나님의 말씀을 이익을 위하여 소매(행상)하지 않는 것입니다. 바울 시대에 많은 사람들이 자신의 이익을 위해 하나님의 말씀을 팝니다. 하나님의 말씀에 다른 것들을 섞어서 품질을 떨어뜨립니다. 바울은 자신의 이익을 위해서 하나님의 말씀에 이러한 행위를 하지 않았다고 주장합니다.



## 새 언약의 일꾼

고린도 교회에 들어온 지도자들 가운데 추천서를 가지고 온 자들이 있습니다. 어떤 사람, 또는 어떤 기관에 의해서 받은 추천서인지 자세하게 나오지 않지만 추천서가 상당한 영향을 끼쳤습니다(고후 3:1). 여기에 대해 사도 바울은 자신이 다시 추천서를 받을 필요가 없다고 말합니다. "너희는 우리의 편지라 우리 마음에 썼고 뭇 사람이 알고 읽는 바라"(고후 3:2). 고린도 교회 성도들 자체가 "우리의 편지"라고 말합니다. 사도 바울이 고린도에 들어가서 직접 전도하여 세운 교회입니다. 바울이 고린도에 1년 6개월을 머물면서 하나님의 말씀을 가르쳤습니다(행 18:11). 사도 바울은 어떤 권위 있는 사람이나 기관으로부터 추천서를 받을 필요가 없습니다. 그래서 바울은 "너희는 우리로 말미암아 나타난 그리스도의 편지니 이는 먹으로 쓴 것이 아니요 오직 살아 계신 하나님의 영으로 쓴 것이며 또 돌판에 쓴 것이 아니요 오직 육의 마음 판에 쓴 것이라"(고후 3:3). 고린도 교회 성도들을 "그리스도의 편지"라고 부릅니다. 고린도 교회는 사도 바울의 사역의 결과입니다. 고린도 교회 성도들 자체가 사도 바울의 추천서인 셈입니다. 이 그리스도의 편지는 "먹으로" 쓴 것이 아니라 "하나님의 영"으로 쓴 것입니다. 고린도 교회에 들어온 일부 지도자들은 잉크로 쓴 추천서를 가지고 왔습니다. 그러나 사도 바울은 "하나님의 영"으로 쓴 추천서를 가지고 있었습니다. 더 나아가 바울은 바울의 사역으로 인하여 고린도 교회 성도들이 예수를 믿은 것을 "돌판"에 쓴 것이 아니라고 합니다. "육의 마음 판"에 새겼다고 말합니다. "돌판"과 "육의 마음 판"이 대조를 이룹니다. 이것은 구약의 십계명을 비유적으로 말합니다. 시내 산에서 하나님은 그의 말씀을 돌판에 써서 모세에게 주었습니다. 그러나 사도 바울은 그의 사역을 통하여 하나님의 말씀을 고린도 교회 성도들의 "마음 판"에 새겨 놓았습니다. 이것은 예레미야의 새 언약을 기억나게 합니다. 예레미야는 하나님의 법을 마음에 새길 때가 올 것이라고 예언했습니다(렘 31:31-33). 바울은 자신이 옛 언약보다 더 뛰어난 새 언약의 일꾼이라고 말하는 것입니다.

바울은 더 명확하게 하나님이 자신을 새 언약의 일꾼으로 세웠다고 밝힙니다. 추천서를 가지고 와서 고린도 교회 성도들을 혼란하게 하는 자들과 그들의 주장을 따라 추천서가 없다고 바울을 무시하는 자들에게 자신의 사도권을 변호하는 것입니다. "그가 또한 우리를 새 언약의 일꾼 되기에 만족하게 하셨으니 율법 조문으로 하지 아니하고 오직 영으로 함이니 율법 조문은 죽이는 것이요 영은 살리는 것이니라"(고후 3:6). 바울은 하나님이 자신을 사도로 세웠고 자신은 새 언약의 사역자라고 말합니다. 새 언약의 사역자는 "율법 조문"으로 일하지 않고 "영(성령)으로" 일합니다. 두 시대, 구약의 옛 언약의 시대와 신약의 새로운 시대를 비교하고 있습니다. 율법 조문과 영의 사역의 결과는 너무나도 뚜렷하게 대조를 이룹니다. 율법 조문은 사망입니다. 그러나 영은 생명입니다.

바울이 이렇게 옛 언약과 새 언약을 비교하는 것을 보면 추천서를 가지고 들어온 사람들이 아마도 율법을 가르쳤던 것 같습니다. 그래서 바울은 더 나아가 옛 언약과 새 언약의 직분을 비교합니다. "돌에 써서 새긴 죽게 하는 율법 조문의 직분도 영광이 있어 이스라엘 자손들은 모세의 얼굴의 없어질 영광 때문에도 그 얼굴을 주목하지 못하였거든 하물며 영의 직분은 더욱 영광이 있지 아니하겠느냐"(고후 3:7). "율법 조문의 직분"과 "영의 직분"의 영광을 비교합니다. 이것은 다시 "정죄의 직분"과 "의의 직분"으로(고후 3:9) 그리고 "없어질 것"과 "길이 있을 것"으로(고후 3:11) 불립니다. 구약의 직분과 신약의 직분을 비교하고 있습니다.

바울은 자신이 새 언약의 사역자라고 밝힙니다. 새 언약의 사역자로서 태도와 자세를 말합니다. 1) 새 언약의 일꾼은 낙심하지 않습니다(고후 4:1). 2) 사역자는 숨어 있는 부끄러운 일을 포기하고 간교함으로 행하지 않습니다(고후 4:2). 윤리적인 깨끗함을 가져야 합니다. 3) 사역자는 하나님의 말씀을 왜곡하지 않고 진리를 드러내야 합니다. 이러한 사역을 함으로써 하나님과 사람들의 양심에 자신을 추천하는 것입니다(고후 4:2).

바울은 자신이 전하는 복음이 열매를 맺지 못하는 이유에 대해서 설명합니다. "만일 우리의 복음이 가리었으면 망하는 자들에게 가리어진 것이라 그 중에 이 세상의 신이 믿지 아니하는 자들의 마음을 혼미하게 하여 그리스도의 영광의 복음의 광채가 비치지 못하게 함이니"(고후 4:4). 복음을 들어도 깨닫지 못하고 믿지 못하는 사람은 망하는 사람들입니다. "이 세상의 신" 즉, 사탄이 믿지 않는 자들의 마음을 "혼미하게"(가리게) 하기 때문입니다. 사탄이 믿지 않는 자들의 마음을 가립니다. 마음속에서 역사를 합니다(참고 마 13:19; 엡 2:2).

바울이 전하는 것은 예수 그리스도입니다. 예수는 "하나님의 형상"이며 (고후 4:4) 예수로부터 "하나님의 영광을 아는 빛"이 사람들에게 비칩니다(고후 4:6). 이 빛을 받아들이는 사람은 질그릇에 보배를 가진 사람이며 하나님께로부터 능력을 받는 사람입니다(고후 4:7). 그래서 이런 사람은 어떤 상황이나 환난 가운데 있든지 낙심하지 않고 좌절하지 않습니다. 넘어져도 망하지 않습니다. 바울이 복음을 위하여 고난을 받습니다. 그가 죽을 지경에 이릅니다. 예수의 생명을 나타내기 위해서입니다(고후 4:8-11).

바울은 자신의 고난과 환난이 무엇을 목표로 하고 있는지에 대한 확신이 있습니다. 자신이 지금 무엇을 위해 고난을 받는지 알고 있습니다. "우리가 잠시 받는 환난의 경한 것이 지극히 크고 영원한 영광의 중한 것을 우리에게 이루게 함이니"(고후 4:17). 바울이 이 땅에서 당하는 고난은 "환난의 경한 것"입니다. 그가 장차 하나님의 나라에서 받을 영광은 "크고 영원한 영광의 중한 것"입니다. 대조를 이룹니다. 이것은 또한 "보이는 것"과 "보이지 않는 것"으로 비교합니다. "보이는 것"은 "잠깐"입니다. 그러나 "보이지 않는 것"은 "영원"입니다(고후 4:18). 바울은 지금 영원한 것을 위하여 고난을 당하며 복음을 전하고 다니는 것입니다.

바울의 이러한 땅의 것과 하늘의 것에 대한 비교는 계속 나옵니다. "만일 땅에 있는 우리의 장막 집이 무너지면 하나님께서 지으신 집 곧 손으로 지은 것이 아니요 하늘에 있는 영원한 집이 우리에게 있는 줄 아느니라"(고후 5:1). 땅에 있는 "장막 집"과 하늘에 있는 "영원한 집"을 비교합니다. 이것은 이 땅의 육신과 하늘에서 입게 될 몸을 비교하는 것입니다. 바울은 이것을 "죽을 것"과 "생명"으로 말하기 때문입니다(고후 5:4). 하늘에서는 사망을 이기고 생명을 누릴 것입니다. 사망을 이기고 생명을 누릴 것을 확신할 수 이유는 성령 때문입니다. "곧 이것을 우리에게 이루게 하시고 보증으로 성령을 우리에게 주신 이는 하나님이시니라"(고후 5:5). 성령께서 현재 "보증으로" 우리와 함께 하시기 때문입니다. 마치 '보증금' 또는 '계약금'처럼 성령을 우리에게 주신 것입니다. 성령은 하늘의 생명을 위한 보증금 역할을 해 줍니다.

바울은 성령의 보증으로 인하여 하늘에 대한 확신이 있습니다. 그래서 이 세상의 육신에 있을 때에도 담대합니다. 바울은 차라리 이 세상을 떠나 주님과 함께 하기를 바라고 있습니다(고후 5:8). 하늘에 계신 주님과 함께 하기를 원하는 것입니다. 이러한 믿음이 있기 때문에 어떤 상황에 있든지 주님을 기쁘시게 하는 자가 되려고 노력한다고 말합니다(고후 5:9).

## 화목의 직분

바울은 고린도 교회에 추천서를 가지고 온 지도자들과 이들을 따르는 자들을 향하여 자신의 사도 직분을 변호하고 있습니다. 자신은 새 언약의 사역자임을 밝힙니다. 어떤 상황에 있든지 주님을 기쁘시게 하는 사역자라고 말합니다. 하나님은 이러한 노력을 잘 알고 계십니다. 바울은 고린도 교회 성도들도 바울의 이러한 노력을 알아주기를 바라고 있습니다(고후 5:11). 하지만 이것이 바울을 다시 고린도 교회에게 추천하는 것은 아닙니다. "우리가 다시 너희에게 자천하는 것이 아니요 오직 우리로 말미암아 자랑할 기회를 너희에게 주어 마음으로 하지 않고 외모로 자랑하는 자들에게 대답하게 하려 하는 것이라"(고후 5:12). 바울은 고린도 교회 성도들에게 바울을 자랑할 수 있는 기회를 준다고 합니다. "외모로 자랑하는 자들"은 추천서를 가지고 와서 자랑하는 자들입니다. 바울은 고린도 교회 성도들에게 추천서를 자랑하는 자들에게 대답할 기회를 주는 것입니다.

바울은 자신의 직분과 자신이 해야 할 일에 대한 의식이 뚜렷합니다. 그리고 십자가 사건이 믿는 자들에게 어떤 영향을 미치는지를 잘 알고 있습니다. 십자가 사건을 믿는 사람들은 자신을 위하여 살지 않고 예수 그리스도를 위해서 살기 때문입니다(고후 5:15). 바울은 예수 그리스도를 믿는 사람들을 새로운 피조물이라고 부릅니다. "그런즉 누구든지 그리스도 안에 있으면 새로운 피조물이라 이전 것은 지나갔으니 보라 새 것이 되었도다"(고후 5:17). "그리스도 안에 있으면"은 믿는 자들로 그리스도의 십자가와 부활의 영역 안에 속한 자들입니다. 바울은 이들의 신분 변화를 선언합니다. 믿는 자들은 실존론적인 변화를 체험합니다. "새로운 피조물"(새 창조물)이 됩니다. 예수 그리스도의 십자가와 부활은 믿는 자들에게 존재 자체와 삶의 목적과 태도의 변화를 수반한 실존론적인 변화를 가져다줍니다. 하나님을 위하여 미치게 하며(고후 5:13) 그리스도를 위하여 살게 하기(고후 5:16) 때문입니다. "그리스도 안에" 있는 사람들은 "이전 것"이 지나가고 "새 것"이 되었습니다. 이것은 먼저 개인의 존재론적 변화를 말합니다. 두 번째는 역사 시대의 변화입니다. 그리스도가 오심으로 인하여 구원 역사에 시대가 변했습니다. "새 것"은 종말론적 시대에 속한 실존 양식입니다.

그리스도의 오심이 구원 역사의 결정적인 사건입니다. 바울은 "그리스도 안에"(엔 크리스토) 있는 사람은 "새로운 피조물"이 되었다고 선언했습니다. 사람들은 "그리스도 안에서"(엔 크리스토) 그리고 "그리스도로 말미암아"(디아 크리스투) 변화되는 것입니다. 가장 큰 변화는 하나님과의 관계입니다. "이전 것"은 하나님과 원수 관계였습니다. 그러나 "새 것"은 하나님과 평화를 누립니다. "모든 것이 하나님께로서 났으며 그가 그리스도로 말미암아 우리를 자기와 화목하게 하시고 또 우리에게 화목하게 하는 직분을 주셨으니"(고후 5:18). 하나님은 자신과 우리(그리스도 안에 있는 자, 믿는 자) 사이에 그리스도를 세우셨습니다. '그리스도를 통하여' (디아 크리스투) 하나님과 우리 사이에 화평이 임합니다. 이 모든 일을 계획하신 분은 하나님입니다. 구원 계획과 구원 사역은 "하나님께로서" 나왔습니다. 성부 하나님이 우리를 구원하시기 위하여 행하신 일입니다. 이러한 구원 사역에 바울이 부름을 받았습니다. 바울은 자신을 "화목하게 하는 직분"을 맡았다고 말합니다. 화해의 사역자입니다. 바울은 예수 그리스도의 복음을 전합니다. 이 복음은 "화목하게 하는 말씀"(화목의 말씀)입니다(고후 5:19). 하나님이 이 말씀을 바울에게 맡겼습니다. 바울은 자신을 "우리가 그리스도를 대신하여 사신이" 되었다고 말합니다(고후 5:20). 이것은 '그리스도를 위하여 우리가 사신(대표, 사절, 특사)이 되었다' 입니다. 바울은 그리스도를 위한 사절이 되어서 "너희는 하나님과 화목하라"(고후 5:20)고 권하는 것입니다. 바울이 전하는 이 복음을 받아들이는 자는 하나님과 화해합니다. 이 복음을 받아들이는 사람은 "그 안에서 하나님의 의가" 되는 것입니다(고후 5:21).

바울은 자신의 사도직을 적극적으로 변호합니다. 더 나아가 바울은 자신을 "하나님과 함께 일하는 자"로 소개를 하면서 고린도 교회 성도들에게 "하나님의 은혜를 헛되이 받지 말라"고 권면합니다(고후 6:1). 바울은 이사야의 예언을 인용하여(사 49:8) 자신이 사역자로 일하는 지금 이 시대가 구원 역사에 있어서 아주 중요한 시기라고 말합니다. "보라 지금은 은혜 받을 만한 때요 보라 지금은 구원의 날이로다"(고후 6:2). "지금"은 복음이 전파되는 신약 시대입니다. "은혜 받을 만한 때"는 '받아들여질 때,' 또는 '호의적인 때'를 말합니다. 이 서신이 고린도 교인들에게 보내졌다는 것을 기억하면 바울이 말하는 "지금"은 이방인들이 복음을 믿고 구원 받을 수 있는 특정한 때를 말합니다. 이방인들이 그리스도 안으로 들어올 때입니다(롬 11:25). 바울은 이러한 시기에 "하나님의 일꾼"(고후 6:4)으로 부름을 받았습니다. 그가 하나님의 일꾼이라는 표지는 복음을 위해서 고난 받은 것입니다. 배고픔과 목마름 그리고 매 맞음과 갇힘이 하나님의 복음의 일꾼이라는 훈장입니다(고후 6:3-5).

### 바울 자신의 적극적인 변호

바울은 자신을 반대하는 자들의 주장을 말하면서 적극적으로 대처합니다. 1) 바울은 반대자들이 겉모습을 중요시한다고 비판합니다. "너희는 외모만 보는도다"(고후 10:7). 그들은 겉으로 드러난 것, 눈으로 보이는 것에만 집중합니다. 2) 반대자들은 바울이 글을 잘 쓰지만 말은 별 볼일이 없다고 말합니다. "그의 편지들은 무게가 있고 힘이 있으나 그가 몸으로 대할 때는 약하고 그 말도 시원하지 않다"(고후 10:10). 이러한 비방에 대하여 바울은 자신은 편지로 쓸 때나 함께 있어서 행동할 때나 같다고 말합니다(고후 10:11). 3) 반대자들은 자화자찬하는 사람들입니다. 여기에 대하여 바울은 그들이 지혜가 없다고 비판합니다. "우리는 자기를 칭찬하는 어떤 자와 더불어 감히 짝하며 비교할 수 없노라 그러나 그들이 자기로써 자기를 헤아리고 자기로써 자기를 비교하니 지혜가 없도다"(고후 10:12). 반대자들의 최고 기준은 자신입니다. 자신이 최고입니다. 4) 반대자들은 다른 사람이 이루어 놓은 업적을 가지고 자신이 한 것처럼 도가 넘게 자랑을 합니다. 그러나 바울은 그렇지 않습니다. "우리는 남의 수고를 가지고 분수 이상의 자랑을 하는 것이 아니라"(고후 10:15). 바울은 다른 사람의 수고를 가지고 자랑할 마음이 없습니니다. 그는 다른 사람이 수고하지 않은 미지의 일터를 찾아 가려고 합니다. "이는 남의 규범으로 이루어 놓은 것으로 자랑하지 아니하고 너희 지역을 넘어 복음을 전하려 함이라"(고후 10:16).

바울은 더 나아가 고린도 성도들의 문제점을 지적합니다. 고린도 교인들 가운데 팔랑귀가 많습니다. 고린도 교회에 이상한 사역자들이 들어와서 "다른 예수"를 전하고 "다른 영"과 "다른 복음"을 받게 합니다. 고린도 교인들 가운데 이러한 가르침을 환영하며 받아들이는 사람들이 있습니다(고후 11:4). 신앙 교리에 확고함이 없이 다른 가르침에 현혹되는 사람들이 있습니다.

바울은 고린도 교회 성도들에게 자신에 대해서 말합니다. "나는 지극히 크다는 사도들보다 부족한 것이 조금도 없는 줄로 생각하노라 내가 비록 말에는 부족하나 지식에는 그렇지 아니하니"(고후 11:5-6). 바울은 자신이 사도들과 견주어 부족한 것이 없다고 말합니다. 바울은 자신을 언변에는 약하지만 지식은 뛰어나다고 평가합니다. 이 말을 하는 의도는 자신이 가르친 복음의 지식에는 아무런 문제가 없다는 것입니다. 자신이 가르친 복음의 내용을 믿고 신뢰하고 따라올 만 하다는 것입니다. "다른 복음"을 가르치는 자들에 대한 변증적인 말입니다.

바울은 고린도에서 복음을 잘 전하기 위해서 경제적인 면에서도 모범을 보였습니다. 혹여 복음의 장애가 될까봐 고린도 교회에서 사례를 받지 않았습니다. 바울은 고린도 교회 성도들에게 폐를 끼치지 않도록 아주 조심했다고 고백합니다(고후 11:7-9).

이제까지 소극적인 방어 태세를 보이던 바울은 이제 아주 적극적으로 "다른 복음"을 전하는 자들을 향하여 포문을 엽니다. 그들을 "거짓 사도요 속이는 일꾼이니 자기를 그리스도의 사도로 가장하는 자들"(고후 11:13)이라고 맹비난을 합니다. 교회 안에 이러한 일꾼들이 있는 것은 이상한 일이 아닙니다. 사탄은 원래 위장 전술에 능한 자입니다. "이것은 이상한 일이 아니니라 사탄도 자기를 광명한 천사로 가장하나니"(고후 11:14). 사탄이 '빛의 천사'로 위장해서 나타날 때가 있습니다. 이와 마찬가지로 그의 일꾼들 역시 "의의 일꾼"(고후 11:15)으로 변장을 하고 교회에 들어옵니다.

바울을 비난하던 거짓 지도자들은 육신을 자랑합니다. 그러자 바울은 거짓 지도자들을 향하여 자신을 공개합니다. 외형적인 자랑을 일삼는 자들을 향하여 바울 자신의 이력을 말합니다. 바울은 아브라함의 후손이며 이스라엘 사람입니다. 구약에서 하나님의 백성으로 일컫는 인종적, 민족적인 신분이 있습니다. 무엇보다도 바울은 복음을 위하여 그리스도의 일꾼으로서 당한 고난을 열거합니다. 이러한 고생과 고난은 그가 전도 여행을 다니면서 겪은 환난입니다(고후 11:22-27). 바울은 이러한 육신적인 고난 외에 더 심각한 것이 있다고 말합니다. "모든 교회를 위하여 염려하는 것"입니다(고후 11:28). 바울은 목자의 심정을 가지고 약한 성도를 위하여 고민하며 걱정합니다(고후 11:29). 바울은 육신적인 자랑보다는 교회를 위하여 자신이 약해지는 것이 더 자랑스럽습니다. 이것이 참된 자랑입니다.

바울은 마지막으로 자신이 하나님께 계시를 받았다고 말합니다. 바울은 "셋째 하늘로 이끌려 간 자"로 즉, "낙원으로 이끌려 가서 말로 표현할 수 없는 말을 들었"던 사람입니다(고후 11:2, 4). 바울은 자신이 가르치고 선포한 복음의 진정성을 위하여 자신이 하나님께로부터 계시를 받았음을 밝히는 것입니다. 바울은 자신의 천국 경험을 공개합니다. 바울이 너무 큰 계시를 받아서 교만해지지 않도록 하나님은 또한 바울에게 "육체에 가시"를 주었습니다(고후 12:7). 바울은 주관적인 계시 경험을 밝힘으로 고린도 교회 성도들에게 자신의 사도직분의 정당성을 변호합니다.



## 24.5 헌금

바울이 고린도 교회에 신경 쓰는 문제 가운데 하나는 구제 헌금입니다. 이 헌금은 예루살렘 교회의 가난한 성도들을 위한 것입니다(고전 16:2; 참고 행 24:17). 마게도냐 교회의 풍성한 헌금을 말하면서 바울은 고린도 교회에게 헌금을 독려합니다. 고린도 교회는 1년 전에 이 헌금을 먼저 시작했습니다. 시작한 것을 완성하기를 바라는 것입니다(고후 8:10). 바울은 고린도 교회에 헌금은 1) 자원해서 할 것, 2) 있는 대로 할 것(고후 8:11-12), 3) 준비해서 할 것(고후 9:5), 4) 개인의 의지에 따라 정해서 할 것과 강압이나 마지못해서 하는 일이 없도록(고후 9:7) 할 것을 권합니다. 바울은 헌금을 농사에 비유합니다. "심는 자에게 씨와 먹을 양식을 주시는 이가 너희 심을 것을 주사 풍성하게 하시고 너희 의의 열매를 더하게 하시리니"(고후 9:10). 하나님이 헌금을 할 수 있도록 물질을 주시며 더 풍성하게 주실 것입니다. 여기서 바울은 심어야 거둘 수 있다는 원칙을 말합니다. 하나님의 복을 받으려면 심어야 한다는 것입니다.

바울은 이 헌금으로 예루살렘 교회의 가난한 성도들을 돕기를 원합니다. 고린도 교회의 넉넉함으로 예루살렘 교회의 부족함을 채워 균등하게 하려는 것입니다(고후 8:14). 이 일을 위해 바울은 디도를 책임자로 고린도에 보냅니다.

# 25

# 갈라디아서: 다른 복음은 없다

읽어야 할 본문: 갈라디아서 1–6장

사도 바울은 1차 전도 여행 때에 비시디아 안디옥에 있는 회당에 방문하여 설교를 합니다. 바울의 복음 설교를 들은 유대인과 유대교에 입교한 경건한 자들이 바울과 바나바를 따릅니다(행 13:13-43). 그렇지만 바울과 바나바를 반대하는 유대인도 있습니다. 반대로 인하여 바울과 바나바는 이고니온의 회당에 들어가서 전도를 합니다. 이곳에서도 유대와 헬라 사람들이 복음을 믿습니다(행 14:1). 그러나 이곳에서도 반대를 받습니다. 바울과 바나바는 루스드라에 가서 전도를 합니다. 루스드라에서 선천적으로 발을 쓰지 못하는 사람을 고쳐줍니다. 이 일로 루스드라 사람들이 바울과 바나바에게 제사를 드리려고 합니다. 그러나 바울과 바나바가 제사하는 일을 막습니다(행 14:8-18). 바울을 반대하는 유대인들이 이곳까지 쫓아와서 바울을 돌로 칩니다. 바울이 죽은 줄로 생각하고 바울을 성 밖으로 끌어 내버립니다. 그러나 바울은 다시 일어나서 더베로 가서 많은 제자들을 얻습니다. 그후 다시 루스드라, 이고니온 비시디아 안디옥으로 가서 제자들을 권면합니다(행 14:19-23).

위에서 언급한 도시들, 비시디아 안디옥, 이고니온, 루스드라 그리고 더베는 모두 갈라디아 지역에 있는 도시들입니다.

바울이 2차 전도 여행 때에 루스드라에서 디모데를 만납니다. 디모데의 아버지는 헬라인이며 어머니는 믿는 유대인 사이에 태어난 혼혈로 루스드라와 이고니온의 형제들에게 인정받는 젊은 사역자입니다. 바울이 디모데를 전도 일행에 합류시킵니다(행 16:1-3). 다시 바울 일행은 갈라디아를 지나갑니다. "브루기아와 갈라디아 땅으로 다녀가 무시아 땅에 이르러 비두니아로 가고자 애쓰되 예수의 영이 허락하지 아니하는지라"(행 16:6-7). 바울이 갈라디아 땅을 지나갑니다. 이곳에서 전도 사역은 나오지 않습니다.

바울이 3차 전도 여행 때에 갈라디아를 다시 방문합니다. "얼마 있다가 떠나 갈라디아와 브루기아 땅을 차례로 다니며 모든 제자를 굳건하게 하니라"(행 18:23). 바울은 아마도 더베, 루스드라, 이고니온 그리고 비시디아 안디옥으로 나아갔을 것입니다.

바울이 갈라디아 지역을 다닌 곳은 주로 남부 갈라디아입니다. 바울이 갈라디아서를 이곳에 있는 교회들에게 써서 보낸 것입니다. 그런데 문제는 언제 썼느냐 하는 것입니다. 이것은 예루살렘 공회의와 관련이 있습니다(행 15장). 예루살렘 회의의 주제는 이방인 기독교인들에게 율법을 지키게 하고 할례를 행하게 할 것이냐 하는 것이었습니다. 왜냐하면 어떤 유대인들이 안디옥 교회에 와서 "너희가 모세의 법대로 할례를 받지 아니하면 능히 구원을 받지 못하리라"(행 15:1)고 주장했기 때문입니다. 이 주제는 갈라디아서의 주제와 밀접한 관련이 있습니다. 예루살렘 회의는 율법으로 구원받는 것이 아니라 예수 그리스도를 믿음으로 구원을 받는다고 결론을 내렸습니다(행 15:7-11). 예루살렘 회의는 바울의 1차 전도 여행과 2차 전도 여행 사이에 있었습니다.

바울은 갈라디아서에서 예루살렘 회의 결과를 기록하지 않습니다. 예루살렘 회의 결과는 갈라디아서를 기록하는 데 있어서 아주 유용합니다. 그런데 기록하지 않는 것을 보면 갈라디아서는 바울이 1차 전도 여행 직후에 기록한 것 같습니다(A.D 49년 경).

## 25.1 다른 복음

갈라디아서를 읽어보면 바울이 매우 격앙되어 있습니다. 그가 흥분하는 이유는 갈라디아 교회가 "다른 복음"을 받아들이기 때문입니다. "그리스도의 은혜로 너희를 부르신 이를 이같이 속히 떠나 다른 복음을 따른 것을 내가 이상하게 여기노라"(갈 1:6). "다른 복음"(헤테론 유앙겔리온)은 십계명의 제 일 계명 "다른 신"을 생각나게 합니다(신 5:7). 갈라디아 교회가 "그리스도의 은혜로 너희를 부르신 이"(하나님)를 떠나기 때문입니다. 갈라디아 교회는 복음에 대한 교리적인 확신이 부족해서 흔들리고 있습니다. 여기에 대해 바울은 "다른 복음은 없나니 다만 어떤 사람들이 너희를 교란하여 그리스도의 복음을 변하게 하려 함이라"(갈 1:7) 하고 단언합니다. 갈라디아 교회에 다른 복음을 전하는 자들이 들어왔습니다. 이들의 목적은 "그리스도의 복음을 변하게"(곡해하게, 왜곡하게) 하려고 합니다. 이들 때문에 갈라디아 교인들이 혼란 가운데 있습니다. 문제를 겪고 있는 갈라디아 교회를 향하여 바울은 단호하게 "다른 복음은 없나니" 하고 선언합니다.

구약에서 율법을 어기면 저주를 받습니다. 언약에 따라 재앙이 임합니다. 이와 마찬가지로 바울은 다른 복음을 쫓는 자들에게 저주를 선언합니다. "그러나 우리나 혹은 하늘로부터 온 천사라도 우리가 너희에게 전한 복음 외에 다른 복음을 전하면 저주를 받을지어다"(갈 1:8). 바울의 태도는 아주 결연하고 확고합니다. 다른 복음을 용납하지 않습니다. 저주에 대한 선언이 한 번 더 나옵니다. "만일 누구든지 너희가 받은 것 외에 다른 복음을 전하면 저주를 받을지어다"(갈 1:9). 두 번이나 저주를 강조합니다. 바울이 얼마나 격앙되어 있는지 보여줍니다. 갈라디아에 처음 복음을 전한 바울 일행이나 천사나 다른 누구든지 다른 복음을 전하면 저주를 받습니다. 복음을 전하는 사람의 권위가 중요한 것이 아니라 복음의 내용이 중요합니다.

바울은 갈라디아 교인들의 기분이나 감정을 고려하면서 편지를 쓰고 있지 않습니다. 갈라디아 교인들의 체면과 얼굴 때문에 문제를 피해가려고 하지 않습니다. 직접적으로 말합니다. "이제 내가 사람들에게 좋게 하랴 하나님께 좋게 하랴 사람들에게 기쁨을 구하랴 내가 지금까지 사람들의 기쁨을 구하였다면 그리스도의 종이 아니니라"(갈 1:10). 바울은 단도직입적으로 사람의 기쁨과 체면을 구하지 않을 것을 말합니다. "그리스도의 종"으로서 하나님을 기쁘게 할 것이라고 말합니다. 바울의 기준은 철저하게 하나님입니다. 인간중심의 사고가 아니라 하나님중심의 사고를 가지고 있습니다.

## 바울의 자의식

바울은 자신이 전한 복음에 확고한 신념이 있습니다. 그렇기 때문에 다른 복음을 전하는 자들에게 저주를 선언합니다. 바울은 자신의 직분에 대한 신념이 확실합니다. 이것은 편지의 첫 문장에서부터 표현되었습니다. "사람들에게서 난 것도 아니요 사람으로 말미암은 것도 아니요 오직 예수 그리스도와 그를 죽은 자 가운데서 살리신 하나님 아버지로 말미암아 사도 된 바울은"(갈 1:1). 바울의 사도 직분은 인간적인 기원을 갖고 있는 것이 아니라 신적인 기원을 갖고 있습니다. 하나님이 자신에게 사도 직분을 주셨다는 자의식이 투철합니다.

바울은 사도직분에 대한 사상이 투철할 뿐만 아니라 그가 전하는 복음 내용에 대해서도 확고합니다. "내가 전한 복음은 사람의 뜻을 따라 된 것이 아니니라 이는 내가 사람에게서 받은 것도 아니요 배운 것도 아니요 오직 예수 그리스도의 계시로 말미암은 것이라"(갈 1:11-12). 바울의 복음은 사람으로부터 기원한 것이 아닙니다. 예수 그리스도의 계시로 나온 것입니다. 이 계시는 바울이 다메섹에서 부활하신 예수 그리스도를 만남으로 받은 것입니다(행 9장). 사울은 다메섹에서 예수를 만나기 전에 예수께서 하나님의 아들이심을 그리고 구약에서 기다려 온 메시야(그리스도)임을 부인했습니다. 그러나 사울은 다메섹에서 부활하신 예수를 만나고 변했습니다. 마치 구약의 선지자들이 이상을 통하여 신적 부르심과 사명을 받은 것과 유사합니다. 바울은 예수를 만나자마자 예수께서 하나님의 아들이시며 그리스도이심을 증거했습니다(행 9:20, 22). 다메섹 체험이 바울의 신앙과 메시야 사상에 영향을 끼쳤음을 알 수 있습니다.

바울은 예수께서 하나님의 아들이시라는 것을 다메섹의 체험을 통해서 배웠습니다. 사람에게서 받거나 배운 것이 아닙니다. "그의 아들을 이방에 전하기 위하여 그를 내 속에 나타내시기를 기뻐하셨을 때에 내가 곧 혈육과 의

논하지 아니하고"(갈 1:16). 바울은 다메섹 체험을 한 후에 이 복음의 내용을 사람과 의논하거나 상담을 구하지 않았습니다. 예수께서 하나님의 아들이시며 구약의 그리스도라는 확신이 있었습니다. 바울은 또한 자신의 복음을 인정받기 위하여 또는 확인하기 위하여 교회의 유명한 지도자들을 찾아가지도 않았습니다. "또 나보다 먼저 사도 된 자들을 만나려고 예루살렘으로 가지 아니하고"(갈 1:17). 바울은 다른 사도들로부터 자신의 사도 직분과 복음의 내용을 확인 또는 승인받는 절차를 밟지 않았습니다. 예수 그리스도로부터 직접 이방인의 사도로 부름을 받았기 때문입니다(행 26:16-18). 그는 자의식이 뚜렷했던 사람입니다.

바울은 다메섹 체험 이전에는 유대교의 열성 당원이었습니다. "하나님의 교회를 심히 박해하여 멸하고 내가 내 동족 중 여러 연갑자보다 유대교를 지나치게 믿어 내 조상의 전통에 대하여 더욱 열심이 있었으나"(갈 1:13-14). 바울은 유대교를 믿을 때에 기독교에 대해서 반대했습니다. 기독교를 핍박하는 데 앞장 섰던 사람입니다. 이 사실을 갈라디아 교인들도 알고 있습니다. 하지만 이런 바울을 하나님이 부르셨습니다. "그러나 내 어머니의 태로부터 나를 택정하시고 그의 은혜로 나를 부르신 이가 그의 아들을 이방에 전하기 위하여 그를 내 속에 나타내시기를 기뻐하셨을 때에"(갈 1:15-16). 1) 하나님은 바울을 어머니의 태로부터 복음을 위해 구별해 놓았습니다. 2) 하나님은 예레미야 선지자(렘 1:5)와 고난받는 여호와의 종(사 49:1)을 부르신 것처럼 바울을 부르셨습니다. 3) 하나님은 바울을 사도로 부르시는 것을 기뻐하셨습니다. 바울이 사도가 된 것은 하나님의 뜻입니다. 바울은 이러한 확신 가운데서 복음 사역을 감당한 것입니다. 다메섹 체험을 통해서 바울은 하나님의 선택을 받아 이방인의 사도가 되었습니다. 이러한 자의식이 바울을 고난 가운데서도 견디게 하였습니다.

## 25.2 이방인의 사도

바울은 처음부터 이방인을 위한 사도로 부름을 받았습니다(행 9:15). 바울은 하나님으로부터 인정을 받았습니다. 바울은 이러한 확신이 있었고 복음을 이방인들에게 전했습니다. 그렇지만 바울은 하나님의 세우신 교회의 권위와 질서를 무시하지 않습니다. 복음의 진원지인 예루살렘에 가서 유명한 사도들을 만납니다. 이때 바울은 바나바와 디도와 함께 동행합니다(갈 2:1). 바나바와 함께 한 것을 보면 바울과 바나바가 갈라서기(행 15:36-41) 이전입니다. 아마도 예루살렘 회의 전(행 15:1-29)에 바울이 예루살렘을 방문한 것 같습니다. 바울이 예루살렘을 방문한 것은 "계시를 따라" 이루어졌습니다. 하나님의 뜻에 순종한 것입니다. "계시를 따라 올라가 내가 이방 가운데서 전파하는 복음을 그들에게 제시하되 유력한 자들에게 사사로이 한 것은 내가 달음질하는 것이나 달음질한 것이 헛되지 않게 하려 함이라"(갈 2:2). 예루살렘 교회의 "유력한 자들"은 베드로, 요한 그리고 주의 형제 야고보입니다. "사사로이"는 '사적으로' 입니다. 바울 일행이 예루살렘 교회의 지도자들과 비공식적인 모임을 가진 것입니다. 바울이 예루살렘 교회 지도자들에게 자신이 전한 복음을 "제시"합니다. "제시하되"는 중간태로서 '내가 설명하다,' '내가 말하다' 라는 뜻입니다. 바울은 자신이 전한 복음을 교회 지도자들에게 말한 이유가 있습니다. 자신의 수고가 헛되지 않게 하기 위해서입니다.

바울은 독불장군이 아닙니다. 하나님의 부르심으로 이방인의 사도가 되었지만 교회의 권위와 질서를 존중합니다. 예루살렘 교회 지도자들과 함께 모임을 가짐으로 복음의 내용을 확인합니다. 그러나 이러한 작업은 오랜 세월 후에 이루어졌습니다. "십사 년 후에 내가 바나바와 함께 디도를 데리고 다시 예루살렘에 올라갔나니"(갈 2:1). "십사 년"이라는 기간이 바울이 회심한 후 십사 년인지 아니면 바울이 예루살렘을 방문한 후(갈 1:18) 십사 년인지 확실하지는 않습니다. 십사 년이란 기간에 이미 바울은 많은 이방인 지역을 돌아다니며 전도 활동을 해서 많은 성과를 이루었습니다.

바울이 이러한 이야기를 하는 의도는 다른 복음을 전하는 자들에 대한 자신의 사도 직분을 변호하기 위한 것과 자신이 전한 복음이 정통 노선에 서 있음을 밝히기 위해서입니다. 예루살렘 교회 지도자들과 다르지 않다는 것을 보여주는 것입니다.

바울이 바나바와 함께 예루살렘에 다시 올라갔을 때에 이방인 디도를 데리고 갔습니다. 바울은 헬라인 디도를 "나의 동료"와 "나의 동역자"로 소개합니다(고후 8:23). 고린도 교회의 문제를 해결하기 위해 고린도 교회로 보냄을 받았던 인물입니다(고후 7:6, 13). 예루살렘 교회를 위한 구제 헌금을 모금하고 가지고 왔던 사람입니다(고후 8:16-24). 바울의 신임받는 사역자 가운데 한 사람입니다.

바울이 디도를 데리고 간 이유는 자신의 복음 내용을 증명하게 하기 위한 목적이 있습니다. "그러나 나와 함께 있는 헬라인 디도까지도 억지로 할례를 받게 하지 아니 하였으니"(갈 2:3). 헬라인 디도가 예수를 믿었습니다. 그렇지만 디도는 할례를 받지 않았습니다. 할례를 행하지 않고도 예수 그리스도를 믿을 수 있다는 것을 보여줍니다. 이방인이 복음을 믿고 기독교인이 된 후에 할례를 받을 필요가 없습니다.

바울이 이런 이야기를 하는 이유가 있습니다. 갈라디아 교회에 들어온 거짓 형제들 때문입니다. "이는 가만히 들어온 거짓 형제들 때문이라 그들이 가만히 들어온 것은 그리스도 예수 안에서 우리가 가진 자유를 엿보고 우리를 종으로 삼고자 함이로되"(갈 2:4). 갈라디아 교회에 거짓 형제들이 들어와서 잘못된 교리를 전하고 있습니다. 이들의 목적은 "그리스도 예수 안에서 우리가 가진 자유"를 변질시키기 위해서입니다. 예수 그리스도 안에 자유가 있다는 사실에 주목해야 합니다. 그러나 "자유"를 "종"으로 만들려고 시도하는 자들이 있습니다. 그래서 이들은 교회 안에 "가만히 들어" 왔습니다. '몰래,' '비밀히' 들어왔습니다. 자유와 노예는 정 반대의 신분입니다. 종은 자유가 없습니다. 거짓 형제들이 갈라디아 교인들을 종으로 만들려고 합니다. 이것은 헬라인 디도가 받지 않은 할례와 관련이 있습니다. 그래서 바울이 디도를 데리고 예루살렘 교회 지도자들을 방문했습니다. 바울은 할례를 주장하는 자들에게 복종하지 않았다고 말합니다. 바울은 "복음의 진리"를 확신하고 있었기 때문입니다(갈 2:5).

바울은 또한 예루살렘 교회 지도자들과 좋은 파트너 관계에 있었습니다. 바울과 베드로는 사역 대상이 달랐을 뿐입니다. "도리어 그들은 내가 무할례자에게 복음 전함을 맡은 것이 베드로가 할례자에게 맡음과 같은 것을 보았고"(갈 2:7). 사도 바울은 "무할례자에게" 즉, 이방인에게 그리고 베드로는 "할례자에게" 즉, 유대인에게 복음 사역을 담당했습니다. 그리고 예루살렘 교회 지도자들은 사도 바울의 복음 사역을 인정했습니다. "또 기둥같이 여기는 야고보와 게바와 요한도 내게 주신 은혜를 알므로 나와 바나바에게 친교의 악수를 하였으니 우리는 이방인에게로 그들은 할례자에게로 가게 하려 함이라"(갈 2:9). 주의 형제 야고보, 게바(베드로)와 사도 요한은 예루살렘 교회의 지도자들입니다. 이들도 바울의 사도직과 그의 사역을 인정합니다. 베드로에게 사도 직분을 주신 분이 바울에게도 사도 직분을 주셨다는 것입니다(갈 2:8).

### 25.3 율법의 행위와 믿음

바울은 자신이 사도로 부르심을 받았다는 자의식이 뚜렷합니다. 그는 복음의 진리를 위하여 다른 복음을 전하는 거짓 형제들을 대항하여 싸웁니다. 다른 복음은 할례와 관련이 있었습니다. 바울은 한 가지 이야기를 더 합니다. 베드로의 사적인 행동에 관한 이야기입니다. 베드로가 안디옥에 왔을 때 일입니다. 베드로가 이방인들과 같이 식사를 하고 있었습니다. 그때 예루살렘의 야고보로부터 유대인들이 왔습니다. 그러자 베드로가 이방인들과 함께 식사 하던 자리에서 일어나 떠났습니다. 베드로가 일어나서 가자 함께 식사하던 유대인들도 따라서 갔습니다. 심지어 같이 식사하던 바나바도 그와 같이 행동을 했습니다.

베드로가 이방인들과 식사를 하다가 이같이 행동한 이유는 "할례자들을 두려워" 하였기 때문입니다(갈 2:12). 유대인들의 법에 따르면 이방인과 교제하는 것을 불법입니다(행 10:28). 그래서 베드로는 야고보에게서 사람들이 오자 이방인들과 함께 식사하던 자리에서 떠나 간 것입니다. 바울은 이러한 베드로의 행동을 "외식"(갈 2:13)이라고 부릅니다. 위선적인 행동이라고 비난합니다. 이러한 행동을 한 베드로를 "대면하여 책망"하였다고 말합니다(갈 2:11). 얼굴에 대놓고 비난을 한 것입니다. 베드로가 잘못 행동했다는 것입니다.

이 사건은 갈라디아에 들어온 거짓 형제들의 가르침과 관련이 있습니다. 그들이 전하는 다른 복음의 내용입니다. 그래서 바울이 지금 갈라디아 교인들에게 베드로의 잘못을 말하고 있는 것입니다. 바울이 베드로에게 한 말입니다. "그러므로 나는 그들이 복음의 진리를 따라 바르게 행하지 아니함을 보고 모든 자 앞에서 게바에게 이르되 네가 유대인으로서 이방인을 따르고 유대인답게 살지 아니하면서 어찌하여 억지로 이방인을 유대인답게 살게 하려느냐 하였노라"(갈 2:14). 베드로가 잘못 행동했습니다. 복음의 진리를 따라 행동하지 않았습니다. 베드로는 유대인이지만 이방인처럼 산다는 것입니다. 유대인처럼 행동하지 않습니다. 이것은 베드로가 이방인들과 함께 식사의 교제를 나눈 것을 의미합니다. 베드로 자신이 이렇게 살면서 이방인들에게 유대인처럼 살라고 강요한다는 것입니다. 이것은 이방인 기독교인들에게 유대인처럼, 유대인의 관습과 법을 지키며 살라고 한다는 의미입니다. 여기서 갈라디아 교회가 직면하고 있는 문제가 나옵니다. 이방인 기독교인들이 유대인의 관습과 법을 지켜야 하는가 하는 점입니다. 이방인이 유대인처럼 할례를 받고 유대인의 생활 방식을 따라야 하는가 하는 문제입니다.

이것은 아주 중요한 신학적인 문제입니다. 이방인 기독교인들이 율법을 지켜야 하는가 하는 문제이기 때문입니다. 예수 그리스도를 믿는 것만으로는 뭔가 부족한가 하는 것입니다. 이방인 기독교인은 믿음 더하기 유대인의 생활방식이 있어야 하는가 하는 것입니다. 이러한 질문에 대하여 바울의 입장은 아주 단호합니다. 믿음으로 충분하다는 것입니다. "사람이 의롭게 되는 것은 율법의 행위로 말미암음이 아니요 오직 예수 그리스도를 믿음으로 말미암는 줄 알므로 우리도 그리스도 예수를 믿나니 이는 우리가 율법의 행위로써가 아니고 그리스도를 믿음으로써 의롭다 함을 얻으려 함이라 율법의 행위로써는 의롭다 함을 얻을 육체가 없느니라"(갈 2:16). "율법의 행위"와 "믿음"이 대조를 이루고 있습니다. 사람은 죄인입니다. 죄인이 의인이 되는 방법은 예수 그리스도를 믿는 것입니다. 사람은 믿음으로 의로워집니다. 율법의 행위가 아닙니다. 율법의 행위는 율법을 지키는 것입니다. 바울은 율법을 지킴으로 의로워질 수 없다고 선언합니다. 왜냐하면 사람은 모든 율법을 다 지킬 수 없기 때문입니다(약 2:9-11).

"율법의 행위"와 "믿음"이 대조를 이룹니다. 시대가 변했습니다. 율법의 시대가 아니라 믿음의 시대입니다. 예수 그리스도께서 이 땅에 오셔서 우리를 위하여 십자가에서 대신 죽으셨습니다. 예수 그리스도를 믿음으로 사람은 의롭게 될 수 있습니다. "만일 의롭게 되는 것이 율법으로 말미암으면 그리스도께서 헛되이 죽으셨느니라"(갈 2:21). "율법"과 "그리스도"가 대조되고 있다는 사실에 주목해야 합니다.

바울이 베드로의 위선적인 행동 이야기를 하면서 율법의 행위와 믿음을 대조하고 있습니다. 바울이 이 이야기를 하는 의도는 믿음으로 충분하다는 것입니다. 사람은 예수 그리스도를 믿음으로 의로워진다는 것입니다. 이방인 기독교인은 유대인의 생활 방식을 따를 필요가 없다는 것입니다. 이방인이나 유대인이나 다 믿음으로 의로워지기 때문입니다.

갈라디아 교회의 성도들은 예수 그리스도의 십자가 복음을 받아들였습니다. 그런데 이들의 믿음을 흔드는 거짓 형제들이 들어왔습니다. 율법의 행위를 강조합니다. 그러자 갈라디아 교인들이 흔들립니다. 여기에 대하여 바울은 이렇게 말합니다. "어리석도다 갈라디아 사람들아 예수 그리스도께서 십자가에 못 박히신 것이 너희 눈 앞에 밝히 보이거늘 누가 너희를 꾀더냐"(갈 3:1). 바울은 그리스도의 십자가 사건을 강조합니다. 십자가 사건이 믿음의 핵심입니다. 율법의 행위가 아니라 십자가 사건을 믿는 것이 더 중요하다는 것입니다.

더 나아가 바울은 성령을 받은 것을 말합니다. "너희가 성령을 받은 것이 율법의 행위로냐 혹은 듣고 믿음으로냐"(갈 3:2). 죄를 회개하고 예수 그리스도를 믿으면 성령을 선물로 받습니다(행 2:38). 갈라디아 교회 성도들도 이러한 절차를 따라 성령을 받았습니다. 그들은 율법을 지킴으로, 율법의 행위로 성령을 받지 않았습니다.

이방인 기독교인이 유대인처럼 살아야 하는가 하는 것이 큰 주제입니다. 여기에 대하여 바울은 아브라함 이야기를 합니다. 아브라함은 유대인의 조상입니다. 아브라함이 처음으로 할례를 행했습니다(창 17장). 유대인들은 아브라함의 후손이라는 것을 자랑으로 여겼습니다. 또한 하나님은 아브라함의 후손을 하나님의 백성으로 선택하셨습니다. 유대인으로 태어난 것은 인종적, 민족적인 특권입니다. 그러나 아브라함이 의롭게 된 것은 율법의 행위가 아니라 믿음입니다. "아브라함이 하나님을 믿으매 그것을 그에게 의로 정하셨다 함과 같으니라"(갈 3:6). 아브라함은 할례나 율법의 행위로 의롭다고 인정을 받은 것이 아니라 믿음으로 의롭다고 인정을 받았습니다.

바울은 더 나아가 아브라함의 후손이 누구인지를 말합니다. "그런즉 믿음으로 말미암은 자들은 아브라함의 자손인 줄 알지어다"(갈 3:7). 바울은 아브라함의 자손을 새롭게 정의합니다. 아브라함과 같은 믿음을 가진 사람들이 아브라함의 후손이라고 말합니다. 아브라함의 후손의 기준을 믿음이라고 제시합니다. 그 당시 유대인들의 입장에서 보면 아주 급진적인 주장입니다. 유대인들이 바울을 싫어할만 합니다(행 21:28; 24:5). 바울은 여기서 한 걸음 더 나아갑니다. 하나님이 아브라함에게 한 약속을 거론합니다. "또 하나님이 이방을 믿음으로 의로 정하실 것을 성경이 미리 알고 먼저 아브라함에게 복음을 전하되 모든 이방인이 너로 말미암아 복을 받으리라 하였느니라"(갈 3:8). 이것은 하나님이 아브라함에게 하신 약속 "땅의 모든 족속이 너로 말미암아 복을 얻을 것이라"(창 12:3; 참고 창 22:18)입니다. 바울은 이 약속을 "복음"이라고 말합니다. 아브라함에게 복음이 미리 전해졌다고 선언합니다. 바울은 이방인들이 믿음으로 의롭게 되는 것은 하나님이 아브라함에게 하신 약속의 성취라고 주장합니다. 믿음을 가진 이방인들이 아브라함의 복을 함께 합니다.

바울은 이방인도 믿음으로 의롭게 될 수 있다고 주장했습니다. 그렇다면 바울은 율법의 행위로 의롭게 될 수 있다는 주장에 대해서는 어떻게 대답하느냐 하는 것입니다. 바울은 이렇게 답변합니다. "무릇 율법 행위에 속한 자들은 저주 아래에 있나니 기록된 바 누구든지 율법 책에 기록된 대로 모든 일을 항상 행하지 아니하는 자는 저주 아래에 있는 자라 하였음이라"(갈 3:10). 바울은 신명기의 말씀 "이 율법의 말씀을 실행하지 아니하는 자는 저주를 받을 것이라 할 것이요"(27:26)을 자유롭게 인용합니다. 모세는 출애굽 후세대에게 가나안 땅에 들어가서 그리심 산과 에발 산에서 율법을 선포하라고 했습니다. 레위 사람이 큰 소리로 에발 산에 선 르우벤, 갓, 아셀, 스불론, 단, 납달리 지파에게 저주를 선언합니다. 이 저주 본문의 끝에 나오는 말씀을 바울이 자유롭게 인용한 것입니다. 바울은 "율법 행위에 속한 자들은 저주 아래에 있나니" 하고 말합니다. 율법의 말씀을 행하지 않는 사람은 저주를 받습니다. 바울은 "누구든지 율법 책에 기록된 대로 모든 일을 항상 행하지 아니하는 자는 저주 아래에 있는 자"라고 말합니다. 이것이 문제입니다. 사람은 율법대로 "모든 일을 항상" 행할 수가 없기 때문입니다(약 2:9-11). 바울도 이 점을 알고 있습니다. "또 하나님 앞에서 아무도 율법으로 말미암아 의롭게 되지 못할 것이 분명하니"(갈 3:11). 바울은 과거에 바리새인이었으며 율법에 대하여 열심이 있는 사람이었습니다(빌 3:5-6). 율법에 아주 열심이었던 바울은 사람이 모든 율법을 항상 지킬 수 없다는 것을 잘 알고 있었기 때문에 이런 발언을 하는 것입니다.

율법 아래 있는 사람들에게는 저주가 있습니다. 그렇다면 이 저주를 해결하는 방법은 무엇이겠습니까? 바울은 율법의 저주에서 해방되는 방법도 제시합니다. "그리스도께서 우리를 위하여 저주를 받은 바 되사 율법의 저주에서 우리를 속량하셨으니 기록된 바 나무에 달린 자마다 저주 아래에 있는 자라 하였음이라"(갈 3:13). 사람은 모든 율법을 항상 지킬 수 없습니다. 율법을 지키지 않으면 저주를 받습니다. 이 저주를 예수 그리스도께서 대신 담당해 주셨습니다. 그리스도께서 십자가에서 달려 죽으심으로 우리를 저주 아래서 구원하셨습니다. 신명기의 말씀에 의하면 나무에 달려 죽은 사람은 하나님께 저주를 받았습니다(신 21:22-23). 율법을 다 지키지 못한 사람은 저주를 받아야 합니다. 그런데 예수 그리스도께서 우리를 위하여 나무(십자가)에 달려 죽었습니다(이래서 정통 유대인들이 예수를 믿지 않는 것입니다). 그리스도께서 십자가에 죽으심으로 우리는 저주에서 해방된 것입니다. 그리스도의 십자가 사건을 믿는 사람은 저주로부터 구원을 받습니다.

## 25.4 약속과 율법 그리고 그리스도

바울은 유대인의 조상 아브라함도 믿음으로 의롭게 되었다고 말했습니다. 또한 모든 이방인이 아브라함을 통하여 복을 받을 것이라는 약속은 이방인들이 아브라함과 같이 믿음으로 의롭게 되는 것이라고 주장했습니다(갈 3:8-9). 이방인들은 믿음으로 아브라함의 후손이 되었습니다(갈 3:7). 구약에서 아브라함의 후손은 기업의 땅을 받았습니다. 이와 같이 믿음으로 아브라함의 후손이 된 사람들도 유업을 이어 받을 것입니다.

바울은 먼저 아브라함의 후손이 누구인지 정확하게 말합니다. "이 약속들은 아브라함과 그 자손에게 말씀하신 것인데 여럿을 가리켜 그 자손들이라 하지 아니하시고 오직 한 사람을 가리켜 네 자손이라 하셨으니 곧 그리스도라"(갈 3:16). 여기서 "자손"(스펠마)이 중요한 단어입니다. 구약에서 하나님은 아브라함에게 가나안 땅을 아브라함의 자손(히브리어 제라, 헬라어 스펠마)에게 줄 것을 약속하셨습니다(창 12:7; 13:15). 또한 하나님은 아브라함에게 많은 자손을 주실 것을 약속했습니다(창 13:16; 15:5). 하나님이 많은 자손을 약속했음에도 불구하고 아브라함은 약속의 아들이 없었습니다. 후에 아브라함이 백세가 되었을 때 약속대로 아브라함이 아들 이삭을 낳았습니다. 이삭이 어느 정도 자랐을 때 하나님이 이삭을 번제로 드리라는 시험을 합니다.

아브라함이 이삭을 번제로 드리려고 하자 하나님이 말립니다. 그리고 하나님이 아브라함에게 씨에 대한 약속을 합니다. 아브라함의 씨(히브리어 '제라', 헬라어 '스펠마')가 하늘의 별과 같이 그리고 바닷가의 모래와 같이 많아질 것입니다(창 22:17). 그리고 "또 네 씨로 말미암아 천하 만민이 복을 받으리니"(창 22:18) 하고 약속합니다. "네 씨"(히브리어 '제라', 헬라어 '스펠마')로 많은 이방인들이 복을 받을 것이라는 약속입니다. 이 약속은 "땅의 모든 족속이 너로 말미암아 복을 얻을 것이라"(창 12:3; 갈 3:8) 하신 말씀의 구체적인 설명입니다.

위에서 "자손" 또는 "씨"는 모두 헬라어로 스펠마입니다. 하나님의 약속은 아브라함이 많은 자손을 낳는 것입니다. 그렇지만 그의 생애에는 한 명의 아들 이삭이 있었습니다. 이것을 보면 아브라함의 후손은 많지만 이삭과 같이 특별한 씨가 있을 것입니다. "네 씨로 천하만민이 복을 받으리라"의 "씨"가 바로 특별한 "씨"입니다. 바울은 지금 이 약속을 염두에 두고서 "여럿을 가리켜 그 자손들이라 하지 아니하시고 오직 한 사람을 가리켜 네 자손이라 하셨으니 곧 그리스도라"(갈 3:16) 하고 말하는 것입니다. 그리스도를 통하여 이방인들이 복을 얻습니다.

이제 바울은 구원 역사에 있어서 아브라함의 언약이 율법보다 먼저 있었다는 것을 지적합니다. "하나님께서 미리 정하신 언약을 사백삼십 년 후에 생긴 율법이 폐기하지 못하고 그 약속을 헛되게 하지 못하리라"(갈 3:17). 구원 역사에서 아브라함의 언약(약속)이 율법보다 먼저 있었기 때문에 율법이 언약(약속)을 폐하지 못한다고 선언합니다.

율법은 역사 속에서 확실히 약속보다 후대에 나왔습니다. 율법은 자신의 기능이 있습니다. "그런즉 율법은 무엇이냐 범법하므로 더하여진 것이라 천사들을 통하여 한 중보자의 손으로 베푸신 것인데 약속하신 자손이 오시기까지 있을 것이라"(갈 3:19). "범법하므로"는 '위반 때문에'로 정해진 기준 또는 법을 넘어가는 것입니다. 율법은 죄 때문에 주어진 것입니다. 그리고 이 율법은 정해진 기간이 있습니다. "약속하신 자손이 오시기까지"입니다.

예수 그리스도께서 오실 때까지 율법은 역할을 합니다. "한 중보자의 손으로"는 모세를 의미합니다.

율법이 약속보다 늦게 왔습니다. 율법은 약속들을 반대하지 않습니다(갈 3:21). 율법은 죄를 깨닫게 하는 기능을 합니다. 죄를 더 돋보이게 합니다. "그러나 성경이 모든 것을 죄 아래에 가두었으니 이는 예수 그리스도를 믿음으로 말미암는 약속을 믿는 자들에게 주려 함이라"(갈 3:22). 율법은 모든 것을 "죄 아래에 가두"는 기능을 합니다. 그래서 믿는 자들에게 약속을 줍니다. 율법의 이러한 기능은 정해진 기간이 있습니다. "믿음이 오기 전까지 우리는 율법 아래에 매인 바 되고 계시될 믿음의 때까지 갇혔느니라"(갈 3:23). 율법과 믿음이 대조를 이루며 율법 다음에 믿음이 왔습니다. 믿음이 오기 전까지는 다 "율법 아래에" 갇혀 있었던 것입니다. 율법이 이렇게 가둔 이유가 있습니다. 사람들을 그리스도께 인도하기 위해서입니다. "이같이 율법이 우리를 그리스도께로 인도하는 초등교사가 되어 우리로 하여금 믿음으로 말미암아 의롭다 함을 얻게 하려 함이라"(갈 3:24). 율법을 "초등교사"라고 부릅니다. "초등교사"(파이다고고스)는 소년을 보호하는 노예입니다. 일종의 보호자, 인도자, 가정교사입니다. 율법이 우리를 보호해서 그리스도께 인도하는 역할을 합니다. 그리스도를 믿음으로 의롭다함을 받게 합니다. 율법의 시대(구약)가 있었습니다. 하지만 이제 믿음의 시대(신약)가 되었습니다. 그래서 바울은 더 이상 율법의 역할과 기능이 필요 없게 되었다고 선언합니다. "믿음이 온 후로는 우리가 초등교사 아래에 있지 아니하도다"(갈 3:25). 믿음을 가진 사람은 이제 더 이상 노예의 보호 아래 있지 않습니다. "너희가 다 믿음으로 말미암아 그리스도 예수 안에서 하나님의 아들이 되었으니"(갈 3:26). 믿는 자는 하나님의 아들이 되었습니다.

## 25.5 유업

믿음으로 우리는 하나님의 아들이 되었습니다. 아들은 아버지의 재산을 물려받습니다. 이와 같이 하나님의 아들은 유업이 있습니다. 바울은 이 점을 명확하게 합니다. "너희가 그리스도의 것이면 곧 아브라함의 자손이요 약속대로 유업을 이을 자니라"(갈 3:29). 그리스도를 믿는 자들이 아브라함의 자손이며 유업을 이을 것입니다. 마치 구약에서 이스라엘이 하나님께 기업을 받은 것과 유사합니다.

하지만 아들이 아버지의 유업을 물려받을 때가 있습니다. 아이였을 때에는 유업을 물려받지 못합니다. "유업을 이을 자가 모든 것의 주인이나 어렸을 동안에는 종과 다름이 없어서 그 아버지가 정한 때까지 후견인과 청지기 아래 있나니"(갈 4:1-2). 바울은 로마 시대의 풍속에 따라서 말하고 있습니다. 아들은 법적인 상속인입니다. 하지만 아들이 어렸을 때에는 종과 다름이 없습니다. "후견인과 청지기 아래" 있어야 합니다. 이것은 아버지가 정해 놓은 질서입니다.

율법의 시대는 아들이 후견인 아래 있는 것과 같습니다. "이와 같이 우리도 어렸을 때에 이 세상의 초등학문 아래에 있어서 종 노릇 하였더니"(갈 4:3). "세상의 초등학문"은 '세상의 기초 원리' 입니다. 바울은 이것이 무엇인지를 다음 구절에서 더 자세하게 말합니다. "때가 차매 하나님이 그 아들을 보내사 여자에게서 나게 하시고 율법 아래에 나게 하신 것은 율법 아래에 있는 자들을 속량하시고 우리로 아들의 명분을 얻게 하려 하심이라"(갈 4:4-5). "세상의 초등학문 아래에"는 "율법 아래에" 있는 것입니다. 이때는 아들이지만 종과 같은 신분의 상태입니다. 하지만 "때가 차매"는 하나님이 정하신 구원의 때가 온 것입니다. 구원 역사의 결정적인 때입니다. "그 아들을 보내사"는 하나님의 아들 예수 그리스도께서 오신 것입니다. 하나님의 아들 예수 그리스도께서 "율법 아래에" 오셨습니다. "율법 아래에 있는 자들을 속량"하기 위해서 오신 것입니다. 율법 아래 있는 자들을 구원하여 "아들의 명분을 얻게" 하십니다. 즉 양자로 입양하게 한 것입니다.

믿는 자들은 하나님의 아들로 입양이 되었습니다. "너희가 아들이므로 하나님이 그 아들의 영을 우리 마음 가운데 보내사 아빠 아버지라 부르게 하셨느니라"(갈 4:6). 하나님은 믿는 자에게 "그 아들의 영" 즉, 성령을 주십니다. 그래서 부자관계를 확인합니다. 믿는 자들은 하나님을 아버지로 부릅니다.

이제 신분이 변했습니다. 종과 같이 지내던 시기가 끝났습니다. "그러므로 네가 이 후로는 종이 아니요 아들이니 아들이면 하나님으로 말미암아 유업을 받을 자니라"(갈 4:7). 하나님의 아들이 되었기 때문에 이제 정식으로 유업을 물려받을 수 있습니다.

## 25.6 종노릇과 자유

갈라디아 교인들은 이방인이지만 예수 그리스도를 믿음으로 아브라함의 자손이 되었고 하나님의 아들로 입양이 되었습니다. 자유가 있는 아들입니다. 그런데 다시 이 자유를 포기하고 종이 되려고 합니다. 다른 복음을 전하는 자들의 소리를 따라가려고 합니다. "이제는 너희가 하나님을 알 뿐 아니라 더욱이 하나님이 아신 바 되었거늘 어찌하여 다시 약하고 천박한 초등학문으로 돌아가서 다시 그들에게 종노릇 하려 하느냐"(갈 4:9). 우리는 위에서 초등학문이 율법과 관련이 있다는 것을 살펴보았습니다. 이것은 다음 구절을 보면 더 명확합니다. "너희가 날과 달과 절기와 해를 삼가 지키니"(갈 4:10). 안식일과 월삭과 절기는 율법에서 말하고 있습니다. 이것을 보면 갈라디아 교회에 들어와 "다른 복음"을 전하는 자들은 율법의 가르침을 전하고 있는 것입니다.

율법 아래 있는 것은 종노릇을 하는 것입니다. 바울은 이것을 비유로 설명합니다. 아브라함에게 두 아들이 있습니다. 한 명은 여종에게, 다른 한 명은 자유로운 여자에게 태어났습니다. 여종에게서는 육체를 따라 그리고 자유로운 여자에게는 약속을 따라 나왔습니다(갈 4:22-23). 이것은 이스마엘과 이삭을 말한 것입니다. 바울은 여기서 한 걸음 더 나아가 두 여인을 "두 언약"이라고 말하며 서로 비교합니다. 하갈을 "시내 산으로부터 종을 낳은 자"입니다(갈 4:24). 즉 율법을 내용으로 하는 시내 산 언약입니다. 하갈은 "시내 산"이며 "지금 있는 예루살렘"과 같습니다(갈 4:25). 그녀와 그녀의 자녀들은 다 종노릇합니다. 자유가 없습니다. 그러나 "위에 있는 예루살렘은 자유자니 곧 우리 어머니라"(갈 4:26)고 말합니다. "위에 있는 예루살렘"은 "지금 있는 예루살렘"과 대조를 이루며 하늘의 예루살렘을 뜻합니다. 여기에 자유가 있습니다. 예수를 믿는 자들은 여기에 속해 있습니다. 그래서 바울은 "너희는 이삭과 같이 약속의 자녀라"(갈 4:28) 하고 말합니다.

종의 아들은 유업을 받지 못합니다. 그러나 자유로운 여자의 아들은 유업을 받습니다. 바울은 예수를 믿는 자들을 자유의 아들이라고 선언합니다. "그런즉 형제들아 우리는 여종의 자녀가 아니요 자유 있는 여자의 자녀니라"(갈 4:31). 바울은 갈라디아 교인들에게 자유가 있다고 말합니다. 그리스도께서 주신 자유입니다. 그래서 다시는 종노릇을 하지 말라고 권면합니다. "그리스도께서 우리를 자유롭게 하려고 자유를 주셨으니 그러므로 굳건하게 서서 다시는 종의 멍에를 메지 말라"(갈 5:1). 종의 멍에를 메는 것은 율법의 행위를 가지려고 하는 것입니다. 더 구체적인 예를 들어 말하면 할례를 받는 것도 여기에 속합니다. 그래서 바울은 할례를 받는 사람들에게 경고합니다. "내가 할례를 받는 각 사람에게 다시 증언하노니 그는 율법 전체를 행할 의무를 가진 자라"(갈 5:3). 할례를 받는 것은 율법 아래에 있는 것입니다. 다시 종이 되는 것입니다. 다시 율법을 행함으로 의롭다함을 받으려는 것입니다. 이런 사람은 그리스도와 상관이 없습니다. "율법 안에서 의롭다 함을 얻으려 하는 너희는 그리스도에게서 끊어지고 은혜에서 떨어진 자로다"(갈 5:4). 예수 안에 있는 사람에게는 할례가 아무 소용이 없습니다.

믿음으로 의롭게 된 자들은 자유가 있습니다. 그 자유는 방종이 아닙니다. 책임이 있습니다. "형제들아 너희가 자유를 위하여 부르심을 입었으나 그러나 그 자유로 육체의 기회를 삼지 말고 오직 사랑으로 서로 종 노릇하라"(갈 5:13). 믿는 자들의 신분이 특이합니다. 분명히 자유를 얻었습니다. 그런데 "오직 사랑으로 서로 종 노릇하라"고 말합니다. 이것은 꼭 구약의 이스라엘 백성의 신분과 유사합니다. 이스라엘은 이집트에서 노예로 있었습니다. 하나님이 모세를 보내서 이스라엘을 구원하셨습니다. 그들에게 자유를 주었습니다. 이스라엘은 자유인이 되었습니다. 그러나 그들은 하나님의 종입니다.

하나님은 그들을 "내 종"(레 25:42, 55)이라고 부릅니다. 이스라엘은 정치적, 군사적으로 자유인입니다. 그러나 신앙적으로 하나님의 종이 된 것입니다. 이스라엘은 이중 신분을 가진 것입니다. 이와 유사하게 바울은 갈라디아 교인들에게 자유를 얻었지만 사랑으로 종노릇하라고 합니다. 바울이 사랑으로 종노릇을 하라고 하는 것은 의미가 있습니다. 사랑이 율법의 완성이기 때문입니다(롬 13:10; 갈 5:14). 사랑을 행함으로 율법을 완성하는 것입니다.

예수를 믿으면 자유가 있습니다. 그리고 성령이 임하십니다. 자유를 얻는 자들은 특별히 성령을 따라 살아야 합니다. 성령을 따라 살 때 육체의 욕심을 따라가지 않기 때문입니다(갈 5:16-17). 성령의 인도를 따를 때 율법 아래에 있지 않고 자유를 누릴 수 있습니다(갈 5:18).

# 26

# 에베소서: 교회의 통일성

읽어야 할 본문: 에베소서 1-6장

사도 바울은 2차 전도 여행 끝에 에베소를 방문합니다. 그는 회당에 들어가 유대인들과 변론합니다. 여러 사람이 더 머물기를 요청했지만 바울은 안디옥으로 돌아갑니다(행 18:19-23).

바울은 다시 3차 전도 여행을 떠나 에베소에 이르렀습니다. 바울이 제자들을 만나 성령을 받았느냐고 물어봅니다. 그들이 성령을 알지 못합니다. 이에 바울이 예수 그리스도의 이름으로 세례를 주고 안수합니다. 이때 성령이 그들에게 임합니다(행 19:1-7). 바울이 에베소에 머물며 하나님의 나라를 전파합니다. 두란노 서원을 세워 제자들을 가르치며 2년을 머뭅니다. 하나님이 바울을 통해 많은 이적을 행하십니다. 사람들이 바울의 손수건을 가져다가 병든 사람에게 올려놓으면 병이 낫기도 합니다(행 19:8-12).

바울이 예수 그리스도의 이름으로 귀신을 쫓아내자 바울을 따라하는 사람들이 생깁니다. 마술을 하는 사람들이 바울 흉내를 냅니다. 귀신들린 사람에게 "내가 바울이 전파하는 예수를 의지하여 너희에게 명하노라"(행 19:13) 하고 귀신을 쫓아내려고 합니다. 이 일을 한 사람은 제사장 스게와의 아들들입니다. 그러자 귀신이 "내가 예수도 알고 바울도 알거니와 너희는 누구냐"(행 19:15) 하고 소리를 지르며 귀신들린 사람이 덤빕니다. 마술사들이 놀라서 벗은 몸으로 도망을 칩니다. 이 소문이 에베소에 사는 유대인들과 헬라인들에게 퍼집니다. 사람들이 이 소문을 듣고 예수의 이름을 높입니다. 그리고 마술을 하던 사람들이 마술서들을 가지고 나와서 불태웁니다(행 19:13-20). 바울의 사역이 크게 성공을 거둡니다.

하지만 에베소의 모든 사람들이 바울을 좋아한 것은 아닙니다. 에베소에서 아데미 신상을 만들어 먹고 살던 사람들이 바울을 싫어합니다. 바울이 우상은 신이 아니라고 전도했기 때문입니다. 신상을 만드는 사람들이 바울의 전도로 생계에 위협을 받습니다. 이들이 사람들을 선동합니다. 바울 때문에 아데미 신전의 무시당하고 위엄이 떨어진다고 말합니다. 그러자 많은 사람들이 이 말을 듣고 "크다 에베소 사람의 아데미여"(행 19:28) 하고 소리를 지르며 소동을 일으킵니다. 이 일로 인해 바울이 곤경에 처합니다. 하지만 사람들이 바울을 찾지 못하고 또한 고소할 근거도 없습니다. 서기장이 고소할 근거가 없다고 사람들을 진정시키고 사람들을 해산시킵니다(행 19:23-41). 에베소에서 소요가 끝나자 바울이 에베소를 떠나 마게도냐로 떠납니다.

바울이 3차 전도 여행을 마치면서 예루살렘으로 나아가려고 합니다. 에베소를 지나가려고 밀레도에 도착합니다. 밀레도에서 에베소 장로들을 초청하여 고별 설교를 하며 에베소 교회를 부탁합니다(행 20:17-38).

에베소 교회는 이러한 우여곡절을 겪고 세워진 교회입니다. 바울이 노년에 이 에베소 교회에게 편지를 씁니다. 이것이 에베소서입니다. 바울이 감옥에 갇혀 있습니다(엡 3:1 ; 6:20). 아마도 로마 감옥에서 이 편지를 써서 두기고의 편으로 보낸 것 같습니다(엡 6:21). 바울은 이 편지에서 그리스도의 몸된 교회에 대해서 말하고 있습니다. 이 편지는 회람용으로 기록되었습니다.

## 26.1 영적인 복

바울은 에베소서 교회의 성도들에게 영적인 복에 대해서 말합니다. "찬송하리로다 하나님 곧 우리 주 예수 그리스도의 아버지께서 그리스도 안에서 하늘에 속한 모든 신령한 복을 우리에게 주시되"(엡 1:3). 바울은 영적인 복을 말합니다. 이것을 보면 성경에서 말하는 복의 종류가 다양합니다. 땅의 기름진 복이 있는가 하면(창 27:27-28), 하나님의 말씀에 잘 순종하여 받는 물질의 복과 전쟁에서 승리하는 복과 다산의 복도 있습니다(신 28:1-14). 땅에 속한 복이 있습니다. 여기에 반하여 바울은 "하늘에 속한 신령한 복"을 말합니다. 하나님이 "그리스도 안에서"(엔 크리스토) 주시는 복입니다. "곧 창세 전에 그리스도 안에서 우리를 택하사 우리로 사랑 안에서 그 앞에 거룩하고 흠이 없게 하시려고 그 기쁘신 뜻대로 우리를 예정하사 예수 그리스도로 말미암아 자기의 아들들이 되게 하셨으니"(엡 1:4-5). 1) 영적인 복은 먼저 "창세 전에" 계획된 것입니다. '세상의 설립 전' 입니다. 하나님은 우주 만물이 창조되기도 전에 복을 계획하셨습니다. 성부 하나님의 작품입니다. 2) 영적인 복은 하나님의 선택입니다. "그리스도 안에서 우리를 택하사." 이것은 '그가 우리를 그 안에서 선택했다.' 입니다. 3) 신적인 선택은 "그리스도 안에서" 나타났습니다. 그것도 이 세상이 창조되기 이전의 일입니다. 예수 그리스도께서 이 땅에 오심으로 하나님의 영원한 선택은 역사 속에 드러나게 되었습니다. 4) 하나님이 우리를 선택하신 목적이 있습니다. "그 앞에 거룩하고 흠이 없게 하시려고" 또는 "예수 그리스도로 말미암아 자기의 아들들이 되게 하셨으니"입니다. 우리를 하나님의 아들로 양자 삼으신 것입니다.

바울이 말하는 영적인 복은 이 땅에 속한 물질적인 복이 아니라 하늘의 복입니다. 이것을 예정론이라고 부릅니다. 예정은 "그 기쁘신 뜻대로 우리를 예정하사"(엡 1:5)에서 나옵니다. 이 우주 만물을 창조하기도 전에 하나님이 우리를 하나님의 자녀로 미리 정하신 것입니다. 이것은 하나님의 절대 주권에 기초합니다. 하나님이 우리의 행위, 어떤 선이나 악한 행위를 보시고 선택하신 것이 아닙니다(롬 9:10-18). 하나님이 우리를 사랑하심으로 선택한 것입니다. 하나님의 미리 아심, 미리 정하심은 역사 전에 이루어졌습니다. 이러한 하나님의 예정은 역사 속에서 그리스도 안에서 나타납니다. 예수 그리스도께서 우리를 위하여 십자가에서 죽으시고 다시 부활하셨습니다. 이 구속 행위에 근거하여 우리를 부르십니다. 하나님이 우리를 역사 속에서 부르십니다. 하나님은 이 신적 부르심에 믿음으로 응답하는 사람들을 의롭다고 인정해 주십니다. 이들은 후에 예수 그리스도의 영광에 동참할 자들입니다. 영화롭게 될 것입니다(롬 8:29-30). 신적 부르심을 받은 자들은 이 땅에서 하나님의 아들의 형상을 본받아 갑니다. 구원을 이루어 나가는 것입니다. 이것을 성화라고 말합니다. 이러한 예정은 하나님의 "기쁘신 뜻대로" 이루어진 것입니다.

하나님이 우리에게 영적인 복을 주셨습니다. 이것은 선물입니다. "이는 그가 사랑하는 자 안에서 우리에게 거저 주시는 바 그의 은혜의 영광을 찬송하게 하려는 것이라"(엡 1:6). 하나님은 은혜를 주셨습니다. 그러므로 우리가 그 은혜를 받은 것입니다. 주심으로 받았기 때문에 우리가 할 일은 하나님을 찬양하는 것입니다. 찬양이 계속 나타나는 것에 주목해야 합니다(엡 1:6, 12, 14).

그렇다면 더 구체적으로 우리가 찬양해야 할 그의 은혜는 무엇입니까? "그리스도 안에서" 우리를 선택하셨다고 말하는데 "그리스도 안에서"가 뜻하는 바가 무엇입니까? 바울은 이렇게 설명합니다. "우리는 그리스도 안에서 그의 은혜의 풍성함을 따라 그의 피로 말미암아 속량 곧 죄 사함을 받았느니라"(엡 1:7). 예수 그리스도께서 십자가에서 피를 흘려 돌아가셨습니다. 그 십자가로 인하여 우리가 "속량"을 받은 것입니다. "속량"은 원래 배상금(몸값)을 지불하고 포로나 노예를 다시 사오는 것입니다. 예수 그리스도께서 십자가에서 우리를 위하여 죽으심으로 우리가 "죄 사함"을 받은 것입니다. 예수께서 죽으신 것은 우리가 율법의 저주를 당해야 하는데 예수께서 우리 대신에 저주를 당하신 것입니다(갈 3:13). 이것이 하나님이 우리에게 주신 은혜의 구체적인 내용입니다.

은혜를 받은 성도들은 하나님의 은혜의 영광을 찬양합니다. 그러기 위해서는 먼저 지식이 있어야 합니다. 하나님이 하신 일을 알아야 합니다. "이는 그가 모든 지혜와 총명을 우리에게 넘치게 하사 그 뜻의 비밀을 우리에게 알리신 것이요 그의 기뻐하심을 따라 그리스도 안에서 때가 찬 경륜을 위하여 예정하신 것이니"(엡 1:8-9). 하나님은 우리에게 "그의 뜻의 비밀"을 알리셨습니다. "비밀"(무스테리온)은 아는 사람만 압니다. 사실 이 비밀은 공개적인 비밀입니다. 십자가 사건에 나타난 하나님의 뜻이기 때문입니다. 십자가 사건은 여러 나라의 백성들에게 선포되었습니다. 그러나 이것은 하나님이 알려 주셔야만 알 수 있습니다. 세상의 지혜와 지식으로는 알 수 없습니다(고전 2:6-8). 이 비밀은 그리스도 안에서 하나님이 계획하시고 목적하신 것입니다. 하나님께로부터 지혜와 지식을 받은 사람들만이 하나님의 뜻의 비밀을 깨달아 알 수 있습니다(참고 마 11:25-27).

하나님의 비밀은 말씀을 통해서 드러납니다. "그 안에서 너희도 진리의 말씀 곧 너희의 구원의 복음을 듣고 그 안에서 또한 믿어 약속의 성령으로 인치심을 받았으니 이는 우리 기업의 보증이 되사 그 얻으신 것을 속량하시고 그의 영광을 찬송하게 하려 하심이라"(엡 1:13-14). 바울은 하나님의 뜻의 비밀을 "진리의 말씀" 또는 "구원의 복음"으로 부릅니다. 이 비밀은 받아들이는 자들에게 구원의 좋은 소식입니다. 이 진리의 말씀을 믿는 사람에게 "약속의 성령"이 임하십니다(행 2:38). 성령은 우리가 미래에 받을 기업의 "보증"이십니다. 일종의 계약금, 보증금입니다. 성령께서 우리 믿는 자들이 예수께서 재림하실 때에 받을 기업의 확증(보증)을 위해서 임하신 것입니다.

## 26.2 바울의 기도

바울은 하나님께 에베소 교회를 위하여 기도합니다(엡 1:15-23). 기도 내용은 영적인 복을 주시는 하나님을 깨닫게 해달라는 것입니다. "우리 주 예수 그리스도의 하나님, 영광의 아버지께서 지혜와 계시의 영을 너희에게 주사 하나님을 알게 하시고"(엡 1:17). 바울은 에베소 교회 성도들에게 "지혜와 계시의 영을" 주시기를 기도합니다. "하늘에 속한 신령한 복"(엡 1:3)과 "그 뜻의 비밀"(엡 1:9)을 알기 위해서는 "지혜와 계시의 영"이 있어야 합니다. 사람의 지혜와 지식으로는 이것을 알 수 없기 때문에 하나님이 주시는 영이 있어야 합니다. 특별히 "계시"는 숨겨져 있는 것을 드러내는 것입니다. 하나님의 구속 계획은 감추어져 있던 비밀입니다. 이것이 드러난 것입니다. 이러한 하나님의 계획을 깨닫기 위한 지혜입니다. 바울이 하나님께 간구하고 있는 "지혜와 계시의 영"은 하나님의 지식에 속한 것입니다. 이 구절은 다시 번역해 보면 이렇습니다. '우리의 주 예수 그리스도의 하나님, 영광의 아버지께서 너희에게 그의 지식 안의 지혜와 계시의 영을 주시기 위하여' 입니다. 바울이 간구하는 영은 '그의 지식 안에 있는 지혜와 계시의 영' 입니다. 이것을 주시기를 기도합니다. 하나님이 승인하셔야 하나님의 구속 목적을 깨달을 수 있는 지혜를 소유할 수 있습니다. 하나님이 허락하실 때, 하나님 주실 때 이러한 "지혜와 계시의 영"을 받을 수 있습니다.

바울은 더 나아가 인간 편의 변화를 위해서도 기도합니다. 하나님의 지식 안에 있는 "지혜와 계시의 영"을 받을 수 있도록 사람이 변해야 합니다. "너희 마음의 눈을 밝히사 그의 부르심의 소망이 무엇이며 성도 안에서 그 기업의 영광의 풍성함이 무엇이며 그의 힘의 위력으로 역사하심을 따라 믿는 우리에게 베푸신 능력의 지극히 크심이 어떠한 것을 너희로 알게 하시기를 구하노라"(엡 1:19). 바울은 "너희 마음의 눈을 밝히사" 하고 기도합니다. "마음의 눈"은 '이해(깨달음, 분별)의 눈' 으로 이해할 수 있습니다. 바울은 에베소 교회 성도들에게 이해의 눈을 밝혀 주시기를 간구하는 것입니다. 마음의 눈이 밝아져서 깨달아야 할 것들이 있기 때문입니다. 1) "그의 부르심의 소망이 무엇이며"입니다. 신적 부르심은 역사 속에서 이루어지는 것입니다. 전파된 복음을 통하여 믿음으로 반응하는 자들이 신적 부르심을 받은 자들입니다. 2) "성도 안에서 그 기업의 영광의 풍성함이 무엇이며"입니다. 부르심을 받은 성도들이 장차 받을 기업의 부요함을 알게 해달라는 것입니다. 3) 바울은 "그의 힘의 위력으로 역사하심을 따라 믿는 우리에게 베푸신 능력의 지극히 크심이 어떠한 것을" 알게 해 달라고 기도합니다. 하나님의 측량할 수 없는 능력을 이해하게 해 달라는 것입니다. 특별히 하나님의 능력은 예수 그리스도를 죽은 자 가운데서 다시 살리심을 통해서 나타났습니다. 하나님은 예수 그리스도를 다시 살리셨으며 그를 하나님의 보좌 우편에 앉게 하셨습니다(엡 1:20). 하나님은 예수 그리스도의 이름을 모든 통치, 권세, 능력, 주권 위에, 이 세상이나 오는 세상의 모든 이름 위에 뛰어나게 하셨습니다(엡

1:21). 하나님께서 예수 그리스도에게 이 세상과 오는 세상의 모든 것들, 세상의 통치자들이나 영적 존재들 보다 뛰어난 이름을 주신 것입니다. 예수 그리스도의 뛰어난 이름은 만물을 다스릴 수 있는 위치에 있습니다. "또 만물을 그의 발 아래에 복종하게 하시고 그를 만물 위에 교회의 머리로 삼으셨느니라"(엡 1:22). 부활하신 예수 그리스도는 만물을 통치할 수 있는 분입니다. 그렇지만 무엇보다도 예수 그리스도는 "교회의 머리"이십니다. 바울은 예수 그리스도와 교회와의 관계에 더 큰 관심을 보입니다. "교회는 그의 몸이니 만물 안에서 만물을 충만하게 하시는 이의 충만함이니라"(엡 1:23).

에베소서에서 바울의 기도는 하나 더 나옵니다(엡 3:14-21). 바울이 무릎을 꿇고 하나님께 에베소 교인들을 위하여 기도합니다. 1) 에베소 교회 성도들의 속사람을 강하게 해달라고 기도합니다. "그의 영광의 풍성함을 따라 그의 성령으로 말미암아 너희 속사람을 능력으로 강건하게 하시오며"(엡 3:16). "속사람"이라는 표현에서 알 수 있듯이 "겉 사람"도 있을 것입니다(고후 4:16). 여기서 "속사람"은 성령의 영향을 받는 사람입니다. 2) 다음 구절을 보면 속사람은 예수 그리스도를 믿는 사람입니다. "믿음으로 말미암아 그리스도께서 너희 마음에 계시게 하시옵고 너희가 사랑 가운데서 뿌리가 박히고 터가 굳어져서"(엡 3:17). "속사람"은 믿음이 있는 사람이며 예수 그리스도께서 마음에 거하는 사람입니다. "속사람"을 나무에 비유합니다. 뿌리가 깊이 내려서 기초가 든든해지기를 기도합니다. 3) "속사람"은 지식이 강해져야 합니다. "능히 모든 성도와 함께 지식에 넘치는 그리스도의 사랑을 알고"(엡 3:18). 바울은 지식을 강조합니다. 속사람이 성령으로 강해지는 것은 지식이 더 많아지는 것으로 나타납니다. 성도들이 알아야 할 지식은 "그리스도의 사랑"입니다. 4) 이렇게 사랑을 아는 사람에게 하나님의 충만함이 채워집니다. "그 너비와 길이와 높이와 깊이가 어떠함을 깨달아 하나님의 모든 충만하신 것으로 너희에게 충만하게 하시기를 구하노라"(엡 3:19). 이 마지막 절을 다시 번역하면 '너희가 하나님의 모든 충만함 안으로 채워지기 위하여' 입니다. 우선 채워지는 것은 수동태입니다. 너희 즉, 에베소 교회 성도들은 채워져야 합니다. '하나님의 모든 충만함 안으로' 는 '하나님의 모든 충만함까지' 라는 의미로도 해석할 수 있습니다. 즉 성도들은 하나님의 모든 충만함까지 채워져야 한다는 의미입니다. 하나님의 모든 충만함이 구체적으로 무엇인지는 설명이 나타나지 않습니다. 하지만 사도 바울이 기도하고 있는 본문에서 나타나는 것은 영광, 사랑, 능력 그리고 지식입니다. 바울은 에베소 교회 성도들에게 하나님의 영광, 사랑, 능력 그리고 지식으로 채워져서 하나님의 완전에까지 다다를 수 있기를 기도하는 것입니다.

바울은 에베소 교회 성도들을 위해서 기도합니다. 기도하면서 하나님을 신뢰합니다. 기도를 받으시는 하나님은 기도자의 간구와 생각보다도 더 넘치게 주시기 때문입니다(엡 3:20). 바울은 이러한 은혜의 하나님을 찬양하며 기도를 마칩니다(엡 3:21).

### 26.3 유대인과 이방인의 하나됨

바울은 지금 에베소 교회 성도들에게 편지를 쓰고 있습니다. 바울은 유대인이지만 그들은 이방인입니다. 바울은 이방인이었던 에베소 교인들이 예수를 믿기 이전의 상태를 말합니다. 그들의 이전 상태는 "허물과 죄로 죽었던 너희"이며 "세상 풍조를 따르며 공중의 권세 잡은 자를 따랐"던 자들이며 "불순종의 아들들"이었습니다(엡 2:1-2). 죄를 짓고 세상의 원칙을 따라 하나님께 불순종하며 살았습니다. "공중의 권세 잡은 자" 즉, 악한 영을 따라 갔던 자들입니다.

유대인들 역시 다르지 않습니다. "전에는 우리도 다 그 가운데서 우리 육체의 욕심을 따라 지내며 육체와 마음의 원하는 것을 하여 다른 이들과 같이 본질상 진노의 자녀이었더니"(엡 2:3). 사도 바울은 이방인들을 "너희"(엡 2:1-2)로 그리고 유대인들을 "우리"(엡 2:3)로 표현하고 있습니다. 이방인들은 "불순종의 아들들"이었고 유대인들은 "진노의 자녀"이었습니다. 이방인이나 유대인이나 다 죄 아래 있었습니다.

하지만 하나님의 사랑으로 인하여 신분이 변화되었습니다. "허물로 죽은 우리를 그리스도와 함께 살리셨고 너희는 은혜로 구원을 받은 것이라 또 함께 일으키사 그리스도 예수 안에서 함께 하늘에 앉히시니"(엡 2:5-6). 하나님의 사랑은 "죽은 우리를 그리스도와 함께 살리셨"습니다. 죽었다가 살아난 것입니다. 여기서 중요한 표현은 "함께"(순)입니다. 그리스도와 함께 일어나고 그리스도와 함께 살아나고 그리스도와 함께 하늘에 앉았습니다. 역사적인 그리스도의 부활은 믿는 자들에게 실존적인 변화를 일으킵니다. 죄에서 일어나 살게 합니다. 그리고 그리스도와 함께 영광에 참여하게 합니다.

하나님이 유대인과 이방인을 구원하십니다. 이것은 오는 여러 세대에 전시됩니다. 하나님의 자비와 은혜를 나타냅니다. "너희는 그 은혜에 의하여 믿음으로 말미암아 구원을 받았으니 이것은 너희에게서 난 것이 아니요 하나님의 선물이라"(엡 2:8). 하나님이 은혜를 베푸십니다. 그리고 우리는 믿음으로 반응합니다. 이래서 구원이 이루어집니다. 이것은 전적으로 하나님이 베푸신 은혜입니다. 그래서 선물입니다. 따라서 우리는 자랑할 것이 없습니다. 우리의 행위로 난 것이 아니기 때문입니다.

바울이 "너희"로 부르는 사람은 지금 이방인입니다. 이방인은 "할례를 받지 않은"(엡 2:11) 자들이었습니다. 할례는 아브라함의 후손이며 하나님의 언약 백성이라는 표입니다(창 17장). 할례를 받지 않았다는 것은 유대인이 아니며 하나님의 언약과는 상관이 없는 사람이라는 의미입니다. "그때에 너희는 그리스도 밖에 있었고 이스라엘 나라 밖의 사람이라 약속의 언약들에 대하여는 외인이요 세상에서 소망이 없고 하나님도 없는 자이더니"(엡 2:12). 이방인은 아브라함의 후손이 아니기 때문에 유대인과 인종적, 민족적인 연관성이 없습니다. 하나님이 아브라함의 후손인 이스라엘과 맺은 옛 언약과도 아무런 관련이 없었습니다. 따라서 이방인은 하나님을 알지 못했습니다. 그러나 "이제는 전에 멀리 있던 너희가 그리스도 예수 안에서 그리스도의 피로 가까워졌느니라"(엡 2:13). "이제는"은 시대가 변했음을 말합니다. 이방인은 "그리스도 예수 안에서" 가까이 올 수 있습니다. 예수 그리스도의 십자가가 이방인을 가까이 올 수 있게 하는 통로입니다. "그는 우리의 화평이신지라 둘로 하나를 만드사 원수 된 것 곧 중간에 막힌 담을 자기 육체로 허시고"(엡 2:14). 이방인과 유대인 사이에 "막힌 담"이 있었습니다. 두 그룹을 원수 사이가 되게 만든 담입니다. 이 담은 여기서 적대감일 것입니다. 이것은 또한 상징적인 의미를 담고 있었을 것입니다. 예루살렘 성전에는 성전 내부의 뜰과 이방인의 뜰을 분리하는 담이 있었기 때문입니다. 아마도 바울은 유대인과 이방인을 구분하는 예루살렘 성전 내부에 있는 담을 염두에 두고 말했을 수도 있습니다. 그러나 예수 그리스도께서 이 두 그룹을 하나로 만드십니다. 적대감을 제거하신 방법은 "자기 육체로 허시고"입니다. 이것은 십자가의 죽음을 뜻합니다. 예수 그리스도의 죽음은 이방인과 유대인 사이에 평화를 가져왔습니다. 그렇다면 유대인과 이방인 사이에 적대감을 일으키게 한 것이 무엇인가 하는 점입니다. "법조문으로 된 계명의 율법을 폐하셨으니 이는 이 둘로 자기 안에서 한 새사람을 지어 화평하게 하시고"(엡 2:15). 율법이 또한 유대인과 이방인을 갈라놓는 표지입니다. 율법에는 유대인들이 지켜야 할 계명이 있습니다. 우선 할례를 들 수 있습니다. 할례는 아브라함의 후손이라는 표지입니다. 유대인들은 또한 음식법과 안식일 법을 지킴으로 스스로를 이방인들과 구별하였습니다. 이러한 계명들이 유대인과 이방인 사이를 분리해놓았습니다.

그러나 예수 그리스도께서 십자가에서 죽으심으로 율법을 폐하셨습니다. 율법을 무효화시키신 것입니다. 율법의 국가적이고 의식적이고 제도적인 법들이 무효화되었습니다. 유대인 신분을 표시하는 계명들도 폐지된 것입니다. 율법이 폐지됨으로 인하여 유대인과 이방인의 구분이 없어지고 둘 사이에 있던 적대감, 불화, 반목과 원수됨이 사라지고 평화가 왔습니다. 예수 안에 "한 새사람"이 창조된 것입니다. 예수의 오심은 "먼 데 있는 너희"(이방인)와 "가까운 데 있는 자들"(유대인)에게 평화를 가져왔습니다(엡 2:17). 더 나아가 예수 그리스도는 이방인과 유대인을 하나님과도 평화를 이루게 하였습니다. "또 십자가로 이 둘을 한 몸으로 하나님과 화목하게 하려 하심이라"(엡 2:16). 그 결과 "우리 둘이 한 성령 안에서 아버지께 나아감을 얻게" 하였습니다(엡 2:18).

예수 그리스도는 이방인과 유대인을 서로 화평하게 만들었습니다. 그리고 하나님과도 화목하게 만들었습니다. 그리하여 이방인의 신분이 변했습니다. "이제부터 너희는 외인도 아니요 나그네도 아니요 오직 성도들과 동일한 시민이요 하나님의 권속이라"(엡 2:19). "외인"은 '모르는 사람,' "나그네"는 '외국인,' "동일한 시민"은 '동료 시민' 그리고 "하나님의 권속"은 '하나님의 가족'을 뜻합니다. 이방인의 신분이 완전히 변했습니다. 하나님을 알지 못하는 자들이 이제 하나님의 식구가 되었습니다. 더 나아가 이방인은 이제 선지자와 사도들과도 관련이 있는 자들이 되었습니다. "너희는 사도들과 선지자들의 터 위에 세우심을 입은 자라 그리스도 예수께서 친히 모퉁잇돌이 되셨느니라"(엡 2:20). 믿는 이방인들은 함께 집으로 세워집니다. 예수 그리스도께서 모퉁잇돌입니다. 모퉁잇돌은 건물을 짓는 초석입니다. 건물의 귀퉁이에 놓는 사각형의 돌입니다. 두 벽을 이어주는 역할을 합니다. 이 건물은 건축 진행 중입니다. "그의 안에서 건물마다 서로 연결하여 주 안에서 성전이 되어 가고"(엡 2:21). 지어져 가는 건물은 성전입니다. 성전은 구약에서 솔로몬이 지었습니다. 성막을 대체하는 건물로서 하나님의 언약궤를 위하여 지은 집입니다. 하나님은 언약궤 위에 임재하셔서 죄를 용서하시며 말씀하셨습니다. 하나님의 이름이 있는 곳이며 하나님의 거처입니다. 그런데 바울은 이 성전이 지어져 간다고 말합니다. 더 나아가 이방인들도 이 성전 건물의 일부가 되고 있습니다. "너희도 성령 안에서 하나님의 거하실 처소가 되기 위하여 그리스도 예수 안에서 함께 지어져 가느니라"(엡 2:22). 믿는 이방인들을 성전의 일부로 말합니다. 하나님의 거처가 되고 있습니다. 이 성전은 눈에 보이는 건물이 아니라 영적인 성전이며 종말론적인 성전입니다. 사도 바울은 구약의 성막과 성전의 개념을 더 발전시키고 있습니다. 성도들이 하나님이 거하시는 성전이라고 말합니다(고전 3:16).

## 26.4 비밀의 경륜

바울은 이방인도 하나님의 백성이 되었으며 하나님이 거하실 성전으로 지어져간다고 밝혔습니다. 바울은 이방인을 위하여 복음을 전하다가 감옥에 갇혔습니다. 이방인의 구원을 위한 하나님의 계획을 바울은 이렇게 말합니다. "너희를 위하여 내게 주신 하나님의 은혜의 경륜을 너희가 들었을 터이라"(엡 3:2). 하나님이 바울에게 "하나님의 은혜의 경륜"을 주셨습니다. 이것은 '하나님의 은혜의 직무' 입니다. 즉 사명을 말합니다(참고 골 1:25). 하나님이 바울에게 주신 '은혜의 직무' 는 "너희를 위하여" 즉, 이방인을 위하여 주신 것입니다.

바울은 자신이 받은 '은혜의 직무' 의 내용을 "비밀"이라고 말합니다. "곧 계시로 내게 비밀을 알게 하신 것은 내가 먼저 간단히 기록함과 같으니"(엡 3:3). 바울은 이 비밀을 앞에서 짧게 썼다고 말합니다. 이것은 앞에서 말한 예수 그리스도를 통한 하나님의 구원 계획입니다(엡 1:9). 그리스도의 십자가를 통한 하나님의 구원 계획은 이방인에게도 선포되었으며 이방인은 유대인과 함께 한 몸이 되었고 하나님의 성전이 되었다는 것입니다. 바울은 이 비밀을 "그리스도의 비밀"(엡 3:4)이라고 부릅니다. 이것이 왜 비밀이냐 하면 다른 세대에는 알려지지 않았기 때문입니다. "이제 그의 거룩한 사도들과 선지자들에게 성령으로 나타내신 것 같이 다른 세대에서는 사람의 아들들에게 알리지 아니하셨으니"(엡 3:5). "다른 세대"에게는 알려지지 않았지만 "이제"는 "성령으로 나타내"신 것입니다. 구약 시대에는 "그리스도의 비밀"이 숨겨져 있었습니다. 그러나 "이제"(신약 시대)는 성령으로 드러난 것입니다. 바울은 이 "그리스도의 비밀"을 자세하게 설명합니다. "이는 이방인들이 복음으로 말미암아 그리스도 예수 안에서 함께 상속자가 되고 함께 지체가 되고 함께 약속에 참여하는 자가 됨이라"(엡 3:6). 믿는 이방인들은 믿는 유대인과 "함께" 하나님의 기업을 이어받는 "상속자"가 되었습니다. 이방인도 "함께 지체" 즉, '같은 몸' 이 되었습니다. 믿음으로 이방인이 유대인과 한 몸을 이룹니다. 예수 그리스도의 몸의 지체가 된 것입니다. 더 나아가 이방인도 "약속에 참여하는 자"가 되었습니다. "약속"은 구약의 약속뿐만 아니라 신약의 약속도 포함됩니다. 이방인이 이렇게 "함께" 할 수 있는 방법은 "복음으로 말미암아" 그리고 "그리스도 예수 안에서"입니다.

바울이 이러한 비밀을 전하는 하나님의 일꾼입니다. 바울은 자신이 해야 할 일을 명확하게 알고 있습니다. "모든 성도 중에 지극히 작은 자보다 더 작은 나에게 이 은혜를 주신 것은 측량할 수 없는 그리스도의 풍성함을 이방인에게 전하게 하시고"(엡 3:8). 바울은 자신을 "모든 성도 중에 지극히 작은 자"라고 표현합니다. 바울이 과거에 한 일을 염두에 두고 한 말입니다. 바울은 예수 그리스도를 믿기 전에 성도들을 핍박했습니다. 하나님의 교회를 박해한 자였습니다. 그래서 바울은 자신을 "죄인 중에 내가 괴수"(딤전 1:15)라고 말합니다.

이러한 과거가 있기 때문에 바울은 더 자신의 일에 충성합니다. 이방인을 위하여 감옥에 갇혀 있습니다(엡 3:1). 복음 전파를 위해 노력하고 있습니다. 바울은 이방인에게 드러내야 할 자신의 일을 이렇게 설명합니다. "영원부터 만물을 창조하신 하나님 속에 감추어졌던 비밀의 경륜이 어떠한 것을 드러내게 하려 하심이라"(엡 3:9). 바울이 해야 할 일은 감추어져 있던 "비밀의 경륜"을 드러내는 일입니다. "비밀의 경륜"은 '비밀의 경영,' '비밀의 계획'으로 하나님의 구원계획입니다. 바울은 사명 의식이 뚜렷합니다.

바울의 복음 전파로 인하여 하나님의 구원계획이 드러납니다. 이것은 이 역사 속에서 이루어지고 있는 일입니다. 그렇지만 이러한 복음 선포는 이 땅에서 드러나고 있는 일만은 아닙니다. 하늘에서도 드러나고 있는 일입니다. "이는 이제 교회로 말미암아 하늘에 있는 통치자들과 권세들에게 하나님의 각종 지혜를 알게 하려 하심이니"(엡 3:10). 이방인도 믿음으로 그리스도의 몸의 지체, 교회가 되었습니다. 이것을 통하여 하늘에 있는 영적 존재들인 "통치자들과 권세들"에게 하나님의 지혜를 선포하는 것입니다. 그렇다면 천상의 영적 존재들인 "통치자들과 권세들"이 누구인가 하는 것입니다. 이 본문에서는 선한 천사인지 아니면 악한 영들을 의미하는지 명확하지 않습니다. 이들의 정체가 무엇인지 명확하지 않지만 흥미로운 사실은 교회가 하늘의 영적 존재들을 상대한다는 것입니다. 교회를 통해서 하나님의 지혜가 천상의 영적 존재들에게 선포되고 있습니다.

## 26.5 교회의 통일성

그리스도의 몸인 교회는 천상의 영적 존재들을 상대할 수 있습니다. 그렇지만 교회는 다양한 구성원들로 이루어져 있습니다. 앞에서 밝혔듯이 이방인과 유대인이 연합되어 있습니다. 이방인도 사실 다양합니다. 세계 각 처에서 믿음으로 나오는 이방인들이 있기 때문입니다. 그렇다면 이렇게 다양한 몸의 지체들이 어떻게 하나 될 수 있겠습니까?

1) 바울은 먼저 부르심을 받은 자들에게 성품에서 통일성을 이루어야 할 것을 말합니다. "모든 겸손과 온유로 하고 오래 참음으로 사랑 가운데서 서로 용납하고"(엡 4:2). "겸손"과 "온유"는 예수 그리스도의 성품입니다. 예수는 "나는 마음이 온유하고 겸손하니"(마 11:29) 하고 말씀하셨습니다. "오래 참음"과 "사랑"은 또한 성령의 열매이기도 합니다(갈 5:22). 사랑은 또한 성령의 가장 큰 은사이기도 합니다(고전 12:31-13:13). 이러한 덕목들 겸손, 온유, 사랑, 오래 참음으로 서로를 용납하라고 합니다. 신적 부르심을 받은 사람들은 세계 각처에서 온 사람들입니다. 서로 언어, 문화, 인종 그리고 관습이 다를 수 있습니다. 성과 나이도 다를 수 있습니다. 이런 사람들이 모여서 교회를 이룹니다. 이렇게 교회 구성원들이 다양하지만 성품은 같아질 수 있습니다.

2) 성령으로 하나 될 수 있습니다. "평안의 매는 줄로 성령이 하나 되게 하신 것을 힘써 지키라"(엡 4:3). 여기서 "하나 되게 하신 것을"은 '통일성'을 뜻합니다. 성령께서 부르심을 받은 자들을 하나 되게 하십니다. 여기에 교회의 통일성이 있습니다. 더 나아가 바울은 교회가 통일성을 이룰 수 있는 이유를 밝힙니다. "몸이 하나요 성령도 한 분이시니 이와 같이 너희가 부르심의 한 소망 안에서 부르심을 받았느니라"(엡 4:4). 바울은 계속 "하나"를 강조합니다. 한 성령께서 이방인을 한 몸으로 불렀습니다. 당연히 한 소망을 갖고 있습니다.

3) 부르심을 받은 자들의 믿음이 같습니다. "주도 한 분이시요 믿음도 하나요 세례도 하나요 하나님도 한 분이시니"(엡 4:5-6). "하나"가 계속 강조되

었습니다. 구약의 신명기가 "한 하나님," "한 백성," "한 장소"를 강조하는 것을 기억나게 합니다. "주"는 예수 그리스도를 말합니다. 하나님의 부르심을 받은 자들은 예수 그리스도의 십자가와 부활을 믿습니다. 믿음을 고백하는 자들은 "아버지와 아들과 성령의 이름으로 세례를" 받습니다(마 28:19). 같은 세례를 받는 것입니다. 이러니 부르심을 받은 자들은 통일성을 이루어야 할 근거가 확실합니다.

교회는 통일성이 있습니다. 그렇지만 또한 교회는 다양성이 있습니다. 부르심을 받은 자들은 한 믿음을 갖고 있고 한 하나님을 섬기고 있지만 교회에는 다양한 직분들이 있습니다. 교회의 머리이신 예수 그리스도께서 교회의 직분자를 세우십니다. "그가 어떤 사람은 사도로, 어떤 사람은 선지자로, 어떤 사람은 복음 전하는 자로, 어떤 사람은 목사와 교사로 삼으셨으니"(엡 4:11). 사도는 예수 그리스도의 부활을 직접 본 사람들입니다. 따라서 현대에는 더 이상 사도가 존재하지 않습니다. 선지자는 구약에서 하나님의 말씀을 받아 백성에게 전하는 사람들이었습니다. 신약에서도 선지자 직분이 존재합니다. 아가보, 유다와 실라를 선지자라고 부르며(행 11:27-28; 15:32) 빌립의 딸 넷이 "처녀로 예언하는 자"라고 말합니다(행 21:9). 이들은 하나님의 말씀을 전하며 미래의 일을 예언하기도 했습니다. 아가보는 흉년이 들 것을 예언하며(행 11:28) 바울이 예루살렘에서 결박당할 것을 예언했습니다(행 21:11). "복음 전하는 자"는 빌립(행 21:8)처럼 순회하면서 복음을 전했던 사람을 지칭합니다. 목사(포이멘)는 원래 양을 치는 '목자'를 의미합니다. 하지만 신약은 목자를 말씀 사역자를 지칭할 때 사용하기도 합니다(요 21:15-17; 행 20:28-29; 벧전 5:2-4). 개역 개정은 "목사"牧師로 번역하는 데 이것은 '칠 목'과 '스승 사'로 양을 치며 가르치는 의미를 담고 있어서 성경의 사상을 잘 나타내고 있습니다. 교사는 성경을 가르치는 직분입니다. 누가는 안디옥 교회에 바나바, 시므온, 루기오, 마나엔과 사울을 지칭하여 선지자와 교사로 말합니다(행 13:1).

교회의 머리이신 예수 그리스도께서 이러한 직분들을 세우신 목적이 있습니다. "이는 성도를 온전하게 하여 봉사의 일을 하게하며 그리스도의 몸을 세우려 하심이라"(엡 4:12). "성도를 온전하게 하여"는 '성도를 준비하게 하여' 또는 '성도를 갖추게 하여' 라는 의미입니다. 예수께서 교회에 다양한 직분자들을 세우신 이유입니다. 여기서 특이한 것은 말씀 사역자들의 직분만을 다루고 있다는 것입니다. 직분자들이 하나님의 말씀을 잘 가르치고 전달할 때 성도들이 잘 준비될 수 있습니다. 봉사의 일을 할 수 있도록 잘 갖추어집니다. 성도들이 잘 세워져 갈 때 그리스도의 몸이 세워져갑니다. 하나님의 말씀 사역의 결과로 교회가 통일성을 이룹니다.

하나님의 말씀으로 성도들이 교육을 잘 받을 때 하나가 되어갑니다. "우리가 다 하나님의 아들을 믿는 것과 아는 일에 하나가 되어 온전한 사람을 이루어 그리스도의 장성한 분량이 충만한 데까지 이르리니"(엡 4:13). 이 구절을 다시 번역해 보면 이렇습니다. '우리 모두가 하나님의 아들의 지식과 믿음의 통일성에 이르기까지, 완전한 사람에까지, 그리스도의 충만함의 장성한 분량까지.' 특이한 것은 '지식과 믿음의 통일성' 입니다. 지식과 믿음이 동격으로 나옵니다. 이것은 믿음에 있어서 하나님의 아들의 지식이 얼마나 중요한가를 보여줍니다. 위에서 예수 그리스도께서 교회에 말씀의 다양한 사역자들을 세워주신 것을 살펴보았습니다. 말씀 사역이 중요합니다. 하나님의 아들의 지식을 주기 때문입니다. 말씀을 통해 하나님의 아들의 지식을 배우며 믿음을 갖습니다. 믿음은 예수 그리스도의 지식과 결코 분리할 수 없습니다. '하나님의 아들의 지식과 믿음의 통일성' 에 이르는 사람은 '완전한 사람' 입니다. 이 사람은 '그리스도의 충만함의 장성한 분량' 에 도달한 사람입니다.

성도들의 목표는 예수 그리스도의 충만함에 도달하는 것입니다. '장성한 분량' 은 '신장(키)의 분량' 이라는 의미도 있습니다. 장성한 사람은 키가 다 큰 사람입니다. 성장이 잘 이루어진 사람입니다. 성도들은 완전한 사람이 되기까지 계속 성장해야 합니다. 그래서 사도 바울은 더 이상 어린아이가 아니라고 선언합니다. "이는 우리가 이제부터 어린 아이가 되지 아니하여 사람의 속임수와 간사한 유혹에 빠져 온갖 교훈의 풍조에 밀려 요동하지 않게 하려 함이라"(엡 4:14). 어린 아이는 사람의 속임과 간사함에 잘 속습니다. 그래서 이리저리 흔들립니다. 그러나 하나님의 아들의 지식과 믿음에 장성한 사람은 사람의 가르침에 속지 않습니다. 확고하며 흔들리지 않습니다.

이러한 성장은 비단 지식과 믿음에만 있는 것이 아닙니다. 생활에서도 나타나야 합니다. "오직 사랑 안에서 참된 것을 하여 범사에 그에게까지 자랄지라 그는 머리니 곧 그리스도라"(엡 4:15). 그리스도에게까지 자라는 데 있어서 삶이 중요합니다. "사랑 안에서 참된 것을 하여"는 '사랑 안에서 진리를 말하며'로 번역할 수 있습니다. 진리를 말하는 것이 필요합니다. 자신이 알고 있는 예수 그리스도의 지식과 믿음을 바르게 말하는 것입니다. 이런 사람들이 예수 그리스도에게까지 자라납니다. 예수 그리스도는 몸의 머리로서 성도들이 도달해야 할 목표입니다.

바울은 사람의 몸에 교회를 비유합니다. 사람의 몸에서 가장 중요한 기관이 머리입니다. 신체의 각 기관은 머리와 연결되어 있습니다. 이와 같이 예수와 모든 성도들이 연결되어 있습니다. 예수께로부터 모든 자양분을 공급받습니다. "그에게서 온 몸이 각 마디를 통하여 도움을 받음으로 연결되고 결합되어 각 지체의 분량대로 역사하여 그 몸을 자라게 하며 사랑 안에서 스스로 세우느니라"(엡 4:16). 모든 성도들은 예수 그리스도와 적절하게 연합되어 있습니다. 그래서 예수께로부터 영양분을 공급받습니다. 능력, 지혜, 생명과 은혜를 받습니다. 또한 각 지체들은 그들이 받은 은혜와 은사를 따라 일합니다. 지체들끼리 상호 협력을 잘 합니다. 그래서 몸이 자라갑니다.

우리는 위에서 교회의 통일성과 다양성을 논했습니다. 교회가 이렇게 통일성을 이룰 수 있는 이유가 있었습니다. 믿음이 하나이며 세례도 하나이며 우리의 믿음의 대상이신 하나님도 한 분이며 교회의 머리이신 예수 그리스도도 한 분이시며 우리를 하나 되게 하시는 성령도 한 분이십니다. 교회가 통일성을 이루는 것은 하나님으로부터 나오는 것입니다.

또한 교회가 통일성을 이룰 수 있는 것은 성도들이 근본적으로 변화되었기 때문이기도 합니다. 예수 그리스도를 믿는 사람은 존재론적인 변화를 경험합니다. 실존론적인 변화입니다. 바울은 진리의 말씀을 듣고 예수를 믿는 사람들에게 이렇게 권면합니다. "너희가 유혹의 욕심을 따라 썩어져 가는 구습을 따르는 옛 사람을 벗어 버리고 오직 너희의 심령이 새롭게 되어 하나님을 따라 의와 진리의 거룩함으로 지으심을 받은 새 사람을 입으라"(엡 4:22-24).

1) 옷을 벗고 입는 것에 비유를 합니다. "옛 사람"을 벗어 버려야 합니다. 예수를 믿기 전의 상태를 말합니다. "옛 사람"은 "구습을 따르는" 즉, '이전 행위를 따라' 간 사람입니다. 예수 믿기 이전에 행하던 습관과 행실입니다. 이것은 "유혹의 욕심을 따라"(속임의 욕구, 거짓된 욕망을 따라) 가는 것입니다. 이런 상태를 바울은 "썩어져 가는"이라고 표현합니다. 타락하고 부패한 상태입니다. 윤리적으로 더러운 것입니다. 이런 상태에 있는 사람을 "옛 사람"이라고 부릅니다. 바울은 "옛 사람"을 벗어 버리라고 조언합니다.

2) "심령이 새롭게" 되어야 합니다. "심령"은 '마음의 영' 입니다. '마음의 영' 이 새롭게 즉 갱생되어야 합니다. 마음의 생각과 사상이 변하는 것입니다. 마음의 생각의 변화는 행동의 변화를 수반합니다. 따라서 윤리적으로 부패하고 타락한 행동을 했던 사람이 윤리적으로 깨끗한 삶을 삽니다.

3) "옛 사람"을 벗은 사람은 이제 "새 사람"을 입어야 합니다. "새 사람"은 새롭게 창조된 사람입니다. 단순히 마음의 생각만 바꾼 사람이 아닙니다. 마음의 생각은 또 바뀔 수 있습니다. 그러나 "새 사람"은 "하나님을 따라 의와 진리의 거룩함으로 지으심을 받은 새 사람"입니다. 이것은 '진리와 거룩과 의 안에서 하나님을 따라 창조된 사람' 입니다. "새 사람"은 "하나님을 따라 창조된 사람"입니다. 하나님의 성품과 성격을 닮아가는 사람입니다. 특히 '진리, 의, 거룩' 을 닮아가는 사람입니다. 예수 그리스도를 믿으면 새롭게 창조됩니다. 거짓과 속임의 욕망으로 가득 찼던 사람이 진리, 거룩 그리고 의를 추구하는 사람으로 바뀝니다. 이것은 실재적인 변화입니다.

예수 그리스도의 십자가와 부활 사건을 믿는 사람들은 내면적인 변화를 겪습니다. 이것은 실재적이며 실존적인 변화입니다. 하나님을 따라서 의, 거룩 그리고 진리를 추구합니다. 이런 사람들이 모여서 교회를 형성합니다. 그리스도의 몸을 세워나가는 것입니다. 교회는 다양한 구성원들이 모이는 곳입니다. 인종과 언어가 다르고 나이와 성별이 다르고 학벌과 지역이 다릅니다. 이렇게 다양한 구성원들이지만 교회는 통일성을 갖습니다. 본질적으로 "새 사람"이 되었기 때문에 하나가 되어 갈 수 있는 것입니다.

# 27

# 옛 언약과 새 언약

**읽어야 할 본문: 히브리서 1-13장**

히브리서는 상당히 특이합니다. 바울 서신이나 야고보서 그리고 베드로서에서 볼 수 있는 일반적인 서신 형태, 서신 서두에 나오는 누가 누구에게 보내는 편지인지 그리고 문안 인사를 갖고 있지 않습니다. 그럼에도 불구하고 히브리서의 끝에는 서신 형태를 띠고 있습니다. "형제들아 내가 너희를 권하노니 권면의 말을 용납하라 내가 간단히 너희에게 썼느니라"(히 13:22) 하는 말이 있습니다. 아마도 히브리서 서신을 받아 본 수신자들은 누가 이 글을 썼는지 알고 있었던 것 같습니다. 그리고 개인적인 안부와 함께 작별 인사와 축복도 있습니다(히 13:24-25).

히브리서 본문이 저자가 누구인지 밝히고 있지 않아서 히브리서를 누가 썼는지에 대한 많은 논란이 있습니다. 가장 많이 거론되는 사람은 사도 바울입니다(알렉산드리아의 클레멘트). 히브리서의 사상이 바울 서신과 비슷한 점이 있기 때문입니다. 하지만 바울은 편지를 쓸 때마다 자신의 이름을 밝혔기 때문에 히브리서에서 이름을 밝히지 않은 것이 잘 설명이 되지 않습니다. 이래서 사도 바울의 저작권을 부인하는 사람들이 있습니다(이레니우스, 로마의 힙폴리투스). 바울 외에 거론되는 사람들은 바나바와 누가도 있습니다. 마틴 루터는 아볼로를 지목하기도 했습니다. 그 외에도 브리스길라(하르낙)와 로마의 클레멘트가 거론되기도 했습니다. 하지만 히브리서를 누가 썼다고 밝히고 있는 명확한 증거가 없습니다. 오리겐은 히브리서를 누가 썼는지는 "하나님만이 아신다." 하고 말하기도 했습니다.

히브리서를 누가 썼는지 알 수 없습니다. 또한 누구에게 보내진 서신인지도 명확하지 않습니다. 고대 사본 가운데 하나는 "히브리인들에게"라는 표제어를 갖고 있기도 합니다. 이것을 보면 유대 그리스도인에게 보내진 것 같습니다. 그렇지만 어느 지역에 있는 사람들인지는 알 수 없습니다. 히브리서 끝에 "이달리야에서 온 자들도 너희에게 문안하느니라"(히 13:24) 하는 표현에서 아마도 로마에 살고 있던 유대 그리스도인들에게 보내졌을 것이라고 추측하기도 합니다.

히브리서는 누가, 누구에게 썼는지 명확하지 않습니다. 또한 언제 어디서 기록되었는지도 명확하지 않습니다. 클레멘트 1서에 히브리서가 인용되었기 때문에 A.D 95년 이전으로 추정합니다.

히브리서는 저자, 수신자, 기록 연대와 기록 장소 등 모든 것이 불명확합니다. 그렇지만 히브리서가 말하고 있는 내용은 명확합니다. 예수 그리스도는 구약의 어떤 인물들(모세, 여호수아, 아론, 선지자들)보다 더 뛰어나며 천사보다도 더 뛰어나신 분이라는 것을 잘 설명합니다. 그리고 히브리서는 옛 언약과 새 언약을 비교합니다. 옛 언약의 제사 제도, 대제사장 그리고 성막을 새 언약의 예수 그리스도의 십자가 죽음, 대제사장 직 그리고 하늘 성소에 비교하여 새 언약이 더 뛰어남을 말하고 있습니다. 히브리서 기자는 구약 예배 제도와 예수 그리스도를 비교하는 모형론을 가장 잘 설명하고 있습니다. 더 나아가 히브리서 저자는 새 언약의 성도들이 다시 유대교로 귀의하려는 배교에 대해서 심각하게 경고하고 있습니다.

## 27.1 예수 그리스도의 뛰어나심

히브리서는 서신의 일반적인 서두, 문안 인사와 함께 누가 누구에게 편지를 쓰는 것인지를 생략합니다. 대신 아주 특이하게 구약과 신약을 비교하면서 시작합니다. "옛적에 선지자들을 통하여 여러 부분과 여러 모양으로 우리 조상들에게 말씀하신 하나님이 이 모든 날 마지막에는 아들을 통하여 우리에게 말씀하셨으니"(히 1:1-2). 이 구절에서 다음과 대조가 눈에 들어옵니다.

"옛적에"(구약 시대) - "이 모든 날 마지막에"(신약 시대),

"선지자들을 통하여 여러 부분과 여러 모양으로" - "아들을 통하여,"

"우리 조상들에게" - "우리에게,"

그리고 구약 시대에나 신약 시대에 말씀하시는 주체는 "하나님"입니다. 하나님이 구약 시대에도 신약 시대에도 말씀하셨습니다. 시대는 변했지만 하나님은 자신의 뜻과 계획을 선지자들과 아들을 통하여 계시하신 것입니다. 선지자들은 하나님의 말씀의 통로였습니다. 구약에서 보면 하나님의 말씀이 선지자들에게 임합니다. 그러면 선지자들이 백성에게 하나님의 말씀을 선포했습니다. 그리고 구약 시대에 하나님은 "여러 부분과 여러 모양으로" 자신의 뜻을 나타내셨지만 신약 시대에는 "아들을 통하여" 자신의 구속 계획을 드러내셨습니다. 하나님이 말씀하시는 방법이 달라지고 있습니다. 계시의 통로가 변했습니다. 그리고 하나님이 말씀하신 대상도 다릅니다.



### 아들을 통하여

신약 시대에는 하나님이 아들을 통하여 말씀하셨습니다. 히브리서 기자는 이 아들이 누구인지 계속 설명합니다. "이 아들을 만유의 상속자로 세우시고 또 그로 말미암아 모든 세계를 지으셨느니라 이는 하나님의 영광의 광채시요 그 본체의 형상이시라 그의 능력의 말씀으로 만물을 붙드시며 죄를 정결하게 하는 일을 하시고 높은 곳에 계신 지극히 크신 이의 우편에 앉으셨느니라"(히 1:2-3).

1) 아들의 신분이 놀랍습니다. 그 아들은 창조주입니다. 아들을 통하여 세상을 창조하셨습니다. 이러한 사상은 요한복음의 서두에서도 볼 수 있었습니다(요 1:1-3). 세상의 주인입니다. 더 나아가 그 아들은 "만유의 상속자"입니다. "만유"는 '모든 것' 입니다. 그 아들은 "세계"뿐만이 아니라 "만유"(모든 것)의 주인입니다.

2) 아들의 신분은 하나님입니다. 아들을 "하나님의 영광의 광채" 그리고

"그 본체의 형상"이라고 말합니다. 아들은 하나님과 본질이 같은 분입니다. 이는 곧 아들이 하나님이라는 의미입니다. 아들은 성부 하나님과 본질과 영광이 동등한 성자 하나님입니다.

3) 아들은 또한 모든 것을 다스리시며 통치하시는 분입니다. 그는 하나님의 말씀의 능력으로 만물을 붙들고 계십니다. 만물의 질서를 부여하고 유지하고 있는 것입니다. 세상을 무질서하게 내버려두시는 분이 아니라 질서를 유지하게 하십니다.

4) 아들이 한 일을 설명합니다. 아들은 죄를 정결하게 하십니다. 사람은 하나님의 명령을 거역함으로 죄를 지었습니다. 죄로 인하여 인류는 타락했습니다. 인류는 그동안 죄의 문제를 해결할 방법이 없었습니다. 그런데 아들이 이 땅에 오셔서 인류의 죄 문제를 해결하셨습니다. 죄를 깨끗하게 하셨습니다. 그리고 그 아들은 하늘로 가셔서 하나님의 보좌 우편에 앉으셨습니다.

하나님이 마지막 시대에 아들을 통하여 우리에게 말씀하셨습니다. 여기에 하나님의 뜻이 계시되었습니다. 아들을 통하여 인간의 죄 문제를 해결하신 하나님의 의지가 드러납니다.

히브리서 기자는 아들의 신분이 누구인지를 밝혔습니다. 그리고 이제 그 아들을 하늘의 영적인 존재, 천사와 비교해서 말하고 있습니다. "그가 천사보다 훨씬 뛰어남은 그들보다 더욱 아름다운 이름을 기업으로 얻으심이니"(히 1:4). 아들을 천사와 비교하여 우월한 신분임을 밝히고 있습니다. 더 나아가 히브리서 기자는 구약을 인용하여 아들의 신분을 말합니다. 하나님은 천사 가운데 그 누구에게도 아들이라고 말한 적이 없다는 것입니다. 또한 천사에게 하나님과 부자관계에 있음을 말하지도 않았습니다. 하나님은 아들과 부자관계에 있습니다. "나는 그에게 아버지가 되고 그는 내게 아들이 되리라"(히 1:5).

히브리서 기자는 이 아들을 "맏아들"로 부릅니다. 그리고 그 맏아들이 세상에 다시 오실 때가 있다고 말합니다. 그때에는 모든 천사들이 그 아들에게 경배할 것입니다(히 1:6). 그 아들은 천사들의 경배를 받는 아주 뛰어난 분입니다. 그분은 천사들을 "사역자"로 삼습니다. 천사들은 아들의 하인, 종에 지나지 않습니다(히 1:7). 하지만 아들은 그렇지 않습니다. 아들의 보좌는 영원합니다. 하늘과 땅은 없어져가고 사라질 것입니다. 그러나 아들은 영원히 있습니다(히 1:8-12). 하나님이 하나님의 보좌 우편에 천사를 앉힌 것이 아니라 아들을 앉히셨습니다(히 1:13). 천사는 단지 "구원받을 상속자들을 위하여 섬기라고 보내심"을 받은 자들입니다(히 1:14). 구원받을 성도들을 위해 보냄을 받은 자들에 불과합니다.

### 구원의 창시자

하나님이 마지막 시대에 이렇게 뛰어난 신분을 갖고 계신 아들을 통하여 우리에게 구원의 말씀을 주셨습니다. 따라서 이 구원의 말씀을 들은 사람들은 경각심을 갖고 깨어 있어야 합니다. "그러므로 우리는 들은 것에 더욱 유념함으로 우리가 흘러 떠내려가지 않도록 함이 마땅하니라"(히 2:1). "우리"는 히브리서 저자와 수신자들을 의미합니다. 히브리서 저자는 구원의 말씀에 더 깊은 관심을 보여야 한다고 말합니다. "더욱 유념함으로"는 '더 진지한 주의(조심)'를 뜻합니다. 왜냐하면 들은 말씀을 흘려버릴 수 있기 때문입니다. 히브리서 저자는 들은 말씀을 "큰 구원"이라고 표현합니다. "우리가 이같이 큰 구원을 등한히 여기면 어찌 그 보응을 피하리요 이 구원은 처음에 주로 말씀하신 바요 들은 자들이 우리에게 확증한 바니"(히 2:3). "등한히 여기면"은 '무시하면' 또는 '방치하면' 이라는 가정법입니다. 구원의 말씀에 큰 관심을 기울이지 않는 것입니다. 이런 사람에게 심판이 있을 것입니다. 그런데 여기서 흥미로운 사실은 "우리"가 누구인가 하는 것입니다. 큰 구원의 말씀은 처음에 "주"로부터 시작되었습니다. "주"는 아들로서 예수 그리스도를 의미합니다. 주님에게 "들은 자들이" "우리"에게 전해 주었습니다. "들은 자들"은 아마도 주의 제자들일 것입니다. 이것을 보면 "우리"는 주님의 사도들로부터 들은 자들입니다. 히브리서 저자는 사도들이 아닌 사람들이나 사도들로부터 복음을 배운 사람일 가능성이 높습니다.

아들 곧 "주"께로부터 시작된 "큰 구원"은 "들은 자들"이 다시 "우리"에게 전해 주었습니다. 복음이 계속 이어지고 있습니다. 이때 하나님도 표적과 능력으로 함께 하셨습니다. 하나님은 복음 사역자들의 말을 확증하기 위하여 일하신 것입니다(히 2:4).

아들은 만유의 상속자입니다. 다가 올 세상은 아들에게 복종할 것입니다. 그렇지만 현재 아들의 모습은 만유의 상속자가 아닙니다. 만물이 그 아들에게 아직 복종하지 않았습니다(히 2:5-8). 만물이 그 아들에게 복종할 때가 있습니다. 역사 속에서 아직 그 시기가 오지 않았습니다.

아들의 신분이 아직 만유의 상속자가 되지 않았습니다. "오직 우리가 천사들보다 잠시 동안 못하게 하심을 입은 자 곧 죽음의 고난 받으심으로 말미암아 영광과 존귀로 관을 쓰신 예수를 보니 이를 행하심은 하나님의 은혜로 말미암아 모든 사람을 위하여 죽음을 맛보려 하심이라"(히 2:9). 아들의 신분에 단계가 있습니다. 낮아지신 때가 있습니다. 아들은 천사들보다 더 뛰어나시며 천사들을 하인으로 부리는 분이시지만 "천사들보다 잠시 동안 못하게" 하신 때가 있습니다. 아들은 "하나님의 영광의 광채"(히 1:3)이시며 "천사보다 훨씬 뛰어"(히 1:4)나지만 사람의 몸을 입고 오신 때가 있습니다. 이때가 "천사들보다 잠시 동안 못하게 하신" 때입니다(히 2:9). 인간의 몸을 입고 오셔서 죽음의 고통을 맛보십니다. 십자가에서 죽으신 것입니다. 아들이 십자가에 죽으신 것은 "모든 사람을 위하여" 행하신 일입니다. 이것이 중요합니다. 하나님이 마지막 시대에 아들을 통하여 말씀하신 구체적인 방법이기 때문입니다. 이 십자가의 죽음이 구원의 기반과 초석입니다. "그러므로 만물이 그를 위하고 또한 그로 말미암은 이가 많은 아들들을 이끌어 영광에 들어가게 하시는 일에 그들의 구원의 창시자를 고난을 통하여 온전하게 하심이 합당하도다"(히 2:10). 아들이 십자가에서 죽으심으로 "많은 아들들을 이끌어 영광에 들어가게 하시는 일"이 이루어졌습니다. 아들의 죽음을 통하여 "많은 아들들"이 생겨납니다. 이래서 아들을 "맏아들"로 부른 것입니다(히 1:6). 많은 아들들이 영광에 들어갑니다. 이것이 구원입니다. 이래서 아들을 "구원의 창시자"로 부릅니다. 아들은 "구원의 창시자"가 되기 위하여 "고난" 즉,

십자가에서 죽음을 당한 것입니다. 많은 아들들과 아들은 형제가 되었습니다. 이래서 많은 아들들이 아들을 찬양하는 것입니다. 많은 아들들은 교회입니다. 교회에서 아들 즉, 예수 그리스도를 찬양하며 높이며 그에게 감사합니다(히 2:11-12).

아들이 마지막 시대에 인간의 몸을 입고 오신 이유가 있습니다. 많은 아들들이 육신을 입고 있기 때문입니다. "자녀들은 혈과 육에 속하였으매 그도 또한 같은 모양으로 혈과 육을 함께 지니심은 죽음을 통하여 죽음의 세력을 잡은 자 곧 마귀를 멸하시며"(히 2:14). 아들은 많은 아들들과 함께 육신을 입었습니다. 완전한 인간이 되어 많은 형제들과 동일하게 되었습니다. 이렇게 인간의 몸을 입은 목적은 죽기 위해서입니다. 십자가에서 죽으심으로 사망의 권세 잡은 자를 무력하게 만드신 것입니다. 마귀는 사망의 권세를 잡고 있습니다. 마귀의 권세를 깨뜨리시며 마귀를 멸하시려고 하신 것입니다.

예수께서 십자가에서 죽으심으로 많은 아들들이 해방을 얻었습니다. "또 죽기를 무서워하므로 한평생 매여 종 노릇 하는 모든 자들을 놓아 주려 하심이니"(히 2:15). 사람들은 다 죽습니다. 사망에 매여 있습니다. 사망의 노예입니다. 그러나 예수께서 십자가에서 사망의 권세를 잡은 자 마귀를 멸하셨습니다. 그의 능력을 무력화시켰습니다. 예수의 십자가의 죽음은 우리에게 사망의 권세로부터 자유를 주었습니다. 이러한 혜택을 받은 사람들은 "아브라함의 자손"(씨)입니다(히 2:16).

예수께서 십자가에서 죽으심으로 많은 아들들이 자유를 누립니다. 예수의 이러한 일은 구약에서 대제사장이 하는 일로 비교됩니다. "그러므로 그가 범사에 형제들과 같이 되심이 마땅하도다 이는 하나님의 일에 자비하고 신실한 대제사장이 되어 백성의 죄를 속량하려 하심이라"(히 2:17). 구약에서 대제사장은 하나님의 일을 했습니다. 특별히 백성의 죄를 위하여 제사를 드리며 하나님과 백성 사이를 화목하게 했습니다. 예수께서 십자가에서 죽으신 것은 구약에서 대제사장이 한 일이라는 것입니다. 예수께서 인간의 몸을 입고 십자가에서 죽은 일은 "백성의 죄를 속량하려"고 한 일입니다. 십자가의 죽음이 백성들의 죄를 용서하여 하나님과 화해하게 한 것입니다.

예수의 십자가는 고난입니다. 예수께서 이러한 고난을 당하신 이유는 백성들을 도와주기 위해서입니다. "그가 시험을 받아 고난을 당하셨은즉 시험 받는 자들을 능히 도우실 수 있느니라"(히 2:18). 예수께서 인간의 몸을 입고 이 땅에 계실 때에 고난을 당했습니다. 이 고난을 시험이라고 부릅니다. 이렇게 시험을 당하신 예수는 시험을 당하는 자들을 도와줄 수 있습니다. 이것을 보면 히브리서의 독자들이 시험 가운데 즉, 고난을 당하고 있다는 사실을 알 수 있습니다.

## 27.2 안식

하나님이 마지막 시대에 아들을 통해서 말씀하셨습니다. 이 아들은 대제사장이신 예수 그리스도입니다. "그러므로 함께 하늘의 부르심을 받은 거룩한 형제들아 우리가 믿는 도리의 사도이시며 대제사장이신 예수를 깊이 생각하라"(히 3:1). 아들 예수 그리스도를 통하여 형제가 된 사람들을 "하늘의 부르심을 받은 거룩한 형제들"이라고 부릅니다. 그들에게 예수를 "깊이 생각하라"고 말합니다. '숙고하라,' '잘 주시하라' 이런 의미입니다. 이것은 예수에게 생각을 고정시키라는 뜻입니다. 왜냐하면 예수는 "우리가 믿는 도리의 사도이시며 대제사장"이기 때문입니다. 이것은 '우리의 신앙 고백의 사도 그리고 대제사장'이라는 뜻입니다. 신앙 고백은 모든 믿는 성도들이 한 입으로 같이 고백하는 것입니다.

히브리서 기자가 예수를 깊이 생각하라고 권하는 이유는 예수께서 모세보다 더 뛰어나기 때문입니다. 예수를 모세와 비교합니다. 모세는 이스라엘을 건국한 사람이며 하나님께로부터 직접 율법을 받은 사람입니다. 유대교 내에서 모세가 차지하는 자리는 절대적입니다. 유대의 종교 지도자들인 바리새인은 자신들을 "모세의 제자"(요 9:28)라고 자랑스럽게 공공연하게 말했습니다. 서기관들과 바리새인들은 "모세의 자리"에 앉기를 좋아했습니다(마 23:2). 유대교에서 모세의 법은 절대적인 권위를 갖고 있었습니다. 히브리서 기자는 이러한 모세를 예수와 비교합니다. "그는 자기를 세우신 이에게 신실하시기를 모세가 하나님의 온 집에서 한 것과 같이 하셨으니"(히 3:2). 예수와 모세의 신실함 즉 충성을 비교하고 있습니다. 모세는 "하나님의 온 집에서 종"으로 충성을 다하였습니다. 그러나 예수는 "하나님의 집을 맡은 아들"로서 충성을 다하였습니다(히 3:5-6). 히브리서 기자는 이 "하나님의 집"을 "우리는 그의 집이라" 하고 말합니다(히 3:6).

히브리서 기자는 예수를 모세와 비교한 후에 배교에 대한 경고를 주고 있습니다. 모세 시대에 이스라엘은 광야에 있었습니다. 이스라엘은 광야에서 하나님의 음성에 불순종했습니다. 그 결과 이스라엘은 하나님의 안식에 들어오지 못할 것이라는 선언을 들었습니다(히 3:7-11). 히브리서 기자는 독자들에게 이스라엘과 같이 불순종하지 말 것을 권면합니다. "오직 오늘이라 일컫는 동안에 매일 피차 권면하여 너희 중에 누구든지 죄의 유혹으로 완고하게 되지 않도록 하라"(히 3:13). 히브리서 독자들에게 하는 말입니다. 이것을 보면 히브리서 독자들이 배교의 상황에 처해 있습니다. 이들은 처음 가졌던 믿음에서 떠나려고 합니다. "우리가 시작할 때에 확신한 것을 끝까지 견고히 잡고 있으면 그리스도와 함께 참여한 자가 되리라"(히 3:14). 히브리서 저자는 독자들에게 처음에 가졌던 믿음을 끝까지 유지하라고 권합니다. 배교하지 말라는 의미입니다. 그리고 다시 이스라엘이 광야에 있었을 때에 했던 불순종을 언급합니다. "오늘 너희가 그의 음성을 듣거든 격노하시게 하던 것 같이 너희 마음을 완고하게 하지 말라"(히 3:15). 여기서 "너희"는 모세와 함께 이집트에서 나온 자들입니다(히 3:16). 이들은 결국 하나님의 안식에 들어가지 못했습니다. 출애굽 세대는 가나안 땅에 들어가지 못한 것을 말합니다. 히브리서 기자는 출애굽 세대가 가나안 땅에 들어가지 못한 이유를 믿음이 없었기 때문이라고 밝힙니다. "이로 보건대 그들이 믿지 아니하므로 능히 들어가지 못한 것이라"(히 3:19). 히브리서 기자는 출애굽 세대를 예로 들어서 히브리서를 읽는 독자들에게 경고합니다. "그러므로 우리는 두려워할지니 그의 안식에 들어갈 약속이 남아 있을지라도 너희 중에는 혹 이르지 못할 자가 있을까 함이라"(히 4:1). 히브리서를 읽는 독자들이 들어갈 안식은 하나님 나라입니다. 하나님 나라의 안식에 들어갈 약속이 남아 있어도 믿지 않으면 들어갈 수 없습니다. 안식에 관한 말씀을 들은 사람은 믿음을 더해야 합니다(히 4:2). 믿는 사람이 안식에 들어갈 수 있습니다.

히브리서 기자는 가나안 땅의 안식과 하나님 나라의 안식을 비교한 후에 특이하게 여호수아가 이스라엘에게 완전한 안식을 주지 못했다고 말합니다. "만일 여호수아가 그들에게 안식을 주었더라면 그 후에 다른 날을 말씀하지 아니하셨으리라"(히 4:8). 여호수아는 출애굽 후세대를 이끌고 가나안 땅에 들어갔습니다. 가나안 땅을 점령하여 출애굽 후세대에게 기업의 땅으로 나누어주었습니다. 그런데 히브리서 기자는 여호수아가 이스라엘에게 안식을 주지 못했다고 말합니다. 가나안 땅 입성은 진정한 안식이 될 수 없다는 것입니다. 하지만 신약의 성도들에게는 진정한 안식이 남아 있습니다. "그런즉 안식할 때가 하나님의 백성에게 남아 있도다"(히 4:9). 하나님 나라의 안식입니다. 그러므로 히브리서를 읽는 독자들은 이 안식에 들어가기를 노력해야 합니다(히 4:11).



## 27.3 대제사장

히브리서 저자는 예수를 대제사장으로 소개했습니다. 구약에서 대제사장이 했던 일이 있습니다. "대제사장마다 사람 가운데서 택한 자이므로 하나님께 속한 일에 사람을 위하여 예물과 속죄하는 제사를 드리게 하나니"(히 5:1). 1) 대제사장은 먼저 사람 가운데서 하나님의 선택을 받은 자입니다. 예수께서도 사람이 되셨습니다. 혈과 육을 가지신 완전한 사람입니다(히 2:14). 2) 대제사장은 백성의 죄를 위하여 제사를 드립니다. 이와 같이 예수께서도 백성의 죄를 위하여 십자가에서 자신의 몸을 드렸습니다(히 2:14-18). 예수는 백성의 죄를 속량해 주었습니다(히 2:17). 이래서 예수를 "큰 대제사장"으로 말합니다(히 4:14).

구약의 대제사장인 아론은 하나님의 부르심으로 대제사장이 되었습니다

(히 5:4). 이와 같이 예수도 하나님의 부르심이 있었습니다(히 5:5). 예수께서 스스로 대제사장이 되신 것이 아닙니다. 예수는 완전한 인간으로서 인간이 경험할 수 있는 모든 고난을 겪으셨습니다. 예수는 모든 면에서 사람이 겪는 시험을 당하셨습니다. 이래서 예수는 사람의 연약함을 동정하실 수 있습니다(히 4:15).

또한 예수는 죽음에서 능히 구원하실 수 있는 하나님께 눈물로 기도했습니다. 이러한 기도를 하나님께서 들으셨습니다(히 5:7). 예수는 하나님의 아들이셨지만 고난을 통해서 순종을 배웠습니다. 이래서 고난당하는 자들을 위하여 기도할 수 있습니다. 또한 예수께 순종하는 자들에게 "영원한 구원의 근원"이 되었습니다(히 5:9).

하지만 문제가 하나 있습니다. 대제사장은 레위 지파의 아론 집안에서 나와야 합니다. 그런데 예수는 유다 지파 출신입니다. 그렇다면 유다 지파 출신인 예수께서 어떻게 대제사장이 될 수 있는가 하는 것입니다. 여기에 대하여 히브리서 기자는 멜기세덱을 언급합니다. "네가 영원히 멜기세덱의 반차를 따르는 제사장이라"(히 5:6; 시 110:4). 멜기세덱은 아브라함이 그돌라오멜과의 전쟁에서 승리하고 돌아올 때 나와서 아브라함을 맞은 살렘 왕입니다. 그는 또한 하나님의 제사장으로 아브라함을 축복했습니다. 그러자 아브라함이 그에게 십분의 일을 주었습니다(창 14:17-20). 히브리서 저자는 멜기세덱에 대해 더 자세하게 설명합니다. "의의 왕이요 그 다음은 살렘 왕이니 곧 평강의 왕이요 아버지도 없고 어머니도 없고 족보도 없고 시작한 날도 없고 생명의 끝도 없어 하나님의 아들과 닮아서 항상 제사장으로 있느니라"(히 7:2-3). 멜기세덱의 특징은 인간적인 기원이 없다는 사실입니다. 어머니와 아버지가 없습니다. 족보도 없습니다. 생명의 시작과 끝이 없습니다. 즉 인간이 아니라는 의미입니다. 히브리서 기자는 멜기세덱을 "하나님의 아들과" 닮았다고 밝힙니다. 히브리서의 저자는 멜기세덱을 하나님의 아들의 현현으로 말하고 있습니다. 하나님의 아들이 멜기세덱으로 아브라함에게 나타난 것입니다. 예수는 이러한 멜기세덱을 쫓아 제사장이 되었다고 말합니다.

멜기세덱은 아브라함에게서 십분의 일을 받았습니다(히 7:4). 아브라함은 유대인의 조상입니다. 그에게서 십분의 일을 받았으니 아브라함보다 더 뛰어난 분입니다. 레위 지파의 제사장은 백성으로부터 십분의 일을 받을 권리가 있습니다. 율법이 정한 규례입니다. 하지만 멜기세덱은 레위 지파가 아님에도 불구하고 아브라함에게 십분의 일을 받고 아브라함을 축복했습니다. 이때 레위는 아직 태어나지도 않았습니다. 레위는 아브라함의 손자 야곱의 아들입니다. 이러니 멜기세덱은 레위 보다 더 뛰어난 분입니다(히 7:4-10).

예수께서 멜기세덱의 반차를 따라 제사장이 되었습니다. 레위 지파의 제사장 직분에 부족함이 있었기 때문입니다. "레위 계통의 제사 직분으로 말미암아 온전함을 얻을 수 있었으면 백성이 그 아래에서 율법을 받았으니 어찌하여 아론의 반차를 따르지 않고 멜기세덱의 반차를 따르는 다른 한 제사장을 세울 필요가 있느냐"(히 7:11). 레위 지파의 제사장 직분은 사람을 완전하게 할 수 없습니다. 이래서 아론이 아닌 다른 제사장 직분이 필요했던 것입니다. 이것은 율법을 따른 것이 아닙니다. 율법이 변한 것입니다. "제사 직분이 바꾸어졌은즉 율법도 반드시 바꾸어지리니"(히 7:12). 예수께서 제사장이 되신 것은 율법이 변한 것입니다. 율법이 더 이상 구속력이 없다는 의미입니다.

예수께서 대제사장이 되신 것은 율법을 따른 것이 아닙니다. "그는 육신에 속한 한 계명의 법을 따르지 아니하고 오직 불멸의 생명의 능력을 따라 되었으니"(히 7:16). 예수께서 제사장이 되신 것은 제사장은 아론과 같이 레위 지파에 속해야 한다는 율법의 요구에 따른 것이 아니라 "불멸의 생명의 능력"(끝이 없는 생명의 능력)을 따라서 되었습니다. 멜기세덱은 인간적인 기원이 없기 때문입니다. 생명의 시작도 끝도 없습니다(히 7:3). 아론과 멜기세덱을 그리고 율법과 불멸의 생명을 비교하고 있습니다.

예수께서 율법을 따르지 않았다는 것은 율법이 변했다는 것입니다. "전에 있던 계명은 연약하고 무익하므로 폐하고 율법은 아무 것도 온전하게 못할지라"(히 7:18-19). 히브리서 기자는 율법이 폐해졌다고 선언합니다. 현 문맥에서 이 폐해진 율법은 제사장에 관한 계명을 뜻합니다. 율법이 폐해진 이유로 "율법은 아무 것도 온전하게 못할지라" 하고 설명합니다. 헬라어는 여기에 "왜냐하면"이라는 접속사가 있습니다. '왜냐하면 율법은 아무 것도 완전하게 못하기 때문이다' 이런 의미입니다.

구약 시대에 제사장은 많았습니다. 왜냐하면 사람은 죽기 때문입니다(히 7:23). 그렇지만 이제 새로운 제사장인 예수는 그렇지 않습니다. 혼자입니다. 예수는 영원히 살아 계시기 때문에 제사장이 바뀔 필요가 없습니다(히 7:24). 예수는 영원히 살아 계셔서 백성을 위하여 기도하십니다. "그러므로 자기를 힘입어 하나님께 나아가는 자들을 온전히 구원하실 수 있으니 이는 그가 항상 살아 계셔서 그들을 위하여 간구하심이라"(히 7:25). 율법은 아무 것도 완전하게 할 수가 없었습니다. 그러나 예수는 사람들을 구원할 수 있습니다. 예수를 통하여 하나님께 나아가는 사람들입니다. 예수는 그들을 위하여 기도하십니다. 대제사장의 직무를 감당하는 것입니다. 예수는 하나님과 사람 사이에서 중재하십니다.

구약 시대의 제사장들은 죄가 있었습니다. 그래서 자신을 위해서 먼저 죄를 속하는 제사를 드리고 난 후에 백성들의 죄를 위하여 속죄 제사를 드렸습니다. 그러나 예수는 그렇게 할 필요가 없습니다. 예수는 죄가 없기 때문입니다(히 7:26). 제사장들은 매일 속죄 제사를 드렸습니다. 그러나 예수는 한 번의 제사로 모든 것을 이루셨습니다. "그는 저 대제사장들이 먼저 자기 죄를 위하고 다음에 백성의 죄를 위하여 날마다 제사 드리는 것과 같이 할 필요가 없으니 이는 그가 단번에 자기를 드려 이루셨음이라"(히 7:27). 예수는 "자기를" "단번에" 드렸습니다. 자기 자신을 희생 제물로 드리신 것입니다. 이것은 반복적인 제사가 아니라 한 번에 이루어졌습니다. 구약 시대의 제사장들과 결정적인 차이점입니다.

구약의 제사장은 땅에 있었습니다. 그러나 예수는 땅에 있지 않습니다. 하늘에서 대제사장으로서 하나님 보좌 우편에 있습니다.

## 27.4 새 언약과 옛 언약

이 땅에는 성막과 제사장이 있습니다. 이것은 모세가 하늘에 있는 것을 보고 지은 것입니다. 모세는 하나님이 보여주신 것을 따라서 장막을 지었습니다. 모세가 지은 성막은 하늘에 있는 장막의 모형입니다(히 8:5). 제사장은 이 땅에 있는 장막에서 그의 직분을 다합니다. 그러나 예수는 하늘에 있는 참 장막에서 그의 직분을 행하고 계십니다(히 8:1-2).

이 땅에 있는 장막과 제사장 직분은 율법에 따른 것입니다. 이것은 모세를 통하여 주신 옛 언약입니다. 히브리서 기자는 이것을 "첫 언약"이라고 부릅니다. "저 첫 언약이 무흠하였더라면 둘째 것을 요구할 일이 없었으려니와"(히 8:7). "첫 언약"과 "둘째 것"이 있습니다. 둘째 언약이 있다는 것입니다. 히브리서 기자는 이 둘째 언약을 "더 좋은 언약"이라고 부릅니다. "그러나 이제 그는 더 아름다운 직분을 얻으셨으니 그는 더 좋은 약속으로 세우신 더 좋은 언약의 중보자시라"(히 8:6). 예수 그리스도를 말합니다. 예수 그리스도께서 더 좋은 직분을 얻으셨습니다. 하늘의 참 장막에서 섬기는 대제사장 직분을 뜻합니다. 더 나아가 예수는 "더 좋은 언약의 중보자"입니다. 중보자는 하나님과 사람 사이에 서 있습니다. 하나님이 시내 산에 임재 하셨을 때에 백성이 두려워했습니다. 백성은 하나님이 직접 나타나셔서 말씀하시는 것을 감당하지 못했습니다. 그래서 백성의 장로들이 모세에게 하나님께 가까이 가서 하나님의 말씀을 듣고 전해달라고 요청했습니다. 그때 모세가 하나님과 백성 사이에 중보자 역할을 했습니다(신 5:22-29). 모세가 첫 언약의 중보자였던 것처럼 예수는 둘째 언약의 중보자이십니다. 둘째 언약이 더 좋은 언약입니다.

히브리서 기자는 둘째 언약을 새 언약이라고 말합니다. 일찍이 예레미야는 새 언약을 맺을 때가 올 것이라고 예언했습니다(렘 31:31-34). 히브리서 기자는 예레미야의 예언을 인용하여 새 언약을 설명합니다(히 8:8-12). 새 언약은 이스라엘이 출애굽 할 때에 맺은 언약과 다릅니다. 이스라엘은 이 언약에 머물러 있지 않았습니다. 불순종했습니다. 그래서 하나님의 심판을 받았습니다. 하나님이 이스라엘과 유다와 새 언약을 맺을 때가 있습니다. 새 언약의 특징은 크게 세 가지입니다. 1) 하나님의 법을 사람의 마음에 기록합니다. "내 법을 그들의 생각에 두고 그들의 마음에 이것을 기록하리라"(히 8:10 상). 모세의 중재로 인해 하나님이 이스라엘과 맺은 옛 언약은 돌 판에 법을 기록하였습니다. 그러나 새 언약 시대에는 사람의 마음에 하나님의 법을 기록합니다. 2) 새 언약을 통해 새로운 하나님의 백성이 있게 됩니다. "나는 그들에게 하나님이 되고 그들은 내게 백성이 되리라"(히 8:10 하). 이것은 언약 공식입니다. 이 공식은 구약에서 하나님과 이스라엘 사이의 관계를 나타냅니다. 하나님은 이스라엘의 하나님이 되고 이스라엘은 하나님의 백성이 되는 것입니다. 그러나 여기서는 새 언약을 통하여 종말론적인 하나님의 백성이 나올 것을 의미합니다. 3) 죄의 문제가 해결됩니다. "내가 그들의 불의를 긍휼히 여기고 그들의 죄를 다시 기억하지 아니하리라"(히 8:12). 하나님이 하나님의 백성의 죄를 용서해 주시며 기억하지 않을 것입니다.

새 언약의 시대가 도래했습니다. 그렇다면 옛 언약은 어떻게 되겠습니까? 옛 언약은 폐해집니다. "새 언약이라 말씀하셨으매 첫 것은 낡아지게 하신 것이니 낡아지고 쇠하는 것은 없어져 가는 것이니라"(히 8:13). 옛 언약은 사라져갑니다. 새 언약이 옛 언약을 대체하는 것입니다. 예수 그리스도께서 이 땅에 오심으로 옛 언약이 사라지고 새 언약이 맺어진 것입니다.

여기서 우리가 한 가지 주의해야 할 것이 있습니다. 히브리서 기자는 지금 옛 언약, 율법에서 제사장 직분, 성막 그리고 제사 제도에 대해서 말하고 있습니다. 율법의 의식법이 사라지고 없어져간다는 것이지 모든 율법이 다 사라지고 없어져간다는 것은 아닙니다(마 5:17-48).

첫 언약에는 예배 제도가 있습니다. 성막은 성소와 지성소로 구분이 되어 있습니다. 성소에는 등잔대, 상과 진설병이 있습니다. 성소 뒤쪽에 지성소가 있습니다. 성소와 지성소를 분리하는 휘장이 있습니다. 그리고 지성소에는 금향로와 언약궤가 있습니다(히 9:2-4). 많은 사람들이 궁금해 하는 것이 왜

금향로가 성소에 있지 않고 지성소에 있는가 하는 점입니다. 대제사장 아론은 일 년에 한 차례 속죄일에 지성소에 들어갑니다. 이때 분향하기 위하여 향로를 가지고 들어갑니다. 향로의 향연으로 속죄소를 가리게 하기 위해서입니다(레 16:12-13). 그리고 언약궤에는 만나와 아론의 싹난 지팡이 그리고 십계명의 돌판이 있습니다. 제사장은 성소에서 섬길 수 있습니다. 그러나 지성소는 대제사장만이 일 년에 한 번 들어갈 수 있습니다. 속죄일에 피를 갖고 들어갑니다. 피가 없이는 들어갈 수가 없습니다(히 9:6-7).

히브리서 기자는 이 첫 언약의 예배제도에 관하여 두 가지 점을 말합니다. 1) "성령이 이로써 보이신 것은 첫 장막이 서 있을 동안에는 성소에 들어가는 길이 아직 나타나지 아니한 것이라"(히 9:8). 이 "성소"가 "성소"(히 9:2)를 의미하는지 아니면 "지성소"(히 9:3)를 의미하는지 불분명합니다. "성소"의 헬라어가 복수 형태(하기온)로 나오는 것을 보면 지성소를 의미하는 것 같습니다. 구약 시대에는 지성소를 들어가는 길이 아직 자유롭게 열리지 않았다는 것입니다. 2) "이런 것은 먹고 마시는 것과 여러 가지 씻는 것과 함께 육체의 예법일 뿐이며 개혁할 때까지 맡겨 둔 것이니라"(히 9:10). 구약의 예배제도는 임시적이라는 의미입니다. 정해진 시간이 올 때까지 그 역할을 하는 것입니다. 개혁의 때가 있습니다. 새로운 질서가 올 때입니다. 새로운 질서가 올 때 구약의 의식법들은 개정될 것입니다.

그렇다면 이 개혁의 때, 새로운 질서의 때가 언제인가 하는 것입니다. 개혁의 때는 예수 그리스도께서 오신 때입니다. 신약 시대를 지칭합니다. "그리스도께서는 장래 좋은 일의 대제사장으로 오사 손으로 짓지 아니한 것 곧 이 창조에 속하지 아니한 더 크고 온전한 장막으로 말미암아 염소와 송아지의 피로 하지 아니하고 오직 자기의 피로 영원한 속죄를 이루사 단번에 성소에 들어가셨느니라"(히 9:11-12). 예수 그리스도께서 대제사장이 되었습니다. 구약의 대제사장은 짐승의 피를 가지고 지성소에 들어갔습니다. 그러나 예수는 자신의 피를 가지고 지성소에 들어가십니다. 예수께서 들어가신 지성소는 땅에 있는 지성소가 아니라 하늘에 있는 지성소입니다(히 9:24).

예수 그리스도께서 자신의 피를 가지고 하늘의 지성소로 들어가셨습니다.

십자가에서 죽으신 것을 의미합니다. 십자가의 죽음은 "영원한 속죄"이며 "단번에" 이루어진 일입니다. 구약 시대에는 짐승으로 번제를 드립니다. 이 짐승의 피도 속죄의 기능이 있습니다. 죄를 씻어주며 정결하게 합니다(히 9:13). 그러나 문제는 불완전하다는 것입니다. 그래서 매 해마다 대제사장이 짐승의 피를 가지고 지성소에 들어갔습니다(히 9:25). 짐승의 피는 사람의 죄를 씻기에 불완전합니다. 하지만 예수 그리스도의 피는 "단번에" "영원한 속죄"를 이룹니다. 완전하게 죄를 씻어줍니다. 이래서 예수 그리스도는 자주 고난을 당할 필요가 없습니다(히 9:25). 단 한번 십자가에 달려 죽으신 것입니다.

예수 그리스도께서 십자가에서 흘리신 피는 사람의 죄를 씻어주며 거룩하게 하기에 완전합니다. 예수의 피는 새 언약입니다(눅 22:20). 히브리서 기자는 예수의 십자가 사건을 구약의 옛 언약과 비교합니다. 첫 언약은 모세에 의해서 피로 세워졌습니다. "첫 언약도 피 없이 세운 것이 아니니"(히 9:18). 모세는 언약의 책을 백성 앞에서 낭독하고 언약의 피를 백성과 제단에 뿌렸습니다(출 24:6-8). 모세는 그 피를 "이는 여호와께서 이 모든 말씀에 대하여 너희와 세우신 언약의 피니라"(출 24:8) 하고 말했습니다. 히브리서 기자는 이것을 자유롭게 인용하여 "이는 하나님이 너희에게 명하신 언약의 피라" 하고 말합니다(히 9:20). 이것은 시내 산 언약입니다. 시내 산에서 이스라엘이 하나님과 맺은 언약은 구약의 언약들 가운데 대표성을 갖습니다. 구약의 다른 언약들은 하나님이 개인들과 맺은 언약(노아 언약, 아브라함 언약, 다윗 언약 등)인데 반하여 시내 산 언약은 하나님이 이스라엘 나라 전체와 맺은 언약이기 때문입니다. 히브리서 기자는 시내 산 언약을 첫 언약으로 말합니다. 그리고 이 첫 언약을 예수 그리스도의 피와 비교합니다. 언약의 피로 구약의 예배 제도들이 깨끗해졌습니다(히 9:21-22). 땅에 있는 장막과 예배 제도들은 하늘의 것의 모형입니다. 하늘의 장막은 예수 그리스도의 피로 깨끗해집니다. 그래서 예수의 피를 "더 좋은 제물"이라고 부릅니다(히 9:23).

히브리서 기자는 구약의 율법과 제사 제도를 예수 그리스도와 비교합니다. 구약의 율법은 그림자이며 신약의 예수 그리스도는 실체입니다(히 10:1). 모형론입니다. 구약의 제사 제도는 불완전합니다. 죄를 씻기 위하여 제사 드리는 자들을 완전하게 할 수 없습니다. 그래서 반복적으로 제사를 드려야 합니다. 해마다 죄를 기억하게 만듭니다. 짐승의 피가 죄를 완전하게 씻어주지 못하기 때문입니다(히 10:1-4). 그러나 예수 그리스도의 피는 다릅니다. 죄를 완전하게 씻어줍니다. 하나님은 죄를 기억하는 것을 원하지 않으십니다. 그래서 예수 그리스도를 이 땅에 보내셔서 십자가에서 죽게 하신 것입니다. 예수 그리스도는 성경의 기록대로 하나님의 뜻을 행하러 이 땅에 오신 것입니다(히 10:5-7).

예수 그리스도께서 하나님의 뜻을 행하러 이 땅에 오셨습니다. 이로 인해 첫 언약이 폐해지고 둘째 언약이 세워지는 것입니다(히 10:9). 둘째 언약을 세우기 위하여 예수 그리스도께서 십자가에서 몸을 드리셨습니다(히 10:10). 역사 속에서 한 번에 일어난 사건입니다. 이 일로 그리스도를 믿는 사람들이 거룩함을 얻습니다. 구약의 짐승 제사는 "죄를 없게 하지" 못합니다(히 10:11). 그러나 "그리스도는 죄를 위하여 한 영원한 제사를" 드리셨습니다(히 10:12). 예수의 십자가 사건은 성도들을 "한 번의 제사로 영원히 온전하게" 한 것입니다(히 10:14). 이것이 새 언약의 핵심입니다. 하나님은 새 언약을 통하여 죄를 용서해 주시며 다시는 기억하지 않을 것을 선언하셨습니다(히 10:16-17). 예수 그리스도께서 십자가에서 죽으심으로 "다시 죄를 위하여 제사"를 드릴 필요가 없어졌습니다(히 10:18). 제사 제도가 변한 것입니다. 율법이 폐해진 것입니다. 예수 그리스도의 십자가 사건이 제사 제도를 완성했기 때문입니다.

예수 그리스도께서 십자가에서 죽으심으로 완전한 속죄가 이루어졌습니다. "그러므로 형제들아 우리가 예수의 피를 힘입어 성소에 들어갈 담력을 얻었나니"(히 10:19). 믿는 자들은 예수의 피를 의지하고 성소에 들어갑니다. "성소"는 복수형(하기온)으로 지성소를 의미하는 것입니다. 왜냐하면 다음 절에서 지성소를 언급하기 때문입니다. "그 길은 우리를 위하여 휘장 가운데로 열어 놓으신 새로운 살 길이요 휘장은 곧 그의 육체니라"(히 10:20). 예수께서 십자가에서 죽으실 때 성소의 휘장이 위에서부터 아래로 쫙 찢어졌습니다(마 27:51; 막 15:38; 눅 23:45). 지성소로 들어가는 길이 열린 것입니다. 구약 시대에는 대제사장만이 지성소에 들어갈 수 있었습니다. 그러나 예수께서 십자가에서 피를 흘리심으로 지성소로 들어가는 길이 열렸습니다. 믿는 자들은 자유롭게 하나님의 임재 안으로 들어갈 수 있게 되었습니다.

## 27.5 배교에 대한 경고

하나님은 마지막 시대에 하나님의 아들을 통하여 우리에게 말씀하셨습니다. 하나님의 아들은 천사보다 더 뛰어나시며 모세와 아론 그리고 여호수아보다 더 뛰어나신 분입니다. 그 아들이 우리의 죄를 위하여 십자가에서 죽으시고 3일 만에 부활하셔서 하늘로 승천하셨습니다. 구원의 창시자가 되었습니다. 하나님의 아들인 예수 그리스도를 믿는 자들은 구원을 받습니다. 예수 그리스도께서 우리의 대제사장이십니다.

히브리서를 받아보는 독자들은 하나님의 아들의 복음을 받아들였습니다. 그러나 이들은 핍박과 박해 가운데 시달리고 있습니다. 이러한 핍박으로 인하여 신앙을 버리고 배교할 가능성이 있습니다. 히브리서 기자는 배교가 일어나는 것을 막기 위하여 경고하고 있습니다. 하나님의 아들의 구원의 복음을 듣고 다시 신앙을 떠나는 것은 큰 죄라는 것을 말합니다. 배교와 불순종하는 자들에게 하나님의 심판이 있다고 선언합니다(히 6:4-8; 12:25).

복음의 진리를 알고 나서 다시 배교하는 것은 큰 죄입니다. 하나님의 아들을 모욕하는 것입니다. 언약의 피를 부정한 것으로 간주하는 행위입니다. 이런 사람에게 하나님의 심판이 있습니다(히 10:29). 히브리서 독자들은 신앙을 지키기 위해 싸워야 합니다. 고난을 견디며 이겨내야 합니다. 비난과 모욕을 당하고 재산을 빼앗기고 감옥에 갇히는 실제적인 삶의 고난이 있습니다(히 10:33-34). 이러한 고난을 잘 견디며 승리하는 사람에게 상이 있습니다. 믿음으로 승리해야 합니다. 히브리서 기자는 이렇게 믿음으로 승리한 구약의 선배들을 쭉 나열합니다(히 11장).

그리고 히브리서 기자는 믿는 모든 사람들에게 징계가 있다는 사실을 알려줍니다. 하나님의 아들도 이 땅에서 고난을 당했습니다. 이와 같이 성도들도 고난을 당합니다. 이것이 하나님의 징계입니다. 아버지가 아들을 연단시키는 것입니다. 징계가 없는 사람은 사생아입니다. 징계가 있는 사람이 진짜 아들입니다. 징계는 아프지만 좋은 결과를 가져 올 것입니다(히 12:5-11).

*28*

# 새 창조: 구원의 완성

**읽어야 할 본문: 요한 계시록 1-21장**

요한 계시록은 신약의 마지막에 있는 책이며 또한 성경의 마지막에 위치한 책입니다. 이 책은 역사의 끝을 보여줍니다. 창세기부터 시작한 역사가 어떻게 끝을 맺는지 자세하게 설명하고 있습니다. 이 땅의 역사가 끝납니다. 이 끝은 또한 구원의 완성입니다. 하나님께서 역사 속에서 행하신 구원 계획이 어떻게 완성되는지를 보여주고 있습니다. 하늘과 땅이 없어집니다. 그러나 새 하늘과 새 땅이 있습니다. 하늘에서 새 예루살렘이 내려옵니다. 하나님이 하나님의 백성과 함께 함으로 요한 계시록이 끝나고 있습니다.

요한 계시록에서 하나님은 자신을 역사의 주인으로 소개합니다. "주 하나님이 이르시되 나는 알파와 오메가라 이제도 있고 전에도 있었고 장차 올 자요 전능한 자라 하시더라"(계 1:8). 알파와 오메가는 헬라어 알파벳의 처음과 끝 문자입니다. 하나님은 자신을 처음과 끝이라고 소개하는 것입니다. 이것은 역사의 처음과 끝이라는 의미입니다. 이사야 선지자가 소개한 하나님의 자기소개 문장인 "나는 처음이요 나는 마지막이라"(사 44:6)와 의미가 상통합니다. 하나님이 역사의 처음과 끝입니다. 역사의 모든 것들을 계획하시며 주관하시며 운행해 나가는 분이십니다. 하나님의 이러한 자기소개는 요한 계시록과 잘 어울립니다. 요한 계시록은 역사의 끝을 다루고 있기 때문입니다. 역사의 끝에 하나님의 구원 계획이 어떻게 나타나는지를 말하고 있습니다.

요한 계시록은 사도 요한이 쓴 책입니다. 요한이 노년에 밧모 섬으로 유배를 갔습니다. 그 섬에서 하나님의 계시를 받고 기록한 것입니다. 하지만 다른 사람들은 요한이 요한 계시록을 썼다는 것을 의심하기도 합니다. 요한이 쓴 복음서와 서신서들과 요한 계시록 사이에 헬라어 문체와 문법이 차이가 나기 때문입니다. 이러한 차이는 아마도 사도 요한이 본 엄청난 환상의 계시 때문에 그가 흥분한 상태에서 서투르게 썼을 것이라고 설명합니다. 그리고 요한이 편지를 쓰고 난 후에 그가 섬에 있었기 때문에 이 편지의 문체를 다듬어줄 필경사가 없었을 것이라고 이야기합니다.

초대 교회의 교부인 이레니우스에 의하면 요한 계시록은 도미티안 황제의 통치 기간(A.D 81-96)에 기록되었을 것이라고 추측합니다. 이 시기는 네로 황제의 큰 박해가 지나간 시기이지만 도미티안은 황제 숭배를 강화했기 때문에 교회에 대한 탄압에 대비해 요한 계시록이 써졌을 것이라고 말합니다. 어떤 학자들은 네로 황제의 탄압 직후(A.D 64 이후)에 기록되었을 것이라고도 말합니다.

도미티안 황제의 통치시기에 황제 숭배를 강요했습니다. 곳곳에 신전을 세웠으며 도미티안은 자신을 "주와 하나님"으로 부를 것을 명령했습니다. 이것은 기독교 신앙과 정면으로 배치되는 것입니다. 마치 다니엘 시대에 있었던 왕 숭배가 다시 재현된 것 같습니다(단 3, 6장). 로마 시대에 교회에 대한 역사적 탄압이 요한 계시록의 역사적 배경을 이루고 있습니다. 요한 계시록은 교회는 역사 속에서 핍박과 박해를 받지만 마침내 승리한다는 것을 보여주고 있습니다.

## 28.1 이기는 신앙

요한 계시록은 사도 요한이 밧모 섬에서 들은 것과 본 것을 강조합니다. "주의 날에 내가 성령에 감동되어 내 뒤에서 나는 나팔 소리 같은 큰 음성을 들으니 이르되 네가 보는 것을 두루마리에 써서"(계 1:10-11). 요한은 본 것과 들은 것을 계속 강조합니다(계 1:12, 15, 17, 19-20). 마치 구약의 선지자들이 환상을 보고 들은 것과 유사합니다.

사도 요한은 자신이 보고 들은 것을 "예수 그리스도의 계시라 이는 하나님이 그에게 주사 반드시 속히 일어날 일들을 그 종들에게 보이시려고 그의 천사를 그 종 요한에게 보내어 알게 하신 것이라"(계 1:1) 하고 말합니다. 계시는 감추어져 있던 것이 드러나는 것입니다. 역사의 미래에 감추어져 있던 하나님의 구원 계획이 드러날 것입니다. 그래서 "반드시 속히 일어날 일들"을 알려 주신다고 말합니다.

사도 요한이 보고 들은 것은 현재의 일과 미래의 일입니다. "그러므로 네가 본 것과 지금 있는 일과 장차 될 일을 기록하라"(계 1:19). 요한이 현재의 일과 미래의 일을 보고 요한 계시록을 기록했습니다. 그런데 기록 방법이 아주 모호합니다. 상징적인 표현들이 많이 나오기 때문입니다. 상징적인 표현들과 함께 환상의 내용이 현재의 일 즉, 사도 요한 시대의 일인지 아니면 미래의 일인지 구분하기가 어렵습니다.

사도 요한은 요한 계시록을 "예수 그리스도의 계시"(계 1:1)라고 말합니다. 이것을 보면 요한이 본 환상 구조는 예수께서 종말론을 말씀하신 구조와 유사할 것입니다. 제자들이 성전이 망할 때와 예수께서 재림하실 때에는 어떤 징조가 있을 것인지를 질문합니다(마 24:3). 그러자 예수는 이 두 가지 질문에 함께 답변해 주십니다. "이것은 성전이 망할 때에 일어날 일이고 이것이 재림 때에 일어날 일이다" 하고 말씀해주지 않았습니다. 성전이 망할 때에 일어날 일을 근거로 예수의 재림의 때 즉, 세상 종말의 때를 설명해 주신 것입니다. 이러한 예언 방법은 요한 계시록에도 그대로 나타납니다. 사도 요한은 그 당시 로마 제국이 기독교를 핍박한 것을 토대로 미래에 일어날 사건들을 설명하고 있습니다. 그래서 계시의 형태는 "그러므로 네가 본 것과 지금 있는 일과 장차 될 일을 기록하라"(계 1:19) 하고 주어집니다.

사도 요한은 먼저 자신이 본 것을 소아시아의 일곱 교회, 에베소, 서머나, 버가모, 두아디라, 사데, 빌라델비아, 라오디게아에 써서 보냅니다(계 2-3장). 일곱 교회는 밧모 섬에서 가까운 소아시아 지역(현재의 터키)에 위치해 있습니다. 이 지역은 그 당시 로마의 속국으로 있었습니다. 이것은 모두 다음 일곱 가지 사항들을 갖고 있습니다. 1) 교회 사자에게 인사 2) 부활하신 예수에 대한 묘사 3) 칭찬(라오디게아 교회는 제외) 4) 책망(서머나와 빌라델비아는 제외) 5) 경고 6) 권면 7) 이기는 자에 대한 약속.

일곱 교회에 보내는 편지 내용에는 그 교회의 잘한 점과 잘못한 점이 있습니다. 그 교회가 처한 상황을 보여주는 요소입니다. 그런데 각 교회에 주는 메시지 끝에는 꼭 "이기는 자"라는 표현과 함께 약속이 나옵니다.

1) **에베소 교회** – "귀 있는 자는 성령이 교회들에게 하시는 말씀을 들을지어다 이기는 그에게는 내가 하나님의 낙원에 있는 생명나무의 열매를 주어 먹게 하리라"(계 2:7).

2) **서머나 교회** – "귀 있는 자는 성령이 교회들에게 하시는 말씀을 들을지어다 이기는 자는 둘째 사망의 해를 받지 아니하리라"(계 2:11).

3) **버가모 교회** – "귀 있는 자는 성령이 교회들에게 하시는 말씀을 들을지어다 이기는 그에게는 내가 감추었던 만나를 주고 또 흰 돌을 줄 터인데 그 돌 위에 새 이름을 기록한 것이 있나니 받는 자 밖에는 그 이름을 알 사람이 없느니라"(계 2:17).

4) **두아디라 교회** – "이기는 자와 끝까지 내 일을 지키는 그에게 만국을 다스리는 권세를 주리니"(계 2:26).

5) **사데 교회** – "이기는 자는 이와 같이 흰 옷을 입을 것이요 내가 그 이름을 생명책에서 결코 지우지 아니하고 그 이름을 내 아버지 앞과 그의 천사들 앞에서 시인하리라"(계 3:5).

6) **빌라델비아 교회** – "이기는 자는 내 하나님 성전에 기둥이 되게 하리니 그가 결코 다시 나가지 아니하리라 내가 하나님의 이름과 하나님의 성 곧 하늘에서 내 하나님께로부터 내려오는 새 예루살렘의 이름과 나의 새 이름을 그이 위에 기록하리라"(계 3:12).

7) **라오디게아 교회** – "이기는 그에게는 내가 내 보좌에 함께 앉게 하여 주기를 내가 이기고 아버지 보좌에 함께 앉은 것과 같이 하리라"(계 3:21).

일곱 교회 모두 "이기는 자"가 나옵니다. 이것은 각 교회들이 처한 역사적인 상황에서 승리하는 자입니다. 로마 정부의 유혹과 시험과 박해를 이기고 승리하는 자들입니다. 교회들에게 영적 그리고 육체적인 싸움에서 승리할 것을 격려하는 말입니다. 이것은 또한 요한 계시록을 읽는 모든 교회들에게도(21세기의 교회들 역시) 해당이 될 것입니다. 그래서 "성령이 교회들에게"(계 2:7, 11, 17, 29; 3:6, 13, 22) 하고 말하는 것입니다. "교회들"이 복수형이라는 것에 주목하셔야 합니다. 각 교회들이 처한 역사적인 상황과 시대 속에서 승리할 것을 부탁하는 것이기도 합니다.

하나님은 이기는 자에게 갖가지 약속을 하고 있습니다. 1) 에베소 교회에게는 생명나무의 열매를 줄 것입니다. 생명나무는 새 예루살렘이 내려오고 하나님과 어린 양의 보좌에서 나오는 생명수 강 좌우편에 있습니다(계 22:2). 즉 이기는 자는 새 하늘과 새 땅에 참여할 것입니다. 2) 서머나 교회에게는 둘째 사망의 해를 받지 않게 할 것을 약속합니다. 영원한 고통을 받지 않는다는 것입니다. 둘째 사망은 믿지 않는 자들, 흉악한 자들, 살인자들, 음행하는 자들, 점술가들, 우상 숭배자들, 거짓말하는 자들이 불과 유황 못에 들어가는 것입니다(계 21:8). 3) 버가모 교회에게는 만나를 주고 이름을 기록한 흰 돌을 줄 것을 약속합니다. 만나는 이스라엘 백성이 광야에 있을 때 먹었던 하늘의 양식입니다. 하나님이 주신 하늘의 양식을 먹을 수 있다는 것은 하늘 백성이 될 것을 의미합니다. 4) 두아디라 교회에게는 만국을 다스리는 권세를 줄 것을 약속합니다. 이것은 예수께서 천년 동안 왕이 되실 때의 상황을 뜻합니다. 성도들은 예수 그리스도와 함께 왕 노릇할 것입니다(계 20:1-6). 5) 사데 교회에게는 흰 옷을 입을 것과 생명책에 그 이름이 있을 것을 약속합니다. 흰 옷은 하나님 보좌 옆에 있는 이십 사 장로들이 입고 있고(계 4:4) 또한 각 나라에서 나온 큰 무리가 흰 옷을 입고 보좌에 앉으신 하나님과 어린 양을 찬양합니다(계 7:9-10). 6) 빌라델비아 교회에게는 하나님의 성전의 기둥이 되게 해 주겠다고 약속을 합니다. 7) 라오디게아 교회에게는 예수 그리스도와 함께 보좌에 앉게 해 주겠다고 약속합니다.

이기는 자에게 주어지는 약속을 보면 하나님 나라에 참여하는 것입니다.

하나님의 백성과 자녀가 될 것을 약속하고 있습니다. 요한 계시록은 이기는 신앙을 강조합니다. 종말의 시대에 환난과 핍박을 이기고 승리하는 자들이 예수의 재림 때에 하나님의 나라에 참여할 것을 말하고 있습니다. 이기는 자는 승리하는 교회입니다. 승리한 교회가 하나님을 찬양하는 자리에 설 수 있습니다.

## 28.2 일곱 인

일곱 교회에 대한 말씀 후에 사도 요한은 하늘로 올라가서 "이 후에 마땅히 일어날 일들"을 봅니다(계 4:1). 먼저 요한은 하나님의 보좌를 봅니다. 보좌에 앉으신 하나님과 보좌 주위에 이십 사 장로들과 보좌 앞에 있는 일곱 영을 봅니다. 보좌 앞에는 유리 바다가 있고 보좌 주위에 네 생물이 있습니다(계 4:2-11). 사도 요한은 구약의 선지자들이 하나님의 회의에 참여했던 것처럼(왕상 22장, 사 6장, 렘 23:18, 22) 하나님의 어전 회의에 참여하는 것입니다.

하나님의 오른 손에 일곱 인으로 봉해진 두루마리가 있습니다. 일곱 인으로 봉해진 두루마리를 펴 볼 자가 아무도 없습니다. 그러자 어린 양이 나와서 그 두루마리의 인봉을 뗍니다. 어린 양은 다윗의 후손으로 오신 예수 그리스도입니다(계 5:1-14). 예수 그리스도께서 두루마리를 취하십니다. "두루마리를 가지시고 그 인봉을 떼기에 합당하시도다 일찍이 죽임을 당하사 각 족속과 방언과 백성과 나라 가운데서 사람들을 피로 사서 하나님께 드리시고 그들로 우리 하나님 앞에서 나라와 제사장들을 삼으셨으니 그들이 땅에서 왕 노릇 하리로다"(계 5:9-10). 예수 그리스도께서 십자가에서 죽으심으로 하나님의 백성을 구속한 것을 찬양합니다. 하나님의 백성이 땅에서 왕 노릇 할 것이라고 말합니다.

일곱 인으로 봉해진 두루마리는 역사 속에 감추어진 하나님의 구속 계획입니다. 예수 그리스도께서 일곱 인을 떼심으로 하나님의 구원 계획, 현재 있는 일과 미래에 될 일이(계 1:19) 역사 속에서 드러나고 하나님의 구원 계획이 완성되어 갑니다.

예수께서 일곱 인을 떼십니다. 일곱 인을 떼는데 첫째 인부터 여섯째 인까지는 계속 나가다가 막간처럼 십사만 사천과 흰 옷을 입은 큰 무리가 나오고 일곱째 인을 뗍니다. 이런 순서입니다. 1 2 3 4 5 6 막간 7.

1) **첫째 인** - 흰 말(계 6:1-2). "이에 내가 보니 흰 말이 있는데 그 탄 자가 활을 가졌고 면류관을 받고 나아가서 이기고 또 이기려고 하더라"(계 6:2).

2) **둘째 인** - 붉은 말(계 6:3-4). "이에 다른 붉은 말이 나오더라 그 탄 자가 허락을 받아 땅에서 화평을 제하여 버리고 서로 죽이게 하고 또 큰 칼을 받았더라"(계 6:4).

3) **셋째 인** - 검은 말(계 6:5-6). "검은 말이 나오는데 그 탄자가 손에 저울을 가졌더라 내가 네 생물 사이로부터 나는 듯한 음성을 들으니 이르되 한 데나리온에 밀 한 되요 한 데나리온에 보리 석되로다 또 감람유와 포도주는 해치지 말라 하더라"(계 6:5-6).

4) **넷째 인** - 청황색 말(계 6:7-8). "청황색 말이 나오는데 그 탄 자의 이름은 사망이니 음부가 그 뒤를 따르더라 그들이 땅 사분의 일의 권세를 얻어 검과 흉년과 사망과 땅의 짐승들로써 죽이더라"(계 6:8).

5) **다섯째 인** - 순교자들의 호소(계 6:9-11). 순교자들이 하나님께 그들의 피 값을 언제 보수해 주실 것인지를 묻습니다. 그러자 하나님이 또 다른 순교자들이 나와서 그 수가 차기까지 기다리라고 합니다.

6) **여섯째 인** - 진노의 날(계 6:12-17). 여섯째 인을 떼자 천지에 변화가 생깁니다. 하늘과 별이 떠나갑니다. 땅에 지진이 일어나고 산과 섬이 옮겨집니다. 이 땅의 왕들, 왕족들, 장군들, 부자들, 강한 자들, 모든 종과 자유인들이 하나님과 어린 양의 진노의 날이 왔다고 말합니다.

7) **일곱째 인** - 일곱 나팔(계 8:1-5).

첫째 인부터 넷째 인까지는 다 말이 나옵니다. 이와 유사한 본문은 구약에서 한 곳이 있습니다. 스가랴 선지자가 본 네 병거 환상입니다(슥 6:1-8). 병거를 끄는 말들이 나오는데 첫째는 붉은 말들, 둘째는 검은 말들, 셋째는 흰 말들 그리고 넷째는 어룽지고 건장한 말들입니다. 스가랴 본문은 계시록의 말들의 순서와 다릅니다. 스가랴의 본문은 요한 계시록의 각 말처럼 설명이 각자 주어지지 않고 단순히 "이는 하늘의 네 바람인데 온 세상의 주 앞에서 서 있다가 나가는 것이라"(슥 6:5) 하는 짧은 설명만 주어집니다. 병거와 말을 "하늘의 바람"이라고 합니다. "바람"은 '영'의 뜻도 있습니다. 이것은 아마도 세상에서 일어나는 '영' 즉, 어떤 시대사상을 뜻하는 것 같습니다. 사도 요한은 스가랴의 병거와 말을 채용하여 말하는데 스가랴 보다 더 자세하게 말합니다.

어린 양이 하나님의 오른 손에 있는 두루마리를 취해서 봉인을 뗍니다. 이것은 역사 속에서 펼쳐질 하나님의 구원 역사입니다. 따라서 일곱 인은 주의 재림이 있을 때까지 일어날 역사를 간략하게 스케치해서 보여주는 것 같습니다.

흰 말은 복음주의를 뜻합니다. 예수 그리스도에 의해 시작된 복음은 이제 전 세계로 퍼져나가 승리할 것입니다. 그 후에 붉은 말은 공산주의를 말하는 것 같습니다. 공산주의 사상이 들어가는 곳마다 평화가 사라지고 죽음과 전쟁이 있을 것입니다. 다음에 검은 말은 자본주의 사상을 의미합니다. 장사와 무역 그리고 경제를 중시하는 사상입니다. 마지막으로 청황색 말은 창백한, 희미한 색깔입니다. 뚜렷한 색을 띠지 않습니다. 혼합주의입니다. 어떤 특정한 색깔보다는 자신의 정체를 확실히 밝히지 않습니다. 칼, 흉년, 사망이 뒤따릅니다. 마지막 시대에 일어날 사상을 말하는 것 같습니다.

이러한 네 말들이 보이고 후에 순교자들의 기도가 나옵니다. 피의 보수를 요청하는 기도입니다. 그러자 하나님은 순교자의 수가 차기까지 기다리라고 하십니다. 이것을 보면 하나님의 심판은 순교자의 숫자와 관련이 있습니다. 그리고 여섯째 인으로 하나님의 진노의 날이 나옵니다. 일곱 인은 역사 속에서 파노라마처럼 펼쳐질 하나님의 구속 계획입니다. 하나님의 구원 계획이 간략하게 스케치되고 있습니다.

### 십사만 사천과 흰 옷을 입은 큰 무리

여섯째 인과 일곱째 인 사이에 막간이 있습니다. 먼저 이스라엘에서 인침을 받는 숫자 십사만 사천이 나옵니다. 각 지파 별로 만 이천 명씩 인침을 받습니다. 유다, 르우벤, 갓, 아셀, 납달리, 므낫세, 시므온, 레위, 잇사갈, 스불론, 요셉, 베냐민입니다. 르우벤이 장자임에도 불구하고 유다가 먼저 나오는 것이 특징입니다. 에브라임 대신에 요셉이 들어가 있습니다. 단은 나오지 않습니다. 단이 나오지 않는 것은 놀라운 일이 아닙니다. 단은 역대기 족보에서도 빠져 있었습니다(대상 1-9장). 역대기 족보에서 단과 스불론이 나오지 않았었는데 여기에서는 스불론은 나옵니다. 각 지파들의 이름이 구체적으로 나오는 것을 보면 이들은 이스라엘에서 인맞은 자들로 "하나님의 종들"입니다(계 7:1-8).

십사만 사천은 이스라엘의 대표로서 어린양에게 속한 자들입니다. 어린양과 함께 시온 산에 서 있으며 보좌 앞에서 새 노래를 부릅니다. 이들은 "사람들 가운데 속량함을 받아 처음 익은 열매"로 "흠이 없는 자들"입니다(계 14:1-5).

십사만 사천과는 구별되는 또 다른 무리가 있습니다. "각 나라와 족속과 백성과 방언에서 아무도 능히 셀 수 없는 큰 무리가 나와 흰 옷을 입고 손에 종려 가지를 들고 보좌 앞과 어린양 앞에서"(계 7:9) 구원받은 것을 찬양합니다. 이십사 장로 중에 한 명이 이들이 누구인지 설명합니다. "이는 큰 환난에서 나오는 자들인데 어린 양의 피에 그 옷을 씻어 희게 하였느니라"(계 7:14). 큰 환난에서 구원 받은 자들로서 하나님과 함께 있을 자들입니다(계 7:15-17). 이들은 이방인입니다.

십사만 사천은 이스라엘을 그리고 흰 옷 입은 큰 무리는 이방인을 의미합니다. 이들은 다섯째 인과 여섯째 인과 관련이 있는 것 같습니다. 다섯째 인에서 순교자들이 땅에 있는 자들을 언제 심판할 것인지를 물었습니다. 그러자 하나님은 순교자의 수가 차기까지 기다리라고 했습니다. 하나님이 정하신 숫자가 있습니다. 다섯째 인에서는 순교자의 숫자를 말했습니다(계 6:9-11). 그렇지만 또 다른 수가 있습니다. 온 이스라엘이 구원받을 때입니다. 이방인의 충만한 숫자가 들어오면 온 이스라엘이 구원받을 때가 있습니다(롬 11:25-26). 십사만 사천과 흰 옷 입은 큰 무리는 이 숫자를 의미하는 것 같습니다.

그리고 여섯째 인에서 하나님과 어린 양의 진노의 날이 있을 것을 말했습니다. 아마도 흰 옷 입은 큰 무리는 이 역사적인 시기에 구원받는 자들인 것 같습니다. 그래서 장로가 "큰 환난에서 나오는 자들"이라고 말한 것 같습니다(계 7:14).

## 28.3 일곱 나팔

일곱째 인을 떼자 일곱 나팔이 나옵니다. 일곱 나팔은 재앙과 저주를 말하고 있습니다.

1) **첫째 나팔** - 피 섞인 우박과 불이 하늘에서 땅으로 떨어져 땅과 수목과 푸른 풀의 삼분의 일이 타 버립니다(계 8:7).

2) **둘째 나팔** - 불붙는 큰 산과 같은 것이 바다에 떨어져 바다의 삼분의 일이 피가 되고 바다 생물의 삼분의 일이 죽고 배들의 삼분의 일이 깨집니다(계 8:8-9).

3) **셋째 나팔** - 하늘에서 불타는 별이 강물과 물들에 떨어집니다. 물의 삼분의 일이 쓴 쑥이 되어 많은 사람들이 죽습니다(계 8:10-11).

4) **네 번째 나팔** - 해, 달, 별들의 삼분의 일이 타격을 받아 어두워집니다. 낮과 밤의 삼분의 일이 어두워집니다(계 8:12).

5) **다섯째 나팔** - 하늘에서 별 하나가 땅에 떨어져 무저갱을 엽니다. 무저갱에서 연기가 올라와 해와 공기가 어두워집니다. 연기 가운데 황충(메뚜기들)이 올라와 사람들을 괴롭힙니다. 메뚜기들은 전갈이 쏘는 것 같은 권세를 받아 이마에 하나님의 인을 맞지 않은 사람들만 괴롭힙니다. 메뚜기들의 모양이 기괴합니다. 메뚜기는 말들 같고 머리에 관을 썼고 얼굴은 사람의 얼굴과 같고 여자의 머리털 같은 것이 있고 이빨은 사자의 이빨 같습니다. 전갈과 같은 꼬리와 쏘는 살로 다섯 달동안 사람들을 괴롭힙니다(계 9:1-10). "그들에게 왕이 있으니 무저갱의 사자라 히브리어로는 그 이름이 아바돈이요 헬라어로는 그 이름이 아볼루온이더라"(계 9:11). "아바돈"은 '파괴,' '파멸'이며 "아볼루온"은 '파괴자' 입니다.

6) **여섯째 나팔** – 큰 강 유브라데에 결박된 네 천사가 놓임을 받습니다. 이들은 특정한 때에 사람 삼분의 일을 죽이기로 준비된 자들입니다. 이만 만(또는 이 억)의 마병대가 준비됩니다. 말들의 머리는 사자 같고 입에서 불과 연기와 유황이 나옵니다. 불과 연기와 유황으로 사람 삼분의 일이 죽습니다. 이 재앙에 죽지 않고 살아남은 사람들은 회개하지 않고 계속 우상 숭배를 하며 살인, 음행, 도둑질을 합니다(계 9:13-21).

여섯째 나팔과 일곱째 나팔 사이에 막간처럼 삽입된 환상들이 있습니다. 사도 요한은 다른 환상을 또 봅니다. 힘 센 천사가 하늘에서 내려오는데 손에 작은 두루마리를 갖고 있습니다. 하늘에서 음성이 사도 요한에게 들립니다. 천사의 손에 있는 두루마리를 먹으라고 합니다. 입에서는 꿀 같이 답니다. 그러나 배에서 쓰게 됩니다(계 10:1-10). 사도 요한이 이 두루마리를 먹자 다시 소리가 들립니다. "그가 내게 말하기를 네가 많은 백성과 나라와 방언과 임금에게 다시 예언하여야 하리라"(계 10:11).

다시 사도 요한에게 성전과 예배자들을 측량하라고 합니다. 성전 바깥마당은 이방인들이 짓밟도록 내버려둡니다(참고 눅 21:24). 이방인들이 거룩한 성을 마흔두 달 동안 짓밟습니다(계 11:1-2).

그리고 두 증인이 나옵니다. 이들이 천이백육십 일 동안 예언합니다. 두 증인은 막강한 능력을 갖고 있습니다. 마치 엘리야와 모세와 같은 능력을 가지고 예언 활동을 합니다. 그래서 이들을 두 선지자라고도 부릅니다. 그러나 증언이 마칠 때에 땅에서 나온 짐승과 전쟁을 해서 죽임을 당합니다. 사람들이 두 증인의 죽음을 기뻐하며 즐거워합니다. 그러나 3일 반 후에 하나님의 생기가 들어가 다시 살아나 하늘로 올라갑니다. 이때 큰 지진이 일어나 칠천 명이 죽습니다(계 11:3-14).

7) **일곱째 나팔** – 하늘에서 큰 음성이 들립니다. "세상 나라가 우리 주와 그의 그리스도의 나라가 되어 그가 세세토록 왕 노릇 하시리로다"(계 11:15). 하나님과 그리스도께서 세상의 왕이 되실 것을 선언합니다. 그리고 이십사 장로들은 진노로 심판이 나타나며 선지자와 성도들에게는 상을 주시며 땅을 망하게 하는 자들을 멸망시킬 때가 되었다고 말합니다(계 11:18). 그리고 하

늘의 성전이 열려서 언약궤가 보입니다(계 11:19).

일곱째 나팔은 하나님의 구속 계획이 이루어지는 때입니다. "일곱째 천사가 소리 내는 날 그의 나팔을 불려고 할 때에 하나님이 그의 종 선지자들에게 전하신 복음과 같이 하나님의 그 비밀이 이루어지리라 하더라"(계 10:7).

일곱째 나팔 후에 막간처럼 삽입된 환상들이 많이 나타납니다. 여자와 용 환상이 먼저 하늘에서 나옵니다(계 12:1-17). 한 여인이 아이를 해산합니다. 그런데 여인 앞에 큰 붉은 용이 그 아이를 삼키려고 합니다. 이 아이를 이렇게 설명합니다. "여자가 아들을 낳으니 이는 장차 철장으로 만국을 다스릴 남자라 그 아이를 하나님 앞과 그 보좌 앞으로 올려가더라"(계 12:5). 이 설명을 보면 아이는 예수 그리스도라는 것을 알 수 있습니다. 용이 아이를 삼키려고 하나 성공하지 못합니다. 여인이 광야로 도망갑니다.

하늘에서 전쟁이 일어납니다. 미가엘과 그의 사자들이 용과 그의 사자들과 싸웁니다. 용과 사자들이 패배하여 하늘에서 땅으로 쫓겨납니다. 용은 "옛 뱀 곧 마귀라고도 하고 사탄이라고도 하며 온 천하를 꾀는 자"입니다(계 12:9). 마귀는 "우리 형제들을 참소하던 자"입니다(계 12:10).

용이 땅으로 쫓겨나자 여인을 박해하려고 합니다. 여자가 광야로 가서 뱀을 피합니다. 뱀이 물을 토하여 여자를 물에 떠내려가게 하려고 합니다. 그러나 땅이 입을 벌려 그 물을 삼켜버립니다. 용이 여자를 박해하려던 계획이 실패합니다. 그러자 용이 여인의 자손을 박해하려고 합니다. "용이 여자에게 분노하여 돌아가서 그 여자의 남은 자손 곧 하나님의 계명을 지키며 예수의 증거를 가진 자들과 더불어 싸우려고 바다 모래 위에 서 있더라"(계 12:17). 이것을 보면 여자는 교회를 상징합니다.

이 환상은 하늘에서 땅으로 이동합니다. 땅으로 쫓겨난 용이 성도들을 핍박하려고 합니다. 여기에 강조점이 있습니다.

용이 바다에 서 있습니다. 그런데 바다에서 한 짐승이 올라옵니다. 뿔이 열이요 머리가 일곱입니다. 머리에 하나님을 모독하는 이름들이 있습니다.

"내가 본 짐승은 표범과 비슷하고 그 발은 곰의 발 같고 그 입은 사자의 입 같은데 용이 자기의 능력과 보좌와 큰 권세를 그에게 주었더라"(계 13:2). 용이 이 짐승에게 "능력과 보좌와 큰 권세"를 준다는 것을 보면 짐승은 용의 대리자로서 나라를 의미합니다. 이 짐승은 다니엘에 나오는 네 짐승을 배경으로 합니다(단 7장). 다니엘이 환상을 보는데 사자, 곰, 표범과 같은 짐승이 바다에서 나옵니다. 넷째 짐승은 알 수 없는데 열 뿔을 가지고 있고 성도들과 싸웁니다(참고 『대망의 책』, 476-479). 요한 계시록의 짐승은 다니엘의 넷째 짐승(넷째 나라, 단 7:23)입니다. 그렇지만 차이점도 있습니다. 1) 계시록의 짐승은 다니엘의 네 짐승을 다 합쳐 놓은 것 같습니다. 2) 다니엘의 넷째 짐승은 열 뿔이 있는데 계시록의 짐승은 열 뿔과 더불어 일곱 머리가 있습니다. 짐승의 일곱 머리 가운데 하나가 상하여 죽게 되었다가 다시 나아서 살아납니다. 그러자 온 땅이 놀라며 이 짐승을 따릅니다. 이 짐승은 용을 경배하며 하나님을 비방합니다. 정해진 기간 동안(마흔 두 달) 일합니다. 큰 권세를 가지고 성도들과 싸웁니다. 성도들에게 인내와 믿음이 요구됩니다(계 13:1-10). 이 짐승은 로마를 상징합니다. 로마 시대에 기독교를 핍박했던 것을 의미합니다. 사도 요한 당시의 로마 제국을 의미하지만 로마 제국을 통하여 마지막 때에 나타날 나라를 의미하기도 합니다. 이것은 요한 계시록을 계속 읽어 보면 알 수 있습니다.

또 다른 짐승이 땅에서 나옵니다. "내가 보매 또 다른 짐승이 땅에서 올라오니 어린 양 같이 두 뿔이 있고 용처럼 말을 하더라"(계 13:11). 이는 거짓 선지자입니다(계 19:20. 참고 마 24:11, 24). 겉은 어린 양과 같지만 용처럼 말하기 때문입니다. 땅에서 나온 짐승의 하는 일은 땅의 사람들을 바다에서 나온 짐승에게 경배하게 하는 것입니다. 사람들 앞에서 하늘에서 불이 떨어지게 하는 기적을 보입니다. 땅에 사는 사람들을 미혹합니다. 짐승을 위한 우상을 만들어 경배하게 합니다. 우상을 경배하지 않는 자들은 다 죽입니다. 그가 또한 모든 사람들에게 오른 손과 이마에 표를 받게 합니다. 이 표가 없는 사람은 매매를 하지 못하게 합니다. "지혜가 여기 있으니 총명한 자는 그 짐승의 수를 세어 보라 그것은 사람의 수니 그의 수는 육백육십육이니라"(계

13:18). 숫자 육백육십육은 로마황제 시저 네로와 관련이 있습니다. 헬라어 시저 네로의 이름을 히브리어로 쓰면 히브리어 자음이 갖고 있는 수치를 다 합한 숫자입니다. 이는 사도 요한 당시의 로마의 핍박을 상징적으로 보여줍니다. 그렇지만 이것은 또한 로마 시대를 넘어 마지막에 있을 큰 환난을 암시합니다.

사도 요한은 그 당시에 로마 제국이 기독교를 핍박하며 박해하던 것을 표상으로 마지막 날에 있을 큰 환난을 묘사합니다. 이렇게 해석하는 이유는 1) 요한이 본 것은 현재 있는 일과 미래에 일어날 일이기 때문입니다(계 1:19). 2) 짐승과 거짓 선지자는 예수 그리스도께서 재림하실 때에 전쟁의 상대이며 이들은 유황불 못에 던져지기 때문입니다(계 19:20).

짐승의 표와 대조적으로 하나님의 인을 맞은 십사만 사천이 나옵니다. 어린 양이 시온 산에 서 있는데 십사만 사천이 함께 합니다. 이마에 어린 양의 이름과 아버지의 이름이 있습니다. 십사만 사천은 보좌 앞에서 새 노래를 부릅니다. 이들은 어린 양에게 속한 자들입니다(계 14:1-5).

이어서 세 천사의 선언 환상이 나옵니다. 첫째 천사가 하늘을 날아가는데 땅에 거하는 모든 사람들에게 전할 영원한 복음을 가졌습니다. 그가 하나님의 심판이 가까이 왔다고 선언하며 하나님을 경배하라고 말합니다(계 14:6-7). 둘째 천사가 날아가면서 바벨론의 멸망을 선언합니다(계 14:8). 셋째 천사가 날아가면서 짐승과 그 우상에게 경배하며 그 표를 받는 자들에게 저주를 선언합니다. 불과 유황으로 고난을 당할 것입니다(계 14:9-11).

마지막 추수 환상이 이어집니다. 구름 위에 인자 같은 이가 낫을 가지고 있습니다. 낫을 가지고 땅의 곡식을 추수합니다(계 14:14-16). 이는 구원의 추수입니다. 또 다른 추수가 있습니다. 심판의 추수입니다. 다른 천사가 낫을 가지고 포도송이를 거둡니다. 포도를 거두어 하나님의 진노의 포도주 틀에 넣어 밟자 피가 나옵니다(계 14:17-20).

일곱 나팔의 구조는 1 2 3 4 5 6 막간 7 막간 그리고 일곱 대접으로 나아갑니다.

일곱 나팔은 삼분의 일이라는 숫자와 관련이 많습니다(첫째 나팔, 둘째 나팔, 셋째 나팔, 넷째 나팔, 여섯째 나팔).

일곱 나팔의 구조는 마치 일곱 인의 넷째 인부터 일곱 번째 인을 집중적으로 보여주는 것 같습니다. 네 가지 이유 때문에 그렇습니다. 1) 넷째 인을 떼는 때에 사망, 검, 흉년, 짐승이 나옵니다(계 6:8). 나팔들을 불 때에 죽음이 많이 나옵니다. 바다 생명체의 죽음(둘째 나팔), 쓴 물로 인한 많은 사람의 죽음(셋째 나팔), 사람 삼분의 일의 죽음(여섯째 나팔)이 나옵니다. 그리고 넷째 인에서 땅의 짐승이 나오는데(계 6:8) 이것은 두 증인 때에 무저갱에서 나오는 짐승(계 11:7)과 관련이 있습니다. 2) 다섯째 인에서 순교자들의 기도가 나오는데 이것은 여섯 번째 나팔 후에 두 증인이 순교하는 것과 관련이 있습니다. 3) 여섯 번째 인이 떼질 때, 해, 달, 별들에 변화가 일어나고 하늘이 떠나가고 산과 섬이 움직입니다. 땅의 모든 사람들이 진노를 당합니다(계 6:12-17). 첫째 나팔부터 여섯째 나팔까지의 설명은 여섯 번째 인을 자세하게 설명하는 것처럼 보입니다. 4) 여섯 번째 인 후에 십사만 사천과 큰 환난에서 나오는 흰 옷을 입은 큰 무리가 나오는데 이것은 사도 요한의 예언과 두 증인의 증언 활동과 관련이 있는 것 같이 보이기 때문입니다. 사도 요한과 두 증인은 많은 나라와 백성들 가운데서 예언과 증언 활동을 합니다(계 10:11; 11:9).

## 28.4 일곱 대접

마지막 재앙인 일곱 대접이 나옵니다. 마지막 재앙이 시작되기 전에 구원받은 자들이 보입니다. "또 내가 보니 불이 섞인 유리 바다 같은 것이 있고 짐승과 그의 우상과 그의 이름의 수를 이기고 벗어난 자들이 유리 바다 가에 서서 하나님의 거문고를 가지고 하나님의 종 모세의 노래, 어린 양의 노래를 불러 이르되"(계 15:2-3). 구원받은 자들은 짐승의 박해를 이기고 나온 자들입니다. 이것을 보면 짐승은 마지막 때에 다시 나올 나라라는 것을 알 수 있습니다. 이들은 하나님을 "만국의 왕"으로 선포하며 "만국이 와서 주께 경배"할 것을 노래합니다(계 15:3-4). 하나님의 주권이 세상에 나타납니다. 하나님은 마지막 재앙을 통하여 만국의 왕으로 등극하십니다.

계시록에서 계속 찬양이 나오는 것에 주목해야 합니다. 네 생물과 이십사 장로들은 어린양의 구속 사역을 새 노래로 찬양합니다. 십자가의 죽음을 통하여 하나님의 백성을 구원하신 행위입니다(계 5:9-10). 흰옷 입은 큰 무리도 하나님과 어린양의 구원을 찬양합니다(계 7:9-10). 십사만사천도 하나님의 보좌 앞에서 새 노래를 부릅니다(계 14:3).

구원받은 자들의 노래가 있고 나서 하늘의 성전이 보입니다. 일곱 재앙을 가진 일곱 천사가 성전에서 나옵니다. 하나님의 진노가 담긴 일곱 대접입니다. 성전에서 일곱 천사에게 땅에 진노의 일곱 대접을 쏟으라는 소리가 들립니다(계 15:5-16:1).

1) 첫째 대접을 쏟자 짐승의 표를 받은 사람들과 우상에게 경배하는 사람들에게 독한 종기가 납니다(계 16:2).

2) 둘째 대접을 바다에 쏟자 바다의 모든 생물이 죽습니다(계 16:3). 이것은 둘째 나팔보다 더 심합니다. 둘째 나팔을 불 때 바다의 삼분의 일이 피가 되고 바다 생물의 삼분의 일이 죽었습니다(계 8:8-9).

3) 셋째 대접을 강과 물 근원에 쏟자 피가 됩니다(계 16:4). 이것도 셋째 나팔보다 더 심합니다. 셋째 나팔 때는 강과 물의 삼분의 일이 쓴 쑥이 되어 많은 사람이 죽었습니다(계 8:10-11). 천사가 물이 피로 변한 이유를 설명합니다. "그들이 성도들과 선지자들의 피를 흘렸으므로 그들에게 피를 마시게 하신 것이 합당하니이다"(계 16:6). 피의 보수입니다.

4) 넷째 대접을 해에 쏟자 해가 불로 사람들을 태웁니다. 태우는 것은 아주 덥게 만드는 것 또는 그을리는 것입니다. 사람들이 크게 고통을 당하면서도 회개하지 않습니다. 오히려 하나님을 비방합니다(계 16:8-9).

5) 다섯째 대접을 짐승의 왕좌에 쏟습니다. 짐승의 나라가 어두워지며 사람들이 종기로 괴로워합니다. 짐승의 나라에 속한 사람들은 회개하지 않고

하나님을 비방합니다(계 16:10-11). 첫째 대접과 다섯째 대접은 짐승과 관련이 있습니다.

6) 여섯째 대접을 유브라데 강에 쏟습니다. 강물이 말라서 동쪽에서 오는 왕들의 길이 준비됩니다(계 16:12). 이것은 여섯째 나팔과 관련이 있지만(계 9:14-15) 여섯째 나팔보다 더 강도가 셉니다. 용, 짐승 그리고 거짓 선지자의 입에서 나오는 "귀신의 영"이 "이적을 행하여 온 천하 왕들에게 가서 하나님 곧 전능하신 이의 큰 날에 있을 전쟁을 위하여 그들을" 모읍니다(계 16:13-14). 왕들이 모이는 장소는 히브리어로 아마겟돈(므깃도의 산)입니다.

7) 일곱째 대접을 공중에 쏟습니다. 이때 성전의 보좌에서 "되었다" 하는 소리가 들립니다(계 16:17). 그러자 번개, 음성, 우렛소리와 큰 지진이 일어납니다. 큰 성과 나라들의 성들이 무너집니다. 특별히 큰 성 바벨론도 하나님의 진노를 받습니다. 한 달란트(약 60킬로그램) 되는 큰 우박이 사람들 위에 떨어집니다. 사람들이 하나님을 비방합니다(계 16:17-21).



### 음녀 바벨론

사도 요한은 바벨론에 대한 환상을 더 자세하게 보도합니다. 1) 바벨론은 "많은 물 위에 앉은 큰 음녀"로 소개됩니다(계 17:1). 많은 물은 백성들과 이방 나라들입니다(계 17:15). 음녀는 매춘부 또는 음란한 여인을 의미합니다. 음녀는 붉은 용이 박해하려고 했던 여인과 비교됩니다(계 12:1-2). 마치 잠언에 나오는 음녀를 연상하게 합니다(잠 7장). 음녀는 많은 왕들과 더불어 음행을 합니다. 땅위의 사람들도 음행의 포도주를 마십니다(계 17:2). 2) 음녀는 각종 재물, 옷, 금, 보석, 진주, 금잔으로 치장을 하고 있습니다(계 17:4). 이것은 세속적인 모습입니다. 풍요한 세상 물질로 인하여 사치하며 방탕한 삶을 삽니다. 3) 음녀는 붉은 빛 짐승을 타고 있습니다(계 17:3). 음녀는 용에게서 권세를 받은 짐승과 함께 하는 것이 특징입니다. 4) 음녀는 짐승과 함께 성도들을 박해합니다. 음녀는 성도들의 피에 취해 있습니다(계 17:6).

큰 성 바벨론은 음행의 장소이며 각종 재물이 모인 곳입니다. 경제적인 부로 인하여 많은 나라들과 무역상들이 함께 했습니다(계 18:2-3). 하나님은 하나님의 백성에게 바벨론의 죄에 참여하지 말라고 권합니다(계 18:4). 바벨론은 교만하여 자신을 여왕으로 생각하며 결코 과부가 되지 않을 것이라고 생각합니다(계 18:7). 마치 구약 시대의 바벨론과 유사합니다(사 47:8). 하지만 하나님의 재앙과 심판이 그녀에게 있을 것입니다. 하나님의 심판으로 바벨론이 망합니다. 무엇보다도 바벨론과 무역하며 부와 음행을 누렸던 나라들과 상인들이 슬퍼합니다. 바벨론은 각종 상품들, 금, 은, 보석, 진주, 세마포, 옷감, 비단, 향목, 상아 그릇, 나무, 구리, 철, 각종 그릇, 계피, 향료, 향, 향유, 유향, 포도주, 감람유, 밀가루, 밀, 소, 양, 말, 수레, 과일들이 있던 곳입니다(계 18:8-19; 참고 겔 27장). 사치하고 화려하고 부가 있었던 성입니다. 경제적 번영으로 인하여 물질주의와 상업주의가 있던 곳입니다.

하지만 성도들, 사도들, 선지자들은 바벨론 성의 멸망을 보고 기뻐하며 좋아합니다. 바벨론이 성도들을 박해하며 죽였기 때문입니다(계 18:20, 24).

음녀는 많은 백성들을 다스리는 큰 성으로 나옵니다. "네가 본 그 여자는 땅의 왕들을 다스리는 큰 성이라"(계 17:18). 처음에는 음녀와 짐승이 함께 합니다(계 17:3, 9). 그러나 후에 짐승과 음녀 사이가 벌어집니다. 짐승과 열 뿔은 음녀를 미워하며 망하게 합니다(계 17:16). 이러한 일들이 일어나는 것은 모든 일들이 하나님의 주권아래 있기 때문입니다(계 17:17). 음녀 바벨론과 짐승은 로마를 상징적으로 보여주며 로마의 분열과 내분을 나타내는 것 같습니다.

사도 요한은 그 당시의 로마 제국을 토대로 미래를 말하고 있습니다. 짐승은 현재에도 있을 뿐만 아니라 미래에도 있을 것이기 때문입니다(계 17:7-13). 미래에 나타날 짐승은 어린양과 전쟁을 할 것입니다(계 17:14).

### 어린양의 혼인 잔치

음녀 바벨론이 심판을 당한 후에 하늘에서 하나님을 찬양하는 소리가 울려 퍼집니다. 하나님이 종들의 피를 음녀에게 갚은 것을 찬양합니다(계 19:1-2). 하나님이 피의 보수자입니다. 다시 하나님의 통치를 찬양하는 음성이 들립니다. 그리고 어린양의 혼인 잔치가 준비되었다고 말합니다. "어린 양의 혼인 기약이 이르렀고 그의 아내가 자신을 준비하였으므로 그에게 빛나고 깨끗한 세마포 옷을 입도록 허락하셨으니 이 세마포 옷은 성도들의 옳은 행실이로다"(계 19:7-8).

### 그리스도와 짐승과의 전쟁

하늘에서 백마를 탄 자가 내려옵니다. 그의 이름은 "충신과 진실"이며 "하나님의 말씀"이며 "만왕의 왕이요 만주의 주"입니다(계 19:11, 13, 16). 그리스도입니다. 그는 "공의로 심판하며" 싸웁니다(계 19:11). 그는 이제 왕으로서, 심판주로서 임하십니다(참고 사 9:7; 11:4-5). 하늘의 군대가 백마를 타고 세마포 옷을 입고 그 뒤를 따릅니다. 그의 입에서 나오는 검으로 만국을 치고 심판합니다(계 19:15).

하늘에서는 그리스도와 그의 군대가 내려옵니다. 그리고 땅에서는 짐승과 그의 군대들이 전쟁에 나옵니다. "또 내가 보매 그 짐승과 땅의 임금들과 그들의 군대들이 모여 그 말 탄 자와 그의 군대와 더불어 전쟁을 일으키다가"(계 19:19). 하늘의 군대와 땅의 군대가 전쟁을 합니다. 결과는 하늘의 군대가 이기고 땅의 군대가 집니다. 짐승과 거짓 선지자가 사로잡혀서 유황불에 던져집니다(계 19:20).

짐승을 따르던 군대는 처참하게 패배합니다. 이 전쟁을 "하나님의 큰 잔치"로 부르며 한 천사가 하늘의 모든 새들을 이 잔치에 초청합니다(계 19:17). 전쟁에서 진 짐승의 군대들과 말들의 살들을 먹으라고 합니다. 모든 새들이 전쟁의 시체들을 먹어치웁니다(계 19:21). 이 전쟁은 여섯째 대접의 아마겟돈 전쟁입니다(계 16:12-16). 여섯째 대접에서 전쟁을 위해서 군사를 모으고 전쟁을 치르지 않았습니다. 이 전쟁이 여기서 이루어진 것입니다.

## 28.5 천년 왕국

바벨론, 땅에서 나온 짐승 그리고 바다에서 나온 짐승이 다 심판을 받았습니다. 이제 이들을 뒤에서 조종했던 용이 남았습니다. 하늘로부터 내려온 천사가 용을 사로잡습니다. "용을 잡으니 곧 옛 뱀이요 마귀요 사탄이라 잡아서 천 년 동안 결박하여 무저갱에 던져 넣어 잠그고 그 위에 인봉하여 천 년이 차도록 다시는 만국을 미혹하지 못하게 하였는데 그 후에는 반드시 잠깐 놓이리라"(계 20:2-3). 사탄이 사로잡혀 무저갱에 들어갑니다. 천 년 동안 결박당합니다. 이 천 년이 문자적인지 상징적인지는 판단하기 어렵습니다. 이 천 년을 문자적으로 보느냐(역사적 전천년설) 상징적으로 보느냐(무천년설)에 따라서 해석이 많이 달라집니다. 어느 해석을 취하던지 간에 제기되는 질문들이 아주 많습니다(천년 왕국의 문제에 대해서는 다음 두 권의 책을 참고하십시오. 케네스 젠트리 주니어 외 2인, 『천년 왕국이란 무엇인가』, 2011, 부흥과 개혁사. 로버트 지 클라우스 편집, 『천년 왕국』, 1980, 성광문화사). 제가 보기에는 그냥 문자적인 천 년으로 보는 것이 문맥의 흐름에 더 자연스러울 것 같습니다. 바벨론, 짐승과 거짓 선지자의 심판 후에 사탄의 심판으로 나아가기 때문입니다.

사탄이 천 년 동안 무저갱에 갇혀 있습니다. 그 동안 순교자들과 짐승에게 경배하지 않고 표를 받지 않은 자들이 살아서 천 년 동안 그리스도와 함께 왕노릇을 합니다. 이것을 첫째 부활이라고 합니다(계 20:4-6).

천 년이 찬 후에 마귀가 풀려납니다. 이들이 "땅의 사방 백성 곧 곡과 마곡을 미혹"하여 다시 전쟁을 벌입니다(계 20:7-8). 마귀를 따르는 이 백성들이 누구인지가 미스터리입니다(참고 겔 38장). 하지만 계시록은 우리의 궁금증을 다 해소해 주지 않습니다. 아마겟돈 전쟁 때(계 19:11-21)는 짐승이 땅의 왕들과 군사들을 모았는데 반하여 여기서는 마귀가 직접 땅의 백성들을 모읍니다. 하지만 전쟁의 결과는 마귀가 집니다. 마귀 역시 짐승과 거짓 선지자가 있는 유황불에 던져집니다(계 20:10).

## 28.6 새 하늘과 새 땅

마귀가 심판을 받고 나자 이 땅의 역사가 끝납니다. 하늘과 땅과 바다가 다 사라집니다. 대신 새 하늘과 새 땅이 있습니다. 하늘에서 거룩한 성 새 예루살렘이 내려옵니다. 새 예루살렘을 "신부가 남편을 위하여 단장한 것" 같다고 말합니다(계 21:2). 새 예루살렘을 "신부 곧 어린 양의 아내"로 말합니다(계 21:9-10). 열 두 문에는 열 두 지파의 이름들이 있고 열 두 기초석에는 열 두 사도들의 이름들이 있습니다(계 21:12, 14). 성 안에 성전이 있습니다. 성전이 하나님과 어린 양입니다(계 21:22). 이곳에 어린 양의 생명책에 기록된 사람들만이 들어갑니다.

새 예루살렘이라는 이름이 흥미롭습니다. 예루살렘은 구약에서 하나님이 선택한 장소이며 성전이 세워졌습니다. 하나님이 임재하신 신현의 장소입니다. 그런데 새 예루살렘이 하늘에서 내려옵니다.

새 예루살렘이 새 땅에 내려옵니다. 요한은 이것을 하나님의 장막이라고 부릅니다. "보라 하나님의 장막이 사람들과 함께 있으매 하나님이 그들과 함께 계시리니 그들은 하나님의 백성이 되고 하나님은 친히 그들과 함께 계셔서 모든 눈물을 그 눈에서 닦아 주시니 다시는 사망이 없고 애통하는 것이나 곡하는 것이나 아픈 것이 다시 있지 아니하리니 처음 것들이 다 지나갔음이러라"(계 21:3-4). 마치 구약에서 성막이 이스라엘과 함께 있었던 것 같습니다. 그리고 이스라엘이 하나님의 백성이 되고 여호와는 이스라엘의 하나님이 되었던 것(언약 공식)과 유사합니다. 하나님이 함께 하시자 이전에 세상에 있던 질서들이 다 사라집니다. 눈물, 사망, 애통, 곡하는 것, 질병이 다 없어집니다.

새 예루살렘이 하늘에서 내려왔습니다. 하나님이 계획하신 구원 계획이 완성되었습니다. "또 내게 말씀하시되 이루었도다 나는 알파와 오메가요 처음과 마지막이라 내가 생명수 샘물을 목마른 자에게 값없이 주리니 이기는 자는 이것들을 상속으로 받으리라 나는 그의 하나님이 되고 그는 내 아들이 되리라"(계 21:6-7). 하나님이 자신을 "처음과 마지막"이라고 소개하십니다.

역사의 처음과 끝이라는 의미입니다. 이 땅에서 구원 역사가 다 이루어졌습니다. "이기는 자"만이 새 하늘과 새 땅에 참여합니다. 하나님의 생명수를 마실 수 있습니다. 이 생명수는 하나님과 어린 양의 보좌에서부터 나오는 것입니다(계 22:1-2). 성령과 신부는 이 생명수를 마시러 오라고 계시록을 듣는 자들을 초청합니다. "성령과 신부가 말씀하시기를 오라 하시는도다 듣는 자도 오라 할 것이요 목마른 자도 올 것이요 또 원하는 자는 값없이 생명수를 받으라 하시더라"(계 22:17).

# 에필로그

신약은 예수께서 다시 오실 것을 예언함으로 끝이 납니다. 이 예언은 아직 성취되지 않았습니다. 신약의 역사는 이 예언의 성취를 향하여 나아갑니다. 예언이 이루어질 때가 바로 세상 역사의 끝입니다. 요한 계시록은 세상의 역사가 끝날 것을 보도하고 있습니다. 창세기에서 시작했던 세상의 역사는 요한 계시록에서 끝납니다. 이렇게 성경은 역사의 시작과 끝을 말합니다. 따라서 역사의 틀을 벗어나서는 성경을 제대로 이해할 수가 없습니다. 성경은 역사의 틀을 갖고 있습니다.

## 메시야 신현

성경 역사는 중심인물에 의해서 결정됩니다. 바로 예수 그리스도입니다. 예수 그리스도가 역사의 중심입니다. 신약은 예수 그리스도가 왔다고 증언합니다. 예수 그리스도가 이 땅에 오심으로 옛 역사 즉, 구약 시대가 끝나고 새로운 시대가 시작되었다고 주장합니다. 신약은 온통 예수 그리스도에 관해 이야기합니다. 예수께서 어디서 어떻게 태어나셨는지부터 시작해서 어디서 어떤 일을 하셨는지를 아주 상세하게 보도합니다. 사복음서(마태, 마가, 누가, 요한)은 모두 예수 그리스도의 일생을 말합니다. 모든 지면을 예수 그리스도와 또한 그와 관련된 사람과 사건들만을 기록하고 있습니다.

예수께서 이 땅에 오신 사건이 신약 성경의 핵심입니다. 이 예수가 바로 구약에서 기다리던 메시야(그리스도)이기 때문입니다. 메시야가 이 땅에 오셨습니다. 구약의 약속과 예언이 성취된 것입니다. 이런 점에서 신약은 구약과 연속성이 있습니다. 그렇지만 예수께서 이 땅에 오심으로 새로운 시대가 시작되었습니다. 이러한 사실은 구약에 없는 내용입니다. 신약의 새로운 계시입니다.

예수는 이 땅에 오셔서 하나님이 자신을 보내셨다고 주장합니다. 예수는 하나님의 보냄을 받은 자입니다. 그리고 하나님과 자신과의 관계를 부자관계로 말씀하십니다. 하나님의 아들이라고 주장하십니다. 예수는 자신의 신분을 하나님의 아들로 소개합니다. 하나님의 아들이 이 땅에 오셨습니다. 하나님의 아들 역시 하나님입니다. 성부 하나님과 본질과 영광과 능력이 같으신 분입니다. 예수는 자신을 하나님으로 소개하십니다.

하나님이 인간의 몸을 입고 이 땅에 오신 것입니다. 이사야 선지자의 예언이 성취된 것입니다(사 9:6). 또한 구약은 계속 하나님이 나타나신 것을 말했습니다. 하나님이 계속 이 세상에 나타나셨습니다. 신현 사건이 많았습니다. 그러더니 이사야 선지자는 모든 인간이 볼 수 있도록 하나님이 나타날 것이라고 예언했습니다(사 40:3, 10). 하나님이 역사 속에서 나타날 때가 있다고 예언합니다. 이러한 예언이 예수께서 이 땅에 오심으로 성취된 것입니다. 예수의 오심은 신현의 절정입니다.

### 하나님 나라

예수께서 이 땅에 오셔서 새로운 교훈을 주십니다. 사복음서는 예수께서 가르친 내용을 아주 상세하게 말합니다. 그의 가르침은 하나님의 나라(천국)에 집중되어 있습니다. 하나님의 나라의 교훈은 특히 비유를 통해서 주어졌습니다. 예수의 교훈과 사역을 통해서 하나님의 나라가 이 땅에 이미 임했습니다. 이 땅에 임한 하나님의 나라는 마치 땅에 심겨진 씨앗이 자라듯이 이 땅에서 자라납니다. 씨앗이 자라 곡식이 되고 열매가 맺힙니다. 열매가 맺히면 추수를 합니다. 이와 같이 하나님의 나라가 이 땅에서 자라납니다. 그리고 마지막에 하나님의 나라가 완성이 됩니다. 역사가 끝나고 새 하늘과 새 땅이 시작됩니다.

하나님의 나라는 이렇게 예수에 의해서 이 땅에 이미 임했습니다. 그리고 이 땅에서 왕성하게 성장하고 있습니다. 교회의 복음 사역을 통하여 하나님의 나라가 확장되고 있습니다. 그러나 하나님의 나라는 아직 완성이 되지 않았습니다. 예수께서 이 땅에 다시 오실 때에 하나님의 나라는 완성될 것입니다. 하나님의 나라는 현재 임해 있지만 미래에 완성이 될 것입니다. 이러한 이중적인 구조가 신약의 역사관입니다.

하나님의 나라는 구약의 이스라엘 나라와 대비를 이룹니다. 구약은 이스라엘 나라를 중심으로 역사를 전개해 나갑니다. 이스라엘은 한 나라입니다. 영토와 백성과 율법이 있습니다. 가나안 땅에서 아브라함의 후손이 율법을 지키면서 살아갑니다. 하나님은 이스라엘을 다스리십니다. 신정정치 체제를 갖고 있습니다. 하나님이 신정정치 대리인들인 사사, 왕, 제사장, 선지자를 세워서 이스라엘을 다스리십니다. 구약은 현세적입니다.

그렇지만 하나님의 나라는 다릅니다. 일단 땅이 없습니다. 물론 새 하늘과 새 땅이 이루어질 때는 새 땅이 있습니다. 그렇지만 현재는 땅이 없습니다. 구약의 백성은 아브라함의 후손입니다. 인종적, 민족적인 유대감이 있습니다. 그러나 신약의 하나님의 백성은 아브라함의 믿음을 추구하는 사람들로 구성되어 있습니다. 인종적, 민족적 신분을 뛰어넘어 다인종 백성입니다. 믿음을 갖고 있는 사람들이 하나님의 백성입니다. 구약의 이스라엘은 율법이 있었습니다. 그래서 국가적인 성격을 갖는 법들이 많습니다. 예를 들면 절기법, 전쟁 법, 중앙성소 법 등등을 들 수 있습니다. 하지만 신약에서 예수는 율법을 새롭게 주십니다. 사랑이라는 새로운 계명을 주십니다. 사랑이 율법의 성취입니다. 예수께서 주신 사랑의 법은 종말론적인 하나님의 백성에게 주신 새로운 토라입니다. 이 법에는 국가적인 성격이 없습니다.

구약 시대에 하나님은 신정정치 대리인을 내세워 하나님의 백성인 이스라엘을 직접 통치하셨습니다. 그러나 신약 시대에는 성령 하나님께서 직접 말씀을 통해서 통치하십니다. 하나님의 통치 방식이 다릅니다. 구약은 현세적인데 반해 신약은 영적입니다.

## 구원

신약 성경을 기록한 저자들의 관심은 예수 그리스도에게 집중되어 있습니다. 예수 그리스도는 역사의 중심일 뿐만 아니라 신약 성경 메시지의 중심입니다. 예수 그리스도께서 이렇게 신약 저자들의 관심을 끄는 이유는 구원 때문입니다. 예수께서 구원자입니다. 예수께서 인간의 죄를 위하여 십자가에서 죽고 다시 3일 만에 살아났습니다. 예수의 죽음과 부활은 역사 속에서 일어났습니다. 이 역사적인 사건을 믿는 사람들은 죄를 용서받고 하나님과 화평을 이룹니다. 하나님이 이 믿음을 소유한 사람을 의롭다고 인정하시며 이들을 하나님의 나라로 인도하십니다.

예수 그리스도는 하나님 나라로 들어가는 길이며 문입니다. 예수 그리스도 외에는 구원함이 없습니다. 신약의 저자들은 하나같이 예수 그리스도를 믿음으로 구원받는다는 사실을 증언합니다. 믿음으로 구원받는 것입니다. 신약 성경이 가장 중요하게 말하고 있는 내용입니다. 신약에서 말하는 구원은 죄와 사망과 심판으로부터 구원입니다. 부활한 몸으로 하나님의 나라에서 영원한 생명을 누립니다. 이러한 구원 개념은 분명히 구약과 차이가 있습니다.

구약은 다양한 구원을 말하고 있습니다. 병으로부터, 적군으로부터, 노예로부터 그리고 포로로부터 해방되는 것을 말합니다. 그중에 구약에서 가장 큰 구원 사건은 이스라엘이 이집트에서 탈출한 사건입니다. 출애굽 사건은 구약 신앙의 초석이며 신앙고백입니다(신 26:5-10). 이스라엘은 구원자이신 출애굽의 하나님을 바라보며 의지했습니다. 출애굽의 하나님은 아브라함에게 약속하신 하나님이며 그 약속을 성취하시는 분입니다. 더 나아가 출애굽의 하나님이 시내 산에서 이스라엘에게 율법을 수여하신 분이며(출 20:2) 이스라엘과 언약을 맺은 분입니다(출 24:1-11). 이 하나님이 이스라엘을 광야에서 보호하시며 가나안 땅으로 인도하십니다. 이스라엘은 출애굽의 하나님이 성막과 성전의 언약궤 위에 임재해 계시다고 믿었습니다. 구약의 성도들은 이러한 하나님을 믿음으로 구원받았습니다. 그러나 대부분의 이스라엘은 하나님을 믿는데, 하나님의 율법에 순종하는데 실패합니다.

이스라엘이 실패했습니다. 이스라엘이 넘어졌습니다. 그렇다고 하나님의 구원계획이 실패한 것은 아닙니다. 하나님은 메시야(그리스도)를 보내심으로 새로운 구원사역을 시도하십니다. 메시야(그리스도)가 오셔서 인간의 죄를 위하여 죽으실 것을 예언하십니다(사 53장). 구약에서 오실 것이라고 예언된 메시야가 바로 예수입니다. 신약의 모든 저자들은 예수가 구약에서 대망하던 메시야(그리스도)라고 증언합니다. 그 메시야가 십자가에서 우리의 죄를 위하여 죽으시고 3일 만에 부활하셨다고 설명합니다. 신약에서 제시하고 있는 구원은 구약에서 기다리고 대망하던 메시야(그리스도)에 의해서 이루어진 것입니다.

구약의 구원은 출애굽 사건입니다. 출애굽 사건의 핵심은 유월절에 있습니다. 유월절 어린양의 피가 구속의 기능을 갖습니다. 그런데 신약 성경은 예수 그리스도를 유월절 어린 양으로 말합니다. 그리고 구약의 율법에는 제사 제도가 있습니다. 죄를 용서해 주는 희생제사입니다. 그런데 바울은 예수 그리스도를 화목제물로 표현하고 있습니다. 예수 그리스도께서 우리의 죄를 위하여 십자가에서 죽었습니다. 이렇게 구약과 신약은 관련이 있습니다. 구약은 그림자이며 신약이 실체입니다. 신약은 구약을 완성합니다. 연속성이 있습니다. 또한 여기에는 불연속성이 있습니다. 예수 그리스도는 구약의 구원을 완성합니다. 예수께서 구약의 유월절과 희생 제사를 완성하심으로 구약의 의식법들이 폐지됩니다. 불연속성을 갖습니다.

예수 그리스도의 십자가 사건은 구약의 율법을 완성하는 것입니다. 예수님은 율법과 선지자를 완성하기 위하여 이 땅에 왔다고 선언하셨습니다(마 5:17). 예수 그리스도가 없이는 구약이 불완전한 것입니다. 하나님이신 예수께서 오셔서 십자가에서 죽으심으로 구원이 완성되었습니다.

예수께서 십자가에서 죽었지만 다시 부활하셨습니다. 이 부활은 종말론적 사건입니다. 역사의 마지막에 일어날 부활의 예기이며 선취입니다. 예수께서 부활하신 것과 같이 예수를 믿는 사람들이 부활할 것입니다. 영생의 부활로 나올 것입니다. 예수를 믿는 사람들은 죽어도 다시 살 것이라는 소망이 있습니다. 부활은 사망을 이깁니다. 이제 더 이상 사망이 사람들을 잡고 있지 못합니다. 부활이 사망의 권세를 깨뜨렸습니다. 부활은 먼 미래에 있을 사건만은 아닙니다. 우리가 예수의 십자가와 부활을 믿을 때에 우리 안에 새 생명이 있기 때문입니다. 예수의 부활 사건이 우리 안에 실존적인 영향을 미칩니다. 성령께서 우리에게 새 생명을 주시기 때문입니다.

### 성령과 믿음

우리가 예수를 믿으면 우리의 죄를 용서함을 받고 새 생명가운데 삽니다. 이 모든 일들은 성령께서 행하시는 일입니다. 성령께서 복음 사역자를 통하여 복음을 전파하게 하십니다. 그리고 성령은 복음을 듣는 우리 안에 오셔서 죄를 깨닫게 하시고 회개하게 합니다. 영원한 생명과 하나님의 나라가 있음을 알게 합니다. 예수 그리스도를 구주로 고백하게 하며 믿게 합니다. 우리가 성령으로 거듭나는 것입니다. 더 나아가 성령께서 우리 안에 거하심으로 우리가 하나님의 나라와 영광을 볼 수 있습니다. 성령은 우리를 진리로 인도하십니다.

성령 하나님께서 성도들 안에 거하십니다. 성도들이 하나님의 전이 된 것입니다. 구약 시대에는 하나님의 장막이 광야에서 이스라엘 백성과 함께 야영했습니다. 하나님이 장막에, 언약궤 위에 임재하셨습니다. 솔로몬이 약속의 땅에 성전을 지었습니다. 하나님이 선택한 장소인 예루살렘에 성전이 세워졌습니다. 모든 예배가 그 곳으로 집중되었습니다. 하나님이 성전에 거하심으로 이스라엘과 함께 하십니다. 그러나 신약 시대에는 이렇게 눈에 보이는 성전이 더 이상 존재하지 않습니다. 복음이 세계 각처로 전파됩니다. 예수 그리스도를 믿는 모든 사람들이 하나님이 거하실 성전이 되어 갑니다. 예수 그리스도께서 모퉁이 돌이 되시고 믿는 성도들이 성전의 한 부분들이 되어갑니다. 영적인 성전이 지어져 갑니다. 종말론적 성전입니다. 이 성전에 하나님이 거하십니다. 성도들은 하나님의 성전으로서 거룩해야 합니다.

성령은 믿는 모든 자에게 임하십니다. 구약 시대에 여호와의 영은 특별한 사람들에게만 임했습니다. 그러나 신약 시대에는 예수 그리스도를 주로 고백하는 자들에게는 성령이 임하십니다. 성령이 믿는 자들에게 임하심으로 성도들에게 미래에 완성될 구원, 하나님의 나라에서 부활의 몸으로 영생을 누릴 구원을 보증해 줍니다. 성령은 아직 완성되지 않은 미래의 구원을 보장해줍니다.

성도들은 율법을 지킴으로 구원받는 것이 아니라 예수 그리스도를 믿음으로 구원받습니다. 예수 그리스도께서 믿음의 대상이며 내용입니다. 예수 그리스도의 십자가와 부활이 믿음의 구체적인 내용입니다. 예수께서 부활하신 것과 같이 성도들은 종말의 때에 부활할 것을 믿습니다. 부활이 믿음의 내용이자 목표입니다.

이러한 믿음은 모든 사람이 소유한 것이 아닙니다. 하나님이 선택한 사람들만이 소유합니다. 하나님이 창세전에 미리 아신 자들이며 역사 속에서 부르신 자들입니다. 이들이 예수 그리스도의 역사적 사건인 십자가와 부활을 믿습니다. 하나님이 이들을 의롭다고 여기십니다. 이들은 실존적인 변화를 겪습니다. 옛 사람을 버리고 새 사람을 입습니다. 죄를 버리고 죄와 싸웁니다. 그리스도의 형상을 본받기 위하여 성장해 갑니다. 하나님이 이들을 버리지 않고 끝까지 인도하십니다. 어떤 어려움과 환난도 이들을 그리스도의 사랑에서 끊을 수 없습니다. 이들이 하나님의 나라에서 예수 그리스도의 영광에 참여합니다. 영화롭게 되는 것입니다.

성도들은 이러한 믿음을 가지고 있습니다. 이 믿음을 끝까지 지키는 자가 구원받습니다. 성도들은 예수 그리스도를 믿음으로 이미 구원받았습니다. 그러나 아직 구원이 완성되지 않았습니다. 이 땅에서 사는 동안에 많은 환난과 시험과 유혹이 있습니다. 죄와 싸워야 합니다. 믿음을 유지해야 하며 지켜야 합니다. 끝까지 이기는 자가 하나님의 영광에 참여합니다. 그래서 계시록은 끝까지 이기는 신앙을 강조하고 있습니다.

## 재림

신약은 예수 그리스도께서 다시 오실 것이라는 약속을 하고 있습니다. 재림의 약속입니다. 이 약속이 성취되기를 바라보고 있는 구조입니다. 다시 약속과 성취 또는 예언과 성취가 나오고 있습니다. 예수께서 재림하실 때에 이 세상의 역사가 끝납니다. 하늘과 땅이 사라지고 새 하늘과 새 땅이 임합니다. 영원한 하나님의 나라가 완성이 됩니다.

신약은 예수 그리스도께서 다시 오실 때를 기다립니다. 이때 새 예루살렘 성이 하늘에서 내려오고 하나님이 사람과 함께 하실 것입니다. 구원받은 모든 성도들이 하나님을 봅니다. 하나님과 어린 양이 나타날 것입니다. 이때는 사망과 죽음이 없습니다. 슬픔과 질병이 사라질 것입니다. 영원한 생명이 있습니다.

신약은 이미 오신 예수 그리스도를 말합니다. 그리고 다시 오실 예수 그리스도를 증거합니다. 이 예수 그리스도는 구약의 메시야이며 하나님의 아들입니다. 성자 하나님이십니다. 결국 신약은 하나님이 나타나셨으며 다시 나타나실 것을 증언합니다. 하나님이 인간의 몸을 입고 이 땅에 오셨습니다. 신현 사건이 핵심입니다. 마지막 날에는 다시 하나님과 예수 그리스도께서 나타나실 것입니다. 다시 신현 사건이 일어나기를 바라보고 있습니다. 이런 구조는 신약이 신현의 책이라는 것을 보여주고 있습니다.

# *The Book of Theophany*